INFORME SOBRE EL DESARROLLO MUNDIAL
1997

EL
ESTADO
EN UN
MUNDO EN
TRANSFORMACIÓN

BANCO MUNDIAL

WASHINGTON, D.C.

© 1997 Banco Internacional de Reconstrucción y Fomento / Banco Mundial
1818 H Street, N.W., Washington, D.C. 20433, EE. UU.

Publicado originalmente en inglés con el título de *World Development Report 1997* por Oxford University Press para el Banco Mundial.

Reservados todos los derechos. Ninguna porción de esta publicación podrá ser reproducida, archivada en sistemas de recuperación ni transmitida en forma alguna por medios electrónicos, mecánicos, de fotocopia, de grabación u otro cualquiera sin permiso previo del Banco Mundial.

Diseño del interior y composición de
Barton Matheson Willse & Worthington.

Hecho en los Estados Unidos de América
Primera edición, agosto de 1997

El Informe es un estudio realizado por el personal del Banco Mundial y los juicios que se formulan en él no son necesariamente reflejo de la opinión del Directorio de la institución ni de los gobiernos representados en éste. El Banco Mundial no garantiza la exactitud de los datos que figuran en esta publicación ni acepta responsabilidad alguna por las consecuencias que su uso pudiera tener. Las fronteras, colores, denominaciones y demás información que aparezcan en cualquier mapa contenido en este volumen no suponen juicio alguno por parte del Banco Mundial respecto de la situación jurídica de ningún territorio, ni respaldo o aceptación de tales fronteras.

ISBN 0-8213-3770-X
ISSN 0271-1737

Texto impreso en papel reciclado que cumple las normas estadounidenses relativas a la estabilidad del papel para materiales impresos destinados a bibliotecas, Z39.48-1984

PREFACIO

El INFORME SOBRE EL DESARROLLO MUNDIAL 1997, vigésimo de esta serie anual, está dedicado a analizar el papel y la eficacia del Estado: qué debe hacer, cómo debe hacerlo y en qué forma puede mejorar su actuación en un mundo en rápida evolución.

Estas cuestiones son de gran importancia para los países tanto en desarrollo como industriales. Muchos de ellos han aprendido en los últimos años que el Estado no puede cumplir sus promesas: las economías en transición han tenido que tomar la dolorosa decisión de encaminarse hacia la economía de mercado, y muchos países en desarrollo se han visto obligados a reconocer el fracaso de las estrategias de desarrollo promovidas por el Estado. Ante el fracaso de la intervención estatal, incluso las economías mixtas del mundo industrializado han optado por inclinarse decididamente en favor de los mecanismos de mercado. Muchos han pensado que todas estas reformas deberían culminar lógicamente en un Estado minimalista. Un Estado así no causaría ningún perjuicio, pero tampoco podría ser de gran ayuda.

En el presente Informe se explica por qué esta posición extrema está reñida con las enseñanzas de los grandes éxitos conseguidos en este terreno, desde la industrialización de algunos países en el siglo XIX hasta el crecimiento "milagroso" alcanzado en la posguerra por el Asia oriental. Estos ejemplos, lejos de respaldar la teoría del Estado minimalista, demuestran que el desarrollo exige la existencia de un Estado eficaz, que actúe como agente catalizador y promotor, alentando y complementando las actividades de las empresas privadas y los individuos. No cabe duda de que el desarrollo promovido por el Estado ha sido un fracaso. Pero también lo han sido los intentos que han tratado de alcanzar ese objetivo al margen del mismo —conclusión claramente confirmada por los enormes sufrimientos padecidos por la población de algunos países cuyos Estados se han desplomado, como Liberia y Somalia. La historia ha demostrado una y otra vez que el buen gobierno es una necesidad vital, no un lujo. Sin un Estado eficaz, es imposible alcanzar un desarrollo sostenible, ni en el plano económico ni en el social.

La historia y la experiencia reciente nos han enseñado que el desarrollo no consiste únicamente en obtener los debidos insumos económicos y técnicos. Abarca también el entorno institucional básico: las normas y usos que determinan la utilización de esos insumos. Como se demuestra en el Informe, para que el Estado pueda hacer una aportación más eficaz al proceso de desarrollo es esencial comprender la función que cumple en ese entorno institucional, por ejemplo, su capacidad de imponer el cumplimiento de la ley y, de esa manera, facilitar las transacciones.

Son muchas y muy diversas las formas de asegurar la efectividad del Estado, y en el Informe no se propone una panacea universal para su reforma. Lo que sí se ofrece es un marco para orientar estos esfuerzos, desglosado en una doble estrategia:

- Lo primero es articular las actividades del Estado de forma que estén en consonancia con su capacidad. Muchos Estados tratan de hacer demasiado con unos recursos y una capacidad insuficientes. Si consiguen concentrarse en las actividades públicas fundamentales que son imprescindibles para el desarrollo, su eficacia aumentará.
- En segundo lugar, a más largo plazo, hay que buscar formas de ampliar la capacidad del Estado mediante la revitalización de las instituciones públicas. En el Informe se hace particular hincapié en los mecanismos que ofrecen a los funcionarios públicos incentivos para hacer mejor su trabajo y actuar con mayor flexibilidad, pero que al mismo tiempo contienen salvaguardias para impedir la arbitrariedad y la corrupción.

Tomando como base ejemplos de los logros y fracasos conseguidos por el Estado y los procesos de reforma estatal en todo el mundo, el Informe describe esta doble estrategia en relación con distintos puntos de partida. Un hecho importante es que, si bien la variedad de circunstancias y contextos es enorme, los Estados que han conseguido resultados brillantes presentan algunas características comunes. Una de ellas es la forma en que han establecido la normativa en que se basan las transacciones privadas y, en términos más generales, la sociedad civil. Otra es la manera en que han observado esa normativa, actuando en forma fiable y previsible, y poniendo coto a la corrupción.

No será fácil edificar un Estado más eficaz en la búsqueda del desarrollo sostenible y la lucha contra la pobreza. Siempre hay numerosos intereses creados empeñados en evitar el cambio, por muy costosos que sean los resultados para el bienestar del conjunto de la población. Para vencer esta oposición se requiere tiempo y voluntad política. No obstante, en el Informe se intenta demostrar que es posible crear oportunidades para la reforma, y ampliar las ya existentes, adoptando un enfoque cuidadosamente escalonado y utilizando mecanismos que permitan compensar a los que salgan perdiendo. Aun en el peor de los casos, pueden bastar pequeños progresos en el camino hacia la creación de un Estado más eficaz para conseguir importantes efectos en el bienestar económico y social. Al aproximarnos al siglo XXI, lo que tienen que hacer los Estados no es ni caer en la insignificancia ni dominar el mercado sino comenzar a conseguir esos pequeños progresos.

James D. Wolfensohn
Presidente
Banco Mundial

30 de mayo de 1997

Este Informe ha sido preparado por un equipo dirigido por Ajay Chhibber e integrado por Simon Commander, Alison Evans, Harald Fuhr, Cheikh Kane, Chad Leechor, Brian Levy, Sanjay Pradhan y Beatrice Weder. Jean-Paul Azam, Ed Campos, Hamid Davoodi, Kathleen Newland, Kenichi Ohno, Dani Rodrik, Susan Rose-Ackerman, Astri Suhrke y Douglas Webb hicieron valiosas aportaciones a su preparación. El equipo contó con la asistencia de Ritu Basu, Gregory Kisunko, Une Lee, Claudia Sepúlveda y Adam Michael Smith. Stephanie Flanders fue la redactora principal. La labor se llevó a cabo bajo la dirección general del desaparecido Michael Bruno, Lyn Squire y Joseph Stiglitz.

En la elaboración del Informe se contó con la importante asesoría de un distinguido grupo de expertos externos en el que participaron Masahiko Aoki, Ela Bhatt, Kwesi Botchwey, Peter Evans, Atul Kohli, Klaus König, Seymour Martin Lipset, Douglass North, Emma Rothschild, Graham Scott y Vito Tanzi.

Otras muchas personas, tanto pertenecientes al Banco Mundial como ajenas a la institución, han hecho valiosos comentarios, han preparado documentos de antecedentes y otras aportaciones y han participado en reuniones consultivas. Estos colaboradores y participantes se enumeran en la Nota bibliográfica. El Departamento de Economía Internacional proporcionó los datos del Apéndice y se encargó de los Indicadores seleccionados del desarrollo mundial.

Las personas encargadas de la composición del Informe fueron Amy Brooks, Valerie Chisholm, Kathryn Kline Dahl, Joyce Gates, Stephanie Gerard, Jeffrey N. Lecksell y Michael Treadway. Rebecca Sugui desempeñó las funciones de ayudante ejecutiva del equipo, y Daniel Atchison, Elizabete de Lima, Michael Geller y Thomas Zorab las de auxiliares especiales. María Ameal intervino como ayudante administrativa.

La traducción del Informe y los Indicadores se ha realizado en la División de Servicios de Traducción e Interpretación del Banco Mundial.

Este Informe está dedicado a la memoria de Michael Bruno, Primer Vicepresidente y Primer Economista del Banco Mundial entre 1993 y 1996. La labor que realizó durante toda su vida, incluidas sus contribuciones a este Informe sobre el desarrollo mundial y a otros anteriores, ha enriquecido de forma incalculable nuestra comprensión de la problemática del desarrollo.

ÍNDICE

PANORAMA GENERAL 1

PARTE I   REPLANTEAMIENTO DEL ESTADO EN TODO EL MUNDO

    1   Evolución del papel del Estado 21
    2   Atención renovada a la eficacia del Estado 33

PARTE II   ACOMODAR LA FUNCIÓN A LA CAPACIDAD

    3   Asentar los cimientos económicos y sociales 47
    4   Impulsar los mercados: liberalización, reglamentación y política industrial 70

PARTE III   REVITALIZAR LA CAPACIDAD INSTITUCIONAL

    5   Edificar las instituciones necesarias para un sector público capaz 91
    6   Poner coto a la arbitrariedad y a la corrupción 113
    7   Acercar el Estado a la sociedad 125
    8   Promover la acción colectiva internacional 149

PARTE IV   ELIMINAR LOS OBSTÁCULOS AL CAMBIO

    9   El desafío de emprender y consolidar las reformas 164
    10 El camino hacia el cambio 179

Nota técnica 192

Nota bibliográfica 201

Apéndice: Indicadores seleccionados sobre finanzas públicas 219

Indicadores seleccionados del desarrollo mundial 227

RECUADROS

1   El camino hacia un Estado más eficaz 4
2   Credibilidad, inversión y crecimiento 5
3   El programa regional 16
1.1 Estado y gobierno: definiciones 22

1.2	Medidas del gobierno estadounidense en apoyo del desarrollo de los mercados: algunos ejemplos	24
1.3	Evolución del papel del Estado en la India durante los últimos cincuenta años	27
1.4	Justificación económica de la intervención estatal y algunas definiciones	28
2.1	La creación de Internet, ejemplo reciente de interacción fructífera entre el sector público y el privado	35
2.2	La medición del Estado: su tamaño, sus políticas y su capacidad institucional	37
3.1	La falta de requisitos básicos, un obstáculo para las empresas en todo el mundo	48
3.2	Lucha contra la delincuencia en Cali (Colombia)	50
3.3	La contratación y el sistema judicial en el Brasil	53
3.4	Historial internacional de los déficit fiscales y la inflación	54
3.5	Compromiso frente a flexibilidad en la zona del franco CFA	59
3.6	El suministro privado de servicios sociales: perspectiva histórica	62
3.7	El nuevo plan de seguro de desempleo de Chile	67
3.8	Reducción de la pobreza en Indonesia: la asistencia social, complemento de un crecimiento de base amplia	68
4.1	El "zar de la desregulación" en México	73
4.2	Seis objeciones a la privatización —y seis posibles soluciones	74
4.3	La supervisión gubernamental evita un desastre financiero en Malasia	78
4.4	Reglamentación de las telecomunicaciones en Jamaica	81
4.5	Activismo ambiental en Yokohama (Japón)	82
4.6	Fuerte ofensiva del Japón en apoyo del sector metalúrgico durante la posguerra	84
5.1	Establecimiento de los cimientos burocráticos: las reformas Northcote-Trevelyan en el Reino Unido	92
5.2	Australia: mecanismos para una elaboración de políticas transparente, competitiva y orientada a la obtención de resultados	95
5.3	Enorme expansión estatal en Bangladesh	99
5.4	Vales y elección de escuela	102
5.5	Contratos con ONG para mejorar la enseñanza en Bolivia	103
5.6	Atraer a los mejores y más capaces: sistemas mandarines frente a sistemas abiertos	108
5.7	Cómo conseguir una mayor dedicación de los empleados: buen gobierno en el estado brasileño de Ceará	111
6.1	La participación popular permite mejorar el régimen de los derechos de propiedad y la solución de controversias en el Perú	115
6.2	Mecanismos de control de la política urbana en los Estados Unidos, y su reforma	120
6.3	La lucha contra la corrupción en Uganda	121
6.4	La Comisión independiente contra la corrupción en Hong Kong	122
7.1	La opinión pública y el Estado	126
7.2	Resolución de problemas en las sociedades multiétnicas de Malasia y Mauricio	128
7.3	¿Sirve para algo el patrimonio social?	131
7.4	Encuestas entre clientes para impulsar mejoras de los servicios en la India, Uganda y Nicaragua	133
7.5	¿Contribuye la participación a mejorar los resultados de los proyectos?	135
7.6	Las difíciles relaciones entre los distintos niveles de gobierno: los casos del Brasil y China	142
7.7	Cómo calcular las transferencias destinadas a la equiparación fiscal	144
8.1	La Organización Mundial del Comercio, mecanismo internacional para dar credibilidad a las políticas nacionales	153
8.2	La investigación agrícola internacional beneficia también a los donantes	156
8.3	Desafíos del cambio climático mundial para la cooperación internacional	157
8.4	Participación en los gastos derivados de la protección del medio ambiente	157
8.5	¿A cuánto ascienden los dividendos de la paz?	158

9.1	Sopesar los costos y los beneficios políticos de la reforma	167
9.2	El Estado depredador en el Haití de los Duvalier	170
9.3	Reformas impulsadas por una amenaza externa: la restauración Meiji en el Japón	171
9.4	Los Pactos de la Moncloa en España	177
9.5	El programa venezolano de reforma de 1989, y su anulación	178
10.1	Desplome del Estado en Somalia, y sus repercusiones	182
10.2	Los fundamentos económicos del conflicto: el caso de Liberia	183

GRÁFICOS

1	Las dimensiones del Estado han aumentado en todas partes	2
2	Una gama de mecanismos puede mejorar la capacidad el Estado	8
3	Factores relacionados con la corrupción	9
4	Cuanto más numerosos son los funcionarios públicos más bajos suelen ser sus salarios	11
5	Los países con políticas económicas acertadas y mayor capacidad institucional tienen un crecimiento más rápido	15
1.1	Un solo mundo para un número cada vez mayor de Estados	23
1.2	Desde 1960, la presencia del Estado ha crecido en todo el mundo	25
1.3	Aumento de las transferencias y los pagos de intereses	25
2.1	Estado, instituciones y resultados económicos	34
2.2	El buen gobierno explica la diferencia de ingresos entre Asia oriental y África	36
2.3	Unas instituciones dignas de confianza dan credibilidad al Estado	40
2.4	La impresión de credibilidad y los resultados económicos van unidos	42
3.1	El síndrome de ilegalidad	49
3.2	Las negociaciones con los funcionarios de gobierno pueden ser arduas	49
3.3	Los países están descubriendo las ventajas del impuesto sobre el valor agregado	56
3.4	A diferencia de Nigeria, Indonesia administró prudentemente las ganancias imprevistas derivadas del petróleo	57
3.5	El diseño adecuado de las instituciones presupuestarias contribuye a evitar déficit elevados	58
3.6	En Viet Nam, los beneficios de la atención hospitalaria tienden a favorecer a los más acomodados	61
3.7	La relación entre enseñanza pública y privada varía enormemente en todo el mundo	63
3.8	Las pensiones y otras transferencias en efectivo han ido en aumento en los países industriales	65
3.9	En general, las subvenciones para vivienda de los países en desarrollo no benefician a los necesitados	68
4.1	Las crisis bancarias son demasiado comunes y entrañan un costo fiscal enorme	79
5.1	Discrepancia entre los objetivos de política y las asignaciones de gastos en Guinea	97
5.2	La superposición de responsabilidades obstaculiza la toma de decisiones en Ucrania	98
5.3	La mayoría de las empresas estima que los servicios públicos son deficientes, pero algunos reciben mejor calificación que otros	99
5.4	Tres estrategias para mejorar la prestación de los servicios públicos	100
5.5	Las contrataciones y ascensos en base a los méritos aumentan la capacidad burocrática	106
5.6	La ausencia de meritocracia y los bajos salarios han mermado la capacidad de la administración pública en Filipinas	107
5.7	En África, el empleo en el sector público ha aumentado, pero los salarios han disminuido	109
6.1	Los niveles de corrupción elevados e imprevisibles son un obstáculo a la inversión	117
6.2	Algunos factores asociados a la corrupción	119
7.1	El mundo es mucho más democrático desde 1980	127
7.2	Organizaciones en la intersección del Estado, los mercados y la sociedad civil	132

7.3	Reglas verticales e incentivos horizontales, determinantes de la capacidad del gobierno local	139
8.1	Muchos países están atenuando las restricciones al capital internacional	153
8.2	Llegada masiva de refugiados a África, Asia y Europa	159
8.3	Las políticas desacertadas anulan el efecto de la ayuda	160
9.1	Los trabajadores de edad más avanzada perderán con la reforma de las pensiones, pero los jóvenes saldrán ganando	167
9.2	La existencia de numerosas instancias de control ayuda a los países a resistir las presiones para ampliar las prestaciones sociales	169

CUADROS

1.1	Funciones del Estado	30
3.1	Seguro social, asistencia social y programas dirigidos específicamente a la mitigación de la pobreza en los países en desarrollo: características y conclusiones	64
3.2	Deuda implícita en concepto de pensiones en algunos países	66
4.1	Estimaciones de los beneficios económicos derivados de la desreglamentación en los Estados Unidos	71
4.2	Distintas formas de reglamentación	77
5.1	Mecanismos para mejorar la prestación de servicios	101
7.1	Variaciones del financiamiento subnacional en algunos países	137
7.2	Características de la demanda y la oferta de bienes públicos locales y nacionales	138
7.3	Posibles asignaciones de impuestos y gastos, por nivel de gobierno	145
7.4	Principios para el establecimiento de las transferencias y prácticas óptimas	146
7.5	Acomodar la estrategia de descentralización a la capacidad del gobierno	147
9.1	Simpatías de los grupos de interés, costos políticos y concatenación táctica de la reforma, por tipo de reforma	166
9.2	Aumento estimado de la eficiencia tras la privatización de las empresas de servicios públicos en la Argentina	168
9.3	Reformas de la primera y la segunda generación	174

Definiciones y notas sobre los datos

Los países incluidos en las agrupaciones regionales y de ingreso que se utilizan en este Informe (excepto los que aparecen en la encuesta del sector privado) figuran en el cuadro sobre clasificación de los países situado al final de los Indicadores seleccionados del desarrollo mundial. Las clasificaciones por niveles de ingreso se basan en el PNB per cápita; los umbrales de las clasificaciones por niveles de ingreso utilizadas en el presente Informe pueden verse en la Introducción a los Indicadores seleccionados del desarrollo mundial. Salvo indicación en contrario, los promedios de los grupos que figuran en los gráficos y cuadros son los promedios sin ponderar de los países incluidos en el grupo.

El uso del término "países" al hacer referencia a las economías no supone juicio alguno por parte del Banco Mundial en cuanto a la situación jurídica o de otra índole de un territorio. En las estadísticas referentes a los "países en desarrollo" se incluyen a las economías en transición, salvo indicación en contrario.

Los dólares ($) son dólares corrientes de los Estados Unidos, salvo indicación en contrario.

Billón significa 1 millón de millones.

Siglas

CEI Comunidad de Estados Independientes
ECO Europa central y oriental
FMI Fondo Monetario Internacional
OCDE Organización de Cooperación y Desarrollo Económicos
ONG Organización no gubernamental
PIB Producto interno bruto
PNB Producto nacional bruto
PPA Paridad del poder adquisitivo

PANORAMA GENERAL

LAS MIRADAS DEL MUNDO ENTERO ESTÁN VUELTAS hacia el Estado. Los trascendentales acontecimientos registrados en la economía mundial nos han obligado a replantearnos algunos interrogantes fundamentales: cuál debe ser el papel del Estado, qué es lo que puede y lo que no puede hacer, cómo debe hacerlo.

Los últimos cincuenta años han demostrado claramente tanto las ventajas como las limitaciones de la acción estatal, en particular en lo que se refiere a la promoción del desarrollo. Los gobiernos han ayudado a introducir sustanciales mejoras en la educación y la salud y a reducir la desigualdad social. Pero la intervención gubernamental también ha tenido consecuencias lamentables. E incluso en los casos en que la actuación anterior del Estado ha sido positiva, muchos temen que no pueda adaptarse a las exigencias de una economía mundial en proceso de globalización.

Son muchas y diversas las nuevas inquietudes e interrogantes sobre la función del Estado; cuatro acontecimientos recientes las han hecho especialmente apremiantes:

- el desplome de las economías dirigidas de la antigua Unión Soviética y de Europa central y oriental (ECO);
- la crisis fiscal del Estado del bienestar en la mayoría de los países con tradición industrial;
- el importante papel desempeñado por el Estado en el "milagro" económico de algunos países del Asia oriental;
- el desmoronamiento del Estado y la multiplicación de las emergencias humanitarias en varias partes del mundo.

En este Informe se hace patente que el factor determinante de esos acontecimientos tan diversos ha sido la eficacia o ineficacia de los poderes públicos. Un Estado eficaz es imprescindible para poder contar con los bienes y servicios —y las normas e instituciones— que hacen posible que los mercados prosperen y que las personas tengan una vida más saludable y feliz. En su ausencia, no puede alcanzarse un desarrollo sostenible ni en el plano económico ni en el social. Aunque hace cincuenta años muchos hablaban en términos muy semejantes, entonces estas ideas en general involucraban el protagonismo del Estado en el proceso de desarrollo. Lo que la experiencia nos ha enseñado desde entonces es bastante diferente: el Estado es fundamental para el proceso de desarrollo económico y social, pero no en cuanto agente directo del crecimiento sino como socio, elemento catalizador e impulsor de ese proceso.

Los factores que determinan la eficacia del Estado difieren enormemente de un país a otro según las distintas etapas de desarrollo en que se encuentren. Por ejemplo, una misma medida puede dar buenos resultados en los Países Bajos o Nueva Zelandia y resultar contraproducente en Nepal. Incluso cuando el nivel de ingreso es igual, las diferencias de tamaño, configuración étnica, características culturales y sistemas políticos hacen de cada país un ente singular. Pero es precisamente esta diversidad la que amplía la perspectiva de la reflexión de este Informe acerca de *por qué* y *en qué forma* algunos Estados consiguen mejor que otros mantener el desarrollo, eliminar la pobreza y adaptarse al cambio.

Replanteamiento del papel del Estado en todo el mundo

El mundo está cambiando, y con él cambian también nuestras ideas sobre el papel del Estado en el desarrollo económico y social. La intensa atención que se presta actualmente al papel del Estado nos hace recordar una era anterior, cuando el mundo comenzaba a recuperarse de la destrucción causada por la segunda guerra mundial y gran parte de los países en desarrollo estaban consiguiendo la independencia. En esa época, el desarrollo parecía un objetivo más asequible, y en gran medida de carácter técnico. Unos asesores y técnicos competentes formularían políticas acertadas, que después serían puestas en práctica por buenos gobiernos en bien de la sociedad. La intervención estatal hacía hincapié en las deficiencias del mercado y asignaba al Estado un papel fundamental en el intento de corregirlas. Pero, desde nuestra perspectiva actual, los supuestos institucionales implícitos en esta cosmovisión eran demasiado simplistas. Parecía que lo más importante era la flexibilidad para aplicar las políticas formuladas por los tecnócratas. La rendición de cuentas a través de sistemas de contrapesos y salvaguardias se veía como un obstáculo.

En algunos países, la situación evolucionó más o menos en la forma prevista por los tecnócratas. Pero, en muchos otros, los resultados fueron muy diferentes. Los gobiernos emprendieron proyectos poco realistas. Los inversionistas privados se abstuvieron por falta de confianza en las políticas públicas o en la firmeza de los dirigentes. Poderosos gobernantes actuaron en forma arbitraria. La corrupción se convirtió en mal endémico. El proceso de desarrollo perdió impulso, y la pobreza se consolidó.

Durante los cien últimos años, la presencia y la intervención del Estado han crecido enormemente, sobre todo en los países industriales (Gráfico 1). Antes de la segunda guerra mundial, la expansión se debió, entre otros factores, a la necesidad de superar los graves daños causados por la Gran Depresión en los sistemas económicos y sociales. La confianza en la intervención estatal durante el período de la posguerra llevó a que se exigiera su intensificación. Las economías industriales ampliaron el Estado del bienestar, y muchos países adoptaron estrategias de desarrollo bajo la dirección estatal. Esto llevó a una enorme expansión de la magnitud y alcance de la función del Estado en todo el mundo. El gasto público representa en estos momentos casi la mitad del ingreso total en los países industriales, y aproximadamente la cuarta parte en los países en desarrollo. Pero ha sido precisamente este incremento de la influencia estatal lo que ha dado lugar a un cambio de orientación: lo que importa ante todo no es lo cuantitativo sino lo cualitativo, no la mera magnitud del Estado y el ámbito de sus intervenciones sino su eficacia para atender las necesidades de la población.

Al igual que en los años cuarenta, el renovado acento en la función y eficacia del Estado ha tenido origen en trascendentales acontecimientos acaecidos en la economía mundial, que produjeron cambios fundamentales en las circunstancias en que se desarrolla la acción estatal. La integración mundial de las economías y la propagación de la democracia han reducido las oportunidades para un comportamiento arbitrario y caprichoso. Los sistemas impositivos, la normativa para la inversión y las políticas económicas deben responder en medida creciente a los parámetros de una economía mundial globalizada. El cambio tecnológico ha abierto nuevas oportunidades para la desagregación de los servicios y la ampliación de las funcio-

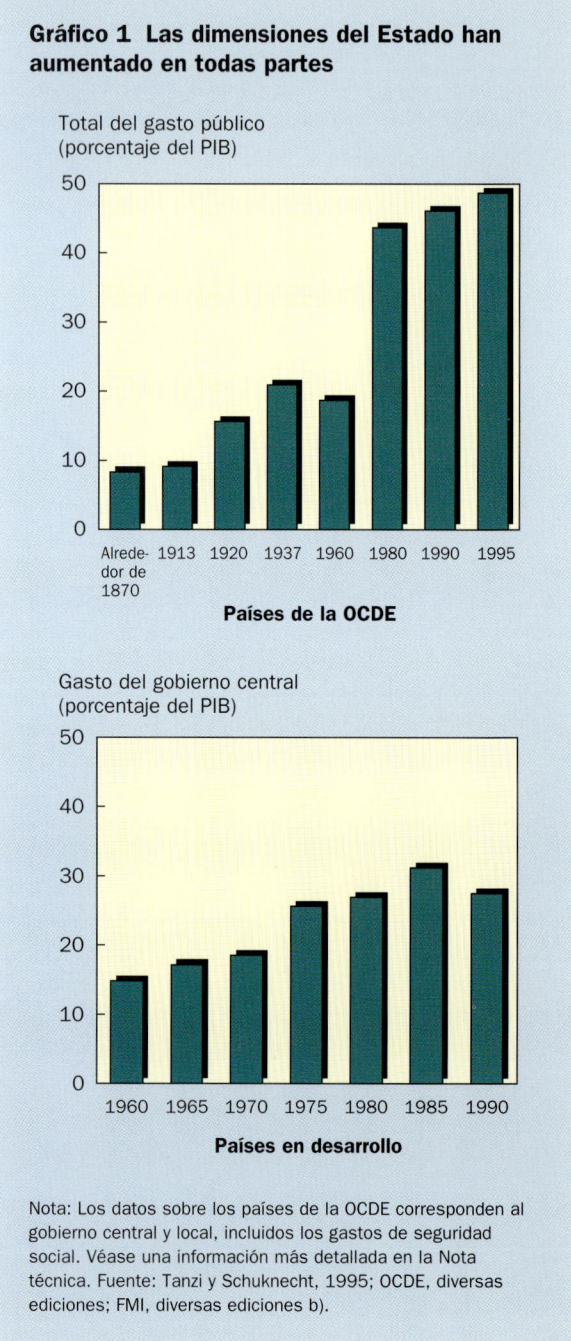

Gráfico 1 Las dimensiones del Estado han aumentado en todas partes

Nota: Los datos sobre los países de la OCDE corresponden al gobierno central y local, incluidos los gastos de seguridad social. Véase una información más detallada en la Nota técnica. Fuente: Tanzi y Schuknecht, 1995; OCDE, diversas ediciones; FMI, diversas ediciones b).

nes de los mercados. Esos cambios han obligado a los Estados a asumir competencias nuevas y diferentes —no ya como proveedores exclusivos, sino como promotores y reguladores. El Estado se ve sometido a presiones incluso en aquellos lugares en que su actuación parecía haber sido satisfactoria. Numerosos países industriales se debaten con un Estado del bienestar hipertrofiado, y tienen que tomar difíciles decisiones sobre los servicios y prestaciones gubernamentales que los ciudadanos pueden reclamar. Los mercados, tanto nacionales como mundiales, y los ciudadanos, irritados por las deficiencias del sector estatal, exigen, a menudo por intermedio de organizaciones no gubernamentales y de base, una mayor transparencia en las prácticas de gobierno y otros cambios destinados a fortalecer la capacidad del Estado para alcanzar los objetivos que se le han asignado.

El clamor en favor de una mayor eficacia de los poderes públicos ha alcanzado dimensiones críticas en muchos países en desarrollo en los que el Estado no proporciona ni siquiera bienes públicos fundamentales, como la protección de los derechos de propiedad, la red vial y servicios básicos de salud y educación. El resultado ha sido un círculo vicioso: ante el deterioro de los servicios públicos, los individuos y las empresas evaden el pago de impuestos, lo que a su vez agrava ese deterioro. En la antigua Unión Soviética y en Europa central y oriental fue precisamente la demostrada incapacidad del Estado de cumplir sus promesas lo que en última instancia llevó a su derrocamiento. Pero, a su vez, el desplome de los sistemas de planificación central ha acarreado nuevos problemas. Como consecuencia del vacío creado, los ciudadanos a veces se ven privados de bienes colectivos básicos, como el orden público. En algunos casos extremos, como los de Afganistán, Liberia y Somalia, el Estado se ha desmoronado por completo, y los individuos y los organismos internacionales luchan desesperadamente por resolver esa situación.

Una doble estrategia

¿Cómo podremos abordar el laberinto de interrogantes y presiones que se ciernen sobre los Estados en todo el mundo? En este Informe no se propone una panacea universal para conseguir un Estado eficaz. Las diferencias de situación y de puntos de partida son demasiado grandes. Se propone más bien un amplio marco de referencia para abordar el problema de su eficacia a nivel mundial. Se señalan varias formas de reducir la brecha creciente entre lo que se espera de él y su capacidad de respuesta. La solución consistirá, en parte, en lograr que las sociedades acepten una redefinición de las responsabilidades del Estado. Para ello se precisará una selección estratégica de las acciones colectivas que éste tratará de promover, junto con mayores esfuerzos para aligerar la carga que pesa sobre el sector estatal mediante la participación de los individuos y las comunidades en el suministro de los bienes colectivos fundamentales.

Pero el proceso de reforma no puede limitarse a reducir o diluir la función del Estado. Incluso con un enfoque más selectivo y una mayor dependencia de la ciudadanía y las empresas privadas, la atención de una amplia gama de necesidades colectivas en forma más satisfactoria exigirá un mejor funcionamiento de las principales instituciones estatales. A fin de elevar el nivel de bienestar de la población, tendrá que ampliarse la capacidad del Estado, es decir, su *capacidad de emprender y promover acciones de interés colectivo en forma eficiente.*

Este mensaje fundamental se traduce en una doble estrategia para lograr que el Estado participe en forma más creíble y eficaz en el proceso de desarrollo de cada país:

- *Acomodar la función del Estado a su capacidad.* Se trata del primer elemento de la estrategia. Cuando la capacidad del Estado es pequeña, éste debe sopesar cuidadosamente cómo —y dónde— intervenir. Muchos Estados tratan de hacer demasiado con pocos recursos y escasa capacidad, y con frecuencia los perjuicios son mayores que los beneficios. La adopción de un criterio más selectivo centrado en los aspectos fundamentales incrementaría la eficacia de la acción estatal (Recuadro 1). Pero no se trata simplemente de elegir entre lo que se debe y lo que no se deber hacer; hay que decidir también cómo hacerlo.
- Pero la capacidad no es una realidad inmutable. Por eso, el segundo elemento de la estrategia consiste en *aumentar la capacidad del Estado mediante la revitalización de las instituciones públicas.* Ello comprende los siguientes elementos: establecer normas y controles eficaces para poner coto a las medidas estatales arbitrarias y luchar contra la corrupción arraigada; exponer a las instituciones estatales a una competencia mayor a fin de incrementar su eficiencia; mejorar el desempeño de las instituciones estatales mediante al aumento de las remuneraciones e incentivos, y hacer que el sector estatal responda más eficazmente a las necesidades de la población, cerrando la brecha entre gobierno y pueblo mediante una mayor participación y descentralización. Por ello, en el Informe no sólo se presta atención al replanteamiento de la función del Estado, sino que además se señala la forma en que los países podrían iniciar un proceso de reconstitución de la capacidad estatal.

Acomodar la función a la capacidad

Cuando se habla de acomodar la función a la capacidad no se quiere decir simplemente que hay que desmantelar el Estado. En algunas áreas, lo que se necesita para aumentar la eficacia es un empeño mucho mayor. Por eso, es trascendental distinguir entre lo que se debe y lo que no se debe hacer. Pero para ello hay que decidir también cómo se van a hacer las cosas —cómo prestar los servicios básicos, establecer la infraestructura, regular la economía—, no sólo si se hacen o no. A este respecto, las decisiones pueden y deben ajustarse a las circunstancias de cada país.

Primera función del Estado: asentar bien los cimientos
La misión del Estado está basada en cinco tareas fundamentales, sin las cuales es imposible alcanzar un desarrollo

Recuadro 1 El camino hacia un Estado más eficaz

Un Estado más capaz puede ser un Estado más eficaz, pero eficacia y capacidad no son la misma cosa. *Capacidad*, en el sentido utilizado al referirse al Estado, es la posibilidad de emprender y promover en forma eficiente acciones de interés colectivo, como las relacionadas con el orden público, la salud y la infraestructura básica; la *eficacia* es resultado de la utilización de esa capacidad para permitir a la sociedad atender su demanda de esos bienes. El Estado puede ser, al mismo tiempo, capaz pero no muy eficaz si su capacidad no se aplica a atender los intereses de la sociedad.

El camino que lleva hacia un Estado más eficaz no es rectilíneo; será, probablemente, un proceso con dos etapas. Primero, el Estado debe concentrar toda su capacidad en las tareas que puede y debe realizar. Conforme vaya avanzando en ello, podrá concentrar sus esfuerzos en conseguir una capacidad adicional. Como puede observarse en el gráfico adjunto, los países de la Zona I, a pesar de su escasa capacidad estatal, realizan una amplia gama de actividades pero en forma dispersa, y sus esfuerzos resultan ineficaces. Sin embargo, los países no pueden pasar a la Zona III de la noche a la mañana, pues la expansión de la capacidad requiere tiempo. Para poder llegar a una mayor eficacia, antes hay que concentrarse en las tareas fundamentales y multiplicar la limitada capacidad del Estado forjando relaciones de asociación con la comunidad empresarial y la sociedad civil (Zona II). Luego, los países podrán avanzar poco a poco hacia la Zona III, ampliando gradualmente su capacidad.

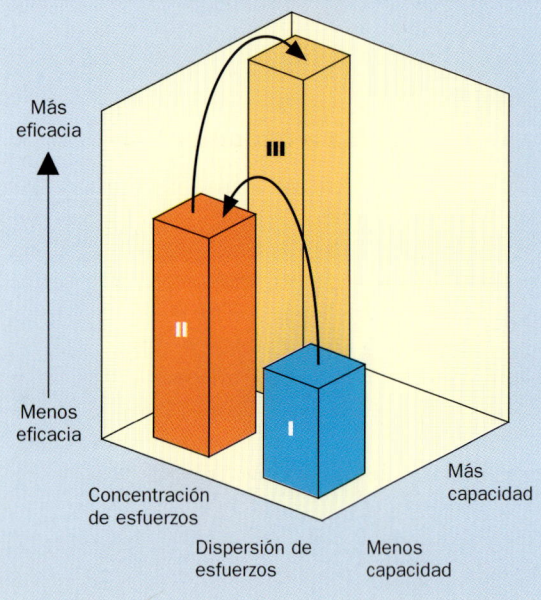

sostenible y compartido, que resulte en la reducción de la pobreza. Son las siguientes:

- establecimiento de un ordenamiento jurídico básico;
- mantenimiento de un entorno de políticas no distorsionantes, incluida la estabilidad macroeconómica;
- inversión en servicios sociales básicos e infraestructura;
- protección de los grupos vulnerables, y
- defensa del medio ambiente.

Si bien la importancia de estas tareas esenciales se reconoce ampliamente desde hace largo tiempo, se están perfilando algunos nuevos conceptos acerca de la combinación apropiada de actividades del mercado y del Estado para lograr su consecución. Sobre todo, ahora tenemos conciencia de la complementariedad del Estado y el mercado: aquel es esencial para sentar las bases institucionales que requiere éste. Y la credibilidad de los poderes públicos —la previsibilidad de sus normas y políticas y la coherencia con que se aplican— puede ser tan importante para atraer la inversión privada como el contenido de esas mismas normas y políticas.

Una encuesta entre empresarios del sector formal e informal de 69 países realizada específicamente para este Informe confirma algo que ya se sabía en forma más fragmentaria: que muchas naciones no cuentan con las bases institucionales imprescindibles para el desarrollo del mercado (Recuadro 2). Los elevados niveles de delincuencia y violencia personal y un sistema judicial imprevisible se combinan para constituir lo que en el presente Informe se denomina "síndrome de ilegalidad". La debilidad y arbitrariedad de las instituciones estatales agravan muchas veces la situación con su comportamiento imprevisible y contradictorio. De esa manera, lejos de contribuir al crecimiento del mercado, lo perjudican, y socavan la credibilidad del Estado.

A fin de alcanzar un desarrollo estable y sostenible, el Estado tiene que centrar su atención en los factores sociales fundamentales. La ilegalidad a menudo tiene su origen en la marginación: en realidad, los desheredados pueden llegar a convencerse de que la vulneración de la ley es la única forma de hacerse escuchar. Las políticas públicas pueden asegurar que el crecimiento sea compartido por todos y contribuya a reducir la pobreza y la desigualdad, pero sólo si los gobiernos atribuyen una elevada prioridad a los factores sociales fundamentales.

Con demasiada frecuencia las políticas y programas impiden que los recursos y servicios lleguen a las personas que más los necesitan. A causa de la influencia política de los segmentos más pudientes de la sociedad, algunas veces los gobiernos gastan mucho más en educación universitaria para los estudiantes ricos y de clase media que en educación básica para la mayoría de la población y en becas para los más necesitados. En muchas regiones, la pobreza y la desigualdad suelen afectar en forma desproporcionada a

Recuadro 2 Credibilidad, inversión y crecimiento

Una encuesta entre empresarios locales de 69 países ha revelado que la forma en que muchos Estados realizan sus funciones fundamentales deja mucho que desear; no logran asegurar el orden público, proteger la propiedad ni aplicar las normas y políticas en forma previsible. Los inversionistas desconfían de esos Estados, lo que, a su vez, representa un obstáculo para el crecimiento y la inversión.

En la encuesta citada se pidió a las empresas que clasificaran cada indicador en una escala que iba del uno (problema extremo) al seis (ningún problema). El promedio de las respuestas, como puede verse en el panel de la izquierda en relación con las distintas regiones del mundo, arroja un indicador global de la fiabilidad del marco institucional (normalizado aquí con los países de alto ingreso de la OCDE) tal como la perciben los empresarios privados; es lo que denominamos índice de credibilidad. En los otros dos paneles se observa que, una vez controladas las diferencias de nivel de ingreso y educación y las distorsiones de las políticas, existe una fuerte correlación entre el índice de credibilidad asignado a los países y su historial en materia de crecimiento e inversión. Las calificaciones sobre la credibilidad están basadas en impresiones de los inversionistas, pero son esas impresiones las que determinan su forma de invertir.

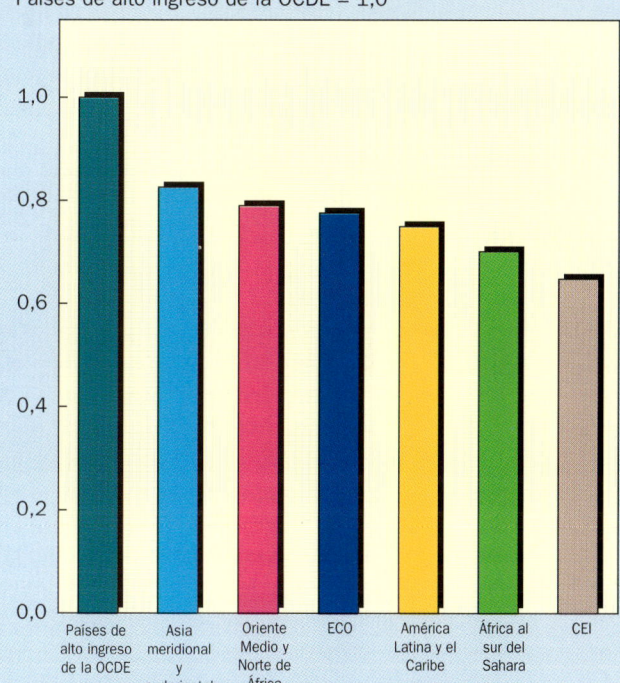

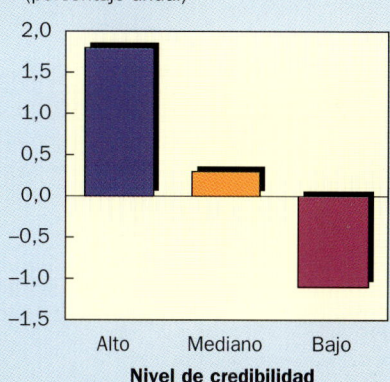

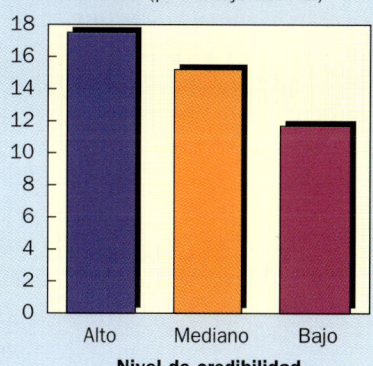

Nota: El índice de credibilidad (panel de la izquierda) es un indicador resumido que engloba las mediciones del Gráfico 2.3. Cada barra de los paneles de la derecha representa el índice medio de credibilidad de un grupo de países. Los gráficos se basan en regresiones, correspondientes a 1984–93, del crecimiento del PIB (32 países) y de la inversión (33 países) con arreglo al índice, controlando el nivel de ingreso y de educación y las distorsiones de las políticas. Asia meridional y sudoriental, y Oriente Medio y Norte de África están representados únicamente por tres economías, en cada caso. Fuente: Cálculos del personal del Banco Mundial basados en datos de la encuesta del sector privado realizada para este Informe y en los documentos de antecedentes de Brunetti, Kisunko y Weder.

las minorías étnicas y a las mujeres, o a las zonas geográficas desfavorecidas. Como resulta cada vez más evidente en muchas partes del mundo, estos grupos, marginados del debate público y excluidos del conjunto de la economía y la sociedad, constituyen tierra fértil para la violencia y la inestabilidad.

Las políticas y programas públicos deben orientarse no sólo a fomentar el crecimiento estimulado por el mercado, sino también a asegurar la distribución de sus beneficios, particularmente mediante inversiones en servicios básicos de educación y salud. Además, deben proteger a la población contra la inseguridad material y personal. Cuando la pobreza y la marginación económica tienen su origen en diferencias étnicas y sociales, las políticas deben articularse cuidadosamente en función de estas diferencias, como se ha hecho en Malasia y Mauricio.

La regulación gubernamental no es la única respuesta a la contaminación. Hoy existe la posibilidad de utilizar una serie de incentivos innovadores y flexibles para conseguir que quienes contaminen reparen los daños causados. Aunque no hay nada que pueda sustituir a unos marcos normativos acertados ni a la información sobre el medio ambiente, esos nuevos instrumentos, basados en la persuasión, la presión social y la capacidad del mercado para inducir comportamientos más ecológicos, pueden muchas veces dar fruto donde los reglamentos no lo consiguen. Los países están utilizando algunas de esas herramientas, con resultados alentadores, en la búsqueda de cuatro objetivos:

- encauzar la fuerza de la opinión pública;
- conseguir una reglamentación más flexible;
- aplicar mecanismos autorreguladores, y
- elegir instrumentos eficaces y basados en el mercado.

Construir sobre los cimientos: el Estado no tiene la exclusiva
Es un hecho cada vez más aceptado que, en muchos países, los monopolios públicos de infraestructura, servicios sociales y otros bienes y servicios tienen pocas probabilidades de ser eficaces. Al mismo tiempo, las nuevas tecnologías y sistemas de organización han creado nuevas oportunidades para que proveedores privados competitivos participen en actividades hasta ahora reservadas al sector público. Para aprovechar estas nuevas oportunidades y lograr una asignación más eficiente de la escasa capacidad pública, los gobiernos están empezando a hacer una distinción entre el financiamiento de las obras de infraestructura y los servicios, por un lado, y su suministro, por el otro, y entre los segmentos competitivos del mercado de servicios públicos y los segmentos monopolísticos. Los países partidarios de la reforma también están tomando medidas para distinguir entre los programas de seguro social, encaminados a atender la salud y los problemas de inseguridad en el empleo de toda la población, y los de asistencia social, destinados a ayudar únicamente a los grupos más pobres de la sociedad.

ACABAR CON LA INSEGURIDAD ECONÓMICA EN EL HOGAR. Es un hecho comprobado que el Estado puede ayudar a los hogares a eliminar ciertos factores que plantean riesgos para su seguridad económica: puede evitar la miseria en la vejez a través de sistemas de pensiones, puede ayudar a hacer frente a enfermedades catastróficas mediante seguros médicos y puede brindar asistencia en caso de la pérdida del trabajo con seguros de desempleo. Pero la idea de que esta carga debe recaer únicamente sobre el Estado ha comenzado a cambiar. El Estado del bienestar se está reformando incluso en muchas naciones industriales. Las economías emergentes, desde el Brasil hasta China, no podrán sufragar el costo de planes inspirados en el sistema europeo, ni siquiera de versiones limitadas de los mismos, especialmente si se tiene en cuenta el rápido envejecimiento de su población. Para lograr una mayor seguridad a un costo menor, se necesitan soluciones innovadoras basadas en la participación de las empresas, los trabajadores, los hogares y los grupos comunitarios. Esto es particularmente importante para los países en desarrollo que todavía no se han comprometido con planes de alto costo.

REGLAMENTACIÓN EFICAZ. Una normativa debidamente formulada puede ayudar a la sociedad a aprovechar las fuerzas del mercado en beneficio de los fines públicos. La reglamentación puede contribuir a proteger a los consumidores, a los trabajadores y el medio ambiente. Puede estimular la competencia y la innovación y, al mismo tiempo, poner coto a los abusos de los poderes monopolísticos. Gracias a las reformas normativas emprendidas a principios del decenio de 1980, el sector de las telecomunicaciones de Chile ha alcanzado niveles sostenidos de inversión privada, servicios de mejor calidad, una mayor competencia y precios más bajos. En cambio, en Filipinas, hasta la implantación de las reformas recientes, una reglamentación disfuncional privaba de inversiones al sector de las telecomunicaciones, desde hacía tiempo en manos del sector privado. Por esta razón, el servicio era deficiente y las tarifas elevadas, en muchos casos, lo que suponía altos costos para la población y el sector empresarial. Las nuevas posibilidades de prestación de servicios sociales y de infraestructura por parte del sector privado sólo se harán realidad, en muchas ocasiones, si existe un marco normativo satisfactorio.

POLÍTICA INDUSTRIAL. Cuando los mercados están subdesarrollados, el Estado puede a veces aliviar los problemas de coordinación y las deficiencias de información y promover el desarrollo del mercado. Muchas de las economías con mayor tradición industrial se valieron de diversos mecanismos para estimular el crecimiento del mercado en sus etapas iniciales de desarrollo. Más recientemente, el Japón, la República de Corea y otros países de Asia oriental, además de asegurar la existencia de los factores económicos, sociales e institucionales fundamentales, han utilizado toda una gama de instrumentos para la promoción del mercado. En algunos casos, las intervenciones han sido bastante complejas, por ejemplo, el uso de subvenciones en forma muy estratégica. Otras como la promoción de las exportaciones y los incentivos especiales a la infraestructura, han sido de alcance más limitado. La sabiduría en la elección de las intervenciones más apropiadas y la eficacia en su aplicación revisten importancia crítica; la adopción de políticas inadecuadas en las áreas del comercio, el crédito y la industria puede tener —y de hecho ha tenido— consecuencias muy perjudiciales. Muchos países en desarrollo adoptaron políticas industriales agresivas desafortunadas, con resultados desastrosos. Las naciones que han aplicado con éxito una política industrial dinámica son las que contaban con una sólida capacidad institucional.

GESTIÓN DE LA PRIVATIZACIÓN. Una normativa cuidadosamente estructurada y otras iniciativas gubernamentales pueden impulsar el crecimiento del mercado. Pero en muchos países este proceso puede ser muy lento, pues la iniciativa privada está a merced de las relaciones de enfrentamiento entre Estado y mercado, heredadas del pasado. Además, las empresas estatales improductivas a menudo constituyen una pesada carga para las finanzas estatales. Una solución obvia es la privatización. Lo que ocurre es que, en general, es más fácil vender los activos del Estado cuando se dan condiciones propicias para el desarrollo del sector privado. Por eso, en casos como los de China, Corea y Taiwán (China) se ha optado por no dar máxima prioridad a la privatización y permitir que el sector privado crezca en torno al sector estatal. No obstante, es posible que no se pueda seguir ese camino en los lugares donde la presión fiscal es muy fuerte y donde la presencia de empresas estatales ineficientes impide la necesaria reestructuración general de la economía.

La experiencia ha demostrado que la forma en que se lleva a cabo la privatización influye de forma trascendental en los resultados finales. Los factores clave son la transparencia del proceso, la aceptación por parte de los empleados, la generación de una amplia base de propiedad y la implantación de reformas normativas apropiadas. En los casos en que la privatización se ha aplicado con cautela, son ya visibles los resultados positivos, por ejemplo, en Chile y la República Checa. Si bien su importancia en la estrategia para la promoción del mercado puede variar de un caso a otro, muchos países en desarrollo que desean reducir la magnitud de su desmesurado sector estatal deben conceder máxima prioridad a la privatización. Un proceso de privatización bien administrado produce grandes beneficios económicos y fiscales.

Determinación de los límites de la acción estatal
La clave para la aplicación de las políticas en forma previsible y coherente es la armonía entre la capacidad de las instituciones estatales y su actuación. Los Estados con un nivel suficiente de desarrollo suelen tener una considerable capacidad administrativa, y sus sistemas institucionalizados de contrapesos y salvaguardias impiden la adopción de medidas arbitrarias al mismo tiempo que brindan a las organizaciones estatales la flexibilidad necesaria para realizar su cometido. En cambio, los Estados con instituciones más débiles quizás prefieren pecar de falta de flexibilidad y exceso de control. Pueden hacerlo de dos maneras:

- Mediante la aplicación de normas autorrestrictivas que especifiquen con precisión el ámbito de las políticas y las incorporen en mecanismos cuya derogación sea costosa. Ejemplos de estos mecanismos en la esfera de la política monetaria son los acuerdos regionales que entrañan el uso de una moneda común, como el existente entre los países francoparlantes de África, o las juntas cuasimonetarias, como la de la Argentina. Los contratos firmes de compra (sin derecho de rescisión) con productores independientes de energía eléctrica cumplen una función semejante en la reglamentación de los servicios públicos.
- Mediante acuerdos de asociación con empresas e individuos. Por ejemplo, en el campo de la política industrial, los Estados pueden fomentar la colaboración dentro del propio sector privado; en el de la reglamentación financiera, pueden ofrecer a la banca incentivos para que actúe con prudencia, y, en lo que se refiere a la protección del medio ambiente, pueden difundir información para estimular la presentación de iniciativas ciudadanas "de abajo arriba".

Los países en transición deben hacer frente a un desafío especial: no están cambiando sólo las funciones, como consecuencia de la adopción de sistemas basados en el mercado; también se están transformando las capacidades. Algunos países en transición conservan capacidades en forma de personal calificado y equipo utilizable, pero no están debidamente organizados para el desempeño de sus nuevas funciones. En ocasiones se encuentran ejemplos aislados de calidad en medio de un mar de mediocridad. En esos casos, la búsqueda de una mayor eficacia resulta al mismo tiempo más fácil y más difícil: más fácil, porque el punto de partida de la capacidad no es demasiado bajo; más difícil, porque para reconstruir la capacidad hay que cambiar las actitudes. La reforma no consiste simplemente en asignar a las personas nuevas responsabilidades.

Revitalización de las instituciones estatales

Reconocer la capacidad real del Estado, quizá muy escasa, no significa aceptarla para siempre. La segunda tarea clave de la reforma del sector estatal consiste en revitalizar su capacidad institucional *ofreciendo a los funcionarios públicos incentivos para mejorar su rendimiento y, al mismo tiempo, manteniendo a raya las posibles arbitrariedades.*

A los países les resulta difícil establecer las instituciones necesarias para asegurar la eficiencia de su sector público.

Una de las razones de esa dificultad es de orden político. Por ejemplo, es posible que haya fuertes intereses empeñados en mantener un statu quo injusto e ineficiente, mientras que los perjudicados por esa situación quizás no estén en condiciones de ejercer presiones eficaces para cambiarla.

Ahora bien, el problema de la ineficiencia o corrupción crónicas no es exclusivamente de carácter político. Con frecuencia, los políticos y otros cargos públicos tienen fuertes incentivos y un sincero deseo de mejorar el sector estatal. Pero la gestión de una burocracia es una tarea compleja, para la que no se pueden ofrecer soluciones claras e inequívocas. En realidad, para establecer instituciones que aseguren la eficacia del sector público es preciso resolver toda una serie de problemas básicos de comportamiento que distorsionan los incentivos y, en última instancia, llevan a resultados insatisfactorios. Según las circunstancias, son tres los tipos básicos de incentivos que se pueden utilizar para luchar contra estos problemas más profundos y mejorar la capacidad (Gráfico 2). Son los siguientes:

- normas y controles eficaces;
- más competencia, y
- consulta y participación ciudadana.

Normas y controles eficaces

A largo plazo, para crear un clima general de responsabilidad se necesitan mecanismos formales de control, anclados en las instituciones estatales básicas. El poder puede dividirse ya sea entre los órganos judiciales, legislativos y ejecutivos del Estado, o entre las autoridades centrales, provinciales y locales. Cuanto más amplia es la separación de poderes, mayor es el número de instancias de control que pueden evitar las medidas estatales arbitrarias. Pero la existencia de múltiples instancias de control es una espada de doble filo, pues puede hacer que resulte tan difícil modificar las normas perjudiciales como las beneficiosas.

En muchos países en desarrollo la supervisión legislativa y judicial del poder ejecutivo es débil. La fijación de metas y la vinculación de éstas con las políticas necesarias para su consecución son a veces poco claras, las legislaturas adolecen de falta de información y capacidad, y la independencia de la judicatura está en entredicho. Un poder judicial independiente es vital para asegurar que los poderes legislativo y ejecutivo asuman su plena responsabilidad ante la ley, y para interpretar y hacer cumplir las disposiciones de la constitución nacional. Es fácil redactar leyes; luego, hay que hacerlas cumplir para que el país pueda disfrutar de los beneficios privativos del Estado de derecho. Se requiere

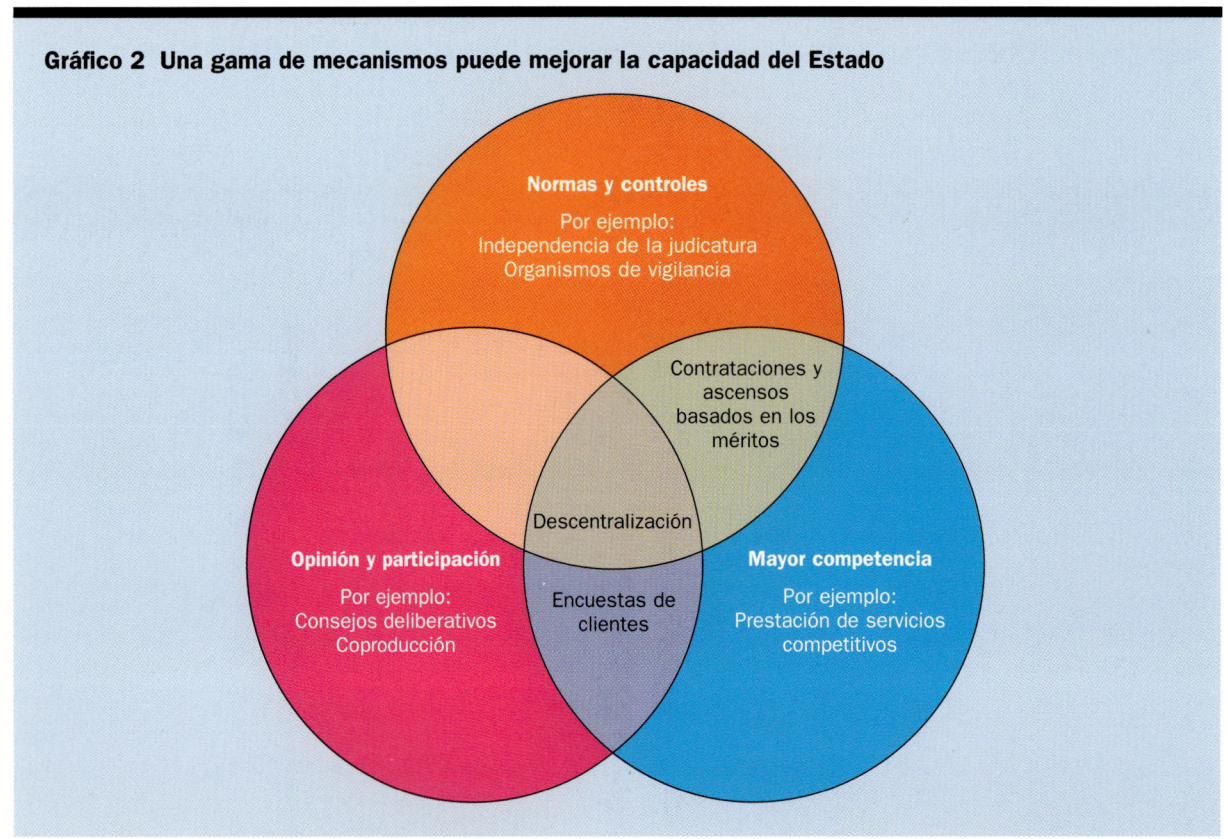

Gráfico 2 Una gama de mecanismos puede mejorar la capacidad del Estado

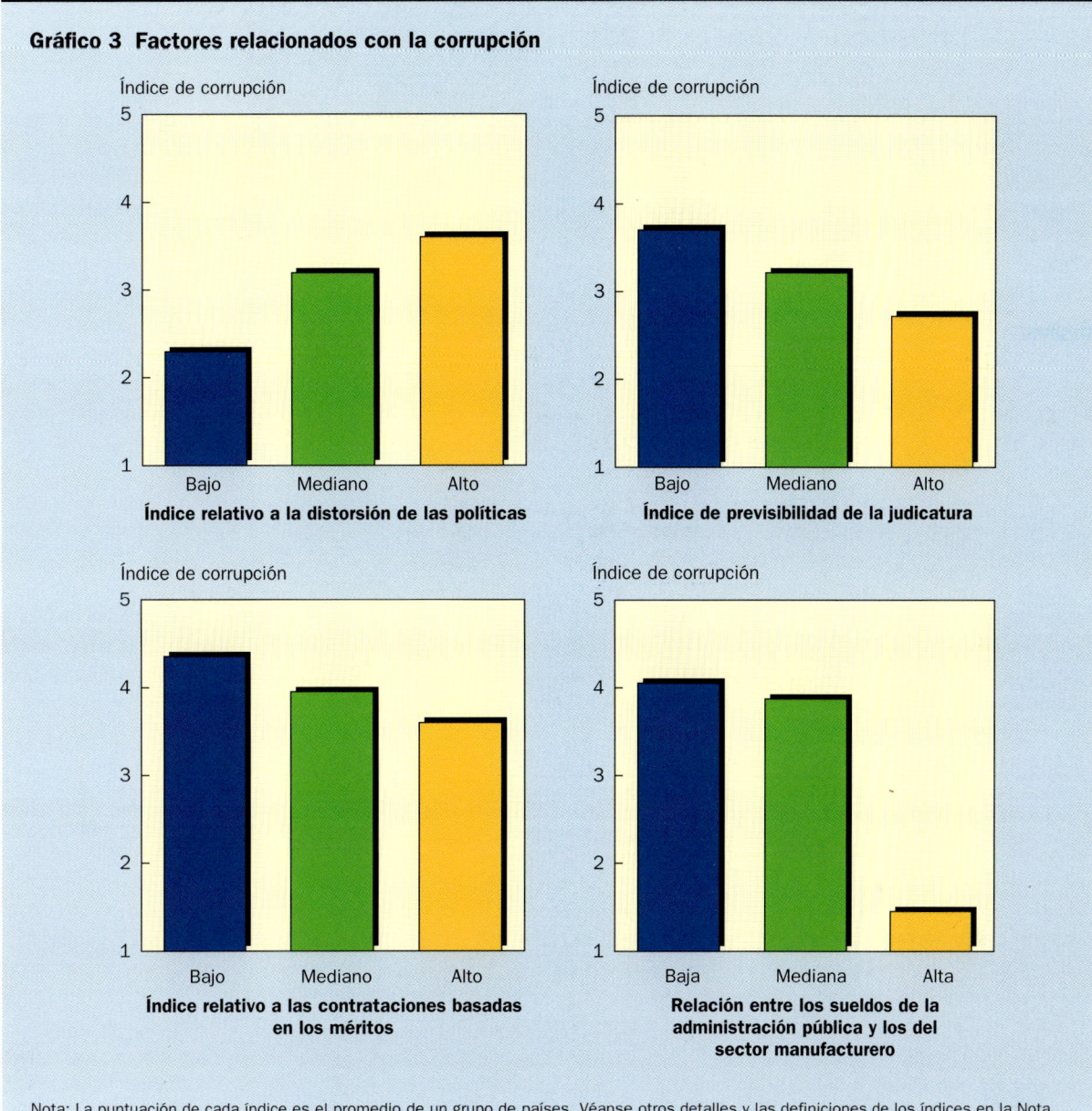

Gráfico 3 Factores relacionados con la corrupción

Nota: La puntuación de cada índice es el promedio de un grupo de países. Véanse otros detalles y las definiciones de los índices en la Nota técnica. Los valores más altos del índice de corrupción revelan un mayor nivel de corrupción; lo mismo ocurre con las demás variables. El panel superior de la izquierda se basa en una correlación simple, correspondiente a 39 países industriales y en desarrollo durante 1984–93 (índice relativo a la distorsión de las políticas) y en 1996 (índice de corrupción). El panel superior de la derecha se basa en una regresión, con datos correspondientes a 59 países industriales y en desarrollo durante 1996. El panel inferior de la izquierda se basa en una regresión en la que se utilizan datos correspondientes a 35 países en desarrollo durante 1970–90. El panel inferior de la derecha se basa en una correlación simple correspondiente a 20 países industriales y en desarrollo desde los últimos años ochenta a los primeros noventa; los datos sobre los salarios son promedios. Fuente: Cálculos del personal del Banco Mundial.

mucho tiempo para establecer estas instituciones de control, pero a corto plazo se pueden sustituir con mecanismos de compromiso supranacionales, como los sistemas de adjudicación o las garantías de los organismos internacionales.

Toda estrategia eficaz encaminada a revitalizar el sector público deberá hacer especial hincapié en aminorar las oportunidades de corrupción recortando las facultades discrecionales. Todas las medidas de política orientadas a reducir los controles del comercio exterior, eliminar las barreras que obstaculizan el acceso de la industria privada y privatizar empresas estatales en una forma que asegure la competencia son beneficiosas en la lucha contra la corrupción (Gráfico 3). En este terreno hay que actuar con decisión: las reformas que abren oportunidades para la participación de la empresa privada en sectores de la economía que le estaban vedados, pero que dejan ese acceso a la discreción de los funcionarios públicos en vez de establecer procesos abiertos y competitivos, crean también enormes posibilidades de corrupción. Un sistema formal de contrapesos y salvaguardias puede coadyuvar asimismo a reducir la corrupción existente en los medios oficiales, pero, por sí solo, casi nunca resulta suficiente. Las reformas de la administración pública, la adopción de medidas para reducir el clientelismo político y una mejor remuneración de la administración pública han ayudado también a reducir la corrupción, ya que han incentivado a los funcionarios públicos a actuar de acuerdo con las normas establecidas.

En los casos en que la corrupción está muy arraigada, será necesario desplegar esfuerzos mucho más intensos para eliminar esa lacra. Estos esfuerzos deben centrarse en el seguimiento más eficaz de la actuación de los medios oficiales —tanto por instituciones reconocidas como por individuos— y en la sanción de las infracciones por los tribunales. La comisión independiente contra la corrupción que funciona en Hong Kong (China, a partir del 1 de julio de 1997) es un ejemplo elocuente de lo que se puede conseguir con este enfoque. Asimismo, las reformas implantadas recientemente en Uganda han incorporado varios de los elementos de la estrategia de lucha contra la corrupción aquí esbozada, y se han obtenido resultados alentadores. Estos mismos mecanismos podrían aplicarse en todo el mundo: pese a todas las afirmaciones en sentido contrario, la corrupción no es un problema vinculado a una cultura específica. Para combatirla habrá que luchar en varios frentes y recabar una mayor participación del sector privado y la sociedad civil. El que soborna es tan responsable como el sobornado y, por lo tanto, la imposición de fuertes sanciones a las empresas nacionales e internacionales debe formar parte de la solución.

Alentar la competencia
Los gobiernos pueden incrementar su capacidad y eficacia alentando una competencia mucho mayor en diversas esferas: en los procesos de contratación y de ascensos, en la formulación de las políticas y en la forma en que prestan sus servicios.

MAYOR COMPETENCIA DENTRO DE LA ADMINISTRACIÓN PÚBLICA. Un factor fundamental para la eficacia del Estado es la existencia de un cuerpo de funcionarios capaz y motivado, tanto si se dedican a la formulación de políticas como a la prestación de servicios o a la administración de contratos. Para motivarlos a actuar en forma eficiente se pueden combinar los siguientes mecanismos orientados a estimular la competencia interna:

- un sistema de contratación basado en los méritos, no en el favoritismo;
- un sistema de ascensos internos también fundamentado en los méritos, y
- una remuneración suficiente.

En el siglo XIX todas las naciones que cuentan hoy con una firme tradición industrial comenzaron a establecer modernas burocracias profesionales asentadas en estos principios. Más recientemente, los han adoptado también muchos países de Asia oriental, que han transformado unas burocracias débiles, corruptas y basadas en el clientelismo político en sistemas que funcionan razonablemente bien. Pero muchos países en desarrollo no necesitan buscar modelos en otras naciones ni remontarse a la historia: pueden encontrarlos en sus propias instituciones. Por ejemplo, los bancos centrales a menudo funcionan eficazmente y siguen siendo competentes aun en los casos en que se han deteriorado todas las demás instituciones. Estos organismos funcionan satisfactoriamente por las razones antes mencionadas. Están menos sujetos a injerencia política. Tienen objetivos limitados pero claros. Reciben recursos y capacitación suficientes. Y su personal suele estar mejor remunerado que el de otras dependencias gubernamentales.

La comparación entre los datos de distintos países revela que las burocracias más capaces son las que cuentan con sistemas de contratación y promoción más competitivos y basados en los méritos y niveles más elevados de remuneración. En varios países (Filipinas y Kenya, por ejemplo) está muy arraigada la práctica de efectuar los nombramientos teniendo en cuenta consideraciones políticas, mientras que otros, como Corea, se han beneficiado con la utilización de planes de contratación y ascensos muy competitivos que recompensan explícitamente los méritos. En el actual proceso de reforma de Filipinas se están examinando estos problemas con el fin de mejorar la capacidad de la administración pública. En general, los países con sistemas débiles de contrapesos y salvaguardias tienen que hacer más hincapié en la transparencia y la competitividad. La experiencia de algunas economías de Asia oriental con un gran crecimiento económico también demuestra que la meritocracia y la recompensa a largo plazo de los méritos profesionales ayudan a crear un sentimiento de solidaridad o compromiso común con las metas colectivas. Esto reduce los costos de transacción contraídos para hacer observar las limitaciones internas y contribuye a forjar nexos internos y un espíritu de lealtad.

Los sueldos de los funcionarios públicos se han deteriorado en muchos países en desarrollo a causa de la expansión del empleo en los niveles más bajos de formación y de las limitaciones fiscales que afectan al total de los costos salariales (Gráfico 4). El resultado ha sido una considerable compresión de las estructuras salariales y unos niveles de remuneración muy poco competitivos para los funcionarios superiores, factores que dificultan la contratación y

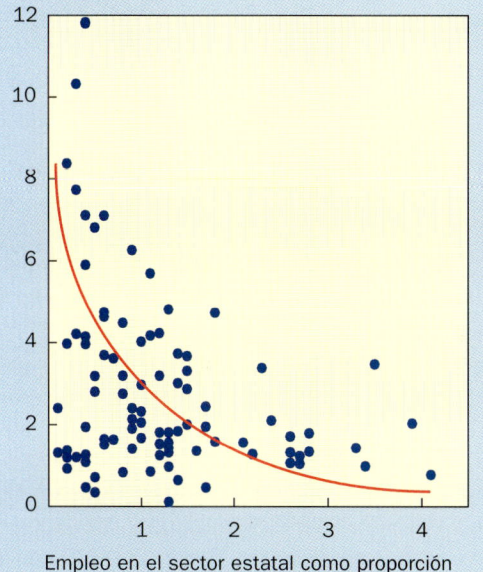

Gráfico 4 Cuanto más numerosos son los funcionarios públicos más bajos suelen ser sus salarios

Nota: Los datos corresponden a 96 países industriales y en desarrollo durante varios años a principios del decenio de 1990. Véase la Nota técnica. Fuente: Documento de antecedentes de Schiavo-Campo, de Tommaso y Mukherjee.

lógicos, han introducido la competencia en las telecomunicaciones y la generación de energía eléctrica. El resultado ha sido la reducción de los costos unitarios y la rápida expansión de los servicios. Otro dispositivo utilizado para estimular la competencia es la licitación y subasta de los servicios públicos. Esta tendencia es significativa en las naciones industriales (Reino Unido, estado de Victoria en Australia), pero también los países en desarrollo están empleando mecanismos de esta índole para mejorar la eficiencia (mantenimiento de la red vial en el Brasil, por ejemplo). Debido a su escasa capacidad administrativa, algunos países (Bolivia, Uganda) prestan los servicios sociales mediante contratos con organizaciones no gubernamentales.

Existe una tendencia creciente a establecer organismos públicos orientados a fines concretos y fundamentados en criterios específicos de desempeño, con objetivos más claros y mayor responsabilidad administrativa respecto de los productos o resultados. Entre las naciones de alto ingreso el ejemplo más impresionante en este sentido es Nueva Zelandia, que ha desarticulado sus grandes ministerios con funciones múltiples y creado numerosas unidades orientadas a objetivos específicos, cuyos directivos tienen contratos a plazo fijo y basados en los resultados pero gozan de autoridad para contratar y despedir al personal así como para realizar negociaciones colectivas. Singapur aplica desde hace tiempo un enfoque semejante, plasmado en las juntas oficiales basadas en criterios específicos de desempeño. Otros países en desarrollo han adoptado medidas similares; Jamaica, por ejemplo, está estableciendo organismos ejecutivos inspirados en el modelo británico.

Ahora bien, los países con controles inadecuados e insuficiente capacidad deben proceder con cautela. En esas condiciones, al otorgar mayor flexibilidad a los gerentes del sector público lo que se consigue es aumentar la arbitrariedad y la corrupción, sin mejorar los resultados. Debe tenerse presente también que para poder redactar y exigir el cumplimiento de contratos que entrañan la obtención de complejos resultados se requiere personal especializado, que escasea en muchos países en desarrollo. Estos países necesitan ante todo mejorar el cumplimiento de la normativa vigente e imponer una mayor responsabilidad financiera en su sector público (como han hecho la Argentina y Bolivia), formular con mayor claridad los objetivos y tareas, e implantar sistemas de medición del desempeño (como en los casos de Colombia, México y Uganda). A medida que se fortalezcan los sistemas de medición de los resultados y los controles *ex post* de los insumos, podrá darse mayor flexibilidad a los organismos a cambio de que asuman más responsabilidad por los resultados.

Acercamiento del Estado a la sociedad

La eficacia del Estado es mayor cuando se escuchan las opiniones del sector empresarial y de la ciudadanía en general

retención de personal competente. Algunos países, como Uganda, han emprendido reformas de gran alcance para recortar sustancialmente el exceso de personal, elevar la remuneración media y ampliar la estructura salarial. Pero muchos otros todavía no han empezado a abordar estos problemas.

MAYOR COMPETENCIA EN LA PROVISIÓN DE BIENES Y SERVICIOS PÚBLICOS. En muchos países en desarrollo los sistemas de prestación de servicios son deficientes o inexistentes. Los políticos intervienen a menudo en las actividades cotidianas de los organismos públicos y el personal directivo tiene escasa flexibilidad. La obligación de rendir cuentas de los resultados es limitada. Además, en numerosos casos el sector público goza de monopolio, lo que limita las presiones en favor de una mayor eficiencia.

Para el establecimiento de un sector público eficaz en estas circunstancias se requiere la apertura de las principales instituciones gubernamentales, a fin de mejorar los incentivos en esferas que durante mucho tiempo han estado monopolizadas por el sector estatal. Decenas de países de las Américas, Europa y Asia, aprovechando los cambios tecnoy se propicia la participación de ambos grupos en la determinación y aplicación de las políticas. Cuando los gobiernos carecen de mecanismos para escuchar estas opiniones, no responden a los intereses de la población, en particular de los grupos minoritarios y los pobres, a los que suele resultarles muy difícil hacer oír su voz en las altas esferas del poder. Es probable que ni siquiera los gobiernos mejor intencionados puedan satisfacer las necesidades colectivas en forma eficiente si no saben cuáles son esas necesidades.

ESCUCHAR A LOS CIUDADANOS. Para que haya participación, hay que hacer llegar el sentir de los grupos pobres y marginados al centro mismo del proceso de formulación de políticas. En muchos países, la capacidad de los grupos para hacerse escuchar está tan mal repartida como los ingresos. La disponibilidad de más información y una mayor transparencia son elementos vitales para entablar un debate público bien orientado y para incrementar la confianza del pueblo en el Estado, tanto cuando se examinan las prioridades de gasto como cuando se formulan los programas de asistencia social o se ordenan los recursos forestales y de otro tipo. Las encuestas de clientes (en la India, Nicaragua y Tanzanía) y las cartas de derechos ciudadanos (en Malasia) constituyen nuevos medios para hacer escuchar la voz de estos grupos.

Las urnas electorales son el mecanismo más arraigado de expresión de la opinión popular. En 1974, sólo 39 países —uno de cada cuatro— eran democracias independientes. Actualmente, 117 países —casi dos de cada tres— escogen a sus dirigentes en elecciones abiertas. Pero la celebración de votaciones periódicas no significa necesariamente que el Estado responda mejor a los intereses de la población. Se precisan otros mecanismos para asegurar que las inquietudes de los grupos minoritarios y pobres se reflejen en las políticas públicas. La representación de genuinas organizaciones intermediarias en los círculos encargados de la formulación de políticas es un primer paso importante para reflejar en ellas los intereses de la ciudadanía. Estas organizaciones, que son incluso más eficaces en los niveles local y provincial de gobierno, están desplegando una intensa actividad en los países en desarrollo, particularmente en aquellos en que la actuación del Estado ha sido deficiente y en que no se ha prohibido el establecimiento de organizaciones de esta índole.

AMPLIAR LA PARTICIPACIÓN. Cada vez hay más indicios de que los programas estatales son más eficaces cuando se recaba la participación de los presuntos usuarios y cuando se procura aprovechar el acervo social de la comunidad, en vez de luchar contra él. Los beneficios de este enfoque para los organismos gubernamentales se manifiestan en una ejecución más eficiente, una mayor sostenibilidad y un mejor intercambio de información. Los mejores resultados obtenidos con los sistemas de saneamiento de arrastre hidráulico en Recife (Brasil), con los planes de viviendas para la población pobre en Port Elizabeth (Sudáfrica), con los sistemas de ordenación forestal en el estado de Gujarat (India) y con los servicios de salud en Jartum (Sudán) son testimonio de la importancia de la participación de la población local. Por el contrario, las actividades impuestas desde arriba muchas veces fracasan.

La formulación de las políticas en los países prósperos se inscribe en procesos consultivos que brindan a la sociedad civil, a los sindicatos y a las empresas privadas oportunidades de participación y supervisión. En Asia oriental, algunos organismos deliberativos basados en la participación del sector público y privado —por ejemplo, las reuniones mensuales de promoción de exportaciones de Corea, el Comité consultivo nacional conjunto público y privado de Tailandia y el Consejo empresarial de Malasia— constituyen medios útiles para la comunicación de los resultados, el intercambio de información y la coordinación.

DELEGAR EL PODER, CON CIERTAS PRECAUCIONES. Normalmente, los gobiernos están más centralizados en los países en desarrollo que en los desarrollados. Sin embargo, con algunas excepciones significativas, durante los últimos 30 años en los países en desarrollo las facultades para efectuar gastos públicos se han desplazado ligeramente del nivel nacional a otros niveles de gobierno. En las naciones industriales se ha observado la tendencia contraria, es decir, hacia la centralización de esas facultades. En esas observaciones no se tiene en cuenta, por supuesto, la descentralización implícita en las recientes reformas de los mercados, que han reducido claramente el poder directo y los recursos del gobierno central en una amplia gama de países.

La descentralización está produciendo muchos beneficios en China, la India, gran parte de América Latina y muchos otros lugares del mundo. Este proceso puede elevar la calidad del sistema de gobierno y hacer posible una mejor representación de los intereses de las empresas y los ciudadanos. Además, la competencia entre provincias, ciudades y localidades puede alentar la adopción de políticas y programas más eficaces. No obstante, hay que conjurar tres posibles peligros:

- *Mayor desigualdad.* Existe la posibilidad de que se agraven las desigualdades regionales, lo que es motivo de gran preocupación en China, Rusia y Brasil. La movilidad de la mano de obra constituye una solución parcial para este problema, aunque casi nunca es fácil, particularmente en países con diversas etnias en que los inmigrantes no son siempre bien acogidos.
- *Inestabilidad macroeconómica.* Los gobiernos pueden perder el control de la política macroeconómica cuando la indisciplina fiscal a nivel local y regional obliga al gobierno central a efectuar frecuentes operaciones de rescate, como ha sucedido en el Brasil.
- *Sumisión de los gobiernos locales a los grupos de interés.* Existe el grave peligro de que los gobiernos locales se vean dominados por intereses especiales, lo que daría

lugar a una utilización inadecuada de los recursos y de la facultad coactiva del Estado.

Estos peligros demuestran, una vez más, que el gobierno central desempeña siempre un papel vital en el mantenimiento del desarrollo. El problema está en encontrar la apropiada división de funciones entre las instancias centrales y los demás niveles de gobierno.

Orientaciones estratégicas para la reforma
Para que el Estado responda mejor a los intereses de la población, es preciso desarrollar mecanismos que hagan posible una mayor apertura y transparencia, incrementen los incentivos para la participación en los asuntos públicos y, si procede, reduzcan la distancia entre el gobierno y los individuos y comunidades cuyas necesidades está llamado a atender. De ello se derivan cuatro imperativos generales que deben tener presente las autoridades:

- Entablar, cuando sea oportuno, un amplio debate público acerca de la orientación y prioridades básicas de las políticas. Ello supone, como mínimo, una apertura informativa a la opinión pública y el establecimiento de mecanismos de consulta, como consejos deliberativos y comités populares, para recoger los puntos de vista de los grupos afectados y dar a conocer sus preferencias.
- Estimular, cuando sea posible, la participación directa de los usuarios y otros beneficiarios en el diseño, ejecución y seguimiento de las actividades locales relacionadas con los bienes y servicios públicos.
- Cuando se considere aconsejable la descentralización, proceder siempre en forma escalonada y/o sectorial empezando por las esferas que la necesiten con mayor urgencia. Deberán introducirse también mecanismos eficaces de seguimiento y adoptarse sólidas normas intergubernamentales para frenar la arbitrariedad en los niveles central y local.
- A escala local, hacer especial hincapié en los mecanismos —y en los incentivos horizontales en las relaciones del gobierno con el resto de la comunidad— que contribuyan a fomentar la responsabilidad y la competencia.

Evidentemente, una estrategia de mayor apertura y descentralización tiene sus peligros. Cuanto más numerosas sean las oportunidades de participación, tanto mayores serán las reivindicaciones que se formulen al Estado. Esto puede incrementar el riesgo de una excesiva influencia por parte de intereses especiales más agresivos o de parálisis total. No se puede permitir que el acercamiento del Estado a algunos grupos lo separe todavía más de otros. Asimismo, si no se adoptan normas claras para la imposición de limitaciones a los diversos niveles de gobierno y no se establecen incentivos para el incremento de la responsabilidad a nivel local, la crisis de gobernabilidad que aflige a muchos gobiernos centralizados se transmitirá a los otros niveles. Pero hay ciertas medidas que pueden adoptarse sin peligro para poner en marcha el proceso de reforma; entre ellas cabría mencionar el uso de la información y la búsqueda del consenso para hacer dicho proceso comprensible a los ciudadanos y a las empresas y aumentar sus probabilidades de éxito.

Más allá de las fronteras nacionales: cómo facilitar la acción colectiva a escala mundial

La globalización representa una amenaza para los Estados débiles o gobernados caprichosamente. Pero es también una oportunidad para que los Estados eficientes y disciplinados consigan niveles más altos de desarrollo y bienestar económico, y acentúa la necesidad de cooperación internacional eficaz en la búsqueda de una actuación colectiva de alcance mundial.

Apertura a la competencia externa
Si bien el Estado todavía puede definir las políticas y normas aplicables a quienes están dentro de su jurisdicción, sus decisiones se ven cada vez más influidas por los acontecimientos mundiales y los acuerdos internacionales. Las personas ahora gozan de mayor movilidad, tienen un nivel más alto de instrucción y están mejor informadas sobre lo que ocurre en otros lugares. Además, el hecho de participar en la economía mundial dificulta todavía más la arbitrariedad gubernamental, reduce la capacidad del Estado de gravar el capital y somete las políticas monetarias y fiscales a un examen mucho más riguroso por parte de los mercados financieros.

El proceso de "globalización" no ha concluido: todavía no ha alcanzado a una buena parte de la economía mundial. Alrededor de la mitad de la población del mundo en desarrollo ha quedado al margen del aumento, tantas veces mencionado, del volumen del comercio internacional y de los flujos de capital iniciado a principios de los años ochenta. En parte, es comprensible que los gobiernos vacilen antes de optar por la apertura a la economía mundial. La participación en esa economía sin fronteras, al igual que la descentralización, acarrea riesgos además de oportunidades. Por ejemplo, puede hacer que los países sean más vulnerables a conmociones relacionadas con los precios externos o a importantes desplazamientos desestabilizadores de los flujos de capital. Ello da una importancia decisiva a la actuación estatal, tanto para hacer frente a esas conmociones como para ayudar a los individuos y a las empresas a aprovechar las oportunidades que brinda el mercado mundial. Sin embargo, no deben exagerarse las dificultades relacionadas con la globalización, en particular si se comparan con los riesgos que supone la total exclusión de ese proceso.

La falta de apertura tiene un precio: una diferencia cada vez mayor entre el nivel de vida de los países que han optado por la globalización y los que no lo han hecho. A fin de incrementar su nivel de ingreso, los países que no se han sumado a ese proceso tendrán que aplicar políticas internas acertadas e incrementar la capacidad del Estado. La integración proporciona un sólido apoyo para esas políticas y amplía sus beneficios, pero no puede reemplazarlas. En este sentido, la globalización comienza en el interior de los países. Pero hay instituciones multilaterales, como la Organización Mundial del Comercio, que pueden cumplir la importante misión de incentivar a los países para que den el salto hacia la globalización.

Promover una actuación colectiva mundial

La integración mundial ha hecho también que se reclame la cooperación de los Estados para luchar contra amenazas internacionales como el recalentamiento del planeta. Las diferencias económicas, culturales y de otra índole que existen entre los países pueden hacer que esa cooperación resulte difícil y, en ocasiones, imposible. No obstante, es indudable que se precisa una colaboración más estrecha al menos en cinco esferas importantes que trascienden las fronteras nacionales:

- *Solución de las crisis regionales.* La amenaza de un conflicto nuclear entre las superpotencias ha cedido el paso a una proliferación de conflictos de menor envergadura, que acarrean costosos problemas de socorro a refugiados y de rehabilitación. No existe ningún mecanismo internacional sólido para solucionar estos conflictos o impedir que se produzcan. En la formulación de la política económica y social es necesario realizar un análisis más integrado de la forma en que las políticas estatales (y la asistencia internacional) ayudan a abordar los conflictos incipientes.
- *Promoción de la estabilidad económica mundial.* Existe una creciente preocupación acerca de los posibles efectos desestabilizadores de los cuantiosos y rápidos movimientos de capital de cartera, en particular en los casos en que una crisis sufrida por un país puede extenderse a otros mercados. Se ha sugerido el establecimiento de diversos mecanismos internacionales para evitar estos problemas, y recientemente el Fondo Monetario Internacional ha creado un nuevo servicio para ayudar a sus países miembros a hacer frente a súbitas crisis financieras. Pero la mejor protección para los países será la aplicación de políticas económicas prudentes y flexibles. La creciente movilidad laboral internacional está planteando también numerosos problemas que requieren una actuación colectiva internacional.
- *Protección del medio ambiente.* Entre los apremiantes problemas ambientales de alcance mundial están los cambios climáticos, la pérdida de biodiversidad y la protección de las aguas internacionales. La acción colectiva internacional puede ayudar en este sentido haciendo posible una mejor coordinación, una mayor sensibilización de la opinión pública, una transferencia más eficaz de tecnología y prácticas nacionales y locales más eficaces. Pero el progreso es lento, por lo que existe el temor de que tendrá que ocurrir una grave catástrofe ecológica para que los países tomen medidas concertadas en esta esfera.
- *Fomento de la investigación básica y generación de conocimientos.* El Grupo Consultivo sobre Investigaciones Agrícolas Internacionales (CGIAR), que se está revitalizando para poder dar respuesta a los nuevos desafíos surgidos en relación con la producción de alimentos, ha demostrado que es posible crear y difundir la tecnología mediante una acción colectiva internacional. Es preciso elaborar mecanismos similares de consulta para abordar otros problemas acuciantes de investigación en las áreas de la protección ambiental y la salud.
- *Mayor eficacia de la asistencia internacional para el desarrollo.* Para que sea más eficaz, la ayuda exterior debe estar más estrechamente vinculada con las políticas de los países receptores. Los organismos de asistencia deben atribuir gran prioridad a la canalización sistemática de recursos a los países pobres que aplican políticas acertadas y han mostrado su firme compromiso con el fortalecimiento institucional.

Eliminación de los obstáculos a la reforma del Estado

La historia de la reforma del Estado en las actuales naciones industriales es motivo de esperanza —y de reflexión— para los países en desarrollo. Hasta el siglo pasado, los países de Europa, América del Norte y el Japón experimentaban muchos de los problemas que ahora parecen mermar la eficacia del Estado en el mundo en desarrollo. Con el tiempo, superaron esos problemas y se convirtieron en Estados modernos dotados de sistemas profesionales. Ello nos permite concebir esperanzas. Pero también nos obliga a reflexionar, pues el fortalecimiento institucional es un largo proceso. Tuvieron que transcurrir casi 25 años para que arraigaran las reformas de la restauración Meiji, que puso al Japón en la senda del desarrollo. Si bien es posible lograr un Estado más eficaz, el proceso es lento y requiere un compromiso político inquebrantable. Para ello, hay que actuar sin pérdida de tiempo.

Durante los últimos 15 años muchos gobiernos han respondido a las presiones internas y externas implantando trascendentales reformas para mejorar su eficacia. Las modificaciones de la política macroeconómica —relacionadas con los tipos de cambio y la política fiscal y comercial— son, en general, las que se han aplicado con mayor rapidez. Estas reformas, aunque tienen repercusiones políticas, no exigen una transformación radical de las instituciones. Un pequeño núcleo de tecnócratas competentes puede aplicarlas en breve plazo, muchas veces por decreto. Lo único que hace falta es la voluntad política de cambiar.

Otras reformas, relacionadas con el sistema normativo, los servicios sociales, las finanzas, la infraestructura y las obras públicas, no pueden implantarse tan velozmente porque suponen la modificación de estructuras institucionales establecidas para finalidades diferentes y que responden a reglas del juego distintas. Este tipo de reformas institucionales entraña cambios dolorosos en la forma de pensar y actuar de los organismos gubernamentales y, con frecuencia, exige también un replanteamiento total de sistemas ancestrales de clientelismo político y corrupción. Pero, si realmente se desea mejorar la capacidad del Estado, el cambio es irrenunciable. La combinación de ambos elementos —políticas acertadas e instituciones estatales que puedan aplicarlas con mayor eficacia— permite un desarrollo económico mucho más rápido (Gráfico 5).

La implantación de reformas profundas, como las mencionadas, requerirá mucho tiempo y esfuerzo en gran parte de los países en desarrollo, y el programa de acción acusará notables diferencias de unas regiones a otras (Recuadro 3). La reforma tropezará también con una fuerte oposición política. Pero se puede dar un importante paso inicial fortaleciendo los organismos centrales y su capacidad de formulación de políticas estratégicas, aumentado la transparencia y la competencia, desglosando actividades y organismos cuyos resultados puedan especificarse fácilmente, contando más con la opinión de los usuarios sobre los servicios recibidos y colaborando con los sindicatos en la formulación de programas que permitan a los trabajadores buscar la seguridad en el cambio más que la seguridad frente al cambio.

¿Cuándo se producen las reformas?
Las limitaciones y los conflictos de distribución firmemente arraigados en las instituciones estatales son la causa que explica por qué son tantos los países que no llegan a introducir reformas. Pero esas instituciones no son inmutables. En definitiva, el cambio se produce cuando los incentivos para deshacerse de las políticas y mecanismos institucionales heredados del pasado pesan más que los que aconsejan su mantenimiento. El impulso para la reforma puede proceder de una crisis económica o de una amenaza externa o de la instauración de un nuevo gobierno con menos intereses creados en el sistema antiguo. Pero la reforma puede verse demorada si quienes detentan el poder se aferran a políticas trasnochadas porque así defienden sus propios intereses (o los de sus aliados). A veces el retraso puede ser dolorosamente largo, como en Haití en la época de los Duvalier, o actualmente en el Zaire.

El ejemplo de los países vecinos puede ser también un poderoso acicate para el cambio. La oleada de reformas que está transformando Asia oriental y América Latina y gran parte de Europa oriental y la antigua Unión Soviética demuestra claramente la existencia de efectos en cadena. La amenaza de quedarse atrás puede incitar a los países a mejorar el funcionamiento de su burocracia. Pero las investigaciones realizadas no han explicado todavía por qué

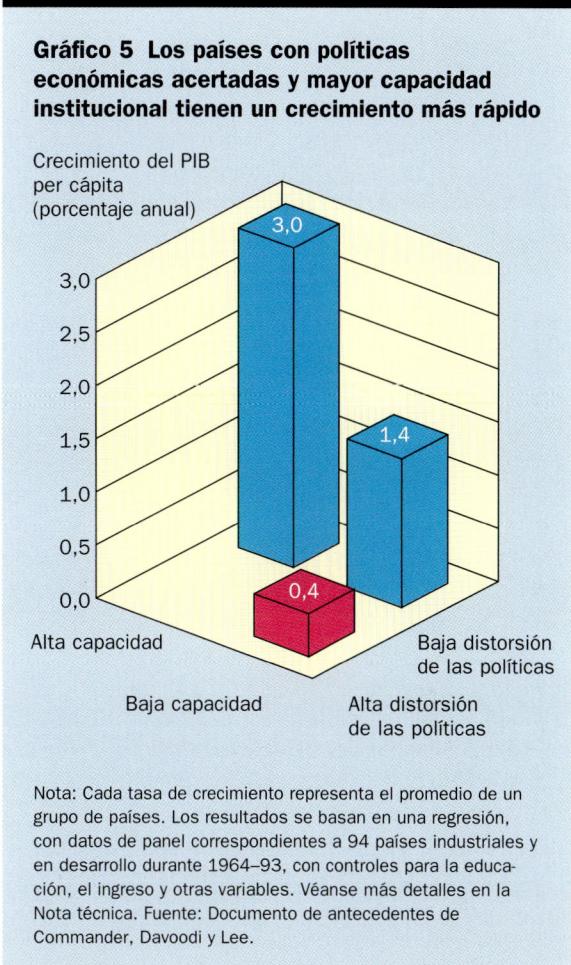

Gráfico 5 Los países con políticas económicas acertadas y mayor capacidad institucional tienen un crecimiento más rápido

Nota: Cada tasa de crecimiento representa el promedio de un grupo de países. Los resultados se basan en una regresión, con datos de panel correspondientes a 94 países industriales y en desarrollo durante 1964–93, con controles para la educación, el ingreso y otras variables. Véanse más detalles en la Nota técnica. Fuente: Documento de antecedentes de Commander, Davoodi y Lee.

algunos países reaccionan ante las crisis y otros no. Por ejemplo, ¿por qué la tolerancia popular de la inflación es, al parecer, mucho menor en Asia que en ciertas partes de América Latina? ¿Por qué algunos países reaccionan mucho antes que otros ante una situación de deterioro económico?

En muchos casos se puede prever cuándo se va a emprender la reforma —o, al menos, si ésta se va a producir o no— teniendo en cuenta a quiénes va a beneficiar o perjudicar. El proceso de reforma tiene poco aliciente si los beneficiados no pueden compensar a los perjudicados. Pero aun en los casos en que las posibles ventajas son mayores que los inconvenientes, puede ser difícil proceder a la reforma si los beneficios se distribuyen entre un gran número de personas, mientras que los perjudicados, aunque menos numerosos, constituyen un grupo influyente y capaz de hacerse escuchar. Otro problema es que a menudo los beneficios sólo se hacen realidad en el futuro, mientras que las pérdidas son inmediatas. Sin embargo, hay ocasiones en que la situación se ha deteriorado tanto que son muchos más los beneficiados que los perjudicados. En esos casos la reforma puede producir inmediatamente beneficios económicos y políticos.

> **Recuadro 3 El programa regional**
>
> A continuación se resumen los componentes y desafíos fundamentales del proceso encaminando a aumentar la eficacia del Estado en las diversas regiones en desarrollo. Inevitablemente, se trata de generalizaciones amplias, y cada grupo regional abarca varios países con experiencias muy diferentes.
>
> - En muchos países de *África al sur del Sahara* el Estado se encuentra en crisis, una crisis de falta de capacidad. Esos países deben atribuir prioridad urgente a la reconstitución de la eficacia del Estado mediante una reorganización radical de las instituciones públicas, el restablecimiento del imperio de la ley y el empleo de controles fidedignos para frenar los abusos del poder estatal. En los países en que los vínculos entre el Estado y la sociedad civil son frágiles y están insuficientemente desarrollados, para mejorar los servicios públicos y colectivos deberán forjarse relaciones de asociación más estrechas con el sector privado y la sociedad civil.
> - En la mayoría de los países de *Asia oriental* no puede decirse que la capacidad del Estado constituya un problema, pero la medida en que éste pueda transformarse para hacer frente a los nuevos desafíos de la región será fundamental para el continuado éxito de su economía.
> - En *Asia meridional* el problema más importante es una reglamentación excesiva, que es causa y efecto del desmesurado número de empleados públicos y la ruta más segura hacia la corrupción. La simplificación de la reglamentación y la reforma de las empresas públicas, con la consiguiente contracción de la función del Estado, será una tarea compleja y políticamente difícil.
> - La reorientación del Estado hacia una nueva función —"señalar el rumbo, no remar"— dista de haberse terminado en *Europa central y oriental*. Pero la mayoría de los países han alcanzado progresos y están logrando mejoras en materia de capacidad y responsabilidad.
> - La baja capacidad estatal en muchos países de la *Comunidad de Estados Independientes (CEI)* es un obstáculo grave y cada vez mayor para su progreso en casi todas las esferas de la política económica y social. En la CEI el proceso de reorientación del Estado se encuentra todavía en una fase inicial, y han surgido graves problemas a causa de la falta general de responsabilidad y transparencia.
> - La descentralización del poder y del gasto, acompañada de la democratización, ha provocado una impresionante transformación del panorama político en *América Latina*, produciendo lo que algunos han denominado una "revolución silenciosa". En la región está surgiendo un nuevo modelo de gobierno. Es necesario, sin embargo, que los países hagan también más hincapié en la reforma del sistema jurídico, la administración pública y las políticas sociales.
> - En el *Oriente Medio y Norte de África* el desempleo es, con mucho, el problema económico y social más importante, por lo que resulta particularmente difícil reducir las dimensiones del sector estatal. Dado que las dificultades políticas y sociales relacionadas con la reforma son notables, aunque no insuperables, una buena solución podría ser comenzar a descentralizar algunos servicios y concentrarse en la reforma de las empresas estatales, al mismo tiempo que se sienten las bases para reformas de mayor envergadura.

¿Cómo conseguir apoyo para las reformas?
Los dirigentes y minorías selectas interesados en impulsar la reforma pueden acelerar ese proceso adoptando decisiones que amplíen las posibilidades de elección de los ciudadanos, hagan percibir más claramente los beneficios y garanticen que las políticas tengan más en cuenta a todos los grupos. En los últimos años, algunos dirigentes políticos clarividentes han transformado las opciones a disposición de su pueblo mediante la adopción de decisivas medidas de reforma. Tuvieron éxito porque hicieron que los beneficios del cambio resultaran evidentes a todos los afectados, y forjaron coaliciones que dieron mayor peso a grupos de beneficiarios que hasta entonces se habían mantenido en el anonimato. Su éxito también se debió —y éste es un factor crucial— a que articularon una visión a plazo más largo para la sociedad, lo que permitió a la población ver más allá de los sufrimientos inmediatos del ajuste. Los buenos dirigentes consiguen que la población se sienta identificada con la reforma, que se convenza de que ésta no es algo que viene impuesto desde el exterior.

Para la reforma del Estado se requiere la cooperación de todos los grupos de la sociedad. La indemnización de los grupos perjudicados por la reforma (que no siempre son los más pobres de la sociedad) puede ayudar a obtener su apoyo. Aunque a corto plazo esa indemnización puede resultar costosa, a la larga es rentable. Las diferencias arraigadas entre los diversos grupos y la desconfianza mutua son también factores que pueden retrasar la reforma. No hay soluciones rápidas para acabar con enemistades ancestrales, pero los pactos sociales, como los Pactos de la Moncloa concertados en España y la Conferencia Económica Nacional celebrada en Benin, pueden tener un efecto positivo.

Los organismos internacionales pueden alentar y ayudar a mantener el proceso de reforma en cuatro formas diferentes. Primero, pueden brindar valioso asesoramiento técnico sobre lo que se debe y lo que no se debe hacer. Este asesoramiento resulta con frecuencia valiosísimo, en particular para los Estados más pequeños que carecen de los recursos necesarios para resolver por sí solos los problemas técnicos. Pero tiene que complementarse con conocimientos especializados autóctonos que permitan adaptar las reformas a las condiciones e instituciones locales. La Organización Mundial del Comercio desempeña un papel muy importante en la reforma comercial, la Organización Mundial de la Salud en las cuestiones sanitarias, y la Organización Internacional del Trabajo en lo relativo a la legislación laboral y política de empleo. Segundo, los organismos internacionales pueden aportar un rico acervo de experiencia internacional acerca de toda una gama de problemas. Estos organismos, cuyo personal en muchos casos es originario de todas las regiones del mundo, pueden aportar expertos de extracción muy diversa. Tercero, la asistencia financiera que facilitan los organismos internacionales puede ayudar a los países a soportar el difícil período inicial del proceso de reforma, hasta que comiencen a producirse los beneficios. Cuarto, estos organismos pueden ofrecer a los países un mecanismo para la concertación de compromisos externos, lo que haría más difícil que dieran marcha atrás en el camino de la reforma. Ahora bien, si alguna enseñanza se desprende de la historia de la asistencia para el desarrollo es que el apoyo externo sirve de poco si no existe una voluntad interna de reforma.

El buen gobierno no es un lujo, sino un artículo de primera necesidad para el desarrollo

La proximidad del siglo XXI trae consigo grandes promesas de cambio y razones para sentirse esperanzados. En un mundo caracterizado por vertiginosas transformaciones de los mercados, las sociedades civiles y las fuerzas mundiales, el Estado se ve obligado a ser más eficaz, pero no se está adaptando al ritmo que requieren las circunstancias. Como era de prever, no hay un modelo único para el cambio, y con frecuencia las reformas se implantan con lentitud porque exigen un replanteamiento fundamental de las funciones de las distintas instituciones y de la interacción entre ciudadanos y gobiernos. Pero las cuestiones que se examinan en este Informe forman ya parte integrante de la nueva concepción del Estado en muchas partes del mundo, y se han incorporado al programa de los organismos internacionales que brindan asistencia a ese proceso.

La población de los Estados ineficientes sufre desde hace tiempo los efectos de esta situación: lento crecimiento y escaso desarrollo social. Pero los Estados que no emprendan ahora el camino de la reforma quizá tengan que pagar un precio todavía mayor: disturbios políticos y sociales y, en algunos casos, desintegración, con graves repercusiones para la estabilidad, la capacidad productiva y la vida humana. El enorme costo del desmoronamiento estatal ha obligado, lógicamente, a hacer especial hincapié en la prevención, que representaría una vía preferible y potencialmente menos costosa, pero en la que no hay atajos posibles. Una vez puesto en marcha el proceso de desintegración, no valen las "soluciones de emergencia".

Los casos de desmoronamiento del Estado son extremos y poco comunes, pero están aumentando. Como se explica en este Informe, no pueden hacerse generalizaciones sencillas acerca de sus causas y efectos, ni existen soluciones fáciles para su reconstrucción; cada caso plantea desafíos singulares para los países afectados, sus vecinos y el sistema internacional. Pero, casi siempre, quien paga las consecuencias es la gente común. Ello demuestra, una vez más, que la existencia de un Estado eficaz y atento a las necesidades de la población es decisiva para la salud y prosperidad a largo plazo de la sociedad.

Los esfuerzos por incrementar la eficacia del Estado, incluso en las naciones con tradición industrial, permiten pensar que los beneficios de las mejoras progresivas son considerables. Así ocurre particularmente en los países donde esa eficacia es baja. A través del tiempo se ha demostrado que aun la más mínima expansión de la capacidad del Estado tiene efectos enormes en la calidad de vida de la población, entre otras razones porque las reformas tienden a crear su propio círculo virtuoso. Las pequeñas mejoras en la eficacia del Estado dan lugar a niveles de vida más altos, lo que a su vez sienta las bases para nuevas reformas y una mayor expansión del desarrollo.

Un examen de las economías del mundo en 1997 mostraría la existencia de un sinnúmero de ejemplos de círculos virtuosos. Pero también aportaría numerosas pruebas de lo contrario: países y regiones atrapados en el círculo vicioso de pobreza y subdesarrollo creado por la crónica ineficacia del Estado. Esa dinámica puede llevar con demasiada facilidad a la violencia social, la delincuencia, la corrupción y la inestabilidad, problemas todos que socavan la capacidad del Estado para impulsar el desarrollo, e incluso para seguir funcionando. El desafío crucial que se presenta a los Estados es adoptar las medidas, de pequeña y gran envergadura, necesarias para conseguir un sistema mejor de gobierno que sitúe a las economías en una trayectoria ascendente utilizando la doble estrategia propuesta en este Informe. La reforma de las instituciones estatales es un proceso largo, difícil y políticamente delicado. Ahora tenemos una idea más cabal de la magnitud del desafío que representa la reforma, pero tenemos también conciencia mucho más clara de lo que podría costar dejar las cosas como están.

PARTE I

REPLANTEAMIENTO DEL ESTADO EN TODO EL MUNDO

A LO LARGO DE LA HISTORIA HA HABIDO ENORMES CAMBIOS EN LA FORMA DE concebir el papel del Estado. Durante gran parte de este siglo, la sociedad ha exigido de los gobiernos una intervención mayor —mucho mayor, en algunos casos. Sin embargo, en el curso de los últimos 15 años el péndulo ha oscilado nuevamente, obligando al mundo entero a considerar la función de los gobiernos desde distintas perspectivas, a veces contradictorias. Acontecimientos como el final de la guerra fría y el colapso de los sistemas de economía dirigida, la crisis fiscal del Estado del bienestar, los éxitos espectaculares de algunos países de Asia oriental en el camino hacia el crecimiento económico y la reducción de la pobreza, y la crítica situación de partes de África y en otros lugares en los que el sistema estatal ha fracasado, han venido a poner en tela de juicio los conceptos vigentes acerca del lugar del Estado en el mundo y de su posible contribución al bienestar humano.

Los gobiernos, por su parte, se ven también obligados a reaccionar ante la rápida difusión de la tecnología, las presiones demográficas cada vez mayores, la creciente conciencia de los problemas ambientales, la mayor integración global de los mercados y la tendencia hacia formas de gobierno más democráticas. Por si eso fuera poco, sigue pendiente el reto monumental y persistente de reducir la pobreza y fomentar un desarrollo sostenible.

No debe sorprendernos que los países analicen con detenimiento cuál debe ser la función del Estado y, lo que reviste suma importancia, de qué manera debería ejercerse esa función. En el presente Informe se investiga por qué y cómo algunos Estados han conseguido impulsar en forma más eficaz y sostenible el desarrollo económico y la erradicación de la pobreza. En esta Parte I se ofrece una introducción histórica y conceptual amplia (Capítulo 1) y se examinan las pruebas empíricas del efecto de las políticas y las instituciones estatales en el desarrollo (Capítulo 2). Las conclusiones principales son tres:

- El desarrollo —económico, social y sostenible— es imposible sin un Estado eficaz. Es un hecho cada vez más aceptado la necesidad de un Estado eficaz —no uno de dimensiones mínimas— como condición fundamental para el desarrollo económico y social, pero más como socio y promotor que como director. Los Estados deben funcionar como complemento de los mercados, no en lugar de éstos.
- Hay un gran acervo de pruebas que demuestran la importancia de las políticas económicas acertadas (incluido el fomento de la estabilidad macroeconómica), una buena base de recursos humanos y un entorno abierto a la economía mundial para conseguir un crecimiento sostenible de amplia base y la reducción de la pobreza. Ahora bien, a medida que mejora nuestro conocimiento de los ingredientes del desarrollo surge todo un nuevo conjunto de interrogantes más profundos: ¿Por qué algunas sociedades han tenido más éxito que otras en la aplicación de medidas en ese sentido? ¿Cuál ha sido la contribución exacta del Estado a unos resultados tan diversos?
- La historia demuestra la importancia que tiene aprovechar las ventajas relativas del mercado, del Estado y de la sociedad civil para aumentar la eficacia estatal. Por ello, parece aconsejable adoptar una doble estrategia: primero, acomodar el papel del Estado a su capacidad y, luego, mejorar dicha capacidad. Esos dos componentes de la estrategia constituyen los temas respectivos de la Parte II y la Parte III del presente Informe.

CAPÍTULO 1

EVOLUCIÓN DEL PAPEL DEL ESTADO

Hace un siglo, es muy probable que un agricultor canadiense y uno de Côte d'Ivoire se sintieran muy poco vinculados con el Estado, y todavía menos entre sí. El Estado influía en sus vidas tan sólo en la medida en que les proporcionaba unos pocos bienes públicos clásicos, como orden público e infraestructura básica, y les cobraba impuestos.

Desde entonces el Estado se ha expandido de forma espectacular, en tanto que el mundo se ha reducido. Los descendientes de esos mismos agricultores envían a sus hijos a escuelas públicas, reciben tratamiento médico en clínicas que funcionan con fondos públicos, cuentan con una serie de servicios estatales y pueden beneficiarse de los controles oficiales de los precios de las semillas y fertilizantes que compran y del trigo o café que venden. Por consiguiente, es probable que a estas últimas generaciones de canadienses y africanos les preocupe mucho más que a sus antepasados la eficacia de sus gobiernos y los mecanismos de control de sus decisiones. Además, es también probable que estén mucho más al corriente de si su propio gobierno funciona mejor o peor que los de otros países. La enorme expansión de las comunicaciones, el comercio y la inversión, la radio y la televisión y los amigos y parientes que viajan al extranjero, ya sea como turistas o como trabajadores emigrantes, permiten hoy a los habitantes del Canadá o de Côte d'Ivoire comparar mucho mejor la calidad de los servicios estatales que ellos reciben con los que prestan otros países. El comportamiento del Estado y sus consecuencias son objeto de observación como no lo habían sido nunca.

Ese examen riguroso podría llevar a un mejor sistema de gobierno, pero si el Estado es incapaz de responder de forma constructiva a los retos planteados, el resultado podría ser un mayor menoscabo de su credibilidad, a medida que se vaya ensanchando la brecha entre lo que es capaz de hacer y lo que se le pide que haga. La fase terminal de este proceso está a la vista en los agónicos acontecimientos recientes de Angola, Somalia y Zaire. El Estado implosiona, dejando a los ciudadanos despojados de las condiciones más básicas para una existencia estable: leyes y seguridad, confianza en los contratos y un instrumento de cambio sólido. Esas crisis nos recuerdan la visión de Thomas Hobbes en su tratado *Leviatán* (1651), en el que describía la vida sin un Estado capaz de mantener el orden como una existencia "solitaria, pobre, cruel, embrutecida y breve".

Este Informe tiene por objetivo demostrar cómo todo Estado, independientemente de su punto de partida, puede mejorar su eficacia y apartarse cada vez más de semejantes situaciones catastróficas. A tal fin, en el presente capítulo se empieza con un recordatorio del proceso que nos ha traído al punto en el que estamos, es decir, con una mirada a la historia del Estado desde sus principios. Se muestra cómo el concepto del papel del Estado, tanto en los países en desarrollo como en los desarrollados, ha ido evolucionando hasta producir una expansión espectacular de su tamaño y, más recientemente, una mayor atención a la calidad que a la cantidad. Luego, se esboza un esquema sencillo para reconsiderar el papel del Estado y se presenta la doble estrategia para mejorar su eficacia que luego se investiga en el resto del Informe. La conclusión es que el Estado es capaz de responder a los desafíos que se le presentan, pero sólo si, primero, se limita a hacer aquello de que es realmente capaz y, luego, se esfuerza, mediante una revitalización de las instituciones públicas, por hacer más cosas en forma competente.

Los inicios del Estado

Desde el alba de los tiempos, los seres humanos han tendido a agruparse en sociedades de mayor tamaño, desde los grupos familiares y de parentesco hasta llegar al Estado moderno. Para que el Estado exista, los individuos y las agrupaciones se han visto obligados a ceder competencias en esferas fundamentales —como la defensa— a organismos públicos. Éstos deben contar con ciertos poderes básicos o coercitivos sobre todas las demás organizaciones establecidas dentro de un determinado territorio.

Ha habido Estados de todo tamaño y condición, según la combinación de factores como la cultura, la dotación de recursos naturales, las oportunidades comerciales y la distribución del poder. En la antigua Atenas, por ejemplo, el Estado tenía como soportes fundamentales la esclavitud y el expolio colonial. Más hacia el este, desde la remota antigüedad hubo complejas estructuras estatales cimentadas sobre la propiedad pública de la tierra o, como en la India de los mogoles o la China imperial, basadas en sistemas administrativos y de recaudación de impuestos muy desarrollados. En esas regiones, la combinación de propiedad estatal de la tierra y una burocracia compleja obstaculizó por largo tiempo la aparición de economías modernas basadas en el mercado.

Sin embargo, a pesar de esa diversidad de orígenes, en todo el mundo los Estados han adquirido con el tiempo varias características comunes y definitorias. Los Estados modernos tienen territorios consolidados y poblaciones estables, en cuyo seno desempeñan un papel centralizador y coordinador. La autoridad soberana desempeña, por lo común, funciones judiciales, legislativas y ejecutivas separadas (Recuadro 1.1). Desde el siglo XVIII, ya sea por conquista o por colonización, las naciones-Estado han incorporado la mayor parte del mundo a sus propios territorios, mutuamente excluyentes. Cuando los imperios se desintegraron y los grupos minoritarios reclamaron su derecho a constituirse en Estado, el número de naciones se multiplicó. Los países independientes miembros de las Naciones Unidas han pasado de 50 en 1945 a 185 en 1996 (Gráfico 1.1).

Comienzos modestos

La configuración de los Estados ha presentado grandes diferencias de un continente a otro y a lo largo de los siglos, pero los debates acerca del papel de las esferas pública y privada se han mantenido invariables. Ya se trate de *El*

Recuadro 1.1 Estado y gobierno: definiciones

El término *Estado*, en su sentido más amplio, denota un conjunto de instituciones que poseen los medios para ejercer coerción legítima sobre un territorio definido y su población, a la que se denomina sociedad. El Estado monopoliza la elaboración de reglas dentro de su territorio por medio de un *gobierno* organizado.

Gobierno es un término que a menudo se usa de forma diferente según el contexto. Puede referirse al proceso de gobernar, al ejercicio del poder. Puede también referirse a la existencia de ese proceso, a una situación de "imperio del orden". Con frecuencia, por "gobierno" se entiende el conjunto de personas que ocupan puestos de autoridad en un Estado. Por último, el término puede referirse a la manera, método o sistema de gobernar una sociedad, a la estructura y organización de los cargos públicos y al modo en que se relacionan con los gobernados. Sin olvidar estas distinciones, utilizamos también los términos *Estado* y *gobierno* en sentido coloquial y, algunas veces, en forma intercambiable —como ocurre con frecuencia en los debates y publicaciones en todo el mundo.

Normalmente se considera que el *Estado* tiene *tres poderes* distintos, cada uno con una función determinada. El primero es el *poder legislativo*, encargado de elaborar las leyes; el segundo, el *poder ejecutivo* (a veces llamado también "gobierno"), cuya función es aplicar la legislación; el tercero, el *poder judicial*, responsable de la interpretación y aplicación del ordenamiento jurídico.

Hay muchas clasificaciones del sistema de gobierno, pero todas suelen centrarse en dos criterios: la estructuración de los órganos gubernamentales, que es un concepto más restrictivo, y la relación entre el gobierno y los gobernados. La primera clasificación se basa en la relación entre el poder ejecutivo y el legislativo. En un sistema *parlamentario*, la permanencia de un gobierno en el poder depende de que conserve el apoyo del poder legislativo. Por lo común, los miembros del gobierno son también miembros de este último. Un primer ministro puede ser el miembro más poderoso del gobierno, pero las decisiones importantes del poder ejecutivo las adopta normalmente de forma colectiva un consejo de ministros. En un sistema *presidencialista*, la posición del poder ejecutivo es independiente de la del legislativo; normalmente, los miembros del gobierno no son miembros del poder legislativo, y la facultad decisoria última del poder ejecutivo reside en una sola persona, el presidente.

La segunda clasificación se centra en la distribución del poder entre los distintos niveles de gobierno. En un Estado *unitario* toda la autoridad legislativa reside en un órgano legislador supremo cuya jurisdicción abarca a todo el país; puede haber órganos legisladores locales, pero sólo con el consentimiento del órgano nacional. En un Estado *federal*, los órganos legislativos locales tienen garantizado al menos cierto grado de facultad decisoria autónoma. En una *confederación*, un grupo de Estados soberanos se une para ciertos fines específicos, pero sin renunciar a su propia soberanía.

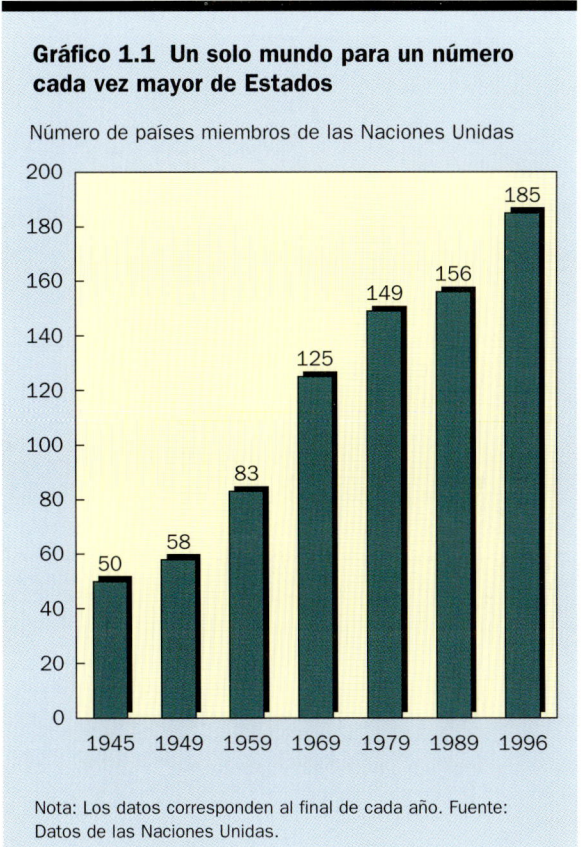

Gráfico 1.1 Un solo mundo para un número cada vez mayor de Estados

Número de países miembros de las Naciones Unidas

Nota: Los datos corresponden al final de cada año. Fuente: Datos de las Naciones Unidas.

Príncipe de Maquiavelo, el *Arthashastra* de Kautiliya, los escritos de Confucio o el *Muqaddimah de Ibn Jaldún*, los debates han girado siempre en torno a los derechos y obligaciones mutuos de los Estados y los ciudadanos. En casi todas esas tradiciones se ha reconocido el papel del Estado en la provisión de bienes públicos básicos (aunque, por supuesto, el peso relativo atribuido a los objetivos públicos y privados ha variado considerablemente). El uso de recursos estatales para proporcionar determinados bienes públicos esenciales y elevar la productividad privada no es nada nuevo.

Si vamos más allá de esas funciones mínimas, el acuerdo sobre el papel propio del Estado en el fomento del desarrollo económico ha sido mucho menor. Los mercantilistas del siglo XVII consideraban que una función importante del Estado era la de orientar el comercio; la aceptación más generalizada de que el mercado es el mejor instrumento para impulsar el crecimiento y el bienestar no llegó hasta que Adam Smith escribiera *La riqueza de las naciones*, a finales del siglo XVIII. En su opinión, lo mejor era reservar al Estado determinadas funciones básicas —suministrar bienes públicos como la defensa, garantizar la seguridad de las personas y las propiedades, educar a los ciudadanos y hacer cumplir los contratos, por ejemplo—, que se consideraban imprescindibles para la prosperidad de los mercados.

A pesar de eso, la intervención estatal pasó a desempeñar un papel catalizador de importancia vital en el desarrollo y en el crecimiento de los mercados en gran parte de Europa, el Japón y América del Norte. En Estados Unidos, donde a lo largo de la historia la participación estatal en la economía ha sido más limitada que en Europa o el Japón, el gobierno tuvo una intervención decisiva en la construcción de la primera línea telegráfica, que impulsó el desarrollo de la industria de las telecomunicaciones, así como en las actividades de investigación y extensión agrarias, que estimularon el crecimiento de la productividad (Recuadro 1.2).

El papel del Estado en la redistribución del ingreso era aún muy limitado en el siglo XIX. En Europa, la redistribución se efectuaba principalmente a través de las obras de caridad y otras acciones voluntarias. El sistema tributario se limitaba normalmente a las aduanas, el consumo, los monopolios y los productos primarios. El impuesto sobre la renta, que se había introducido en Francia y Gran Bretaña a finales del siglo XVIII, no representaba una fuente importante de ingresos. Los primeros balbuceos de un Estado del bienestar en sentido moderno se produjeron en Alemania a fines del siglo XIX, cuando el Canciller Otto von Bismarck introdujo los primeros sistemas nacionales de seguridad social.

La expansión del Estado en los países industriales...
Hasta bien entrado nuestro siglo, la dimensión del Estado en todo el mundo siguió siendo reducida, si se compara con lo que ahora es habitual. El punto de inflexión se produjo como resultado de una serie de acontecimientos transcendentales posteriores a la primera guerra mundial. El primero de ellos fue la revolución rusa de 1917, que llevó a la abolición casi total de la propiedad privada y confió al Estado el control de toda la actividad económica a través de la planificación centralizada. El segundo, la Gran Depresión de los años treinta, causó en el mundo no comunista una catástrofe económica de tal magnitud que impulsó a los gobiernos a experimentar políticas anticíclicas para restablecer la actividad económica. El tercero, desencadenado por la segunda guerra mundial, fue la rápida disolución de los imperios coloniales europeos. Ese cambio geopolítico —unido al clamor en favor de seguros sociales en los países industriales— abrió la puerta a cincuenta años de debate sobre la conveniencia de ampliar la intervención estatal.

El paradigma de la posguerra se concretó en torno a tres principios básicos, que lograron un acuerdo amplio, por no decir universal, y se mantuvieron en gran parte intactos hasta la primera crisis del petróleo de 1973. El primero era la obligación de ayudar a quienes sufrieran una privación transitoria de ingresos u otras desgracias; el segundo, la superioridad de la economía mixta, que a menudo significaba la nacionalización de una serie de industrias estratégicas; el tercero, la necesidad de una política macroeconómica

> **Recuadro 1.2 Medidas del gobierno estadounidense en apoyo del desarrollo de los mercados: algunos ejemplos**
>
> Estados Unidos acuñó el adagio "el mejor gobierno es el que gobierna menos", y todavía cree en él. Mientras que en muchas partes del mundo el papel del gobierno ha ido evolucionando gradualmente, Estados Unidos se fundó sobre los cimientos de una revolución. Los que elaboraron su Constitución se preguntaron expresamente: ¿Cuál debe ser el papel del Estado?
>
> A pesar de ello, incluso en un país como Estados Unidos, en el que el "laissez faire" y la desconfianza frente a los poderes públicos ocupan un lugar fundamental en la concepción del papel del Estado en la sociedad, la intervención gubernamental ha resultado con frecuencia decisiva para el crecimiento y el desarrollo de los mercados. Por ejemplo:
>
> - El sistema mundial de telecomunicaciones tiene su origen en el apoyo gubernamental al tendido de la primera línea telegráfica entre Washington y Baltimore a comienzos del decenio de 1840.
> - El enorme aumento de la productividad agrícola en los siglos XIX y XX puede atribuirse al programa de servicios de investigación y extensión apoyado por el gobierno federal desde la aprobación de la Ley Morrill en 1863.
> - Las Ordenanzas del Noroeste de 1785 y 1787 representaron el compromiso gubernamental de apoyar la educación y de destinar a ese fin los ingresos derivados de la venta de determinadas tierras. En 1863, el gobierno federal contribuyó al establecimiento del sistema de universidades públicas.
> - En 1863, en plena Guerra de Secesión, el Congreso reconoció la necesidad de un sistema financiero nacional y aprobó la Ley de Banca Nacional (National Banking Act), en virtud de la cual se estableció el primer organismo de supervisión bancaria de ámbito nacional. Posteriormente, el gobierno creó el Sistema de la Reserva Federal (el banco central estadounidense), así como una serie de intermediarios financieros públicos.
> - El sistema de carreteras interestatales y el apoyo del gobierno federal a la construcción de los ferrocarriles son ejemplos de la participación del sector público en la infraestructura de transportes, que fue de vital importancia para el desarrollo de los mercados estadounidenses.

coordinada, ya que el mercado no podía conseguir por sí solo unos resultados macroeconómicos estables y coherentes con los objetivos individuales. Con el tiempo, se reconocieron explícitamente los objetivos de la política macroeconómica: el pleno empleo, la estabilidad de los precios y el equilibrio de la balanza de pagos.

Así pues, el Estado asumió nuevas funciones y amplió las que ya tenía. Para mediados del siglo, las instituciones públicas tenían que ocuparse no sólo de ofrecer más obras de infraestructura y servicios públicos, sino también de prestar un apoyo mucho más amplio a los sectores de la educación y la atención de salud. En los 35 años transcurridos entre 1960 y 1995, el tamaño del sector público de los países industriales se duplicó (Gráfico 1.2), pudiendo atribuirse gran parte de la expansión a los incrementos de las transferencias y las subvenciones.

De hecho, a comienzos de la década de 1990 podía afirmarse con justicia que los gobiernos de la mayoría de los países industriales pasaban más tiempo intercambiando fondos entre distintos componentes de la economía, en forma de transferencias y subvenciones, que suministrando los bienes públicos tradicionales. El gasto en defensa y orden público se había reducido a un 10% de los desembolsos públicos, en tanto que más de la mitad de los ingresos tributarios se transfería a beneficiarios individuales (Gráfico 1.3). Parte del cambio es resultado de factores demográficos, ya que el envejecimiento de las poblaciones obligó a aumentar los gastos en pensiones y atención de salud. Pero también influyeron las preferencias nacionales. Así, a pesar de unos niveles iniciales comparables en 1960, en 1995 el tamaño del sector público de Suecia era casi dos veces mayor que el de Estados Unidos, tanto por el volumen de gasto en relación con el ingreso como por la parte del empleo público en el total de la población.

. . . y en los países en desarrollo

En los países en desarrollo el sector público ha crecido y ha ampliado su campo de acción en forma espectacular durante la segunda mitad del presente siglo (Gráfico 1.2). Inicialmente, gran parte del crecimiento se debió a la construcción nacional y estatal tras el colapso del colonialismo, pero también tuvieron un efecto importante los altibajos de los mercados internacionales de productos primarios. Los países ricos en recursos, como México, Nigeria y Venezuela, tendieron a utilizar los enormes ingresos derivados de las alzas de los precios del petróleo de los años setenta y de otros auges de precios de los productos básicos para ampliar sus sectores públicos, a veces sin tino ni

EVOLUCIÓN DEL PAPEL DEL ESTADO 25

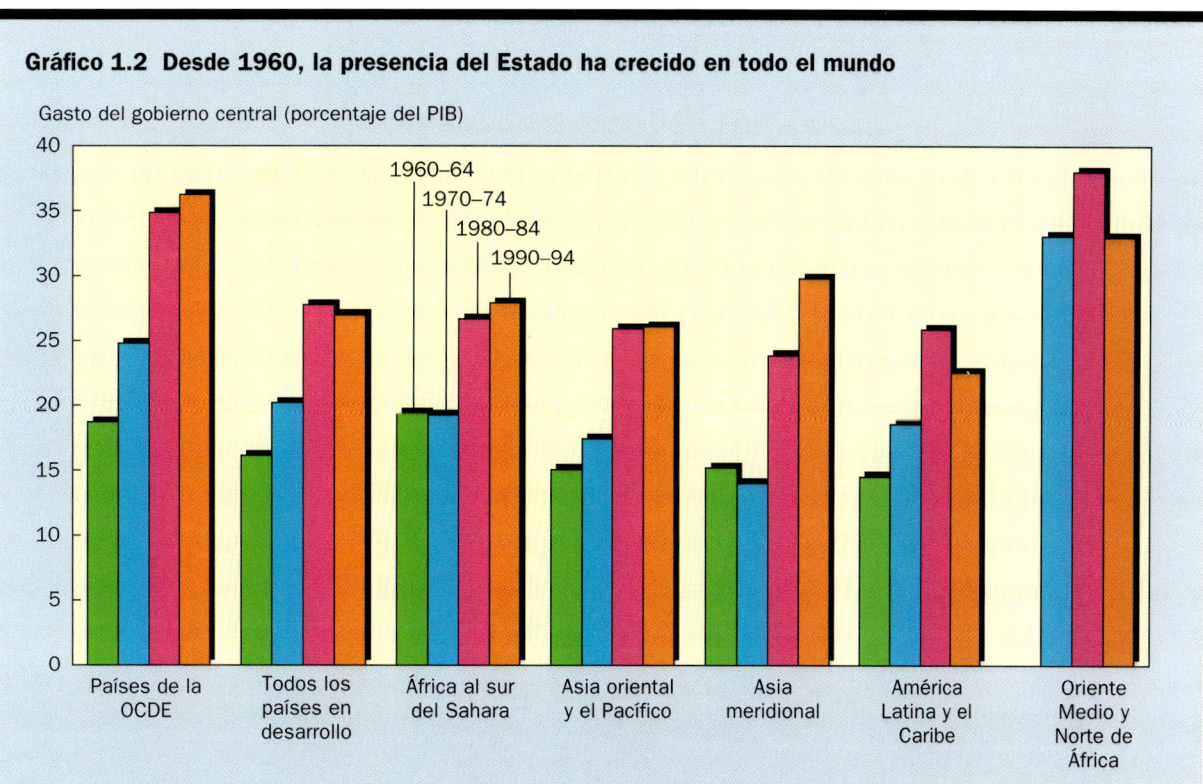

Gráfico 1.2 Desde 1960, la presencia del Estado ha crecido en todo el mundo

Nota: Los datos se expresan en precios nacionales corrientes. No se dispone de información sobre Oriente Medio y Norte de África en 1960–64. Fuentes: FMI, diversas ediciones a) y b); datos del Banco Mundial.

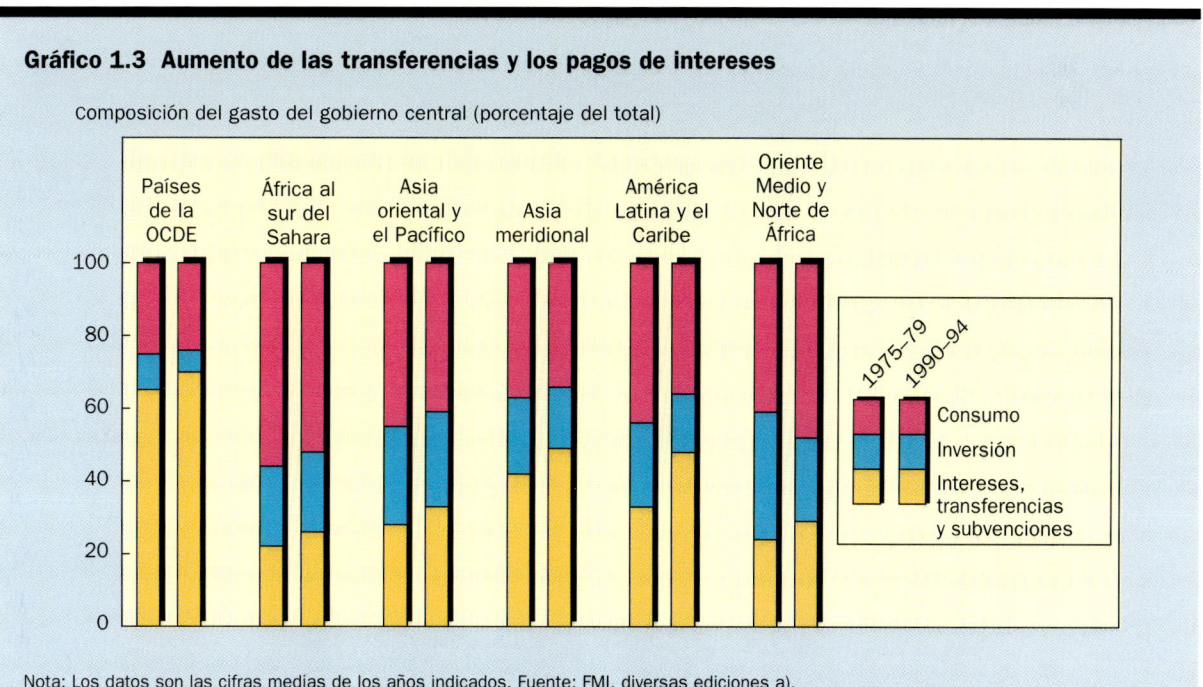

Gráfico 1.3 Aumento de las transferencias y los pagos de intereses

Nota: Los datos son las cifras medias de los años indicados. Fuente: FMI, diversas ediciones a).

mesura. Los países importadores de petróleo, obligados a adoptar medidas de austeridad fiscal, no pudieron aumentar su gasto en la misma medida.

Más importante que esas fuerzas ha sido quizás el cambio de mentalidad sobre el papel del Estado a lo largo de los últimos cincuenta años. La mayoría de los países en desarrollo de Asia, Oriente Medio y África superaron el período colonial con una firme creencia en el desarrollo económico protagonizado por el Estado. Éste movilizaría recursos y personas para conseguir un rápido crecimiento y la erradicación de las injusticias sociales. El control estatal de la economía, inspirado en el modelo de la Unión Soviética, era un elemento fundamental de esa estrategia. (En el Recuadro 1.3 se describe su aplicación en un país, la India.) Muchos países de América Latina, el Oriente Medio y África siguieron en la posguerra este modelo de industrialización promovida por el Estado y basada en la sustitución de importaciones.

Esta creencia se vio reforzada por la gran aceptación del activismo estatal en todo el mundo. La Gran Depresión de los años treinta se consideró como un fracaso del capitalismo y los mercados, en tanto que las intervenciones estatales —el Plan Marshall, la regulación keynesiana de la demanda y el Estado del bienestar— parecían cosechar un éxito tras otro. El nuevo credo intervencionista tenía su contrapartida en la estrategia de desarrollo del momento —adoptada por muchos países al alcanzar la independencia—, que destacaba las numerosas disfunciones del mercado y asignaba al Estado un papel principal en la corrección de las mismas. La planificación centralizada, las intervenciones correctoras de la asignación de los recursos y un férreo control estatal del desarrollo de las industrias incipientes eran partes integrantes de tal estrategia. A esta combinación se agregó el nacionalismo económico, fomentado a través de las empresas estatales y el estímulo del sector privado autóctono. En el decenio de 1960 la participación estatal impregnaba ya prácticamente todos los aspectos de la economía, fijando precios y, cada vez más, regulando los mercados: el laboral, el de cambios y el financiero.

Llegados los años setenta, los costos de esta estrategia empezaron a volverse en su contra. Las conmociones de los precios del petróleo fueron los últimos estertores de la expansión estatal. Para los exportadores de petróleo supusieron ingresos fáciles, que muchos dedicaron a una ampliación aún mayor de sus programas públicos. Mientras nadaron en la abundancia, pudieron ocultar las deficiencias institucionales. Los importadores, por su parte, se vieron atrapados en un proceso de fuerte endeudamiento en petrodólares reciclados para sostener el crecimiento de sus sectores públicos. Los costos de esta estrategia de desarrollo se pusieron bruscamente de manifiesto cuando se produjo la crisis de la deuda en los años ochenta y se desplomaron los precios del petróleo.

El colapso de la Unión Soviética —que ya para entonces había dejado de ser un modelo atractivo— fue el golpe de gracia de la era del desarrollo. De repente, el fracaso del sector público, incluida la quiebra de las empresas estatales, se hacía patente en todas partes. Los gobiernos empezaron a adoptar políticas encaminadas a reducir el ámbito de la participación pública en la economía. Se contuvo la intervención estatal en la producción, los precios y el comercio. En amplios sectores del mundo en desarrollo empezaron a arraigar estrategias en armonía con el mercado. El péndulo había oscilado desde el modelo de desarrollo dirigido de los años sesenta y setenta hasta el Estado minimalista de los ochenta.

Como sucede a menudo cuando los cambios de perspectiva son tan radicales, los países fueron algunas veces demasiado lejos. Hubo falta de coordinación en los esfuerzos por recuperar el equilibrio entre gasto público y endeudamiento, y se podaron muchas veces las ramas sanas junto con las secas. Para cumplir sus obligaciones, algunos países agobiados por la deuda han reducido radicalmente los fondos para programas fundamentales en los sectores de educación, salud e infraestructura, con la misma —o incluso mayor— frecuencia con que han recortado los destinados a programas de baja prioridad, cuerpos de funcionarios hipertrofiados y empresas con pérdidas. Los recortes se han efectuado principalmente en los presupuestos de capital y, en África, en los gastos de explotación y mantenimiento, lo que ha reducido aún más la eficiencia de las inversiones. El resultado, evidente con especial crudeza en África, la antigua Unión Soviética e incluso en partes de América Latina, ha sido el abandono de funciones esenciales del Estado, que pone en peligro el bienestar social y menoscaba los cimientos para el desarrollo del mercado.

Las consecuencias de un rechazo a ultranza del sector público han hecho que se abandone el estéril debate sobre el Estado frente al mercado para analizar una crisis más fundamental de la eficacia estatal. En algunos países, la crisis ha desembocado en un colapso total del sector público. En otros, la erosión de la capacidad de éste ha llevado a las organizaciones no gubernamentales y populares —a la sociedad civil, en términos más generales— a tratar de ocupar su lugar. En su aceptación de los mercados y su rechazo del activismo estatal, muchos se han preguntado si el mercado y la sociedad civil podrían en último término suplantar al Estado. Sin embargo, las enseñanzas de medio siglo de continua reflexión sobre el papel del Estado en el desarrollo son más matizadas. Han fracasado los intentos de desarrollo basados en el protagonismo del Estado, pero también fracasarán los que se quieran realizar a sus espaldas. Sin un Estado eficaz, el desarrollo es imposible.

Replanteamiento del papel del Estado: marco general

Una dificultad fundamental para revisar el papel del Estado es que los gobiernos se encuentran siempre sobre un

Recuadro 1.3 Evolución del papel del Estado en la India durante los últimos cincuenta años

Cuando la India alcanzó la independencia, en 1947, el ingreso per cápita llevaba estancado medio siglo y la industria moderna era mínima.

Los años de Nehru, 1947–64. La primera persona en ocupar el puesto de Primer Ministro de la India, Jawaharlal Nehru, veía en la industrialización la base para mitigar la pobreza, y consideraba que un Estado poderoso con una economía planificada era esencial para industrializar el país rápidamente, acelerar el ahorro y la inversión públicos, reducir el papel del comercio exterior y lograr la autosuficiencia. A diferencia de muchos países de Asia oriental, que utilizaron la intervención estatal para establecer un sector industrial privado fuerte, la India optó por el control estatal de industrias clave. Además, convencidos del limitado potencial de la agricultura y las exportaciones, los sucesivos gobiernos inclinaron la relación de intercambio en contra del sector agrícola e hicieron hincapié en la sustitución de importaciones. También consideraron que la educación técnica era de importancia fundamental para lograr la industrialización.

"Garibi hatao", 1966–77. Bajo el mandato de la Primera Ministra Indira Gandhi hubo dos cambios importantes. En primer lugar, se corrigió el abandono de la agricultura por medio de una política activista de subvenciones públicas de nuevas semillas y fertilizantes, crédito agrícola y electrificación rural. La revolución verde despegó y para mediados del decenio de 1970 la India era autosuficiente en cereales. El segundo cambio fue un reforzamiento del control estatal de todos los aspectos de la economía. Con el eslogan *garibi hatao* ("abolir la pobreza"), se nacionalizaron los bancos, se restringió gradualmente el comercio, se impusieron controles de precios a una amplia variedad de productos y se redujo al mínimo la inversión extranjera. El Estado logró dominar por completo la economía. A pesar de ello, no se consiguió acelerar el crecimiento del producto interno bruto (PIB), que se mantuvo en un nivel del 3,5% anual durante este período.

Auge del gasto y crecientes déficit fiscales, 1977–91. Durante estos años se relajaron gradualmente los controles más estrictos de las importaciones y las licencias industriales, con lo que se estimuló el crecimiento del sector industrial. El gobierno amplió los programas de lucha contra la pobreza, en especial los de empleo rural, pero apenas una pequeña fracción de los crecientes subsidios llegó de hecho a los pobres. La competencia entre los partidos políticos hizo que con cada elección aumentaran dichos subsidios, y los cuantiosos déficit fiscales resultantes (8,4% del PIB en 1985) contribuyeron a un déficit en cuenta corriente cada vez mayor. A mediados de 1991, cuando alcanzó el poder un nuevo gobierno liderado por Narasimha Rao, las reservas de divisas de la India estaban prácticamente agotadas.

La reforma, de 1991 hasta el presente. Como consecuencia del creciente pago de intereses de la deuda externa, ni el poder central ni los gobiernos de los estados podían continuar financiando al mismo tiempo las subvenciones y unas fuertes inversiones públicas. Las primeras ganaron, y el gobierno comenzó a tratar de atraer inversión privada y extranjera. Así pues, la bancarrota sirvió de acicate al proceso de reforma e hizo que el papel del Estado cambiase, pasando de principal inversionista a promotor de iniciativas empresariales. Se esperaba que con este cambio se liberarían fondos públicos para poder aumentar los gastos sociales, pero la grave estrechez fiscal impidió en la práctica que hubiera un aumento significativo de los mismos.

El gobierno de Rao abolió la mayoría de las licencias industriales y de importación, devaluó la rupia, redujo de forma radical los aranceles a la importación, liberalizó el sector financiero y la inversión extranjera, y permitió la inversión privada en campos antes reservados al sector público. El nuevo gobierno de coalición, que accedió al poder en 1996, sostuvo esas reformas en términos generales, y el presupuesto de 1997 ha dado pasos positivos en esa dirección.

Así pues, en pocos años el antiguo consenso nacional sobre el socialismo ha cedido el paso a un nuevo consenso sobre la liberalización, pero aún sigue habiendo dificultades formidables. Todos los partidos están de acuerdo en la necesidad de efectuar reformas, pero ninguno está dispuesto a reducir excedentes de mano de obra, cerrar fábricas inviables o reducir las subvenciones. Las reformas efectuadas hasta la fecha son un paso positivo, pero es preciso ampliarlas y acelerarlas si se quiere que la India alcance a los "tigres" de Asia oriental.

---

suelo movedizo. Si nos detenemos a considerar la forma en que las fuerzas sociales y económicas mundiales han modificado nuestra concepción del Estado, resulta evidente que a éste se le atribuye todavía un papel bien definido en el suministro de bienes públicos que promueven el desarrollo económico y social. Además, las disfunciones del mercado siguen aportando argumentos económicos de peso para la intervención estatal (Recuadro 1.4). Por otro lado, la evolución en el campo de la tecnología está transformando la índole de dichas disfunciones; en lo que atañe a

Recuadro 1.4 Justificación económica de la intervención estatal y algunas definiciones

Las disfunciones del mercado y la preocupación por la equidad ofrecen una justificación económica para la intervención estatal, pero no existen garantías de que tal intervención vaya a beneficiar a la sociedad. Las disfunciones del gobierno pueden ser tan comunes como las del mercado. Por lo tanto, el reto es conseguir que los procesos políticos y las estructuras institucionales cuenten con los incentivos idóneos que les impulsen a intervenciones que realmente mejoren el bienestar social.

Por *disfunción del mercado* o *insuficiencia del mercado* se entiende un conjunto de circunstancias que impiden que una economía de mercado asigne los recursos con eficacia. Hay muchos motivos y grados de disfunción del mercado, por lo que el papel del Estado y la forma de intervención pública pueden ser muy diferentes en cada caso.

Por *bienes públicos* se entienden aquellos que son *no concurrentes* (su consumo por un usuario no reduce la oferta disponible para otros) y *de uso colectivo* (si lo puede consumir uno, lo pueden consumir todos). Estas características impiden que se pueda cobrar el consumo de bienes públicos, de modo que los proveedores privados carecen de incentivo para suministrarlos. Los bienes públicos nacionales, como la defensa, benefician a todo un país, mientras que los bienes públicos locales, como los caminos rurales, benefician a una zona más pequeña. *Bienes privados* se llama a los que son concurrentes pero no de uso colectivo; los *bienes de propiedad común* son de uso colectivo pero concurrentes (como el riego con aguas subterráneas), y los *bienes de club* no son ni concurrentes ni de uso colectivo (por ejemplo, las carreteras interurbanas y de peaje).

Se habla de *externalidades* o *efectos externos* cuando las acciones de una persona o de una empresa perjudican o benefician a otros sin que esa persona o empresa pague o reciba indemnización. La contaminación es un ejemplo de *externalidad negativa* que impone a la sociedad gastos no compensados, y los amplios beneficios para la sociedad en general de una población alfabetizada son una *externalidad positiva* de la educación primaria. Los gobiernos pueden reducir las externalidades negativas y fomentar las positivas por medio de reglamentaciones, impuestos o subsidios, o directamente mediante la provisión de los bienes o servicios.

Existe un *monopolio natural* cuando el costo unitario de proporcionar un bien o servicio a un usuario adicional disminuye progresivamente conforme aumenta la producción, lo que reduce o elimina las posibilidades de competencia. Por otro lado, si se les deja actuar con plena libertad, los proveedores monopolistas pueden restringir la producción para incrementar los precios y las utilidades. Los gobiernos han tratado de resolver este problema regulando los monopolios privados, o proporcionando ellos mismos el bien o el servicio en cuestión. Los avances en el campo de la tecnología han creado nuevas oportunidades para la competencia en servicios que antes se consideraban monopolios naturales, como las telecomunicaciones y la generación de energía eléctrica.

Los *mercados incompletos* y la *información imperfecta* o *asimétrica* representan problemas muy extendidos que pueden provocar ineficiencias. Los mercados son incompletos cuando no son capaces de suministrar un bien o servicio a pesar de que el costo de suministrarlo sería inferior al que los individuos están dispuestos a pagar. La información imperfecta por parte de los consumidores puede llevar a la subvaloración sistemática de algunos servicios, como la educación primaria o la atención preventiva de la salud. La asimetría informativa —cuando los proveedores saben más que los consumidores, o viceversa— puede ocasionar una demanda excesiva o inducida por el proveedor, por ejemplo en el campo de la atención médica. Los problemas de *selección adversa* y *riesgo moral* pueden llevar a la quiebra de los mercados de seguros. Se da selección adversa cuando los compradores de un servicio tienden a imponer al proveedor costos superiores a los normales o cuando los vendedores pueden excluir a esos clientes más costosos. Un buen ejemplo es el de los seguros médicos: quienes más necesitan atención médica son los que más probabilidades tienen también de contratar ese seguro y de ser rechazados por la compañía aseguradora. El *riesgo moral* se da cuando las personas aseguradas tienen algún incentivo para provocar o dejar que se produzca el hecho cubierto por el seguro. Un ejemplo de ello es la tendencia de los consumidores de servicios de atención de salud, y de quienes los suministran, a solicitar u ofrecer tratamientos innecesarios cuando hay un tercero —el asegurador— que paga la mayor parte del costo. Los gobiernos han tratado de abordar estos problemas ofreciendo una cobertura amplia y manteniendo los costos bajos. Para conseguirlo, han utilizado como instrumentos la regulación de los seguros privados, el financiamiento o la obligatoriedad de los seguros sociales, o la prestación directa de los servicios de salud.

La *equidad* puede propiciar la intervención estatal aun en ausencia de disfunción del mercado. Cabe que los mercados competitivos distribuyan el ingreso de forma inaceptable desde el punto de vista social, y que las personas con pocos bienes se queden sin recursos suficientes para un nivel de vida aceptable. En tales circunstancias, la intervención estatal podría ser necesaria para proteger a esos ciudadanos vulnerables.

la infraestructura, por ejemplo, la tecnología ha creado nuevas posibilidades de competencia en las telecomunicaciones y la generación de energía eléctrica. En muchos de los ejemplos más brillantes de desarrollo de la historia reciente y remota, el sector público ha colaborado activamente con los mercados para ayudarles a corregir insuficiencias, no para suplantarlos.

La equidad sigue siendo también un objetivo fundamental del Estado. Nuevos datos, procedentes en especial de Asia oriental, echan por tierra la opinión, comúnmente admitida en el pasado, de que no es posible conseguir el crecimiento y la equidad sin renuncias por ambas partes. Con unas políticas de educación básica y atención de la salud adecuadamente formuladas se puede reducir la pobreza y acrecentar la equidad al tiempo que se promueve el crecimiento económico. El descuido de esos aspectos sociales fundamentales del desarrollo puede ser fatal. Sin embargo, el simple hecho de que haya disfunciones del mercado, así como otros problemas de desigualdad e inseguridad, no significa que sólo el Estado pueda o deba ocuparse de esas cuestiones. Por el poder de coerción que ostenta dentro de sus fronteras, el Estado tiene ventajas excepcionales para tratar de abordar esos problemas, pero también dificultades especiales. Los gobiernos deben ser muy conscientes de ambas antes de decidir si intervienen o no, y cómo hacerlo.

Las ventajas singulares del Estado son sus poderes para imponer tributos, prohibir, castigar y exigir la participación. Sus poderes tributarios le permiten financiar el suministro de bienes públicos; su poder para prohibir y castigar le faculta para proteger la seguridad personal y los derechos de propiedad, y su poder para exigir la participación le permite reducir al mínimo el número de personas que disfrutan de los bienes públicos pero se resisten a pagar la parte del costo que les corresponde. Ese mismo poder sirve para ayudar a resolver problemas de acciones colectivas que aminorarían los beneficios sociales del mercado de seguros o impedirían que se efectuaran inversiones privadas mutuamente complementarias, por poner sólo dos ejemplos.

Al mismo tiempo, sin embargo, el Estado tiene dificultades especiales tanto para comunicar con claridad sus objetivos como para conseguir que los cumplan sus empleados. En primer lugar, aun cuando las elecciones y otros mecanismos políticos ayudan a mediar entre los ciudadanos y el Estado, los mandatos otorgados por los ciudadanos pueden ser vagos, y algunos grupos poderosos de intereses especiales se aprovechan de ello para reorientar la atención del gobierno en su favor. En segundo término, es difícil supervisar los rendimientos en muchas de las actividades del sector público, como la educación primaria, la protección del medio ambiente y la atención preventiva de la salud. Por ello, a veces es difícil establecer normas u otros mecanismos para garantizar la rendición de cuentas. Como consecuencia de ambos problemas, las burocracias disfrutan en algunas ocasiones de una enorme libertad de acción. Cuando eso ocurre, los funcionarios públicos, de todos los niveles, pueden buscar sus propios objetivos en vez de los de la sociedad. El Haití de la era de los Duvalier ofrece un ejemplo palpable de hasta dónde puede llevar el uso arbitrario del poder público en provecho personal y en detrimento de la sociedad.

En muchos países, el sector del voluntariado ha tratado de llenar algunos de los vacíos que las disfunciones de los mercados y los gobiernos han dejado en el suministro de bienes y servicios colectivos. El voluntariado presenta, al mismo tiempo, ventajas y desventajas singulares. Es muy eficaz para sensibilizar a la opinión pública, poner de manifiesto las preocupaciones de los ciudadanos y prestar servicios. Las organizaciones locales de autoayuda son a veces el mecanismo preferido para ofrecer bienes y servicios públicos a nivel local, debido a su proximidad a las comunidades. Sin embargo, con frecuencia su interés se orienta hacia determinados grupos religiosos o étnicos, no hacia la sociedad en general, y a menudo su responsabilidad es limitada y sus recursos escasos. Por ello, el reto para el Estado es aprovechar las ventajas relativas de los mercados privados y del voluntariado, al mismo tiempo que utiliza y fomenta su propia capacidad institucional.

Todo lo expuesto apunta a una doble estrategia encaminada a mejorar la capacidad estatal para acrecentar el bienestar económico y social. El primer paso es acomodar la función del Estado a su capacidad, es decir, establecer las reglas y normas institucionales que le permitan suministrar bienes y servicios colectivos en forma eficiente. El segundo, reforzar la capacidad del sector público por medio de reglas, asociaciones y presiones competitivas tanto externas como internas.

Acomodar la función a la capacidad: qué hace el Estado y cómo lo hace

En la Parte II de este Informe se examina el primer componente de la estrategia: acomodar la función del Estado a su capacidad, con objeto de mejorar la eficacia y eficiencia en el uso de los recursos públicos. Se proponen los medios para que el sector público pueda proporcionar los elementos fundamentales para el desarrollo, en especial allí donde la capacidad es limitada (Capítulo 3). En el Capítulo 4 se analizan las responsabilidades gubernamentales que requieren mayor esfuerzo, como las de reglamentación y política industrial, y se muestra la importancia vital de armonizar las funciones y las capacidades como medio de mejorar la eficacia del Estado. En el Cuadro 1.1 se ofrecen algunas pautas para la reflexión sobre estas cuestiones. En él se clasifican las funciones gubernamentales a lo largo de un continuo, que va desde las actividades que son del todo imposibles sin la actuación del sector público hasta aquellas que sólo realizan

Cuadro 1.1 Funciones del Estado

	Corregir las disfunciones del mercado			Aumentar la equidad
Intervención mínima	*Suministro de bienes públicos puros:* Defensa Orden público Derechos de propiedad Gestión macroeconómica Salud pública			*Protección de los pobres:* Programas de lucha contra la pobreza Socorro en casos de catástrofe
Intervención moderada	*Abordar las externalidades:* Educación básica Protección del medio ambiente	*Regular los monopolios:* Regulación de los servicios públicos Políticas antimonopolio	*Corregir la información imperfecta:* Seguros (salud, vida, pensiones) Reglamentación financiera Protección del consumidor	*Ofrecer seguros sociales:* Pensiones con efectos redistributivos Subsidios familiares Seguros de desempleo
Intervención dinámica	*Coordinación de la actividad privada:* Fomento de los mercados Iniciativas relativas a todo un sector			*Redistribución:* Redistribución de activos

los Estados más intervencionistas, como la coordinación de los mercados o la redistribución de los bienes:

- Los países en los que la capacidad del Estado es limitada tienen que centrarse ante todo en las funciones básicas: suministro de bienes públicos puros como los derechos de propiedad, estabilidad macroeconómica, lucha contra las enfermedades infecciosas, agua potable, carreteras y protección de los indigentes. Hay muchos países en los que el Estado no proporciona ni siquiera esos servicios. Las reformas recientes han hecho hincapié en los elementos económicos fundamentales, pero los aspectos sociales e institucionales básicos (incluidos los de índole jurídica) son igualmente importantes para evitar perturbaciones sociales y asegurar un desarrollo sostenido.
- Más allá de esos servicios básicos están las funciones intermedias, como la gestión de externalidades (la contaminación, por ejemplo), la reglamentación de los monopolios y el seguro social (pensiones, prestaciones de desempleo). En estos campos el Estado tampoco puede elegir entre intervenir o abstenerse. Tiene que limitarse a seleccionar la mejor entre las posibles intervenciones. Puede también hacerlo en colaboración con los mercados y la sociedad civil a fin de asegurar el suministro de esos bienes públicos.
- Los Estados con gran capacidad pueden actuar en forma más activa y abordar el problema de la ausencia de mercados favoreciendo la coordinación. Lo ocurrido en Asia oriental ha reactivado el interés por el papel del Estado en el fomento de los mercados mediante una política industrial y financiera activa.

Para acomodar la función a la capacidad hay que considerar no sólo *lo que* el Estado hace, sino también *cómo* lo hace. El replanteamiento del papel del Estado significa asimismo ensayar instrumentos alternativos, nuevos o ya existentes, que puedan acrecentar la eficacia del sector público. Por ejemplo:

- En la mayoría de las economías modernas, la función reguladora del gobierno es en la actualidad más amplia y compleja que nunca, abarcando campos como el medio ambiente y el sector financiero, además de otros más tradicionales, como los monopolios. Las reglamentaciones tienen que adecuarse a la capacidad de los organismos reguladores públicos y a la complejidad de los mercados, y hacer mayor hincapié en la responsabilidad personal.
- Aunque el Estado sigue desempeñando un papel fundamental en la prestación de servicios sociales básicos —como los de educación, salud e infraestructura—, no es evidente que deba ser el único que los preste, ni siquiera que los tenga que prestar en absoluto. Las decisiones gubernamentales acerca del suministro, la financiación y la reglamentación de esos servicios deben basarse en las ventajas relativas de los mercados, la sociedad civil y los organismos estatales.

- En su empeño de proteger a los más vulnerables, los países tienen que distinguir más claramente entre *seguro* y *asistencia*. El seguro, por ejemplo frente al desempleo cíclico, tiene por objeto igualar los niveles de ingresos y consumo frente a los altibajos inevitables de una economía de mercado. La asistencia, como los programas de alimentos por trabajo o las subvenciones del pan, trata de proporcionar cierto nivel mínimo de apoyo a los más pobres.

Reforzar la capacidad estatal
El fortalecimiento de la capacidad del Estado —segundo componente, igualmente decisivo, de la estrategia de reforma— es el tema de la Parte III de este Informe. La conclusión es que las mejoras son posibles sólo si se modifican los incentivos de los gobiernos y las instituciones estatales. Reforzar la capacidad no es tarea fácil. Los pequeños éxitos y los muchos fracasos de las actividades de asistencia técnica durante decenios ponen de relieve la necesidad de cambiar los incentivos que determinan el comportamiento, requisito tan importante como la capacitación y los recursos. La clave está en dar con reglas y normas que ofrezcan incentivos para que los organismos estatales y los funcionarios públicos busquen el bien común, y que al mismo tiempo desalienten las medidas arbitrarias. Esto puede lograrse por medio de:

- *Normas y controles.* La existencia de mecanismos que obliguen al cumplimiento de las leyes —un estamento judicial independiente por ejemplo— es fundamental para el desarrollo sostenible. Junto con la separación adecuada de poderes y los organismos de vigilancia, son un freno para los comportamientos arbitrarios.
- *Más competencia.* La presión en favor de la competencia puede provenir del seno mismo de la burocracia estatal, mediante un sistema de reclutamiento de los funcionarios públicos con arreglo a sus méritos; del sector privado nacional, contratando la prestación de servicios y dejando que los proveedores privados compitan directamente con los organismos públicos; del ámbito internacional, por medio del comercio y de la influencia de los mercados de bonos mundiales en las decisiones fiscales.
- *Cauces de opinión y participación.* En una sociedad moderna, los medios para lograr transparencia y apertura son muchos y variados: consejos empresariales, grupos interactivos y asociaciones de consumidores, por nombrar sólo algunos. Los acuerdos institucionales de colaboración con grupos comunitarios pueden contribuir también a aumentar la eficacia estatal ofreciendo a los ciudadanos una mayor posibilidad de opinar sobre las políticas gubernamentales. Asimismo, los contactos entre distintos niveles de gobierno y con organismos internacionales pueden ayudar al suministro de bienes públicos locales e internacionales.

Estos tres mecanismos son un tema recurrente en la Parte III, que se inicia (Capítulo 5) con un examen de los elementos constituyentes básicos de un sector público más eficaz. En él se hace hincapié en las reglas y las formas de competencia encaminadas a mejorar los tres elementos más fundamentales: la elaboración de políticas, la prestación de servicios y —lo que es la savia vital del sector público— el funcionariado. Ahora bien, la historia demuestra que para restaurar la confianza de la sociedad en el Estado y, por lo tanto, para restablecer su capacidad, hay que poner coto a las acciones arbitrarias. Estas cuestiones se examinan en el Capítulo 6, en el que se analizan los mecanismos de control que ofrece la estructura constitucional del Estado y los medios más eficaces para evitar la arbitrariedad y la corrupción.

Un tercer plano de la estrategia, que sirve de soporte a los otros dos, son las medidas encaminadas a conseguir un Estado más abierto y receptivo. Un Estado distante, autoritario, cuyas deliberaciones no sean transparentes puede caer con mayor probabilidad en la espiral descendente de la arbitrariedad y la ineficiencia. En el Capítulo 7 se examinan las ventajas que se consiguen cuando los poderes públicos se acercan a los ciudadanos y les otorgan un papel mayor en la formulación y aplicación de las políticas. Se muestra también cómo la descentralización, es decir, la transferencia de poderes y recursos a niveles inferiores de gobierno, puede contribuir a ese esfuerzo, siempre que se actúe con cautela. Por último, en el Capítulo 8 se recuerda que la acción colectiva supone en medida creciente mirar más allá de las fronteras nacionales. Se examinan en él varias formas en que los gobiernos nacionales pueden y deben cooperar para atender demandas que, si bien se perciben en el propio país, sólo pueden atenderse eficazmente a nivel internacional.

Opciones estratégicas: inicio y consolidación de las reformas

La doble estrategia para mejorar la eficacia del Estado es mucho más fácil de formular que de aplicar. La ardua tarea de los reformadores consistirá no sólo en concebir las medidas idóneas de reforma sino también en luchar contra la oposición arraigada de todos aquellos que tienen interés en que todo siga igual. Hacer que el papel del Estado corresponda a su capacidad significa la eliminación de ciertas funciones, incluidas algunas que benefician a grupos poderosos. Los defensores de un Estado más capaz descubrirán pronto que hay muchas personas interesadas en que siga siendo débil. No obstante, los políticos tienen un incentivo para emprender las reformas si éstas dan por resultado beneficios netos para grupos importantes de sus representados. A veces se presentan oportunidades imprevistas cuando hay que hacer frente a crisis o a amenazas externas, y una clase política competente debe ser capaz de adoptar estrategias para promover el consenso o indemnizar a los perjudicados.

La Parte IV está dedicada al reto de iniciar y sostener la reforma del Estado (Capítulo 9). El argumento principal es que los obstáculos a la reforma son en gran medida de índole política e institucional. Por ello, la reforma institucional fundamental será, probablemente, un proceso a largo plazo. Por otro lado, es posible que se presenten, de forma inesperada o como fruto de esfuerzos deliberados, oportunidades de reforma que no se pueden desaprovechar. Por último, en el Capítulo 10 se exponen las perspectivas de cambio y el programa de reforma de cada región del mundo en desarrollo. La conclusión es que la reforma será difícil y debe responder a las circunstancias de cada caso, pero el reto especial que presentan los Estados que se han derrumbado ofrece un recordatorio saludable de los riesgos del fracaso.

CAPÍTULO 2

ATENCIÓN RENOVADA A LA EFICACIA DEL ESTADO

Los hombres son impotentes para garantizar el futuro; sólo las instituciones determinan los destinos de las naciones.

—Napoleón I, *Sesión imperial* (7 de junio de 1815)

HACE CINCUENTA AÑOS, LA SEGUNDA GUERRA MUNdial había terminado y el proceso de reconstrucción estaba en marcha en gran parte de Europa, la Unión Soviética y el Japón. Muchos países en desarrollo estaban comenzando a liberarse del colonialismo, y el futuro parecía muy prometedor. Todavía no nos abrumaban las dificultades del desarrollo económico. El mejoramiento del nivel de vida parecía una tarea perfectamente factible: bastaba aplicar con acierto las ideas, conocimientos técnicos y recursos disponibles. Y así ocurrió, en algunos casos. En otros, los avances fueron raquíticos. A pesar de cinco décadas de esfuerzos, hay todavía disparidades enormes en la calidad de vida de los habitantes de todo el mundo. Es más, según algunos criterios de medición, la distancia entre ricos y pobres ha aumentado.

Las explicaciones de esas enormes diferencias en los niveles de vida han variado con los años. Durante siglos, el acceso a los recursos naturales —tierra y minerales— se consideró un requisito imprescindible para el desarrollo. Gran parte de África, Asia y las Américas se colonizó precisamente para adquirir esos recursos, y los países emprendieron guerras por la misma razón. Poco a poco esa forma de pensar cambió y se pasó a considerar que la clave para el desarrollo era la infraestructura física —maquinarias y equipos. El concepto de "industrializado" se convirtió en sinónimo de "desarrollado". Sin embargo, en torno a los años cincuenta de nuestro siglo hubo teóricos de la economía que comprendieron que también esa segunda visión era demasiado simplista. Las máquinas y los equipos eran la materialización de la tecnología, es decir, de los conocimientos e ideas. A pesar de todo, nadie conseguía explicar de forma sencilla por qué la tecnología se desarrollaba mejor y más de prisa en unas partes del mundo que en otras.

Otros factores, como el capital humano, han merecido desde entonces gran atención como posibles soluciones del enigma. La inversión en capital humano conduce a nuevos conocimientos e ideas, y aumenta la velocidad a la que éstos se absorben, difunden y aplican. A partir del decenio de 1980 el interés se ha reorientado hacia el importante papel de unas políticas idóneas como explicación de por qué los países acumulan capital humano e infraestructura física a velocidades diferentes. A su vez, esto ha llevado más recientemente al interés preferencial por otro elemento, la calidad de las instituciones de un país. Han surgido otros interrogantes nuevos y más complejos. ¿Qué formas de organización institucional son las más indicadas para la prosperidad de los mercados? ¿Cuál es el papel del Estado, como agente directo (principalmente en la prestación de servicios) y como determinante del contexto institucional en que funcionan los mercados? ¿Qué relación hay entre las políticas e instituciones y el proceso de desarrollo?

Las respuestas que se den a estas preguntas son fundamentales para entender los motivos más profundos de las diferencias en el grado de desarrollo y comprender por qué los resultados de las reformas económicas son con frecuencia tan distintos de un país a otro. Ayudan, por ejemplo, a explicar por qué la inversión y la actividad económica se han recuperado con mayor vigor en Polonia que en Rusia tras abrazar ambos países la economía de mercado, y por qué muchos países de África y América Latina siguen aún sin ver en gran parte las mejoras en la calidad de vida que se les prometieron al emprender sus reformas económicas hace un decenio.

El Estado contribuye de forma decisiva a que los países adopten o no las estructuras institucionales con las que los mercados pueden prosperar. El Estado no sólo es el árbitro de las reglas; con su actividad económica moldea el entorno de la actividad comercial y del resto de la economía. Para bien o para mal, el Estado marca la pauta.

En este capítulo se presentan argumentos empíricos que aconsejan reorientar nuestras reflexiones sobre el desarrollo hacia la calidad de las instituciones de un país y la capacidad del Estado, es decir, hacer de las instituciones parte habitual de nuestro diálogo sobre el desarrollo. Esta argumentación se basa en tres nuevos conjuntos de datos:

- El primero son los datos de panel analizados para este Informe. Abarcan 30 años y 94 países industriales y en desarrollo. En ellos se pone de manifiesto que las políticas y la capacidad institucional influyen en el crecimiento económico y en otros indicadores de la calidad de vida, como la mortalidad infantil.
- El segundo, que representa un paso adelante en el análisis, son los resultados de una encuesta, encargada especialmente para este Informe, de más de 3.600 empresas locales (incluidas las filiales de compañías internacionales) de 69 países. También ellos proporcionan pruebas contundentes de que la capacidad institucional —o su ausencia— tiene repercusiones importantes en el crecimiento y la inversión.
- El tercer conjunto de datos revela el modo en que la capacidad institucional afecta no sólo al ambiente para la actividad comercial, sino también al entorno general para el desarrollo de un país. Usando los resultados de la encuesta sobre capacidad institucional, demostramos que las diferencias nacionales pueden ayudar a explicar las distintas tasas de rentabilidad de los proyectos de desarrollo en los diferentes países.

Estado, instituciones y resultados económicos

¿Qué es lo que hace el Estado? En primer lugar, establece la normativa oficial —leyes y reglamentos— que es parte integrante del entorno institucional de un país (Gráfico 2.1). Esa normativa oficial, junto con las reglas oficiosas de la sociedad en sentido amplio, son instituciones que actúan de mediadoras del comportamiento humano. Pero el Estado no es sólo un árbitro que se limita a elaborar normas y a hacerlas cumplir desde fuera; interviene también en forma activa, y a veces dominante, en la economía. Cada día, los organismos estatales invierten recursos, orientan el crédito, adquieren bienes y servicios y negocian contratos.

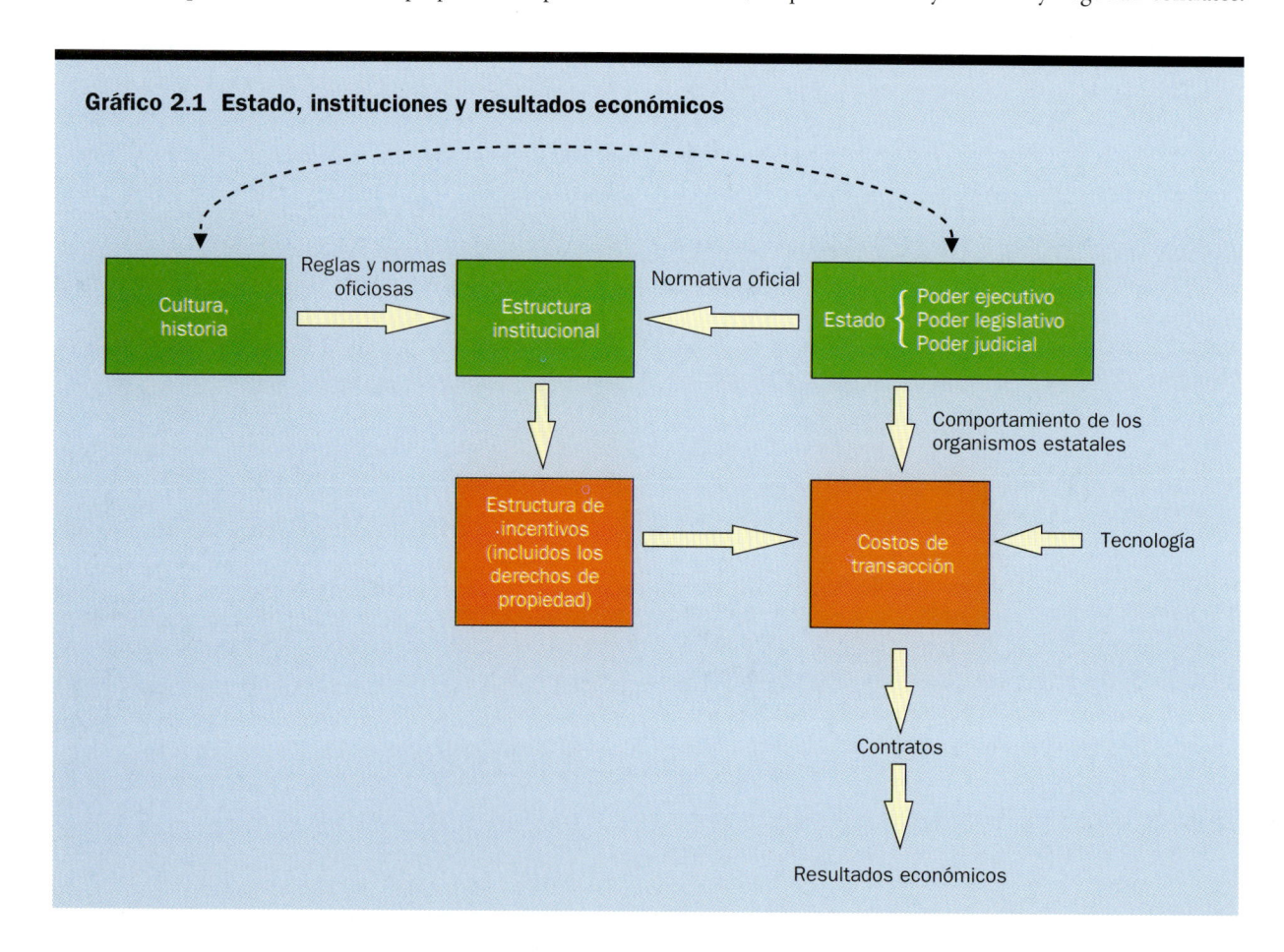

Gráfico 2.1 Estado, instituciones y resultados económicos

Estas medidas tienen repercusiones profundas en la actividad y los resultados económicos, en especial en los países en desarrollo. Si se realizan correctamente, pueden acelerar el desarrollo. De lo contrario, provocarán el estancamiento o, en casos extremos, la desintegración económica y social. Por todo ello, el Estado se encuentra en una posición singular: no sólo está obligado a establecer, a través de un proceso social y político, la normativa oficial a la que deben ajustarse todas las demás organizaciones; por ser una organización, tiene también que atenerse a dicha normativa.

No es difícil citar ejemplos del poder del Estado para mejorar la calidad de vida de las personas. Desde los sistemas de agua potable y saneamiento de la antigua Roma hasta la erradicación de la viruela en nuestro siglo, las intervenciones públicas en los sectores de la salud y el saneamiento han conseguido repetidas veces saltos de gigante en la esfera de la salud pública. Asimismo, los Estados han contribuido en forma decisiva a estimular progresos duraderos proporcionando infraestructura, seguridad y unas condiciones macroeconómicas estables. Internet es tan sólo el último de una larga generación de notables avances científicos y técnicos que han sido posibles gracias a un apoyo público importante desde sus comienzos (Recuadro 2.1).

Destilando las enseñanzas de siglos, se observa que el Estado puede mejorar los resultados del proceso de desarrollo de las siguientes maneras:

Recuadro 2.1 La creación de Internet, ejemplo reciente de interacción fructífera entre el sector público y el privado

El precursor de lo que llamamos Internet se inició en Estados Unidos en 1969. El sistema, conocido entonces con el nombre de ARPANET, contaba únicamente con cuatro computadoras interconectadas. En cambio, ya a mediados de 1996, Internet era accesible en 174 países de los siete continentes y permitía mantener contactos entre casi 13 millones de sistemas de computadores centrales en todo el mundo. En el año 2000, el total podría alcanzar fácilmente los 100 millones.

ARPANET nació como consecuencia de imperativos económicos de las investigaciones de defensa en los años sesenta. Su objetivo original era conectar las computadoras de organismos gubernamentales en lugares remotos con el fin de evitar la duplicación de los gastos de equipo de computadoras, entonces muy elevados. En 1968, el Departamento de Defensa de Estados Unidos solicitó propuestas a 140 empresas privadas para que diseñaran y construyeran los cuatro primeros procesadores de mensajes de interfaz, o encaminadores (*routers*). Una vez instalados, el gobierno concertó varios contratos con destacadas universidades; el resultado fue la creación del conjunto crucial de protocolos de comunicación que podían enlazar diversas redes de computadoras. Fueron estos protocolos los que, más tarde, hicieron posible Internet.

El complemento de este apoyo financiero público ha sido la asociación entre el mundo académico, los círculos empresariales y el gobierno estadounidense, bajo el liderazgo de la Fundación Nacional de Ciencias (National Science Foundation, NSF). En un principio, se favoreció la conexión entre los departamentos universitarios de informática, pero pronto su influencia se extendió. La Red de la Fundación Nacional de Ciencias (NSFNET) sustituyó a ARPANET en 1990. Además del financiamiento fundamental para una infraestructura de la red principal de alta velocidad con destino al sistema, la NSF hizo donaciones a universidades para alentarlas a formar redes regionales que lo alimentaran, pero también se advirtió a esas redes que tendrían que llegar a ser autosuficientes.

La participación del sector privado se ha intensificado con el tiempo. La NSF alentó a servicios comerciales privados de correo electrónico a enlazarse a Internet. Algunas compañías empezaron también a crear sus propias redes de alta capacidad, y el número de empresas que proporcionaban acceso a Internet se multiplicó. Estas tendencias se aceleraron como consecuencia de la creación y rápido crecimiento de la sección multimedia de Internet, la World Wide Web. Desarrollada en los laboratorios suizos de la Organización Europea de Investigaciones Nucleares (CERN) —otro organismo financiado con fondos públicos— la Web atrajo cerebros de universidades y empresas, lo que llevó a otra explosión del número de usuarios: de 130 en julio de 1993 a más de 230.000 en junio de 1996.

En 1995 la NSFNET fue sustituida por un sistema plenamente comercial. Las grandes compañías telefónicas proporcionan ahora a sus clientes no sólo redes de alta capacidad sino acceso a Internet. También están incorporándose al mercado las empresas de comunicaciones por cable y las de emisiones directas por satélite. El sector público sigue aún involucrado en ciertas investigaciones avanzadas, pero su atención se centra más en aspectos como el modo de asegurar un acceso equitativo (por ejemplo, con normas de precios), la libertad de expresión, la protección contra el fraude y la defensa de la intimidad.

- creando un entorno macroeconómico y microeconómico que ofrezca los incentivos apropiados para una actividad económica eficiente;
- estableciendo una infraestructura institucional —derechos de propiedad, paz, orden público y sistema normativo— que aliente una inversión eficiente a largo plazo, y
- asegurando la prestación de los servicios básicos de educación y atención de salud y la infraestructura física necesaria para la actividad económica, y protegiendo el medio ambiente.

La historia nos enseña también que el Estado puede provocar daños enormes:

- Una normativa errónea puede desalentar activamente la creación de riqueza. En efecto, el Estado puede penalizar la riqueza privada distorsionando los precios —por ejemplo, con una moneda sobrevalorada—, o creando juntas de comercialización de productos agrícolas que graven la producción de los agricultores sin darles prácticamente nada a cambio.
- Aun en los casos en que la normativa sea acertada, puede ser aplicada en forma nociva por los organismos públicos, o sus empleados. Por ejemplo, éstos pueden imponer enormes costos de transacción, en forma de papeleo o soborno, a quienes tratan de establecer empresas nuevas o de reestructurar las ya existentes.
- Pero quizás la principal fuente de perjuicios provocados por la acción estatal es la incertidumbre. Si el Estado cambia el sistema normativo con frecuencia o no aclara cuáles son las reglas que regirán su actuación, ni las empresas ni los ciudadanos podrán saber con certeza lo que será rentable o ruinoso, legal o ilegal al día siguiente. Por ello adoptarán estrategias costosas para protegerse frente a un futuro incierto —por ejemplo, pasándose a la economía informal o enviando capitales al extranjero—, todo lo cual redundará en detrimento del desarrollo.

El crecimiento económico y el Estado

El enorme efecto que las acciones del Estado tienen en el desarrollo queda bien de relieve cuando se comparan los divergentes resultados económicos de los países en desarrollo de África al sur del Sahara y de Asia oriental. En 1960, el ingreso per cápita en gran parte de los países de esta última región era sólo un poco más alto que en África. Los sectores públicos de ambas regiones eran también similares en cuanto a magnitud, aunque no por su composición: ya entonces, los gobiernos africanos gastaban más en consumo, principalmente en empleo público. En cambio, a mediados del decenio de 1990, el ingreso en Asia oriental era cinco veces mayor que en África, en tanto que el consumo público en esta región, en relación con el PIB, era nada menos que 1,5 veces superior al de Asia oriental. Las causas de esta divergencia son complejas, pero es un hecho comúnmente aceptado que la superioridad del comportamiento del Estado en los países de Asia oriental —los límites fijados a su propio crecimiento, la sensatez de las políticas adoptadas y su eficacia en la prestación de servicios— contribuyó notablemente a aumentar las diferencias en la calidad de vida del ciudadano medio de esas dos regiones del mundo (Gráfico 2.2).

Al considerar la influencia que la magnitud del Estado puede tener en el crecimiento, conviene distinguir entre consumo público e inversión pública (Recuadro 2.2). En los países donde el gasto en consumo público es muy alto, el resultado es, por lo general, una rémora para el crecimiento, un impuesto neto sobre la sociedad con pocas contrapartidas. Por el contrario, determinadas clases de gastos de inversión pública, en particular en infraestructura, han

---

Gráfico 2.2 El buen gobierno explica la diferencia de ingreso entre Asia oriental y África

PIB per cápita
(miles de dólares internacionales de 1985)

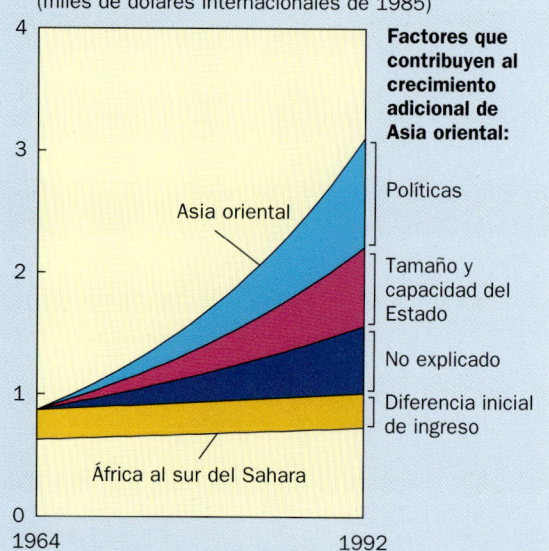

Factores que contribuyen al crecimiento adicional de Asia oriental:
- Políticas
- Tamaño y capacidad del Estado
- No explicado
- Diferencia inicial de ingreso

Nota: Los resultados se basan en una ecuación de regresión de variables instrumentales para el período de 1964–93, controlando el ingreso inicial, la educación y otras variables. "Políticas" abarca los efectos de la apertura al comercio y la inversión, la inexistencia de distorsiones de los precios, la ausencia relativa de primas del tipo de cambio del mercado negro y niveles altos de educación e inversión. Véase la Nota técnica. Fuente: Cálculos del personal del Banco Mundial basados en datos del documento de antecedentes de Commander, Davoodi y Lee.

Recuadro 2.2 La medición del Estado: su tamaño, sus políticas y su capacidad institucional

Una forma habitual de cuantificar el tamaño del sector público de un país es averiguar la relación entre el gasto público y el gasto total o el producto total de la economía. Sin embargo, esos datos por lo general no son completos, y en el caso de las empresas públicas de muchos países en desarrollo la cobertura es muy fragmentaria. Además, esta medida suele ignorar importantes partidas extrapresupuestarias. El propio gasto público puede desglosarse en consumo e inversión. El consumo público —que en su mayor parte corresponde a los costos salariales de la administración— proporciona un indicador restringido pero más exacto de los beneficios ordinarios que los consumidores perciben del gasto público. Las transferencias, como las pensiones o las prestaciones de discapacidad, pueden incluirse en el gasto público, pero en realidad lo único que hacen es redistribuir los recursos. Para complicar más las cosas, las relaciones nominales y reales del gasto varían en medida significativa con el tiempo. Otro procedimiento de medición, con el que se evitan esos problemas, es usar el nivel de empleo público, pero también esto tiene sus inconvenientes. Por ejemplo, no tiene en cuenta los cambios en la productividad de los trabajadores del sector público.

Los resultados recogidos en este capítulo se basan en datos del consumo público real, ya que lo que más interesa es el modo en que la división del producto entre bienes públicos y privados influye en los resultados. También se usan datos sobre la inversión en activos fijos, pero éstos normalmente sólo se ofrecen en forma de cifras agregadas de la inversión pública y privada. A fin de facilitar las comparaciones entre países a lo largo del tiempo, esas relaciones se han traducido a valores internacionales o de paridad del poder adquisitivo —transformación no del todo inocua, en particular en los países de ingreso bajo donde gran parte del consumo público supone gran concentración de mano de obra. En esos países, el uso de precios internacionales incrementa considerablemente el coeficiente de consumo público.

Para obtener un cuadro más completo de la presencia económica del Estado se requiere una medida que capte las intervenciones públicas fundamentales a través de las políticas y las instituciones, además de las de índole fiscal. Hemos resumido la posición de los países en materia de políticas a lo largo del tiempo en un índice que combina tres indicadores principales: la apertura de la economía (parte del comercio en el PIB), la sobrevaloración de la moneda (tipo de cambio del mercado negro) y la diferencia entre los precios internos y los internacionales. Hemos intentado también evaluar la calidad de un componente crucial del sector público: su burocracia. Esta evaluación se basa en las respuestas de inversionistas extranjeros recogidas a través de encuestas (en la sección siguiente se evalúan las respuestas de los inversionistas nacionales), centradas en el volumen de trámites burocráticos que requiere cualquier transacción, el entorno normativo y el grado de autonomía frente a las presiones políticas.

---

solido ejercer un efecto positivo en el crecimiento, en parte porque elevan la rentabilidad de la inversión privada. No obstante, la situación se complica por el hecho de que ciertos tipos de consumo público —el dinero gastado en sueldos de los profesores, por ejemplo, o en la compra de medicinas— pueden influir favorablemente en las vidas de las personas y elevar la eficiencia de la inversión. La respuesta, obviamente, no puede ser el recorte indiscriminado del consumo para fomentar, en forma igualmente indiscriminada, la inversión.

Pero los sistemas de medición de la presencia del Estado, por muy avanzados que sean, reflejan sólo parte de la realidad. Como ya se ha señalado, el Estado desempeña también una función esencial en el establecimiento del entorno institucional general en el que actúan los agentes económicos, es decir, en la creación de la estructura de incentivos a los que éstos responden. La capacidad de funcionamiento del sector privado dependerá en medida crítica de la fiabilidad y eficacia de instituciones como las encargadas de aplicar las leyes y proteger los derechos de propiedad. Probablemente, ninguno de estos beneficios —y costos— de la calidad del sector público aparecerá nunca en las cuentas nacionales.

Lo que se pretende en esta sección es distinguir entre lo que el Estado hace y lo bien (o mal) que lo hace, señalando tanto el contenido de políticas como la capacidad institucional. En el Gráfico 5 del Panorama general se mostraba el efecto de ambos factores en el crecimiento del ingreso a lo largo de los últimos 30 años en una amplia muestra de países industriales y en desarrollo. En los países con escasa capacidad estatal y políticas inadecuadas, el ingreso per cápita aumentó sólo alrededor de medio punto porcentual al año. Por el contrario, en los países con gran capacidad y políticas acertadas, el ingreso per cápita creció como promedio alrededor del 3% anual. A lo largo de ese período de 30 años, semejantes discrepancias en el crecimiento del ingreso han significado una diferencia enorme en la calidad de vida de las personas. Un país con un ingreso medio per cápita de $600 en 1965 (expresados en paridad del poder adquisitivo internacional), con políticas erróneas y capacidad institucional débil, después de 30 años habría alcanzado un ingreso medio de sólo unos $678 a precios de 1965. Por el contrario, un país con capacidad institucional fuerte y políticas idóneas habría duplicado con creces ese ingreso medio, hasta alcanzar los $1.456 a precios de 1965. Muchos países de Asia oriental han conseguido resultados todavía mejores.

Unas políticas idóneas pueden por sí solas hacer que mejoren los resultados, pero los beneficios aumentan enormemente en los países con mayor capacidad institucional —donde las políticas y los programas se llevan a la práctica con más eficiencia y donde los ciudadanos y los inversionistas tienen mayor seguridad acerca de las medidas futuras del gobierno. Por lo tanto, unas políticas acertadas como las adoptadas recientemente por muchos países de América Latina y África elevarían el crecimiento del ingreso per cápita alrededor del 1,4% al año. Un país que comenzase con un ingreso medio de $600 en 1965 lo vería aumentar hasta alrededor de $900 después de 30 años, pero el aumento sería aún mayor si contara con esas políticas idóneas *y* también con unas instituciones fuertes. La enseñanza que se deduce es que los países reformadores no pueden conformarse con mejorar las políticas; deben también buscar la manera de fortalecer el entorno institucional de las mismas.

Por importante que sea el crecimiento del ingreso, es sólo uno entre diversos indicadores del bienestar. Nuestro estudio de la amplia variedad de factores que contribuyen a mejorar o deteriorar las condiciones de vida de las personas parece indicar que el desempeño de los países debe medirse también con otros criterios, como la mortalidad infantil. Las instituciones públicas de calidad contribuyen a combatir esa plaga mejorando los resultados conseguidos con un determinado gasto social. Así pues, no sólo cuenta el ritmo de crecimiento del ingreso; también la capacidad institucional influye de forma decisiva en la calidad de vida de la sociedad en general. Ello explica por qué países con el mismo nivel de ingreso pueden tener indicadores de la calidad de vida muy distintos —por qué Sri Lanka, por ejemplo, tenía una tasa de mortalidad infantil de sólo 18 por 1.000 nacidos vivos, en tanto que algunos países con un ingreso per cápita más elevado mostraban tasas considerablemente más altas: 67 y 68 por 1.000 nacidos vivos en Egipto y Marruecos, respectivamente, por ejemplo. Además del monto del gasto social, influye también muy considerablemente la forma en que se prestan los servicios.

Análisis de la capacidad institucional: el punto de vista del inversionista privado

Como ya se ha recalcado en este capítulo, lo que distingue a un Estado capaz es que —además de poder promover acciones de interés colectivo— puede establecer el conjunto de normas en que se apoyan los mercados y que les permiten funcionar. Aunque los acuerdos privados pueden a veces ser complemento de los derechos de propiedad y contractuales oficiales, con ellos el desarrollo de los mercados puede avanzar sólo hasta cierto punto. Los gobiernos, por supuesto, tienen algo más que hacer que dictar las reglas del juego; tienen también que asegurarse de que éstas se cumplan de forma coherente y de que los agentes privados —empresas, trabajadores, asociaciones comerciales— tengan la seguridad de que esas reglas no van a modificarse de la noche a la mañana. Los Estados que cambian las reglas frecuentemente y de forma imprevisible, que anuncian cambios pero no los ponen en práctica o que obligan de manera arbitraria al cumplimiento de las normas carecen de credibilidad, y los mercados se resienten de ello.

¿Hasta qué punto se puede decir que el Estado contribuye eficazmente a fijar unas reglas del juego creíbles que fomenten el desarrollo de los mercados? Es difícil encontrar pruebas sólidas. Para empezar, la credibilidad es difícil de medir, ya que depende tanto de las percepciones como de los hechos. Por ejemplo, a primera vista cabría pensar que el número de veces que ha cambiado el gobierno de un país sería un buen indicador del grado de incertidumbre que rodea a las reglas del mercado y, por lo tanto, de la mayor o menor credibilidad del Estado. Sin embargo, las empresas de Tailandia en general consideraban que el entorno en el que funcionaban era relativamente estable, a pesar de los numerosos golpes de estado y cambios de gobierno. Por lo mismo, el ambiente para la actividad comercial puede ser sumamente inestable e imprevisible aunque el gobierno no cambie. Los empresarios peruanos señalaban graves problemas de credibilidad gubernamental en los años ochenta debido a que las normativas se elaboraban de forma precipitada, se ponían en vigor mediante decretos presidenciales y con frecuencia se abolían poco después.

Las mediciones de la corrupción parecerían ser otro buen indicador de la credibilidad gubernamental. Pero una simple estimación de la corrupción, como las cuantificaciones de la inestabilidad política, quizá no capte el sentir de los empresarios. Algunas formas de corrupción representan grandes incertidumbres y riesgos, mientras que otras pueden ser más previsibles y considerarse más bien como "lubricante" para acelerar los trámites. En palabras de un empresario: "Hay dos clases de corrupción. Con la primera pagas el precio marcado y obtienes lo que quieres; con la segunda, pagas lo acordado, te vas a casa y no puedes dormir por la noche pensando si obtendrás lo convenido o, por el contrario, alguien te va a chantajear." La mejor manera de llegar a entender los problemas que impiden el desarrollo del sector privado es preguntar directamente a los empresarios.

Por esa razón, para la realización de este Informe se ha llevado a cabo una encuesta en gran escala del sector privado. El objetivo era captar toda la gama de incertidumbres que se plantean los empresarios y elaborar una medida general de la credibilidad del sistema normativo en un país dado. Las respuestas obtenidas muestran que en muchos países los inversionistas privados dan al Estado muy mala nota en credibilidad.

Credibilidad: cómo ven al Estado los inversionistas
La encuesta del sector privado abarcó 69 países y más de 3.600 empresas. Se pidió a los empresarios que hicieran una evaluación subjetiva de los diferentes aspectos del marco institucional de su país, como la seguridad de los derechos de propiedad, la previsibilidad de las normas y políticas, la fiabilidad del estamento judicial, los problemas debidos a la corrupción y la discrecionalidad de la burocracia, y las perturbaciones asociadas a los cambios de gobierno.

A veces, el origen de la incertidumbre está en la inestabilidad del sistema normativo a que están sujetas las empresas. Dos indicadores clave incluidos en la encuesta fueron los siguientes:

Previsibilidad de las normas, es decir, en qué medida los empresarios han de hacer frente a cambios imprevistos de normativas y políticas sobre los cuales no han tenido ni voz ni voto.

- La encuesta ha demostrado que en ciertas partes del mundo los empresarios viven con el temor constante de que se produzcan cambios inesperados de políticas. En la Comunidad de Estados Independientes (CEI), casi el 80% de los empresarios afirmó que las modificaciones imprevisibles de las normativas y las políticas afectaban gravemente a sus empresas. En Europa central y oriental (ECO), América Latina y África al sur del Sahara, alrededor del 60% de los empresarios expresó la misma queja. Por el contrario, en los países industriales de Asia meridional y sudoriental sólo un 30% de los encuestados pensaba que éste era un problema para sus negocios (panel superior izquierdo del Gráfico 2.3). En gran parte, la imposibilidad de prever los cambios de normativas es resultado de que las empresas tengan escaso o nulo papel en el sistema estatal de toma de decisiones; de hecho, cabe que ni siquiera se les informe, por adelantado, cuando se van a producir cambios normativos importantes. Este problema parecía ser especialmente grave en la CEI, ECO y África al sur del Sahara, en tanto que los empresarios grandes y pequeños de Asia consideraban estar bien informados, incluso mejor que en los otros países industriales. No debe quizás sorprender que la encuesta revelara también que las pequeñas empresas solían tener menos conocimiento de la elaboración de nuevas normativas y menor participación en ese proceso, y que, por lo tanto, estaban más expuestas a llevarse sorpresas por causa de las políticas.

Impresiones sobre la estabilidad política, es decir, si los cambios de gobierno (constitucionales o inconstitucionales) van por lo común acompañados de grandes cambios en las políticas que pudieran tener efectos graves en el sector privado.

- En muchas regiones, los empresarios consideraban que el marco institucional no era todavía lo suficientemente sólido como para resistir cambios de gobierno sin perturbaciones serias. En la CEI, África y el Oriente Medio, más del 60% de los empresarios reconoció que vivían en el temor a los cambios de gobierno y a las penosas sorpresas en materia de políticas que solían acompañarlos (panel superior derecho del Gráfico 2.3).

A veces, la incertidumbre deriva no tanto de las normativas mismas cuanto de la manera en que se aplican. En ese caso, los indicadores pertinentes fueron los siguientes:

Los delitos contra la persona y la propiedad, es decir, si los empresarios confiaban en que las autoridades les protegerían a ellos y a sus propiedades de actos delictivos, y si el robo y otras formas de delincuencia representaban problemas graves para las empresas.

- Los empresarios privados de muchos países lamentaban la inexistencia de toda forma de infraestructura institucional para una economía de mercado. En todo el mundo, la delincuencia y el robo se citaban como problemas graves que encarecían considerablemente el costo de las actividades comerciales. En algunos países parece haber un vacío institucional absoluto, que lleva a la delincuencia, la violencia y una inseguridad generalizada sobre los derechos de propiedad. En América Latina, África, la CEI y ECO, casi el 80% de los empresarios manifestó su desconfianza de que las autoridades protegieran sus personas y propiedades frente a actos delictivos (panel central izquierdo del Gráfico 2.3).

Gráfico 2.3 Unas instituciones dignas de confianza dan credibilidad al Estado

Porcentaje de encuestados que mostraron descontento

Cambios imprevisibles en las leyes y políticas

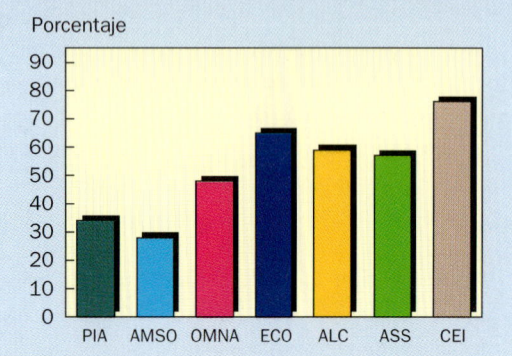

Gobierno inestable

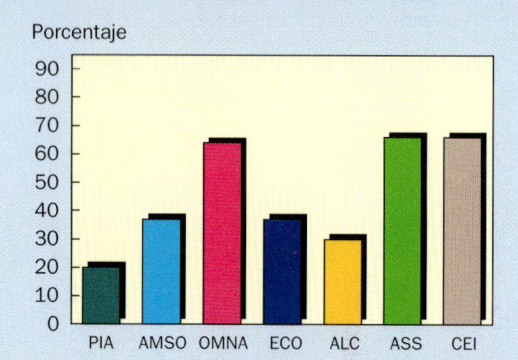

Falta de seguridad de la propiedad

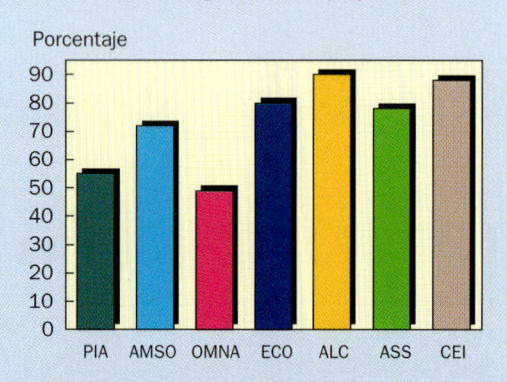

Falta de fiabilidad del estamento judicial

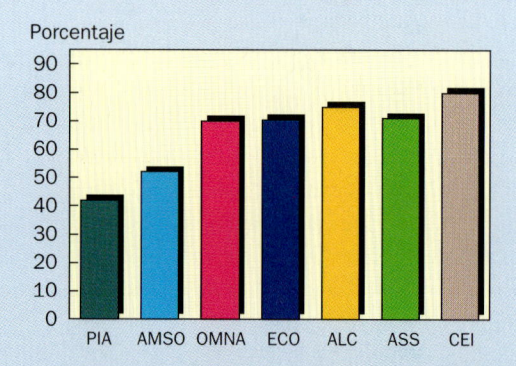

Corrupción

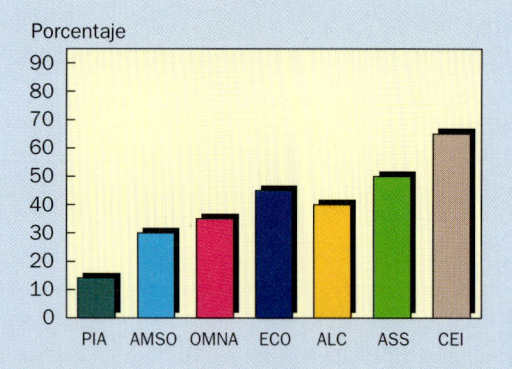

PIA	Países de ingreso alto de la OCDE
AMSO	Asia meridional y sudoriental
OMNA	Oriente Medio y Norte de África
ECO	Europa central y oriental
ALC	América Latina y el Caribe
ASS	África al sur del Sahara
CEI	Comunidad de Estados Independientes

Nota: Los resultados están tomados de una encuesta de más de 3.600 empresas de 69 países industriales y en desarrollo llevada a cabo en 1996. Las regiones se han colocado de izquierda a derecha conforme a su índice global de credibilidad (véase el Gráfico 2 del Panorama general). AMSO y OMNA están representadas únicamente por tres países, en ambos casos. Véase la Nota técnica sobre la encuesta del sector privado. Fuente: Documento de antecedentes de Brunetti, Kisunko y Weder b).

Fiabilidad de los mecanismos judiciales de aplicación, es decir, si el poder judicial aplica las normas de forma arbitraria, y si esa imprevisibilidad plantea un problema para las actividades empresariales.

- Un estamento judicial eficiente es el pilar fundamental del Estado de derecho. Lamentablemente, en muchos países esto parece ser más bien la excepción que la regla. En los países en desarrollo, más del 70% de los empresarios afirmó que la imprevisibilidad de los jueces era un problema importante en sus operaciones comerciales (panel central derecho del Gráfico 2.3). Es preocupante que los empresarios de casi todas las regiones consideraran que este problema se había agravado en los diez últimos años.

El problema de la corrupción, es decir, si es normal que los empresarios privados tengan que efectuar algún pago adicional irregular para conseguir algo, y si, después de pagar un soborno, están expuestos a chantajes de otros funcionarios.

- La encuesta confirmó que la corrupción es un problema importante —y muy extendido— para los inversionistas. En general, más del 40% de los empresarios reconoció que tenía que pagar sobornos habitualmente para lograr que las cosas se hicieran. En los países industriales, la cifra correspondiente era el 15%, en Asia el 30% y en la CEI más del 60% (panel inferior del Gráfico 2.3). Lo que es peor, más de la mitad de los encuestados de todo el mundo pensaba que el pago de un soborno no era garantía de prestación del servicio, y muchos vivían con el temor de que otro funcionario les pidiera más dinero.

La falta de credibilidad reduce la inversión, el crecimiento y la rentabilidad de los proyectos de desarrollo

Cuando el sector privado no cree que el Estado va a aplicar de forma predecible las reglas del juego, reacciona de distintas maneras, todas las cuales redundan en detrimento de los resultados económicos. Si el estamento judicial es poco fiable, los empresarios se ven obligados a echar mano de acuerdos extraoficiales y otros mecanismos para conseguir la aplicación de las normas. Una burocracia corrupta y con demasiado margen de acción incentiva la búsqueda de rentas económicas, en lugar de las actividades productivas, y un ambiente generalizado de delincuencia e inseguridad en materia de derechos de propiedad impulsa a los empresarios a contratar los servicios de agentes de seguridad privados, o les obliga a pagar cuotas de "protección" a la criminalidad organizada, cuando no se desaniman y renuncian por completo a los negocios.

La inversión se resiente debido a que los empresarios deciden no comprometer recursos cuando el entorno es muy incierto e inestable, especialmente si los recursos son difíciles de recuperar en el caso de que la coyuntura se deteriore. Cuando no existe protección ni para los tipos de propiedad más básicos, los inversionistas transfieren sus recursos a otros países o los invierten en proyectos que ofrecen una rentabilidad menor pero requieren menos compromiso de capital. Por ello, el comercio y los servicios pueden sobrevivir incluso en casos de baja credibilidad, pero es poco probable que prosperen los proyectos manufactureros y, en especial, de alta tecnología. Una distorsión similar se produce cuando personas de gran inteligencia deciden hacerse inspectores de hacienda o funcionarios de aduanas en lugar de estudiar ingeniería. Por consiguiente, la credibilidad repercute no sólo en el nivel de inversiones en bienes de capital y recursos humanos, sino también en la calidad de esas inversiones. En un contexto de baja credibilidad, el crecimiento se resiente.

Las dos partes superiores del Gráfico 2.4 muestran la influencia de la credibilidad en la inversión y el crecimiento en los países estudiados durante el período de 1985–95. Una vez controladas las otras variables económicas, los países con alto nivel de credibilidad registraron tasas de inversión considerablemente superiores a las de los países con baja credibilidad, y el paso de un entorno de poca credibilidad a otro de credibilidad elevada supone además una diferencia notable en la tasa de crecimiento. Un nivel de credibilidad bajo puede también explicar por qué en muchos países no se observa la reacción esperada del sector privado después de haberse puesto en vigor programas de estabilización y ajuste estructural.

Por último, la credibilidad de las normativas afecta no sólo al entorno de la actividad empresarial, sino también al ambiente general para la puesta en marcha de proyectos de desarrollo. Los mismos factores —delincuencia, corrupción, incertidumbre sobre las políticas y comportamiento judicial— condicionan los resultados de todos esos proyectos. Ello se debe, en parte, a que tales factores son un componente inseparable de cualquier entorno contractual. Si la corrupción influye en el sector privado, probablemente repercutirá también en el resultado de los proyectos de desarrollo. Otra razón es que muchos proyectos públicos son realizados por contratistas privados que, en un contexto de debilidad institucional, están expuestos a los mismos problemas de comportamiento que las empresas privadas. Un contratista consigue que se le adjudique un proyecto, soborna a los funcionarios corruptos y obtiene otros proyectos, sin importar cómo haya resultado el primero. Los problemas de robo en pequeña y gran escala y de incumplimiento de las normas están todavía más extendidos en muchos proyectos

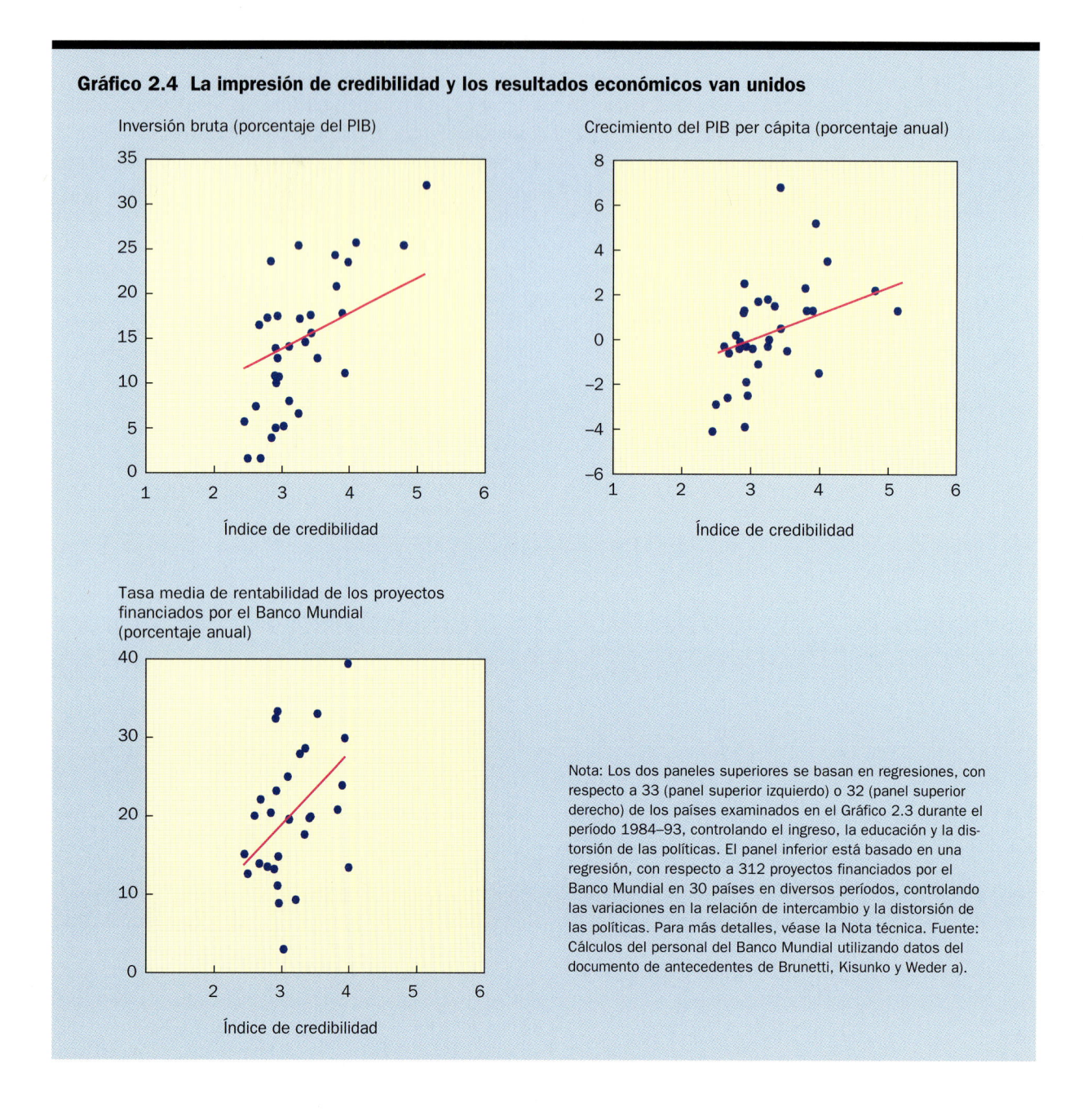

Gráfico 2.4 La impresión de credibilidad y los resultados económicos van unidos

Inversión bruta (porcentaje del PIB) vs. Índice de credibilidad

Crecimiento del PIB per cápita (porcentaje anual) vs. Índice de credibilidad

Tasa media de rentabilidad de los proyectos financiados por el Banco Mundial (porcentaje anual) vs. Índice de credibilidad

Nota: Los dos paneles superiores se basan en regresiones, con respecto a 33 (panel superior izquierdo) o 32 (panel superior derecho) de los países examinados en el Gráfico 2.3 durante el período 1984–93, controlando el ingreso, la educación y la distorsión de las políticas. El panel inferior está basado en una regresión, con respecto a 312 proyectos financiados por el Banco Mundial en 30 países en diversos períodos, controlando las variaciones en la relación de intercambio y la distorsión de las políticas. Para más detalles, véase la Nota técnica. Fuente: Cálculos del personal del Banco Mundial utilizando datos del documento de antecedentes de Brunetti, Kisunko y Weder a).

públicos que en el sector privado. Los sobrecostos resultantes hacen que muchos proyectos se demoren.

En el panel inferior del Gráfico 2.4 puede verse la correlación entre credibilidad estatal y las tasas de rentabilidad de 312 proyectos de desarrollo de 30 países. Como promedio, en los países con baja credibilidad la tasa de rendimiento es considerablemente inferior a la de los países que inspiran una credibilidad elevada. En esos resultados se tienen en cuenta las diferencias en las políticas económicas y otros factores específicos de los proyectos y los países. Una vez más, la conclusión es que las instituciones influyen de forma decisiva en los resultados del proceso de desarrollo. La declaración de Napoleón citada al comienzo del capítulo es hoy tan cierta como lo era en 1815.

Opciones estratégicas: atención renovada a la capacidad institucional del Estado

Un conocimiento mejor de las instituciones y normas insertas en los mercados pone en manifiesto lo absurdo que es pensar que la estrategia de desarrollo consiste simplemente en escoger entre el Estado y el mercado. Como ha confirmado este breve examen de las pruebas sobre la relación entre instituciones y desarrollo, ambos están unidos de forma inextricable. Los países necesitan de los mercados para su crecimiento, pero también necesitan instituciones estatales capaces para que los mercados prosperen.

Los reformistas de todo el mundo deben aplicar esta enseñanza en la práctica prestando atención renovada a la capacidad institucional. Ello reviste especial urgencia en muchos países en desarrollo en los que gobiernos débiles y arbitrarios alimentan las incertidumbres que han mantenido los mercados en una situación de debilidad y subdesarrollo. Los países que adolecen de semejante vacío institucional se arriesgan a posponer indefinidamente su desarrollo económico y social. Existe también el peligro de que el descontento con el Estado, expresado por medio de la protesta social, la fuga de capitales o las urnas, socave aún más las perspectivas de esos países.

La capacidad del Estado —es decir, sus posibilidades de suministrar bienes colectivos en forma eficiente— es fundamental para el establecimiento de un marco institucional viable para el desarrollo. Como ya hemos visto, muchos países en desarrollo parten de un nivel realmente muy bajo en este sentido. Ahora bien, las posibilidades de un país para proporcionar el soporte institucional que el desarrollo exige pueden mejorar con el tiempo, ajustando el papel del Estado a su capacidad y, luego, fortaleciendo la capacidad estatal por medio de una mayor atención a los incentivos que impulsan la actuación del Estado. A estas cuestiones dedicamos las Partes II y III.

PARTE II

ACOMODAR LA FUNCIÓN A LA CAPACIDAD

COMO SE PONE DE RELIEVE EN LA PARTE I, UN ESTADO EFICAZ APORTA INGREDIENTES fundamentales para el desarrollo. En esta parte del Informe se sostiene que los gobiernos obtendrán mejores resultados si se proponen lograr objetivos acordes con la realidad. Deben esforzarse por ajustar lo que hacen —y la forma en que lo hacen— a sus capacidades institucionales, no a un modelo idealizado.

Si un gobierno tiene un largo historial de fracasos, la propuesta de buscar una mejor correspondencia entre la función del Estado y su capacidad podría interpretarse como una invitación a su total desmantelamiento. Pero el desarrollo del mercado no es posible sin un Estado que funcione adecuadamente. Como se explica en el Capítulo 3, se trata más bien de establecer prioridades. En muchos países el Estado aún no consigue establecer los principios económicos y sociales esenciales, a saber, una base de legitimidad, un entorno normativo favorable (y estable), servicios sociales básicos y cierto grado de protección de los grupos vulnerables. Al mismo tiempo, peca de exceso en el suministro de muchos bienes y servicios que podrían quedar en manos del sector privado y de las iniciativas de carácter voluntario. Para que el desarrollo siga adelante, es preciso que esos gobiernos se atengan a lo básico.

En el Capítulo 4 se analiza la forma en que los gobiernos pueden establecer una correspondencia adecuada entre función y capacidad en otra esfera de acción en que el comportamiento del Estado influye de forma inevitable en los resultados del desarrollo: la reglamentación, la liberalización y las políticas industriales encaminadas a fomentar los mercados. Tanto éstos como la sociedad necesitan una regulación eficaz de ciertas actividades, y se benefician de ella. Pero muchos Estados están sofocando el desarrollo del sector privado con sus excesos de reglamentación o, en muchos casos, con sus medidas monopolísticas en una porción sustancial de la economía, cuando intentan someter el sector industrial a complejas intervenciones estratégicas que superan su capacidad institucional. En esas circunstancias, la desreglamentación, la privatización y la adopción de una estrategia menos exigente de reglamentación y apoyo a la industria producirán beneficios considerables e inmediatos.

De esos capítulos se desprenden cuatro mensajes básicos para los encargados de la formulación de políticas:

- Todos los Estados, cualquiera que sea su nivel de capacidad institucional, deben respetar, fomentar y aprovechar la iniciativa privada y voluntaria y los mercados competitivos.
- Los Estados con escasa capacidad institucional deben dedicarse ante todo a proporcionar los bienes y servicios puramente públicos que los mercados no pueden ofrecer (y que los programas colectivos de carácter voluntario proveen sólo en cantidad insuficiente) y los bienes y servicios con grandes externalidades positivas, como los derechos de propiedad, el agua potable, la red viaria y la educación básica.
- La credibilidad es fundamental para el éxito. Los Estados con capacidad institucional deficiente deben centrar asimismo la atención en aquellos instrumentos de planificación y ejecución de políticas que garanticen a las empresas y los ciudadanos que los funcionarios y las organizaciones estatales no actuarán en forma arbitraria, y se mantendrán dentro de los límites fijados por los medios fiscales disponibles.
- La adaptación de la función a la capacidad es un proceso dinámico. A medida que se desarrolla la capacidad institucional, los Estados pueden emprender programas colectivos más difíciles (programas encaminados a promover los mercados, por ejemplo), y aplicar a las acciones de interés colectivo instrumentos eficientes pero difíciles de administrar, como mecanismos normativos de vanguardia.

CAPÍTULO 3

ASENTAR LOS CIMIENTOS ECONÓMICOS Y SOCIALES

Los estados débiles no deben tratar de hacer más de lo que pueden; no obstante, algunas tareas son ineludibles. El problema, como se analiza en el presente capítulo, estriba en encontrar los medios para que los Estados, incluso aquellos con una capacidad relativamente precaria, puedan realizar con acierto esas tareas de gobierno básicas. Un desarrollo sostenible, capaz de reducir la pobreza, consta de cinco componentes esenciales:

- un ordenamiento jurídico básico;
- un entorno de políticas favorable, que incluya la estabilidad macroeconómica;
- inversión en las personas y la infraestructura;
- protección de los grupos vulnerables, y
- defensa del medio ambiente.

Desde hace tiempo se reconoce ampliamente la importancia de estos cimientos del desarrollo. Pero, como se indica más adelante, se está comenzando a entender mejor qué combinación de actividades privadas y públicas es la más adecuada para lograrlo. Actualmente está mucho más claro que los mercados y los gobiernos se complementan, que la acción de los gobiernos puede ser fundamental para sentar las bases institucionales de los mercados. Está también mucho más claro que la fe en la capacidad de los gobiernos de mantener políticas satisfactorias puede ser tan importante para atraer inversiones privadas como las propias políticas.

El historial de los países en desarrollo en lo que respecta al establecimiento de estos elementos ha sido desigual. Muchos países de Asia oriental —y algunos de otras regiones, como Botswana, Chile y Mauricio— han obtenido buenos resultados, pero otros no. Como se indica en el Recuadro 3.1, las empresas privadas de muchas regiones en desarrollo tienen graves dificultades debido a la ausencia de funciones estatales tan básicas como la protección de la propiedad privada. Ello se debe en gran parte a obstáculos institucionales, difíciles de superar. Sin embargo, las oportunidades de reforma se pueden presentar y multiplicar incluso en el más inhóspito de los ambientes. Uno de los postulados principales del presente capítulo es que puede bastar una modesta reorientación de las prioridades de política en favor de las necesidades esenciales para que economías estancadas durante largo tiempo cobren renovado impulso. En el Capítulo 4 se examinan las distintas maneras de entender la contribución estatal a una protección eficaz del medio ambiente.

Establecer como base el ordenamiento jurídico y los derechos de propiedad

Los mercados descansan sobre una base institucional. Al igual que el aire que respiramos, algunos de los bienes públicos que esas instituciones proporcionan son tan fundamentales para la vida económica diaria que pasan desapercibidos. Sólo cuando están ausentes, como ocurre actualmente en muchos países en desarrollo, comprendemos su importancia. Sin los rudimentos de un orden social, sustentado por las instituciones, los mercados no pueden funcionar.

El síndrome de ilegalidad

Los mercados no pueden alcanzar gran desarrollo sin unos derechos de propiedad eficaces. Pero esos derechos sólo serán eficaces si se cumplen tres condiciones. La primera de ellas es la protección contra el robo, la violencia y otros actos predatorios. La segunda es la protección contra la arbitrariedad de las instancias gubernamentales —desde reglamentos e impuestos especiales imprevisibles hasta la corrupción declarada— que perturban la actividad comercial. Esas dos condiciones son las más importantes. Lamentablemente, como se pone de manifiesto en los Gráficos 3.1 y 3.2, en muchos países no se cumple ni la una ni la otra. La tercera condición es un poder judicial razonablemente justo y previsible. Éste es sin duda un requisito

Recuadro 3.1 La falta de requisitos básicos, un obstáculo para las empresas en todo el mundo

En muchos países no se han establecido los requisitos básicos para que las empresas puedan dedicarse a crear riqueza. En la encuesta de empresarios que se describe en el Capítulo 2 se pidió a las empresas que clasificaran la importancia relativa de ocho diferentes obstáculos a la actividad económica, a fin de determinar cuáles eran los aspectos de la acción gubernamental que más había que mejorar. Como se indica en el cuadro que sigue, se hicieron las siguientes comprobaciones:

- Los obstáculos vinculados a la incertidumbre de los derechos de propiedad y a la arbitrariedad —la corrupción y la delincuencia— están clasificados entre los tres principales en todas partes salvo en los países de ingreso alto de la OCDE. La reglamentación no se revela directamente como un obstáculo importante.
- Los problemas relacionados con las políticas —especialmente en las esferas del sistema tributario y el funcionamiento de los mercados financieros— también suelen ocupar lugares importantes (salvo en el caso de América Latina). Pero resulta imposible determinar, tomando como base únicamente los resultados de la encuesta, si esas impresiones generalizadas son resultado del deseo universal de las empresas de pagar impuestos más bajos y de pedir más dinero prestado a tasas de interés más bajas, o si son síntoma de alguna deficiencia fundamental de las políticas. Más reveladora es la impresión recogida en los países de la CEI de que la inestabilidad de las políticas es una limitación importante.
- La deficiencia de la infraestructura se revela como la limitación principal en Asia meridional y en el Oriente Medio y Norte de África, y como una de las tres principales limitaciones en América Latina y África al sur del Sahara.

Clasificación, según las empresas, de los obstáculos a la realización de actividades comerciales
(obstáculo más grave = 1)

Obstáculo	África al sur del Sahara	América Latina y el Caribe	Asia oriental y meridional	Oriente Medio y Norte de África	CEI	ECO	Países de ingreso alto de la OCDE
Derechos de propiedad							
Corrupción	1	1	3	2	3	3	5
Delincuencia y robo	5	3	8	8	4	6	6
Reglamentación	8	8	7	7	8	8	4
Política							
Impuestos	2	5	2	3	1	1	1
Financiamiento	6	4	5	4	5	2	2
Inflación	4	7	4	6	6	4	8
Inestabilidad de las políticas	7	6	6	5	2	7	7
Inversión pública							
Infraestructura deficiente	3	2	1	1	7	5	3

Fuente: Encuesta del sector privado realizada para el presente Informe.

---

difícil de cumplir para los países que están en las primeras etapas del desarrollo; sin embargo, las empresas de más de la mitad de los países estudiados lo consideraban un problema importante.

La falta de esas bases de apoyo fundamentales para los derechos de propiedad da origen a lo que en el presente Informe se denomina el síndrome de ilegalidad. Las empresas de 27 de los 69 países comprendidos en el estudio, entre ellos más de las tres cuartas partes de los pertenecientes a la Comunidad de Estados Independientes y alrededor de la mitad de los países de América Latina y África (pero ninguno de los pertenecientes a la OCDE), son víctimas de esta triple calamidad de los mercados: la corrupción, la delincuencia y un poder judicial imprevisible que ofrece pocas perspectivas de ayuda.

Del estudio se desprende que la corrupción es un problema grave. No se trata simplemente de que hay que sobornar a los funcionarios para poder dedicarse a las propias actividades comerciales. Un gobierno arbitrario atrapa a las empresas en una red de relaciones que consumen tiempo y son económicamente improductivas. Más de la mitad de los administradores de categoría superior de las empresas de la Comunidad de Estados Independientes (CEI) incluidas en el estudio, pero menos del 10% de las empresas de los países de la OCDE, reconocieron que dedicaban más del 15% de su tiempo a realizar negociaciones con funcionarios públicos respecto de las leyes y reglamentos (Gráfico 3.2). La carga de los trámites burocráticos es menor en otros países en desarrollo, pero en todos ellos resulta más pesada que en los países de la OCDE. En el Capítulo 6 se examina con cierto detalle cómo combatir el flagelo de la corrupción.

La gran importancia atribuida por las empresas de la CEI a los otros dos elementos del síndrome de ilegalidad —la delincuencia y la imprevisibilidad del poder judicial— refleja en parte el singular vacío institucional creado por el rechazo de la planificación centralizada en las economías en transición. Sin embargo, los indicadores de otras regiones parecen revelar que la decadencia institucional está más generalizada. En América Latina, por ejemplo, entre 1980 y 1991 la tasa de homicidios subió de 12,8 a 21,4 por 100.000 habitantes, siendo evidente ese aumento prácticamente en todos los países y subregiones.

Queda mucho por aprender sobre la forma de acabar con el problema de la ilegalidad entre los ciudadanos. Pero es probable que la solución deba incluir muchas de las reformas prioritarias en que se hace hincapié en el presente Informe, entre ellas, una mejor protección de los grupos vulnerables y el fortalecimiento de la capacidad general de las instituciones estatales. Una comunidad que se precipita en la ilegalidad puede sumir en la impotencia a quienes desean acatar la ley. Pero como se describe en el Recuadro 3.2, un proyecto recientemente ejecutado en Cali (Colombia), ha demostrado que, aun en las circunstancias más difíciles, la acción cívica puede iniciar el paso de la desesperación a la esperanza.

Gráfico 3.1 El síndrome de ilegalidad

Países en que uno o más aspectos de la ilegalidad son un obstáculo grave para la actividad comercial

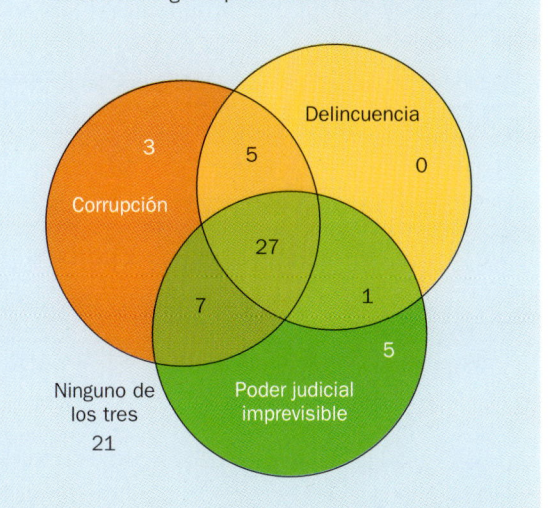

- Corrupción: 3
- Delincuencia: 0
- Poder judicial imprevisible: 5
- Corrupción ∩ Delincuencia: 5
- Corrupción ∩ Poder judicial: 7
- Delincuencia ∩ Poder judicial: 1
- Los tres: 27
- Ninguno de los tres: 21

Nota: Un país queda comprendido dentro de un círculo si la mitad o más de las empresas que respondieron a la encuesta clasificaron el problema en la categoría 1 ó 2 (en una escala de 1 a 6, en que los valores más bajos indican mayor gravedad), y dentro de una intersección si al menos el 40% de las empresas clasificaron a los dos componentes en la categoría 1 ó 2 y la clasificación media de los componentes fue superior al 50%. Fuente: Encuesta del sector privado realizada para el presente Informe.

Bases institucionales más complejas
La lucha contra la ilegalidad es condición necesaria para asegurar los derechos de propiedad, pero tal vez no sea suficiente. Los problemas de información y coordinación también pueden impedir el desarrollo porque debilitan los

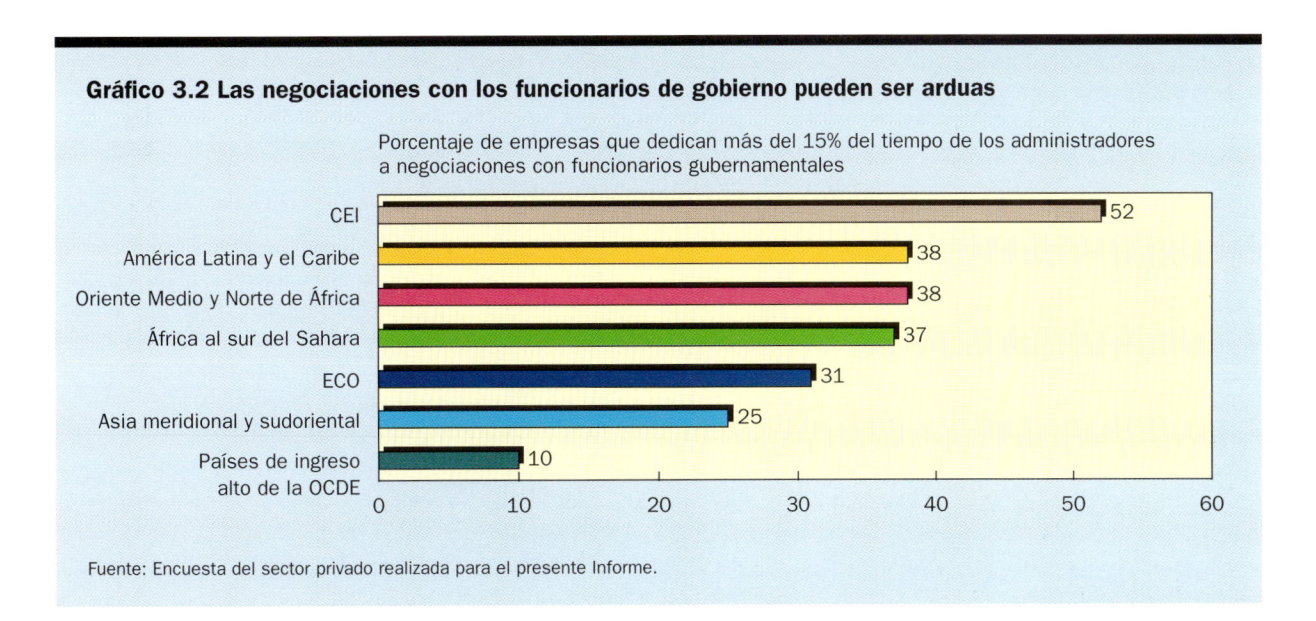

Gráfico 3.2 Las negociaciones con los funcionarios de gobierno pueden ser arduas

Porcentaje de empresas que dedican más del 15% del tiempo de los administradores a negociaciones con funcionarios gubernamentales

Región	%
CEI	52
América Latina y el Caribe	38
Oriente Medio y Norte de África	38
África al sur del Sahara	37
ECO	31
Asia meridional y sudoriental	25
Países de ingreso alto de la OCDE	10

Fuente: Encuesta del sector privado realizada para el presente Informe.

> **Recuadro 3.2 Lucha contra la delincuencia en Cali (Colombia)**
>
> Cali, uno de los centros mundiales del tráfico ilegal de cocaína, experimentó un brusco aumento de la tasa de homicidios, que pasaron de 23 por 100.000 habitantes en 1983 a más de 100 por 100.000 habitantes a comienzos del decenio de 1990. Aunque muchos de los homicidios podrían atribuirse directamente al tráfico de drogas, muchos más parecían ser resultado de la propagación de una cultura de violencia. Harta de la anarquía reinante, en 1992 la ciudad eligió alcalde a un respetado doctor en medicina que hizo de la lucha contra los delitos violentos el centro de su programa político.
>
> En el curso de pocos meses, el alcalde había establecido un importante programa de lucha contra la delincuencia, el Programa para el fomento de la seguridad y de la paz. Partiendo del principio de que la prevención debía prevalecer sobre la represión, y tras un análisis exhaustivo de las pautas de la criminalidad, el programa se puso en acción para combatir la delincuencia en diversos frentes:
>
> - Se reformaron las organizaciones encargadas del orden público. Se establecieron programas especiales de educación y vivienda para los funcionarios de policía y se introdujeron mejoras en la calidad de los servicios (incluidas la asistencia letrada y los servicios de conciliación) ofrecidos en las oficinas de fiscalía de primera línea, donde los ciudadanos denuncian los actos delictivos.
> - Mediante campañas de educación pública se predicó la tolerancia y el respeto de los derechos ajenos. Se capacitó a los dirigentes de la comunidad en la solución pacífica de controversias; se alentó a los niños a participar en un programa llamado "Amigos de la paz"; por medio de avisos comerciales de televisión de corte humorístico se trató de reeducar a los ciudadanos para que acataran las normas de la vida diaria, como obedecer las señales del tránsito o esperar en fila para subir al autobús.
> - Los servicios públicos se orientaron a la reducción de las desigualdades. Se aumentó el número de escuelas primarias y secundarias en los sectores deprimidos; se introdujeron servicios de agua potable, electricidad y alcantarillado en las zonas de ocupantes ilegales, y los centros juveniles y programas de desarrollo de empresas orientaron sus esfuerzos a reinsertar en la sociedad a los adolescentes miembros de bandas.
> - Se hizo frente directamente a los principales factores catalizadores de los crímenes violentos. La municipalidad prohibió portar armas en ciertos fines de semana de alto riesgo y se restringieron las ventas de bebidas alcohólicas a altas horas de la noche y en los días de fiesta.
>
> En 1995, después de siete años consecutivos de aumento (hasta llegar a un máximo de 120 homicidios por 100.000 habitantes), la tasa de homicidios de Cali finalmente comenzó a disminuir.

mercados y los derechos de propiedad, como ocurre con frecuencia en los países de ingreso bajo.

Los problemas de información se producen porque los datos y conocimientos de que disponen las personas y las empresas son, inevitablemente, limitados, o porque las reglas del juego son poco claras. El alcance de los derechos de propiedad —derecho a hacer uso de un bien, a permitir o excluir su uso por terceros, a cobrar los ingresos que genere y a venderlo o enajenarlo en una u otra forma— no siempre está bien definido. Las personas y las empresas pueden carecer de conocimiento acerca de las oportunidades que existen de obtener ganancias o acerca de la integridad de sus posibles socios comerciales. Los costos de esa información disminuyen a medida que se hace más compacta la red de los mercados y que se desarrollan las instituciones que los sustentan, con lo que las economías adquieren mayor densidad de información. En los países en desarrollo, sin embargo, los costos del aprendizaje pueden ser elevados.

La coordinación de la actividad económica resulta difícil porque las personas y las empresas que actúan movidas por el propio interés generalmente sólo están dispuestas a compartir información si ello no les supone ningún perjuicio. La existencia del riesgo moral, es decir, el peligro de que las demás partes incumplan los acuerdos si les conviene, impide a las empresas aprovechar las oportunidades de ganancia mutua. A medida que los mercados se desarrollan, aparecen nuevos mecanismos institucionales que facilitan la cooperación entre las empresas. También en este caso, sin embargo, en los países en desarrollo en que esas instituciones no están suficientemente desarrolladas puede haber problemas para conseguir esa cooperación.

Los mercados al contado son posibles incluso cuando los mecanismos de información y ejecución son deficientes, pues el hecho de que el intercambio sea simultáneo hace más difícil el fraude. Pero cuando se trata de otras transacciones, el costo de los mecanismos de información y aplicación necesarios para la buena marcha de los negocios puede ser enorme.

Las instituciones que funcionan satisfactoriamente pueden reducir esos costos de transacción. La historia ofrece numerosos ejemplos de simbiosis entre el desarrollo de los mercados y el de las instituciones: las nuevas industrias crean demanda de instituciones más complejas que, a su vez, permiten un nuevo desarrollo de la industria. Buen ejemplo de ello son las actividades mineras realizadas el siglo pasado en el territorio de Nevada, parte del "Oeste salvaje" de los Estados Unidos.

En el decenio de 1850, varios centenares de mineros explotaban una superficie de 100 kilómetros cuadrados de valor aparentemente marginal. Su vinculación con la organización política de los Estados Unidos era muy tenue y se regían por acuerdos de propiedad no escritos y totalmente informales. El descubrimiento de la veta de oro y plata de Comstock Lode a fines del decenio de 1850 provocó un aluvión de exploradores. En cinco meses los nuevos mineros habían establecido un gobierno oficial de la colonia minera, que promulgaba normas escritas sobre las tenencias privadas y las hacía cumplir sirviéndose de un registro permanente de concesiones y un tribunal minero especial.

Para 1861 el mineral de la superficie se había agotado, y hubo que extraer el mineral del subsuelo, empresa considerablemente más onerosa y con alto coeficiente de capital. Los riesgos financieros aumentaron y las controversias sobre los derechos de explotación subterránea eran cada vez más complejas, por lo que los mineros pidieron y consiguieron que se creara un gobierno territorial oficial dotado de una judicatura más extensa, subvencionado en parte por el Congreso de los Estados Unidos.

En 1864, como la producción minera seguía aumentando, el sistema judicial territorial se hallaba abrumado bajo el peso de un enorme número de asuntos contenciosos que habría llevado por lo menos cuatro años dirimir. A fines de ese año, el territorio de Nevada fue admitido oficialmente a la Unión en calidad de estado y, en el plazo de un año, algunos fallos judiciales importantes resolvieron las controversias sobre los derechos mineros del subsuelo. Los derechos de propiedad se estabilizaron y terminó la incertidumbre en materia legal.

Los avances en el reconocimiento de títulos de propiedad de la tierra en Tailandia constituyen un ejemplo más actual de la forma en que la determinación oficial de los derechos de propiedad puede liberar bienes que se hallaban "inmovilizados" y acelerar un tipo de desarrollo impulsado por el sector privado. Desde 1985, Tailandia ha concedido más de cuatro millones de títulos de propiedad en el marco de dos proyectos encaminados a ese fin. Actualmente se encuentra en marcha un tercer proyecto, que afectará a otros 3,4 millones de parcelas. La tierra es una forma ideal de garantía, de manera que la posesión de un título seguro ha mejorado el acceso al crédito oficial. Tres años después de la emisión de los primeros títulos, los agricultores tailandeses beneficiarios habían conseguido un 27% más de los empréstitos del sector formal. Al aumentar la seguridad de la tenencia, los títulos de propiedad de la tierra pueden fomentar las inversiones en mejoramiento de la tierra (riego, construcción de cercas, remoción de tocones). Los nuevos propietarios aumentaron el uso de insumos entre un 10% y un 30%, la tasa de formación de capital entre un 30% y el 67%, y sus inversiones en mejoramiento de la tierra entre un 37% y un 100%. Incluso después de realizar los ajustes necesarios para eliminar los efectos debidos a otros factores, la productividad de las tierras con título era entre un 12% y un 27% más alta que la de las tierras sin título.

No todos los países están en condiciones de lograr esos resultados. Tailandia gozaba, inicialmente, de algunas ventajas importantes. En primer lugar, el país contaba ya con mercados de crédito oficial bien establecidos, y la falta de títulos de propiedad (y, por lo tanto, de garantías) era el único obstáculo que impedía a muchos agricultores obtener préstamos. Por el contrario, en varios países africanos con mercados de crédito poco desarrollados, la concesión de títulos de propiedad de la tierra no tuvo efectos cuantificables sobre la obtención de créditos ni sobre las inversiones. En segundo lugar, los citados proyectos tailandeses tenían como telón de fondo una serie de enfrentamientos por la posesión de tierras que ponían en peligro la seguridad de la tenencia pero que ya no se podían resolver adecuadamente con los mecanismos tradicionales. Ello no siempre es así. Es más, en los casos en que el cultivo de la tierra es individual pero la propiedad de la misma es comunitaria, el fortalecimiento de los sistemas tradicionales de administración de la tierra basados en la comunidad podría aumentar la seguridad con un costo muy inferior al del establecimiento de títulos de propiedad individuales. Esta es una posibilidad especialmente interesante en los casos en que las comunidades puedan optar más adelante por establecer títulos individuales una vez que se compruebe que la mayor eficiencia conseguida con las ventas a terceros y con la utilización de la tierra como garantía para obtener préstamos aporta más beneficios que la tenencia comunitaria.

De todas formas, algunas transacciones complejas pueden prosperar incluso con sistemas judiciales elementales. Un sistema judicial eficiente es un factor muy valioso, que todos los países en desarrollo deberían tratar de establecer. Como se detalla en el Capítulo 6, la creación de la nada de un sistema judicial formal viable puede ser un proceso lento y difícil, pero lo mejor no debe ser enemigo de lo bueno. Incluso sistemas judiciales con algunas deficiencias, onerosos y engorrosos pueden ser un factor de credibilidad. Lo que importa no es tanto la rapidez de las decisiones judiciales cuanto su equidad y previsibilidad. Para que eso suceda, los jueces han de ser razonablemente competentes, el sistema judicial debe impedir que los jueces se comporten en forma arbitraria y los poderes legislativo y ejecutivo tienen que respetar la independencia y la capacidad de ejecución del poder judicial.

Si no hay un sistema judicial bien organizado, las empresas y los particulares tienden a buscar otros medios de controlar los contratos y dirimir las controversias. Con ellos se pueden realizar, muchas veces, transacciones privadas bastante complejas. A comienzos de la Edad Media, por ejemplo, los comerciantes europeos idearon un código legal propio bastante avanzado, *lex mercatoria*, por el que se regirían las transacciones comerciales; el código contribuyó al renacimiento del comercio de larga distancia. Un sustituto muy frecuente de los mecanismos jurídicos es la presión social, basada en la existencia de relaciones personales de larga data. Lo que pone freno al engaño no es la ley, sino la "larga sombra del futuro": ambas partes renuncian a los beneficios que el fraude les reportaría por una única vez en la esperanza de obtener mayores beneficios mediante una relación comercial a largo plazo. Esa es justamente la función de apoyo que desempeña la familia extensa en las transacciones comerciales de muchos países de América Latina. Aunque el tamaño de la familia limita el número y la variedad de transacciones posibles, las familias pueden encontrar los medios para ampliarse en la práctica, por ejemplo a través del matrimonio entre miembros de distintas familias o de la "adopción" de los socios comerciales en calidad de padrinos, tíos o tías.

Las extensas redes de negocios creadas por los clanes chinos, algunas de ellas de alcance mundial, son otro ejemplo de presión social en acción. Con un trasfondo de políticas económicas racionales en gran parte de Asia oriental, dichas redes han logrado generar grandes riquezas para sus miembros. La comunidad empresarial china (no *pribumi*) de Indonesia utilizó su extensa red en Asia sudoriental para dar un vigoroso impulso inicial a las exportaciones de ropa y muebles. Un estudio del Banco Mundial demostró que más del 90% de los contactos iniciales de las empresas no *pribumi* en la esfera del mercado de exportaciones se hicieron a través de conexiones comerciales privadas. Los exportadores no chinos de Indonesia dependieron mucho más del apoyo inicial de los organismos públicos.

Incluso cuando las partes no pueden valerse de la presión social, los mecanismos de intercambio de información pueden permitir que se realicen transacciones bastante complejas. En el Recuadro 3.3 se describe un ejemplo de establecimiento, en el Brasil, de complejos sistemas de información crediticia que permiten a las empresas evitar algunos de los problemas creados por un sistema judicial previsible pero engorroso.

Atención especial a los componentes básicos
En conjunto, las pruebas aquí presentadas justifican una actitud de esperanza, y de preocupación: esperanza porque bastan unas instituciones elementales para facilitar en gran medida el desarrollo económico basado en el mercado; preocupación, porque son muchos los países que actualmente carecen hasta de los fundamentos más esenciales de la economía de mercado. En ellos, la primera prioridad ha de ser la de sentar las bases fundamentales de la legalidad, a saber, la protección de la vida y la propiedad frente a actos delictivos, la lucha contra la arbitrariedad de los funcionarios públicos y la existencia de un sistema judicial equitativo y previsible.

Una vez establecida una base de legalidad, se puede ya buscar la manera de conseguir que determinadas partes del sistema jurídico respalden los derechos de propiedad. El ámbito legal es inmenso; abarca desde la concesión de títulos de propiedad de la tierra y la posibilidad de dar en garantía los bienes muebles, hasta la promulgación de leyes que gobiernen los mercados de valores, la protección de la propiedad intelectual y la competencia. Sin embargo, las reformas en esas esferas, especialmente las más complejas, sólo darán fruto si hay una gran capacidad institucional. En muchos países, es preciso solucionar primero problemas más básicos.

Respaldar un medio normativo favorable

Los derechos de propiedad son el fundamento para un crecimiento basado en el mercado y para la reducción de la pobreza. Pero se necesita mucho más. Las empresas precisan de un medio que las induzca a asignar los recursos en forma eficiente, a mejorar la productividad y a innovar. Además, si no confían en que las políticas se mantendrán razonablemente estables a través del tiempo, las empresas se abstendrán de invertir y el crecimiento se retrasará.

En la presente sección se examinan ejemplos internacionales de lo ocurrido con algunas políticas esenciales que sustentan el desarrollo. Se ponen de relieve algunas razones institucionales por las que los países encuentran tan difícil establecer políticas satisfactorias, así como los riesgos cada vez mayores que supone la aplicación de políticas desacertadas en un mundo más integrado. En toda la sección se hace especial hincapié en la necesidad de encontrar los medios para que países con distintas capacidades institucionales puedan consolidar las políticas acertadas.

Las políticas acertadas fomentan el crecimiento
En los últimos decenios se ha registrado una rica variedad de experiencias acerca de los tipos de políticas económicas que contribuyen al desarrollo. El milagro de Asia oriental demuestra la forma en que el gobierno y el sector privado pueden cooperar para lograr un crecimiento rápido y un desarrollo compartido. La recuperación reciente de algunas economías de América Latina, que se han liberado de una larga historia de inflación y han entrado en una etapa de renovado crecimiento, confirma una vez más la influencia

Recuadro 3.3 La contratación y el sistema judicial en el Brasil

En general se reconoce que, desde el punto de vista de las empresas, el sistema judicial del Brasil es extremadamente engorroso. Algunas transacciones comerciales, que en sí mismas revisten poca complejidad, están sometidas a un inextricable laberinto legislativo. En 1981, por ejemplo, se requerían 1.470 trámites legales distintos en 13 ministerios y 50 agencias para obtener un permiso de exportación. El proceso legal brasileño es también demasiado lento, debido sobre todo a un complejo procedimiento de apelaciones. Sin embargo, sorprendentemente, cuando se pidió a las empresas privadas que evaluaran la importancia relativa de un variado conjunto de limitaciones de la actividad comercial, éstas asignaron poca importancia a los problemas relativos al sistema legal.

Una de las razones es que, aunque engorroso, el sistema judicial brasileño parece proporcionar una base judicial firme para las transacciones comerciales. La mayoría de las empresas opinan que la magistratura del Brasil es razonablemente justa y previsible, y en ocasiones recurren a ella. Las dos terceras partes de una muestra de empresas brasileñas han tenido desacuerdos con funcionarios públicos y han tratado de obtener la modificación de decisiones administrativas; el 60% ha llevado a juicio al gobierno y más del 80% lo volvería a hacer. De modo similar, una de cada 1.000 transacciones entre fabricantes y compradores de prendas de vestir termina en los tribunales; en Chile eso ocurre sólo en uno de cada 2.600 casos, y en el Perú en uno de cada 20.000.

Una segunda razón de que las empresas no den importancia a la lentitud del sistema judicial es que, como en todas las economías de mercado, se han establecido arreglos institucionales privados que limitan el oportunismo en las transacciones comerciales y al mismo tiempo evitan tener que recurrir a engorrosos procedimientos judiciales. Citaremos tres ejemplos. En primer lugar, las empresas brasileñas otorgan con facilidad crédito a corto plazo incluso a nuevos clientes con los que no han tenido tratos anteriormente; basan su confianza en un sistema bien establecido de información crediticia (respaldado por un mecanismo jurídicamente sancionado de publicación de información sobre las personas que no pagan sus deudas). En segundo lugar, aunque es difícil reclamar los bienes dados en garantía en caso de impago de los préstamos, con arreglo a la ley brasileña los bienes arrendados pueden reclamarse con mucha mayor facilidad, de modo que los brasileños recurren con gran frecuencia al arrendamiento. En tercer lugar, respecto de algunas transacciones financieras sencillas, se han establecido mecanismos judiciales especiales que permiten evitar los procedimientos judiciales ordinarios más engorrosos.

---

de la liberalización del mercado, del control presupuestario y de la existencia de instituciones que aumentan la credibilidad. Los países de África, especialmente los situados al sur del Sahara, han tardado más en sumarse a este movimiento, si se exceptúan casos como los de Mauricio y Botswana. Pero varios otros, como Côte d'Ivoire desde la devaluación del franco CFA y, últimamente, Uganda, se han embarcado en una nueva y prometedora vía de desarrollo.

El análisis de esas y otras experiencias revela sistemáticamente que hay un conjunto básico de políticas que parecen ser esenciales para el desarrollo. Son las siguientes:

- garantía de la estabilidad macroeconómica;
- eliminación de las distorsiones de los precios, y
- liberalización del comercio y las inversiones.

Esas políticas permiten a la economía sacar provecho de las fuerzas competitivas del mercado. A su vez, éstas emiten las señales e incentivos apropiados para que los agentes económicos acumulen recursos, los utilicen con eficiencia e innoven. Con el tiempo, como hemos visto en el Capítulo 2, la aplicación de esas políticas básicas puede producir efectos espectaculares sobre los niveles de vida.

La relación entre crecimiento y *estabilidad macroeconómica* es bien conocida. Los estudios empíricos han demostrado que las tasas de inflación elevadas (superiores al 10%) producen efectos negativos en el crecimiento. Una inflación elevada crea incertidumbre acerca de la rentabilidad del ahorro y la inversión, lo que a su vez desincentiva la acumulación de capital. Impide también mantener un tipo de cambio estable pero competitivo, lo que merma la capacidad del país de explotar los beneficios de la apertura y provoca inestabilidad salarial.

Como se demuestra en el Recuadro 3.4, los gobiernos de todo el mundo tienen dificultades para establecer la fuerte disciplina fiscal y monetaria que se necesita para lograr la estabilidad económica. Mantener esas políticas es todavía más difícil. Pero los gobiernos que aplican reformas no podrán inspirar la confianza necesaria para generar crecimiento a menos que la sociedad crea que la nueva disciplina se mantendrá. Más adelante se examinan varios dispositivos institucionales que pueden contribuir a inspirar esa confianza.

Recuadro 3.4 Historial internacional de los déficit fiscales y la inflación

Como se observa en los gráficos adjuntos, en el conjunto de los países industriales los déficit fiscales crecieron en forma progresiva durante dos decenios a partir de comienzos de los años sesenta, se estabilizaron brevemente a fines de los años ochenta y luego comenzaron a subir de nuevo. Los déficit persistentemente elevados han agravado la deuda pública (aun antes de incluir las obligaciones no financiadas en concepto de pensiones) desde alrededor del 40% del PIB en 1980 hasta el 70% en 1995. Los países en desarrollo han registrado una mejora considerable de la disciplina fiscal, aunque con variaciones sustanciales. Los déficit fiscales comenzaron a disminuir a comienzos del decenio de 1980, principalmente debido a la reducción de los gastos.

Sin embargo, este panorama global refleja ante todo los buenos resultados obtenidos en Asia y América Latina, donde se han logrado reducciones sostenidas y espectaculares de los déficit. Por el contrario, en la primera mitad del decenio de 1990 ni los países de África ni del Oriente Medio han logrado mantener las reducciones de los déficit logradas a fines del decenio de 1980.

Las diferencias regionales de las tasas de inflación son todavía mayores que en el caso de los déficit fiscales. El episodio inflacionario del decenio de 1970 y comienzos del de 1980 se propagó con rapidez en todo el mundo. El enfriamiento de la inflación que se inició en los países industriales a principios del decenio de 1980 ha comenzado a consolidarse, pero con retraso. En los países en desarrollo la inflación empezó a moderarse a principios del decenio de 1990, pero no en todas partes. En algunas regiones en desarrollo, las tasas de inflación están mostrando señales de convergencia con las de los países industriales.

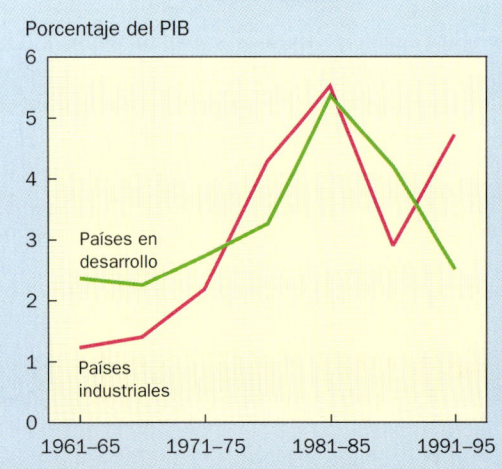

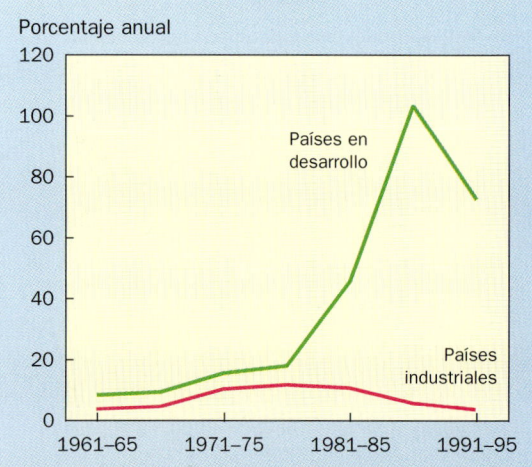

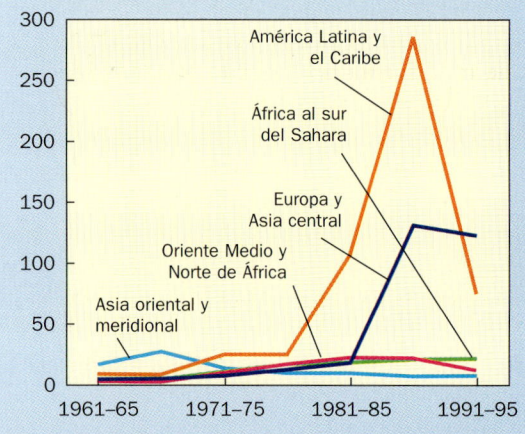

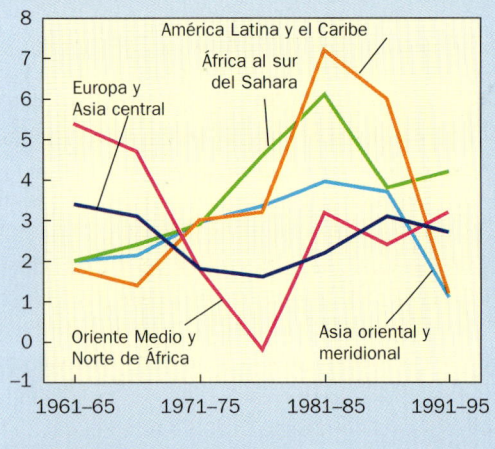

Fuente: FMI, diversas ediciones a).

La limitación de las distorsiones de los precios es un elemento esencial de las políticas acertadas, pues dichas distorsiones obstaculizan el crecimiento. Pueden desalentar la realización de las inversiones necesarias, desviar los esfuerzos hacia actividades improductivas y alentar el uso ineficiente de los recursos. Las distorsiones de los precios toman distintas formas, que dependen de sus orígenes históricos. Sin embargo, las más comunes son la discriminación contra la agricultura, la sobrevaloración de la moneda, unos salarios poco realistas y un sistema de subvenciones o impuestos ocultos al uso del capital.

La agricultura en África ofrece un claro ejemplo de la forma en que las distorsiones de los precios pueden debilitar el desarrollo económico. En ese continente la agricultura representa alrededor del 35% del PIB, el 40% de las exportaciones y el 70% del empleo. Sin embargo, tradicionalmente los agricultores africanos han sido objeto de impuestos agrícolas muy altos, tanto explícitos como implícitos. Los impuestos explícitos (especialmente los aplicados a las exportaciones agrícolas) eran altos porque las deficiencias administrativas impedían recaudar ingresos suficientes de otras fuentes. Los impuestos implícitos eran también elevados porque la aplicación de políticas prourbanas y proindustriales, sumada a los elevados niveles de protección a las importaciones, daban por resultado una fuerte sobrevaloración de las monedas en términos reales y efectivos. Además, en algunos países los monopolios del sector público hicieron que los precios fueran mucho más elevados en la frontera que en la explotación agrícola, y absorbieron gran parte de la diferencia en los gastos internos. La combinación de impuestos implícitos altos y monedas sobrevaloradas contribuyó a un alarmante descenso de las tasas de crecimiento agrícola en África al sur del Sahara: de un promedio anual del 2,2% en el período 1965–73 se bajó al 1,0% en 1974–80 y al 0,6% en 1981–85.

Desde mediados del decenio de 1980 muchos países africanos han realizado grandes avances en su intento de acabar con la arraigada discriminación en contra de la agricultura. A comienzos del decenio de 1990 las dos terceras partes de una muestra de 27 países habían reducido el grado de distorsión recortando los impuestos explícitos y, con frecuencia, corrigiendo la sobrevaloración de la moneda. La devaluación del franco CFA en 1994 (véase el Recuadro 3.5) redujo considerablemente la distorsión en contra de la agricultura en casi todos los países de la zona del franco que previamente no habían aplicado reformas.

Más difíciles de detectar, pero también muy difundidas, son las distorsiones de los precios en los mercados de trabajo y de capitales. Por ejemplo, el salario mínimo obligatorio es en algunos casos demasiado alto, lo que involuntariamente hace más difícil para los trabajadores no calificados y los que perciben salarios bajos encontrar trabajo en la economía formal. De igual modo, el precio del capital, es decir, la tasa de interés, se mantiene a veces artificialmente elevado debido a la aplicación de fuertes impuestos sobre las transacciones financieras o a la exigencia de mantener un elevado nivel de reservas. Cuando las autoridades responden a las quejas de los prestatarios poniendo freno a las tasas de interés sobre los préstamos o concediendo subvenciones a los inversionistas, se agrega otro nivel más de distorsiones al sistema de precios.

El mantenimiento de *regímenes liberales de comercio, mercados de capitales e inversiones* es también esencial para el crecimiento. Como se detalla en el Capítulo 8, muchos países se han decidido últimamente por una mayor apertura. Los mercados libres ofrecen oportunidades a los ciudadanos y las empresas, pues aumentan el acceso a los suministros, el equipo, la tecnología y las finanzas. Los vínculos comerciales con la economía mundial también contribuyen a que los precios internos se ajusten a las condiciones del mercado mundial y, de esa manera, reflejen el valor de escasez de los bienes y servicios. Además, la mejora de los incentivos y las oportunidades permite a los empresarios utilizar los recursos más eficientemente.

Las modificaciones recientes de la forma en que los países en desarrollo obtienen ingresos tributarios demuestran la influencia de la integración mundial en las políticas internas. La internacionalización de la actividad comercial y la competencia implacable por atraer inversión extranjera, sumadas a la presencia de paraísos fiscales y de jurisdicciones en que los impuestos son bajos, significan que los países no pueden aspirar a aplicar impuestos sobre la renta personal o sobre las utilidades mucho más altos que la norma mundial y, al mismo tiempo, atraer inversiones. Además, el creciente consenso mundial sobre la necesidad de reducir las barreras comerciales nacionales ha ejercido presión sobre la recaudación de impuestos fronterizos, importante fuente de ingresos tributarios para los países en desarrollo en el pasado. (En conjunto, los países en desarrollo aún obtienen alrededor del 30% de sus ingresos de los impuestos al comercio.) Debido a la mayor integración, cabe prever que la proporción que representan los impuestos sobre el comercio en el ingreso total de los países en desarrollo disminuirá todavía más.

En vista de esas nuevas limitaciones a las fuentes tradicionales de ingresos, muchos países están recurriendo a los impuestos basados en el consumo, como el impuesto sobre el valor agregado (IVA). Es indudable que las posibilidades de ingreso que ofrece, sumadas a la presión sobre otras fuentes de ingreso, ha provocado un enorme aumento del número de países que utilizan el IVA (Gráfico 3.3).

Un régimen comercial liberal y abierto es además un poderoso factor de disciplina de los demás elementos de la política económica. Las economías más abiertas están más expuestas a riesgos externos, por lo que a los gobiernos les resulta más costoso aplicar políticas incoherentes. En

Gráfico 3.3 Los países están descubriendo las ventajas del impuesto sobre el valor agregado

Número de países que utilizan el impuesto sobre el valor agregado

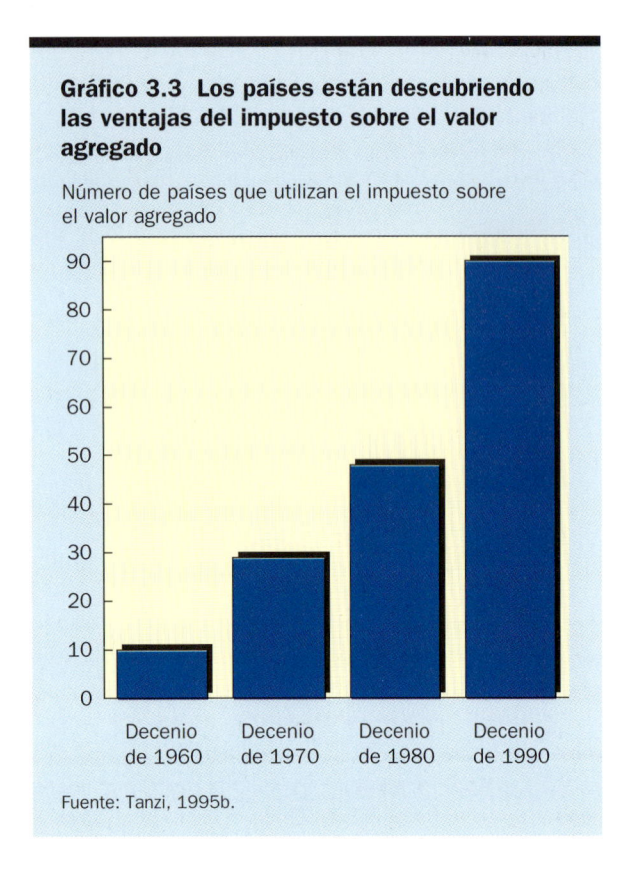

Decenio	Número
Decenio de 1960	~10
Decenio de 1970	~29
Decenio de 1980	~48
Decenio de 1990	~90

Fuente: Tanzi, 1995b.

consecuencia, las economías en que el comercio ocupa un lugar relativamente importante suelen tener déficit fiscales más bajos. La necesidad de cumplir las normas y las convenciones de los tratados internacionales será otro incentivo para el buen comportamiento.

Una economía que carece de políticas racionales no puede participar plenamente en el comercio y las inversiones internacionales. Pero el hecho de formar parte de una economía mundial en integración también supone nuevos riesgos. Cuando los mercados de bienes y capitales son libres, es difícil para el Estado suprimir las consecuencias de la indisciplina monetaria. Si se imprime demasiado papel moneda, el mercado de divisas no tardará en prever un aumento de la inflación y la moneda nacional se depreciará. Esta respuesta del mercado hace que suban las tasas de interés internas y, en consecuencia, los gastos de financiamiento del gobierno. Se necesitan políticas acertadas para hacer frente al riesgo de fuga de capitales, de inestabilidad de las actividades de arbitraje y de bruscas variaciones de los precios de los productos básicos. En el Recuadro 3.4 se resumen algunas de las diferencias de la forma en que los países han reaccionado ante el nuevo entorno mundial.

La afluencia de capitales extranjeros también exige cierta disciplina a las autoridades. Esas entradas tienden a provocar una apreciación de la moneda en valores reales, y pueden mermar la competitividad y el ahorro interno. Además pueden ser un factor fuertemente desestabilizador, pues reaccionan rápidamente ante las perturbaciones financieras pasajeras. La experiencia reciente indica que esas perturbaciones pueden ser contagiosas y propagarse a otros países e incluso a otras regiones en forma no necesariamente proporcional a la variación del riesgo. Los países con una considerable afluencia de capitales tal vez deban mantener un equilibrio fiscal positivo, y utilizar esos ahorros de precaución para protegerse frente a la posibilidad de una repentina salida de capitales. La afluencia de capitales también tiene importantes consecuencias para la política cambiaria; es poco probable que los tipos de cambio fijos, por ejemplo, sean una opción viable si un país es vulnerable en los mercados financieros. En resumen, la calidad de la gestión gubernamental de la economía tiene importancia decisiva.

El peligro de fuga de capitales y de perturbación financiera queda ilustrado claramente por la experiencia de México en 1994–95. Una razón importante de la pérdida de confianza en ese país fue la sobrevaloración del peso, que se mantuvo a pesar de que los déficit en cuenta corriente eran muy grandes. Cuando, a fines de 1994, las reservas de divisas cayeron por debajo de la base monetaria interna, las autoridades no llevaron a cabo la contracción monetaria necesaria. La aplicación de políticas más coherentes podría haber limitado la pérdida de confianza.

Una economía abierta está también expuesta a perturbaciones de los precios derivadas de los mercados mundiales. Los precios de la energía y de los alimentos son especialmente inestables y pueden condicionar los pagos externos y la posición fiscal de un país. Los tipos de cambio y las tasas de interés también son inestables. La prudencia aconseja que se prevengan las conmociones adversas (una fuerte alza de los precios para los importadores, una baja de los precios para los exportadores) evitando un endeudamiento excesivo y dejando un margen para nuevos empréstitos, y manteniendo reservas suficientes de divisas y, a mediano plazo, estableciendo una base económica más diversificada.

Las sorpresas favorables pueden causar tantos problemas como las desfavorables. La reacción prudente ante una conmoción económica de signo positivo consiste en reservar parte de las ganancias imprevistas para utilizarlas en el futuro. Cuando la guerra del Golfo de 1990–91 hizo subir los precios del petróleo, Nigeria utilizó la imprevista avalancha de ingresos petroleros para aumentar el gasto (Gráfico 3.4). Por consiguiente, pese al fuerte aumento del ingreso, el déficit fiscal de Nigeria aumentó de hecho en 1990. Cuando los precios y los ingresos del petróleo disminuyeron en 1991, el gasto se mantuvo al nuevo nivel más alto. Por el contrario, Indonesia reaccionó ante sus ingresos imprevistos del petróleo con disciplina fiscal e incluyó explícitamente en el presupuesto un fondo de reserva para mantener el aumento del gasto por debajo del crecimiento del ingreso y preservar así el equilibrio del presupuesto.

Las políticas acertadas, un objetivo difícil
Aunque la fórmula para la aplicación de políticas satisfactorias es ampliamente conocida, son demasiados los países que aún no la toman en serio, y persisten los resultados económicos deficientes. Ello suele indicar la presencia de incentivos políticos e institucionales para el mantenimiento de políticas "desacertadas".

Las políticas que son desacertadas desde el punto de vista del desarrollo son generalmente muy eficaces para encauzar los beneficios hacia los grupos políticamente influyentes. Muchos problemas macroeconómicos, como la inflación, o el desajuste entre los tipos de cambio, son en realidad modos encubiertos de aplicar impuestos imprevistos al sector privado o de redistribuir los beneficios económicos. Del mismo modo, una amplia variedad de restricciones microeconómicas al funcionamiento de los mercados, como las restricciones a las importaciones, los privilegios monopolísticos locales o las trabas burocráticas, sirven para resguardar a poderosas empresas ya establecidas o a otros segmentos favorecidos de la sociedad.

En algunos países el sistema político tiene una tendencia intrínseca al déficit presupuestario crónico. Los legisladores intercambian favores y los unos aprueban medidas que pueden beneficiar a los electores de otros, sin indicar cómo se van a financiar los gastos. El resultado es un mayor déficit fiscal.

Cuando los ingresos son insuficientes y los políticos no se atreven a reducir los gastos, los gobiernos tienen que optar entre introducir o aumentar los impuestos, cuando la medida se puede justificar por razones de eficiencia, y aplicar impuestos ocultos como el denominado impuesto de la inflación, es decir, el impuesto sobre los ingresos reales que resulta del financiamiento del gasto público con una moneda devaluada. Esta última opción es generalmente la más fácil. El aumento de la recaudación oficial de impuestos exige una administración tributaria eficiente y honesta. Como paso previo, quizá haya que llevar a cabo una profunda reforma estructural de la administración fiscal. Para modificar el IVA tal vez se requiera una votación del parlamento, lo que implica demoras y compromiso político. Pero para aumentar el impuesto de la inflación, podría bastar una orden ministerial al banco central.

Aun cuando las intenciones sean buenas, a veces los gobiernos pueden verse obligados a recurrir a impuestos ocultos, como el impuesto de la inflación, aunque reconozcan que a la larga ello produce costos enormes y debilita la credibilidad. ¿Cómo puede un gobierno con un historial de financiamiento inflacionario convencer a los posibles tenedores de sus bonos de que esta vez no se va a salir del paso aumentando la inflación o, sencillamente, dejando de pagar? ¿Cómo puede convencer a los miembros de los sindicatos de que no reducirá sus ingresos reales aumentando el costo de la vida? Si no puede hacerlo, los inversionistas se protegerán exigiendo una tasa de interés más alta sobre la deuda pública, y los trabajadores pedirán mayores aumentos de la remuneración. En ese caso, sus dudas pueden precipitar los acontecimientos: el gobierno podría verse obligado a provocar la inflación que esos agentes privados prevén, liberalizando la política monetaria y dejando que suban los salarios reales o las tasas de interés.

Esos incentivos institucionales anómalos pero poderosos pueden hacer muy difícil la reforma de las políticas. Incluso si las reformas se inician, el escepticismo de las empresas, los trabajadores y los consumidores podría quedar confirmado por los acontecimientos, a menos que el gobierno pueda demostrar la seriedad de su propósito.

Afianzar las políticas satisfactorias
Una vez anunciadas las reformas, su longevidad dependerá de que las políticas se diseñen y ejecuten de tal manera que demuestren convincentemente que el gobierno se mantendrá fiel a sus compromisos. Hay varios mecanismos posibles de garantía, todos ellos inspirados en el mismo principio: establecer contrapesos que frenen cualquier impulso de apartarse de los compromisos contraídos. Si las capacidades institucionales son tan sólidas que permiten disponer de la flexibilidad necesaria para adaptarse rápidamente a los

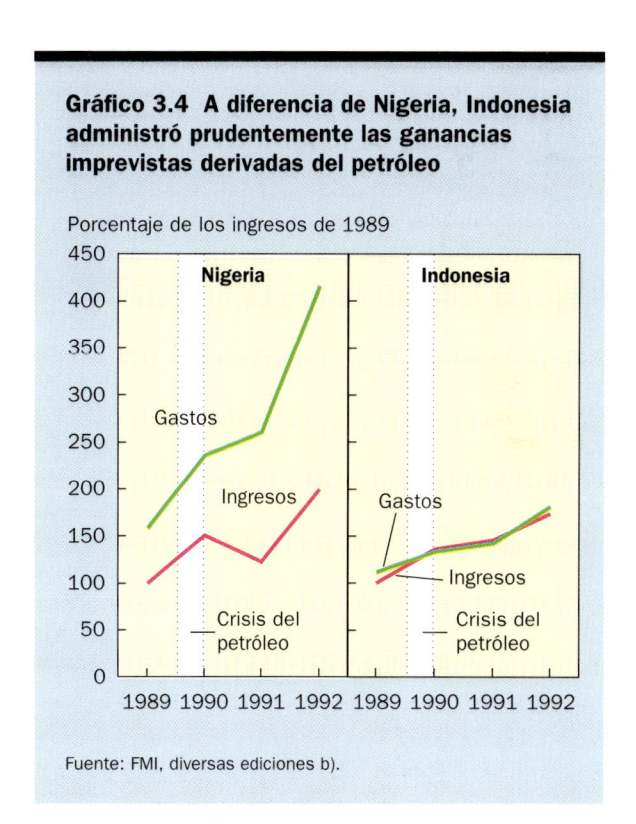

Gráfico 3.4 A diferencia de Nigeria, Indonesia administró prudentemente las ganancias imprevistas derivadas del petróleo

Porcentaje de los ingresos de 1989

Fuente: FMI, diversas ediciones b).

acontecimientos imprevistos, tanto mejor. Si no es así, la experiencia indica que los objetivos a largo plazo se pueden cumplir mejor ateniéndose a las restricciones autoimpuestas y aceptando las consiguientes rigideces. Los ejemplos que se dan a continuación se refieren a la política fiscal y monetaria; en el Capítulo 4 se examinan otros ejemplos en la esfera de la reglamentación.

POLÍTICA FISCAL. Muchas perturbaciones macroeconómicas se manifiestan por primera vez como desequilibrios fiscales. Estudios recientes indican que la modificación de las características institucionales del proceso de presupuestación puede mejorar considerablemente el desempeño fiscal.

Es especialmente importante aumentar la transparencia de la presupuestación. Si bien la sociedad en general sale perdiendo con la ambigüedad presupuestaria, ésta puede ser una bendición para los políticos, pues enmascara el costo de los favores dispensados a grupos de intereses especiales, por ejemplo, u oculta parcialmente los costos a largo plazo del actual derroche. Si los presupuestos no son transparentes resulta demasiado fácil recurrir a prácticas de "contabilidad creativa", como los gastos fuera de presupuesto y las proyecciones demasiado optimistas sobre ingreso y crecimiento. Huelga decir que todas esas artimañas hacen más difícil controlar el gasto.

También es importante la forma en que se preparan y aprueban los presupuestos. La experiencia indica, por ejemplo, que tiene importancia el que un país enfoque el proceso presupuestario con un talante jerárquico —concediendo al ministerio de hacienda un control considerable sobre el total de gastos de los departamentos— o colegiado. En principio, el planteamiento jerárquico debería fomentar la disciplina fiscal, ya que permite un mayor control "vertical" de los gastos y limita las posibilidades de que los legisladores vayan aumentando poco a poco el presupuesto.

De un estudio reciente sobre 20 países de América Latina se desprende que un sistema de presupuestación más transparente y jerárquico podría dar por resultado una mayor austeridad (Gráfico 3.5). En dicho estudio se comprobó que los déficit presupuestarios eran más altos en los países donde la preparación del presupuesto se hacía en forma colegiada y poco transparente. Los países cuyos sistemas eran menos transparentes y menos jerárquicos tenían un déficit público medio de 1,8% del PIB. En cambio, el tercio intermedio conseguía un superávit presupuestario del 1,1%, y en los países con sistemas más jerárquicos y transparentes el superávit medio era del 1,7%. Esos resultados ponen de relieve el hecho de que los países que tratan de mejorar su gestión fiscal global deben estudiar minuciosamente no sólo sus balances, sino también el medio institucional que define los incentivos del gasto.

POLÍTICA MONETARIA. Un banco central independiente y que funcione en forma adecuada puede reducir eficazmente la amenaza de una expansión monetaria por motivos políticos, y mantener a la vez cierta flexibilidad para adaptarse a las inevitables conmociones externas. Muchos países que tratan de establecer la credibilidad de su política monetaria se han decidido por el modelo de la independencia del banco central.

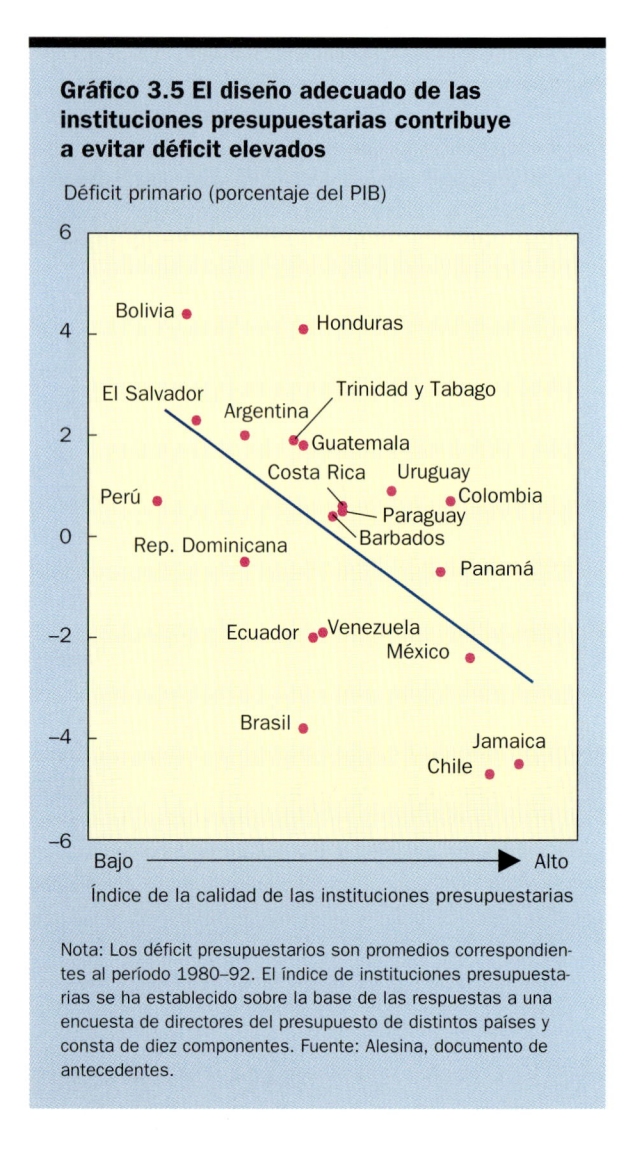

En muchos casos ese entusiasmo se derivó de las observaciones de que los países de la OCDE con bancos centrales independientes generalmente tenían tasas de inflación más bajas que otros países y no registraban desaceleración del crecimiento. Pero los intentos de encontrar una situación similar en los países en desarrollo han dado resultados variados, según la forma en que se defina la independencia del banco central. Por ejemplo, el establecimiento de la independencia del banco central en Rusia a comienzos del decenio de 1990 aparentemente no frenó la inflación del país. Esta mayor complejidad en los países en desarrollo indica que la restricción monetaria a través de la independencia del banco central no puede fabricarse simplemente por decreto. Quizá requiera una base previa de contrapesos

---

Gráfico 3.5 El diseño adecuado de las instituciones presupuestarias contribuye a evitar déficit elevados

Déficit primario (porcentaje del PIB)

Índice de la calidad de las instituciones presupuestarias (Bajo → Alto)

Nota: Los déficit presupuestarios son promedios correspondientes al período 1980–92. El índice de instituciones presupuestarias se ha establecido sobre la base de las respuestas a una encuesta de directores del presupuesto de distintos países y consta de diez componentes. Fuente: Alesina, documento de antecedentes.

y salvaguardias como protección frente a la arbitrariedad de los funcionarios públicos.

La elección de un presidente del banco central conservador, más enemigo de la inflación que la sociedad en general, puede ser uno de los medios utilizados para que los países en desarrollo cosechen los beneficios de la independencia del banco central sin dejar de controlar los riesgos. Otro medio consiste en reconocer al banco independencia instrumental solamente, es decir, confiarle la adopción cotidiana de las medidas encaminadas a alcanzar un objetivo determinado, pero dejando la elección del objetivo mismo en manos de las autoridades políticas. Una tercera opción es concertar con el presidente del banco central un contrato en el que se establezca algún tipo de sanción en el caso de que se aparte de la meta anunciada en materia de inflación. Con ello se consigue el mismo efecto que contratando a una autoridad bancaria conservadora, pero sin necesidad de basarse en juicios subjetivos acerca de la persona que ocupa el cargo.

Los resultados dispares obtenidos por los bancos centrales independientes en lo que respecta al control de la inflación plantean la posibilidad de que algunos países en desarrollo sencillamente no sean capaces de establecer mecanismos convincentes de austeridad monetaria y de mantener, al mismo tiempo, la capacidad de responder con flexibilidad a las conmociones externas. Para esos países la disyuntiva está entre el compromiso basado en mecanismos rígidos o la ausencia de todo compromiso. Se han ensayado varios sistemas inflexibles:

- La Argentina, para romper con una larga tradición de inflación, promulgó en abril de 1991 una ley de convertibilidad de la moneda que, en definitiva, transforma al banco central en una junta cuasimonetaria. La masa monetaria debe estar plenamente respaldada por divisas.
- Muchos países latinoamericanos establecieron una tasa nominal fija con objeto de estabilizar los precios y coordinar las expectativas del sector privado. La tasa fija evita que se utilice la devaluación como medio de sortear las conmociones externas de corto plazo. Pero, como México descubrió amargamente en 1994, un tipo de cambio nominal fijo puede convertirse en un factor peligrosamente desestabilizador cuando la afluencia de capitales o las políticas internas provocan un desajuste del tipo de cambio real.
- La mayoría de los países francófonos de África se afiliaron a la zona del franco CFA y a su banco central supranacional. Los anticipos del banco central a los gobiernos miembros están limitados al 20% de los ingresos tributarios recaudados el año anterior. Esto impide que los países sustituyan los impuestos convencionales con el impuesto de la inflación (Recuadro 3.5). Pero el mismo mecanismo también puede provocar deflación si el crecimiento se vuelve negativo, como ocurrió en el decenio de 1980.

Recuadro 3.5 Compromiso frente a flexibilidad en la zona del franco CFA

La zona del franco CFA de África occidental y central es a la vez una unión monetaria y un patrón monetario; el franco CFA es convertible a francos franceses a un tipo de cambio nominal fijo. Francia estableció la zona después de la segunda guerra mundial para supervisar las políticas monetarias y financieras de sus colonias africanas, y continúa desempeñando un papel central en sus operaciones.

A cambio de la garantía de convertibilidad que ofrece Francia, los países miembros renuncian al derecho de imprimir nueva moneda. Las modificaciones de política requieren negociaciones multilaterales entre los Estados miembros y Francia. Salvo que se retire totalmente de la zona, un solo país no puede dejar de cumplir unilateralmente su compromiso.

En comparación con países vecinos dotados de recursos similares, los miembros de la zona experimentaron una inflación media más baja y un crecimiento más rápido en todo el decenio de 1970 y comienzos del de 1980. Sin embargo, para la segunda mitad del decenio de 1980, ciertos costos derivados de la calidad de miembro de la zona se habían hecho evidentes. La zona del franco CFA se vio afectada por un par de conmociones externas, a saber, la apreciación real del franco francés en relación con el dólar, que fue causa directa de una apreciación real del franco CFA, y una fuerte baja de los precios de las principales exportaciones de algunos de los miembros. El tipo de cambio fijo hizo imposible el ajuste mediante una devaluación nominal. La inflación se mantuvo baja en ese período, pero a expensas de la tasa de crecimiento. Los propios factores que habían contribuido a la credibilidad y estabilidad de la zona del franco CFA hicieron extremadamente difícil devaluar el franco CFA. A comienzos del decenio de 1990, sin embargo, se llegó finalmente al consenso de que era necesaria una devaluación.

En enero de 1994 se anunció una devaluación del 50%. Su enorme magnitud era señal de que se trataba de una medida irrepetible. En consecuencia, se pudieron cosechar los beneficios económicos de la devaluación sin debilitar la credibilidad futura del tipo de cambio fijo. Hasta la fecha hay indicaciones de que la devaluación ha dado en gran medida buenos resultados en esos dos aspectos.

Esas estrategias inflexibles representan una carrera contra el reloj donde se apuesta fuerte. Con ellas, todo cambio estratégico supone un costo elevado, lo que induce a pensar que el gobierno se mantendrá firme. Con el tiempo, sin embargo, alguna conmoción externa —o, tal vez, la oposición política a algún efecto secundario de las medidas gubernamentales— será lo bastante fuerte como para exigir una reconsideración. En ese momento, los países que hayan ganado la carrera contra el reloj habrán establecido ya estrategias más flexibles de restricción monetaria o habrán conseguido suficiente credibilidad como para que la adaptación de la estrategia no se interprete como una modificación radical.

Inversión en las personas y en la infraestructura

Un mercado que funcione adecuadamente es, por lo general, el medio más eficiente de proporcionar los bienes y servicios que una economía necesita. Pero no siempre es así. En concreto, hay una serie de bienes de utilidad pública que los mercados no suministran en cantidad suficiente —bienes públicos, y bienes privados que tienen importantes beneficios secundarios para el conjunto de la sociedad. Generalmente se trata de bienes que tienen consecuencias importantes para la calidad de vida: aire puro y agua potable, servicios básicos de alfabetización y salud pública y transporte y comunicaciones de bajo costo. Son además bienes cuyo suministro puede afectar muy profundamente el bienestar y las perspectivas de vida de los miembros más pobres de la sociedad.

Las inversiones públicas en salud, educación e infraestructura tienen alta rentabilidad
El acceso al agua potable y la lucha contra las enfermedades infecciosas constituyen bienes y servicios públicos con grandes externalidades que el sector privado provee insuficientemente o ignora por completo. Las enfermedades infecciosas siguen siendo la causa de una gran proporción de las defunciones en los países en desarrollo, y los pobres son sus principales víctimas. Casi 1.000 millones de personas de los países en desarrollo no tienen acceso al agua potable y 1.700 millones carecen de servicios de saneamiento. Las enfermedades transmitidas por el agua, como el cólera o la fiebre tifoidea y paratifoidea, continúan siendo un peligro público en muchos países en desarrollo, sobre todo para los pobres. Los datos recogidos en Malasia revelan que las intervenciones de salud pública tradicionales, como inmunizaciones y abastecimiento de agua potable, pueden modificar notablemente las tasas de morbilidad y mortalidad, especialmente la mortalidad infantil.

La rentabilidad de la educación es especialmente alta en el nivel primario, ya que la alfabetización primaria universal produce grandes externalidades para la sociedad. La educación de las niñas, por ejemplo, está vinculada al mejoramiento de la salud de las mujeres y sus hijos y a la reducción de las tasas de fecundidad. Muchos atribuyen buena parte del éxito económico de los países del Asia oriental a su firme decisión de financiar con fondos públicos la educación básica, considerada como piedra angular del desarrollo económico.

Como se puso de relieve en el *Informe sobre el Desarrollo Mundial 1994,* la inversión pública en infraestructura da impulso a la actividad privada tanto en los países en desarrollo como en los industrializados. Un estudio de 85 distritos en 13 estados de la India reveló que la reducción de los costos del transporte ocasionaba una considerable expansión de la agricultura, pues facilitaba a los agricultores el traslado de sus productos hasta el mercado. En términos más generales, para competir por los nuevos mercados de exportación se requiere una infraestructura de alta calidad, que permita transportar mercancías a larga distancia y con el menor costo posible.

Sin embargo, muchas veces los recursos públicos no se destinan a esas inversiones de alta rentabilidad
En todo el mundo los recursos asignados a los servicios más básicos son insuficientes. Los gobiernos gastan aproximadamente $1 per cápita en salud pública, cuando el mínimo debería ser $4 per cápita. Alrededor de 130 millones de niños en edad de asistir a la escuela primaria —niñas, en el 60% de los casos— no estaban escolarizados en 1990. La mitad de los niños de África no asisten a la escuela. Las niñas, los pobres de las zonas rurales y los niños que pertenecen a minorías lingüísticas y étnicas tienen menos probabilidades de asistir a la escuela que otros grupos.

Parte del problema es la mala distribución de los recursos *entre* los distintos sectores —por ejemplo, entre la defensa, las empresas estatales y los servicios sociales. En muchos países en desarrollo, las empresas estatales producen bienes que los mercados privados podrían suministrar; los fondos que absorben esas empresas estarían mejor gastados en bienes públicos. En Turquía, la empresa pública de extracción de carbón perdió $3.500 millones entre 1990 y 1996. El gobierno central de Tanzanía gastó en subvenciones a empresas estatales con pérdidas una cifra que era un 50% superior a los recursos destinados a salud pública. En los países de ingreso bajo las pérdidas medias de las empresas estatales representaron el 2,3% del PIB entre 1978 y 1991.

Otra parte del problema es la mala distribución de los recursos *dentro* de cada sector. Los gastos de infraestructura y servicios sociales tienden a concentrarse en esferas en que los mercados y los gastos privados pueden satisfacer la mayoría de las necesidades —hospitales urbanos, clínicas, universidades y transporte— más bien que en bienes públicos esenciales. Esos gastos suelen beneficiar en forma desproporcionada a los ricos, en tanto que los pobres reciben sólo una pequeña fracción.

Por ejemplo, los gobiernos generalmente tratan de financiar toda la gama de servicios de atención de salud. Sin embargo, debería darse mayor prioridad a las intervenciones públicas dirigidas a mejorar el estado de salud de grandes secciones de la población, en particular los pobres. La mayor parte de la atención curativa es un bien (casi) puramente privado; si el gobierno no corre con los gastos, todos, salvo los más pobres, encontrarán medios de pagar ellos mismos por los servicios. Ello tal vez explique por qué el suministro público de servicios de atención clínica no mejoró la situación sanitaria de Malasia, donde las personas tienen la opción de recurrir a servicios clínicos privados.

Aunque algunos gobiernos están comenzando a gastar más en la educación primaria y secundaria, la educación superior está aún fuertemente subvencionada en comparación con los demás niveles. Mientras que la República de Corea, por ejemplo, destina el 84% de su presupuesto de educación a la enseñanza básica, Venezuela asigna nada más que el 31%. En Bolivia, el 35% del presupuesto de educación se reserva a la enseñanza superior, en tanto que en Indonesia la proporción es de sólo el 11%. El sesgo en favor de la enseñanza superior es especialmente marcado en África, donde el gasto público por estudiante es alrededor de 44 veces mayor en la enseñanza superior que en las escuelas primarias. En el caso extremo, Tanzanía, la relación era de 238 a 1.

Esta preocupación especial por los servicios clínicos de salud y la enseñanza superior profundiza las desigualdades sociales. Datos procedentes de Viet Nam confirman que los grupos más ricos se benefician en forma desproporcionada de la atención hospitalaria; se estima que el quinto más rico de la población disfruta de alrededor del 30% de los beneficios de los gastos de hospital, en tanto que el quinto más pobre sólo recibe el 11% (Gráfico 3.6).

Las decisiones del gobierno acerca del tipo de servicios que se han de suministrar no son la única razón por la que los beneficios del gasto público se distribuyen en forma desigual. Las diferencias de demanda, especialmente las relacionadas con el género, también son importantes. En Côte d'Ivoire, por ejemplo, casi las dos terceras partes del gasto público en educación se destinan a los niños. En el Pakistán, el gasto público para educación de los niños es alrededor de un 50% superior al de las niñas. Generalmente la desventaja relativa de las niñas es todavía mayor en las unidades familiares más pobres, lo que refleja las diferencias de la demanda de educación para niñas y niños en esas unidades familiares.

Mejor uso de los recursos públicos
Para concentrar más eficientemente los recursos públicos en los bienes y servicios colectivos, será necesario que los países redistribuyan los gastos y aprendan a utilizar sus fon-

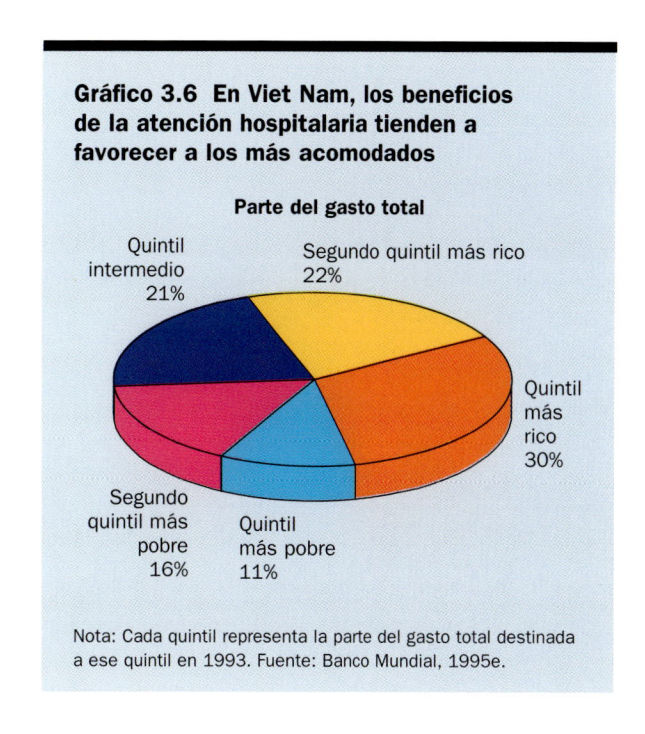

Gráfico 3.6 En Viet Nam, los beneficios de la atención hospitalaria tienden a favorecer a los más acomodados

Parte del gasto total

- Quintil intermedio 21%
- Segundo quintil más rico 22%
- Quintil más rico 30%
- Quintil más pobre 11%
- Segundo quintil más pobre 16%

Nota: Cada quintil representa la parte del gasto total destinada a ese quintil en 1993. Fuente: Banco Mundial, 1995e.

dos en forma más eficiente. En muchos países, ello significará introducir cambios tanto de orden político como institucional. El primer paso decisivo para el cambio institucional es la disposición a adoptar un criterio pluralista de suministro, es decir, permitir la participación privada a la vez que se concentra la participación pública directa en los bienes y servicios de interés verdaderamente colectivo (aunque, como se analiza más adelante, los gobiernos también podrían decidir subvencionar el consumo de bienes de los grupos necesitados, incluso si la rentabilidad es totalmente privada). En comparación con la presunción generalmente aceptada después de la segunda guerra mundial de que los servicios sociales y de infraestructura son de dominio exclusivo de los monopolios públicos, la adopción de criterios pluralistas puede parecer una postura radical y de efectos no comprobados. En realidad, la participación del sector privado y la comunidad en los servicios sociales y de infraestructura tiene una larga tradición histórica (Recuadro 3.6).

Ha sido sólo en el siglo XX cuando los gobiernos, primero en Europa y más tarde en otras regiones, se han convertido en importantes proveedores de servicios, en algunos casos extremos con exclusión total del sector privado. Esta transición hacia una intervención más amplia del gobierno se hizo en forma diferente en los distintos servicios y países, lo que dio origen a una gran diversidad de las modalidades de financiamiento y provisión entre los distintos grupos de ingreso y dentro de cada uno de ellos. Entre los países de ingreso bajo, por ejemplo, la proporción del sector privado en el total de gastos de educación oscila entre el 20% en Sri Lanka y el 60% en Uganda y Viet Nam

Recuadro 3.6 El suministro privado de servicios sociales: perspectiva histórica

Sólo en el siglo XX vino el Estado a asumir un papel importante en la prestación de servicios sociales como la educación y la atención de salud. La capacidad del Estado en ese sentido ha variado, sin embargo, dando como resultado diferentes combinaciones de servicios públicos y privados.

Hoy en día los modernos sistemas de educación se basan en iniciativas privadas, con frecuencia de carácter religioso. Desde las escuelas islámicas de Indonesia y África occidental hasta los gurúes hindúes de la India, las iglesias cristianas en la mayor parte de Europa y los maestros de poblado de China, las escuelas religiosas privadas han impartido enseñanza a los niños durante siglos. Sin embargo, en general la educación fue un privilegio de las elites. La educación pública en masa es una innovación del siglo XIX, que se originó en Europa y América del Norte y se propagó a las ex colonias después de la independencia. La inversión de una cantidad considerable de fondos públicos dio origen al aumento de la matrícula en el sector público, que en varios países estuvo acompañada de una reducción de la presencia de las escuelas privadas. En Malawi, por ejemplo, la matrícula en las escuelas privadas primarias bajó del 77% del total en 1965 al 10% en 1979. En otras partes, la incapacidad de los gobiernos de mantenerse a la altura de la demanda o de superar la insatisfacción con la calidad de las escuelas públicas motivó un aumento de la matrícula en las escuelas privadas.

Históricamente, la mayor parte de los servicios médicos han sido proporcionados en forma privada por las comadronas, los curanderos tradicionales y los doctores del vecindario. No fue hasta la producción masiva de los primeros antibióticos, después de la segunda guerra mundial, cuando la medicina occidental comenzó a beneficiar a grandes grupos de personas. En los países en desarrollo, el aumento de la urbanización y la industrialización dio origen a la formación de grupos laborales, que se organizaron para proporcionar seguro médico a través de "fondos de enfermedad" o presionaron para que se establecieran sistemas de seguro social financiados con fondos públicos. Para 1950, dieciséis países latinoamericanos habían promulgado leyes sobre el seguro médico para grupos seleccionados; sin embargo, sólo dos países africanos y cuatro países asiáticos lo habían hecho.

La Conferencia Internacional sobre Atención Primaria de la Salud, celebrada en Alma Ata (Kazakstán) en 1979, proclamó que la salud era un "derecho humano básico" e instó a los gobiernos a que se hicieran "responsables de la salud de su población". Varios gobiernos de países en desarrollo crearon sistemas nacionales de salud que dicen proporcionar atención médica gratuita a toda la población. Esas actividades obtuvieron resultados dispares, y el sector privado se amplió para llenar el vacío. En Malasia, por ejemplo, el número de médicos con clientela privada aumentó del 43% del total en 1975 al 90% en 1990. Pero hay grandes segmentos de la población que aún no tienen acceso a los servicios básicos, en tanto que otros los obtienen principalmente de proveedores privados pagados por ellos mismos.

(Gráfico 3.7). El desglose de los gastos de salud muestra una variación igualmente amplia. En América Latina, la proporción correspondiente al sector privado oscila entre la tercera parte del total en el Ecuador, el 43% en México y el 57% en el Brasil. El 80% de los gastos de salud de Tailandia corresponde al sector privado.

En muchas circunstancias la separación entre los servicios sociales y los de infraestructura puede contribuir a lograr una mejor correspondencia entre funciones y capacidades. En los sistemas de suministro conjunto, un solo proveedor público se encarga de una amplia variedad de actividades —privadas y colectivas, subvencionadas y no subvencionadas, competitivas y monopolísticas. La desagregación de los servicios ofrece las siguientes posibilidades:

- Distinguir entre las actividades que podrían ser financiadas y realizadas enteramente por el sector privado, y las que tienen importantes elementos colectivos —y comenzar a deshacerse de las primeras.
- Distinguir entre las actividades de interés colectivo que deberían continuar siendo realizadas por el sector público y las que deberían ser financiadas por éste pero realizadas por el sector privado —utilizando sistemas de cupones, contratos y otros mecanismos similares como puente de enlace entre los sectores público y privado (en el Capítulo 5 se analizan esas opciones con mayor detalle).
- Aprovechar las nuevas oportunidades de competencia entre los distintos bienes y servicios que ahora se pueden suministrar privadamente (a veces, como se ve en el Capítulo 4 respecto de los servicios de utilidad pública, para poder aprovechar esas nuevas oportunidades se necesitan nuevas disposiciones reguladoras).
- Conseguir mayor transparencia en la utilización de los fondos públicos (objetivo mucho más difícil cuando se

Gráfico 3.7 La relación entre enseñanza pública y privada varía enormemente en todo el mundo

Gastos de educación privada (porcentaje del total de gastos de educación)

Países de ingreso alto: Austria, Israel, Estados Unidos, Finlandia, Suiza

Países de ingreso mediano: Sudáfrica, Irán, Rep. Islámica del, Chipre, Colombia, Indonesia

Países de ingreso bajo: Sri Lanka, Kenya, Uganda, Viet Nam, Haití

Nota: Los datos corresponden a varios años comprendidos entre 1988 y 1993. Fuente: Psacharopoulos y Nguyen, 1997.

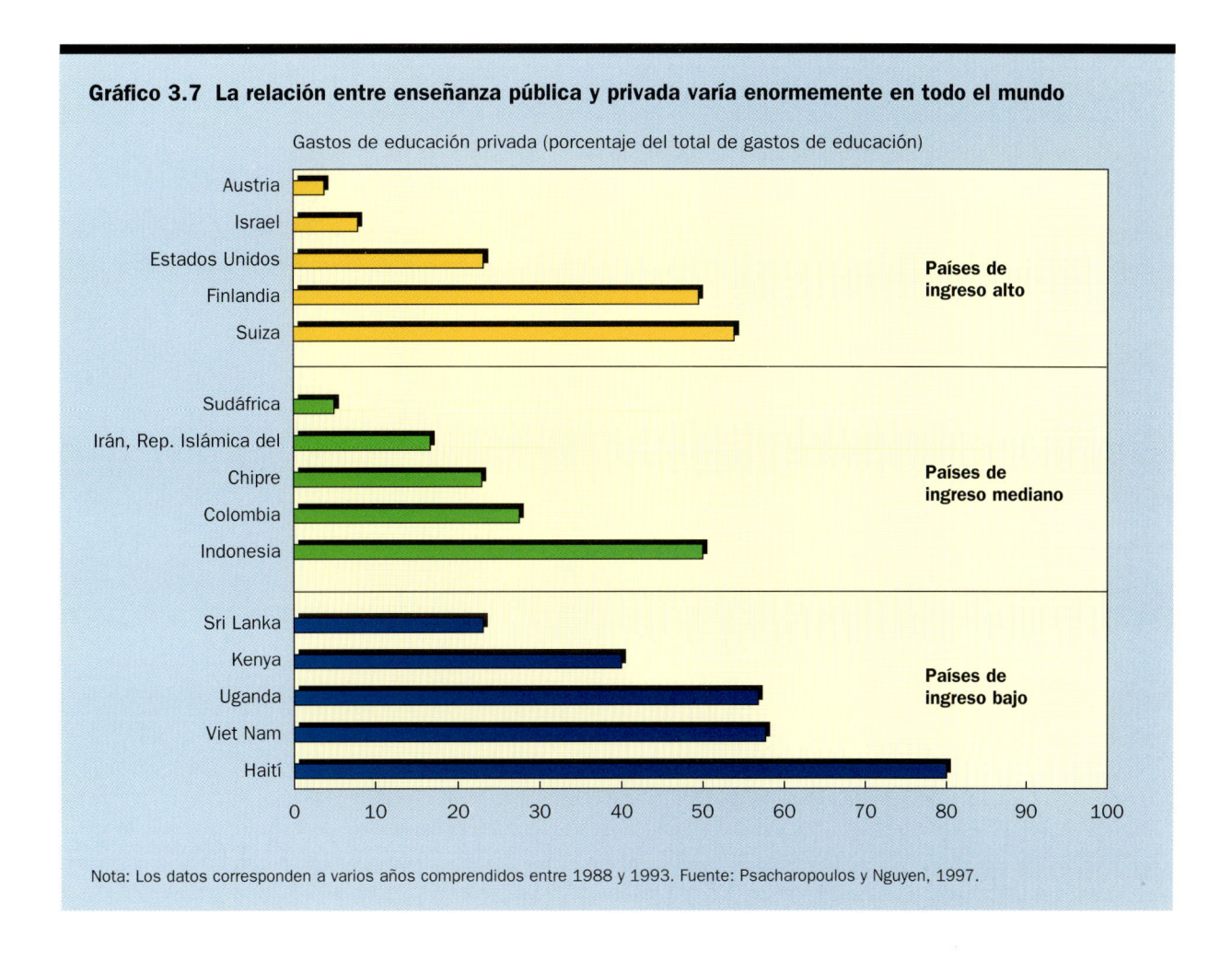

engloban muchas actividades distintas y se confían a un solo proveedor público monopolístico).

Sin embargo, los cambios de organización no solucionan todo. Tal vez el cambio más importante en materia de incentivos sea ofrecer a los propios usuarios la posibilidad de "hacerse oír" —no sólo para trabajar en colaboración con los proveedores en los casos en que la información localizada es fundamental para un suministro eficiente, sino también para vigilar la actuación de los proveedores e imponer, a través del proceso político, una mayor preocupación por la calidad. En el Capítulo 7 se analizan los medios para la consecución de ese fin.

Protección de los grupos vulnerables

A la larga, el crecimiento rápido y la inversión en las personas reducirán la pobreza en forma espectacular. Sin embargo, sea cual sea el nivel de ingreso de un país, y con independencia de las ganancias conseguidas por el conjunto de la economía, algunos ciudadanos quedarán atrás y otros sufrirán penurias pasajeras. En la presente sección se examina la forma en que los Estados han acometido la difícil empresa de proteger a los grupos vulnerables.

Una amplia variedad de medidas de protección
En el Cuadro 3.1 se repasa brevemente la rica variedad de iniciativas que los gobiernos han ensayado para proteger a los grupos vulnerables de los países en desarrollo. Todas ellas caen dentro de una de estas dos categorías generales:

- Programas de jubilación, desempleo y otros programas de *seguridad social,* que tienen por objeto prestar apoyo a las personas que, en razón de su edad, el ciclo económico u otras circunstancias, quedan marginadas de la economía salarial en algún momento de su vida.
- Programas de *asistencia social,* cuyo objetivo es ayudar a los miembros más pobres de la sociedad, los que consiguen apenas sobrevivir.

En los países industriales el Estado benefactor universal, que ha influido en los programas de bienestar de todo el mundo, ha oscurecido esa distinción. La mayoría de los

Cuadro 3.1 Seguro social, asistencia social y programas dirigidos específicamente a la mitigación de la pobreza en los países en desarrollo: características y conclusiones

Tipo de programa	Cobertura y modalidades regionales	Problemas de diseño y enseñanzas	Resultados positivos
Pensiones	Casi universal en los países en transición, muy baja en el África al sur del Sahara, de mediana a alta en América Latina. Prevalecen los planes de reparto.	Los desequilibrios actuariales, incluso en algunos países con población joven, ponen en peligro la estabilidad macroeconómica, especialmente en los países en transición, el Brasil y el Uruguay. Los países en transición deben aumentar la edad de jubilación. No se deben confundir los conceptos de redistribución y de seguro.	Planes innovadores en la Argentina y Chile
Asistencia familiar	En los países de ingreso mediano a alto, incluida en el seguro social. Es universal en las empresas de las economías en transición.	El tamaño de la familia tiene una elevada correlación con la pobreza en las repúblicas de Asia central pero no en las de Europa oriental y el resto de la CEI. La incidencia de la pobreza determina el grado de progresividad. Cuando la incidencia es baja, el condicionamiento de las prestaciones al nivel de ingreso es esencial para contener los costos.	
Asistencia social (efectivo)	Limitada en los países en transición, escasa en Asia, inexistente en América Latina y África.	Más aconsejable en los países con una incidencia de pobreza relativamente baja.	Planes de subsidio familiar y de jubilación de Chile
Subvenciones alimentarias	En África y el Oriente Medio prevalecen las subvenciones generales a los precios. El racionamiento cuantitativo es común en Asia meridional. En América Latina se utilizan planes de alimentos por trabajo. Los países están optando por programas de bonos o ayuda alimentaria y programas dirigidos a grupos específicos.	Las subvenciones de precios sin limitación previa son fiscalmente insostenibles, distorsionantes y regresivas. Las filtraciones se pueden impedir mediante sistemas innovadores de orientación hacia grupos específicos. Los programas de nutrición son más eficaces en función de los costos que el racionamiento cuantitativo o las subvenciones de carácter general. Los programas que establecen requisitos de trabajo son más eficaces en función de los costos que las raciones. La economía política generalmente favorece a la población urbana.	Reforma de las subvenciones a los precios en Túnez, que redujo los costos en un 2% del PIB y mejoró la orientación hacia grupos específicos; Programa de alimentos por educación de 1993 en Bangladesh.
Subvenciones para la vivienda	Frecuentes en las economías en transición, generalmente dentro del presupuesto; menos frecuente en otras regiones, generalmente en forma extrapresupuestaria.	Suelen ser regresivas. El mejor medio de proteger a los pobres de las zonas urbanas es el aumento y el fomento de la producción de viviendas de bajo costo. Las cooperativas y organizaciones comunitarias han sabido seleccionar mejor a los destinatarios. Las subvenciones aplicadas en la antigua Unión Soviética perturban el funcionamiento de los mercados de trabajo y de la vivienda.	Subsidios concedidos por una sola vez en Chile para la compra de viviendas en el mercado privado
Subvenciones al consumo de energía	Frecuentes en los países en transición y los países productores de petróleo, como Venezuela.	En Asia, África y América Latina las subvenciones a la gasolina benefician en su mayor parte a quienes no son pobres. También son algo regresivas en los países en transición, debido al importante lugar que ocupan en la canasta de consumo de los que no son pobres. La eliminación de las subvenciones afectaría a los pobres de las zonas urbanas.	
Obras públicas	El Plan de Garantía de Empleo de Maharashtra en la India y los fondos sociales en África y América Latina se financian internamente y con fondos de donantes internacionales.	Proporcionan tanto seguro como asistencia. Son apropiadas en las zonas en que la pobreza es transitoria y hay margen para la ejecución de proyectos con gran densidad de mano de obra no calificada. Los salarios de los programas no deben ser superiores a los salarios vigentes en el mercado. Los pagos en especie atraen sobre todo a mujeres.	Plan del estado de Maharashtra en la India; introducción y cancelación del programa de trabajo de Corea
Programas basados en el crédito	Frecuentes en todas partes, especialmente en África, Asia meridional y América Latina.	El problema principal es la incapacidad de pedir préstamos si se carece de garantías. Los programas deberían subvencionar los costos de transacción pero no las tasas de interés, utilizar grupos locales en lugar de programas autoselectivos, organizar a los beneficiarios e incorporar incentivos para prestatarios y prestamistas a fin de hacer cumplir los reembolsos. Es preciso incorporar el ahorro como componente necesario.	Grameen Bank, de Bangladesh

Fuente: Adaptado de Banco Mundial, 1996e.

principales programas de transferencia —pensiones, seguro de desempleo, asistencia familiar— se iniciaron durante los decenios de 1930 y 1940 como reacción a la Gran Depresión y la segunda guerra mundial y después de haber tomado conciencia de que las personas de edad estaban especialmente desamparadas en las sociedades industriales. Esos tres programas, especialmente el de pensiones, absorben una proporción cada vez mayor del ingreso nacional, y los países ricos de todo el mundo están revisando algunos aspectos de sus programas de bienestar (Gráfico 3.8). Incluso Suecia, que se mantiene fiel al concepto de Estado del bienestar y tiene un historial inigualado de erradicación de la pobreza, ha emprendido reformas de amplio alcance a fin de encontrar un mejor equilibrio entre las prestaciones sociales y sus fuertes costos económicos, a menudo invisibles.

En Europa central y oriental y la antigua Unión Soviética el Estado prestaba tradicionalmente una gran variedad de servicios sociales. Antes de la transición a la economía de mercado, esos Estados ofrecían prestaciones muy completas, pero que se distinguían en cuatro aspectos de las brindadas por las economías de mercado industriales. Primero, como el sistema estaba basado en el pleno empleo garantizado por el Estado, no existía el seguro de desempleo. Segundo, la protección social se centraba en las personas (como los ancianos y los discapacitados) que no podían trabajar. Tercero, las prestaciones estaban descentralizadas por empresas. Por último, las subvenciones en especie (vivienda, energía) cumplían una función importante.

Debido a la contracción económica sin precedentes y a las restricciones presupuestarias impuestas por la transición, algunos países de Europa central y oriental y la antigua Unión Soviética están comenzando a darse cuenta de que este sistema de cobertura universal resulta prohibitivo y hay que sustituirlo por programas dirigidos a grupos más específicos. Las transferencias en efectivo representan un elevado porcentaje del PIB. Pero la adaptación del sistema de bienestar social a las nuevas condiciones está resultando políticamente difícil. En Polonia las transferencias se duplicaron, pasando del 9% del PIB en 1988 al 18% en 1993.

A diferencia de lo que sucede en los países de la OCDE, la gran mayoría de los países en desarrollo ha creado "oasis" de seguridad social, que conceden prestaciones familiares y pensiones a los trabajadores del sector estructurado y a los funcionarios públicos. El tamaño de los oasis aumenta a la par del ingreso per cápita. Cubre el 6% de la fuerza de trabajo en África al sur del Sahara, el 23% en Asia y el 38% en América Latina. El seguro oficial de desempleo es poco común, pero la utilización del sector público como empleador de última instancia es una forma encubierta de seguro de desempleo.

Los países en desarrollo han experimentado también distintas medidas de asistencia social para atender las

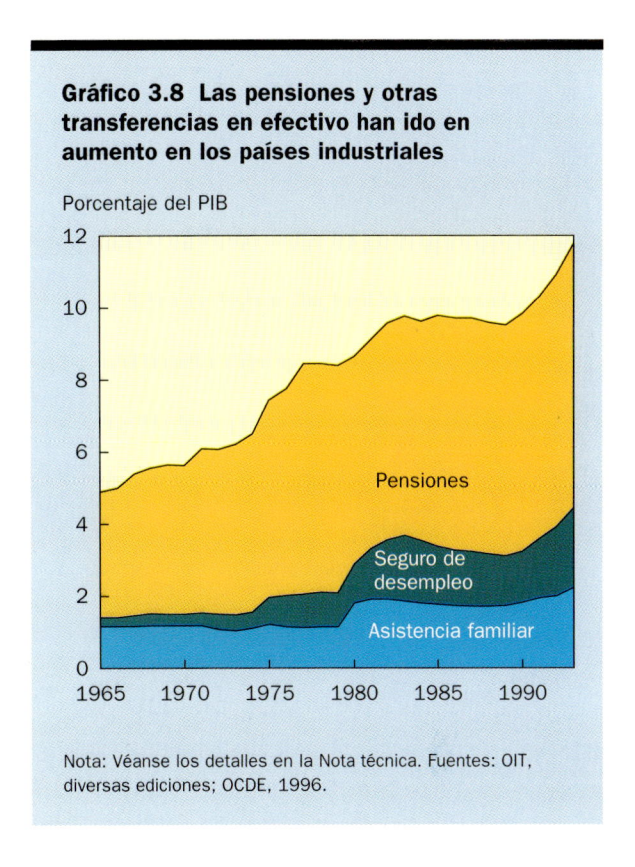

Gráfico 3.8 Las pensiones y otras transferencias en efectivo han ido en aumento en los países industriales

Porcentaje del PIB

[Gráfico de áreas apiladas mostrando Pensiones, Seguro de desempleo y Asistencia familiar desde 1965 hasta 1990, alcanzando aproximadamente 12% del PIB]

Nota: Véanse los detalles en la Nota técnica. Fuentes: OIT, diversas ediciones; OCDE, 1996.

necesidades básicas de los más pobres. Van desde programas que agrupan componentes de ayuda en efectivo y de seguro, hasta subvenciones a los precios (alimentos, vivienda, energía) y obras públicas con gran concentración de mano de obra (Cuadro 3.1). En general, la ayuda internacional ha ejercido gran influencia en el diseño de los programas de asistencia social. La difusión de la ayuda alimentaria de los Estados Unidos en los años cincuenta y sesenta, por ejemplo, indujo a la adopción de muchos programas de alimentos por trabajo, especialmente en Asia meridional. La aparición de los fondos sociales en el decenio de 1980, especialmente en América Latina, denota el paso a la ayuda no alimentaria y a una mayor cooperación con las organizaciones no gubernamentales y los grupos comunitarios para la prestación de asistencia dirigida a grupos específicos. Los programas de obras públicas con gran participación de mano de obra se han hecho cada vez más populares, especialmente en Asia meridional y África.

En muchos países, los programas de seguro y asistencia sociales, lejos de lograr su objetivo de proteger a los grupos vulnerables, han servido para transferir recursos a grupos privilegiados, a veces con consecuencias desestabilizadoras desde el punto de vista fiscal. Están apareciendo nuevas concepciones de los sistemas de seguro y asistencia, que examinaremos a continuación.

Seguro social: opciones y peligros

La generosidad de los programas de seguro social ha resultado a veces desastrosa para la política fiscal a largo plazo. Como se indica en el Cuadro 3.2, en muchos países las obligaciones inherentes a los derechos de pensión acumulados por los beneficiarios superan con creces cualquier medición razonable de la capacidad del gobierno de aumentar los impuestos.

Los cambios demográficos explican en parte el enorme aumento de las obligaciones en concepto de pensiones. El envejecimiento de la población es la causa de más de la mitad del aumento de las pensiones y otras prestaciones de seguridad social en los países de la OCDE en un período reciente de 30 años. Ucrania y Hungría también tienen una población de más edad, lo que explica en parte el alto nivel de su deuda implícita en concepto de pensiones. Es probable que las presiones demográficas sobre los programas de pensiones se intensifiquen con especial rapidez en algunos países en desarrollo. La población china de más de 60 años de edad se duplicará en 30 años, pasando del 9% al 18% del total, transición que tardó un siglo en Francia y Gran Bretaña.

Pero en el fondo los problemas van más allá de la demografía. En muchos países los funcionarios públicos consideran que sus pensiones son derechos más bien que una forma de ahorro; aportan contribuciones limitadas a un plan de jubilaciones, pero reciben un sueldo completo a título de pensión después de entre 30 y 35 años de servicio. De manera más general, algunos grupos de presión consiguen orientar en su favor las asignaciones presupuestarias, y se resisten a perder esos beneficios aun a costa de graves crisis fiscales. En otros casos, como ocurre en algunos países africanos, las burocracias públicas canalizan hacia sí mismas los recursos destinados al seguro social o a los grupos vulnerables.

Cualquiera que sea la causa de esos problemas, a menos que se pueda dar al seguro social una base financiera más sólida, los programas se derrumbarán o los países se sumirán en crisis fiscales profundas, o ambas cosas a la vez. Un primer paso fundamental hacia la reforma es que los gobiernos distingan entre los objetivos del seguro y los de la asistencia, especialmente en los países en desarrollo en que suele haber una gran desigualdad entre los ciudadanos más pobres (que suelen ser los beneficiarios de los programas de asistencia) y los que participan en la economía formal (que son, por lo general, los destinatarios de los programas de seguro social). La experiencia indica que si no se hace esa distinción es prácticamente seguro que se perjudicará tanto la viabilidad fiscal de los programas de seguro (debido a que los "asegurados" podrán hacer presión para conseguir prestaciones no financiadas con fondos propios) como la eficacia de los programas de asistencia (porque es probable que los grupos no incluidos en ellos consigan parte de los recursos destinados a los pobres).

Una vez hecha una distinción clara entre seguro y asistencia, los Estados pueden introducir la participación privada y la competencia en los sistemas de seguro dominados anteriormente por los monopolios públicos. Para ello se pueden utilizar varios procedimientos:

- El componente redistributivo de las pensiones se puede separar del componente de ahorro mediante un sistema obligatorio apoyado en varios pilares, en cuyo caso el pilar del ahorro deberá estar plenamente financiado con fondos propios, administrado privadamente y regulado por el sector público. La redistribución se puede lograr mediante una pensión pública uniforme (como en la Argentina).
- Los Estados pueden introducir cuentas de ahorro obligatorias para el seguro de desempleo y para las pensiones (en el Recuadro 3.7 se describe un plan de ese tipo aplicado en Chile).
- Se puede permitir a las empresas y los particulares elegir entre proveedores públicos y privados, como en el Japón, Sri Lanka y el Reino Unido.
- Se puede confiar la administración de los activos de los programas de seguro público al sector privado, mediante contrato, como en Malasia.
- Los Estados pueden designar a profesionales independientes, en lugar de cargos políticos, para que integren las juntas directivas de los programas públicos.

Naturalmente, el sistema privado de seguro social sólo es viable si los mercados financieros están suficientemente desarrollados para que los intermediarios privados puedan

---

Cuadro 3.2 Deuda implícita en concepto de pensiones en algunos países
(porcentaje del PIB)

País	Deuda pública implícita en concepto de pensiones
Uruguay	296
Hungría	213
Brasil	187
Ucrania	141
Turquía	72
China	63
Camerún	44
Perú	37
Congo	30
Venezuela	30
Senegal	27
Malí	13
Ghana	9
Burkina Faso	6

Nota: Los datos corresponden a varios años entre 1990 y 1996 y son valores actuales netos calculados con una tasa de actualización del 4%.
Fuente: Kane y Palacios, 1996.

hacer coincidir fácilmente esas obligaciones a largo plazo con los activos a largo plazo. Sin embargo, incluso en regiones pobres como África al sur del Sahara, el poco arraigo de los mercados de capitales no debe ser necesariamente un obstáculo al desarrollo de fondos de pensiones privados. Dado un marco jurídico apropiado y aplicable para el desarrollo del sector financiero, los países podrían establecer mercados de capitales regionales. Esta es una opción especialmente interesante para los países de la zona del franco CFA, que tienen una moneda común. Algunos mercados de capitales de África al sur del Sahara aventajan ya, en términos de capitalización de los mercados, a los de los países latinoamericanos que recientemente han privatizado sus sistemas de pensiones (como el Perú).

Estrategias sostenibles de asistencia social
A diferencia del seguro social, que se puede autofinanciar, la asistencia social requiere el gasto directo de fondos públicos. En consecuencia, es esencial equilibrar los objetivos de mitigación de la pobreza y prudencia fiscal. (En el Cuadro 3.1 se presenta un resumen de la amplia variedad de sistemas que se han probado.) En el pasado, el debate giraba principalmente en torno a las ventajas comparativas de las subvenciones de base amplia y de los programas con comprobación previa de medios de vida. Hoy día, se han hecho más evidentes las limitaciones de ambos.

Los programas con comprobación previa de medios de vida (en que los beneficios se establecen de acuerdo al ingreso del beneficiario) son de mayor complejidad administrativa, por lo que es probable que sólo puedan lograr su objetivo a un costo razonable en los países con fuerte capacidad institucional. Pero las subvenciones de base amplia también han perdido su atractivo; son costosas y relativamente ineficientes para reducir la pobreza. Los subvenciones de vivienda e infraestructura, por ejemplo, a la postre benefician en forma desproporcionada a las unidades familiares de ingresos más altos (Gráfico 3.9). Las subvenciones alimentarias pueden ser más eficaces si se dirigen a los artículos consumidos principalmente por los pobres. Túnez ha sustituido con éxito un programa de base amplia por otro dirigido a beneficiarios específicos mediante la eliminación de todas las subvenciones para los artículos consumidos especialmente por quienes no son pobres y, en el caso de los productos alimentarios para los que se ofrecen todavía subvenciones, haciendo una diferencia entre las líneas de productos mediante el uso de envases distintos y de ingredientes genéricos. Esas reformas han reducido el costo de las subvenciones alimentarias del 4% del PIB a mediados del decenio de 1980 al 2% para 1993, en tanto que se sigue manteniendo una red de seguridad alimentaria para los pobres.

La falta de confianza en los programas de asistencia tanto con comprobación previa de medios de vida como de base amplia ha desviado la atención hacia los sistemas de asistencia que por su misma naturaleza son selectivos. Uno de ellos

> **Recuadro 3.7 El nuevo plan de seguro de desempleo de Chile**
>
> Hasta ahora, en Chile ha existido un plan de indemnización por despido pero no un sistema de seguro de desempleo. El gobierno ha redactado una ley para crear tal sistema (llamado PROTAC). El diseño del plan se aparta de los modelos que prevalecen en los países de la OCDE, y trata de eludir los desincentivos para el trabajo que suelen acompañar al seguro de desempleo. De acuerdo al nuevo plan, se crearían cuentas individuales a las que trabajadores y empleadores contribuirían conjuntamente el 4,4% del sueldo del trabajador. Esas cuentas acumularían hasta cinco meses de sueldo y serían administradas en forma privada, tal vez por las mismas instituciones que ahora administran las pensiones privadas en Chile. Los trabajadores a los que se despidiera recibirían una indemnización equivalente a un mes de sueldo por año de servicio (hasta un máximo de cinco años), y podrían efectuar cinco retiros mensuales de su cuenta individual mientras durase su desempleo. Los trabajadores que quedaran sin empleo como consecuencia de su renuncia sólo tendrían derecho a los retiros mensuales. El Estado reglamentaría esas cuentas de seguro de desempleo y garantizaría una prestación mínima de desempleo. Como en el caso de las pensiones, esa garantía mínima se proporcionaría sólo una vez que los fondos de la cuenta estuvieran agotados. En consecuencia, la cuenta individual haría las veces de una franquicia.

consiste en concentrar las prestaciones en las zonas urbanas y rurales con un número desproporcionadamente alto de residentes pobres. Otro es establecer un nivel de prestaciones bajo e incorporar al programa un mecanismo que exija algo a cambio. Los programas de alimentos por trabajo incorporan esas características. También lo hacen los programas de préstamo para microempresas en las comunidades pobres. En el Recuadro 3.8 se explica cómo Indonesia, país que ha logrado reducir enormemente la pobreza mediante un crecimiento de base amplia, está iniciando distintos programas autodirigidos a determinados grupos en un intento por eliminar la pobreza para el año 2005.

Las dificultades de los programas de asistencia social son de orden político tanto como fiscal: como los pobres marginados son políticamente débiles casi en todas partes, en épocas de austeridad fiscal incluso los programas diseñados con prudencia corren el riesgo de perder apoyo. Los programas autoselectivos, especialmente los que imponen obligaciones recíprocas a los beneficiarios, parecen tener mayor viabilidad política que los orientados a grupos más

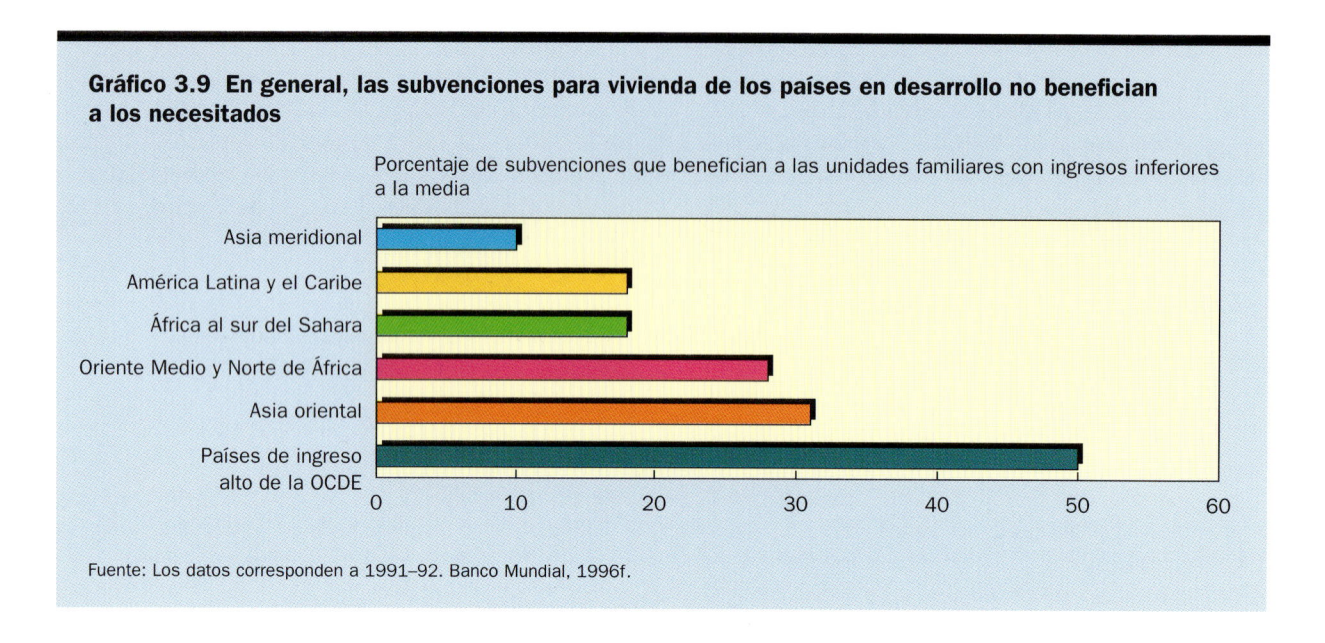

Gráfico 3.9 En general, las subvenciones para vivienda de los países en desarrollo no benefician a los necesitados

Porcentaje de subvenciones que benefician a las unidades familiares con ingresos inferiores a la media

Región	Porcentaje
Asia meridional	~10
América Latina y el Caribe	~18
África al sur del Sahara	~18
Oriente Medio y Norte de África	~28
Asia oriental	~31
Países de ingreso alto de la OCDE	~50

Fuente: Los datos corresponden a 1991–92. Banco Mundial, 1996f.

reducidos, pero también son vulnerables. En el fondo, pues, la tarea —analizada en el Capítulo 7— consiste en encontrar medios de dar expresión a las inquietudes de los pobres y permitirles convertirse en defensores más eficaces de sus propios intereses.

Opciones estratégicas: mayor acierto en el establecimiento de los elementos básicos

Cada uno de los cuatro conjuntos de principios básicos económicos y sociales plantea dificultades especiales, pero todos tienen algunos problemas en común.

Recuadro 3.8 Reducción de la pobreza en Indonesia: la asistencia social, complemento de un crecimiento de base amplia

El crecimiento rápido y de base amplia de Indonesia ha producido un efecto espectacular en la reducción de la pobreza. Entre 1970 y 1990, la proporción de habitantes que vivía por debajo del umbral de pobreza bajó del 56% al 15%; otros indicadores del bienestar, como la mortalidad infantil, registraron también una mejora similar. El gobierno se ha propuesto ahora la ambiciosa meta de erradicar la pobreza absoluta dentro de los próximos diez años. La dificultad estriba en que los pobres que aún quedan están concentrados en focos aislados de pobreza que tienen una escasa dotación de recursos naturales, baja densidad de población y otras características socioeconómicas que hacen difícil el acceso a los mismos. En los últimos años se han iniciado varias intervenciones dirigidas específicamente a ellos, entre las que cabe señalar las siguientes:

- El programa Inpres Desa Tertinggal (IDT), iniciado en 1994, está dirigido a las aldeas marginadas del proceso de desarrollo del país. El programa distribuye donaciones por un total de $200 millones al año entre 20.000 poblados, que constituyen el tercio más pobre de todas las aldeas de Indonesia, a fin de que se utilicen como capital inicial para actividades generadoras de ingresos. Este programa se combina con otros de obras públicas.
- El programa Familia Próspera, iniciado en 1996, tiene por objeto mejorar, mediante pequeñas donaciones y créditos subvencionados, las condiciones de las familias que viven en poblados no incluidos en el programa IDT y cuyos niveles de vida están por debajo de cierta norma.
- Gracias al Programa de Transmigración, alrededor de 750.000 familias o más de 3,6 millones de personas de la sobrepoblada isla de Java han sido reasentadas en islas exteriores menos pobladas, a expensas del gobierno. El programa tiene por objeto solucionar la falta de tierras como causa de la pobreza y suministra a los nuevos asentados tierras agrícolas y otros beneficios.
- El Programa de Mejoramiento de Kampung está dirigido a perfeccionar la prestación de servicios sociales e infraestructura a los barrios urbanos densamente poblados y de bajos ingresos.

En primer lugar, es esencial establecer prioridades. Como se demuestra en el presente capítulo, son demasiados los países en que el Estado no ofrece todavía los bienes y servicios públicos fundamentales que se pueden esperar de él —un ordenamiento jurídico básico, una macroeconomía estable, los rudimentos de salud pública, educación primaria universal, infraestructura adecuada de transporte y una red de seguridad social mínima. Al mismo tiempo, los Estados ofrecen innecesariamente una amplia variedad de bienes y servicios que los mercados privados podrían suministrar en su lugar. Especialmente en los países con capacidades institucionales débiles, existe, pues, la necesidad urgente de centrar la función del Estado en los elementos fundamentales.

En segundo lugar, la hábil utilización de mercados privados y competitivos y de actividades de índole voluntaria puede apoyar el desarrollo y a la vez reducir fuertemente la carga de los Estados con capacidades institucionales débiles. El crecimiento basado en el mercado en un entorno de incentivos favorables es fundamental. Además, los mercados pueden proporcionar una variedad de bienes y servicios privados que en muchos países han pasado de alguna manera a ser de dominio del sector público —como la educación superior, los servicios de atención curativa de la salud, y las pensiones y otras formas de seguro. En otras esferas —la utilización de fondos sociales para la mitigación de la pobreza, el mejoramiento de la calidad de la educación primaria, la mayor participación de las organizaciones no gubernamentales y las comunidades— la reforma puede mejorar enormemente la prestación de servicios. Los países con instituciones públicas débiles deben asignar alta prioridad a la búsqueda de medios que permitan utilizar los mercados y hacer participar a las empresas privadas y otros proveedores no gubernamentales en la prestación de servicios.

Por último, los Estados deben buscar los medios de conseguir mayor credibilidad. A corto plazo, mientras se procede al fortalecimiento de las instituciones internas débiles, la creación de vínculos más fuertes con los participantes externos —por ejemplo mediante programas de estabilización con el FMI— puede servir como demostración del compromiso gubernamental. A largo plazo, sin embargo, como se analiza en profundidad en la Parte III, la tarea esencial consiste en crear mecanismos de compromiso autóctonos basados en las instituciones internas.

CAPÍTULO 4

IMPULSAR LOS MERCADOS: LIBERALIZACIÓN, REGLAMENTACIÓN Y POLÍTICA INDUSTRIAL

Casi nadie pone en duda el papel fundamental del Estado de asentar los cimientos económicos y sociales, examinado en el Capítulo 3. El consenso es mucho menor, sin embargo, cuando se trata de determinar con precisión la función del Estado en materia de reglamentación y política industrial. El auge de las estrategias estatales de desarrollo que se produjo en los primeros años de la posguerra fue acompañado, en muchos países, por una enorme expansión de la reglamentación gubernamental. A medida que se han liberalizado los países se han ido abandonando los aspectos del régimen normativo que han resultado contraproducentes. Pero los gobiernos se están dando cuenta de que las reformas del mercado y la rápida evolución de la tecnología plantean sus propios problemas normativos. Los Estados no pueden abandonar la reglamentación. Lo que deben hacer, más bien, es adoptar estrategias reguladoras que estén en consonancia no sólo con las nuevas exigencias de la economía y la sociedad sino también, y sobre todo, con la capacidad institucional de los países.

Si se procura que haya una correspondencia adecuada entre la función del Estado y su capacidad institucional, resultará más fácil compaginar algunas orientaciones, aparentemente contradictorias, sobre la acción estatal. Por ejemplo, muchos dirían que, en sectores complejos como el de telecomunicaciones, los encargados de la reglamentación deberían dar muestras de considerable flexibilidad al formular y poner en práctica las normas reguladoras de los mercados. Sin embargo, en los casos en que la capacidad institucional sigue siendo deficiente, el margen para la adopción de iniciativas flexibles es limitado; en ese caso, se debe centrar la atención en inspirar confianza a las empresas y los particulares y convencerlos de que el Estado cumplirá sus compromisos y se abstendrá de aplicar medidas arbitrarias y antojadizas.

Lo mismo puede decirse, incluso con más razón, de las políticas de carácter más intervencionista, es decir, aquellas que no sólo tienen por objeto sentar las bases del desarrollo industrial, sino acelerarlo decididamente. En principio, parece que el gobierno puede desempeñar esa función. En la práctica, las posibilidades reales dependen en gran parte de que se cumpla una serie de estrictas condiciones institucionales. Salvo en los casos en que se ha hecho coincidir hábilmente la función con la capacidad, la política industrial activista ha dado en muchos casos resultados catastróficos.

Muchos de los países con escasa capacidad institucional han tenido en el pasado gobiernos que han tratado de hacer más de lo que podían; para esos países, la privatización y la liberalización de los mercados deben ser parte fundamental de su plan de acción. A medida que la capacidad aumente, las organizaciones y los funcionarios públicos podrán emprender programas colectivos más difíciles, promover los mercados y utilizar cada vez con más frecuencia instrumentos reguladores eficientes pero difíciles de administrar.

La privatización y la liberalización de los mercados en los Estados sobrecargados

Existe renovado interés en encontrar los medios para que los gobiernos colaboren con el sector privado en apoyo del desarrollo económico y ofrezcan un marco normativo favorable a los mercados competitivos. Sin embargo, son demasiados los países en que el Estado y el mercado se mantienen esencialmente en desacuerdo. La iniciativa privada sigue siendo víctima de un legado de relaciones antagónicas con el Estado. La rigidez de la reglamentación inhibe la iniciativa privada. Además, las empresas estatales, en muchos casos sostenidas por privilegios monopolísticos, dominan ciertas esferas económicas que sería más provechoso dejar en manos de los mercados competitivos. En los casos extremos, hay una masa de empresas estatales ineficientes que bloquea totalmente el dinamismo privado e impone al resto del sector público una carga fiscal y administrativa imposible de manejar. En esos países, la primera medida que hay que tomar para mejorar la eficacia del Estado es reducir su alcance.

Los resultados económicos recientes de países como China y Polonia constituyen una prueba espectacular de los beneficios de la contracción del Estado en las antiguas economías de planificación centralizada. Pero la reducción del control gubernamental, independientemente de que esté basado en la propiedad pública o en la reglamentación, también puede dar grandes dividendos en economías más mixtas. Puede, por ejemplo:

- *Liberar recursos públicos para destinarlos a actividades de alta prioridad.* La desviación de las subvenciones recibidas por las empresas estatales deficitarias hacia la educación básica habría permitido aumentar los gastos de educación del gobierno central un 50% en México, un 74% en Tanzanía y un 160% en Túnez.
- *Preparar el camino hacia unos servicios mejores y más baratos.* El traspaso al sector privado de los bienes estatales tuvo efectos positivos en todos salvo uno de doce casos cuidadosamente estudiados en Chile, Malasia, México y el Reino Unido. Los beneficios se tradujeron en un aumento de la productividad y las inversiones y en una fijación de precios más eficiente. La desreglamentación de cinco sectores hasta entonces fuertemente regulados en los Estados Unidos había producido, hasta 1990, ganancias de $40.000 millones (Cuadro 4.1). En la Argentina, la liberalización de las terminales portuarias de Buenos Aires permitió reducir los derechos un 80%.
- *Desbloquear las oportunidades de desarrollo del sector privado.* El exceso de reglamentación puede inhibir el ingreso en el mercado, impulsar el sector informal y hasta favorecer la aparición de nuevos servicios orientados a ayudar a las empresas a moverse en ese laberinto de normas. La eliminación de esos excesos hace posible que los mercados funcionen en forma más eficiente y con costos de transacción más bajos.

Las dificultades que presenta la reducción del alcance excesivo del Estado son de orden tanto político e institucional como técnico. El éxito depende de la capacidad de llevar adelante la reforma a pesar de la oposición de grupos poderosos favorecidos por el statu quo. En el Capítulo 9 se examina la forma más eficaz de iniciar y mantener las reformas en general. En el presente capítulo nos limitamos a examinar los programas de liberalización de los mercados y de privatización.

Las iniciativas encaminadas a fomentar la liberalización de los mercados y la privatización se pueden dividir en tres etapas superpuestas: preparación para la reforma, establecimiento de un entorno comercial propicio y privatización (o liquidación) de las empresas estatales. La transparencia es condición esencial cuando los gobiernos comienzan a prepararse para la reforma. Teóricamente, esa transparencia comprende los siguientes elementos:

- declaración expresa del objetivo principal, a saber, la puesta en marcha de una economía de mercado competitiva, relegando los objetivos fiscales y de otra índole a un papel secundario, como máximo;
- aclaración de los criterios que se han de utilizar para determinar qué reglas son útiles, cuáles se deben descartar y cuáles se deben reforzar como complemento de la privatización;
- preparación de estados financieros y presupuestos públicos (incluida la información sobre los empréstitos solicitados a los bancos) para determinar qué empresas estatales son deficitarias y poner de manifiesto las razones de sus pérdidas, y
- especificación de mecanismos abiertos y competitivos (subastas, por ejemplo) para la privatización de las empresas estatales.

Esos preparativos se justifican además por otro motivo. Con frecuencia demuestran si un país está o no verdadera-

Cuadro 4.1 Estimaciones de los beneficios económicos derivados de la desreglamentación en los Estados Unidos
(miles de millones de dólares)

Sector	Beneficios para los consumidores	Beneficios para los productores	Beneficios totales	Otros posibles beneficios
Líneas aéreas	8,8–14,8	4,9	13,7–19,7	4,9
Ferrocarriles	7,2–9,7	3,2	10,4–12,9	0,4
Transporte por carretera	15,4	–4,8	10,6	0,0
Telecomunicaciones	0,7–1,6	. .	0,7–1,6	11,8
Televisión por cable	0,4–1,3	. .	0,4–1,3	0,4–0,8
Corretaje	0,1	–0,1	0,0	0,0
Gas natural	. .	. .	. .	4,1
Total	32,6–43	3,2	35,8–46,2	21,6–22,0

. . = Datos no disponibles.
Fuente: Winston, 1993.

mente preparado para la reforma, es decir, si las principales instancias políticas la desean de verdad y consideran políticamente viable traducir ese deseo en acción. Si no se da esa voluntad, los esfuerzos ulteriores serán en vano. Es más, pueden resultar contraproducentes si se interpretan como uno más de una larga serie de cambios arbitrarios de política.

Una vez hechos los preparativos iniciales, la segunda etapa de la reforma consiste en crear un entorno económico favorable para los mercados privados competitivos. Ello significa que debe haber reglas del juego que faciliten el ingreso a los mercados y la competencia, y un marco institucional, jurídico y normativo complementario que pueda constituir una buena base para el derecho de propiedad y los mercados, incluidos (especialmente) los mercados financieros.

Las ventajas económicas de una reforma oportuna del entorno económico general —antes incluso de la privatización— son enormes. Una de ellas es que al fomentar la competencia externa e interna se consigue que muchos de los beneficios de la privatización se transmitan a los consumidores, y no representen tan sólo una transferencia de fondos del erario público a los monopolios privados. De lo contrario, es probable que estos últimos se constituyan en grupos de interés poderosos e inamovibles, con la voluntad y los medios necesarios para sofocar ulteriores intentos de introducir una mayor competencia en la economía. Una segunda ventaja es que, si se introducen estructuras normativas claras, los licitadores tendrán una idea más cabal del potencial económico de las compañías que se van a privatizar —en otras palabras, la prima por riesgo será menor—, y el gobierno recibirá ofertas más elevadas.

En términos más generales, la liberalización del entorno económico puede actuar como potente catalizador y crear un círculo virtuoso, de manera que cada reforma facilite el camino a nuevos cambios. Cuanto más sólido es el entorno económico, mayor es la variedad de oportunidades y apoyos de que disponen los empresarios, los funcionarios y los trabajadores y, por consiguiente, más débil será la oposición política al desmantelamiento de unas normas y organismos entorpecedores y a la liquidación o privatización de las empresas estatales. La dificultad estriba en encontrar un medio de poner en movimiento esa espiral virtuosa. Al comienzo, quienes han prosperado en el marco del sistema disfuncional tendrán mucho que perder, en tanto que es poco probable que los eventuales ganadores hayan alcanzado la masa crítica necesaria para defender sus propios intereses. En el Recuadro 4.1 se describe la forma en que México logró superar la resistencia inicial a la reducción de los mecanismos de control.

Como se requiere cierto tiempo para que influya favorablemente, y como la privatización se hace más fácil a medida que mejora el entorno, los reformadores pueden sentirse tentados a asignar a la privatización un lugar secundario. Ese es precisamente el sistema adoptado por China y, en años anteriores, por la República de Corea y Taiwán (China). A comienzos del decenio de 1960, correspondía a las empresas estatales aproximadamente la mitad de la producción de manufacturas en Taiwán (China) y la cuarta parte en Corea. Para mediados del decenio de 1980 esa proporción se había reducido al 10% aproximadamente en ambas economías, no como resultado de la privatización sino debido a la rápida expansión del sector privado.

La estrategia de "desprendimiento gradual" del predominio estatal parece haber dado resultado en algunas economías de Asia oriental. Pero en otros países, consideraciones de orden económico y político aconsejan un procedimiento de privatización más acelerado. La demora impone tres importantes costos económicos. En primer lugar, las empresas estatales deficitarias pueden continuar absorbiendo fondos de las arcas fiscales (o de los bancos en forma de "préstamos" que jamás se reembolsarán). A menos que se ponga freno a esas pérdidas, la inestabilidad fiscal resultante pondría en peligro todo el programa de reforma. En segundo lugar, en previsión de la privatización inminente, los administradores y trabajadores de las empresas estatales pueden sentir la tentación de apropiarse de los bienes más valiosos de la empresa mientras las circunstancias lo permitan. En tercer lugar, las empresas estatales ineficientes pueden obstruir la liberalización y reestructuración de otros sectores. En Zambia, la liberalización del mercado creó oportunidades para que las pequeñas explotaciones agrícolas ampliaran la producción y las exportaciones de algodón. Pero antes de exportar el algodón es preciso elaborarlo, y durante los años que siguieron a la liberalización prácticamente todas las plantas elaboradoras del país se hallaban bajo el control de una empresa estatal monopolística. Una vez reestructurado el sector, se aceleró notablemente el ritmo al que los agricultores y las empresas aprovechaban las nuevas oportunidades del mercado.

Dada la importancia de mantener un ritmo de privatización acelerado, el orden cronológico de ésta con respecto a la liberalización plantea algunos problemas difíciles de resolver. Por un lado, la privatización rinde mayores beneficios económicos, e impone menos penalidades a la sociedad, si va precedida por la liberalización y una reforma del sistema normativo. Por el otro, cuanto más se aplace la privatización, más se consolida la gestión de las empresas estatales. En el Recuadro 4.2 se describe la forma en que los reformadores que han optado por llevar adelante la privatización han tratado de evitar esos riesgos.

Reducción de una presencia estatal excesiva: dos enseñanzas fundamentales

La experiencia obtenida en todo el mundo con los intentos de reducir la presencia excesiva del Estado indica que para

> **Recuadro 4.1 El "zar de la desregulación" en México**
>
> En 1988 el Presidente de México nombró un coordinador de la Unidad del Programa de Desregulación Económica, el "zar de la desregulación". Cada mes, éste rendía cuentas directamente al Presidente y a su Consejo Nacional de Concertación Económica. Toda empresa mexicana, grande o pequeña, tenía igualdad de acceso a su oficina para presentar quejas contra las normas y los reglamentos gravosos. Cuando la oficina recibía una queja, estaba obligada a determinar por qué existía la norma, cómo se interrelacionaba con otras normas, y si debía seguir en vigor. La oficina funcionaba de acuerdo a un calendario estricto; si no tomaba medidas para mantener, modificar o abolir la norma controvertida en el plazo de 45 días, ésta quedaba automáticamente anulada.
>
> La opinión general es que la labor del encargado de la desreglamentación en los primeros cuatro años de su mandato aceleró enormemente las reformas de México. Proporcionó a los empresarios privados en dificultades una representación eficaz y flexible en los más altos niveles del gobierno. Los factores en que se basó su éxito son los siguientes:
>
> - apoyo inequívoco del Presidente, lo que daba a entender tanto a los burócratas como a los particulares que tenían que cumplir las decisiones de este alto funcionario;
> - esas decisiones sólo podían ser invalidadas por los más altos niveles de gobierno;
> - fuertes sanciones para los funcionarios que dejaban de aplicar sus dictámenes;
> - fijación de un plazo, lo que aseguraba resultados rápidos y visibles;
> - el personal a sus órdenes, que tenía conocimientos acerca de las consecuencias económicas de las reglamentaciones, sus interacciones con otras normas y sus exigencias administrativas; ninguna persona puede llevar a cabo eficazmente por sí sola un programa de desreglamentación a nivel de todo el gobierno;
> - finalmente, el hecho de que este alto dignatario se ganó la confianza de los funcionarios y del público, pues prestó la misma atención a los poderosos y a los humildes, y sentó un precedente de imparcialidad sistemática.

lograrlo se necesitan dos componentes esenciales. El primero es la firme decisión de establecer mercados competitivos, acompañada de la voluntad de eliminar los obstáculos reglamentarios y de otra índole que se oponen a su funcionamiento. La liberalización de los mercados permite a los nuevos participantes crear empleos y riqueza. También alivia las dificultades de la privatización a la vez que incrementa las posibles ganancias económicas. La segunda enseñanza es que, aunque es necesario que el Estado sobredimensionado tenga menos bienes de su propiedad, y si bien no hay ninguna razón económica convincente para que las industrias de bienes comerciables sigan siendo de propiedad estatal, no hay un momento preciso del programa de reforma que pueda considerarse como "el más indicado" para iniciar la privatización. El momento apropiado dependerá de la dinámica de la reforma en cada país.

Mejorar la reglamentación

Una reglamentación hábil puede ayudar a las sociedades a influir en los resultados de los mercados a fin de lograr objetivos públicos. Puede proteger el medio ambiente. También puede proteger a los consumidores y trabajadores contra los efectos de la asimetría de la información, por ejemplo, del hecho de que los bancos sepan mucho más acerca de la calidad de sus carteras que los depositantes o de que los ejecutivos de las empresas conozcan los riesgos para la salud o la higiene asociados a la producción o al consumo mejor que los trabajadores o consumidores. La reglamentación puede además hacer que los mercados funcionen más eficientemente fomentando la competencia y la innovación e impidiendo el abuso del poder monopolístico. En términos más generales, puede contribuir a lograr la aceptación social de la equidad y legitimidad de los resultados del mercado.

Como consecuencia de la liberalización económica, se ha reconocido que la reglamentación es contraproducente en muchos sectores y se ha tenido la sensatez de abandonarla. Pero en algunas esferas las razones tradicionales de la reglamentación siguen siendo válidas, y los procesos mismos de liberalización y privatización de los mercados han puesto de relieve nuevos problemas de reglamentación. El objetivo no es, como se ilustra aquí en relación con tres importantes sectores —los bancos, los servicios públicos y el medio ambiente—, abandonar del todo la reglamentación, sino buscar en cada país sistemas reguladores en consonancia con sus necesidades y sus capacidades.

Nuevas razones en favor de la reglamentación
FINANZAS: DEL CONTROL A LA REGLAMENTACIÓN PRUDENCIAL. Nuestros conocimientos sobre el desarrollo del sector

Recuadro 4.2 Seis objeciones a la privatización —y seis posibles soluciones

"No podemos echar a la calle a los trabajadores del sector público. Eso no es justo y ellos no lo permitirán."

Ganarse el asentimiento de los empleados es esencial para que la privatización tenga éxito. Algunos países han dado acciones a los empleados o han llevado a cabo la privatización mediante la compra de las empresas por los trabajadores y directivos. Otros han ofrecido generosas indemnizaciones por despido. La privatización se facilita en la medida en que los países desarrollan programas encaminados a proteger a los grupos vulnerables, como los que se describen en el Capítulo 3.

"La privatización es simplemente uno de los muchos medios de que disponen los políticos y empresarios poderosos para hacerse favores y enriquecerse a costa de los ciudadanos comunes."

Los procedimientos tienen importancia. La privatización se debe efectuar mediante licitación pública, y los criterios para la selección de los compradores deben determinarse cuidadosamente por anticipado. Además, todo el proceso se debe realizar abiertamente, a la vista de los medios de difusión y de los ciudadanos.

"La sociedad no aceptará que entreguemos bienes nacionales preciosos a ricachones extranjeros (o locales)."

Una propiedad de base amplia puede contribuir a que el público apoye la privatización. Una de las estrategias para lograrlo, aplicada en Mongolia, la República Checa y Rusia, consiste en distribuir cupones de privatización a los particulares, que los pueden cambiar por acciones. Otro sistema, adoptado en la Argentina, Chile y el Reino Unido es la oferta pública inicial de acciones a los ciudadanos a precios competitivos. Ambos sistemas se pueden concebir de manera que den cabida a un socio estratégico fuerte que tenga el incentivo y los conocimientos necesarios para reestructurar eficazmente la empresa.

"Nuestro sector privado es demasiado débil. Sin empresas estatales, nuestra economía se estancará."

Indudablemente, la privatización es más fácil si existe ya una economía de mercado que funciona adecuadamente, con los correspondientes mercados financieros. Por consiguiente, un complemento (y, si procede, antecedente) esencial de la privatización es la liberalización del mercado, acompañada tal vez de las intervenciones para fomentar los mercados que se describen más adelante en este mismo capítulo. Aun así, en la mayoría de los casos, es precisamente la onerosa presencia de un Estado hipertrofiado lo que limita la actividad privada; esta objeción confunde la causa con el efecto.

"Lo único que se conseguirá con la privatización es reemplazar un monopolio público por un monopolio privado."

La reforma de la reglamentación es otro complemento importante de la privatización. Se requiere, por un lado, un proceso de desreglamentación para eliminar los privilegios monopolísticos artificiales, y, por el otro, el desarrollo de un sistema regulador que limite en forma convincente el abuso del poder económico en los mercados no competitivos.

"¿Por qué someternos a este trauma? Limitémonos a administrar en mejor forma nuestras empresas estatales."

Es verdad que si los gobiernos están dispuestos a establecer fuertes limitaciones presupuestarias, a permitir la competencia de las empresas privadas y a dar a los administradores incentivos apropiados, los resultados de las empresas estatales pueden mejorar. La triste realidad es que, aunque algunos gobiernos tenaces han logrado reformar sus empresas públicas a corto plazo, es mucho más difícil conseguir que las reformas perduren. En el *Informe sobre el Desarrollo Mundial 1983* se pusieron de relieve varias empresas estatales de todo el mundo que funcionaban satisfactoriamente; para 1993 la mayoría de ellas se hallaba en decadencia.

---

financiero han cambiado enormemente en el último decenio. Sabemos ahora que el arraigo del sector financiero de un país es un poderoso factor de predicción y un motor del desarrollo. Otra comprobación igualmente importante es que la reglamentación orientada al control adoptada extensamente en los primeros años de la posguerra —que dirigía hacia las actividades protegidas crédito subvencionado a tasas de interés real muy negativas, limitando así la diversificación sectorial y geográfica de los intermediarios financieros— puede obstaculizar en muchos casos la penetración de los circuitos financieros. La reacción casi universal ha sido renunciar al control de la estructura de los mercados financieros y de su asignación de los fondos, y embarcarse en un proceso de liberalización.

Sin embargo, liberalización del sector financiero no es lo mismo que desreglamentación. Las razones en favor de la regulación del sector bancario son tan apremiantes como siempre. Sólo ha cambiado el objetivo, que ya no es la canalización del crédito hacia los objetivos preferidos sino la salvaguardia de la integridad del sistema financiero.

El sistema bancario necesita normas de control eficaces porque los bancos son diferentes. Si no hay una reglamentación apropiada, quienes no pertenecen al sistema serán menos capaces de juzgar por sí mismos la integridad financiera de un banco que la de una empresa no financiera. ¿Por qué? En primer lugar, porque los activos principales de los bancos son los préstamos pendientes. Mientras los bancos perciban intereses sobre sus préstamos, los observadores externos pueden perfectamente creer que tienen una cartera robusta, aunque (sin que los observadores lo sepan) los prestatarios carezcan de los recursos necesarios para reembolsar el principal o, peor aún, se encuentren efectivamente en bancarrota y continúen pagando los intereses sólo con la ayuda de nuevos préstamos. En segundo lugar, porque a diferencia de muchas empresas, los bancos pueden hallarse en la insolvencia absoluta sin entrar en una crisis de liquidez. Mientras los bancos insolventes puedan ocultar su situación al público, podrán seguir atrayendo depósitos e incluso emprender campañas para obtenerlos ofreciendo tasas de interés favorables. Los bancos a punto de la quiebra suelen correr riesgos cada vez mayores para salvar su posición, y cubren los depósitos sin fondos con otros depósitos, aumentando en esa forma sus pérdidas antes del inevitable derrumbe. Y, en tercer lugar, porque los balances de los bancos pueden ser difíciles de interpretar, especialmente debido a que en la actualidad una proporción cada vez mayor de sus carteras puede estar compuesta de instrumentos derivados y otros nuevos instrumentos financieros que son difíciles de vigilar.

Esa asimetría de la información puede ser un elemento desestabilizador. Los depositantes, temiendo por la seguridad de sus fondos, pueden precipitarse a retirarlos cuando comienzan a escuchar rumores sobre bancos en dificultades. Las quiebras bancarias suelen ser contagiosas. Cuando un banco insolvente se declara en quiebra, los depositantes nerviosos pueden iniciar un asedio de otros bancos. A medida que la liquidez del sistema se agota, incluso los bancos solventes pueden verse obligados a cerrar. Un asedio a nivel de todo el sistema puede tener graves consecuencias macroeconómicas. Por todos estos motivos, a saber, las dificultades de evaluar la integridad financiera de los bancos y los efectos negativos secundarios y de distribución de las quiebras bancarias, es necesario moderar el comportamiento de los bancos mediante medidas reguladoras y de otra índole, que se describen más adelante en esta misma sección.

SERVICIOS PÚBLICOS: REGLAMENTACIÓN CON COMPETENCIA. La reglamentación también ha adquirido renovada importancia para los servicios públicos. En este caso, sin embargo, ello obedece a los revolucionarios cambios tecnológicos y de organización, y no solamente a modificaciones deliberadas de las políticas. El argumento en favor de la reglamentación de los servicios públicos solía ser muy sencillo. Éstos eran monopolios naturales, de manera que, en ausencia de reglamentación, las empresas privadas de servicios públicos se comportaban como monopolios, restringían la producción y subían los precios, con consecuencias perjudiciales para la eficiencia y la distribución de los ingresos en toda la economía. En la actualidad, los cambios tecnológicos han creado nuevas posibilidades de competencia, pero los posibles competidores tal vez necesiten que los organismos reguladores les den garantías especiales antes de ingresar al mercado.

En el campo de las telecomunicaciones, docenas de países de las Américas, Europa y Asia, además de algunos de África, entre ellos Ghana y Sudáfrica, han introducido la competencia en los servicios de comunicaciones de larga distancia, de telefonía celular y de valor agregado (fax, transmisión de datos, videoconferencias). Unos cuantos países, entre ellos Chile y El Salvador, por ejemplo, están estudiando incluso la posibilidad de introducir la competencia en las redes locales de conexión fija. La generación de energía eléctrica (aunque no su transmisión o distribución) también se considera actualmente un campo propicio para la competencia. En China, Indonesia, Filipinas y Malasia, los inversionistas privados están agregando capacidad de generación mediante proyectos independientes de energía eléctrica, lo que ha aliviado la aguda escasez de energía y ha permitido que el financiamiento privado colme el vacío dejado por la insuficiencia de los recursos públicos.

En este nuevo entorno, el grado de monopolio natural se ha reducido drásticamente (aunque tal vez no se haya eliminado del todo). Pero la reglamentación sigue siendo esencial, por dos razones. En primer lugar, puede facilitar la competencia. Considérese el problema de la interconexión. Debido a que durante más de diez años no establecieron normas viables que permitieran a las distintas redes conectarse mutuamente, los organismos reguladores de las telecomunicaciones de Chile obstruyeron gravemente la competencia y dejaron el control de la evolución del sistema en manos de las empresas dominantes ya establecidas. Tras numerosas controversias judiciales, en 1994 se introdujo un sistema de portadores múltiples, y actualmente los clientes pueden elegir la compañía de servicios de larga distancia. En pocos meses, seis nuevos proveedores habían ingresado al mercado y el precio de las llamadas de larga distancia había bajado a la mitad. Se pueden producir problemas similares de interconexión en el sector de la energía eléctrica cuando las empresas generadoras suministran energía a los clientes a través de las líneas de transmisión de un portador común. Este es un problema que la Argentina, entre otros países, ha tenido que tratar de resolver a raíz de la privatización.

Una segunda razón para mejorar la reglamentación es que la competencia tal vez no baste para proteger a los inversionistas privados contra el "riesgo normativo", es decir, el peligro de que las decisiones de los organismos reguladores y otros entes públicos impongan exigencias nuevas y costosas más adelante. Los activos de las empresas de servicios públicos son muy específicos y no se pueden destinar a otros usos. En consecuencia, esas empresas estarán interesadas en funcionar siempre que puedan recuperar sus gastos de explotación. A su vez, ello las hace especialmente vulnerables a expropiaciones administrativas, como ocurre, por ejemplo, cuando los organismos reguladores fijan los precios por debajo del costo medio a largo plazo. En consecuencia, los países que carecen de una tradición de respeto de los derechos de propiedad tal vez no logren atraer a inversionistas privados hacia los servicios públicos, independientemente de que estén empeñados en introducir la competencia en los mercados de servicios públicos. Como se indica en las secciones siguientes, un mecanismo bien diseñado que comprometa al organismo regulador a atenerse a una línea de acción claramente definida puede ofrecer las garantías que necesitan los posibles inversionistas.

EL MEDIO AMBIENTE: EQUILIBRIO ENTRE CIENCIA, ECONOMÍA Y PRESIÓN CIUDADANA. Los economistas reconocen desde hace tiempo que la contaminación es una externalidad negativa. Sin una u otra forma de protección reguladora, el medio ambiente puede convertirse en víctima inocente de prácticas comerciales nocivas. Los compradores buscan bienes que tengan precios convenientes y los productores buscan los medios de ofrecer esos bienes con costos más bajos, para ellos, que los de sus competidores. A menos que haya algún incentivo compensatorio, la tentación de rebajar los costos produciendo en forma más barata pero más contaminante puede ser muy fuerte.

Incluso en países con instituciones sólidas la reglamentación ambiental es una tarea sumamente difícil. Las emanaciones nocivas, el agua contaminada, el ruido ensordecedor —y sus consecuencias— son fáciles de detectar. Pero los costos de muchas otras formas de daño ambiental son difusos y pueden resultar invisibles incluso para quienes se encuentran más próximos a las fuentes de contaminación, y pueden sufrir graves efectos a largo plazo. Las emisiones contaminantes también son a veces difíciles de medir. Además, las consecuencias para el medio ambiente pueden depender en gran parte de las características demográficas y ecológicas de la zona circundante.

Otra complicación es que los incentivos políticos de la comunidad, de las empresas y de quienes tienen intereses políticos pueden fomentar la ambigüedad y los resultados negociados en lugar de una aplicación previsible y sistemática. Las comunidades pobres tienen que aceptar diariamente un pacto funesto: consiguen la supervivencia inmediata a cambio del deterioro ambiental a largo plazo. Las empresas privadas comparan los costos y los beneficios previsibles del cumplimiento de las normas ambientales bien definidas con la perspectiva de rebajar los costos evitando completamente la reglamentación. En consecuencia, los políticos pueden llegar fácilmente a la conclusión de que la inacción en materia ambiental (tal vez disimulada detrás de una apariencia de activismo) es la vía más expedita desde el punto de vista político.

En este entorno de ambigüedad, como se demostrará más adelante en otras secciones, la concepción puramente tecnocrática de la reglamentación ambiental tiene pocas probabilidades de éxito. En algunos países, sobre todo en los países en desarrollo, donde las bases de la reglamentación son débiles, las posibilidades de frenar eficazmente los peligros ambientales asociados a unos mercados privados incontrolados pueden ser mayores si se adoptan planteamientos basados no sólo en las normas oficiales sino, al menos en la misma medida, en la información pública y en la participación ciudadana.

Con una capacidad bien desarrollada, la reglamentación puede aumentar la credibilidad y la eficiencia

¿Cómo van a responder los Estados a unas exigencias normativas en continuo cambio, y en muchos casos contradictorias? Deben tener en cuenta tres principios básicos. Primero, las distintas formas de reglamentación implican distintos costos y beneficios, que los países deberán evaluar en forma explícita antes de tomar una decisión. Segundo, esa evaluación deberá tener también en cuenta la dimensión administrativa: algunas formas de reglamentación necesitan mucha mayor disponibilidad de información (o información mucho más fácil de supervisar) que otras; igualmente, algunos planteamientos requieren instrumentos de mando y control, mientras que otros deben estar basados más bien en el mercado. En general, los sistemas que necesitan menos información y están basados en el mercado presentan menos problemas de aplicación, sin ser por ello menos eficientes. Tercero, los Estados difieren notablemente tanto por su capacidad institucional como por la estructura de sus economías. Sus métodos de reglamentación deberán reflejar esas diferencias.

Para ver cómo se pueden aplicar esos principios en la práctica, mostraremos algunos escenarios "ideales", a saber, las distintas opciones de reglamentación del sector bancario, los servicios públicos y el medio ambiente, que sólo dan buen resultado si las instituciones son fuertes. Esas estrategias basadas en un fuerte dispositivo institucional constan de tres elementos principales (Cuadro 4.2):

Cuadro 4.2 Distintas formas de reglamentación

	Reglamentación de los servicios públicos	Reglamentación ambiental	Reglamentación financiera
Opciones con gran despliegue institucional	Fijación de precios tope, en que el organismo regulador establece el factor de ajuste de precios Reglamentación por una comisión independiente, con audiencias públicas	Normas precisas (de dirección y control o, preferentemente, basadas en incentivos) establecidas por el organismo regulador o el poder legislativo	Reglamentación detallada controlada por autoridades de supervisión competentes e imparciales (posiblemente, con inclusión de alguna forma de seguro de depósitos)
Opciones que requieren menos desarrollo institucional	Reglamentación basada en normas sencillas, incorporadas en acuerdos legales propios de cada transacción y exigibles en el plano interno o a través de un mecanismo internacional	Sistemas de reglamentación consultados con la base: información pública, iniciativas locales que permitan escuchar mejor a la opinión pública e iniciativas de las autoridades locales	Incentivos estructurados de manera que las instituciones bancarias y los depositantes tengan un interés considerable en mantener la solvencia del banco

- utilización de los administradores públicos para resolver los problemas técnicos complejos;
- flexibilidad suficiente de los organismos reguladores para adaptarse a las nuevas circunstancias;
- empleo de una variedad de contrapesos y salvaguardias para restringir el comportamiento arbitrario de los organismos reguladores y reforzar su credibilidad.

SUPERVISIÓN BANCARIA. En todo el mundo, la reglamentación del sector bancario suele tener una fuerte base institucional. En secciones posteriores se examinan algunas nuevas ideas para mantener la solvencia de los bancos en los casos en que los organismos de supervisión son deficientes. En muchos países, no obstante, la supervisión oficial sigue siendo un baluarte de defensa imprescindible. Ello se basa en la idea de que una reglamentación bien concebida, controlada y aplicada por las autoridades de supervisión competentes puede superar las asimetrías de la información propias del sector bancario, y detectar o por lo menos contener las crisis bancarias potencialmente desastrosas (Recuadro 4.3). Los elementos principales de esos sistemas son los siguientes:

- *Criterios de suficiencia de capital y de ingreso de nuevos participantes.* El establecimiento de requisitos mínimos de capital impone disciplina a los bancos, pues asegura que sus propietarios tendrán algo que perder en caso de quiebra. También debe exigirse a las autoridades que estudien las calificaciones y el historial de los candidatos a propietarios y administradores.
- *Restricciones de los préstamos privilegiados.* La restricción de la concesión de préstamos privilegiados puede reducir el número de préstamos fraudulentos. Del mismo modo, muchos países también ponen límites a las cantidades que un banco puede prestar a un solo cliente (normalmente hasta un máximo de entre el 15% y el 25% del capital del banco); con ello se evita que un cliente sea "demasiado importante para ir a la quiebra", lo que impulsaría al banco a conceder préstamos arriesgados con el solo propósito de mantenerlo a flote.
- *Reglas de clasificación de los activos.* La obligación de los bancos de clasificar la calidad y los riesgos de su cartera de préstamos de conformidad con criterios específicos y de definir y localizar los préstamos no productivos puede servir para advertir con tiempo de posibles problemas.
- *Requisitos de auditoría.* El establecimiento de normas mínimas de auditoría y de libre acceso a la información puede poner a disposición de los depositantes, inversionistas y acreedores de los bancos información fiable y oportuna.

La creación de un sistema sólido de reglamentación prudencial y supervisión es una tarea que exige grandes recursos administrativos. Requiere información contable y de auditoría razonablemente fiable sobre la integridad financiera de los prestatarios del banco. Presupone, además, la existencia de un número suficiente de supervisores, no sólo con la debida preparación para cumplir su tarea, sino con la independencia política necesaria para cumplirla en forma imparcial.

Muchos países se han valido exclusivamente de la reglamentación prudencial y la supervisión como base de su sector bancario, a pesar de no contar con esos requisitos previos. Las consecuencias han sido en muchos casos desastrosas. En un estudio reciente del Banco Mundial se identificaron más de 100 episodios importantes de insolvencia bancaria en 90 economías en desarrollo y en transición desde fines del decenio de 1970 hasta 1994. En 23 de los 30 países respecto de los cuales se dispone de datos, las pérdidas directas sufridas por los gobiernos en esos episodios superaban el 3% del PIB (Gráfico 4.1). En términos absolutos, las pérdidas más fuertes se produjeron en los países industriales: según estimaciones oficiales, los préstamos no productivos del Japón ascendían en 1995 aproximadamente a $400.000 millones; la catástrofe de las instituciones de ahorro y préstamo de los Estados Unidos en el decenio de 1980 tuvo un costo de $180.000 millones. Pero en términos relativos, las pérdidas más fuertes se produjeron en América Latina: las de la Argentina a comienzos del decenio de 1980 ascendieron a más de la mitad del PIB del país, y las de Chile superaron el 40%. En secciones posteriores se examinan algunos medios de protegerse contra la quiebra bancaria que no dependen en tan gran medida del control oficial.

LOS PRECIOS MÁXIMOS, INSTRUMENTO PARA REGULAR LAS EMPRESAS DE SERVICIOS PÚBLICOS. La fijación de precios máximos para regular los servicios públicos ilustra tanto el alcance de la autoridad de un organismo regulador independiente como la función de los controles institucionales respecto de la adopción de medidas arbitrarias. Con ese mecanismo se ofrecen a las empresas de servicios públicos incentivos para actuar con eficiencia y alentar la innovación, pero se otorgan facultades discrecionales considerables al organismo regulador. En el Reino Unido, uno de los primeros países en adoptar la reglamentación mediante precios máximos, los organismos reguladores imponen un tope global a los precios de los servicios públicos, basado en la tasa anual de inflación menos un factor de ajuste. Los organismos reguladores establecen el nivel de ese factor, que pueden modificar a intervalos determinados (generalmente de cinco años).

Los organismos reguladores del Reino Unido están sometidos a controles y salvaguardias cuidadosamente formulados. Toda decisión a la que se oponga la empresa de servicios públicos debe contar con la aprobación de la Comisión de Monopolios y Fusiones y del Ministro de Comercio e Industria. Esos contrapesos han sido lo bastante poderosos como para permitir un sistema de reglamentación extremadamente flexible y, al mismo tiempo, atraer una cantidad sustancial de inversión privada. Si un país con sistemas de contrapesos y salvaguardias más débiles tratara de adoptar este tipo de reglamentación, los

---

Recuadro 4.3 La supervisión gubernamental evita un desastre financiero en Malasia

En 1985 una abrupta baja de los precios mundiales de los productos básicos detuvo e hizo retroceder el auge de Malasia, que duraba ya diez años. El índice bursátil del país, que había subido de 100 en 1977 a 427 a comienzos de 1984, descendió a menos de 200 para comienzos de 1986; el valor de la propiedad comercial de primera calidad de Kuala Lumpur se redujo todavía más. Los bancos, que se habían dedicado con entusiasmo a los créditos para bienes raíces en los años del auge, se encontraron ante el espectro de un aumento de los préstamos no productivos y de las deudas de cobro dudoso.

Como Malasia había mantenido un grado bastante elevado de control bancario, el establecimiento de reservas para pérdidas en concepto de préstamos no productivos aumentó rápidamente, pasando del 3,5% del total de préstamos en 1984 al 14,5% para 1988. Aun así, las inspecciones de supervisión realizadas en 1985 determinaron que había tres bancos comerciales cuya solvencia estaba en peligro debido a problemas de cartera (pero cuyas administraciones se resistían a reconocer el problema en toda su magnitud). Además, 24 cooperativas no bancarias que aceptaban depósitos y que tenían más de 522.000 depositantes y aproximadamente $1.500 millones en activos, pero que estaban sujetas a un control mucho menor que los bancos comerciales, se hallaban en graves dificultades.

Los supervisores bancarios del Banco Negara, el banco central de Malasia, idearon una serie de complejas medidas de rescate para los tres bancos comerciales en dificultades y las 24 cooperativas. A la postre, las pérdidas resultantes de la crisis bancaria ascendieron al 4,7% del producto nacional bruto (PNB) de Malasia de 1986.

La experiencia de Malasia pone de relieve el valor de una buena supervisión. Las pérdidas del sector bancario sometido a supervisión estricta ascendieron sólo al 2,4% de los depósitos, cantidad mucho menor que el 40% de los depósitos que se perdió en las cooperativas no bancarias con poca supervisión. Además, se evitó un desastre macroeconómico. La economía se recuperó en 1987, y los precios de las acciones y las propiedades, así como los balances bancarios, se recuperaron también. La pronta adopción de medidas había permitido identificar y solucionar con rapidez los problemas, mientras todavía era posible un rescate disciplinado.

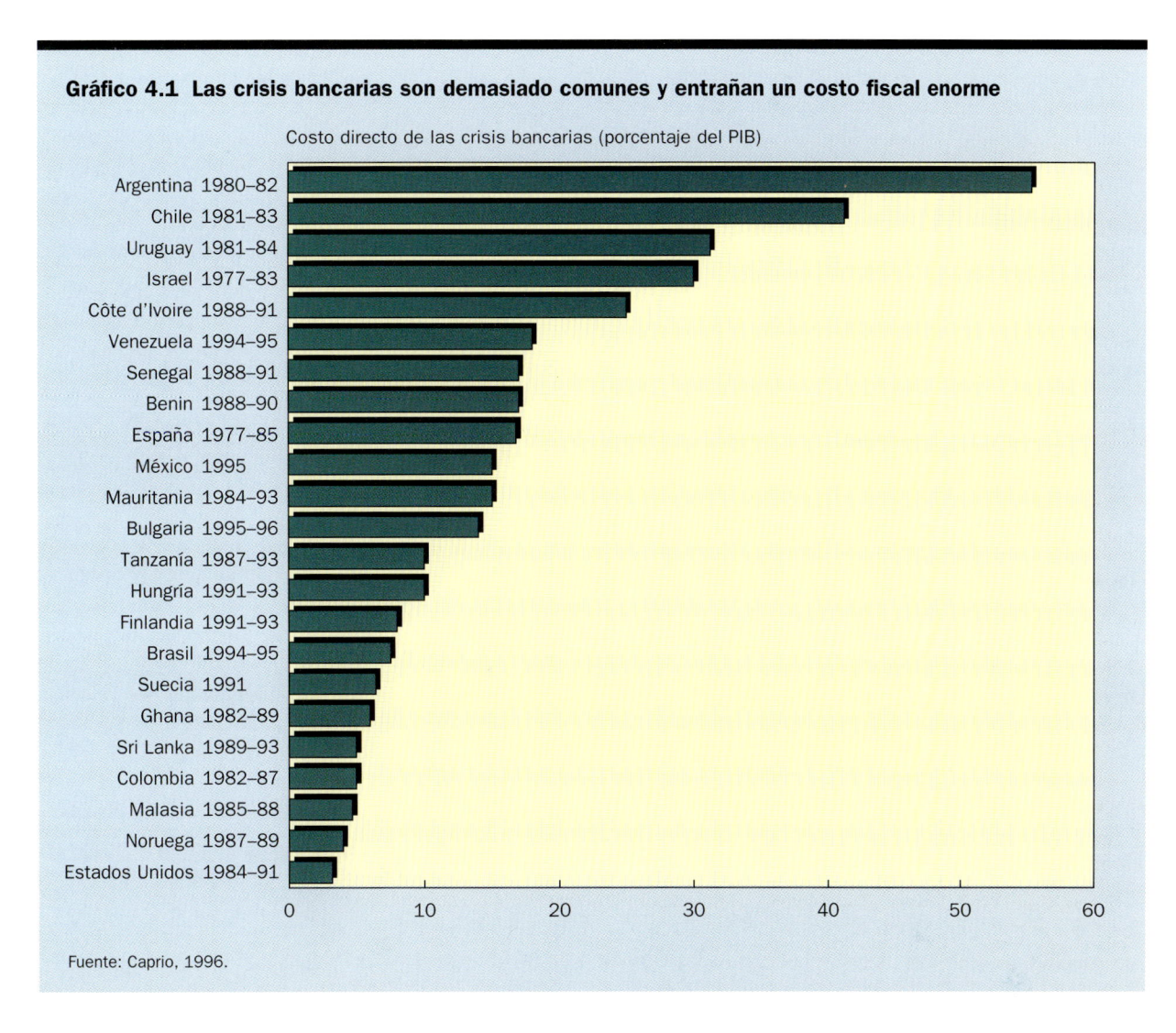

Gráfico 4.1 Las crisis bancarias son demasiado comunes y entrañan un costo fiscal enorme

Costo directo de las crisis bancarias (porcentaje del PIB)

País	Período	Costo (% PIB)
Argentina	1980–82	~55
Chile	1981–83	~41
Uruguay	1981–84	~31
Israel	1977–83	~30
Côte d'Ivoire	1988–91	~25
Venezuela	1994–95	~18
Senegal	1988–91	~17
Benin	1988–90	~17
España	1977–85	~17
México	1995	~15
Mauritania	1984–93	~15
Bulgaria	1995–96	~14
Tanzanía	1987–93	~10
Hungría	1991–93	~10
Finlandia	1991–93	~8
Brasil	1994–95	~8
Suecia	1991	~6
Ghana	1982–89	~6
Sri Lanka	1989–93	~5
Colombia	1982–87	~5
Malasia	1985–88	~5
Noruega	1987–89	~4
Estados Unidos	1984–91	~3

Fuente: Caprio, 1996.

inversionistas privados tendrían razones para temer un fuerte aumento del factor de ajuste en la primera renovación de los precios máximos y se abstendrían de invertir, o bien exigirían tasas de rentabilidad muy altas para asegurarse una rápida recuperación de la inversión.

SISTEMAS DE REGLAMENTACIÓN AMBIENTAL CON UNA FUERTE BASE INSTITUCIONAL. Una de las principales dificultades que siempre ha presentado la reglamentación ambiental ha sido la de encontrar la manera de compaginar los conocimientos técnicos con la legitimidad política, para no dar la impresión de que los científicos y los tecnócratas toman sus decisiones sin tener en cuenta los intereses de la comunidad ni del público en general. En los países industriales, la existencia de instituciones sólidas ha sido la clave para lograr ese equilibrio. En Alemania, Francia y el Reino Unido, por ejemplo, los legisladores elegidos delegan los detalles concretos de las políticas a las autoridades ambientales, que consultan a las partes afectadas y responden a la presión política directa. Las decisiones del Organismo de Protección Ambiental de los Estados Unidos, como las de muchos otros organismos ejecutivos, sólo tienen fuerza obligatoria si el cambio de normas se comunica al público con anticipación y si las partes interesadas pueden formular observaciones oficiales. El Gobierno de los Países Bajos suministra más de la mitad del financiamiento de entre 30 y 40 organizaciones no gubernamentales que se ocupan del medio ambiente y las consulta sistemáticamente, junto con otras partes interesadas, al preparar la legislación ambiental.

Mirados a través del lente estrecho de la eficiencia económica, incluso esos mecanismos han producido resultados poco satisfactorios. Tanto Alemania como los Estados Unidos, por ejemplo, han conseguido grandes logros en lo que respecta a la reducción de las emisiones de algunos contaminantes importantes. Sin embargo, en parte por su interés en mostrarse sensibles a las inquietudes del público, ambos países continúan utilizando como medio fundamental de reglamentación ambiental los mecanismos oficiales de mando y control, incluso en los casos en que una reglamentación basada en el mercado y en el establecimiento de incentivos podría producir beneficios similares con un costo mucho más bajo.

Las deficiencias de la reglamentación ambiental de tipo jerárquico han sido todavía más evidentes en los países en desarrollo, muchos de los cuales respondieron al mayor interés por las cuestiones ambientales estableciendo nuevos organismos reguladores basados en este sistema. El organismo regulador de Polonia, por ejemplo, si bien es técnicamente competente, descubrió que tenía una influencia limitada en las negociaciones con los administradores de las fábricas en las comunidades que dependían en gran parte de una o unas pocas empresas grandes, que financiaban muchos servicios comunitarios. Una institución tan prestigiosa como el organismo de ordenación ambiental de Chile lleva cuatro años tratando, inútilmente, de aplicar un sistema de permisos negociables de contaminación industrial, debido a las dificultades que presenta la determinación de las emisiones básicas y su posterior medición.

"Lugar" del sistema normativo, cuando las instituciones son débiles

En los países con instituciones débiles existe el grave peligro de que, si se fían de la habilidad y discreción de los administradores, el resultado sea la proliferación de reglamentos imprevisibles e incoherentes. Lo difícil de la reglamentación financiera y ambiental en esos países es evitar un costoso oportunismo por parte de los participantes privados, llámese fraude bancario o contaminación, cuando no se puede confiar en la autoridad de los organismos reguladores. En lo que respecta a los servicios públicos, será preciso convencer a los posibles inversionistas de que los organismos reguladores no llevarán a cabo cambios arbitrarios y costosos de las normas. En el Cuadro 4.2 se resumen algunas de las posibles formas de reglamentación de que se dispone en esos casos, y que se examinan a continuación.

FOMENTAR LOS INCENTIVOS A LA PRUDENCIA EN LAS OPERACIONES BANCARIAS. Los incentivos y los intereses de los propietarios, administradores y depositantes de los bancos pueden ser un complemento vital de la supervisión si se consigue hacerlos compatibles con la prudencia de las operaciones bancarias. La historia de las actividades bancarias ofrece ejemplos de algunos mecanismos extraordinariamente complejos y de aplicación automática, que han permitido lograr una mayor credibilidad. Más recientemente, el Banco Mundial y el Banco Europeo de Reconstrucción y Fomento colaboraron en Rusia en un proyecto cuyo objetivo era modificar los incentivos de los bancos; se eligieron bancos que representarían fondos a condición de que aceptaran someterse a comprobaciones anuales de cuentas por parte de firmas de contabilidad internacionales y a adherirse a normas de prudencia.

El empleo de la reglamentación para aumentar lo que está en juego para las instituciones bancarias es otro medio de proteger la integridad del sistema bancario sin necesidad de un gran despliegue institucional. Es menos costoso supervisar el patrimonio neto de un banco que cada una de sus transacciones. Un banco con un patrimonio neto suficiente tendrá los incentivos necesarios para comportarse con prudencia. Las medidas siguientes pueden contribuir a aumentar el patrimonio y, por consiguiente, el costo de la quiebra para las instituciones bancarias:

- Establecimiento de coeficientes bancarios muy estrictos: no el modesto 8% de los depósitos que recomienda el Comité de Basilea para los países industriales, sino el 20% o más.
- Fuertes restricciones al ingreso en el sector bancario, en parte para aumentar el valor de venta de una autorización bancaria para los titulares y reforzar en esa forma el incentivo a permanecer en actividad.
- Establecimiento de límites máximos de las tasas de interés sobre los depósitos, no sólo para impulsar la actividad de los bancos sino también para ofrecer a éstos poderosos incentivos a la ampliación de sus redes de sucursales, a fin de incrementar el total de depósitos y acelerar la penetración del sistema financiero.

Otra posibilidad que estimula los incentivos a la prudencia es el establecimiento de una sanción punitiva para los propietarios, directores y administradores de los bancos en caso de quiebra. Antes de mediados del decenio de 1930, las autoridades de los Estados Unidos habitualmente imponían una doble obligación a los accionistas de los bancos que se declaraban en quiebra. Tal vez en parte como consecuencia de ello, se produjeron unos 4.500 cierres voluntarios de bancos entre 1863 y 1928, pero sólo 650 liquidaciones bancarias. Actualmente, Nueva Zelandia impone a los bancos estrictos requisitos de transparencia de la información, acompañados de fuertes sanciones a los administradores de bancos que los violan.

MECANISMOS DE COMPROMISO PARA ATRAER A LOS INVERSIONISTAS PRIVADOS HACIA LOS SERVICIOS PÚBLICOS. El sector de las telecomunicaciones de Jamaica ofrece un claro ejemplo de la forma en que la inversión privada puede afectar la interrelación entre capacidad institucional y función reguladora (Recuadro 4.4). El gobierno logró emplear mecanismos de compromiso normativo capaces de atraer una inversión privada sostenida, pero sólo a costa de limitar la flexibilidad. Desde la independencia, este sector ha sufrido los altibajos de la reglamentación, prosperando cuando el país se mostraba dispuesto a renunciar a la flexibilidad, y rezagándose cuando se imponía una actitud de mayor tolerancia.

A diferencia de Jamaica, Filipinas no consiguió hasta hace poco establecer un mecanismo de compromiso nor-

Recuadro 4.4 Reglamentación de las telecomunicaciones en Jamaica

Durante gran parte del período colonial y en los años inmediatamente siguientes a la independencia, los términos con arreglo a los cuales realizaba sus operaciones la mayor empresa de telecomunicaciones de Jamaica estuvieron establecidos en un contrato de licencia jurídicamente exigible, redactado en términos precisos y con una duración de 40 años. Entonces al igual que ahora, la instancia suprema de apelación del poder judicial independiente de Jamaica era el Privy Council del Reino Unido. Este sistema era válido para asegurar un crecimiento constante de los servicios de telecomunicaciones, y el número de suscriptores se triplicó entre 1950 y 1962. Pero a un país recientemente independizado le irritaba el aparente carácter restrictivo de una concesión que no dejaba casi ninguna oportunidad para la participación democrática. En consecuencia, en 1966 el país estableció la Comisión de Servicios Públicos de Jamaica. Tomando como modelo el sistema de los Estados Unidos, la Comisión celebraba audiencias públicas periódicas y disfrutaba de amplio margen para basar sus decisiones normativas en la información proporcionada por una gran diversidad de interesados.

Sin embargo, Jamaica carecía de las demás instituciones necesarias para que pudiera funcionar un sistema semejante. En tanto que el sistema de los Estados Unidos tiene ciertas limitaciones en sus facultades reguladoras (incluso normas bastante detalladas sobre el proceso administrativo y disposiciones constitucionales de protección de la propiedad), Jamaica no tenía prácticamente ningún mecanismo de control sobre las decisiones de la comisión. El resultado fue que los controles de los precios se hicieron progresivamente más punitivos, hasta el punto que en 1975 la empresa privada de telecomunicaciones más grande de Jamaica se sintió aliviada de poder vender sus activos al gobierno. En 1987, después de diez años de subinversión, Jamaica privatizó nuevamente la empresa de telecomunicaciones, esta vez valiéndose de un contrato de licencia redactado en términos precisos y con fuerza jurídica obligatoria, similar al utilizado con anterioridad a 1965. En los tres años siguientes, la inversión anual media fue más de tres veces superior a la de los 15 años anteriores.

Sin embargo, la inversión privada tuvo su costo. Para mantener las subvenciones cruzadas tradicionales (y políticamente difíciles de eliminar) entre los servicios locales y los de larga distancia, al llevar a cabo la privatización Jamaica adjudicó a un solo proveedor de telecomunicaciones una concesión de 25 años para administrar todo el sistema. Los ingresos procedentes de la red de comunicaciones de larga distancia, altamente rentable, se utilizaron para ampliar la deficitaria red local de conexión fija. Aún se discute si, incluso con sus limitaciones políticas, Jamaica habría podido dejar un margen para la competencia en algunos servicios de valor agregado, y preservar en esa forma por lo menos algo de presión para la innovación y el aumento de la productividad en una época de rápida evolución de la tecnología mundial.

---

mativo capaz de convencer a los inversionistas privados de que las reglas del juego se mantendrían invariables hasta después de expirado el mandato del presidente en ejercicio. En consecuencia, desde fines del decenio de 1950 hasta comienzos del de 1990 la empresa privada de telecomunicaciones del país se acomodó a la evolución de la coyuntura política. El nivel de inversión era alto inmediatamente después de asumir el poder un gobierno alineado con el grupo que controlaba a la empresa, pero disminuía en los últimos años del gobierno y se estancaba cuando se enfriaban las relaciones con quienes estaban en el poder. En el sector de energía eléctrica, el gobierno resolvió el problema del compromiso concertando con los inversionistas privados acuerdos firmes de compra sin derechos de rescisión, cuyo cumplimiento a veces se podía exigir en el exterior. Otra opción es el empleo de garantías de terceros, como las que ofrece el Grupo del Banco Mundial para proteger a los inversionistas y prestamistas privados contra riesgos no comerciales, como el riesgo de expropiación administrativa.

PRESIÓN DE LA COMUNIDAD PARA AYUDAR A PROTEGER EL MEDIO AMBIENTE. En situaciones en que las instituciones son débiles, la información pública y las presiones de la comunidad pueden servir de poderoso estímulo para lograr una reglamentación cada vez más creíble y eficiente del medio ambiente.

Los experimentos con programas transparentes y de alto coeficiente de información pueden contribuir a moderar la contaminación industrial incluso cuando no hay reglas oficiales aplicables. En Indonesia, por ejemplo, el programa "Ríos limpios", iniciativa en gran parte voluntaria comenzada en 1989, había reducido la descarga total de las 100 fábricas participantes en más de una tercera parte para 1994. Un programa anunciado a mediados de 1995 para clasificar las fábricas desde el punto de vista ambiental y dar a conocer las clasificaciones, también parece haber inducido a muchas fábricas con una clasificación deficiente a mejorar su desempeño. En ambos programas el secreto del éxito fue el temor de las empresas a que las demás compañías, las comunidades y los consumidores llegaran a saber que incumplían su deber cívico respecto del medio ambiente.

Los programas gubernamentales basados totalmente en la información pública tienen límites evidentes. Casi la mitad de las empresas que participaron en el programa de limpieza de los ríos no redujeron la intensidad de sus actividades contaminantes. Lo que los programas basados en la información pueden hacer es señalar dónde se encuentran los problemas más graves, pero generalmente se necesitan medidas adicionales para que las empresas fuertemente contaminantes reparen los daños. Además, es evidente que a medida que los países se desarrollan deben optar por sistemas más institucionalizados que integren las presiones de la comunidad con mecanismos más formalizados para exigir el cumplimiento.

Una característica que se observa en todo el mundo es que los programas que se inician desde la base hacia arriba pueden allanar el camino para la adopción de medidas oficiales a nivel nacional. En los primeros dos decenios posteriores a la segunda guerra mundial, el Japón se lanzó de lleno por el camino de la industrialización, sin preocuparse demasiado por las consecuencias ambientales. A nivel nacional, ese período de descuido terminó en 1967, con la promulgación de la Ley básica de control de la contaminación ambiental, que marcó un hito. Pero mucho antes de eso, las iniciativas populares emprendidas en muchas localidades habían puesto en movimiento una reforma ambiental sostenida (Recuadro 4.5).

Enseñanzas: más claridad sobre las posibilidades de reglamentación

La realidad misma de los mercados imperfectos hace que la reglamentación forme parte del programa de políticas de desarrollo. Al mismo tiempo, sin embargo, la existencia de gobiernos imperfectos desaconseja el establecimiento apresurado de sistemas reguladores basados en una fuerte intervención de las instituciones, cuando éstas son débiles. La clave del éxito reside en fijar el objetivo del programa regulador y adaptar los instrumentos de reglamentación disponibles a fin de que se ajusten a la capacidad institucional del país. Dos interrogantes pueden ayudar a guiar a los países en su búsqueda de una mejor reglamentación.

¿Se necesitan normas oficiales para corregir las imperfecciones del mercado? Los resultados contrapuestos de la reglamentación indican que el empleo de normas oficiales para regular los mercados debe considerarse como complemento de otras medidas (o incluso, un recurso de última instancia) más bien que como una respuesta automática a los problemas. Además, la experiencia de los países en materia de reglamentación del sector financiero, de los servicios públicos y del medio ambiente demuestra cómo la competencia, las consultas y la autorreglamentación pue-

---

Recuadro 4.5 Activismo ambiental en Yokohama (Japón)

En 1960 las asociaciones médicas locales de Yokohama comenzaron a protestar por las emisiones de las refinerías de petróleo y por sus negativos efectos en la salud. Poco después el gobierno municipal, que se había resistido a cumplir sus obligaciones en materia ambiental, resultó derrotado en las elecciones por un alcalde reformista que había prometido combatir la contaminación. A ello siguió una actividad febril, que tuvo como hitos más importantes el establecimiento de una nueva dependencia de control de la contaminación dentro del gobierno municipal (que para fines de 1964 tenía una plantilla de diez funcionarios), una organización ambiental de los residentes y un grupo consultivo común integrado por representantes de la comunidad, académicos y expertos empresariales.

Aunque la ciudad carecía de autoridad legal para imponer controles sobre la contaminación, ya en diciembre de 1964 había concertado voluntariamente un acuerdo oficial con una nueva central eléctrica de carbón para reducir drásticamente las emisiones. Este acuerdo sentó un precedente para ulteriores acuerdos de carácter voluntario con otras grandes fábricas, nuevas y preexistentes, que redujeron las emisiones a sólo el 20% de los niveles anteriormente proyectados. En los dos decenios siguientes Yokohama endureció progresivamente esos acuerdos voluntarios y mantuvo normas de control ambiental sistemáticamente más rigurosas que las del gobierno nacional del Japón (que también adoptó normas cada vez más estrictas).

---

den alcanzar objetivos sociales que antes parecían exigir soluciones basadas en las normas.

¿Cuenta el país con las bases institucionales y políticas necesarias para que las normas oficiales sirvan de fundamento a compromisos normativos creíbles? En el frente político, la pregunta pertinente es si el país tiene la voluntad política de cumplir realmente lo que promulga. En el frente institucional, es esencial determinar si el país tiene un poder judicial independiente, con una reputación de imparcialidad, y cuyas decisiones se hacen cumplir. Si no es así, se pueden necesitar otros mecanismos de compromiso (a veces extraterritoriales). En los países en que es difícil formar coaliciones políticas capaces de enmendar las normas, la legislación tal vez sea suficiente; en otros países, puede ser conveniente incorporar las normas oficiales en acuerdos jurídicamente vinculantes concertados con cada empresa.

Si se requieren normas oficiales, éstas deben ser viables no sólo en teoría sino también en la práctica. En un mundo ideal, las normas flexibles son preferibles a las normas rígidas. Pero el "lugar" más indicado del sistema normativo en el mundo real quizá tenga muy poco que ver con los conceptos teóricos de eficiencia. Es posible que en los países que carecen de contrapesos y salvaguardias apropiados se deba sacrificar la flexibilidad en aras de la certidumbre y la previsibilidad. Por ello, lo que a primera vista parece poco eficiente podría ser a la postre la mejor solución para hacer coincidir los objetivos de la reglamentación con los puntos fuertes y débiles de las instituciones existentes.

¿Puede el intervencionismo estatal intensificar el desarrollo de los mercados?

En aquellos casos en que las externalidades, la falta de competencia u otras imperfecciones del mercado se interponen entre los objetivos privados y los objetivos sociales, se admite en general que los Estados tal vez puedan mejorar el bienestar mediante la reglamentación. El desacuerdo es mucho mayor cuando lo que se quiere determinar es si los Estados deben tratar, además, de acelerar el desarrollo de los mercados con políticas industriales más dinámicas. El razonamiento teórico en favor de la política industrial se basa en la premisa de que los problemas de información y coordinación descritos anteriormente pueden estar muy extendidos —más todavía en las economías en desarrollo— y pueden no estar incluidos entre las cuestiones abordadas por instituciones eficientes con el fin de proteger los derechos de propiedad. En esencia, el argumento se centra en el hecho de que, en los mercados subdesarrollados con pocos participantes, el aprendizaje puede ser extremadamente costoso. La información, más accesible en los países industriales, se convierte en aquellos en un secreto celosamente guardado, lo que impide la coordinación y el desarrollo del mercado en términos más generales.

En teoría, los gobiernos de esas economías pueden hacer de intermediarios de información y promotores del aprendizaje y la colaboración mutuos, y de esa manera contribuir a impulsar el mercado en apoyo del desarrollo industrial. Pero lo que decidirá si los gobiernos van a poder desempeñar o no esa función en la práctica es, como siempre, su capacidad institucional. Incluso los partidarios acérrimos del intervencionismo reconocen que éste sólo puede mejorar los mercados si se dan tres condiciones básicas imprescindibles.

La primera, y tal vez la más importante, es que las empresas y los funcionarios deben contar con una base de confianza mutua. Las empresas deben estar convencidas no sólo de que conviene una mayor coordinación, sino de que el gobierno y las demás empresas participantes cumplirán sus compromisos. Los participantes también deben confiar en que los mecanismos adoptados serán lo bastante flexibles para adaptarse a la evolución de las circunstancias. Comúnmente ello implica un compromiso creíble del gobierno de hacer participar al sector privado en la ejecución.

La segunda condición es la intervención de las presiones competitivas del mercado como medio de evitar distorsiones en las iniciativas de fomento del desarrollo industrial. La competencia puede provenir de otras empresas nacionales o de las importaciones, o tener lugar en los mercados de exportación. A menos que se ponga a prueba sistemáticamente a las empresas mediante una o más de esas formas de competencia, aquellas no tendrán incentivos para utilizar eficientemente los recursos o para innovar, la productividad no mejorará y la expansión industrial no perdurará.

La tercera condición es que la estrategia de desarrollo industrial de un país debe estar inspirada en la evolución de su ventaja comparativa, es decir, en la abundancia relativa de sus recursos naturales, su mano de obra calificada y no calificada y su capital para inversión. Algunos de los que proponen la aplicación de medidas enérgicas han promovido también los esfuerzos orientados a fomentar una ventaja comparativa incipiente alentando a las empresas a arriesgar en un mercado nuevo más de lo que habrían estado dispuestas a invertir en otras circunstancias. Lo que casi nadie se atrevería a aconsejar es que se quemen etapas precipitadamente, por ejemplo, que los países de ingreso bajo traten de subvencionar inversiones en actividades que requieren abundante tecnología. Además, hay consenso general en que un alto nivel de protección para fomentar las industrias nacientes, sin presiones compensatorias que alienten la eficiencia, puede destruir las posibilidades de un país de lograr un desarrollo industrial sostenible.

La política industrial, en la práctica

Los múltiples y variados medios de abordar una política industrial intervencionista se pueden agrupar en tres apartados generales: coordinación de las inversiones, desarrollo de las redes y elección de los sectores con futuro. En los dos primeros, el gobierno intenta reforzar las señales del mercado y la actividad privada, aunque las exigencias institucionales son mucho mayores en el primer caso que en el segundo. La tercera estrategia supone que el gobierno trate de sustituir enteramente al mercado.

INICIATIVA DE COORDINACIÓN DE LAS INVERSIONES. La clásica teoría del "gran empujón" como justificación del activismo gubernamental sostenía que la inversión en los países en desarrollo planteaba un enorme problema de acción colectiva. Al no haber mercados desarrollados, las empresas no podrían percibir la demanda de más y mejores productos que el propio acto de producirlos crearía. Por consiguiente, se decía, los países podrían beneficiarse con la coordinación de tales inversiones, que son mutuamente ventajosas para las empresas pero que éstas probablemente no realizarían por sí mismas. El desarrollo de los sectores del acero, el carbón, la maquinaria y la construcción naval en el Japón de la posguerra es ilustrativo de las razones en que se basa la intervención, así como de los fuertes requisitos institucionales necesarios para el éxito (Recuadro 4.6):

- un sector privado interno capaz de administrar eficientemente proyectos complejos y en gran escala;
- un sector privado dispuesto a cooperar con el gobierno en pro del objetivo común de alcanzar un desarrollo industrial competitivo;
- notable capacidad técnica de los organismos públicos para evaluar los análisis privados de las opciones de inversión y, en su caso, generar análisis independientes de la industria, y
- credibilidad mutua suficiente para que cada parte pueda basar sus decisiones de inversión en los compromisos de la otra parte, y adaptar sus acciones a las nuevas circunstancias sin menoscabo del compromiso general de colaborar.

La aplicación de este estilo de coordinación de las inversiones presupone niveles de capacidad institucional pública y privada que están fuera del alcance de la mayoría de los países en desarrollo. Lo ocurrido en Filipinas a fines del decenio de 1970 y en el de 1980 demuestra lo que puede ocurrir si se adoptan políticas ambiciosas que no concuerdan con la realidad institucional y si se intenta coordinar las inversiones en países donde el gobierno está sometido a poderosos intereses privados.

El Gobierno de Filipinas, impulsado en parte por el deseo de crear nuevas oportunidades económicas para sus aliados internos, anunció en 1979 un nuevo programa de

---

Recuadro 4.6 Fuerte ofensiva del Japón en apoyo del sector metalúrgico durante la posguerra

La reestructuración coordinada de los sectores de la maquinaria, acero, construcción naval y carbón contribuyeron en gran medida a la recuperación económica del Japón después de la segunda guerra mundial. Las empresas de maquinaria comprobaron que el alto costo del acero era uno de los impedimentos principales del acceso a los mercados de exportación. Las empresas del acero, a su vez, demostraron que el alto costo del carbón era uno de los motivos principales de los altos precios del acero. Los altos precios del carbón eran consecuencia de la explotación ininterrumpida de las costosas minas japonesas y del alto costo de transporte del carbón importado por el Japón.

Aprovechando los mecanismos institucionales fomentados durante la guerra, el Ministerio de Industria y Comercio Internacional (MICI) del Japón estableció en 1949 una estructura mixta de deliberación integrada por el sector público y el privado, el Consejo para la Racionalización de la Industria. Formado por representantes de las asociaciones industriales, las principales empresas de cada rama y funcionarios públicos, el Consejo contaba con 29 dependencias sectoriales y 2 dependencias centrales. Tres de las dependencias del Consejo, que se ocupaban del hierro y el acero, del carbón, y de la coordinación, trabajaron en estrecha colaboración y formularon los siguientes compromisos:

- Las dependencias del acero y la coordinación determinarían cuál era el precio del carbón que permitiría producir acero de exportación en forma competitiva.
- El sector del carbón se comprometió a invertir 40.000 millones de yen para racionalizar la producción de las minas nacionales, siempre que las empresas del acero convinieran en comprarle carbón posteriormente a los nuevos precios, que serían un 18% inferiores a los precios vigentes.
- Las industrias del acero y del carbón acordaron un precio indicativo global que las empresas siderúrgicas pagarían por el carbón, precio que se calcularía sobre la base de las compras internas y las importaciones.
- La industria del acero se comprometió a invertir 42.000 millones de yen para mejorar sus instalaciones. Con esa inversión y con los precios más bajos del carbón, estaría en condiciones de exportar acero a precios competitivos.
- A cambio de los precios más bajos del acero, las industrias de maquinaria y construcción naval estaban en condiciones de embarcarse en grandes programas de inversión orientados a la exportación. Gracias a esos compromisos se pudo contar con el mercado interno que la industria siderúrgica necesitaba para emprender su propio programa de inversiones, y renació la confianza en el descenso del costo de transporte del carbón importado.

Una vez que el Banco de Fomento del Japón (tras un cuidadoso análisis técnico, y en consulta con el MICI y el Banco del Japón) hubo acordado participar en esos proyectos, suministrando financiación a tasas de interés sólo moderadamente subvencionadas, los principales bancos del Japón tomaron la iniciativa para movilizar los fondos de inversión necesarios.

"grandes proyectos industriales", por valor de $5.000 millones, concentrados todos ellos en industrias pesadas con uso intensivo de capital. Antes de transcurrido un año desde la proclamación, el gobierno, cediendo a las presiones de sus críticos, aceptó someter los proyectos a un nuevo escrutinio económico y financiero. Poco después se produjo la agitación política y financiera que rodeó a la caída del régimen del Presidente Ferdinand Marcos. Ya a fines de 1987 se habían abandonado por impracticables 5 de los 11 proyectos iniciales, a los que correspondían casi $4.000 millones del total de $5.000 millones. Un sexto proyecto había sido abandonado cuando se hizo evidente su falta de potencial económico. Una planta de fertilizantes, construida con un costo de $550 millones, sufría pérdidas que eran absorbidas por el gobierno. Sólo funcionaban en forma rentable cuatro proyectos, que representaban apenas $800 millones.

INICIATIVAS DE CRECIMIENTO DE LAS REDES. Las medidas intervencionistas no tienen que ser necesariamente en gran escala —con grandes requisitos en materia de capacidades institucionales públicas y privadas— ni destinarse exclusivamente a aumentar las inversiones. Pueden tener además por objeto fortalecer las redes privadas que prosperan en los sistemas de mercado que han alcanzado la madurez. Las redes nacionales, regionales e internacionales crean numerosas fuentes de aprendizaje y oportunidades para las empresas; los compradores especializados abren nuevos segmentos del mercado y ofrecen información relativa a las normas sobre productos, los proveedores de equipo transfieren conocimientos tecnológicos, los abastecedores de insumos contribuyen a las innovaciones en productos y procesos, y los competidores son una rica fuente de nuevas ideas. En muchos casos, grupos de empresas, compradores, proveedores de equipo, abastecedores de insumos y servicios, asociaciones industriales, centros de diseño y otras organizaciones cooperativas especializadas se juntan en la misma región geográfica.

Los países con mercados subdesarrollados pueden necesitar algún elemento catalizador, público o privado, que ponga en movimiento este proceso acumulativo de multiplicación de los mercados e incremento de las redes. Cabe destacar tres ejemplos.

El primero es el apoyo especial a las exportaciones. La participación en los mercados de exportación pone a las empresas en contacto con las mejores prácticas internacionales y fomenta el aprendizaje y el aumento de la productividad. También puede ser una medida conveniente de la eficacia de las actividades de promoción industrial del gobierno. Muchos países han dirigido el crédito en favor de los exportadores y han establecido organizaciones de fomento de las exportaciones. Con pocas excepciones, la mayoría de ellas en Asia oriental, esas organizaciones se convirtieron en costosos elefantes blancos. También se han ensayado otras medidas de apoyo a las exportaciones, con distintos resultados. Es muy posible que las normas de la Organización Mundial del Comercio impidan que en el futuro se hagan experimentos de ese tipo.

El segundo es el fortalecimiento de la infraestructura local física, humana e institucional. La historia de la región de Cholla (Corea), caracterizada en el pasado por su retraso, es un ejemplo de la influencia que puede ejercer la infraestructura local. En 1983, esa región meridional abrió su primera zona industrial en gran escala. El éxito obtenido puso en movimiento un proceso acumulativo de aprendizaje de las autoridades locales acerca de la forma de planificar, financiar, construir y administrar tales zonas; posteriormente se crearon otras tres. Contribuyó además a catalizar una transformación del entorno económico, empantanado antes en formalidades administrativas y otros obstáculos burocráticos y caracterizado ahora por una cooperación y coordinación estrechas entre el gobierno local y el sector privado. En 1991, correspondía a Cholla el 15% de las tierras industriales de Corea, en comparación con un 9% en 1978, y la tasa de crecimiento de la producción manufacturera regional era superior al promedio nacional.

El tercero, cada vez más extendido, son las asociaciones entre el sector público y el sector privado, en que los participantes del sector público proceden de los gobiernos locales o regionales. Esas asociaciones pueden adoptar diversas formas, entre ellas las siguientes:

- *Iniciativas dirigidas a empresas o grupos de empresas concretas.* Se trata a veces de eventos singulares, como la participación conjunta en una feria comercial. Otros tienen por objeto lograr una transformación más amplia de la cultura empresarial que favorezca la cooperación. Una estrategia prometedora es conceder donaciones de contrapartida a las empresas, normalmente repartiendo los costos a partes iguales, para ayudar a penetrar en los nuevos mercados y mejorar las tecnologías. Fáciles de ejecutar, con una administración delegada en contratistas privados, e impulsados por la demanda —las empresas participantes pagan la mitad de cualquier iniciativa—, tales programas están actualmente en marcha en países tan distintos como la Argentina, la India, Jamaica, Mauricio, Uganda y Zimbabwe.
- *La adquisición pública, medio para fomentar el desarrollo competitivo del sector privado.* En el estado brasileño de Ceará, un novedoso programa de adquisiciones basado en el doble criterio del costo y la calidad logró transformar, a través de asociaciones de pequeños productores, la economía de la ciudad de São João do Arauru. Antes de la ejecución del programa, la ciudad tenía 4 aserraderos con 12 empleados. Cinco años más tarde, 42 aserraderos empleaban aproximadamente a 350 trabajadores; casi 1.000 de los 9.000 habitantes de la ciudad estaban

empleados directa o indirectamente en la industria de la madera, y el 70% del producto se dirigía al sector privado.

SUSTITUCIÓN DE LOS MERCADOS. A veces los problemas de información y coordinación son tan graves —los mercados tan subdesarrollados y los agentes privados tan faltos de recursos y experiencia— que es poco probable que las iniciativas orientadas al desarrollo del mercado produzcan algún efecto. Como medio de dar un impulso inicial al crecimiento industrial, los Estados se han sentido tentados de sustituir las decisiones basadas en el mercado con información y decisiones generadas en el sector público. Esos esfuerzos rara vez dan resultados, aunque el éxito de algunos negocios realizados por las *chaebol* de Corea (agrupaciones comerciales interconectadas) por iniciativa del gobierno indica que la selección de los sectores con futuro no es inevitablemente una empresa descabellada.

Lo que permitió a Corea tener éxito donde otros habían fracasado era que esas iniciativas se encauzaban por intermedio del sector privado, en tanto que la mayoría de tales actividades (incluso algunas de Corea) han sido ejecutadas por empresas estatales. Cuando se emplea a empresas estatales como organismos de ejecución, las oportunidades de venalidad —o de fantasías románticas— son prácticamente ilimitadas. Varios países han subvencionado a empresas estatales deficitarias, con grave detrimento de los resultados fiscales. La experiencia generalmente penosa de las inversiones en empresas estatales ha demostrado en forma convincente que lo mejor es dejar la producción de productos comerciables exclusivamente en manos de empresas privadas.

En la cuerda floja de la política industrial

Estas experiencias ponen de relieve las razones por las que el debate sobre la política industrial ha sido extraordinariamente acalorado: el combustible ha sido la política industrial. La teoría económica y la realidad indican que no se puede descartar sin más la posibilidad de un activismo que consiga realmente mejorar el mercado. Pero la teoría institucional y la realidad indican que, si se aplica desacertadamente, una política industrial intervencionista puede llevar a resultados catastróficos. ¿Qué podrían hacer los países?

Tomadas en conjunto, las perspectivas económicas e institucionales sugieren que debe hacerse una clara distinción entre las iniciativas que requieren sólo una ligera intervención del gobierno (por ejemplo, algunas iniciativas orientadas a intensificar las redes) y las que requieren fuerte apoyo gubernamental (como la coordinación de las inversiones o la elección de los sectores con futuro). Las iniciativas que requieren fuerte apoyo se deben abordar con cautela, o no abordarse en absoluto, a menos que los países cuenten con una capacidad institucional extraordinariamente sólida, a saber, una gran capacidad administrativa, mecanismos de compromiso que limiten de manera verosímil las posibilidades del gobierno de adoptar medidas arbitrarias, capacidad de reaccionar con flexibilidad ante las sorpresas, un medio empresarial competitivo y un historial de asociaciones entre el sector público y el sector privado.

Por el contrario, las iniciativas que requieren poco apoyo (las que no son caras y tienen carácter complementario, más que restrictivo o impositivo) ofrecen más flexibilidad. El atributo institucional esencial para el éxito es un compromiso inequívoco del gobierno por formar asociaciones entre el sector público y el sector privado. Si existe ese compromiso, y si los países no exceden sus capacidades institucionales y el medio empresarial presta un apoyo razonable al desarrollo del sector privado, los beneficios de la experimentación con iniciativas que requieren poco apoyo pueden ser grandes, y el costo del fracaso bajo.

Opciones estratégicas: concentrar los esfuerzos en las soluciones viables

En el terreno de la liberalización y privatización, la reglamentación y la política industrial —en realidad, en toda la gama de acciones estatales examinadas en este Informe— no existe una panacea universal. La privatización y liberalización son las prioridades más indicadas para los países con gobiernos hipertrofiados. Por otro lado, todos los países deben tratar de reforzar y adaptar sus instituciones, no de desmantelarlas. En este capítulo se ha hecho una distinción entre las estrategias de reglamentación y política industrial que requieren un amplio despliegue institucional y las que no lo necesitan, y se ha insistido en que la gama de planteamientos disponibles puede variar de acuerdo con la capacidad institucional de los países.

Las estrategias basadas en un fuerte respaldo institucional que dan buen resultado tienen generalmente dos características en común. Por un lado, requieren una capacidad administrativa sólida. Por el otro, delegan sustanciales facultades normativas y de ejecución a un organismo público inserto en un sistema más amplio de contrapesos y salvaguardias que impide que esas facultades degeneren en arbitrariedad. Si las instituciones son fuertes, esas acciones estatales pueden contribuir al bienestar económico. Si no lo son, de las observaciones y los análisis que se hacen en el presente capítulo se desprende que es probable que tales acciones sean ineficaces, en el mejor de los casos, y, en el peor, una fórmula para que poderosos intereses privados impongan su voluntad o para que políticos y burócratas influyentes y egoístas sacien su codicia.

¿Cómo deben proceder los países si carecen de los medios administrativos e institucionales necesarios para que esas estrategias den resultado? La estrategia a largo plazo, examinada en la Parte III, consiste en fortalecer y establecer las instituciones necesarias. Entretanto, en este capítulo se han indicado dos posibles vías para la reforma. Una de ellas consiste en centrar la atención en los elementos fundamentales y establecer un programa de acción estatal menos ambicioso. La segunda, que no necesariamente se opone a la primera, consiste en experimentar con instrumentos de acción estatal que estén más en concordancia con la capacidad del país. Queda mucho por aprender, pero en el presente capítulo se han puesto de relieve dos estrategias que parecen tener grandes posibilidades, incluso en los casos en que la capacidad institucional es deficiente:

- Especificar el contenido de las políticas en normas precisas, y luego afianzar esas normas mediante mecanismos que hagan costoso el retroceso; en la reglamentación de los servicios públicos, por ejemplo, tales mecanismos podrían consistir en contratos firmes de compra con productores de energía independientes.
- Trabajar en asociación con las empresas y los ciudadanos, y, cuando corresponda, descargar totalmente al gobierno de las funciones de ejecución. En el caso de la política industrial, ello significa fomentar la colaboración entre empresas privadas en lugar de establecer una gran burocracia; en el de la reglamentación financiera, dar a las instituciones bancarias un incentivo para que funcionen con prudencia en lugar de limitarse a desarrollar la capacidad de supervisión; en el de la reglamentación del medio ambiente, utilizar la información para alentar las iniciativas de los particulares, en lugar de promulgar en forma vertical normas que no se pueden hacer cumplir.

Las políticas que se basan en esas estrategias tal vez no sean estrictamente las mejores desde un punto de vista teórico. Pero, a medida que aumenta la capacidad estatal, los países pueden decidirse por instrumentos más flexibles, capaces de incrementar ulteriormente la eficiencia. Durante todo el proceso, los Estados deben mantener la confianza de las empresas y los particulares en que la flexibilidad no irá acompañada de una conducta arbitraria, pues de lo contrario las bases para el desarrollo se derrumbarán.

PARTE III

REVITALIZAR LA CAPACIDAD INSTITUCIONAL

EN LAS PARTES I Y II SE HA DESTACADO LA VITAL CONTRIBUCIÓN DEL ESTADO AL desarrollo económico cuando sus funciones están en consonancia con su capacidad institucional. Pero la capacidad no es una realidad inmutable. Puede y debe mejorar si los gobiernos desean promover el progreso del bienestar económico y social. En esta parte del Informe se analiza la forma de conseguirlo.

Por capacidad del Estado se entienden sus posibilidades de aplicar medidas colectivas con el menor costo posible para la sociedad. Este concepto de capacidad comprende la capacidad administrativa o técnica de los funcionarios públicos, pero su contenido es mucho más amplio. Abarca también los mecanismos institucionales más profundos que establecen el margen de flexibilidad, las normas y las limitaciones con que deben contar los políticos y los funcionarios públicos para actuar en pro del interés colectivo.

Hay tres conjuntos de mecanismos institucionales, mutuamente relacionados, que pueden ayudar a crear incentivos para reforzar la capacidad del Estado. Esos mecanismos tienen los siguientes objetivos:

- aplicar normas y limitaciones dentro de la sociedad y del propio Estado;
- promover una mayor competencia tanto desde fuera como dentro del Estado, y
- facilitar la expresión de las propias opiniones y las asociaciones tanto desde fuera como dentro del Estado.

Con el paso del tiempo se han establecido instituciones sostenibles basadas en un sistema de contrapesos y salvaguardias, anclado en torno a instituciones estatales clave, como un sistema judicial independiente y la separación de poderes. Estas instituciones son indispensables para velar por que ni los funcionarios del Estado ni ningún otro miembro de la sociedad queden por encima de la ley.

Sin embargo, un gobierno basado en normas no es suficiente. La capacidad del Estado mejora también mediante dispositivos institucionales que promueven la asociación con agentes de dentro y fuera del Estado y originan presiones competitivas entre ellos. La asociación con agentes externos, es decir, las empresas y la sociedad civil, y la participación de éstos en las actividades del Estado pueden mejorar la credibilidad y propiciar el consenso, además de complementar las posibles deficiencias de capacidad del Estado. El establecimiento de asociaciones dentro del Estado puede intensificar la dedicación y la lealtad de los empleados públicos y reducir los costos que entraña la consecución de metas comunes.

La otra cara de esas relaciones mutuas es la presión competitiva, tanto procedente de los mercados y la sociedad civil como dentro del propio Estado. Esa presión puede incentivar el rendimiento y frenar los abusos del monopolio que tiene el Estado en la formulación de políticas y la prestación de servicios. Del mismo modo, un sistema de contratación y de ascensos por oposición o basado en el mérito es indispensable para contar con un funcionariado competente.

Esta parte del Informe comienza con un análisis de las formas en que se pueden revitalizar las instituciones del Estado, sentando los cimientos de un sector público eficaz (Capítulo 5) y, más ampliamente, instituyendo sistemas formales de contrapesos y salvaguardias y controlando la corrupción (Capítulo 6). Luego, en el Capítulo 7 se examina la forma de perfilar la presión competitiva, fortalecer la participación y promover las asociaciones haciendo que el Estado se acerque a la población; un medio importante para ello es la descentralización, es decir, la delegación de poderes y recursos a niveles inferiores de gobierno. Por último, en el Capítulo 8 se examinan las asociaciones y las presiones competitivas que rebasan las fronteras de las naciones-Estado, y la forma en que los países pueden cooperar en la prestación de bienes colectivos.

CAPÍTULO 5

EDIFICAR LAS INSTITUCIONES NECESARIAS PARA UN SECTOR PÚBLICO CAPAZ

Señor, la gran mayoría de los funcionarios públicos están mal pagados . . . El resultado es que los hombres capaces y con talento rehuyen el servicio público. Con ello, el Gobierno de Su Majestad se ve obligado a contratar personal mediocre cuyo único objetivo es mejorar su magra situación pecuniaria . . . la administración pública de Su Majestad debería estar dirigida por personas inteligentes, trabajadoras, competentes y motivadas . . . Es prerrogativa de Su Majestad introducir el indispensable principio de la responsabilidad, sin la cual todo progreso se ve retrasado y el trabajo queda irremediablemente destruido.

— Tomado de *Los testamentos políticos de Ali Pasha*, Gran Visir del sultán otomano Abdulaziz, aproximadamente 1871 (citado en Andic y Andic, 1996)

LOS PROBLEMAS QUE ATRIBULABAN AL SULTÁN ABDULAziz son los mismos que atormentan a las administraciones públicas de nuestros días. La historia del desarrollo en Europa y América del Norte en el siglo XIX, y la de Asia oriental en el siglo XX, ha demostrado las recompensas económicas que depara el establecimiento de un sector público eficaz. Sin embargo, aún son escasos los ejemplos de ese tipo de desarrollo institucional.

El establecimiento de las instituciones necesarias para un sector público capaz es indispensable para mejorar la eficacia del Estado, pero también es enormemente difícil. Una vez que un sistema mediocre está en funcionamiento, puede resultar muy difícil desalojarlo. Aparecen grandes intereses que se oponen a todo cambio de la situación, por muy ineficaz o injusta que sea, y los perjudicados por ella tal vez no puedan ejercer la presión necesaria para conseguir que cambie. Incluso cuando existen incentivos para mejorar el funcionamiento del sector público, a menudo hay también enormes limitaciones de información y de capacidad que frustran esos intentos.

¿Cómo puede un gobierno cuyas instituciones públicas son ineficaces empezar a corregir la situación? Los complejos problemas que entraña la construcción y gestión de la administración del Estado no se prestan a soluciones claras e inequívocas. En este capítulo, no obstante, se esbozan algunos de los elementos institucionales fundamentales de un sector público eficaz y se analizan algunas posibilidades prometedoras para ponerlos en pie. Esta atención particular a las instituciones difiere mucho del enfoque tradicional basado en la asistencia técnica, que hace hincapié en el equipo, los conocimientos y la capacidad administrativa o técnica. En el caso que nos ocupa se insiste en el marco de incentivos que orientan el *comportamiento*, es decir, lo que hacen los organismos y funcionarios públicos y la forma en que lo hacen. Son pocos los países que se proponen conscientemente alentar la corrupción y la ineficacia burocrática. Pero la mera existencia de normas oficiales que prohíben el soborno o el abuso de influencia política, por ejemplo, raras veces será suficiente para erradicar esas lacras. Lo que importa es si las normas y los mecanismos de incentivo reales incorporados en el sistema son capaces de traducir las bellas palabras en hechos reales.

Los cimientos de un sector público eficaz

La experiencia de toda una serie de países ha demostrado que una administración pública eficaz puede promover el crecimiento y reducir la pobreza (Capítulo 2). Puede formular políticas bien concebidas y prestar bienes y servicios públicos vitales al menor costo posible. Durante el siglo XIX, la mayoría de los Estados en fase de industrialización modernizaron sus administraciones públicas. Los primeros en hacerlo fueron Francia, Prusia y el Reino Unido. El éxito de las reformas de la administración pública británica en el último siglo es uno de los primeros ejemplos de lo importante que es fomentar una burocracia eficaz y reglamentada. Como se describe en el Recuadro 5.1, esas reformas fueron precursoras del cultivo cuidadoso de una meritocracia profesional y contribuyeron a hacer posible medio siglo de dominio inglés en el comercio internacional.

Más recientemente, algunos países de Asia oriental han sentado y mantenido los cimientos de una administración pública capaz. Muchos países de ingreso bajo, en cambio, no han podido crear ni siquiera los rudimentos de un funcionariado público reglamentado. Sus sistemas oficiales a menudo recuerdan sobre el papel a los de los países industriales, pero la realidad suele ser muy diferente. Los reglamentos de personal basados en el mérito no se aplican y se contrata o asciende al personal con criterios de favoritismo y clientelismo; los presupuestos son poco realistas y muchas veces quedan relegados al olvido, pues se prefiere improvisar sobre la marcha. En el fondo, todos esos problemas radican en deficiencias de las instituciones correspondientes: la escasa fuerza ejecutoria del ordenamiento jurídico tanto dentro como fuera del sector público, la falta de mecanismos integrados para escuchar a las empresas y la sociedad civil, y para asociarse con ellas, y una falta absoluta de presión competitiva en la formulación de políticas, la prestación de servicios y las prácticas en materia de personal.

Para atajar esos problemas de raíz y sentar los cimientos de una administración pública eficaz, los países deben centrarse en tres elementos fundamentales:

- *Fuerte capacidad central para formular y coordinar políticas.* Se trata del cerebro del sistema. Los políticos formulan proyectos y establecen objetivos, pero para que éstos se materialicen deben traducirse en prioridades estratégicas. Para ello se requieren mecanismos que permitan tomar decisiones con conocimiento de causa, y en forma disciplinada y responsable. Un reto constante para todos los países es establecer normas que den a los políticos y sus asesores la flexibilidad que necesitan para formular estrategias de acción y, al mismo tiempo, enmarcar sus decisiones en procesos que admitan la participación y supervisión de las partes interesadas.
- *Sistemas de prestación eficientes y eficaces.* También en este caso la reforma supone encontrar el equilibrio adecuado entre flexibilidad y responsabilidad. Cuando se trata de actividades abiertas a la competencia real o potencial de

---

Recuadro 5.1 Establecimiento de los cimientos burocráticos: las reformas Northcote-Trevelyan en el Reino Unido

Hasta principios del siglo XIX, los asuntos de Estado del Reino Unido eran administrados por funcionarios públicos que debían sus puestos a las influencias y al clientelismo político. No existía un sistema común de remuneración, los sueldos oficiales se complementaban con sobornos y los funcionarios, que consideraban su puesto como un bien que podía venderse, a menudo contrataban y pagaban a sus propios empleados. Aunque el sistema no excluía el ascenso gracias al talento personal, no era una base para una administración racional.

A medida que avanzaba el período victoriano, sin embargo, el Reino Unido conoció un período de intensas reformas orientadas por el cambio social y económico y las exigencias de una clase media cada vez más numerosa e instruida. Se reformaron las universidades, las fuerzas armadas, la judicatura, la administración central y las administraciones locales.

El plan maestro para la reforma de la administración pública fue el Informe Northcote-Trevelyan de 1854, que abogaba por la creación de una burocracia moderna basada en un funcionariado público de carrera. Inspirándose en las ideas propuestas para la administración pública de la India por Thomas Macaulay, Sir Stafford Northcote y Sir Charles Trevelyan propusieron la división de la labor del gobierno en dos categorías —intelectual (política y administración) y mecánica (tareas administrativas)—, y la creación de un funcionariado público de carrera para llevarla a cabo. El personal capaz de realizar la labor intelectual se reclutaría en las universidades recién reformadas; los talentos más destacados se seleccionarían mediante duras oposiciones supervisadas por una junta de comisionados de la administración pública.

Estas ideas toparon con una firme resistencia. Aunque en 1855 se estableció una comisión de administración pública, muchos departamentos del gobierno siguieron contratando personal de la manera habitual hasta 1870, cuando se abolieron los padrinazgos y se hicieron obligatorias las dos categorías en todos los departamentos. Las reformas de Northcote y Trevelyan se vieron seguidas por reformas en las fuerzas armadas, el poder judicial y, más adelante, el gobierno municipal. También se produjeron amplias reformas en los reglamentos y las limitaciones que regían la elaboración y aplicación de políticas. A finales del siglo XIX, el Reino Unido había sentado los cimientos de un gobierno moderno e institucionalizado oficialmente los valores de la honradez, la economía y la neutralidad política.

varios proveedores, y fáciles de especificar, los mecanismos del mercado y la contratación de servicios en el exterior a menudo puede mejorar la prestación de modo espectacular. En el caso de muchos otros servicios, en cambio, el único proveedor posible es a menudo el sector público en sentido estricto. En esta situación, la atención a las opiniones y comentarios de los ciudadanos y usuarios puede servir como acicate para que aumente la eficacia, pero en última instancia ésta dependerá de la lealtad de los funcionarios públicos y de su observancia de las normas establecidas.

- *Personal motivado y capaz.* Esta es la savia del poder ejecutivo. Un personal capaz y entregado inyecta energía en el sector público; un personal indiferente lo asfixia. Puede motivarse a los empleados públicos para que rindan debidamente mediante toda una gama de mecanismos, entre los que se incluye un sistema de contratación y ascensos basado en el mérito, una remuneración justa y un fuerte espíritu de solidaridad.

Una burocracia eficaz tarda decenios en desarrollarse. Y en los esfuerzos por instaurar, o restaurar, los cimientos de esa burocracia, los reformadores deben, como siempre, tener presente *la base* de la que parten. Por ejemplo, cuando un país no ha conseguido establecer un control creíble del uso de los recursos por parte del personal directivo, dar a éste más flexibilidad sólo serviría para alentar la arbitrariedad y la corrupción. No obstante, ciertas reformas pueden reportar ventajas a corto plazo incluso en los peores sistemas. Son las que se analizan a continuación.

Fortalecimiento de las instituciones para la elaboración de políticas

Los políticos establecen objetivos y amplias directrices estratégicas. Pero son los mecanismos institucionales bien concebidos los que pueden determinar si los grandes proyectos de los dirigentes políticos se traducen en prioridades de política efectivas. Pueden poner de manifiesto los costos y las ventajas de propuestas políticas alternativas. Y, puesto que siempre escasea la información, pueden velar por que los dirigentes estén todo lo informados que sea posible, mediante procesos que faciliten las aportaciones y la supervisión de los interesados internos y externos. Todos esos mecanismos contribuirán a producir decisiones adoptadas con conocimiento de causa y a aumentar la credibilidad de la formulación de políticas en general.

Las reglas y normas insertas en el proceso de formulación de políticas deben concebirse de forma que limiten el tipo de presiones políticas inconexas que pueden llevar a una toma de decisiones mediocre y a malos resultados. Si los políticos o los funcionarios públicos sólo se basan en sus propios intereses inmediatos o en los de las personas a las que representan, el resultado puede ser perjudicial para la sociedad, incluso desestabilizador; en los asuntos de Estado no existe una mano invisible que guíe automáticamente las iniciativas individuales hacia el bien común. El objetivo debe ser establecer mecanismos para disciplinar y coordinar el debate político y tener en cuenta propuestas políticas de diverso signo. En algunos países, los políticos han delegado la coordinación de políticas macroeconómicas y estratégicas en organismos centrales capaces y relativamente autónomos, cuyas actividades están orientadas por procesos consultivos transparentes para el profano. En otros países, los propios políticos se limitan y controlan mutuamente en foros establecidos donde las decisiones se adoptan en común. Pero muchos países no disponen de esos mecanismos, y el resultado es la adopción de políticas estratégicas incoherentes y la inestabilidad macroeconómica.

Aunque el régimen institucional concreto puede variar de unos países a otros, los sectores públicos eficaces de todo el mundo han reunido, en general, las siguientes características: una fuerte capacidad central de formulación de políticas macroeconómicas y estratégicas; mecanismos para delegar, disciplinar y debatir políticas entre organismos del gobierno, y vínculos institucionalizados con las partes interesadas ajenas al gobierno, que favorecen la transparencia y la responsabilidad y propician el intercambio de información. Como se analiza más adelante, los sistemas de gran parte de los países industriales y de Asia oriental poseen muchas de estas características. Su ausencia en numerosas economías en desarrollo es un obstáculo de primer orden para la construcción de un Estado más eficaz. La capacidad de formulación de políticas en esos países suele ser débil y fragmentaria y dispone de pocos mecanismos institucionalizados de colaboración y supervisión externa.

Mecanismos de formulación de políticas en los países industriales

Muchos países de la OCDE han instituido, a lo largo de los años, sistemas eficaces de formulación de políticas. Estos consisten, fundamentalmente, en mecanismos para la preparación adecuada de propuestas de política, la estimación de los costos de distintas propuestas en el marco de un presupuesto general disciplinado, la garantía de su evaluación crítica por conducto de consultas y debates, y la adopción y el registro de decisiones junto con la vigilancia de su aplicación. Un complemento imprescindible de esos mecanismos es la capacidad efectiva en el núcleo central del gobierno —la Secretaría del Gabinete en Francia, el Ministerio de Finanzas en el Japón, la Oficina de Gestión y Presupuesto en los Estados Unidos— para facilitar las consultas y coordinar las propuestas de los ministerios antes de su presentación.

Siempre es posible introducir mejoras. Australia es un buen ejemplo de país industrial que ha adoptado reformas explícitamente encaminadas a mejorar la transparencia, la competitividad y la búsqueda de resultados en el proceso de elaboración de políticas. Algunas características de esas reformas revisten particular interés para otros países: importancia dada a la divulgación de los costos a mediano plazo de las distintas políticas posibles; esfuerzo por propiciar el debate y las consultas sobre prioridades de política, en el marco de presupuestos ajustados, tanto en el gabinete de ministros como entre organismos, y atención a los resultados (Recuadro 5.2).

Los Estados Unidos y algunos países europeos han instituido otros mecanismos de consulta y supervisión en lo que atañe a la formulación de políticas. Los comités del Congreso, equivalentes al gabinete en un sistema parlamentario, son el principal foro de debate de políticas y de consulta en el sistema presidencial de los Estados Unidos. Los organismos ejecutivos estadounidenses, por su parte, se rigen por la Ley de procedimientos administrativos de 1946, que impone ciertos requisitos de procedimiento, cuya aplicación se puede exigir a través de los tribunales, como el anuncio público de las nuevas políticas, pero preserva al mismo tiempo la flexibilidad en el fondo de la elaboración de políticas. Este criterio orientado al procedimiento en la formulación de políticas permite a los legisladores delegar el contenido de la elaboración de políticas a organismos especializados y otras partes interesadas más próximas al problema. Este tipo de mecanismo descentralizado aprovecha la presión de la opinión pública y del poder judicial para conseguir un mayor sentido de la responsabilidad, pero tiene el efecto secundario inevitable de retrasar la adopción de decisiones.

Muchos países de Europa se apoyan en el derecho administrativo y los tribunales especializados para la revisión judicial de las acciones administrativas. Los ciudadanos pueden impugnar éstas basándose en argumentos legales o en la existencia de errores objetivos. La Unión Europea (UE) ha adoptado este sistema, autorizando al Tribunal de Justicia Europeo a supervisar las decisiones adoptadas por las instituciones de la UE.

Los organismos centrales elitistas de Asia oriental
Las prósperas economías de Asia oriental han adoptado procedimientos de formulación de políticas que comparten algunos aspectos clave con los sistemas de los países industriales. Varios dirigentes de Asia oriental han formulado planes a largo plazo para sus países; sirvan como ejemplo, en el Japón de la posguerra, el objetivo declarado del Partido Liberal Democrático de alcanzar a los países occidentales, y, más recientemente, en Malasia, el plan Visión 2020 del Primer Ministro Mahathir Mohamad. Luego tuvieron que establecer los dispositivos institucionales necesarios para traducir su proyecto en un conjunto bien definido de prioridades estratégicas. La autoridad para elaborar políticas que permitan alcanzar los objetivos a largo plazo de los dirigentes se ha delegado en organismos centrales poderosos y elitistas. Aunque esos organismos gozan de relativa autonomía, sus deliberaciones siempre han estado integradas en procesos, como los consejos mixtos públicos y privados, que ofrecen a las empresas privadas cierto margen de participación y supervisión.

Esos organismos a menudo desempeñan un papel de enorme importancia en el establecimiento del rumbo económico del país. El Ministerio de Industria y Comercio Internacional del Japón y la Junta de Planificación Económica de la República de Corea se consideran los principales motores de las políticas industriales de sus países y fuentes de orientación administrativa. En Tailandia, el Ministerio de Finanzas, la oficina del presupuesto, el banco central y la Junta Nacional de Desarrollo Económico y Social —la denominada banda de los cuatro— actúan al unísono para controlar el gasto y la inflación. En Indonesia, el Ministerio de Finanzas y el organismo de planificación Bapennas han sido los guardianes del tesoro y el cerebro de la administración pública. Esos organismos centrales emplean a funcionarios profesionales y capaces contratados sobre la base del mérito, a menudo en oposiciones sumamente rigurosas.

La delegación de la política macroeconómica en tecnócratas competentes y de confianza es también una práctica adoptada recientemente en varios países de América Latina, entre ellos la Argentina, Colombia, México y el Perú. Los efectos en los resultados han sido notorios. Esta delegación de la formulación de políticas, combinada con el tipo de procedimientos presupuestarios jerárquicos y transparentes descritos en el Capítulo 3, fue importante para reducir la inflación en esos países a finales de los años ochenta y principios de los noventa. Chile, en particular, parece haber inculcado entre los altos funcionarios el tipo de espíritu solidario que durante muchos años ha propiciado el establecimiento de estrechos vínculos en los tecnócratas indonesios y en el Ministerio de Industria y Comercio Internacional del Japón, entre otros. Saltan a la vista las analogías entre el grupo de asesores de alto nivel de Chile —los "Chicago Boys"—, y la "mafia de Berkeley" de Indonesia y la "banda de los cuatro" en Tailandia.

Como ya se ha señalado, aunque los organismos centrales de Asia oriental tenían considerable flexibilidad en la elaboración de políticas, estaban integrados en una red más amplia de consejos de deliberación y grupos de expertos externos. En Corea, el Japón, Malasia, Singapur y Tailandia, la información sobre los costos de las políticas industriales se difundió por conducto de una gama de consejos de deliberación mixtos, públicos y privados, que sometían los programas costosos a un riguroso análisis. Esos mecanismos de consulta transparentes e institucionalizados daban a agentes exteriores al gobierno la autoridad para restringir o incluso vetar sus acciones, preservando al

Recuadro 5.2 Australia: mecanismos para una elaboración de políticas transparente, competitiva y orientada a la obtención de resultados

Uno de los principales objetivos de las reformas del sector público en Australia ha sido instituir un proceso que permita disciplinar y coordinar las políticas y exponerlas a un intenso debate. Algunas de las dificultades con las que se encontró el gobierno laborista cuando llegó al poder a principios de los años ochenta eran análogas a las de muchos países en desarrollo hoy en día: el nuevo gobierno tenía que hacer frente a una crisis fiscal inmediata y, al mismo tiempo, a los insostenibles compromisos fiscales a largo plazo de políticas anteriores.

A fin de disciplinar la formulación de políticas y conseguir apoyo político para la remodelación de las prioridades estratégicas nacionales, el nuevo gobierno decidió publicar las previsiones sobre los gastos futuros si se mantenían las políticas entonces vigentes. Esas previsiones daban un panorama sombrío de crecimiento real insostenible en las necesidades de gasto, lo que subrayó la necesidad de practicar recortes. Una vez que el gobierno publicó esas estimaciones, no obstante, estaba obligado a seguir haciéndolo, a fin de mostrar las prometidas reducciones constantes en compromisos futuros. En efecto: las sucesivas proyecciones fueron reduciéndose de manera notoria (véase el gráfico de la izquierda). La apertura de los mercados financieros impuso una disciplina todavía mayor.

Las reformas también exigían que el gobierno publicase un cuadro de conciliación en el que se observaran las diferencias entre las proyecciones correspondientes a las políticas vigentes y a las nuevas políticas. Esas medidas contribuyeron a poner de manifiesto los cambios en las prioridades estratégicas del gobierno, así como en los costos a medio plazo de los nuevos compromisos. Además, las proyecciones hicieron más previsibles las corrientes de recursos hacia los ministerios encargados de la ejecución, puesto que las cifras proyectadas se renovaban automáticamente en el presupuesto real si no se producían cambios de política. Esto contribuyó a mejorar la adopción de decisiones y la eficiencia operacional de los departamentos técnicos.

Las reformas también exigían que los ministerios técnicos que propusieran una nueva política o cualquier cambio de las políticas vigentes que representase un aumento del gasto propusieran también ahorros compensatorios (véase el gráfico de la derecha). Con ello se velaba por que el gasto se mantuviera dentro del margen de recursos acordado por el gabinete. Éste se centró en los cambios de las prioridades estratégicas, es decir, qué nuevas políticas adoptar y qué políticas vigentes suprimir, a fin de mantenerse dentro de los límites macroeconómicos. Las propuestas de política fueron objeto de intensos debates en el gabinete, y se obligó a todos los ministerios y organismos afectados a presentar observaciones por escrito acerca de la idoneidad de las propuestas de otros organismos. Ello contribuyó a legitimar y establecer un consenso sobre las prioridades de política. Por último, las reformas centraron la atención en los resultados, mediante la evaluación periódica obligatoria de las políticas nuevas y vigentes y mediante informes sobre el rendimiento y los resultados.

¿Qué se ha conseguido? Australia pasó de un déficit del 4% del PIB en 1983 a un superávit a finales del decenio. Acompañaron a este logro cambios significativos en la composición del gasto público, que reflejaban tanto amplios cambios estratégicos definidos por el gabinete como cambios en las prioridades dentro de los ministerios, a menudo definidos por los propios ministerios técnicos.

Crecimiento previsto del gasto total

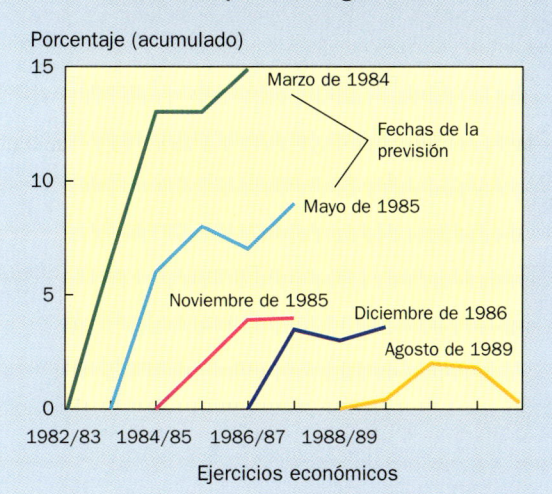

Porcentaje (acumulado)

[Gráfico de líneas que muestra las previsiones: Marzo de 1984, Mayo de 1985, Noviembre de 1985, Diciembre de 1986, Agosto de 1989, en ejercicios económicos de 1982/83 a 1988/89]

Variaciones por categoría, 1983/84 a 1992/93

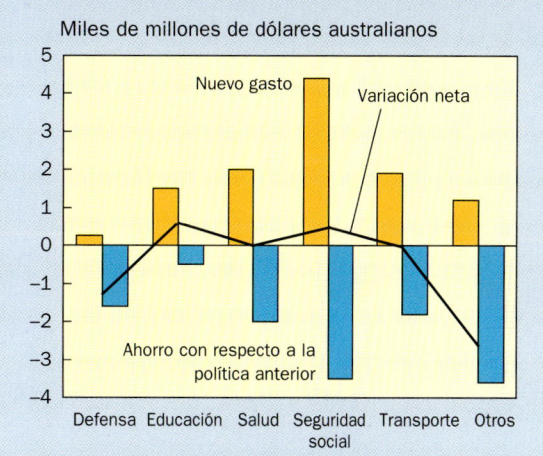

Miles de millones de dólares australianos

[Gráfico de barras con categorías: Defensa, Educación, Salud, Seguridad social, Transporte, Otros; mostrando Nuevo gasto, Variación neta y Ahorro con respecto a la política anterior]

Fuentes: Adaptado de Campos y Pradhan, 1996; Dixon, 1993.

mismo tiempo la flexibilidad de los encargados de la formulación de políticas para adaptarse a la evolución de las circunstancias.

Los consejos de deliberación deben estar dotados de una considerable capacidad técnica para poder utilizar la información suministrada por el sector privado en la formulación de políticas coherentes. También existe el problema de que esos consejos excluyen de sus deliberaciones a amplios sectores de la sociedad. Si el sector privado de un país es pequeño, los consejos de deliberación pueden degenerar fácilmente en mecanismos bien engrasados para una improductiva extracción de rentas. Esto probablemente explica por qué las versiones africanas de los consejos de deliberación, como los experimentos de los países francófonos con los consejos económicos y sociales, han sido en general ineficaces (con la notable excepción de los de Botswana). Para que esos consejos sirvan de apoyo al desarrollo sostenible, deben ir acompañados, como ocurrió en Asia oriental, por la búsqueda de una legitimidad más amplia basada en el respaldo social.

Deficiencias de capacidad y fragmentación de la formulación de políticas en los países en desarrollo
Muchos países en desarrollo, especialmente en África, América Central y el Caribe, carecen de la masa crítica de capacidad efectiva y coherencia interna necesaria para formular y coordinar las políticas macroeconómicas y estratégicas. La capacidad central es escasa y está repartida entre un puñado de altos funcionarios que se ven obligados a atender numerosas tareas. Estas presiones se ven agravadas por los problemas del sistema burocrático: remuneración insuficiente en los niveles más altos, clientelismo político desatado y ausencia de mecanismos de contratación y ascenso basados en el mérito.

Una consecuencia especialmente costosa de la falta de capacidad central es la imposibilidad de formular previsiones presupuestarias basadas en hipótesis sólidas y realistas. Ello menoscaba la transparencia y la previsibilidad en la adopción de decisiones. Por ejemplo, en años recientes la diferencia media entre los gastos fijos presupuestados y los reales ha sido de más del 50% en Tanzanía y más del 30% en Uganda. La transparencia y la coherencia de la adopción de decisiones se ven también comprometidas por el uso de fondos extrapresupuestarios (el equivalente de más de la mitad del total del gasto federal en Nigeria, por ejemplo) y por grandes retrasos en la presentación de cuentas financieras y realización de auditorías. A menudo, los encargados de las decisiones apenas tienen noción de los costos o los resultados de las políticas. Debido en parte a esa situación, el proceso de elaboración de presupuestos se centra casi exclusivamente en la asignación de los insumos, haciendo caso omiso de los resultados que se pretende conseguir con ellos.

En los países que dependen de la ayuda externa, los donantes a veces mitigan el problema de la falta de capacidad central, pero con demasiada frecuencia lo agravan. En la medida en que su asesoramiento sobre políticas complementa las deficiencias de capacidad, pueden ayudar a resolver los problemas a corto plazo. Pero esos consejos no sirven para mejorar la capacidad a largo plazo si los políticos no reconocen la necesidad de recurrir a los expertos locales. Los donantes también pueden fragmentar la capacidad central de formulación de políticas si concluyen con los ministerios acuerdos bilaterales sobre proyectos múltiples sin determinar si sus efectos acumulativos son sostenibles colectivamente o coherentes entre sí. En muchos países los programas de inversiones públicas se han convertido en depositarios pasivos de proyectos dirigidos por los donantes, cuyos gastos ordinarios después de la ejecución siguen acumulándose y contribuyen a un sesgo fiscal expansionario. La falta de coordinación entre los ministerios encargados de la planificación y las finanzas a veces obstaculiza aún más la integración del capital y los gastos ordinarios.

Todos estos problemas menoscaban seriamente la capacidad de coordinar, modificar y disciplinar la adopción de decisiones. Buen ejemplo de ello es Guinea. Aunque el gobierno ha designado la enseñanza primaria, la salud pública y el mantenimiento de la red de carreteras como prioridades de gasto, los fondos a menudo acaban siendo asignados a otras esferas. Además, no existe ningún sistema para calcular los costos de las propuestas de política ni para someterlas a un escrutinio riguroso. En un estudio realizado para calcular los costos de las políticas de Guinea encaminadas a atender las prioridades declaradas del gobierno se descubrió que la parte del gasto total correspondiente a los programas prioritarios debería triplicarse en los cuatro años siguientes, lo que entrañaba recortes drásticos en otros gastos (panel izquierdo del Gráfico 5.1). Además, se comprobó que los gastos ordinarios de los proyectos de inversión dirigidos por donantes eran insostenibles (panel derecho del Gráfico 5.1). Las mismas irregularidades se observan en todo el mundo en desarrollo: las carreteras recién construidas se quedan sin mantenimiento, las escuelas se encuentran sin libros de texto y los centros de salud no tienen medicamentos.

Se han lanzado varias iniciativas para hacer frente a estos problemas, pero todas ellas se encuentran aún en sus primeras etapas. La Iniciativa para el fortalecimiento de las capacidades en África tiene por objeto reforzar la capacidad de los gobiernos africanos de efectuar análisis de políticas gracias a la disponibilidad de una administración pública más profesional, mejores sistemas de información y una mayor aportación externa de las universidades africanas y la sociedad en general. Los gobiernos y los donantes han emprendido también programas sectoriales de inversión para coordinar la asistencia de los donantes. El Programa

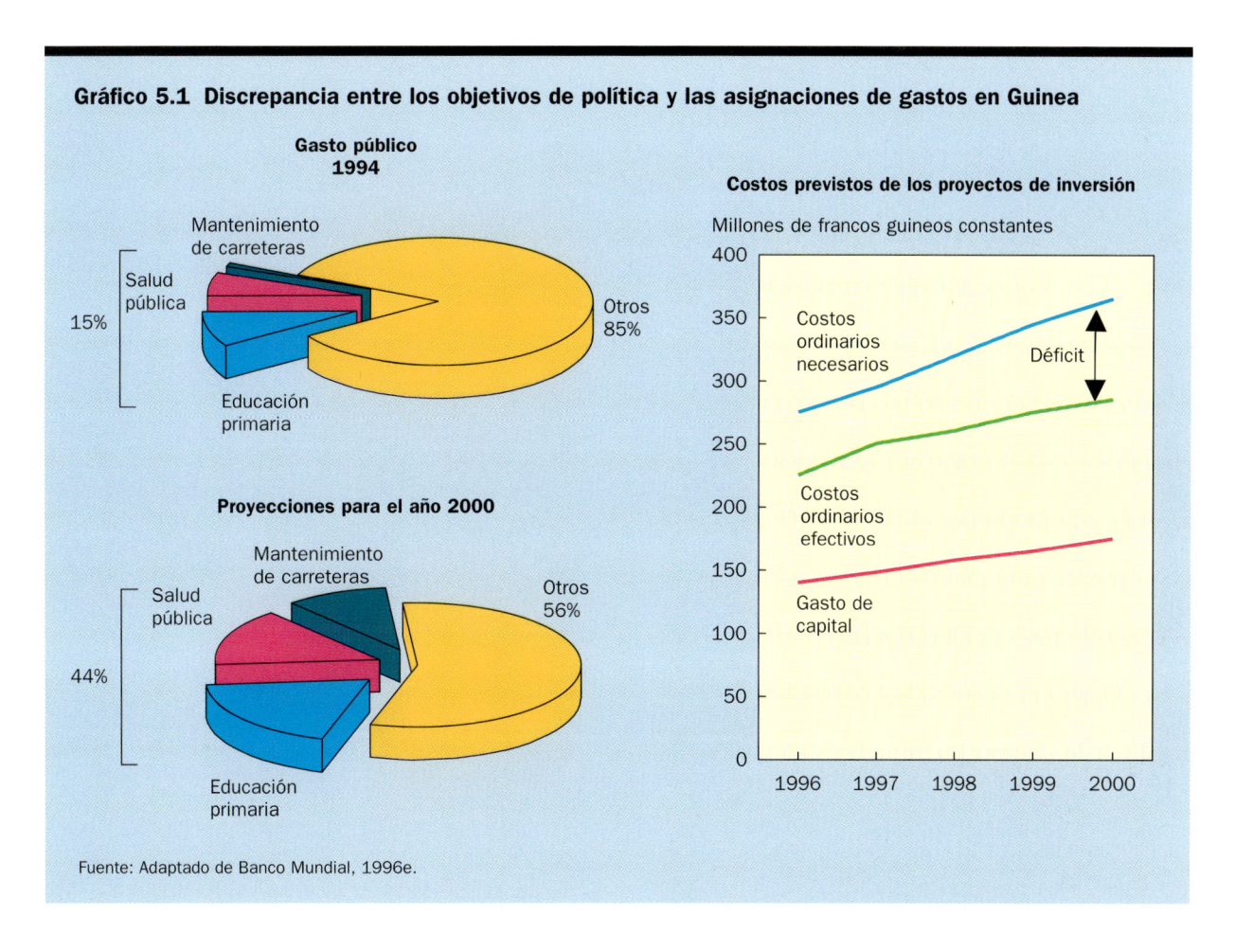

Gráfico 5.1 Discrepancia entre los objetivos de política y las asignaciones de gastos en Guinea

Gasto público 1994

- Salud pública
- Mantenimiento de carreteras
- Educación primaria
- Otros 85%

15%

Proyecciones para el año 2000

- Salud pública
- Mantenimiento de carreteras
- Educación primaria
- Otros 56%

44%

Costos previstos de los proyectos de inversión

Millones de francos guineos constantes

- Costos ordinarios necesarios
- Déficit
- Costos ordinarios efectivos
- Gasto de capital

Fuente: Adaptado de Banco Mundial, 1996e.

de inversiones en el sector agrario de Zambia sustituye a 180 proyectos distintos de donantes. No obstante, aunque consolidan políticas fragmentadas en una esfera compartida, esos esfuerzos pueden plantear sus propios problemas de coordinación en tanto no mejore la capacidad. Malawi y Uganda se encuentran entre los países que están avanzando hacia el siguiente nivel crucial de reformas: la elaboración de un proceso sistemático que permita establecer prioridades estratégicas en todos los sectores y dentro de limitaciones de gasto globales. Colombia está implantando sistemas de evaluación *ex post* para determinar si las políticas y los programas en marcha están consiguiendo los resultados que se pretendían.

Coordinación de políticas en los países en transición

Aunque la falta de personal especializado en cuestiones administrativas no es tan problemática en los países en transición de Europa central y oriental y la antigua Unión Soviética, lo ocurrido en ellos demuestra que es igualmente importante la existencia de mecanismos que canalicen esos conocimientos hacia políticas coherentes. Cuando cayeron los regímenes comunistas de esos países, también se derrumbó el aparato central de adopción de decisiones que coordinaba las actividades de los ministerios y departamentos. El resultado fue una gran confusión y superposición de responsabilidades, y un sistema múltiple —más que colectivo— de rendición de cuentas, fórmula que lleva infaliblemente a la adopción de políticas erróneas.

Ucrania ofrece un ejemplo extremo de esos problemas. Después de alcanzar la independencia, en 1991, se estableció una maquinaria central de gobierno que conserva muchas de las características del antiguo sistema soviético. La toma de decisiones sigue estando muy centralizada. El Aparato del Gabinete de Ministros ha conservado la responsabilidad de la formulación y coordinación de políticas y dirige las actividades de los departamentos del gobierno central. El número de organismos de éste continúa siendo muy elevado (más de 110) y sus responsabilidades se superponen con frecuencia y no están bien delimitadas (Gráfico 5.2). Esa estructura tan engorrosa dificulta la coordinación, retrasa la toma de decisiones y reduce la transparencia. No obstante, se han emprendido ya medidas para reformar este sistema, tras la aprobación de una nueva Constitución en julio de 1996.

Algunos países de Europa central y oriental con problemas análogos, aunque quizá menos graves, han emprendido

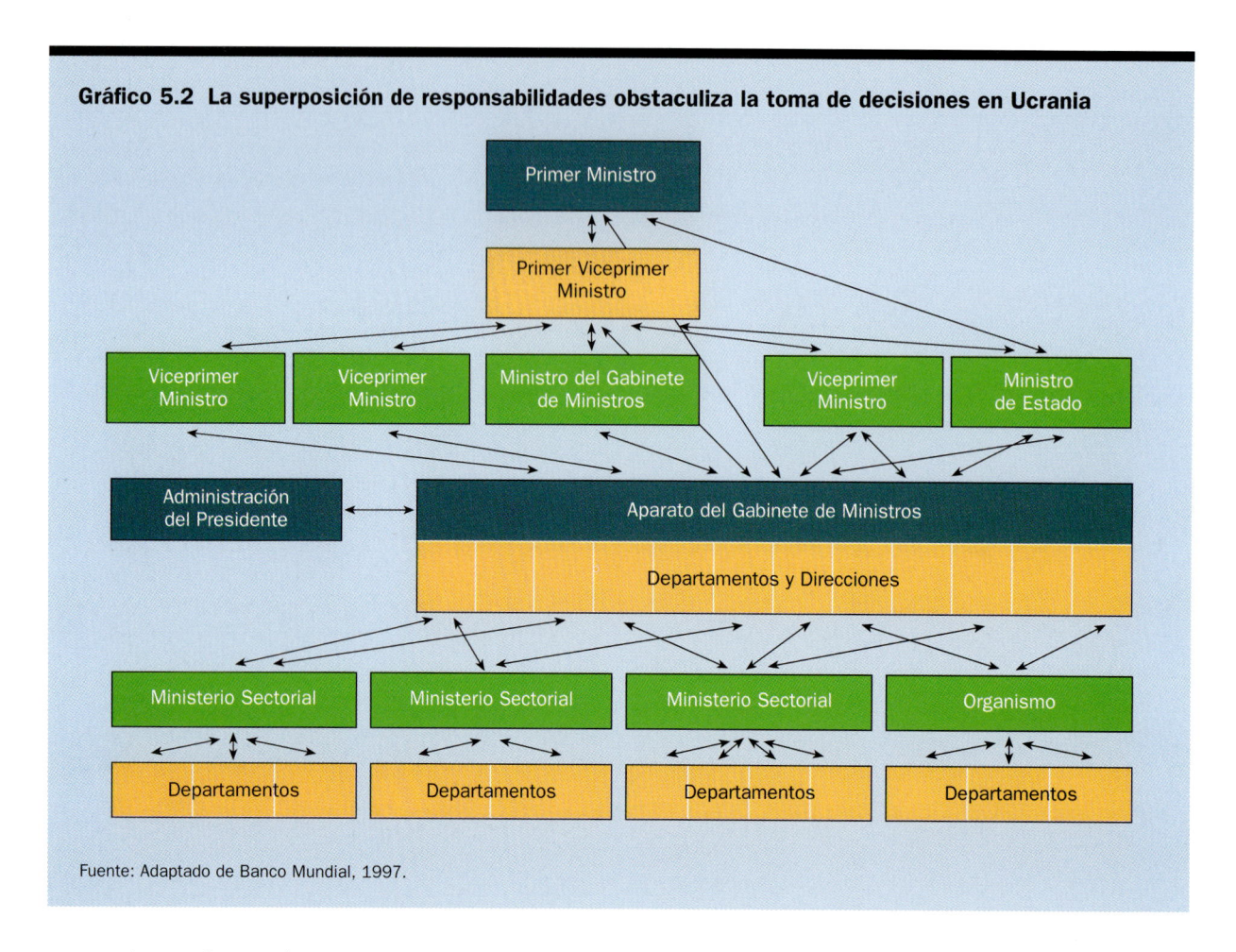

Gráfico 5.2 La superposición de responsabilidades obstaculiza la toma de decisiones en Ucrania

[Organigrama: Primer Ministro → Primer Viceprimer Ministro → Viceprimer Ministro, Viceprimer Ministro, Ministro del Gabinete de Ministros, Viceprimer Ministro, Ministro de Estado; Administración del Presidente ↔ Aparato del Gabinete de Ministros (Departamentos y Direcciones) → Ministerio Sectorial, Ministerio Sectorial, Ministerio Sectorial, Organismo → Departamentos, Departamentos, Departamentos, Departamentos]

Fuente: Adaptado de Banco Mundial, 1997.

prometedoras reformas de sus mecanismos centrales de adopción de decisiones. Polonia y Hungría han introducido reformas para racionalizar responsabilidades múltiples y contradictorias y agilizar la adopción de decisiones. En Georgia, la racionalización ha servido para eliminar la duplicación de funciones y las responsabilidades encontradas, y el destino de los proyectos de ley se decide ahora en presencia de todos los miembros del consejo económico del presidente antes de presentarlos al Parlamento. Esas reformas han propiciado las consultas y la coordinación en la adopción de decisiones por el gobierno central. Pero la mayoría de los países tienen aún un largo camino por recorrer hasta conseguir la capacidad institucional necesaria para responder con eficacia a las numerosas exigencias de la transición.

Reformar las instituciones encargadas de la aplicación

Las políticas mejor concebidas sirven de poco si se aplican mal. La mala calidad, el costo elevado, el derroche, el fraude y la corrupción han minado la prestación de servicios en muchos países en desarrollo. En la mayoría de los casos, los problemas radican en el convencimiento de que el gobierno debe ser el principal proveedor, si no el único.

La expansión estatal como consecuencia de las estrategias de desarrollo impulsadas por el propio Estado, descritas en el Capítulo 1, ha dado a los políticos innumerables oportunidades de explotar su situación para conseguir ventajas políticas (Recuadro 5.3). En general, los gobiernos sencillamente se han extendido en demasía, con resultados catastróficos. Abundan los ejemplos de servicios que no se prestan o se prestan con deficiencias. El número de cortes del suministro eléctrico en los países de bajo ingreso duplica con creces al de otros países. En China, cerca de un millón de hectáreas de tierra de regadío están improductivas desde 1980 a causa de las deficiencias de mantenimiento. Sólo el 6% de los empresarios nacionales de 58 países en desarrollo encuestados para este Informe consideraban que la prestación de servicios públicos era eficiente, mientras que el 36% la consideraba sumamente deficiente. Según la encuesta, el servicio de correos funcionaba relativamente bien, seguido de las aduanas y las carreteras; los peor calificados eran los servicios sanitarios (Gráfico 5.3). Esos resultados revelan una pauta más general: los servicios peor considerados son los prestados por departamentos del gobierno (no por las empresas estatales) y producen resultados más difíciles de medir y supervisar.

> **Recuadro 5.3 Enorme expansión estatal en Bangladesh**
>
> Desde la independencia, en 1971, el Gobierno de Bangladesh ha duplicado su tamaño. El número de ministerios ha pasado de 21 a 35 en 20 años, y entre 1990 y 1994 el número de departamentos y direcciones generales subió de 109 a 221. El número de funcionarios públicos ascendió desde 450.000 en 1971 hasta casi 1 millón en 1992, lo que representa una tasa compuesta de aumento del 3,6% al año, frente a un crecimiento demográfico de un 2,5% durante el mismo período. La remuneración de los funcionarios públicos ha disminuido considerablemente, sobre todo en los niveles superiores. El sueldo base de un secretario permanente (el puesto más alto en la administración pública) ha disminuido un 87% en cifras reales desde 1971.
>
> Los nuevos ministerios, divisiones y departamentos se crearon en parte para atender las nuevas necesidades, como la protección del medio ambiente y las cuestiones relacionadas con la mujer. Pero el Estado también ha extendido sus alas hacia las actividades comerciales. El crecimiento se ha visto a menudo estimulado por consideraciones políticas. El aumento del número de ministerios permitió dar nuevos puestos ministeriales a grupos internos de los partidos y, naturalmente, creó nuevos puestos de trabajo de bajo nivel. Además de sus efectos en el presupuesto, esta expansión ha reducido la capacidad de ejecución, ha complicado los problemas de coordinación y ha hecho que la regulación sea más intrusiva. También ha generado intereses creados que han bloqueado los intentos de racionalización y reforma.

países han implantado controles creíbles que responsabilicen al personal directivo del uso de los recursos o del logro de resultados cuantificables.

Mecanismos institucionales para mejorar la prestación de servicios

Los gobiernos están ensayando distintos mecanismos institucionales para mejorar la prestación de servicios. El mayor uso de los mercados está generando presiones competitivas y más posibilidades de salida —alternativas a la prestación estatal para los usuarios que quieren más calidad o menos precio. Otra opción es contratar la prestación de servicios a empresas privadas u organizaciones no gubernamentales (ONG). Algunos gobiernos están creando organismos con fines específicos en el sector público y concluyendo contratos oficiales con esos organismos, dándoles mayor flexibilidad de gestión pero haciéndolos responsables del logro de resultados especificados de antemano. Otros recurren a modalidades burocráticas más tradicionales en el sector público central, haciendo hincapié en la responsabilidad en el uso de los recursos, contratación y

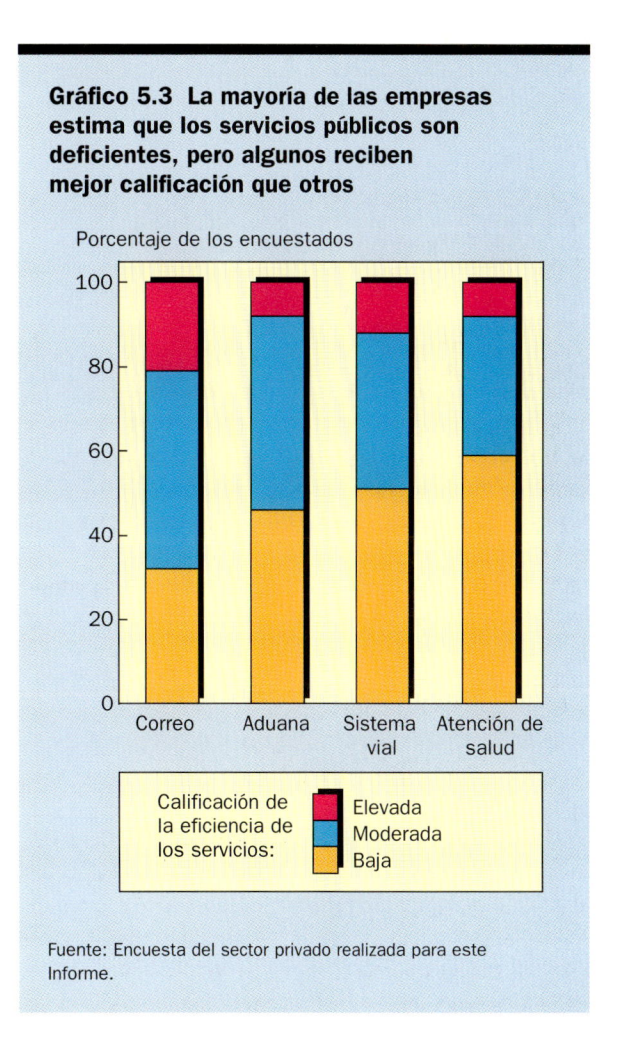

Lo que se necesita es una mejor gestión de las relaciones entre mandante y mandatario, inseparables de la prestación de servicios. En muchos países, ésta se resiente porque ni los mandantes (políticos) ni los mandatarios (burócratas) respetan su parte del trato. Los políticos interfieren en el funcionamiento cotidiano de los organismos públicos; los servicios se prestan por conducto de departamentos del gobierno cuyos directores tienen escasa flexibilidad operacional y cuyos recursos son imprevisibles. Incluso cuando el personal directivo ha podido salvar las dificultades que plantean estas normas, ha contado con pocos incentivos para conseguir mejores resultados. En los muchos países en que el sector público ha asumido un papel de monopolio en la prestación de numerosos servicios, queda eliminada la presión externa para conseguir mejores resultados. Pocos

Gráfico 5.3 La mayoría de las empresas estima que los servicios públicos son deficientes, pero algunos reciben mejor calificación que otros

Fuente: Encuesta del sector privado realizada para este Informe.

ascensos por méritos y el mantenimiento de un espíritu de solidaridad para aumentar la lealtad y mejorar el rendimiento. Por último, la participación de los usuarios, las encuestas entre los beneficiarios, la publicación de los criterios de referencia y otros mecanismos destinados a aumentar la participación ciudadana representan presiones externas para mejorar la prestación.

Estas iniciativas pueden clasificarse en tres categorías amplias: ampliación de las opciones de salida, más atención a la opinión de las partes interesadas y mayor observancia y lealtad. La elección de una u otra depende del sistema de incentivos que acompaña a la prestación del servicio (Gráfico 5.4). Los mercados y los contactos con el sector privado ofrecen primordialmente opciones de salida para un mejor rendimiento. En el sector público en sentido amplio, incluidas las empresas estatales y los organismos con fines concretos, las opciones de salida son más escasas, pero la opinión de los beneficiarios empieza a tener influencia. En el caso de las actividades cuyos resultados son difíciles de especificar y que no están abiertas a la competencia, el núcleo de la administración pública sigue siendo el mandatario preferido, pero no da opciones de salida realistas y tiene considerablemente menos flexibilidad en la gestión financiera y de personal. En este caso los instrumentos más pertinentes pasan a ser la participación ciudadana, la lealtad del funcionariado y normas bien especificadas que éste debe seguir.

Recientemente, las reformas para la "nueva administración pública" en los países industrializados se han propuesto trasladar la prestación de servicios fuera del sector público central (centro del círculo en el Gráfico 5.4), principalmente recurriendo a mecanismos de mercado y contratos oficiales. Nueva Zelandia constituye el ejemplo más espectacular. A partir de principios de los años ochenta, las actividades comerciales y otras abiertas a la competencia fueron desgajadas del núcleo del sector público, constituidas como empresas y a menudo privatizadas. El resto de los ministerios, los más grandes y con funciones múltiples, se dividieron en servicios empresariales con fines definidos encabezados por directores con contratos por un período determinado y renovables en razón de los resultados, que gozaban de considerable autonomía (incluido el derecho a contratar y despedir personal). Esas reformas contribuyeron a transformar en superávit, durante los años ochenta, un déficit presupuestario equivalente al 9% del PIB, así como a recortar el costo unitario de las prestaciones más del 20% en algunos organismos.

Varios países en desarrollo están ahora emulando esas reformas. Pero lo que es factible en Nueva Zelandia quizá sea imposible en muchos países en desarrollo. Se necesitan una capacidad y una dedicación considerables para poder redactar y aplicar contratos, especialmente cuando éstos contemplan prestaciones de servicios sociales difíciles de

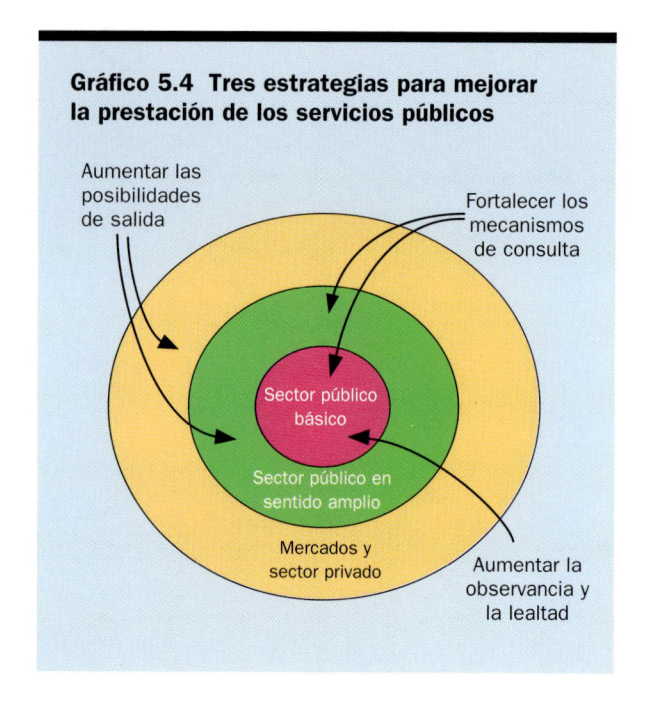

Gráfico 5.4 Tres estrategias para mejorar la prestación de los servicios públicos

Aumentar las posibilidades de salida

Fortalecer los mecanismos de consulta

Sector público básico

Sector público en sentido amplio

Mercados y sector privado

Aumentar la observancia y la lealtad

especificar. La mayor o menor eficacia de un organismo para mejorar el rendimiento dependerá tanto de las características del servicio como de la capacidad del Estado para exigir el cumplimiento de los contratos internos y externos (Cuadro 5.1).

Por ejemplo, para los servicios donde es posible la competencia, como la mayoría de los productos comerciales y, más recientemente, las telecomunicaciones y la generación de energía eléctrica, los mecanismos del mercado pueden originar intensas presiones competitivas para mejorar la prestación. En el caso de los servicios cuyos resultados el Estado puede especificar y exigir a un bajo costo de transacción, una posibilidad interesante es ofrecerlos mediante contratos con empresas privadas y ONG. Los países con gran capacidad y firme compromiso están estableciendo organismos orientados a resultados concretos y contratos oficiales incluso para actividades complejas dentro del sector público básico, como la defensa, la enseñanza y la atención sanitaria. Pero los países que no tienen ni capacidad para poner en vigor contratos complejos ni controles burocráticos para frenar las arbitrariedades si se introdujeran regímenes de administración más flexibles deben proceder con prudencia.

Los mercados competitivos, medio para mejorar la prestación de servicios

Los Estados, agobiados por sus numerosas obligaciones y reducidos presupuestos, recurren cada vez más a los mecanismos del mercado para mejorar la prestación de servicios abiertos a la competencia. Al mismo tiempo, una vigorosa corriente de innovación de la tecnología y las políticas ha

Cuadro 5.1 Mecanismos para mejorar la prestación de servicios

Medio	Abierto a la competencia	Facilidad para especificar los resultados y controlar el rendimiento	Dificultad para especificar los resultados y controlar el rendimiento
Sector privado	Fortalecer los mercados mediante una reglamentación creíble Crear mercados, por ejemplo, emitiendo vales	Contratación externa a organismos con fines lucrativos o no lucrativos	
Sector público en sentido amplio	Aumentar la competencia interna Establecer presupuestos firmes y privatizar las empresas estatales	Establecer organismos basados en los resultados Constituir en sociedades a las empresas estatales y establecer contratos de rendimiento ejecutorios Fortalecer los mecanismos de consulta	
Núcleo del sector público			Velar por la claridad de objetivos y tareas Mejorar la observancia de las normas Fortalecer los mecanismos de consulta

Características del servicio y capacidad estatal

ampliado gradualmente las fronteras de lo que puede considerarse abierto a la competencia. En el Capítulo 4 se ha demostrado cómo la desreglamentación y la desagregación de actividades en los sectores dominados por el Estado, como el de producción de energía eléctrica, han llevado a una reducción significativa de los costos unitarios y a una rápida expansión de los servicios.

Otras innovaciones recientes, como los vales y los subsidios por alumno matriculado han aumentado aún más el margen de competencia en la prestación de algunos servicios sociales. No obstante, la experiencia en este sentido es escasa y se ha limitado principalmente a la enseñanza. En Chile, el sistema de subsidios por alumno permite a éstos matricularse en cualquier escuela, pública o privada; las escuelas reciben un subsidio del Estado basado en el número de alumnos matriculados (Recuadro 5.4). Ha aumentado el número de matrículas en escuelas privadas, pero aún se desconocen los efectos del programa en el rendimiento escolar. El sistema de vales es muy prometedor pero entraña el riesgo de que aumente la polarización social si no se regula debidamente.

En efecto, el mayor uso de los mecanismos del mercado debe ir acompañado de una capacidad de reglamentación eficaz. Como ya se ha dicho en el Capítulo 4, ello no siempre es fácil de conseguir. Las dificultades de reglamentación son aún mayores en el caso de los servicios sociales que, pongamos por caso, en el de la infraestructura. Por ejemplo, la prestación de servicios de atención sanitaria por el sector privado no se ha reglamentado todavía en muchos países en desarrollo (una notable excepción es la del Brasil) porque la reglamentación del enorme número de proveedores en pequeña escala rebasa por completo la capacidad del gobierno.

Contratos externos con el sector privado y las ONG
En las esferas en que no se puede introducir la competencia *en* el mercado, aún cabe la posibilidad de propiciar la competencia *por* el mercado: los gobiernos pueden contratar a empresas privadas, seleccionadas mediante licitación, para que presten ciertos servicios. La contratación externa es ahora una práctica generalizada en muchos países industriales. El estado de Victoria, en Australia, constituye un ejemplo particularmente notable: cada consejo local contrata en el exterior, mediante licitación, al menos la mitad de su presupuesto anual, incluidos complejos servicios de atención comunitaria.

Recuadro 5.4 Vales y elección de escuela

La utilización de vales puede contribuir a introducir una mayor competencia en los servicios de educación. Los alumnos reciben vales financiados por los impuestos públicos que pueden canjearse en cualquier escuela, sea pública o privada. Si se permite que los padres escojan el centro de enseñanza al que acudirán sus hijos, aumentará la competencia entre las escuelas para conseguir alumnos.

Los adversarios de los vales afirman que con este sistema los alumnos de las escuelas públicas, especialmente los mejores, las abandonarán en masa y se derrumbará el sistema público. Ese resultado sería un desperdicio y haría que la enseñanza fuera aún peor para los que decidieran quedarse. No obstante, en un programa piloto realizado en Puerto Rico en 1993, el 18% de los alumnos que se trasladaron a escuelas privadas se vio compensado en gran medida por el 15% de los que hicieron exactamente lo contrario: no se puede hablar, pues, de un éxodo masivo. El experimento de Puerto Rico dio tan buenos resultados que en su segundo año el número de solicitantes se elevó de 1.600 a 15.500.

La asignación de fondos públicos para las escuelas privadas no es nada nuevo. En los Países Bajos, dos terceras partes de la población estudiantil asisten a escuelas privadas financiadas con fondos públicos. Cuando Chile reformó su sistema de enseñanza en 1980, el Ministerio de Educación comenzó a conceder subsidios por alumno, es decir, a abonar a los centros de enseñanza tanto públicos como privados una cantidad fija por cada alumno matriculado. Como la cantidad concedida por alumno se basaba en el costo medio de la enseñanza en el sector público, y los gastos por alumno eran un 70% inferiores en el sector privado, las escuelas privadas se lanzaron a la búsqueda de alumnos. Ya en 1986, el número de alumnos de primaria matriculados en escuelas privadas se había duplicado con creces, pasando del 14% al 29% del número total de matrículas, y las inscripciones en escuelas secundarias privadas casi se había cuadruplicado. Se desconocen aún los efectos en el rendimiento escolar.

El sistema de vales también presenta riesgos. Los que más comúnmente se mencionan son el aumento de la estratificación entre los servicios y de la polarización entre los usuarios. Algunos analistas han criticado la precipitación con que las antiguas repúblicas soviéticas han instaurado la libre elección del centro de enseñanza, pues aducen que agravará las tensiones sociales en unas sociedades que se están polarizando rápidamente. Lo que preocupa en el fondo es que, en ausencia de un control nacional, los planes de estudios escolares acabarán favoreciendo actitudes disgregadoras y localistas, lo que redundará en detrimento de uno de los papeles primordiales del Estado, el de velar por la cohesión social.

En los países en desarrollo, donde tanto los mercados como las capacidades del Estado son débiles, las opciones de licitación son más escasas. Aun así, cuando los resultados son fáciles de especificar y la competencia directa es imposible, la competencia gestionada por medio de mecanismos como los contratos de servicios, los contratos de gestión, los arrendamientos y las concesiones por períodos largos pueden conseguir que aumente la eficiencia. En el Brasil, por ejemplo, la contratación externa del mantenimiento de carreteras a empresas privadas ha permitido ahorros del 25% en el uso de funcionarios públicos. Los arrendamientos han aumentado la eficiencia técnica del abastecimiento de agua en Guinea y de la explotación de Port Kelang en Malasia.

Los gobiernos también están contratando en el exterior la prestación de servicios sociales, especialmente con organizaciones no gubernamentales. Aun cuando en este caso sea difícil especificar los resultados previstos, los gobiernos han tomado esta dirección cuando se ha considerado que las ONG están muy interesadas en la calidad de sus servicios o que, por su orientación religiosa o ideológica, pueden servir mejor a ciertos grupos (por ejemplo, los Países Bajos han contratado durante mucho tiempo a ONG los servicios de enseñanza). En Bolivia, un arreglo con una organización religiosa local para que administre las escuelas públicas está dando resultados prometedores (Recuadro 5.5). En Uganda, el gobierno está estableciendo relaciones con ONG para que presten servicios de salud tanto preventivos como curativos, que anteriormente eran competencia del sector público.

No obstante, al igual que los vales y los contratos normativos, la contratación externa no es la panacea universal. Ésta, en general, funciona bien cuando los resultados esperados son fáciles de especificar y los mercados son fuertes, lo que permite determinar fácilmente la eficacia comparativa de los distintos proveedores. Cuando se trata de actividades complejas o extraordinarias, la contratación externa produce inevitablemente mayores costos de transacción. La contratación externa se presta a la corrupción y la mala gestión, tanto como los contratos dentro

> **Recuadro 5.5 Contratos con ONG para mejorar la enseñanza en Bolivia**
>
> En un programa experimental puesto en marcha en Bolivia, el gobierno concertó con Fe y Alegría, organización de base religiosa, un contrato para la administración de cierto número de escuelas públicas, en su mayoría de nivel secundario. Antes de dar su acuerdo, Fe y Alegría pidió (y obtuvo) el derecho a designar directores y profesores y a permitir que los maestros trabajasen tanto en el turno de mañana como en el de tarde en lugar de las 3,5 horas asignadas a la enseñanza en las escuelas públicas.
>
> En todos los demás aspectos, los colegios de Fe y Alegría son idénticos a otras escuelas públicas bolivianas. Aunque son seleccionados uno por uno, los maestros apenas reciben capacitación especial y gozan del mismo sueldo que otros maestros de la escuela pública. Los colegios de Fe y Alegría no reciben fondos adicionales para libros y material, y sus planes de estudios y métodos de enseñanza son iguales a los utilizados en otras escuelas públicas.
>
> La única ventaja comparativa que tienen los colegios de Fe y Alegría es un excepcional espíritu de solidaridad entre alumnos, padres y maestros. Los profesores y los alumnos acuden en masa a los colegios de Fe y Alegría, y muchas familias pagan cantidades suplementarias para que sus hijos asistan a ellos. En las raras ocasiones en que se han ensayado métodos de enseñanza innovadores (como un curso de matemáticas transmitido por una emisora de radio local), éstos también han sido muy bien acogidos, tanto en las escuelas como en toda la comunidad. Esta asociación entre el sector público y el privado, entre el gobierno y una ONG religiosa parece ser tan fructífera que el gobierno la está estudiando como posible modelo para la reforma nacional de la enseñanza.

del sector público. El Inspector General de Uganda, por no citar más que un ejemplo, informó de varios casos de fraude en contratos con el sector privado, incluidos pagos por carreteras que nunca llegaron a construirse ni a mantenerse.

Por último, la competencia en la contratación externa no significa necesariamente que el sector privado vaya a funcionar mejor que el público. En uno de los más amplios experimentos estadounidenses en relación con la competencia entre el sector público y el privado, el Departamento de Obras Públicas de Phoenix, en Arizona, elaboró estrategias innovadoras y rindió más que sus competidores del sector privado en varios contratos entre 1984 y 1988. La competencia fue el estímulo para la reforma en ese caso, pero igualmente importante fue la sólida asociación forjada entre el personal directivo y los trabajadores mediante grupos de control de la calidad y comités de productividad integrados por unos y otros para aprovechar la experiencia de los trabajadores e identificar conjuntamente soluciones competitivas.

Mejorar la prestación de servicios en el sector público, entendido en sentido amplio

A pesar de las crecientes oportunidades de participación del sector privado, el sector público seguirá prestando, inevitablemente, gran número de servicios. En este caso la dificultad consiste en crear un ambiente propicio que ofrezca incentivos para un mejor rendimiento.

COMPETENCIA INTERNA. Algunos países industriales están ensayando sistemas para aumentar la competencia dentro del sector público, con el fin de mejorar la prestación de servicios que no pueden confiar ni a la competencia del mercado ni a la contratación. En el Reino Unido, por ejemplo, se ha creado un mercado interno dentro del servicio nacional de salud convirtiendo a las autoridades sanitarias locales y grupos de médicos generalistas en compradores de servicios hospitalarios en nombre de sus pacientes. Este arreglo ha generado competencia entre los hospitales y actúa como mecanismo descentralizado para la reasignación de recursos. Aunque la competencia interna puede mejorar la eficiencia, es importante evitar que ello redunde en detrimento de la equidad.

La descentralización de la prestación de servicios, es decir, la delegación de recursos y responsabilidades a niveles inferiores de gobierno, es otro medio potencialmente eficaz de introducir una presión competitiva interna, particularmente para la prestación de bienes públicos locales con pocos trasvases interjurisdiccionales o economías de escala. Los gobiernos locales adquieren la flexibilidad necesaria para adaptar la oferta a las preferencias o las demandas locales, mientras que la atribución de responsabilidades al nivel local y la competencia interjurisdiccional en la oferta pueden actuar como dispositivos de control. Pero, como se estudia en el Capítulo 7, para que la descentralización pueda mejorar la eficiencia y la equidad deben darse previamente ciertos requisitos institucionales.

ORGANISMOS SOMETIDOS A CRITERIOS DE EJECUCIÓN. Las reformas para la "nueva administración pública" en los países industriales tienen como objetivo desagregar el núcleo del sector público en una serie de grupos de actividad u organismos con fines concretos bien diferenciados. En general, esos organismos tienen mayor flexibilidad de gestión en la asignación de recursos financieros y humanos y mayor responsabilidad en cuanto a la obtención de resultados. Hace tiempo que Suecia y otros países nórdicos han separado los ministerios del gabinete de los organismos con fines particulares. En el Reino Unido, casi dos terceras partes del funcionariado han sido trasladadas a organismos encargados de prestar servicios específicos. Estos cambios se han visto acompañados por una delegación considerable de la autoridad de gestión y una mayor responsabilidad por los resultados. En Australia, Dinamarca, Irlanda y Suecia, por ejemplo, los costos administrativos detallados y desglosados se han englobado en una sola partida presupuestaria, lo que permite a los directores reasignar los recursos de acuerdo con las nuevas prioridades y necesidades.

Entre los países en desarrollo, Singapur es quizá el que lleva más ventaja en la creación de unidades de actividad con fines concretos. Ya en los años setenta, la administración pública de Singapur se organizó en torno al concepto de juntas oficiales. Otro ejemplo es el de Jamaica, donde se han escogido 11 organismos experimentales para convertirlos en organismos ejecutivos.

Pero los países con problemas de control de los insumos y de falta de capacidad deben proceder con precaución. Los países industriales que ahora han renunciado al control detallado de los insumos lo han hecho desde una posición de fuerza, pues a lo largo de muchos años han establecido una serie de limitaciones creíbles a los comportamientos arbitrarios. Para los muchos países que aún no han conseguido controlar convincentemente el uso de los insumos, una mayor flexibilidad de gestión sólo serviría para fomentar la arbitrariedad y la corrupción. Además, la redacción y la aplicación de contratos, por tratarse de servicios complejos, exigen conocimientos especializados que normalmente no abundan.

Algunas de estas preocupaciones han quedado de manifiesto en un estudio reciente sobre empresas estatales, que reveló unos resultados generales muy desalentadores en los contratos con fines específicos entre el gobierno y el sector privado en los países en desarrollo. Sin embargo, aunque esos contratos no han tenido éxito en la mayoría de los países en desarrollo, muchos de éstos han intentado crear organismos con fines concretos para tareas fáciles de especificar y muy prioritarias, como el mantenimiento de la red vial o la recaudación de impuestos. Normalmente, esos organismos se establecen en forma de enclaves dentro de la administración pública, con mayor flexibilidad de gestión, mejor remuneración y mayor responsabilidad respecto de los resultados. En los países de África al sur del Sahara, por ejemplo, se han creado organismos de ese tipo para conseguir objetivos de recaudación de impuestos en Ghana, Uganda y Zambia. Otros países parecen dispuestos a emularlos.

En esos ejemplos, el establecimiento de organismos dedicados a la recaudación de impuestos se ha considerado como condición indispensable para mejorar la capacidad del gobierno de obtener ingresos y mejorar los incentivos para el resto de la administración pública. Los resultados han sido impresionantes. Ghana fue el primer país de África al sur del Sahara en introducir este criterio para la recaudación de impuestos y aranceles. El monto total de ingresos casi se duplicó en los cinco primeros años, pasando del 6,6% del PIB en 1984 al 12,3% en 1988, en gran parte gracias a las mejoras en la recaudación. Pero el mecanismo presentaba también algunos problemas. El resto del funcionariado estaba molesto por el trato especial que se daba a los recaudadores de impuestos y el Ministerio de Finanzas estaba descontento por su pérdida de autoridad. El programa no habría podido seguir adelante si no hubiera contado con el firme apoyo de las instancias superiores de poder.

Más problemático ha sido el establecimiento de enclaves para proyectos de desarrollo en varios países que dependen de la ayuda exterior, cada uno con su propio sistema de remuneración y rendición de cuentas. A menudo los donantes han creado esos enclaves sin tener en cuenta el carácter de los servicios prestados o el orden cronológico más idóneo de las reformas institucionales. Y a menudo han generado disparidades.

Como se analiza en el Capítulo 9, los enclaves a menudo se utilizan como soluciones rápidas. Aunque a veces han conseguido objetivos a corto plazo, pueden crear obstáculos para una reforma institucional más profunda. Cuando los resultados son fáciles de especificar, por ejemplo, la cifra de ingresos que debe recaudarse en concepto de impuestos, los enclaves pueden resultar útiles como una fase experimental de reforma que después puede ampliarse progresivamente, y como demostración de que las reformas pueden ser eficaces. Pero es importante emplear criterios sistemáticos en la selección de los organismos que deben instituirse. Y aunque son útiles como primer paso, no pueden sustituir a las reformas institucionales a largo plazo que se necesitan para crear un funcionariado público motivado y capaz.

Mejorar la prestación de servicios en el sector público básico
La contratación externa de servicios, el establecimiento de organismos orientados a la obtención de resultados concretos y la creación de un sistema formal de rendición de cuentas no son opciones viables para muchos servicios en los países con deficiencias de capacidad. El problema es particularmente grave en los niveles de contacto con el público cuyos operarios (policías, inspectores de riego, agentes de salud, maestros, extensionistas) se relacionan a diario con la población a la que sirven, se encuentran dispersos geográficamente, cuentan con capacidades discrecionales considerables y producen resultados que son difíciles de supervisar y no están sometidos a la presión de la competencia.

La experiencia de varios países sugiere que una combinación de mecanismos puede reforzar los incentivos para obtener resultados en esas esferas. En un estudio comparativo de los organismos que se ocupan del riego en la India y en Corea se demostró que la organización de la India ofrecía pocos incentivos para un trabajo hecho a conciencia, mientras que la de Corea estaba repleta de incentivos de ese tipo. Los inspectores de riego en Corea tenían los objetivos más claros y estaban sometidos a controles aleatorios por parte de tres entidades diferentes. Las técnicas de supervisión en la India tenían por objeto encontrar motivos de sanción. En Corea, su propósito era resolver los problemas: personal de todos los niveles de la organización recorría frecuentemente los canales, había más presión externa procedente de los agricultores y una asociación más estrecha para conseguir mejores resultados.

ORIENTACIÓN DEL RENDIMIENTO Y PREVISIBILIDAD DE LOS FLUJOS DE RECURSOS. Un punto de partida decisivo para empezar a dar más importancia al rendimiento dentro de las organizaciones del sector público es la mayor claridad en los objetivos y las tareas. Colombia, México y Uganda están introduciendo sistemas de medición del rendimiento para orientar al personal directivo hacia el logro de los resultados apetecidos. Mientras que en algunos países, como Nueva Zelandia, se ha insistido en los resultados como medida del rendimiento, otros como Australia, Colombia y Uganda prestan más atención a las repercusiones, es decir, los efectos de los resultados en los beneficiarios, junto con la evaluación *ex post*.

Pero incluso con una mayor claridad de objetivos y tareas, el personal directivo del sector público no funcionará debidamente si la corriente de recursos presupuestados es incierta. De ahí la importancia de instituir mecanismos eficaces de elaboración de políticas a nivel central, como ya se ha dicho en el presente capítulo. Un marco creíble de gasto a mediano plazo, como en el caso de Australia (véase el Recuadro 5.2), permite una mayor coherencia entre las políticas y los recursos, y con ello hace más previsible la corriente de recursos hacia los departamentos de nivel inferior. Malawi y Uganda están comenzando a instituir esos marcos.

CONTROLES FINANCIEROS Y DE GESTIÓN. Dado que los resultados del sector público a menudo son difíciles de medir y supervisar, es preciso instituir un sistema de control y de rendición de cuentas en la esfera financiera para que el personal directivo sea honrado, impida el uso indebido o el derroche de los recursos públicos y mejore la prestación de servicios. En un estudio del gasto en Uganda se observó que una parte importante de los recursos asignados a servicios sociales básicos nunca llegaba a los dispensarios o las escuelas a que estaban destinados, particularmente en las zonas rurales. En muchos países, las cuentas y auditorías de los fondos públicos están anticuadas y son deficientes, por lo que no suponen un control creíble.

Para mejorar la transparencia y la calidad de sus sistemas de contabilidad y auditoría y reducir los retrasos, los países están modernizando sus sistemas de información financiera. Países tan diversos como Bolivia, China, Indonesia y Moldova están adoptando medidas legislativas basadas en sólidos principios de contabilidad, con el respaldo de fuertes asociaciones profesionales tanto dentro del gobierno como en el sector privado.

Aunque no se dispone de pruebas sistemáticas de los efectos de esas reformas, pueden vislumbrarse algunas enseñanzas útiles. Los sistemas modernos de información, basados en computadoras, pueden mejorar la transparencia y reforzar el control general, reduciendo al mismo tiempo la necesidad de controles en transacciones concretas. Los controles de los insumos pueden ampliarse secuencialmente a medida que se desarrollan los sistemas y se instaura la confianza: los países pueden abandonar en forma gradual los controles detallados, *ex ante y* por partidas concretas y optar por categorías presupuestarias más generales, escalas de sueldos con bandas más amplias, y mayor flexibilidad en la adquisición de bienes y servicios y la contratación de personal. El paso del control *ex ante* al control *ex post* de los insumos por transacción debe hacerse cuidadosamente y sólo a medida que vaya mejorándose el control de los agregados presupuestarios, que los organismos demuestren que se les puede confiar mayor autonomía y que los controles *ex post* aumenten la solidez general mediante la mejora de las capacidades de contabilidad y auditoría.

Pero la experiencia también demuestra que el paso de un régimen de control muy centralizado y para transacciones concretas a uno más descentralizado puede topar con cierta resistencia. Por ejemplo, en el Ecuador, el plan para el traspaso de los controles de pago, aunque se propuso en 1995, aún no se ha aplicado, en gran parte a causa del temor de los organismos centrales a la indisciplina fiscal. La confianza debe instaurarse en primer lugar fortaleciendo los sistemas de medida del rendimiento y los controles *ex post* de los insumos. A medida que esos sistemas se hacen más creíbles, la resistencia al cambio desaparece y el personal directivo puede gozar de más flexibilidad y hacerse más responsable de los resultados.

LEALTAD, MOTIVACIÓN Y COMPETENCIA. La mejora de los sistemas de supervisión, contabilidad y auditoría no bastará por sí sola para mejorar la prestación de muchos servicios. También se necesitan sistemas para aumentar la lealtad, la motivación y la competencia del funcionariado. La lealtad promueve la identificación del personal con los objetivos de la organización y la voluntad de adoptar una visión a largo plazo de las responsabilidades. Esa virtud es imprescindible en el núcleo del sector público, donde las actividades no son fáciles de especificar ni de supervisar, y la salida carece de significado.

Las administraciones públicas de Alemania, Francia, el Japón y Singapur velan por que las lealtades de un pequeño grupo de profesionales estén fundamentalmente en línea con los intereses del Estado. Para propiciar esta identificación de intereses, se instauró la seguridad en el empleo, que ha funcionado en algunos contextos pero no en muchos otros. Como se estudia en la siguiente sección, la experiencia de los países que lo han conseguido sugiere que para lograr ese compromiso y para motivar y atraer personal competente es preciso ofrecer recompensas de ascenso profesional a largo plazo, una remuneración adecuada y mecanismos encaminados a fomentar la solidaridad, por ejemplo, favoreciendo las relaciones entre el personal directivo y los trabajadores.

FORTALECIMIENTO DE LOS MECANISMOS DE CONSULTA CIUDADANA. La institución de controles burocráticos creíbles lleva su tiempo. Mientras tanto, en los casos en que la capacidad interna de supervisión y aplicación es débil, los usuarios y los beneficiarios pueden ejercer una presión considerable para que mejore el rendimiento y con ello disminuyan los costos de supervisión hasta que se adquieran esas capacidades. La coproducción y otras formas de asociación del gobierno con la comunidad en la prestación de servicios, aunque sea indirectamente, crean incentivos para presionar en favor de un mejor servicio. Mecanismos de sondeo de opiniones como las encuestas entre beneficiarios realizadas en la India, Nicaragua y Uganda consiguen una mayor transparencia y responsabilidad, al hacer que aumente el número de personas que conocen el rendimiento de la organización. Las cartas de derechos del ciudadano, en las que los organismos se comprometen públicamente a prestar un nivel mínimo de servicios, como las que existen en Bélgica, Malasia, Portugal y el Reino Unido, pueden contribuir a aumentar las presiones externas e internas para la consecución de determinadas metas de rendimiento y a centrar la atención de los usuarios y el personal en la calidad de los servicios. En el Capítulo 7 se sitúa el uso de la participación ciudadana en el contexto más amplio del aumento de la capacidad del Estado.

Fomento de la motivación y la capacidad del personal

Independientemente de que se dedique a la formulación de políticas, la prestación de servicios o la administración de contratos, la savia de un Estado eficaz es un personal capaz y motivado. Los esfuerzos por conseguir un funcionariado público competente y entregado suelen centrarse casi exclusivamente en la remuneración. La paga es ciertamente importante, pero también lo son otras cosas, como la contratación y el sistema de ascensos basados en el mérito y el fomento de un espíritu corporativo. La contratación y los ascensos por méritos restringen los favoritismos políticos y atraen y retienen a personal más competente. Un sano sentido de solidaridad alienta una mayor identificación con los objetivos de la organización, reduce los costos de hacer que las personas se atengan a las normas y alimenta la lealtad y las relaciones internas.

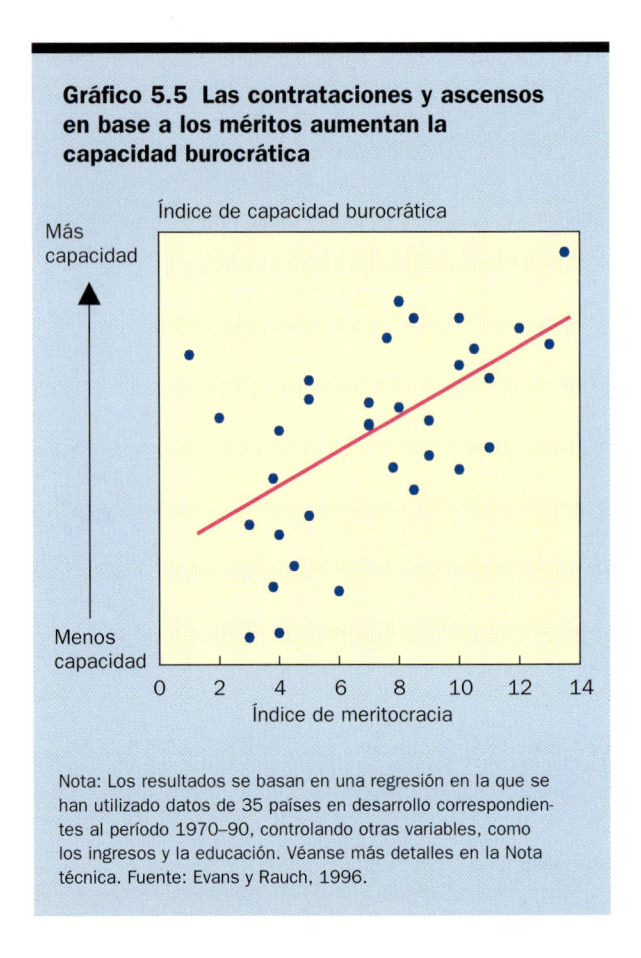

> **Gráfico 5.5 Las contrataciones y ascensos en base a los méritos aumentan la capacidad burocrática**
>
> Nota: Los resultados se basan en una regresión en la que se han utilizado datos de 35 países en desarrollo correspondientes al período 1970–90, controlando otras variables, como los ingresos y la educación. Véanse más detalles en la Nota técnica. Fuente: Evans y Rauch, 1996.

En un reciente estudio realizado en varios países se demuestra por qué estas cosas son importantes. Los autores descubrieron que un índice que representaba el sistema meritocrático de contratación y ascensos y la idoneidad de la remuneración guardaba correlación con el crecimiento económico y con la opinión de los inversores sobre la capacidad de la administración pública, incluso después de tener en cuenta las diferencias de ingresos y de nivel de estudios (Gráfico 5.5). Es evidente, pues, que la fórmula institucional adecuada para contratar y motivar a personal competente puede producir considerables frutos.

Contratación y ascensos basados en el mérito
La transformación de la administración pública en una meritocracia permite adquirir personal de gran calidad, da prestigio a los puestos del funcionariado y motiva el rendimiento. En muchos países (el Japón y Corea, por ejemplo), en las oposiciones de entrada al cuerpo de funcionarios del Estado se utilizan normas muy estrictas para separar a los solicitantes más capaces de los menos competentes. En otros, el filtro principal es el expediente académico (a menudo universitario). La presión por rendir mejor se mantiene después de la contratación mediante la especifi-

cación de objetivos y criterios claros para la movilidad en los ascensos y ofreciendo recompensas por largos años de servicio satisfactorio. En Corea, por ejemplo, los ascensos se basan en una fórmula que combina la antigüedad con elementos basados en el mérito. Cuando los ascensos se personalizan o politizan, el funcionariado se preocupa más por complacer a sus superiores o a políticos influyentes y se menoscaban los esfuerzos por aumentar el prestigio mediante estrictas normas de contratación.

La meritocracia aún no está establecida en muchos países. Por el contrario, el Estado a menudo se ha convertido en una fuente masiva de puestos de trabajo en que la contratación está más basada en los contactos que en los méritos. En el Gráfico 5.6 se observa que los nombramientos políticos tienen mucho mayor alcance en Filipinas que en otros países de Asia oriental. Ello, unido a la baja remuneración, ha dado lugar a una menor capacidad burocrática, que se ha agravado con el paso del tiempo. El Gobierno de Filipinas está adoptando medidas para conseguir una administración pública más basada en los méritos. Naturalmente, los nombramientos políticos pueden alcanzar también gran difusión en los países industriales, como los Estados Unidos. De todas formas, los países con instituciones débiles y sistemas deficientes de contrapesos y salvaguardias deberían contar con mecanismos más transparentes y competitivos.

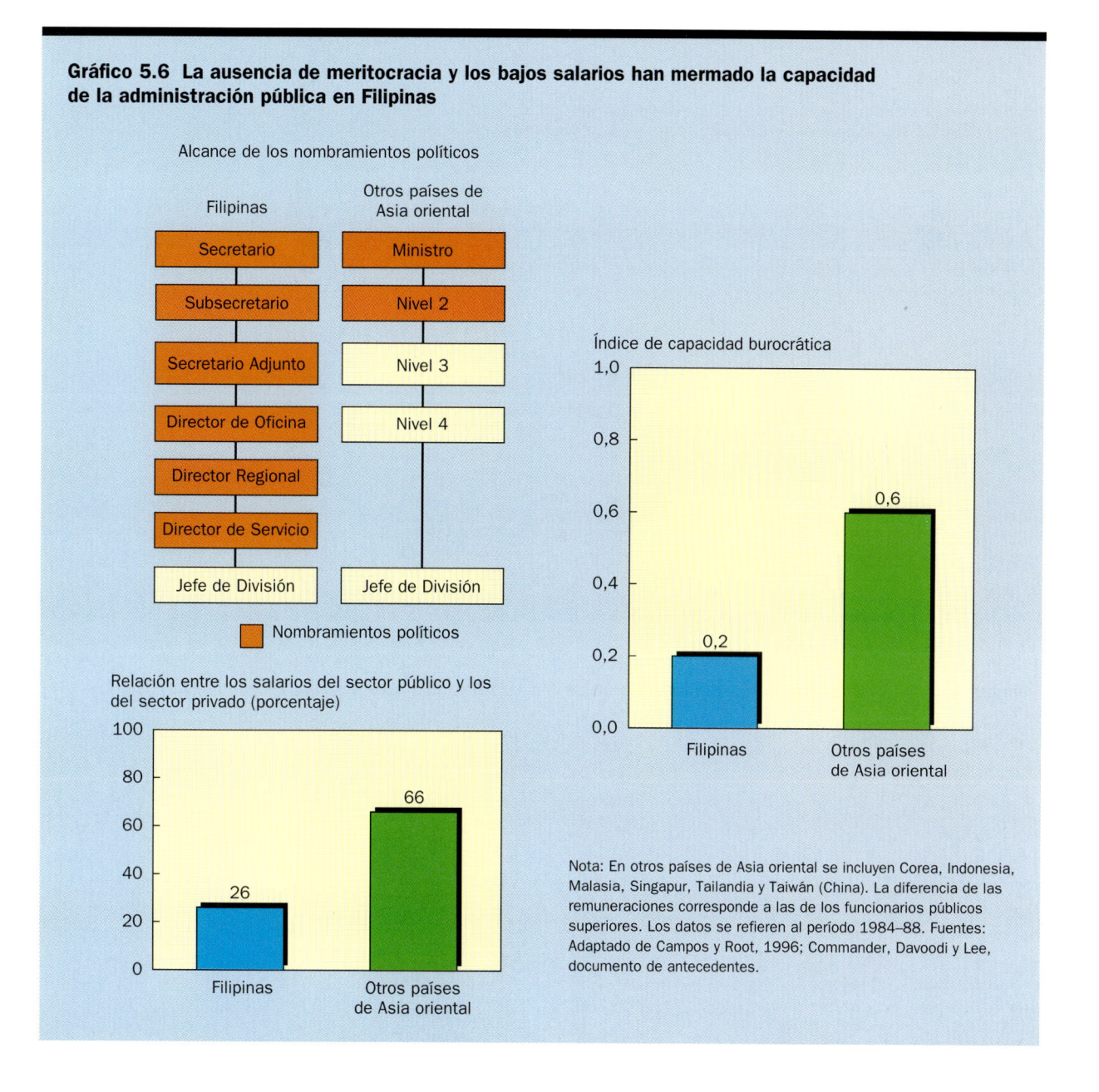

Gráfico 5.6 La ausencia de meritocracia y los bajos salarios han mermado la capacidad de la administración pública en Filipinas

Alcance de los nombramientos políticos

Filipinas:
- Secretario
- Subsecretario
- Secretario Adjunto
- Director de Oficina
- Director Regional
- Director de Servicio
- Jefe de División

Otros países de Asia oriental:
- Ministro
- Nivel 2
- Nivel 3
- Nivel 4
- Jefe de División

Nombramientos políticos

Relación entre los salarios del sector público y los del sector privado (porcentaje)
- Filipinas: 26
- Otros países de Asia oriental: 66

Índice de capacidad burocrática
- Filipinas: 0,2
- Otros países de Asia oriental: 0,6

Nota: En otros países de Asia oriental se incluyen Corea, Indonesia, Malasia, Singapur, Tailandia y Taiwán (China). La diferencia de las remuneraciones corresponde a las de los funcionarios públicos superiores. Los datos se refieren al período 1984–88. Fuentes: Adaptado de Campos y Root, 1996; Commander, Davoodi y Lee, documento de antecedentes.

> **Recuadro 5.6 Atraer a los mejores y más capaces: sistemas mandarines frente a sistemas abiertos**
>
> La mayoría de los países han elegido uno de los dos grandes sistemas de contratación basada en el mérito. El primero, denominado sistema mandarín, es un sistema jerárquico en el que el ingreso se limita a los candidatos que parecen contar con un brillante futuro desde el comienzo de su carrera profesional. Tradicionalmente, "sistema mandarín" significaba un grupo elitista de funcionarios de algunas burocracias de Asia oriental; en su sentido moderno, es un sistema de carrera dentro de un cuerpo profesional en el que se incluyen también los niveles inferior y medio de la administración pública. La contratación está centralizada y es sumamente selectiva, basada por lo general en un riguroso examen de admisión. Los candidatos que pasan ese examen entran por la vía rápida hacia los mejores puestos del gobierno. En su mayor parte, esos funcionarios, que suelen tener una preparación académica más bien amplia, se incorporan a un cuerpo o escalafón general, en lugar de ser destinados a puestos concretos.
>
> Francia y el Japón son los mejores ejemplos de este sistema. En la Escuela Nacional de Administración de Francia, los futuros directivos de alto nivel deben realizar un año de prácticas profesionales seguido de 15 meses de estudios teóricos. La Universidad de Tokio, en el Japón, produce la elite administrativa del país, cuyos miembros tienen en su mayoría formación jurídica o general, posiblemente complementada con capacitación técnica en el servicio. En Singapur se aplica este sistema con algunas variantes: los candidatos más prometedores rotan en puestos de aprendizaje de dos años de duración. En Alemania existe un sistema de pasantías para los candidatos más sobresalientes.
>
> El segundo sistema, conocido por contratación abierta, es un método más flexible, descentralizado y cada vez más orientado por el mercado, para la contratación de funcionarios públicos. El sistema estadounidense, por ejemplo, en claro contraste con el modelo antes descrito, permite el ingreso en cualquier nivel de la jerarquía, sin restricciones de edad. Las oposiciones de ingreso centralizadas han quedado sustituidas por exámenes específicos para cada profesión, y el personal directivo tiene más autonomía para la contratación. Los Estados Unidos, al igual que Australia, complementan su sistema de contratación horizontal con un Servicio Ejecutivo Superior encaminado a constituir un grupo selecto dentro de la administración pública.
>
> El método más progresista de contratación abierta y ascenso profesional se encuentra en los países que llevan a cabo las reformas para una "nueva administración pública". Esos países han hecho una considerable delegación de las responsabilidades de contratación. En Nueva Zelandia, por ejemplo, los directores de organismos pueden contratar a personal con una remuneración equivalente a la del mercado.
>
> Los países en los que hay una escasez crítica de recursos humanos bien calificados pueden considerar que los sistemas mandarines son más útiles, pues permiten establecer un criterio selectivo de perfeccionamiento del personal. Además, un funcionariado público prestigioso puede tener repercusiones favorables y motivar a otras partes de la administración pública para que funcionen debidamente. La contratación abierta, por otro lado, da al personal directivo más flexibilidad para buscar candidatos con las competencias necesarias, incluidos especialistas difíciles de encontrar. Estos sistemas desalientan el aislacionismo del funcionariado incorporando en todos los niveles personal con perspectivas e ideas nuevas. El inconveniente es que resulta más difícil de mantener en todo el funcionariado la calidad profesional y el espíritu solidario.

Incluso los países que han conseguido instaurar un sistema de contratación basado en el mérito y limitar los nombramientos de carácter político pueden sufrir una intensa injerencia política en los traslados de funcionarios. En la India, por ejemplo, los altos funcionarios públicos son objeto de traslados frecuentes: la duración media de los nombramientos de los oficiales sobre el terreno en algunos estados puede ser de tan sólo ocho meses. Debido en parte a esa situación, la antaño legendaria administración pública de la India ha dejado de ser un modelo de eficiencia, eficacia e integridad.

Los sistemas de contratación y ascensos basados en el mérito pueden clasificarse en dos tipos amplios pero no mutuamente excluyentes: los de tipo mandarín y los de contratación abierta. Los primeros, como los de Alemania, Francia y el Japón, son sistemas jerárquicos y de acceso restringido con requisitos de ingreso sumamente competitivos (Recuadro 5.6). Cuando escasean los recursos humanos bien calificados, estos sistemas mandarines pueden ser el mejor medio para disponer de un método más selectivo de perfeccionamiento del personal. Los sistemas de contratación abierta, como los de Nueva Zelandia y los Estados Unidos, son un instrumento más flexible, descentralizado y cada vez más orientado por el mercado para la contratación de funcionarios. Ofrecen al personal directivo mayor flexibilidad para compaginar las necesidades con las capacidades

Gráfico 5.7 En África, el empleo en el sector público ha aumentado, pero los salarios han disminuido

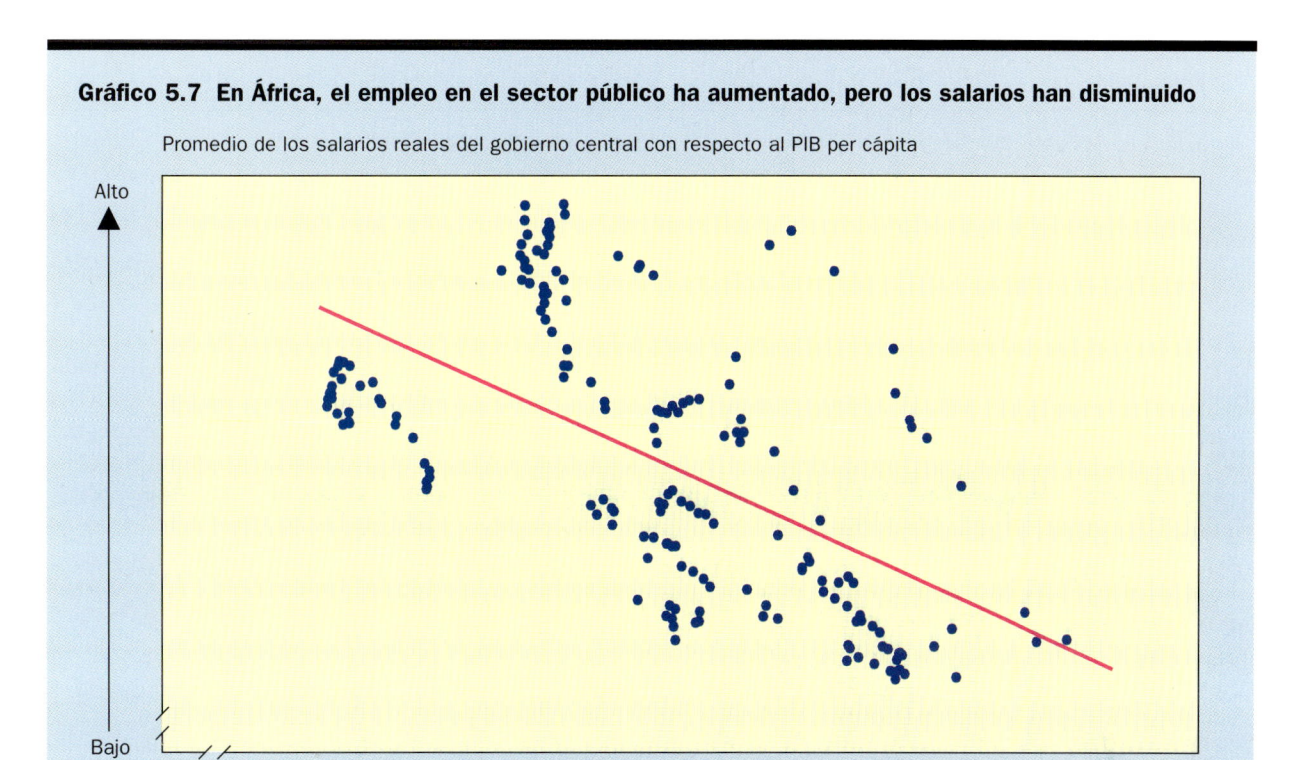

Promedio de los salarios reales del gobierno central con respecto al PIB per cápita

Nivel de empleo en el gobierno central con respecto a la población

Nota: Se han utilizado datos de panel de 20 países africanos correspondientes al período 1972–93. En ambos ejes se ha usado una escala logarítmica. Véanse más detalles en la Nota técnica. Fuentes: Cálculos del personal del Banco Mundial basados en datos tomados de Kraay y Van Rijckeghem, 1995 y datos del Banco Mundial.

disponibles, incluso en el caso de personal técnico especializado difícil de encontrar, aunque a cambio dificultan el mantenimiento del nivel profesional y el espíritu solidario.

Remuneración adecuada

Cuando los países aumentan el prestigio de su funcionariado mediante prácticas de contratación y ascensos basadas en el mérito, el empleo en el gobierno resulta más atractivo. Pero si la remuneración es muy inferior a la del sector privado, el prestigio por sí solo no compensa la diferencia.

Una medida aproximada para evaluar la idoneidad de la remuneración del sector público es la diferencia entre la remuneración de éste y la del sector privado, con los ajustes necesarios para tener en cuenta que el empleo público es por lo general más seguro. Las comparaciones precisas son engañosas, habida cuenta de las diferencias en los beneficios y prestaciones, las funciones de cada puesto y otras. En general, no obstante, los funcionarios públicos de casi todas partes están peor remunerados que sus colegas del sector privado. En Filipinas, por ejemplo, el sueldo público medio es un 25% del sueldo en el sector privado; en Somalia, la cifra es del 11%. En el extremo opuesto, los sueldos del sector público en Singapur son en promedio el 114% de los del sector privado, y de hecho los altos funcionarios de Singapur están mejor pagados que sus colegas estadounidenses. La diferencia está aumentando en algunos países. En Kenya, por ejemplo, la disparidad entre sueldos públicos y privados creció un 3% anual durante 1982–92. En muchos países, contribuyeron a la erosión relativa de los sueldos del sector público las medidas de austeridad fiscal adoptadas durante los años ochenta, que tendieron a reducir la remuneración real en lugar del empleo.

En muchos países africanos, el empleo público no sólo no ha descendido a pesar de las crecientes presiones fiscales, sino que de hecho ha aumentado, especialmente en los niveles más bajos (Gráfico 5.7). Los gobiernos se han convertido en empleadores de último recurso y proveedores de patrocinio político, ofreciendo empleo a familiares, amigos y partidarios. De resultas de ello, los sueldos individuales a menudo han sido bajos aunque la masa salarial total haya sido elevada. Además, el crecimiento de la masa salarial a menudo ha sido más rápido que el de los gastos de operaciones y mantenimiento, lo que ha llevado a las consabidas historias de maestros sin libros de texto y extensionistas sin bicicletas.

El contraste entre el monto de la masa salarial y el nivel relativo de los sueldos se observa en otro gran problema, que no se resolverá mediante aumentos generalizados de la remuneración. Se trata del nivel relativamente bajo de remuneración de los funcionarios de nivel superior. En muchos países, se permite que los sueldos de los funcionarios públicos de los niveles superiores se erosionen, a menudo por razones políticas, más que los de los escalones inferiores; esta compresión salarial hace aún más difícil atraer y retener a personal de calidad en los niveles superiores cruciales. En un estudio de diez países africanos se observó que la proporción media entre los sueldos de los funcionarios del rango máximo y mínimo había bajado desde 13/1 a 9/1 durante los años ochenta.

Movidos por el deseo de elevar los sueldos del sector público y por la necesidad de corregir desequilibrios fiscales agregados, algunos países han lanzado iniciativas encaminadas a reducir el desempleo, descomprimir la estructura salarial y aumentar la remuneración media en la administración pública. Estos esfuerzos han tenido un éxito relativo. En un estudio de la reforma de la administración pública en 15 países de varias regiones entre 1981 y 1991 se observó que la reducción de la masa salarial y la descompresión salarial se habían conseguido en menos de la mitad de los casos. El empleo se había reducido en más de la mitad, pero a veces la tendencia se invertía posteriormente, y los recortes raras veces bastaban para financiar aumentos salariales de importancia para el personal de nivel superior. En el Perú, por ejemplo, se despidió del servicio público a más de 250.000 empleados en tres años, pero después se contrató a 163.000; además, la falta de determinación de objetivos en los recortes provocó la partida del personal mejor calificado.

Esta experiencia desigual y a menudo decepcionante en la reforma de la administración pública permite no obstante extraer algunas enseñanzas para futuras ocasiones. En primer lugar, las estrategias se han centrado exclusivamente en la remuneración y el empleo y, más en concreto, en la reducción de las cifras (de la masa salarial y del empleo). Estas son importantes, pero también lo son otros elementos complementarios: la contratación y los ascensos basados en el mérito, la medida del rendimiento y la orientación, los mecanismos para mejorar la rendición de cuentas y el sentido de solidaridad.

El orden cronológico de las reformas debe programarse con más cuidado, empezando por la descompresión salarial. Incluso cuando las masas salariales globales son restringidas, los sueldos en los escalones superiores pueden aumentarse en relación con los inferiores, a fin de atraer a personas más calificadas y concentrar en las esferas estratégicas a quienes disponen de especialidades difíciles de encontrar. En los gobiernos con exceso de personal, las reformas para reducirlo a niveles sostenibles han sido demasiado modestas y normalmente se han hecho de una sola vez en lugar de mediante un programa de reducción de la presencia estatal a largo plazo.

Inevitablemente, las reformas de los salarios y de empleo tropezarán con obstáculos políticos, aunque los temores a las repercusiones políticas negativas a menudo han sido exagerados. Algunos países han considerado a los funcionarios públicos como asociados en la reforma y les han consultado ampliamente para encontrar soluciones políticamente aceptables. Por ejemplo, en la provincia de Santa Fe, en la Argentina, un intenso diálogo entre el gobernador y el sindicato local de funcionarios públicos ayudó a las partes a acordar medidas para modernizar la administración pública provincial, con recortes de gastos de alrededor del 10%. Además, las enseñanzas aprendidas con la reforma de la administración pública han permitido elaborar un buen conjunto de instrumentos técnicos (censos del funcionariado, revisión de funciones, pagos por separación del servicio mejor concebidos) para gestionar y aplicar las reformas con más eficacia. Pero en las reformas de la administración pública siempre habrá perdedores, que pueden tener gran influencia en las elecciones políticas y, por lo tanto, son una fuerza con la que hay que contar. La economía política de las reformas se analiza más a fondo en el Capítulo 9.

Instauración de un espíritu corporativo
Las burocracias eficaces y competentes se sienten comprometidas con los objetivos de su organización. Ello supone una forma común de entender lo que es un comportamiento deseable y lo que no lo es, que se manifiesta en normas oficiales y oficiosas y está motivado por un conjunto de objetivos, y el compromiso de defender el honor del grupo, basado en esa forma común de pensar. Ese espíritu corporativo hace que los miembros se sientan útiles e identificados con lo que hacen e impone la autodisciplina que guía a los miembros hacia el logro de los objetivos del grupo. Los Caballeros de la Tabla Redonda del Rey Arturo, los samurais del Japón e incluso los mafiosos de antaño representaban de una u otra forma este sentimiento solidario. Al parecer, lo mismo podría decirse de algunas administraciones públicas actuales, como las de Alemania, Chile, Corea, Francia, Japón y Reino Unido. En la mayoría de los casos, en cambio, la situación es distinta.

No es imposible instaurar un espíritu corporativo dentro de la burocracia partiendo de cero. El funcionariado público de Singapur es hoy bien conocido por su coherencia y su sentido de los objetivos, características casi inexistentes a principios de los años sesenta. Costó llegar a ese punto, pero los pasos se planificaron con claridad. Cada año los posibles candidatos se seleccionan entre los 200 mejores alumnos (menos del 5%) del último curso de la Universidad Nacional de Singapur (y más recientemente de la Universidad Tecnológica de Nanyang) y siguen durante un año un programa de capacitación. Como resultado de sus estudios y formación, tienen una idea semejante de lo que se espera de ellos en cuanto funcionarios públicos, y reina entre ellos un clima de confianza mutua. El sistema meritocrático de ascensos del país implica a los funcionarios en el logro de los objetivos de su organismo. La firmeza de los dirigentes de Singapur y sus continuos esfuerzos por imbuir al funcionariado sus propios valores contribuyen a reforzar los lazos entre los funcionarios públicos. Algunas de las experiencias de Singapur se están aplicando en Botswana, mediante acuerdos de hermanamiento que insisten en los dos ingredientes clave del trabajo en equipo y el rendimiento del grupo.

La dedicación y el compromiso de los empleados no son exclusivos de los países industriales y Asia oriental. En Ceará, estado pobre del nordeste del Brasil, las medidas para aumentar la dedicación de los empleados aumentaron espectacularmente la calidad de los servicios públicos prestados (Recuadro 5.7). El gobierno del estado trató de convencer a los empleados que estaban trabajando por una buena causa y dio nuevo prestigio a sus puestos. Esos sentimientos se vieron reforzados por prácticas innovadoras, como la participación de los empleados y los equipos de trabajo de dirección autónoma, la multiplicidad de tareas y la producción especializada u organizada con flexibilidad. Esas prácticas supusieron mayor discrecionalidad y flexibilidad para ellos, mayor cooperación entre ellos y el personal directivo y mayor confianza entre los trabajadores y los usuarios. Esas experiencias también destacan la importancia de las recompensas no pecuniarias —reconocimiento, aprecio, prestigio y distinciones— para motivar al personal, por encima de la suficiencia de la remuneración y la contratación y promoción basadas en el mérito.

Opciones estratégicas: medidas para lograr un sector público eficaz

Algunos países en desarrollo carecen de los elementos más fundamentales de una burocracia profesional y reglamentada. Ni siquiera los dirigentes con ansias de reforma pueden traducir sus objetivos en realidades porque la maquinaria que vincula las declaraciones de política a la acción ha dejado de funcionar. De resultas de ello, se observa una gran diferencia entre lo que el Estado dice que hará y lo que hace en realidad, es decir, entre las normas oficiales de las

Recuadro 5.7 Cómo conseguir una mayor dedicación de los empleados: buen gobierno en el estado brasileño de Ceará

En 1987, el gobierno del estado de Ceará, al nordeste del Brasil, se enfrentaba a una lacerante crisis fiscal, añadida a un legado de administración mediocre. En cuatro años, sin embargo, se había salvado la crisis fiscal y la calidad de los servicios había mejorado espectacularmente. La cobertura con vacunación contra el sarampión y la polio se triplicó con creces, pasando del 25% al 90% de la población infantil. El programa de obras públicas del estado empleó a más de 1 millón de agricultores sin empleo durante las épocas de sequía. Su programa de extensión comercial y adquisiciones públicas para pequeñas empresas ahorró más del 30% respecto de su gasto global anterior.

Gran parte del éxito se debió a los propios funcionarios. El gobierno del estado contribuyó de modo inusitado y a veces involuntario a la nueva actitud de entrega de los empleados públicos. Mediante recompensas al buen rendimiento, métodos de selección de nuevos empleados, programas de orientación y, simple y llanamente, publicidad en los medios acerca de sus logros, el estado generó un intenso espíritu de dedicación en torno a los programas clave y sus empleados. Éstos, sumamente motivados, realizaban tareas más variadas de lo habitual, a menudo de forma voluntaria. Al concederséles más autonomía y capacidad de decisión, los empleados podían prestar servicios más ajustados a las necesidades. Este mayor poder discrecional no originó, como suele hacer en otros casos, más oportunidades para el enriquecimiento personal, pues el sistema incentivaba la responsabilidad. Los empleados deseaban rendir más a fin de estar a la altura de la nueva confianza que los usuarios habían depositado en ellos. A su vez, esto era resultado de la mejor adecuación de sus tareas y de los mensajes públicos de respeto por parte del estado. Al mismo tiempo, las comunidades en las que trabajaban estos empleados públicos los supervisaban más de cerca. Las campañas de publicidad del estado y mensajes análogos habían armado a los ciudadanos con más información sobre su derecho a un mejor gobierno y acerca de la forma en que se suponía que debían funcionar los servicios públicos. Así, el gobierno desempeñó un papel fundamental en la supervisión, pero lo hizo indirectamente.

Esos mecanismos dieron lugar a un círculo virtuoso: los empleados públicos declararon sentirse más apreciados y reconocidos, no necesariamente por sus superiores, sino por sus clientes y por las comunidades en las que trabajaban; ello a su vez reforzaba su entrega al trabajo.

instituciones públicas y las normas reales. El primer paso para aumentar la eficacia del sector público en esos países debe ser eliminar esa diferencia: restablecer la credibilidad de las políticas gubernamentales y las normas a las que declara atenerse, velando por que funcionen en la práctica. Para ello hay que establecer claros límites presupuestarios, cumplir los presupuestos y otras políticas en la forma en que se han aprobado, hacer que las corrientes de recursos sean predecibles, instituir la rendición de cuentas sobre el uso de los recursos financieros y poner coto al favoritismo político desenfrenado en las decisiones relativas al personal.

Cuando no existen estas condiciones, el nuevo régimen de administración pública debe introducirse con prudencia. Si las normas oficiosas no han coincidido tradicionalmente con las oficiales (en lo que atañe a las prácticas de personal, por ejemplo), la mera introducción de nuevas normas oficiales no servirá de mucho. Cuando los países han sido incapaces de establecer controles creíbles de los insumos, dar al personal directivo mayor flexibilidad sólo alentará la arbitrariedad y la corrupción. Y cuando escasean los conocimientos especializados, los contratos con fines específicos y otros análogos utilizados para la prestación de servicios complejos pueden acaparar una gran parte de la escasa capacidad burocrática para especificarlos y aplicarlos. No obstante, los países pueden comenzar formulando con más claridad los objetivos y tareas e introduciendo sistemas de medición del rendimiento en forma selectiva y secuencial. Cuando se intensifica la cuantificación de los resultados y se instituyen controles creíbles de los insumos, puede darse al personal directivo mayor flexibilidad de acción a cambio de una mayor responsabilidad respecto de los resultados.

El establecimiento de una burocracia profesional y reglamentada lleva tiempo. Entretanto, pueden aplicarse más rápidamente otras medidas, algunas de las cuales pueden generar buenos resultados en poco tiempo. Los mecanismos de formulación de políticas que funcionan debidamente divulgan los costos de políticas alternativas y alientan el debate y las consultas entre todos los interesados directos. La utilización del mercado para la prestación de servicios abiertos a la competencia, muchos de los cuales pertenecen hoy al dominio exclusivo del gobierno, puede reducir los costos y mejorar la calidad de los servicios. Del mismo modo, la contratación externa de actividades fáciles de especificar mediante licitación pública puede reducir la carga que supone la falta de capacidad y establecer relaciones con mercados y ONG a fin de mejorar la eficiencia. Los reformadores no necesitan apoyarse solamente en los controles internos: la creación de más puntos de acceso para la información procedente de empresas y de los usuarios de los servicios públicos puede contribuir considerablemente a generar presiones externas para que mejore el rendimiento mientras aún se están desarrollando la capacidad interna y los mecanismos de aplicación.

Como se ha destacado en capítulos anteriores, aun cuando el Estado renuncie a la prestación directa de muchos de los bienes y servicios que hoy suministra, tendrá todavía mucho que hacer. Deberá convertirse en asociado y agente catalizador, regulando los mercados, velando por el cumplimiento de los contratos y realizando todas las funciones esenciales esbozadas en los Capítulos 3 y 4. Para ello, tiene que atraer personal competente, y mantenerlo. Las limitaciones reglamentarias del clientelismo político en la contratación y los ascensos del personal, y el aumento de la competencia por conducto de la meritocracia son requisitos necesarios para adquirir esa capacidad. En los países en los que ha tenido lugar una rápida expansión del empleo en los escalones inferiores, las reformas para reducir el personal son inevitables. Por otro lado, es posible aumentar el atractivo de los sueldos del extremo superior de la escala para atraer a personal competente, incluso con restricciones de la masa salarial, en parte reduciendo el exceso de empleo en los niveles inferiores.

Es probable que estas y otras reformas generen la oposición de todos los posibles perjudicados. Pero, como se expone en el Capítulo 9, pueden presentarse oportunidades de cambio o ampliarse las ya existentes. Los gobiernos empeñados en la reforma deben aprovechar esas oportunidades para instaurar el consenso, superar los obstáculos que se oponen al cambio e iniciar y sostener las reformas necesarias para conseguir un sector público eficaz. La consiguiente revitalización de las instituciones públicas traerá consigo grandes beneficios.

CAPÍTULO 6

PONER COTO A LA ARBITRARIEDAD Y A LA CORRUPCIÓN

UN ESTADO EFICAZ PUEDE CONTRIBUIR EN GRAN medida al desarrollo sostenible y a la reducción de la pobreza, pero no hay ninguna garantía de que la intervención del Estado beneficie realmente a la sociedad. El monopolio del Estado sobre las acciones coercitivas le confiere autoridad para intervenir eficazmente en la actividad económica, pero también le da el poder de actuar en forma arbitraria. Ese poder, acompañado del acceso a información no disponible para los ciudadanos, da a los funcionarios públicos oportunidades para promover sus propios intereses, o los de sus amigos o aliados, en menoscabo del interés general. Las posibilidades de enriquecimiento personal y de corrupción son considerables. Así pues, los países deben esforzarse por establecer y mantener mecanismos que den a los organismos del Estado la flexibilidad y los alicientes para actuar en pro del bien común y, al mismo tiempo, poner coto a los comportamientos arbitrarios y corruptos en sus tratos con las empresas y los ciudadanos.

El Capítulo 5 tenía como tema central el aumento de la capacidad del sector público. Muchas de las reformas en él analizadas contribuirán a reducir la arbitrariedad y la corrupción. Particularmente útiles para ese fin son la instilación en las instituciones públicas de una cultura basada en normas, y la lucha contra el favoritismo en la administración pública. En el presente capítulo se amplía ese análisis para examinar mecanismos encaminados a restringir la actuación arbitraria del Estado y la corrupción en general.

En primer lugar, se examinan los controles y salvaguardias formales que deben incorporarse a la estructura del gobierno, incluida la independencia de la judicatura y la separación de poderes. Esas salvaguardias sirven para fomentar la credibilidad y la responsabilidad. Pero los instrumentos formales de restricción a menudo no son suficientes, particularmente en los países en los que la corrupción está bien arraigada. Por eso, más adelante se analizan también las opciones con que cuentan esos Estados y otros que intentan hacer mella en la corrupción, examinando las raíces de ésta. Una enseñanza importante es que las actividades contra la corrupción deben realizarse en muchos frentes, a fin de limitar las oportunidades de corrupción y los beneficios que ésta reporta aumentando al mismo tiempo las sanciones correspondientes y las probabilidades de ser descubierto.

Controles y salvaguardias formales

En el establecimiento de un gobierno que ha de ser administrado por hombres para hombres, la gran dificultad reside en lo siguiente: en primer lugar, debe facultarse al gobierno para que controle a los gobernados, y, a continuación, obligarlo a que se controle a sí mismo.
— James Madison, *Federalist* No. 51 (1788)

Restringir el uso y abuso potenciales de la autoridad del Estado es un reto para cualquier país. Aún más difícil es hacerlo sin privar a los organismos del Estado de la flexibilidad que necesitan para llevar a cabo su labor. El uso indebido del poder del Estado crea graves problemas de credibilidad, cuyos efectos se dejan sentir mucho después de producirse los incidentes. La expropiación de propiedades y el hostigamiento de las minorías de empresarios asiáticos en Uganda durante el régimen de Idi Amin dejó una herencia de desconfianza que inicialmente planteó enormes problemas cuando el gobierno actual intentó atraer a inversores privados. Pero la acción arbitraria y caprichosa del Estado menoscaba algo más que la credibilidad. Menoscaba el propio estado de derecho, pues debilita la fuerza de todas las normas establecidas por los poderes públicos y propicia circunstancias que alientan a los funcionarios públicos a situarse por encima de la ley y tientan al resto de la sociedad a hacer lo mismo. El desarrollo en esas circunstancias es imposible.

Instrumentos de control

El desarrollo sostenible generalmente exige que existan mecanismos formales de control que hagan que el Estado y sus funcionarios sean responsables de sus acciones. Para que sean duraderos y creíbles, esos mecanismos deben estar anclados en instituciones estatales básicas; si éstas son demasiado débiles, pueden sustituirlas temporalmente otros dispositivos externos, como las decisiones judiciales internacionales. Los dos principales mecanismos formales de control son un poder judicial fuerte e independiente y la separación de poderes.

INDEPENDENCIA Y EFICACIA DE LA JUDICATURA. Para prosperar, la economía de un país necesita que existan dispositivos institucionales que permitan resolver las controversias entre empresas, ciudadanos y gobiernos, aclarar las ambigüedades en las leyes y reglamentos y velar por su cumplimiento. Las sociedades han ideado una amplia gama de mecanismos oficiales y oficiosos para ello, pero el más importante es la judicatura oficial. Sólo ella tiene acceso a la autoridad coactiva del Estado para aplicar sentencias, y sólo ella tiene autoridad oficial para determinar la legalidad de las acciones del poder legislativo y el ejecutivo. Esta relación especial con el resto del Estado sitúa al poder judicial en condiciones excepcionales para apoyar el desarrollo sostenible, obligando a los otros dos poderes a responsabilizarse de sus decisiones y manteniendo la credibilidad del medio empresarial y político en general. Sin embargo, el poder judicial sólo puede desempeñar ese papel cuando se dan tres condiciones fundamentales: independencia, autoridad para aplicar las decisiones y una organización eficiente.

La más importante de esas condiciones es la independencia respecto de los otros poderes públicos. Sea cual sea el carácter preciso de las relaciones del poder judicial con el legislativo y el ejecutivo, todos los países industriales y muchos países en desarrollo se sirven del poder judicial para exigir cuentas al ejecutivo, con arreglo a la ley, y para interpretar y aplicar los términos de la constitución.

La independencia del poder judicial se ha visto repetidamente amenazada en algunos países; no hay ningún caso en que el poder judicial haya estado totalmente inmune a los esfuerzos políticos por invalidar sus decisiones. Los poderes legislativo y ejecutivo han recurrido a diversos medios para dominar al poder judicial:

- Los jueces del tribunal supremo de Malta fueron destituidos una hora antes de que se celebrara un juicio contra medidas del ejecutivo.
- Varios gobiernos del Pakistán designaron en el pasado jueces temporales, cuya inseguridad en el cargo los hacía más vulnerables a la influencia política.
- Aunque en virtud de la constitución de Ucrania los tribunales son independientes del poder ejecutivo, los jueces dependen en gran medida de las autoridades locales para recibir una vivienda. Los jueces que han dictado sentencias contra funcionarios municipales suelen tardar mucho más en obtenerla.

La eficacia del poder judicial depende también del grado de cumplimiento de sus decisiones. En la práctica, ello significa que los otros poderes del Estado deben consentir en otorgar los recursos necesarios para imponer el cumplimiento de las normas, incluido el personal autorizado por ley para tramitar documentos judiciales, incautar y administrar bienes, y entregar las ganancias a la parte ganadora. En muchos países esta capacidad de aplicación es muy limitada. En Polonia, por ejemplo, los oficiales de justicia no dependen de los jueces, sino que son empleados del Ministerio de Justicia. Así, aunque los jueces son competentes y razonablemente eficaces, sus decisiones se aplican con lentitud y a menudo no se cumplen porque el número de oficiales no ha aumentado al mismo ritmo que el de casos.

El establecimiento de relaciones entre los poderes judicial, legislativo y ejecutivo que garanticen la independencia judicial y la aplicación fiable de las normas es un proceso gradual. Hay estudios que demuestran que la confianza del sector privado en el estado de derecho aumenta con cada año que perdura un régimen estable. Más en general, como se ilustra en el Recuadro 6.1 en relación con el Perú, el éxito de los mecanismos basados en el testimonio de terceros depende en gran medida del convencimiento de los ciudadanos de que esos mecanismos son legítimos. En los países en que las instituciones judiciales son débiles, puede ser al menos tan importante demostrar a los ciudadanos y las empresas los beneficios potenciales de una judicatura eficiente y conseguir apoyo para leyes justas y una aplicación imparcial de éstas, como proceder con programas totalmente tecnocráticos de reforma judicial.

El tercer componente de la eficacia del poder judicial es la eficiencia de su organización, necesaria para evitar los retrasos excesivos en la tramitación de casos. En el Brasil y el Ecuador, un caso tarda en resolverse 1.500 días, por término medio; en Francia, sólo 100 días. Esos retrasos aumentan los gastos de transacción en la solución de controversias y pueden bloquear el acceso de algunos posibles usuarios; sin embargo, la eficiencia interna del poder judicial es menos decisiva que su independencia y su autoridad de aplicación de decisiones. Como se ha observado en el Capítulo 3, incluso cuando están atados por procedimientos complicados y costosos, los sistemas judiciales de los países pueden mejorar su credibilidad siempre que sus decisiones sean tenidas por justas. Cualquier Estado que parta de una base institucional débil debería estudiar la posibilidad de mejorar este aspecto del funcionamiento de la judicatura con carácter prioritario.

SEPARACIÓN DE PODERES. Aunque el poder judicial sea capaz de imponer el cumplimiento de las normas, la credi-

> **Recuadro 6.1 La participación popular permite mejorar el régimen de los derechos de propiedad y la solución de controversias en el Perú**
>
> Hasta 1989, la mayoría de los peruanos que vivían en zonas rurales y en asentamientos urbanos marginales (70% de la población de las zonas urbanas y 80% de las zonas rurales) carecía de la seguridad que supone la propiedad oficial de los bienes inmuebles. El sistema tradicional de registro de la propiedad dependía del Ministerio de Justicia y los conflictos eran resueltos por el poder judicial. Los propietarios de bienes inmuebles pobres en zonas urbanas y rurales consideraban que el sistema estaba pensado para los ricos, los únicos que podían permitirse los elevados gastos de transacción.
>
> A principios de los años ochenta, una organización no gubernamental, el Instituto Libertad y Democracia (ILD), inició una campaña para mejorar los derechos de propiedad de los peruanos pobres. El ILD comenzó celebrando amplias audiencias públicas para recoger quejas, determinar las razones de que los ciudadanos no registrasen oficialmente sus propiedades y difundir las posibles ventajas y los costos de registrar y asegurarse la tenencia de sus propiedades. El grupo acompañó este proceso de participación con un estudio de las leyes y reglamentos relativos al registro de propiedades y a su aplicación. Basándose en el diagnóstico resultante, el Instituto elaboró propuestas concretas de reforma que se debatieron públicamente y se fueron perfeccionando a partir de principios de 1986. Aunque los monopolios profesionales que estaban interesados en el antiguo sistema, como los colegios de abogados y notarios, se opusieron firmemente a las reformas propuestas, ganó la partida el apoyo comunitario.
>
> En 1989 se promulgó en forma de ley un nuevo sistema de registro de la propiedad en el que se reducían espectacularmente tanto los gastos como la incertidumbre mediante la limitación del poder de los monopolios profesionales. Ahora el sistema utiliza normas comunitarias —por ejemplo el testimonio de vecinos que respaldan una solicitud de reconocimiento de propiedad— como instrumento para establecer los derechos de propiedad y resolver controversias. Siempre que se cumplan los requisitos administrativos especificados en la ley, cualquier abogado puede servir como tercero en la verificación, firmar las escrituras de propiedad y resolver los conflictos sobre el terreno. Los casos impugnados o complicados se resuelven por conducto del registrador principal del nuevo sistema, designado por el Ministerio de Vivienda y no por la judicatura. Sólo cuando fallan esos mecanismos, puede llevarse el caso ante los tribunales.
>
> Ya en 1994, gracias al nuevo sistema se habían registrado cerca de 120.000 propiedades, y entre 1994 y 1996 se registraron 170.000 más. Estimulado por su enfoque basado en la demanda, el sistema sigue evolucionando y ya se han puesto en marcha iniciativas para ampliarlo a todo el país.

bilidad del Estado sigue estando en peligro si la población apenas cree en la estabilidad de esas normas. El mecanismo constitucional clásico para restringir los cambios legislativos continuos es la separación horizontal y vertical de poderes.

El poder puede dividirse horizontalmente entre el poder judicial, el legislativo y el ejecutivo, y verticalmente entre las autoridades centrales y locales. Las pautas de organización de los partidos políticos en un país, que pueden ir desde un pequeño número de partidos muy disciplinados hasta un gran número de partidos cuyos miembros sólo están adheridos de modo laxo a la línea de partido y que sólo pueden gobernar formando coaliciones plurales, también influyen en la concentración o dispersión del poder político.

Cuanto mayor es la separación de poderes, mayor será el número de instancias de control que habrá que salvar para cambiar cualquier compromiso basado en las normas. Así, la separación de poderes aumenta la confianza en la estabilidad de éstas. La multiplicidad de esas instancias de control puede ser un arma de doble filo, no obstante, pues dificulta por igual el cambio de las normas nocivas como el de las beneficiosas.

Muchos países en desarrollo, incluidos algunos en los que existe una separación formal de poderes, tienen pocos métodos eficaces de control y salvaguardia de las acciones de los dirigentes políticos. En algunos países, la supervisión legislativa es débil a causa de la falta de capacidad y de información. En otros, el poder ejecutivo domina a un poder legislativo dócil. Pero, al igual que el establecimiento de un sistema judicial eficiente, la elaboración formal de controles y salvaguardias constitucionales, o su institucionalización más eficaz, es un proceso gradual.

MECANISMOS EXTERNOS. En cierta medida, las restricciones extraterritoriales e internacionales pueden subsanar la incapacidad de las instituciones nacionales para imponer el cumplimiento de las normas o para indicar de modo creíble que las normas se mantendrán razonablemente estables con el tiempo. Una posibilidad es recurrir a las decisiones judiciales extraterritoriales para reforzar el sistema judicial del país. La confianza en el sistema judicial de Jamaica está reforzada por el hecho de que el Privy Council del Reino Unido sirve como tribunal de apelaciones de última instancia. Debido a las deficiencias del sistema judicial de Filipinas, muchas empresas, nacionales y extranjeras, prefieren que las decisiones judiciales sobre sus contratos se hagan en el exterior.

Como se ha señalado en el Capítulo 3, los acuerdos internacionales son un segundo mecanismo para reforzar los compromisos no garantizados por ninguna institución nacional. En la esfera comercial, tanto la Unión Europea como el Tratado de Libre Comercio de América del Norte han sido capaces de desempeñar ese papel, y muchos países consideran que ello es una importante razón para adherirse a la Organización Mundial del Comercio. Es evidente que los países soberanos pueden modificar, por ejemplo, sus políticas comerciales retirándose de esos acuerdos; pero, si lo hacen, tienen que calcular no sólo las ventajas y los costos que supone su cambio de política, sino también el precio más alto que deben pagar si incumplen un compromiso internacional, pues sus asociados los considerarán responsables de esa decisión. La amenaza de la censura internacional hace menos probable que los países modifiquen su rumbo.

Los acuerdos con organizaciones multilaterales, como el FMI o el Banco Mundial, a menudo incluyen algún tipo de condicionalidad: para poder obtener créditos, por ejemplo, los países deben emprender ciertas reformas. Esto puede tener un beneficio análogo para algunos países. La aceptación de esas condiciones puede considerarse un signo de compromiso del país con las políticas que se incluyen como requisito. Los países con mecanismos internos de compromiso deficientes pueden reforzar su credibilidad obligándose a pagar una sanción en caso de violación del acuerdo. Una de las intenciones de las garantías del Banco Mundial es acelerar el flujo de fondos privados hacia los países en desarrollo respaldando esos compromisos.

Mayor flexibilidad

Los instrumentos de control son uno de los cimientos vitales del desarrollo sostenible. Pero un control excesivo puede llevar a la parálisis. Los instrumentos restrictivos del gobierno deben ir acompañados de dispositivos institucionales que incluyan la flexibilidad del poder ejecutivo en la formulación y la aplicación de políticas y en la adaptación a las nuevas informaciones y situaciones.

Como se ha visto en el Capítulo 5, los países han ensayado diversos mecanismos institucionales que combinan la flexibilidad con el control. Algunos de ellos, como los consejos de deliberación de varios países de Asia oriental y la Ley de Procedimiento Administrativo de los Estados Unidos, delegan en los organismos ejecutivos considerable autonomía para definir el fondo de las políticas y emprender su aplicación. Pero también exigen que esos organismos apliquen procedimientos que abran sus decisiones a las aportaciones y la supervisión de otros poderes del Estado y de la sociedad civil y las empresas. Otros arreglos se basan en mecanismos del poder ejecutivo para promover la flexibilidad dentro de ciertos límites, como la delegación de la autoridad de gestión a los organismos ejecutivos dentro de los límites de los presupuestos establecidos y los objetivos de rendimiento.

Pero incluso cuando la administración pública está inserta en un marco que ofrece amplias oportunidades de colaboración y supervisión desde el exterior, sigue existiendo el peligro de que los funcionarios se guíen más por el interés personal que por el de la organización. Los comportamientos egoístas pueden degenerar en corrupción cuando los intereses personales ejercen su influencia de forma ilegal y secreta, eludiendo las normas legales y burocráticas concebidas para erradicarlos. El que las instituciones públicas sucumban a éstas y otras formas de corrupción dependerá de la firmeza de sus defensas institucionales. En la siguiente sección se examina cómo se pueden levantar y mantener esas defensas.

Combatir la corrupción

> *Cada asignación del Congreso cuesta dinero... Una mayoría en el Comité del Congreso, digamos a razón de 10.000 dólares por cabeza, son 40.000 dólares; una mayoría en el Comité del Senado, al mismo precio, 40.000 dólares; un pequeño suplemento para uno o dos presidentes de uno o dos de esos Comités, pongamos 10.000 dólares. Después, siete miembros varones de grupos de presión, a 3.000 dólares cada uno; una mujer de un grupo de presión, 10.000 dólares; uno que otro congresista o senador de probada rectitud... bueno, éstos salen más caros.*
>
> — El propietario de una empresa ferroviaria de los EE.UU. en la obra de Mark Twain y Charles Wagner, *The Gilded Age: A Tale of Today* (1877)

Esta sátira de Mark Twain es una caricatura apenas velada de la corrupción que imperaba en el Congreso de los Estados Unidos en el decenio de 1870. La novela de Twain estaba inspirada en el escándalo, tristemente célebre, del Crédit Mobilier, en el que dos importantes empresarios descaradamente compraron sus escaños en el Congreso. En 1996, se estrenó con gran éxito en la India la película *Hindustani*, que expresaba ferozmente la indignación popular causada por la corrupción. La película relata terribles historias de políticos y burócratas despiadados dispuestos a dejar morir a enfermos en los hospitales y pasar hambre a los jubilados pobres si no reciben una comisión.

La literatura y el cine tienden a la exageración, pero también son el espejo en el que la sociedad refleja algunos de sus problemas más arraigados. Esas historias, separadas por un siglo y un hemisferio, nos recuerdan que la corrupción no es un fenómeno nuevo ni se limita a un rincón del mundo en particular. Se trata de un problema que ha afectado profundamente las vidas de ciudadanos y empresarios de todo el mundo y ha provocado su resentimiento.

Hoy en día, los ciudadanos de todo el mundo exigen mayor rectitud en los funcionarios públicos, y la nueva transparencia en los mercados nacionales y mundiales lleva la corrupción más rápidamente a conocimiento del público. En los últimos años, las acusaciones de corrupción han contribuido a la caída de gobiernos en todo el mundo. Dos ex presidentes de la República de Corea han sido acusados y condenados. Un ex presidente del Brasil ha sido procesado por corrupción. En octubre de 1996, más de 250.000 personas se manifestaron en contra del tratamiento que dio el gobierno belga al desmantelamiento de una red de pedófilos y a la supuesta corrupción en los nombramientos de jueces y la aplicación de sanciones. En los Estados Unidos, después de las elecciones presidenciales de 1996, se ha entablado un feroz debate acerca de la financiación de las campañas políticas y su influencia en la política del gobierno.

La corrupción se ha definido de muchos modos. En el presente Informe se entiende como el abuso de autoridad pública para conseguir un beneficio privado. Aunque normalmente la corrupción es la que recibe más atención, no es más que un síntoma de un problema más general de incentivos distorsionados subyacentes en la administración pública. La corrupción prolifera cuando las distorsiones del régimen normativo y de políticas dan oportunidades para ello y cuando las instituciones concebidas para restringirla son débiles. El problema de la corrupción se encuentra en la intersección de los sectores público y privado. Se trata de una calle de dos direcciones. Los intereses privados —internos y externos— ejercen su influencia por medios ilegales para aprovechar las oportunidades de corrupción y captación de rentas y las instituciones públicas sucumben a éstas y otras fuentes de corrupción por falta de sistemas válidos de control.

La corrupción defrauda la confianza del público y erosiona el patrimonio social. Un pequeño pago bajo cuerda a cambio de un servicio público puede parecer un delito menor, pero no es ese el único precio: la corrupción puede tener consecuencias de muy largo alcance. Si no se controla, la acumulación insidiosa de infracciones aparentemente sin importancia puede erosionar poco a poco la legitimidad política hasta el punto de que incluso los funcionarios y los ciudadanos honrados llegan a convencerse de que no vale la pena jugar limpio.

Varios estudios han señalado una clara correlación negativa entre el nivel de corrupción (percibido por los empresarios) y el nivel de inversiones y desarrollo económico. Esa conclusión encuentra confirmación, por lo que se refiere a los niveles de inversión, en los resultados de la encuesta del sector privado realizada para el presente Informe (Gráfico 6.1). Como hemos visto en el Capítulo 3,

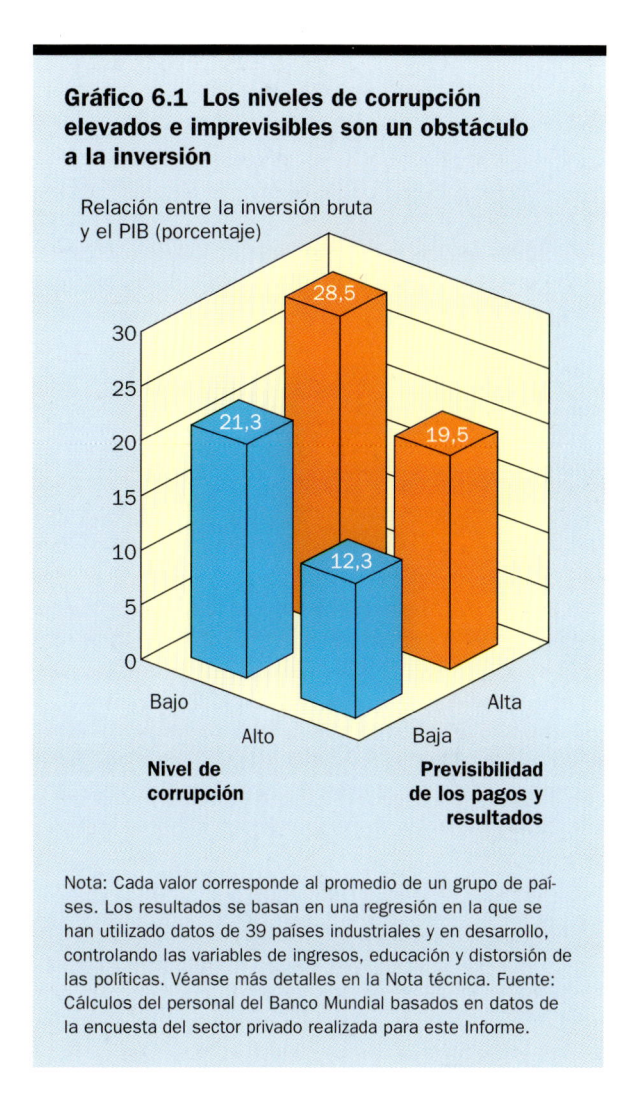

Gráfico 6.1 Los niveles de corrupción elevados e imprevisibles son un obstáculo a la inversión

Relación entre la inversión bruta y el PIB (porcentaje)

Nivel de corrupción		Previsibilidad de los pagos y resultados	
Bajo	Alto	Alta	Baja
21,3	12,3	28,5	19,5

Nota: Cada valor corresponde al promedio de un grupo de países. Los resultados se basan en una regresión en la que se han utilizado datos de 39 países industriales y en desarrollo, controlando las variables de ingresos, educación y distorsión de las políticas. Véanse más detalles en la Nota técnica. Fuente: Cálculos del personal del Banco Mundial basados en datos de la encuesta del sector privado realizada para este Informe.

en la encuesta se determinó que la corrupción era uno de los principales obstáculos a la conclusión de negocios en muchos países. Sin embargo, no sólo se resienten los negocios. Otras encuestas y datos demuestran que las principales víctimas de la corrupción suelen ser los pobres.

A pesar de esas pruebas, en muchas partes del mundo en desarrollo se observa cierta ambivalencia hacia la corrupción. Según una opinión generalizada, ésta simplemente engrasa la maquinaria del comercio, y sin ella no habría transacciones ni crecimiento. Parece apoyar este argumento el hecho de que algunos países, que ocupan los primeros puestos en las encuestas de los niveles de corrupción, destacan también por su notable historial de crecimiento económico. La previsibilidad de la corrupción, tanto en lo que se refiere a la cantidad que se debe pagar como a la garantía de obtener aquello por lo que uno ha pagado, explica en parte esa aparente paradoja. Entre los países con un mismo nivel de corrupción, los que presentan mayores tasas de inversión son aquellos donde la corrupción es más previsible (Gráfico 6.1). Pero, incluso en esos países, ésta influye negativamente en la economía. En el Gráfico 6.1 se observa también que, por muy alto que sea el grado de previsibilidad de la corrupción en un país, el índice de inversiones sería muy superior si el nivel de corrupción fuera más bajo.

Los países que hasta la fecha han alcanzado niveles elevados de crecimiento económico a pesar de padecer un grave problema de corrupción quizá tengan que pagar un precio más alto en el futuro. Tolerar una corrupción que se lleva, pongamos por caso, un 10% de los pagos puede generar presiones para que la proporción se eleve a un 15% o un 20%. La corrupción se alimenta a sí misma, creando una espiral de pagos ilícitos hasta que el desarrollo acaba por verse afectado y quedan anulados años de progreso. El propio crecimiento que permitió la corrupción puede llevar a un cambio de las actividades productivas hacia una improductiva lucha por el botín. Con el tiempo, la corrupción acaba echando raíces, de modo que cuando los gobiernos finalmente se deciden a contenerla, topan con una feroz resistencia.

Causas de la corrupción

Cuando los funcionarios públicos tienen amplios poderes discrecionales y escasa responsabilidad, en cierta forma se está alentando la corrupción. Los políticos, los burócratas y los jueces controlan el acceso a valiosos recursos y pueden imponer a los ciudadanos y las empresas el pago de ciertas cantidades. Los funcionarios públicos pueden sentir la tentación de utilizar sus poderes con fines personales aceptando sobornos; por su parte, los ciudadanos pueden estar dispuestos a hacer pagos ilegales para conseguir lo que quieren del gobierno. Así, una condición indispensable para la corrupción es que los funcionarios públicos tengan la posibilidad tanto de ofrecer recompensas como de imponer sanciones.

Parte de la corrupción se debe a las oportunidades que se generan en el contexto de las políticas, en el extremo inferior o superior de la jerarquía. Abundan los sobornos a funcionarios de bajo nivel encargados de recaudar aranceles, dar protección policial, conceder permisos, etc. Cuando la corrupción es endémica, esos funcionarios pueden inventar nuevos obstáculos burocráticos y retrasos para conseguir pagos aún mayores. Naturalmente, la corrupción también se produce en los niveles superiores de gobierno, en la concesión de contratos importantes, las privatizaciones, la asignación de cuotas de importación y la reglamentación de los monopolios naturales. Ello contribuye a explicar por qué la corrupción abunda más en los países con políticas muy distorsionadas, determinadas en función de variables como la prima del mercado negro (panel superior izquierdo del Gráfico 6.2). Toda política que genere una diferencia artificial entre la oferta y la demanda crea una oportunidad de enriquecimiento para un intermediario oportunista.

La probabilidad de ser descubierto y sancionado (tanto para la persona que soborna como para el funcionario sobornado) también influye en el nivel de corrupción. El análisis económico del derecho revela que los individuos comparan los beneficios esperados de una infracción de la ley con los costos previstos (la probabilidad de ser descubierto y castigado, multiplicada por la gravedad del castigo). La corrupción puede ser elevada en un país si el sistema de gobierno no hace prácticamente nada para combatir los sobornos. Los infractores pueden pensar que tienen pocas probabilidades descubiertos o, en su caso, sancionados, pues están convencidos de que el propio sistema de justicia puede estar corrompido. La corrupción puede persistir incluso en países con considerable libertad de prensa y de fuerte rechazo de la opinión pública, si no se confía en que la justicia resuelva con independencia los casos importantes. En la encuesta sobre el sector privado preparada para el presente Informe se encontró una correlación negativa entre los niveles declarados de corrupción y la previsibilidad del sistema judicial (panel superior derecho del Gráfico 6.2).

Por último, la corrupción puede prosperar si las consecuencias de ser descubierto y sancionado son leves en relación con las ventajas. Los funcionarios a menudo controlan la asignación de beneficios y costos cuyo valor excede con mucho sus propios sueldos. Las probabilidades de corrupción son particularmente elevadas cuando los sueldos de la administración pública no son comparables a los del sector privado. Cuando los salarios públicos son muy bajos, los funcionarios pueden intentar conseguir un nivel de vida de clase media suplementando su remuneración con ingresos ilegales. El riesgo de ser despedido por corrupción de un puesto mal remunerado en la administración pública no supone una amenaza seria si luego se pueden encontrar puestos mejor remunerados en el sector privado. Por esa razón, la corrupción a menudo va asociada a una diferencia entre los sueldos públicos y los privados, o a lo que puede denominarse el "índice de tentación" (panel inferior izquierdo del Gráfico 6.2). Pero limitarse a aumentar los sueldos de la administración pública puede no ser suficiente para poner coto a los comportamientos corruptos. La reforma de la remuneración debe combinarse con una supervisión creíble y con la aplicación eficaz de la ley. Los mecanismos de contratación y de ascenso basados en el mérito que restringen el favoritismo político y crean una administración pública más imparcial también van asociados a un menor nivel de corrupción (panel inferior derecho del Gráfico 6.2).

Reducir la corrupción

Varios países han conseguido reducir poco a poco la corrupción endémica. La lucha del movimiento progresista contra el poder del dispositivo de política urbana en los

Gráfico 6.2 Algunos factores asociados a la corrupción

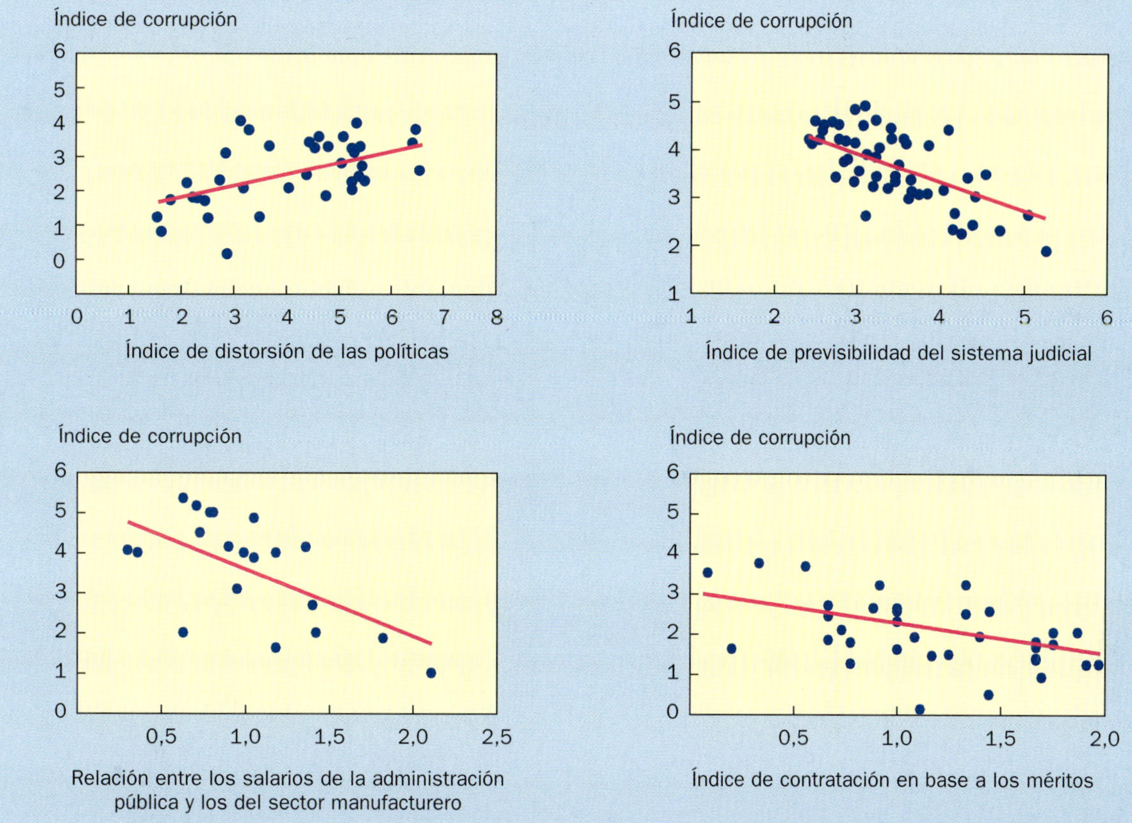
Índice de corrupción
6
5
4
3
2
1
0
0 1 2 3 4 5 6 7 8
Índice de distorsión de las políticas
Índice de corrupción
6
5
4
3
2
1
1 2 3 4 5 6
Índice de previsibilidad del sistema judicial
Índice de corrupción
6
5
4
3
2
1
0
0,5 1,0 1,5 2,0 2,5
Relación entre los salarios de la administración pública y los del sector manufacturero
Índice de corrupción
6
5
4
3
2
1
0
0,5 1,0 1,5 2,0
Índice de contratación en base a los méritos

Nota: Los datos del panel superior izquierdo corresponden a 39 países industriales y en desarrollo en el período 1984–93 (índice de distorsión de las políticas) y en 1996 (índice de corrupción). El panel superior derecho se basa en una regresión en la que se han utilizado datos de 59 países industriales y en desarrollo correspondientes a 1996. Los datos del panel inferior izquierdo corresponden a 20 países industriales y en desarrollo desde fines del decenio de 1980 hasta principios del de 1990. El panel inferior derecho se basa en una regresión en la que se han utilizado datos de 35 países en desarrollo en el período 1970–90, controlando la variable de ingresos. Véase la Nota técnica sobre el Gráfico 3. Fuentes: Cálculos del personal del Banco Mundial (los dos paneles superiores); Van Rijckeghem y Weder, documento de antecedentes (panel inferior izquierdo); Evans y Rauch, 1996 (panel inferior derecho).

Estados Unidos en el siglo XIX es buen ejemplo de ello (Recuadro 6.2). Para poder combatir la corrupción hay que comprender los beneficios y los costos que están bajo control de los funcionarios públicos. Muchos de ellos siguen siendo honrados a pesar de las considerables tentaciones a que están sometidos, y muchos ciudadanos y empresas se niegan a pagar sobornos a pesar de la promesa de un beneficio a corto plazo. Pero otros sucumben a la tentación. No es acertado abordar la posibilidad de corrupción dando por supuesto que los funcionarios del Estado son más honrados que el resto de la población.

El alcance real de los sobornos y otros tipos de corrupción depende no sólo de las posibles ganancias y riesgos, sino también del poder relativo de negociación del comprador y el vendedor de favores públicos. Además, los reformadores deben tener en cuenta que las campañas contra la corrupción tienen costos —además de beneficios— marginales; raras veces el nivel eficiente del soborno será cero.

La corrupción no puede atacarse con eficacia aislándola de otros problemas. Se trata de un síntoma de los problemas que existen en la intersección entre los sectores público y privado y debe combatirse mediante una estrategia en varios frentes. Las recientes reformas introducidas en Uganda son un buen ejemplo de ello (Recuadro 6.3). Parte de la estrategia se centra en uno de los temas principales del Capítulo 5: la creación de una burocracia reglamentada con una escala de sueldos que recompense a los funcionarios públicos por un trabajo honrado, un sistema de contratación y ascensos basado en el mérito para proteger a la administración pública del clientelismo político y controles financieros creíbles para impedir el uso arbitrario de los recursos públicos. Aquí se examinan las otras dos partes de la estrategia. La primera consiste en reducir las oportunidades de que los funcionarios actúen de modo corrupto, recortando su autoridad discrecional. La segunda tiene por objeto mejorar el sistema de rendición de cuentas reforzando los mecanismos de supervisión y sanción, recurriendo no sólo al derecho penal sino a la supervisión por instituciones oficiales y por los ciudadanos.

REDUCIR LAS OPORTUNIDADES DE CORRUPCIÓN. En general, toda reforma que aumente la competitividad de la economía reducirá los alicientes para un comportamiento corrupto. Así, las políticas que reduzcan los controles al comercio exterior, eliminen las barreras de acceso a la industria privada y privaticen las empresas públicas de forma que se garantice la competencia servirán para apoyar esa lucha. Si el Estado carece de autoridad para restringir las exportaciones o conceder licencias a empresas, no habrá oportunidades para pagar sobornos en esas esferas. Si se suprime un programa de subvenciones, todos los sobornos que lo acompañaban desaparecerán con él. Si se eliminan los controles de los precios, los precios del mercado reflejarán los valores en función de la escasez y no del pago de sobornos.

Huelga decir que la reducción del poder discrecional del Estado no significa eliminar programas de regulación y de gasto que están justificados; esos programas deben reformarse, no eliminarse. Abolir los impuestos no es una manera juiciosa de erradicar la corrupción entre los recaudadores de impuestos; un cuerpo de policía corrupto no puede sencillamente eliminarse. Varias medidas han demostrado su utilidad para reducir el poder discrecional de las autoridades oficiales en programas que ya estaban en marcha:

- *Aclarar y racionalizar la legislación a fin de reducir el poder discrecional del Estado.* Las reformas de aduanas en México redujeron el número de fases del proceso desde 12 hasta 4. El resto de las fases se agilizó para reducir los retrasos.

Recuadro 6.2 Mecanismos de control de la política urbana en los Estados Unidos, y su reforma

A finales del siglo XIX y principios del siglo XX, muchas ciudades de los Estados Unidos estaban dominadas por organismos políticos definidos por un experto como "partidos políticos en los que un jefe supervisa a una jerarquía de simpatizantes del partido que conceden favores privados a ciudadanos a cambio de votos y que esperan, como recompensa, ocupar puestos en la administración". Las ciudades controladas por esos dispositivos solían concluir también acuerdos corruptos o fraudulentos con empresas privadas que buscaban contratos, franquicias o mercados protegidos. Los políticos que dirigían esos dispositivos operaban, y prosperaban, en ambientes supuestamente democráticos.

Esos mecanismos resultaban costosos para las comunidades a las que dominaban. El gasto por habitante en concepto de administración general y de servicios de policía y bomberos, esferas ambas con mucho margen para el favoritismo, era, respectivamente, un 34% y un 17% más elevado en las ciudades controladas por ellos que en las demás. Un ejemplo extremo era Boston, cuyo número de empleados administrativos municipales aumentó un 75% entre 1895 y 1907, mientras que la población creció menos de un 25%; en esas mismas fechas, el crecimiento en la productividad se redujo a la mitad.

El Movimiento Progresista de los Estados Unidos tuvo entre sus principales objetivos la reforma de las ciudades donde se habían establecido esos sistemas. La reforma significó, a menudo, la reforma de los impuestos sobre los bienes inmuebles. Seth Low, alcalde reformista de Nueva York a principios de siglo, preocupado por el favoritismo que se mostraba a los propietarios ricos, introdujo un plan para tasar los bienes inmuebles al valor del mercado. El plan aumentó el valor estimado de las propiedades, redujo el índice fiscal y elevó los ingresos. El presupuesto municipal se redujo $1,5 millones, gracias al despido de las personas designadas por influencias. Otros alcaldes reformistas en muchas ciudades de los Estados Unidos aplicaron políticas análogas.

La reforma también afectó a las franquicias municipales. En Filadelfia, por ejemplo, el consejo municipal, controlado por uno de esos dispositivos, concedía periódicamente la explotación del suministro de gas a cambio de contribuciones al Partido Republicano. En 1905, el alcalde reformista John Weaver vetó la ley de franquicias, colocó en un puesto clave del consejo municipal a un aliado para hacer que se respetara el veto e hizo detener a algunos miembros del grupo rival acusándolos de corrupción.

Las ciudades dominadas por estos sistemas pagaban un elevado precio: presupuestos inflados y sistemas no equitativos de gravación fiscal y gasto. Fueron muchas las personas que se beneficiaron de los empleos y el patrocinio de esos grupos poderosos, pero los perdedores fueron todavía más. Ellos fueron los que finalmente se organizaron para elegir a candidatos reformistas en muchas ciudades. La ola de alcaldes reformistas consiguió cambios reales que se mantuvieron incluso cuando los antiguos mecanismos volvieron al poder, principalmente porque las reformas fueron muy populares y no era fácil dar marcha atrás.

> **Recuadro 6.3 La lucha contra la corrupción en Uganda**
>
> Uganda, que durante mucho tiempo ha padecido una corrupción sistemática, ha lanzado un combate contra ella en varios frentes. La campaña goza del apoyo de los dirigentes del país, que parecen haber hecho suyo el objetivo de una administración racional de los asuntos públicos.
>
> En el período inmediatamente posterior a la colonia, Uganda era un estado cleptocrático. En 1967 el régimen gobernaba sin convocar elecciones. Estos comienzos allanaron el camino a la llegada al poder de Idi Amin, en 1971. Bajo Amin, el gobierno pasó a ser poco más que una organización delictiva utilizada para extraer fondos de los ciudadanos. Sus depredaciones adoptaron numerosas formas, entre ellas el apoyo a proyectos económicamente irracionales, gastos militares exorbitantes, incumplimiento de contratos públicos, extorsiones en los controles de las importaciones y expropiación de los bienes de personas de origen asiático. A su llegada al poder después de la guerra civil en 1986, el nuevo Gobierno de Uganda, bajo el presidente Yoweri Museveni, heredó una administración pública débil, mal remunerada y con exceso de personal (incluidos miles de "empleados fantasma") y una base tributaria tenue y porosa.
>
> La limpieza de la administración pública tardará años, pero Uganda está haciendo algunos progresos. Entre las medidas iniciadas figuran la reforma de las políticas y la desregulación a fin de eliminar las oportunidades de enriquecimiento personal con fondos públicos; la reforma de la administración pública para organizar racionalmente al funcionariado, mejorar la remuneración, dar adiestramiento e inculcar un código de ética; la revitalización del Comité de Cuentas Públicas del Parlamento; el fortalecimiento de la oficina del auditor general y una campaña de relaciones públicas contra la corrupción, así como medidas de sanción, bajo la autoridad de un inspector general facultado para investigar y perseguir a los responsables. Aún queda mucho por hacer antes de que pueda decirse que la corrupción está bajo control. El inspector general, no obstante, ha anunciado medidas judiciales contra prácticas comunes de captación de rentas (como los fraudes en aduanas y en las adquisiciones) que tendrán efectos disuasorios.

- *Concluir contratos de servicios con empresas privadas, posiblemente empresas extranjeras sin vínculos estrechos con el país.* Cuando Indonesia contrató con una empresa suiza la preinspección y la valoración en aduana y, en parte, la recaudación de aranceles de importación, la corrupción disminuyó. No obstante, la contratación en el exterior de funciones de supervisión no tiene objeto, a menos que el gobierno utilice los informes que recibe —y no siempre lo hace.
- *Aumentar la transparencia de las normas.* Con leyes más sencillas y no discrecionales sobre los impuestos, el gasto y el sistema normativo, pueden reducirse las oportunidades de corrupción. A veces se tolera cierto riesgo de corrupción porque los beneficios de un método discrecional en la administración de programas superan los costos de la corrupción. Pero, incluso en ese caso, la transparencia y la publicidad pueden contribuir a reducir los alicientes de la corrupción. Los agentes de policía, por ejemplo, han de tener autoridad discrecional para tomar decisiones de aplicación de la ley en el momento, pero las protestas del público a menudo pondrán coto a los abusos.
- *Introducir planes basados en el mercado que limiten el poder discrecional de las instancias reguladoras.* Este método también tiene la virtud de producir una asignación de recursos económicamente eficiente. La venta de derechos de uso de agua y pastos, derechos de contaminación y licencias de importación y exportación puede mejorar la eficiencia de las operaciones del gobierno y al mismo tiempo limitar la corrupción.
- *Adoptar reformas administrativas que introduzcan presiones competitivas en el gobierno.* La licitación abierta y competitiva para contratos públicos de adquisición puede reducir las oportunidades de concluir acuerdos fraudulentos. La creación de jurisdicciones burocráticas superpuestas y competitivas puede disminuir en gran medida el poder de negociación de cada uno de los funcionarios por separado. Si los clientes pueden acudir a un segundo funcionario cuando el primero exige un soborno, se elimina la posibilidad de que un solo funcionario extraiga un gran beneficio, siempre que los solicitantes tengan derecho a recibir el servicio. Y si son los solicitantes quienes pretenden obtener algo ilegal, el solapamiento de esferas de aplicación de la ley puede contribuir a mantener a raya los pagos ilegales. Por ejemplo, cuando el Estado desea controlar los negocios ilegales, se puede asignar a los agentes de policía zonas de trabajo coincidentes a fin de reducir las oportunidades de corrupción.

FORTALECER LOS MECANISMOS DE SUPERVISIÓN Y SANCIÓN. La corrupción se puede atajar también mediante instituciones de supervisión independientes que formen parte de la estructura del gobierno. Los países han ensayado varios métodos:

- Algunos países cuentan con comisiones o inspectores generales contra la corrupción que son independientes y pueden investigar denuncias y presentar casos ante los tribunales. El ejemplo más conocido es la Comisión Independiente contra la Corrupción de Hong Kong (China), que informa exclusivamente a la autoridad suprema y goza de amplios poderes (Recuadro 6.4). Singapur y Botswana tienen instituciones similares.
- Los mediadores reciben las quejas de los ciudadanos y pueden contribuir a aumentar la responsabilidad de los organismos oficiales. En virtud de la Ley del defensor del pueblo de 1991, Sudáfrica ha nombrado un protector público que investiga las denuncias de actos indebidos (malversación de fondos, corrupción, violaciones de los derechos humanos) por parte de funcionarios públicos, y prepara informes, que en general se publican. La oficina del defensor del pueblo no puede iniciar procesos judiciales pero remite los casos a las autoridades competentes.
- Algunos organismos oficiales, como la Junta de Construcción de Escuelas de Nueva York, han creado departamentos internos encargados de erradicar a los contratistas corruptos y proponer modos de reorganizar el propio organismo a fin de reducir la corrupción.
- Existen dispositivos reglamentarios de alarma que protegen y recompensan a los empleados públicos que denuncian los actos indebidos de sus compañeros o de contratistas que trabajan para el Estado. En los Estados Unidos,

---

Recuadro 6.4 La Comisión independiente contra la corrupción en Hong Kong

La corrupción era endémica en Hong Kong (China) durante los años sesenta. Su arraigo queda de manifiesto en algunas expresiones populares de aquella época: uno podía "subir al autobús" (participar activamente en la corrupción) o "seguir al autobús" (ser un observador que no interfiere con el sistema). "Ponerse delante del autobús" (denunciar o resistirse a la corrupción) no era una opción recomendable.

Movido por un escándalo en el que estaba implicado un alto funcionario de la policía, el gobernador general estableció en 1974 la Comisión independiente contra la corrupción (Independent Commission Against Corruption, ICAC). Ésta depende exclusivamente del gobernador y es independiente del cuerpo de policía. Los funcionarios de la ICAC están mejor remunerados que otros funcionarios públicos y no pueden ser transferidos a otros departamentos. No están autorizados a abandonar la ICAC para trabajar al servicio de altos funcionarios que hayan sido objeto de una investigación. La ICAC tiene atribuciones para investigar y perseguir casos de corrupción así como para patrocinar campañas de educación del público. El compromiso del gobierno con la reforma quedó también patente en el nombramiento de una persona de reconocida integridad como jefe de la Comisión y en una política de investigación y enjuiciamiento de los "grandes tigres", desde el primer momento.

Los primeros esfuerzos de erradicación de sindicatos corruptos dentro del cuerpo de policía, no obstante, suscitaron protestas. La ICAC al principio dio marcha atrás y concedió la amnistía para los delitos cometidos antes del 1 de enero de 1977. Ello empañó el prestigio de la Comisión, pero ésta pudo reponerse gracias a una enérgica campaña de educación de la opinión pública. Las encuestas realizadas entre 1977 y 1994 indican que la impresión de corrupción por parte de los ciudadanos ha disminuido considerablemente. Las pruebas indirectas sugieren que la corrupción activa también ha disminuido.

A pesar de todo, la ICAC no carece de problemas. El principal es que solamente depende del gobernador. Una comisión anticorrupción que dependiese de un dirigente autocrático podría utilizarse como instrumento de represión contra los adversarios políticos, y la ICAC no ha estado libre de esas acusaciones. Los amplios poderes de la ICAC podrían ser objeto de abusos en sistemas en los que el estado de derecho no estuviera bien implantado. Varios comités de supervisión y un poder judicial independiente actúan como controles de la Comisión, pero incluso así de vez en cuando surge algún escándalo. Otra forma adicional de control de sus atribuciones podría ser que un organismo de ese tipo no dependiese del jefe del poder ejecutivo, sino del poder legislativo, como es el caso del Inspector General en Uganda o la Oficina de Cuentas Generales de los Estados Unidos. Un organismo anticorrupción fuerte e independiente es un instrumento poderoso y representa un compromiso a largo plazo, pero también debe existir algún sistema de control para evitar que sea utilizado indebidamente con fines políticos.

por ejemplo, hay un reglamento que exige que se recompense a los trabajadores que denuncian irregularidades en los contratos con la administración pública. A veces es necesario crear los incentivos oportunos, pues los funcionarios que denuncian actos indebidos de sus colegas luego se ven muchas veces condenados al ostracismo. Esas medidas serán inútiles, no obstante, a menos que los fiscales se ocupen activamente del caso, los tribunales sean incorruptibles y eficientes y las sanciones sean lo bastante duras como para disuadir a los posibles infractores.

Los organismos de fiscalización deberían ocuparse no sólo de los que reciben sobornos, sino también de quienes los pagan. En todo soborno intervienen dos partes, y las sanciones deben ser igualmente duras para ambas, normalmente un múltiplo de las cantidades recibidas o abonadas. Las sanciones para los sobornadores deberían incluir también la posibilidad de inhabilitación para concluir contratos con la administración pública durante algunos años. Los países industriales con buena capacidad de vigilancia pueden aplicar esas medidas en sus empresas multinacionales que realizan negocios en el extranjero. Pero, salvo los Estados Unidos, que aprobaron en 1977 una ley sobre prácticas corruptas en el extranjero, los países se han resistido a actuar unilateralmente por miedo a someter a sus empresas a normas más estrictas que las que rigen a sus competidores extranjeros.

En este contexto, las organizaciones internacionales ofrecen un foro para acordar normas comunes y coordinar las actividades. Instituciones regionales como la Organización de los Estados Americanos han patrocinado convenios internacionales que declaran delictivo el soborno, también el de carácter internacional. En una iniciativa reciente, la OCDE pide que se ponga fin a la deducibilidad fiscal de los sobornos y que se tipifique como delito el soborno de funcionarios extranjeros. Además, formula recomendaciones a sus países miembros sobre la forma de hacer frente al soborno en las transacciones comerciales internacionales. Las organizaciones internacionales también se esfuerzan por coordinar la lucha contra el blanqueo de dinero y, en particular, por ampliar la lista de delitos, incluida la corrupción. Entre las 40 recomendaciones del Grupo especial de expertos financieros sobre blanqueo de capitales se incluyen actividades delictivas no relacionadas con los estupefacientes. Esto permite a los países declarar ilegal el uso, depósito o transferencia de fondos procedentes de la corrupción.

Las agrupaciones cívicas también pueden representar un freno al abuso arbitrario de la autoridad estatal, siempre que tengan posibilidad de organizarse y de saber lo que está sucediendo. Los gobiernos deben publicar presupuestos, datos sobre recaudación de ingresos, estatutos y reglamentos y las actas de los órganos legislativos. Los datos financieros deben ser fiscalizados por una autoridad independiente, como la Oficina de Cuentas Generales de los Estados Unidos. Los fondos reservados que no están sometidos a auditoría o los fondos extrapresupuestarios de que disponen los altos funcionarios suponen una invitación a la corrupción.

Las leyes de libertad de información en los Estados Unidos y varios países europeos son un importante instrumento de supervisión pública. En una reciente directiva de la Unión Europea se exige a los Estados miembros que aprueben leyes de libertad de información en relación con las cuestiones ambientales. Esas leyes permiten a los ciudadanos obtener información del gobierno sin tener que demostrar las repercusiones a que están expuestos. La disponibilidad de información ayuda a los ciudadanos a disciplinar a los funcionarios públicos mediante las urnas electorales y por otras vías de protesta, como las impugnaciones legales y las peticiones directas a las autoridades.

De todas formas, de poco vale la información si no existen mecanismos que permitan utilizar los conocimientos adquiridos e influir en la conducta del gobierno:

- En las democracias, los ciudadanos pueden utilizar las urnas para destituir a las autoridades que consideran corruptas. Esto da a los políticos un acicate para mantener su honradez y trabajar en interés de sus votantes. (No obstante, si los pagos ilegales se utilizan para hacer favores a algunos votantes individuales, no basta el conocimiento de la corrupción para detenerla.)
- Si los tribunales son independientes y los ciudadanos pueden recurrir a ellos para obligar al gobierno a cumplir la ley, se dispone de otro medio para controlar los abusos del gobierno.
- Otra posibilidad es divulgar los casos de corrupción a través de los medios de información. Incluso los dirigentes no democráticos son sensibles a la opinión pública, aunque sólo sea porque desean evitar ser derrocados. Una prensa libre puede ser fundamental para contener los abusos de autoridad, especialmente en aquellos países que carecen de otros medios para controlar a políticos y funcionarios.

Pero incluso si se dispone tanto de la información necesaria como de los medios para castigar las prácticas corruptas, es poco probable que los ciudadanos actúen por sí solos. Las leyes que facilitan el establecimiento de asociaciones y grupos no lucrativos pueden contribuir a resolver este problema de acción colectiva. Esos grupos pueden no sólo pedir información al gobierno sino también transmitirle la opinión que tienen los ciudadanos acerca de la calidad de los servicios públicos. Como se analiza en el Capítulo 7, el Centro de Asuntos Públicos de Bangalore, asociación sin fines lucrativos, está realizando un experimento prometedor para divulgar la labor de los organismos públicos de la India. Una organización internacional no lucrativa, Transparency

International, trata de movilizar a ciudadanos de todo el mundo para combatir la corrupción y divulgar casos sucedidos en los países. Pero, precisamente porque la transparencia informativa puede ser un instrumento decisivo para promover las reformas del gobierno, muchos países limitan esos grupos o hacen que les sea difícil organizarse.

Opciones estratégicas: equilibrio entre flexibilidad y control

En todas partes están aumentando las presiones en favor de la reforma. Los empresarios privados desean que la credibilidad de las actuaciones del Estado esté anclada en un sistema eficiente de derechos de propiedad. Los ciudadanos exigen una prestación de servicios públicos más sensible y eficaz, y mayor honradez en el uso de los fondos públicos. Al mismo tiempo, como consecuencia de la globalización, se busca un Estado más ágil, que pueda responder con rapidez a las nuevas situaciones. Estas presiones han hecho más apremiante el dilema del Estado: cómo controlar las decisiones arbitrarias sin caer en una rigidez que inhiba la innovación y el cambio. El reto fundamental es concebir mecanismos institucionales que apoyen un equilibrio viable entre la flexibilidad y las limitaciones. Los países con instituciones fuertes o un historial de cumplimiento de sus compromisos pueden permitirse un margen de flexibilidad (incluso al precio de cierto nivel de corrupción), pero los países con gobiernos disfuncionales y arbitrarios tal vez no.

En muchos países en desarrollo, el Estado ha demostrado un claro desequilibrio entre la flexibilidad y el control. En general no ha sido creíble, responsable de sus acciones, sensible a las necesidades ni ágil. En varios países, el ejercicio caprichoso del poder del Estado, junto con una corrupción desenfrenada e imprevisible, ha perjudicado al desarrollo. Los Estados con demasiada flexibilidad y pocos controles gozarán de poca credibilidad, en perjuicio de las inversiones y el crecimiento. Esos países deben reforzar los instrumentos formales de control, es decir, la independencia de la judicatura y la separación efectiva de los poderes, para aumentar la credibilidad y la responsabilidad del Estado. Los mecanismos internacionales de compromiso pueden servir como sustituto a corto plazo mientras se implantan esas instituciones.

Sin embargo, esas medidas no bastarán para atajar el mal en los países en que una corrupción endémica y arraigada ha paralizado funciones clave del Estado. El fortalecimiento de los instrumentos formales de control es sólo uno de los elementos de una estrategia en múltiples frentes para combatir la corrupción. Otras medidas imprescindibles son la reforma de la administración pública (por ejemplo, elevando los sueldos y eliminando el clientelismo político en la contratación y los ascensos), la reducción de las oportunidades de corrupción (por ejemplo, aumentando la competencia y reduciendo el poder discrecional de los funcionarios) y un sistema más riguroso de rendición de cuentas. El fortalecimiento de los mecanismos de vigilancia y sanción, tanto de las personas que sobornan como de los sobornados, exigirá una aplicación vigorosa de las leyes penales. Pero también requerirá la supervisión por instituciones formales, como las juntas oficiales, y por los ciudadanos (con su opinión y participación). Esos esfuerzos pueden contribuir no sólo a combatir la corrupción sino a mejorar muchas otras funciones del Estado, como la formulación de políticas y la prestación de servicios. La expresión de las propias opiniones y la participación, como medios para revitalizar las instituciones públicas, son el tema de que se ocupa el Capítulo 7.

CAPÍTULO 7

ACERCAR EL ESTADO A LA SOCIEDAD

Y, dígame, ¿para qué sirve la nave del Estado, si no están todos a bordo?

—Tijan M. Sallah, *The State* (1996)

El medio y el fin del desarrollo son las personas. Sin embargo, los ciudadanos tienen diversas cuotas de poder y de recursos, y diferentes intereses, y el Estado, para ser eficaz, debe tratar de representar y atender a todos ellos. En casi todas las sociedades, las necesidades y preferencias de los ricos y poderosos están adecuadamente reflejadas en las metas y prioridades de la política oficial. En cambio, esto no suele suceder con los pobres y los marginados, que luchan por hacerse oír en los pasillos del poder. En consecuencia, éstos y otros grupos menos ruidosos no reciben la atención que merecen en las políticas y los servicios públicos, incluidos aquellos que más deberían beneficiarlos.

Un Estado que establece y aplica sus políticas ignorando las necesidades de grandes segmentos de la población no es un Estado capaz. E incluso con la mejor voluntad del mundo, es poco probable que los gobiernos satisfagan las necesidades colectivas en forma eficiente para la sociedad, si no saben en qué consisten muchas de ellas. La revitalización de las instituciones públicas debe comenzar, por lo tanto, por acercar el Estado a los ciudadanos. Y eso significa contar con la opinión popular al formular las políticas: dar a los usuarios individuales, organizaciones del sector privado y otros grupos de la sociedad civil la posibilidad de manifestar su opinión. En el entorno adecuado, puede significar asimismo una mayor descentralización del poder y de los recursos del Estado.

En el presente capítulo se examina un amplio conjunto de mecanismos que se pueden utilizar para que las políticas y los programas reflejen mejor la enorme diversidad de intereses de la sociedad. La información y la atención prestada a los ciudadanos aumentarán la eficacia del Estado mejorando la supervisión de los bienes y servicios públicos e imponiendo más transparencia en la adopción de decisiones. Una mayor participación en la concepción y provisión de esos bienes y servicios, mediante asociaciones entre el Estado, las empresas y las organizaciones cívicas, puede también acrecentar su volumen. Con todo, la participación efectiva de los ciudadanos no es un objetivo que se consiga fácilmente. Una de las enseñanzas de muchos experimentos de este tipo es que la participación eficaz presupone una intervención estatal bien orientada, lo que incluye la introducción de mejoras en el entorno institucional en el que se crea el patrimonio social y humano.

Hay otra enseñanza importante: al acercar el Estado a algunas personas se corre el riesgo de alejarlo aún más de otras. No todas las organizaciones de la sociedad civil son todo lo responsables que debieran, ni ante sus miembros ni ante la sociedad en general, y aunque algunos grupos consiguen gran notoriedad para su causa, los intereses que representan no siempre gozan de amplio apoyo. En sus contactos con los diversos grupos de la sociedad civil, el Estado debe ser consciente de los intereses que representan esos grupos, pero igualmente de los que no encuentran quien los represente. De lo contrario, se corre el peligro de que su intervención cree nuevas disparidades entre los que han adquirido hace poco ciertos derechos políticos y aquellos cuyas voces siguen sin oírse: las mujeres y los grupos étnicos, por ejemplo, o las personas cuyos intereses no son promovidos por una ONG dinámica.

Algunos de esos problemas se presentan también con respecto a la descentralización. Cuidadosamente administrada, la descentralización puede contribuir mucho a mejorar la capacidad del Estado, ejerciendo presiones para que los servicios públicos correspondan mejor a las preferencias locales, reforzando la responsabilidad y respaldando el desarrollo económico en ese nivel. No obstante, existen escollos: las autoridades del gobierno central pueden perder el control de la macroeconomía por falta de coordinación de las decisiones locales, y las divergencias regionales se pueden agravar, acentuando las tensiones económicas y sociales. Los gobiernos locales pueden caer bajo el dominio de intereses particulares, lo que podría llevar a abusos del poder estatal y hacia formas de gobierno menos flexibles y responsables. El mensaje, aquí como en otras partes, es que el acercamiento del Estado a los ciudadanos únicamente será eficaz si forma parte de una estrategia más amplia destinada a mejorar la capacidad institucional del Estado.

Aumentar la responsabilidad y la capacidad de reacción por medio de la participación

A lo largo de la historia casi todas las sociedades se han esforzado por lograr que el Estado tenga en cuenta las necesidades y los intereses de la población. En la actualidad, esta es una cuestión particularmente pertinente, debido a la expansión de la enseñanza y la información y al pluralismo creciente de las naciones, que obliga a los Estados a considerar y atender las opiniones de sus ciudadanos. Una muestra de la opinión pública de todo el mundo parece indicar que la creencia en el Estado sigue siendo sólida, pero que la actuación de algunas instituciones estatales no está a la altura de las expectativas (Recuadro 7.1).

Recuadro 7.1 La opinión pública y el Estado

Las opiniones sobre el Estado varían considerablemente, reflejando las percepciones de un amplio conjunto de variables políticas y económicas. Para evaluar esas percepciones y preocupaciones, en diversos países y regiones se han llevado a cabo encuestas de la opinión pública. Por ejemplo, una encuesta de 1991-92 puso de manifiesto que el 49% de los encuestados en el Reino Unido y el 44% de la muestra de los Estados Unidos se consideraban excluidos del proceso de adopción de decisiones públicas que influían directamente en sus vidas. De todas formas, la aprobación de la manera en que se comportan sus democracias es relativamente elevada en Europa occidental y América del Norte, con unos porcentajes de satisfacción de los encuestados que van del 54% al 64%. En cambio, en América Latina y en las economías en transición de Europa oriental sólo del 30% al 40% de los encuestados se declaran satisfechos de la forma en que están funcionando sus democracias. En América Latina esta percepción negativa puede estar relacionada con el hecho de que el 52% de los encuestados en una muestra de 12 naciones consideraba que las elecciones eran fraudulentas en su país.

En Europa, desde los años setenta el respaldo público al Estado y a sus servicios ha sido constantemente sólido. En 1990, grandes mayorías —más del 70%— de siete naciones de Europa occidental seguían creyendo que el Estado debe proporcionar atención sanitaria, servicios a los ancianos, ayuda a los desempleados y asistencia a la industria, así como reducir las diferencias de ingresos. En 1996 una encuesta efectuada en los 15 países de la Unión Europea puso de manifiesto que el 51% de los ciudadanos cree que sus gobiernos deben mantener las prestaciones sociales y los niveles de protección actuales, mientras que sólo un 12% cree que se deben reducir considerablemente para mejorar la competitividad de la UE en los mercados mundiales.

En América Latina el 69% de los ciudadanos opina que el Estado debe intervenir para reducir las diferencias de ingresos entre los ricos y los pobres. Los encuestados latinoamericanos consideran igualmente esencial la función estatal de mantenimiento del orden público, pero el 65% tiene escasa o nula confianza en el poder judicial y en las fuerzas de policía. Sólo un 24% declara tener cierta confianza en esas instituciones. Estos resultados reflejan fielmente las preocupaciones expresadas por los empresarios de la región en la encuesta de que se da cuenta en el Capítulo 3.

En la India una encuesta de 1996 mostró que, a pesar del fuerte apoyo al sistema democrático, la confianza de los votantes en sus representantes ha disminuido desde 1971. La confianza en algunas instituciones públicas era también escasa, sobre todo en lo que concierne a la policía (28%) y la burocracia (37%). Con todo, la encuesta reveló una fuerte participación popular en la política: el número de encuestados que declaraban estar afiliados a una organización social o partido político se duplicó entre 1971 y 1996.

A diferencia de Europa, América Latina y, en cierta medida, Asia, donde la tradición estatal sigue siendo fuerte, en los Estados Unidos el 80% de los entrevistados en una encuesta reciente declaró que desconfiaba del Estado debido a su aparente ineficacia y despilfarro. Además, el apoyo de la opinión pública a los programas de bienestar social, particularmente a los gastos destinados a prestaciones sociales, ha disminuido. En una encuesta de 1993 se puso de relieve que sólo uno de cada seis estadounidenses consideraba que el sistema de bienestar estaba funcionando muy bien o bastante bien, y en 1995 dos de cada tres pensaban que se estaba gastando demasiado en programas sociales.

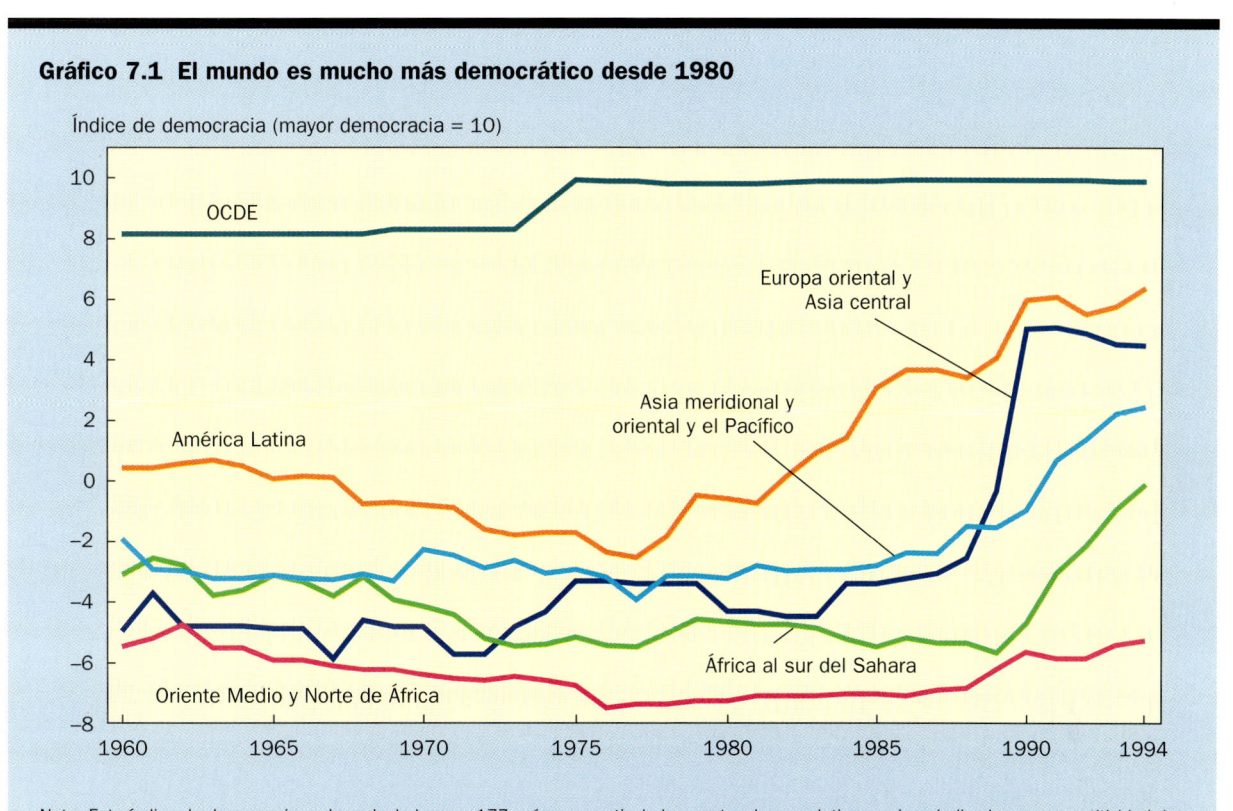

Gráfico 7.1 El mundo es mucho más democrático desde 1980

Índice de democracia (mayor democracia = 10)

[Gráfico que muestra la evolución del índice de democracia de 1960 a 1994 para las regiones: OCDE, América Latina, Europa oriental y Asia central, Asia meridional y oriental y el Pacífico, África al sur del Sahara, y Oriente Medio y Norte de África.]

Nota: Este índice de democracia se ha calculado para 177 países a partir de las puntuaciones relativas a cinco indicadores: competitividad de la participación en la política, reglamentación de la participación en la política, competitividad en la selección de los altos cargos, apertura del proceso de selección de los altos cargos y limitaciones del poder del jefe de gobierno. El Banco Mundial no se pronuncia en favor de ningún índice de democracia en particular. Véanse más detalles en la Nota técnica. Fuente: Jaggers y Gurr, 1996.

Participación electoral

En una sociedad democrática las elecciones son la principal manifestación de la opinión de los ciudadanos. El número de gobiernos elegidos democráticamente se ha multiplicado en los últimos decenios, dando a muchos ciudadanos nuevas posibilidades de manifestar sus opiniones a través del voto. En 1974 sólo 39 países —uno de cada cuatro países del mundo— eran democráticos. Actualmente 117 países —casi dos de cada tres— utilizan las elecciones libres para designar a sus dirigentes nacionales, y dos tercios de la población adulta de los países en desarrollo tienen derecho a participar en las elecciones nacionales (Gráfico 7.1). La tendencia es especialmente impresionante en Europa central y oriental y Asia central, donde la caída de los regímenes comunistas en 1989 y 1991 desencadenó una serie de cambios políticos importantes en toda la región. Estos acontecimientos tuvieron repercusiones en otras regiones igualmente, en particular en África al sur del Sahara. En América Latina el desplazamiento gradual hacia la democracia comenzó poco antes. Ahora todos los países de la región menos dos cuentan con gobiernos democráticamente elegidos y cerca de 13.000 municipios eligen a sus dirigentes locales (los alcaldes, por ejemplo), en comparación con poco menos de 3.000 a finales del decenio de 1970.

El principio "una persona, un voto" es fundamental para que las elecciones sean de verdad representativas. Sin las salvaguardias necesarias, sin embargo, las injerencias políticas y los fraudes electorales pueden afectar seriamente a la representatividad y, en consecuencia, a la legitimidad de los resultados de las elecciones. Como se ha señalado en el Recuadro 7.1, por ejemplo, una mayoría de los entrevistados en una encuesta realizada en 12 países latinoamericanos consideraba que la administración de las elecciones era fraudulenta en su país; sólo del 30% al 40% se sentía satisfecho de la manera en que estaba funcionando la democracia. Las disposiciones constitucionales e institucionales, agravadas por una información insuficiente, afectaban asimismo a la capacidad de las minorías para obtener una representación eficaz. Por ejemplo, en un estudio de varias democracias europeas en los años ochenta se observa que la representación parlamentaria de las mujeres y la participación de los votantes son superiores en los sistemas basados en la representación proporcional que en los sistemas en que los ganadores acaparan todos los escaños. En los países donde las mujeres tienen mayor representación parlamentaria, sus intereses están mejor protegidos gracias a las políticas relativas a la licencia de maternidad, la atención infantil y la flexibilidad en los sistemas de jubilación. Por ello, conviene proceder con cautela y evitar generalizaciones simplistas acerca de la representatividad de los antiguos dispositivos electorales y analizar cómo se comportan en la práctica.

Diversidad y representación

La inquietud acerca de los efectos del gobierno de las mayorías ha inducido a veces a introducir cambios en las disposiciones electorales para velar por una adecuada representación de los grupos minoritarios. Como demuestra el número de conflictos étnicos que se producen en todo el mundo, el convencimiento de determinados grupos de que están discriminados —en lo concerniente a los ingresos, capitales o empleo— puede ser una poderosa causa de frustración. Esto puede dar origen a conflictos directos si los grupos marginados carecen de medios adecuados de representación de sus intereses. Las elites políticas que reflejan las diferencias étnicas en su competencia por el poder y en la distribución de sus favores echan leña al fuego. En el mundo contemporáneo, los Estados desempeñan un papel importante en la determinación de las relaciones étnicas por medio de dos cauces mutuamente relacionados:

- La expansión de la autoridad política da a los Estados la posibilidad de crear una palestra competitiva para la distribución de los recursos del Estado y el acceso a la educación, el empleo, la tierra y el crédito.
- La extensión del clientelismo político, ya sea por conveniencia administrativa o por incrementar el control, lleva a los gobiernos a favorecer a ciertos grupos étnicos en detrimento de otros.

Las diferencias y los conflictos étnicos son innatos a la mayoría de las sociedades, pese a lo cual algunas de ellas los han resuelto mejor que otras. Entre las técnicas utilizadas para reducir esas presiones cabe mencionar la dispersión de los "centros de poder" (descentralización o delegación), el apoyo a los dispositivos electorales que estimulan la cooperación entre grupos étnicos (incentivos y coaliciones electorales) y la concesión a grupos étnicos menos privilegiados de preferencias en el empleo público y en otras esferas. En el Recuadro 7.2 se describe cómo se utilizaron en Malasia y Mauricio los cambios constitucionales y las políticas preferenciales. Al examinar algunas de las reglas básicas del

---

Recuadro 7.2 Resolución de problemas en las sociedades multiétnicas de Malasia y Mauricio

Las divisiones étnicas en Malasia tienen sus raíces en el período colonial, durante el cual muchas personas de etnia china e india inmigraron para ocupar los puestos de trabajo y explotar las posibilidades comerciales no aprovechadas por la población nativa malaya, en gran parte agrícola (*bumiputra*). La Constitución de 1957 consagró los principios de la convivencia, establecidos gracias a amplias negociaciones entre los principales grupos. Sin embargo, en 1971 el nuevo Parlamento aprobó una modificación de la Constitución que instituía firmemente la supremacía malaya. La modificación declaró ilegal "el cuestionamiento en público o incluso en el Parlamento de la posición destacada del idioma malayo, soberanía de los gobernantes malayos, la posición especial de los malayos o los derechos de ciudadanía de las comunidades inmigrantes". Esta norma modificó el carácter de las campañas electorales, puesto que los partidos ya no podían conseguir votos incitando los antagonismos étnicos.

Una segunda iniciativa, el Nuevo Programa Económico (1970–90), mejoró la situación económica de los malayos. El programa constaba de dos elementos principales. El primero era la promoción del empleo pleno y productivo de los malayos y la expansión de la oferta de mano de obra malaya calificada. En las universidades, las normas relativas a la admisión preferencial de los malayos casi triplicaron el número de sus inscripciones, que llegaron a representar los tres cuartos del total. El segundo era la redistribución gradual de la propiedad de los bienes. El gobierno declaró que no confiscaría la riqueza económica de los chinos, pero que promovería la participación de los malayos en una economía en crecimiento. La fuerte expansión hizo posible que los no malayos siguieran progresando, y el Nuevo Programa Económico garantizó que el crecimiento fuera compartido por todos los ciudadanos.

Mauricio tiene por lo menos tres grupos étnicos importantes: indomauricianos, criollos y chinos. Los que proyectaron el sistema electoral, deseosos de evitar que se crearan instituciones que pudieran agravar las divisiones étnicas del país, estructuraron el sistema de manera que se obligara a los principales partidos a buscar el respaldo de todas las comunidades. Además, los gobiernos de Mauricio han optado en general por unas políticas de crecimiento y distribución de base popular por encima de las preferencias étnicas. Nunca se ha recurrido a preferencias oficiales en el empleo y la enseñanza. Y todos los gobiernos, desde la independencia, han tenido que formar coaliciones multiétnicas para asumir el poder y mantenerse en él. Este sistema de crecimiento acompañado de redistribución ha contribuido a debilitar el atractivo de la política basada en intereses de grupo.

juego, con inclusión de los elementos de la estructura política o institucional, ambos países parecen haber hallado un camino para resolver las diferencias étnicas con eficacia.

Estrategias posibles para alentar la expresión de opiniones y la participación

Las normas y los incentivos electorales se pueden modificar para que las votaciones sean más representativas, pero el simple hecho de que las elecciones y los referendos se celebren con relativa poca frecuencia (Suiza es la excepción, con una media de cinco referendos locales cada año desde 1945) limita su validez como instrumento para transmitir oportunamente información acerca de las preferencias de la sociedad. En la mayoría de las sociedades, democráticas o no, los ciudadanos procuran que sus intereses estén representados no sólo en cuanto votantes sino también como contribuyentes, como usuarios de servicios públicos y, cada vez más, como clientes o como miembros de las ONG y asociaciones voluntarias. En un marco de exigencias sociales contradictorias, expectativas crecientes y comportamiento variable de los gobiernos, cada vez tienen más importancia estas formas de expresar la propia opinión y de participar.

La rápida expansión de las ONG ilustra gráficamente esa tendencia. Desde finales del decenio de 1980 el número de ONG que actúan en África y Asia casi se ha duplicado. En Europa central y oriental y en la CEI es posible que su número se haya triplicado o cuadruplicado con respecto a la cifra inicial de 1989, muy baja. En algunos países de la OCDE, los gastos ordinarios del sector de las asociaciones voluntarias o de las ONG representan actualmente casi el 4% del PIB.

Las ONG tienen multitud de formas de organización y funciones, que van desde los sindicatos laborales hasta las asociaciones profesionales, pasando por grupos de vecinos y sociedades fiduciarias filantrópicas. Entre las ONG más dinámicas del momento figuran las que prestan servicios directamente a los individuos y a las comunidades, en sectores que van desde la salud y la educación hasta el microcrédito, capacitación profesional y los servicios profesionales. En los países de la OCDE numerosas ONG actúan conjuntamente con los proveedores públicos. En el Japón y en el Reino Unido, por ejemplo, un elevado porcentaje de organizaciones sin fines de lucro participan activamente en la educación. En los Estados Unidos ocupan un lugar destacado en la atención sanitaria. Mas a diferencia de los proveedores públicos, la mayor parte de las ONG no están obligadas a atender las necesidades generales de la población; gracias a ello, les resulta más fácil proporcionar servicios de un determinado tipo y nivel de calidad a grupos concretos.

En la mayor parte de los países en desarrollo las ONG dedicadas a la prestación de servicios son de tamaño pequeño y trabajan en comunidades y entornos en los que la capacidad de intervención de los proveedores estatales o privados es escasa o inexistente. En la Ribera Occidental y Gaza, por ejemplo, se calcula que 1.200 ONG prestan el 60% de los servicios de atención primaria de salud, hasta el 50% de la atención de salud secundaria y terciaria y la mayor parte de los servicios agrícolas, planes de viviendas baratas y microcrédito. En Camboya, entre 30 y 40 ONG facilitan microcrédito a empresarios rurales y urbanos a falta de programas estatales alternativos para atenuar la pobreza. La importancia numérica de estas ONG refleja su posibilidad de sustituir la débil capacidad del sector público y de movilizar fondos procedentes de un conjunto de fuentes diferentes, entre ellas organizaciones nacionales e internacionales.

No obstante, no todas las ONG participan en la prestación de servicios. Muchas otras son grupos de investigación y educación cívica, organizaciones de apoyo y asociaciones profesionales y empresariales que representan intereses particulares o que tratan de orientar a la opinión pública acerca de cuestiones de interés colectivo. La Unión Socioecológica de Belarús, por ejemplo, está participando activamente en una campaña de educación pública sobre la contaminación industrial y sus consecuencias. La Red de Empresas de África Occidental ésta orientada a las empresas y cuenta con unos 300 miembros de 12 naciones que representan los intereses de los empresarios nacionales en sus tratos con el gobierno. En muchos países los sindicatos desempeñan una importante función en la generación y difusión de información sobre cuestiones relacionadas con la mano de obra y la política laboral. El crecimiento de estas organizaciones intermediarias refleja la tendencia más amplia hacia la democracia que se observa en muchas regiones y, en algunos países, la necesidad de colmar el "vacío" existente entre los ciudadanos y el Estado. No obstante, a diferencia del proceso electoral, en el que todos los votos valen lo mismo, no todas estas organizaciones son igualmente representativas ni de los intereses de sus clientes ni del interés público en general.

La mayoría de las ONG intermediarias se mantienen a cierta distancia de los ciudadanos; en cambio, las organizaciones de base, los grupos basados en la comunidad y las organizaciones populares les hacen participar directamente. Por ejemplo, en Umu-Itodo, aldea del estado de Enugu (Nigeria), el Comité de Desarrollo de la Comunidad, constituido en 1986, se ha ocupado de numerosos proyectos de desarrollo e infraestructura que han tenido una repercusión directa en esta comunidad aislada. El Comité cuenta con una junta ejecutiva elegida, integrada por miembros de cada parte de la aldea; los propios habitantes la consideran como la organización local más pertinente y eficaz. Entre otras organizaciones similares cabe mencionar las asociaciones de crédito rotatorio, las asociaciones de agricultores, las cooperativas de trabajadores, las asociaciones de padres de alumnos y personal docente e incluso las congregaciones religiosas. Estas agrupaciones resultan útiles no sólo por su capacidad de atender las necesidades básicas, sino también porque pueden contribuir a aumentar la confianza y la conciencia colectiva entre los excluidos o apartados del proceso político oficial. No obstante, esas organizaciones también tropiezan con dificultades, entre ellas la escasez de miembros y de representación, la reducida capacidad de gestión y el peligro de cooptación por facciones políticas o los detentadores del poder tradicionales.

Base institucional de la participación

La profundidad e intensidad de la actividad colectiva popular cambia, obviamente, en función del entorno social e institucional. Una explicación de esas diferencias reside en las distintas dotaciones de *patrimonio social*, es decir, las reglas, normas y relaciones duraderas no oficiales que facilitan una acción coordinada y permiten a los ciudadanos emprender iniciativas en cooperación y beneficio mutuo. La presencia de normas favorables a la organización social puede aumentar la eficacia colectiva de una comunidad, pero la falta de esas reglas no es forzosamente un mal incurable. Se pueden establecer por la propia participación, y en este caso los gobiernos y otras organizaciones oficiales, como los sindicatos, pueden desempeñar un papel positivo. Los esfuerzos gubernamentales por mejorar la gestión de los sistemas de regadío en Taiwán (China) y en Filipinas, por ejemplo, han dado origen a numerosas actuaciones colectivas de los agricultores en la gestión de las actividades y el mantenimiento y en la recaudación de derechos entre los regantes. Al aceptar la cogestión de los recursos hídricos por los agricultores, los funcionarios públicos consiguieron una mejora sustancial en la administración del riego. En el estado de Ceará, en la región nororiental del Brasil (véase el Recuadro 5.7 del Capítulo 5), la supervisión comunitaria de un programa estatal de salud innovador sirvió de base no sólo para realizar un programa que obtuvo un gran éxito, sino también para establecer entre los miembros de la comunidad una cooperación más eficaz en otras iniciativas prácticas de interés común.

El debate acerca de la aportación del patrimonio social al desarrollo económico y social acaba de comenzar y, a juzgar por los primeros resultados, reina todavía una gran confusión. Algunos estudios han demostrado ya, no obstante, su posible efecto en el desarrollo económico local, en el suministro de bienes públicos locales y en el rendimiento de los organismos públicos (Recuadro 7.3).

Los mecanismos sociales que constituyen el patrimonio social y las innumerables formas de actividad no gubernamental más oficial reflejan directamente la heterogeneidad de las necesidades y preferencias de la sociedad. Simultáneamente, no hay garantías de que esas organizaciones estén atendiendo de manera adecuada las necesidades de los ciudadanos ni de que se preocupen sinceramente por promover el interés público. La mayoría de las ONG prestan servicios de alta calidad, pero algunas se resienten de graves problemas, entre ellos la mala calidad del servicio, la insuficiente participación de la comunidad y la escasa importancia de la rendición de cuentas. Algunas ONG se crean por oportunismo para promover los intereses de algunos grupos privilegiados y egoístas, a menudo a expensas de los que tienen menos capacidad de expresar su opinión y menos poder. Y las mismas reglas y normas sociales que propician la acción colectiva entre los ciudadanos pueden preservar las desigualdades y las diferencias de poder dentro de las comunidades.

Con todo, dados los numerosos obstáculos con que tropiezan los ciudadanos comunes y corrientes, especialmente los pobres, para enunciar claramente sus necesidades y exigir que se tengan en cuenta, esas asociaciones desempeñan una función vital en la canalización de sus opiniones y en la promoción de su capacidad para participar en los asuntos públicos. Y las organizaciones que procuran sinceramente trabajar en aras del interés público pueden ser interlocutores útiles en el desarrollo económico y social. Partiendo de esta premisa, muchos gobiernos están procurando establecer nuevos dispositivos institucionales para proporcionar bienes públicos, con participación tanto del sector privado como de grupos de la sociedad civil (Gráfico 7.2). En la sección siguiente se sitúan estos esfuerzos en un contexto más amplio, y se analiza el conjunto de mecanismos destinados a impulsar la participación popular en la concepción y aplicación de la política pública.

Desarrollar la capacidad institucional

El aumento de las posibilidades de manifestar la propia opinión y de participar puede mejorar la capacidad del Estado de tres maneras. En primer lugar, cuando los ciudadanos pueden expresar sus opiniones, en forma oficial u oficiosa, y reivindicar públicamente sus demandas en la forma dispuesta por la ley, los Estados adquieren parte de la credibilidad que necesitan para gobernar bien. Un debate amplio de las metas políticas puede igualmente reducir el peligro de que una minoría poderosa monopolice el control del Estado. Los Estados que logran la credibilidad disponen luego de más flexibilidad en la aplicación de las políticas y tienen menos dificultades para hacer participar a los ciudadanos en la persecución de las metas colectivas. Esto no significa que la democracia de estilo occidental sea la única solución. Lo ocurrido en algunas partes de Asia oriental permite pensar que en los países que gozan de una amplia confianza en las instituciones públicas, un sistema eficaz de deliberación popular y una aceptación general del ordenamiento jurídico, se dan las condiciones para una intervención estatal eficaz.

En segundo lugar, cuando no existen mercados, como sucede con la mayor parte de los bienes públicos, la opinión popular puede atenuar los problemas de información

Recuadro 7.3 ¿Sirve para algo el patrimonio social?

Un estudio sobre el gobierno regional en Italia durante los decenios de 1970 y 1980 puso de relieve que, pese a las numerosas deficiencias políticas y económicas, algunos gobiernos regionales, particularmente los del norte, habían funcionado bien. Estos últimos consiguieron resultados notables en varios campos, como la realización de programas innovadores de guarderías y centros de capacitación en el empleo, la promoción de las inversiones y del desarrollo económico, la gestión eficiente de las empresas públicas y la satisfacción de sus votantes. Los gobiernos del sur, en cambio, mostraban una capacidad de reacción y un comportamiento mucho más débiles. El estudio atribuía los mejores resultados del norte a las presiones externas creadas por densas redes de asociaciones cívicas y la participación de los ciudadanos en los asuntos públicos locales.

Un estudio reciente de las aldeas de Tanzanía puso al descubierto que los hogares rurales con un rico patrimonio social (definido en función del grado de participación en las organizaciones sociales locales) obtenían ingresos ajustados per cápita mayores que los hogares de las aldeas con escaso patrimonio social. Cuando se controlan otros determinantes distintos de éste, aparece asimismo una fuerte correlación entre el bienestar de la aldea y su patrimonio social. Este resultado apunta a importantes efectos secundarios en el plano de la aldea derivados de la participación individual en asociaciones y grupos locales. Aunque no se pueden extraer conclusiones generales acerca de la repercusión de dicho patrimonio en el rendimiento gubernamental, el estudio destaca varios vínculos importantes, entre ellos una asociación positiva entre patrimonio social y calidad de la escolarización local (véase el gráfico). Ello significa que cuando los padres se pueden organizar para supervisar y presionar al gobierno local para que mantenga las escuelas locales, la calidad de la enseñanza mejora. Si bien los beneficios de la escolaridad van a parar principalmente a los individuos, los beneficios que se consiguen con una mayor supervisión del gobierno local son percibidos por todos, en forma de bienes públicos.

Patrimonio social, gasto familiar y calidad escolar en Tanzanía

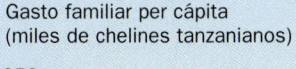

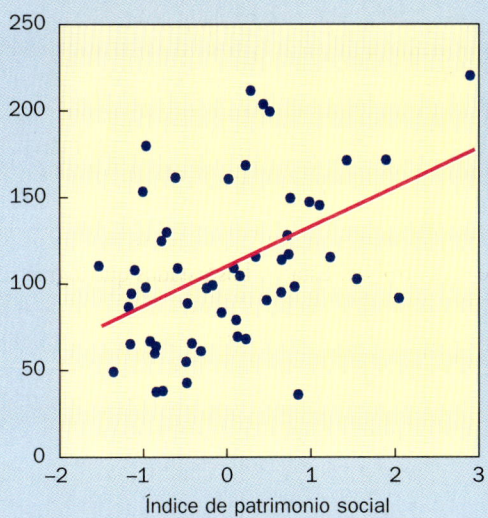

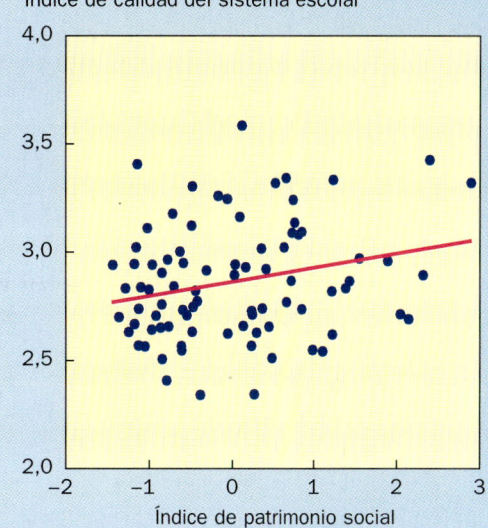

Nota: Los datos del índice de patrimonio social se han tomado de una encuesta de 1.376 hogares de Tanzanía realizada en 1995. El índice de patrimonio social mide la prevalencia de la participación de los residentes en agrupaciones y asociaciones voluntarias. El índice de calidad del sistema escolar mide la opinión que tienen las familias respecto de la calidad de las escuelas. Véanse más detalles en la Nota técnica.
Fuente: Narayan y Pritchett, 1997.

Gráfico 7.2 Organizaciones en la intersección del Estado, los mercados y la sociedad civil

[Diagrama: triángulo con vértices Estado (jerarquía y control), Sector privado (lucro y competencia) y Sociedad civil (opinión y acción colectiva); círculos: Organizaciones de empleadores, sindicatos, asociaciones profesionales; ONG, cooperativas; Organizaciones privadas voluntarias]

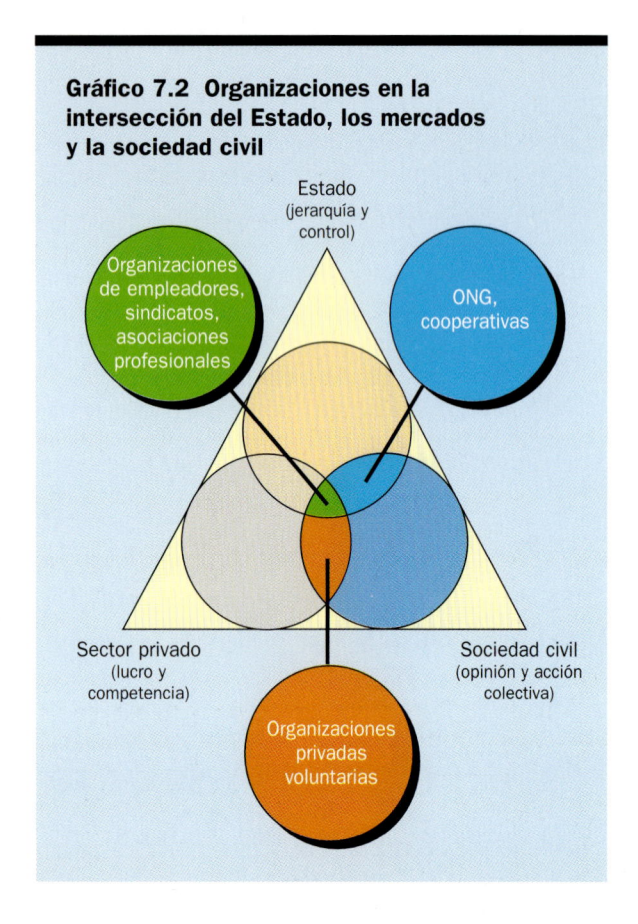

y disminuir los gastos de las transacciones. Cuando existen problemas de incentivos y la debilidad de la capacidad estatal origina unos servicios públicos ineficientes, los grupos de usuarios y las asociaciones de ciudadanos pueden informar a los funcionarios públicos del problema y obligarles a introducir mejoras. Por ejemplo, una evaluación reciente de los usuarios del sistema de abastecimiento de agua en Bakú (Azerbaiyán) reveló no sólo la existencia de importantes fugas y problemas graves de salud relacionados con el agua, sino también los gastos elevados que la falta de seguridad en el abastecimiento imponía a los consumidores de bajos ingresos. Quizá lo más interesante es que los usuarios se manifestaron asimismo dispuestos a pagar por un abastecimiento de agua seguro e inocuo entre dos y cinco veces más de lo que estaban efectivamente pagando.

En tercer lugar, por muy cumplidores, trabajadores o entusiastas que sean, los funcionarios estatales no pueden prever todos los bienes y servicios públicos que los ciudadanos desean. La aparición de entidades privadas y ONG como posibles alternativas a los servicios públicos puede contribuir a llenar las lagunas en el abastecimiento de bienes públicos, así como a proporcionar los bienes y servicios que los ciudadanos particulares están dispuestos a pagar de su propio bolsillo. Las ONG pueden a la vez colaborar y competir en la prestación de servicios públicos, y si cuentan con el apoyo de los ciudadanos presionar eficazmente al gobierno para que mejore la prestación de los mismos.

No existe ningún modelo para alcanzar el equilibrio adecuado entre capacidad de opinar, participación y control burocrático en el suministro de bienes públicos. La solución depende de las capacidades de los organismos públicos competentes y de otros proveedores y de las características del bien o servicio público que se va a suministrar. Como se indica más adelante, la eficiencia y la equidad imponen cierto grado de coordinación y control estatal centralizado cuando se trata de bienes y servicios que producen efectos indirectos de carácter jurisdiccional, están sujetos a economías de escala o plantean dificultades de distribución. En la esfera técnica, y a menudo delicada, de la gestión económica, por ejemplo, conviene cierto aislamiento de los órganos de decisión de los grupos de presión. Otro terreno donde está justificada la centralización es la fijación de normas, por ejemplo las relativas a la educación básica. No obstante, el proceso mediante el cual se establecen las orientaciones generales de la política y las normas no debe aislarse del debate público. Y en la ordenación de los recursos de propiedad común, la creación de una infraestructura básica y la prestación de servicios esenciales, existe considerable margen para que la población participe directamente, tanto en la formulación de las políticas como en su aplicación.

Mecanismos de participación
MECANISMOS DE INFORMACIÓN Y CONSULTA. En general se reconoce que algunas áreas de la adopción de decisiones públicas deben estar aisladas de las presiones políticas. En cambio en otras —por ejemplo, los esfuerzos por aumentar la producción agropecuaria o por reformar el sistema sanitario— los intereses públicos y privados coinciden en tal medida que cierto nivel de deliberación pública-privada es no sólo deseable sino esencial para el éxito. En Asia oriental, mediante la institucionalización de los consejos mixtos de deliberación integrados por representantes de los sindicatos, la industria y el Estado, las autoridades pudieron alcanzar un amplio acuerdo sobre cuestiones de política económica y el compromiso necesario para intervenir de manera rápida y flexible. Otras naciones con entornos institucionales muy distintos, como Botswana, Chile, Estados Unidos, México, Senegal y Uganda, han intentado también instituir mecanismos de deliberación sobre cuestiones que van desde la política económica hasta la reforma institucional.

Al plasmar la opinión de poderosos grupos de interés en normas mutuamente aceptables, los consejos mixtos de deliberación pueden disminuir los gastos de las transacciones reduciendo el margen de los comportamientos oportunistas. No obstante, esas juntas no siempre dan buen resultado. No se dispone de evaluaciones sistemáticas al respecto, pero el éxito parece depender de varias condiciones y características. Entre éstas cabe mencionar un nivel de representación y de educación pública suficiente para que el proceso cuente con un fuerte respaldo, apoyo técnico y asistencia a los consejos de deliberación y, en particular, el empeño en fomentar la confianza y la supervisión mutua entre los participantes tanto del sector público como del privado.

Los mecanismos de deliberación difícilmente podrán sustentar la eficacia de los gobiernos a largo plazo si éstos adoptan políticas que parecen ilegítimas o insensibles a demandas esenciales de la sociedad. Los esfuerzos por llegar a los ciudadanos deben ir hasta el fondo. Como mínimo, las reformas y los programas han de ser inteligibles para el público, por ejemplo estimulando una amplia información por parte de los medios de comunicación sobre los debates relativos al presupuesto. En Singapur, la Division of Public Feedback reúne sistemáticamente las observaciones de los ciudadanos sobre diversas políticas nacionales e invita a grupos con distintos intereses a audiencias públicas con ministros y altos funcionarios. Como se ha visto en el Capítulo 5, la legislación puede asimismo reforzar la responsabilidad y la capacidad de reacción imponiendo a los organismos la obligación de anunciar y aplicar normas y criterios relativos a los servicios, facilitar información pública y responder a las quejas de los consumidores.

Algunas de las técnicas y mecanismos utilizados para consultar a los usuarios y supuestos beneficiarios pueden contribuir igualmente a mejorar la calidad de servicios públicos concretos. Como ilustran los casos mencionados en el Recuadro 7.4, los mecanismos de comunicación de opiniones, como las encuestas de los clientes o usuarios, pueden aportar una valiosa información acerca del rendimiento de un organismo y del tipo y calidad de los servicios recibidos por los consumidores. Las encuestas simplificadas, como la libreta de notas utilizada en Bangalore (India), pueden ser particularmente útiles cuando la capacidad institucional es reducida.

Recuadro 7.4 Encuestas entre clientes para impulsar mejoras de los servicios en la India, Uganda y Nicaragua

En varios países las encuestas entre clientes han ayudado a impulsar una mayor eficacia del sector público. Las encuestas permiten aprovechar la experiencia de los ciudadanos y su capacidad de supervisar y evaluar los servicios, y han contribuido a poner al descubierto los problemas y a concebir y aplicar soluciones innovadoras.

En Bangalore (India), se pide a los ciudadanos y a las empresas que clasifiquen en las "libretas de notas" a los organismos públicos que utilizan para resolver los problemas o para obtener servicios. En esas libretas, cuya gestión es competencia del Centro de Asuntos Públicos de Bangalore, organización no gubernamental, se evalúan la calidad y el costo de las relaciones entre los ciudadanos y los organismos públicos. En la primera serie, el Organismo de Desarrollo de Bangalore, encargado de las viviendas y otros servicios, obtuvo la calificación más baja con relación a diversos factores, entre ellos el comportamiento del personal, la calidad del servicio y la información facilitada. Sólo el 1% de los encuestados catalogó como satisfactorios los servicios del mismo. Pese a ello, en lugar de considerar los resultados como una amenaza, el director del Organismo los interpretó como una oportunidad y lanzó una iniciativa, con participación ciudadana y gubernamental, para abordar los problemas de la prestación de servicios. Otros organismos de Bangalore han adoptado asimismo medidas inspiradas en esas libretas de notas. Y grupos de otras cinco ciudades indias, entre ellas Mumbai (Bombay), han comenzado a aplicar el mismo método.

El Gobierno de Uganda, que colabora con varias ONG y comunidades, está también efectuando encuestas sobre las opiniones relativas a la prestación de servicios. La primera de ellas puso de manifiesto que sólo el 11% de los hogares rurales había recibido alguna vez la visita de un extensionista agrícola. Varios distritos han incorporado los resultados de la encuesta a sus planes. Un distrito ha instituido actividades complementarias de capacitación de extensionistas y está tratando de convencer al gobierno central de que le permita dedicar una parte mayor de su presupuesto a los extensionistas.

Las encuestas de Nicaragua, al igual que las de Uganda, fueron una iniciativa gubernamental. La primera, realizada en 1995, reveló que el 14% de los usuarios de los autobuses había sufrido en un momento u otro alguna forma de agresión mientras usaban ese medio de locomoción. Descubrió también que el 90% de los conductores de autobús no respetaban la tarifa oficial de 85 córdobas, ya que no devolvían los 15 córdobas de cambio a los usuarios que les entregaban un billete de 100. Además, la encuesta puso de manifiesto que la gente estaba dispuesta a pagar más. Tomando como base esas conclusiones, la tarifa subió a un dólar. En la encuesta siguiente, realizada en 1996, el 90% de los usuarios manifestaron que se respetaba la tarifa oficial.

Además de ofrecer mayor información a los funcionarios públicos, las técnicas de consulta de los ciudadanos y clientes pueden introducir una mayor apertura y transparencia en el sistema. A medida que aumenta el número de personas que conocen el desempeño de organismos o funcionarios concretos, es más probable que ejerzan una presión colectiva sobre el organismo para que mejore su actuación. Simultáneamente, los organismos públicos tendrán menos posibilidades de comportarse de manera arbitraria.

Con todo, ningún mecanismo de consulta llega automáticamente a todos los particulares y grupos adecuados. La adquisición y facilitación de información cuesta dinero y los ingresos reducidos o la posición subordinada de algunos grupos en la sociedad los hace casi invisibles para los funcionarios públicos. Al consultar a los usuarios o clientes, se debe poner el máximo empeño en localizar a todos los grupos sociales pertinentes y en velar por que estén representados.

MECANISMOS DE DISEÑO Y APLICACIÓN. Para mejorar el comportamiento gubernamental no basta con mejorar el sistema de consultas. Existen también pruebas convincentes de que los dispositivos que promueven la participación de los interesados en el diseño y la puesta en práctica de servicios o programas públicos pueden mejorar la tasa de rendimiento y la sostenibilidad de esas actividades.

El sector de la educación ha demostrado ser un terreno particularmente fértil para este tipo de experimentación. La falta de vigilancia y supervisión de las escuelas locales es un problema constante para los gobiernos. Sin embargo, en varios casos se ha descubierto que estos problemas se pueden abordar intensificando la participación de los padres y de las comunidades en la administración de las escuelas. En Nueva Zelandia, las juntas de consejeros elegidos que administran las escuelas están integradas por los padres de los alumnos. Una legislación promulgada en Sri Lanka en 1993 creó las juntas de promoción escolar para impulsar la participación de la comunidad en la administración de las escuelas. Muchos países han descubierto igualmente que las comunidades que participan en la administración de las escuelas están más dispuestas a contribuir a su financiación.

No obstante, la participación efectiva de los ciudadanos en la administración de las escuelas no resulta fácil ni resuelve todos los problemas. Nueva Zelandia se dio cuenta, después de haber iniciado su reforma, de que los consejeros recién elegidos tenían necesidad de una formación intensiva. A Botswana le resultó difícil atraer a personas calificadas para que formaran parte de las juntas de consejeros de los centros del primer ciclo de enseñanza secundaria, especialmente en las zonas rurales. En Uganda, una ONG internacional ofrece en dos distritos capacitación comunitaria a asociaciones de padres de alumnos y personal docente y a comités de administración escolar, para mejorar la calidad de la enseñanza y de la gestión de los centros docentes.

La participación ciudadana puede ser asimismo esencial en programas de ordenación de los recursos naturales y de propiedad comunal, como los pastizales, la fauna y flora silvestres, los bosques y los manantiales. El control exclusivamente burocrático de esos recursos ha demostrado ser inadecuado en numerosos contextos institucionales diferentes, provocando en algunos casos enfrentamientos entre los usuarios de esos recursos y los funcionarios públicos que tratan de administrarlos. Convencidos de la importancia de la ordenación de los recursos basada en la participación, los funcionarios forestales, las ONG y las comunidades locales de la India han emprendido varias iniciativas. La Política Silvícola Nacional entraña una mayor participación de la población local en la ordenación de los bosques. En la India, los programas conjuntos de ordenación forestal, los departamentos de silvicultura y grupos de usuarios locales comparten las facultades de adopción de decisiones y de control de las tierras, los productos y los ingresos forestales. Gracias a ello se han reducido los conflictos y ha aumentado la productividad de las tierras.

Las prácticas están cambiando también en otras partes. En Zimbabwe, el programa CAMPFIRE intenta reembolsar los beneficios de la protección y conservación de la fauna y flora silvestres a las comunidades locales. En África, América Latina y Asia se ha demostrado que el éxito de los proyectos rurales de abastecimiento de agua depende en gran medida de la participación de los beneficiarios en su diseño y gestión (Recuadro 7.5).

Sin embargo, el mismo estudio sobre el abastecimiento de agua en las zonas rurales reveló también que, entre los proyectos con una elevada participación, sólo la mitad incluía un número suficiente de mujeres. Ello se debía a factores específicos de la participación de las mujeres, en particular las limitaciones de tiempo y los obstáculos culturales. En consecuencia, se necesitan mecanismos innovadores que recaben explícitamente la participación de las mujeres en el diseño y la ejecución de proyectos que las afectan directamente. Un ejemplo de esos esfuerzos se encuentra en Filipinas, donde una serie de medidas adoptadas durante más de 20 años ha desembocado gradualmente en la integración de las cuestiones relacionadas con las diferencias entre los sexos en el programa estatal, en parte mediante una mayor participación de las mujeres en la planificación y puesta en práctica de las políticas y, en parte, merced a programas específicamente destinados a las mujeres. El resultado previsto de esas medidas es no sólo una mejora en el proceso de adopción de las políticas públicas, sino en los rendimientos económicos de unas inversiones públicas mejor concebidas y con objetivos más claros.

Para el éxito de la participación se requieren ímprobos esfuerzos . . .

De esos ejemplos se deduce que en el suministro de determinados bienes públicos locales o servicios compartidos,

> **Recuadro 7.5 ¿Contribuye la participación a mejorar los resultados de los proyectos?**
>
> Sirviéndose de datos procedentes de 121 proyectos rurales diversos de abastecimiento de agua realizados en 49 países de África, América Latina y Asia, un estudio reciente ha tratado de verificar la relación entre la participación y el rendimiento de los proyectos. La participación se midió a lo largo de un espectro continuo que iba desde el simple intercambio de información hasta las consultas a fondo de los beneficiarios, la adopción compartida de las decisiones y el pleno control de éstas. Los autores captaron una fuerte correlación entre niveles elevados de participación de los beneficiarios, especialmente en la adopción de decisiones, y el éxito de los proyectos. De los 49 proyectos con escasos niveles de participación, sólo el 8% obtuvo buenos resultados. En cambio, de los 42 proyectos con un grado elevado de participación de los beneficiarios, el 64% fue calificado positivamente.
>
> Estudios monográficos respaldan estas conclusiones. La primera fase del proyecto rural de abastecimiento de agua de Aguthi, en Kenya, se llevó a cabo sin la participación de la comunidad. El proyecto, que entrañaba la utilización de redes de tuberías para transportar el agua, estuvo tan plagado de problemas que quedó paralizado y hubo que volver a diseñarlo. Los dirigentes locales, agrupados en el Comité del Agua de Aguthi, en colaboración con el personal del proyecto, movilizaron el apoyo de la comunidad en favor de éste. A raíz de las conferencias públicas celebradas con los interesados, algunos miembros de la comunidad comenzaron a aportar trabajo y fondos. La fase II del proyecto quedó completada en el plazo previsto y sin salirse del presupuesto. Las comunidades siguieron pagando mensualmente las tarifas del nuevo servicio de abastecimiento de agua y se ocuparon atinadamente del funcionamiento y el mantenimiento en cooperación con el organismo estatal competente.

en que las personas que pagan son también los beneficiarios directos y principales, el acercamiento de la capacidad institucional al cliente puede mejorar la calidad y la eficacia de la actuación pública. Por consiguiente, es probable que los Estados capaces sean los que consolidan y aumentan la eficiencia de las organizaciones y asociaciones locales en lugar de sustituirlas. Con todo, la incorporación de los ciudadanos como coadministradores o coproductores no significa inevitablemente una reducción del papel del Estado, y no es una solución indolora ni inmediata. Para que los usuarios o clientes pasen a ser asociados, los organismos públicos a menudo tienen que invertir considerable tiempo y energía en establecer lazos con las comunidades, en intensificar la adhesión de su propio personal y en velar por el cumplimiento de unas normas mínimas de calidad y de equidad.

En un experimento innovador realizado en Recife (Brasil), en el que la introducción de sistemas baratos de alcantarillado en condominio en barrios de vecinos con escasos ingresos modificó la relación entre el organismo estatal y los usuarios de las alcantarillas, los funcionarios públicos tardaron dos años, trabajando intensamente y en equipos multidisciplinarios con los residentes, en idear cómo hacer funcionar el sistema. Incluso después de haber llegado a una mejor comprensión del proceso, se tardó de cuatro a seis meses en cada barrio en aplicarlo con éxito. Una evaluación del proyecto mostró que, al fomentar la participación activa y vigorosa de los vecinos, el plan no sólo había logrado considerables ahorros, sino que había puesto en marcha mecanismos de responsabilidad que eran fundamentales para el buen funcionamiento del organismo.

El aumento de la capacidad de reacción implica cambios no sólo en la forma en que los organismos estatales colaboran con los clientes, sino también en la forma en que los organismos se estructuran y remuneran a sus trabajadores. La participación será más eficaz cuando existan posibilidades de una participación interna en el marco del organismo público. Además, un entorno general propicio debe recompensar al personal de más alto nivel por la atención que presta a los clientes y conceder un apoyo adecuado a los trabajadores que actúan en la calle o sobre el terreno en sus esfuerzos por colaborar con los clientes. Sin esas medidas, la resistencia a trabajar con éstos puede ser grande y crear una atmósfera que resulte incompatible con un enfoque más participativo.

Una colaboración más estrecha con la población suele presuponer también un replanteamiento de las tareas y responsabilidades, la reasignación de los recursos de personal y el establecimiento de nuevos mecanismos de aprendizaje y experimentación. El Ministerio de Salud de Benin otorgó a los comités locales de administración sanitaria el control de la adopción de las decisiones relativas a los recursos. Los miembros de los comités son elegidos democráticamente, sin ninguna limitación, salvo el requisito de que por lo menos uno de los miembros debe ser una mujer. Los comités participan directamente en la preparación del presupuesto anual del centro sanitario que se someterá al Ministerio. Son responsables de la recaudación y contabilidad de los fondos pagados al centro sanitario por servicios y medicamentos. Representantes de los comités locales forman parte tanto de la junta del nuevo organismo estatal de adquisición de medicamentos— lo que constituye una manera de obligarle a rendir cuentas— como del Comité de coordinación del sector de la salud, que se hace eco de la opinión de los representantes locales en la política nacional.

. . . y un entorno propicio

Los gobiernos pueden igualmente respaldar la participación de manera indirecta contribuyendo a crear un entorno favorable. Los Estados ejercen un gran poder sobre los particulares y las organizaciones por medio de la información que publican y de las leyes que promulgan y administran. El ordenamiento jurídico que protege a las personas y la propiedad personal es importante para el establecimiento de una sociedad civil sana y entusiasta. Los gobiernos pueden facilitar la participación salvaguardando el derecho de los ciudadanos a organizarse, a tener acceso a la información, a concertar contratos y a poseer y administrar bienes. Las constituciones de Bolivia, Brasil, Colombia y Filipinas estimulan explícitamente la creación y participación de ONG en todos los niveles de la adopción de decisiones. En Singapur, el gobierno ayuda a las ONG a contratar personal, les arrienda, a precios simbólicos, edificios públicos no utilizados y financia hasta la mitad del capital y de los gastos de funcionamiento de las instalaciones administradas por ONG con fines sociales. Sin un entorno jurídico verosímil que imponga a las ONG y a los organismos públicos la obligación de actuar de manera abierta y transparente, las organizaciones legítimas se ven privadas de la posibilidad de desarrollarse o, lo que es peor, se abre la puerta a actividades nocivas o improcedentes que mancillan la reputación de todas las ONG. El objetivo debe ser lograr un equilibrio entre los reglamentos y las obligaciones de presentación de informes que promuevan el crecimiento de las ONG, al mismo tiempo que se combaten la corrupción y los abusos.

Las ventajas de una intensificación de las consultas y de la relación con la sociedad civil se ponen de manifiesto en forma de mejoras en el proceso de adopción de decisiones públicas, en la calidad de la prestación de los servicios y, en algunos casos, en unas tasas mayores de rendimiento. Se manifiestan asimismo en la mayor flexibilidad de que disponen los organismos y funcionarios públicos en su manera de intervenir. No obstante, sin una vigilancia eficaz esta flexibilidad puede dar origen a actos caprichosos o arbitrarios. Una vez más es fundamental hallar el adecuado equilibrio entre los mecanismos de participación y un control estatal inteligente. En la sección siguiente se examinan algunas de estas cuestiones en el contexto del debate sobre la descentralización y la promoción de una mayor responsabilidad pública desde abajo.

Descentralización: adecuar los servicios a las preferencias locales

La descentralización del poder y los recursos estatales parece ser una continuación lógica de los múltiples esfuerzos recientes por acercar el Estado a los ciudadanos. Al igual que el amplio conjunto de mecanismos de participación antes descritos, la descentralización brinda la posibilidad de adaptar con mayor precisión los servicios públicos a las demandas y preferencias locales y de instaurar, desde abajo, un sistema de gobierno más atento y responsable. Con todo, la descentralización presenta también inconvenientes, entre ellos la posibilidad de aumentar las disparidades entre regiones, la pérdida de estabilidad macroeconómica y la sumisión de las instituciones a facciones locales, especialmente en sociedades muy desiguales. En esta sección se analizan algunos de los factores que explican las tendencias recientes de la descentralización y algunas esferas en que se ha demostrado que ejercen un efecto positivo, como la intervención de los ciudadanos en los asuntos públicos y el estímulo del desarrollo económico local. La sección termina con un examen de los peligros de la descentralización y de las repercusiones que ésta puede tener en los gobiernos que emprenden ese camino.

¿La era de la descentralización?

La creciente demanda de descentralización se inscribe en el proceso más amplio de liberalización, privatización y otras reformas del mercado iniciado en muchos países. Esas reformas son distintas entre sí, pero el argumento en que se basan es similar al de la descentralización: el control sobre la producción y el suministro de bienes y servicios debe situarse en el nivel más bajo capaz de asumir los costos y beneficios asociados. En muchos países esto entrañará la reducción gradual del poder del gobierno central, pero los reformadores deben actuar con prudencia. Según el entorno institucional, la descentralización puede mejorar la capacidad del Estado liberándole de cargas inútiles para que se concentre en sus funciones esenciales, pero puede también socavar esa capacidad.

La exigencia de una descentralización política oficial se ha visto impulsada al menos por tres cambios importantes recientes:

- *La dimensión mínima de un gobierno autosuficiente se ha reducido.* Como consecuencia de las nuevas posibilidades tecnológicas y las nuevas demandas de los ciudadanos, los productores y los consumidores, han perdido importancia algunas de las ventajas (por ejemplo, la seguridad) que mantienen a los países, las regiones y las provincias agrupados bajo un gobierno central. En América del Norte y Europa la presión ejercida por los mercados mundiales está creando una fuerte demanda de gobiernos locales y regionales que pueden proporcionar mejor la infraestructura y la mano de obra calificada que necesitan las empresas multinacionales.
- *Los cambios políticos han hecho posible la expresión de las reivindicaciones locales.* En Checoslovaquia, la Unión

Soviética y Yugoslavia la autoridad centralizada se vino abajo en cuanto desapareció la fuerza unificadora del Partido Comunista. En otras partes, los gobiernos regionales y subnacionales se beneficiaron del vacío político creado antes y durante los cambios de régimen, como en la Argentina y el Brasil a finales del decenio de 1980 y en Sudáfrica en los años noventa.

■ *Los países a menudo recurren a los gobiernos locales y regionales cuando el gobierno central se muestra incapaz de proporcionar servicios esenciales.* En la segunda mitad del decenio de 1980, Colombia inició una fase de descentralización y reforma política que invirtió una larga tradición de centralismo. Un nuevo gobierno cambió de orientación, transfiriendo la prestación de los servicios sociales al plano local y abriendo el rígido sistema de nombramientos políticos a los candidatos locales. Análogamente, en Venezuela y otros países de América del Sur, gobiernos locales dinámicos han mostrado mayor capacidad de reacción y mejorado la calidad de los servicios prestados, a menudo de forma espectacular.

Antes de considerar qué pueden hacer los gobiernos para satisfacer esas demandas, conviene preguntarse qué significa realmente la descentralización. En realidad, el término abarca un amplio conjunto de procesos distintos. Los principales son la desconcentración administrativa, es decir, la transferencia de funciones estatales de niveles superiores a niveles inferiores de gobierno, al mismo tiempo que se mantiene el control central de los presupuestos y de las políticas; la descentralización fiscal, es decir, cesión por parte de las instancias superiores a otras de menor rango de la facultad de influir sobre los presupuestos y las decisiones financieras, y el traspaso, es decir, la transferencia de recursos y de autoridad política a autoridades de nivel inferior que son en gran medida independientes de los niveles superiores de gobierno. La descentralización raramente abarca los tres aspectos. Dada esta gran diversidad, es difícil comparar las tendencias de los distintos países o sacar conclusiones firmes e incontestables.

Los países más ricos y con mayor superficie suelen estar más descentralizados en lo que concierne a la participación de los gobiernos subnacionales en el total de los gastos e ingresos públicos. Con todo, en el conjunto de los países industriales la centralización ha aumentado ligeramente desde 1974 (Cuadro 7.1). Así ocurre particularmente en el Reino Unido, mientras que Australia, España, Estados Unidos y Francia siguen descentralizando las funciones del gobierno central. Los países en desarrollo, la mayoría de los

Cuadro 7.1 Variaciones del financiamiento subnacional en algunos países
(porcentaje del gasto o de los ingresos de todos los niveles de gobierno)

País	Gasto de los gobiernos subnacionales 1974	1994	Tendencia	Ingresos de los gobiernos subnacionales 1974	1994	Tendencia
Alemania	44	40		34	30	
Argentina	*25*	45	↗	*25*	37	↗
Australia	47	49		20	27	↗
Brasil	*30*	38	↗	*23*	25	
Canadá	61	60		39	44	↗
Chile	2	9	↗	2	5	
Colombia	25	33	↗	16	18	
España	10	34	↗	5	12	↗
Estados Unidos	45	44		33	36	
Francia	18	19		6	13	↗
India	45	49		27	25	
Indonesia	11	15		3	3	
Irán, Rep. Islámica del	1	5		1	6	↗
Malasia	18	14		13	8	↘
Reino Unido	33	28	↘	15	8	↘
Rumania	16	10	↘	12	6	↘
Sudáfrica	24	41	↗	4	12	↗
Suecia	44	34	↘	28	32	
Tailandia	17	8	↘	5	5	
Zimbabwe	*26*	25		24	15	↘

Nota: Los datos corresponden a todos los niveles de gobierno distintos del gobierno central y comprenden las transferencias de este último a los gobiernos subnacionales. Las flechas indican variaciones de 5 puntos porcentuales o superiores. En los casos en que no se disponía de datos de 1974 ó 1994 (señalados con números en bastardilla), se utilizaron datos del año más cercano. Los de Alemania correspondientes a 1974 se refieren al territorio antes de la unificación.
Fuente: FMI, diversas ediciones b).

cuales pasaron por una fase de constitución de la nación al liberarse de sus lazos coloniales en los decenios de 1950 y 1960, se han ido descentralizando desde los años setenta. Entre otros ejemplos destacados cabe mencionar los de la Argentina, el Brasil y Colombia. En ambos grupos de países la descentralización de los gastos ha ido considerablemente más lejos que la de los ingresos correspondientes.

Marco para la reflexión sobre la descentralización
Como se ha demostrado más arriba, la mejor estructura de ordenación de las relaciones entre los distintos niveles de gobierno depende en gran medida de cada país. La búsqueda de un patrón único para todos es tan infructuosa en este terreno como en otros aspectos de la reforma del Estado. Pese a ello, hay varios principios analíticos importantes que pueden servir de orientación a los reformadores. El principio más claro y esencial (conocido como principio de subsidiariedad) es que los bienes y servicios públicos deben ser competencia del nivel de gobierno más bajo que pueda asumir plenamente los costos y beneficios.

Sin embargo, la aplicación de este principio no es sencilla. El Cuadro 7.2 ilustra algunas de las características de la demanda y oferta de bienes y servicios que se deben tener en cuenta al tomar una decisión. Como ya se ha indicado, en lo que respecta a algunos bienes locales, entre ellos los que se caracterizan por ser de propiedad común, quizá el mecanismo más indicado sean las organizaciones no estatales, como las asociaciones de usuarios de los bosques o del agua o las ONG. En un sentido más general, cuando las preferencias o las demandas difieren de una comunidad a otra, los gobiernos locales pueden acomodar mejor la oferta a los gustos locales. La prestación descentralizada de un servicio puede asimismo aumentar la eficiencia y la competencia interjurisdiccional en relación con la oferta, proporcionando a los consumidores (por lo menos en teoría) la posibilidad de optar por otras jurisdicciones. Por el contrario, cuando se producen economías de escala o efectos secundarios interjurisdiccionales del lado de la oferta —como en la construcción y el mantenimiento de carreteras interurbanas— o cuando existen normas mínimas (como en la enseñanza primaria) u otras externalidades de consumo del lado de la demanda, es probable que sea preferible el control centralizado (a escala nacional o provincial).

La adaptación de servicios a las preferencias locales puede contribuir a reducir los costos de las transacciones (particularmente los gastos de información), aumentar la eficiencia e incentivar el desarrollo económico local. Con todo, aun cuando, en principio, pueda parecer que un servicio debe confiarse a instituciones locales, las ventajas y los costos de la descentralización variarán según el entorno. Y la experiencia revela que la descentralización normalmente no funciona sin unos dispositivos institucionales eficaces para promover la responsabilidad en el plano local y sin restricciones fiscales por parte de los gobiernos locales y nacionales. Para mayor claridad, conviene examinar dos conjuntos, separados pero conexos, de relaciones que deben mantener los gobiernos locales, y que se deben tener en consideración para determinar el posible alcance de la descentralización.

En primer lugar, están las relaciones horizontales entre el gobierno local y los ciudadanos, las ONG y las empresas privadas. Algunos mecanismos institucionales, por ejemplo las elecciones o los referendos locales, pueden crear esas relaciones o influir en ellas, ofreciendo incentivos a la cooperación, un sistema de rendición de cuentas y un gobierno local más eficaz. El segundo conjunto de relaciones es vertical, entre los distintos niveles de gobierno. La mayor parte de los países cuentan con disposiciones institucionales oficiales que definen el papel y las funciones de cada nivel de gobierno, particularmente en sus relaciones fiscales. Tanto las normas verticales como los incentivos horizontales son esenciales para que los gobiernos locales desempeñen sus funciones en forma satisfactoria (Gráfico 7.3). En la sección siguiente se examinan algunas de las formas en que las relaciones horizontales pueden impulsar a los gobiernos

Cuadro 7.2 Características de la demanda y la oferta de bienes públicos locales y nacionales

Nivel de suministro por el sector público	Factores relacionados con la demanda	Factores relacionados con la oferta
Local	Diferentes preferencias locales (iluminación de calles, zonificación)	Posible competencia entre jurisdicciones (protección policial, mantenimiento de carreteras)
	Bienes comunes (caminos urbanos, eliminación de desechos)	
Nacional	Externalidades geográficas derivadas del consumo (lucha contra epidemias)	Economías de escala (defensa)
	Aspectos relativos a la equidad (normas mínimas para la enseñanza primaria)	Externalidades transjurisdiccionales (carreteras interurbanas)

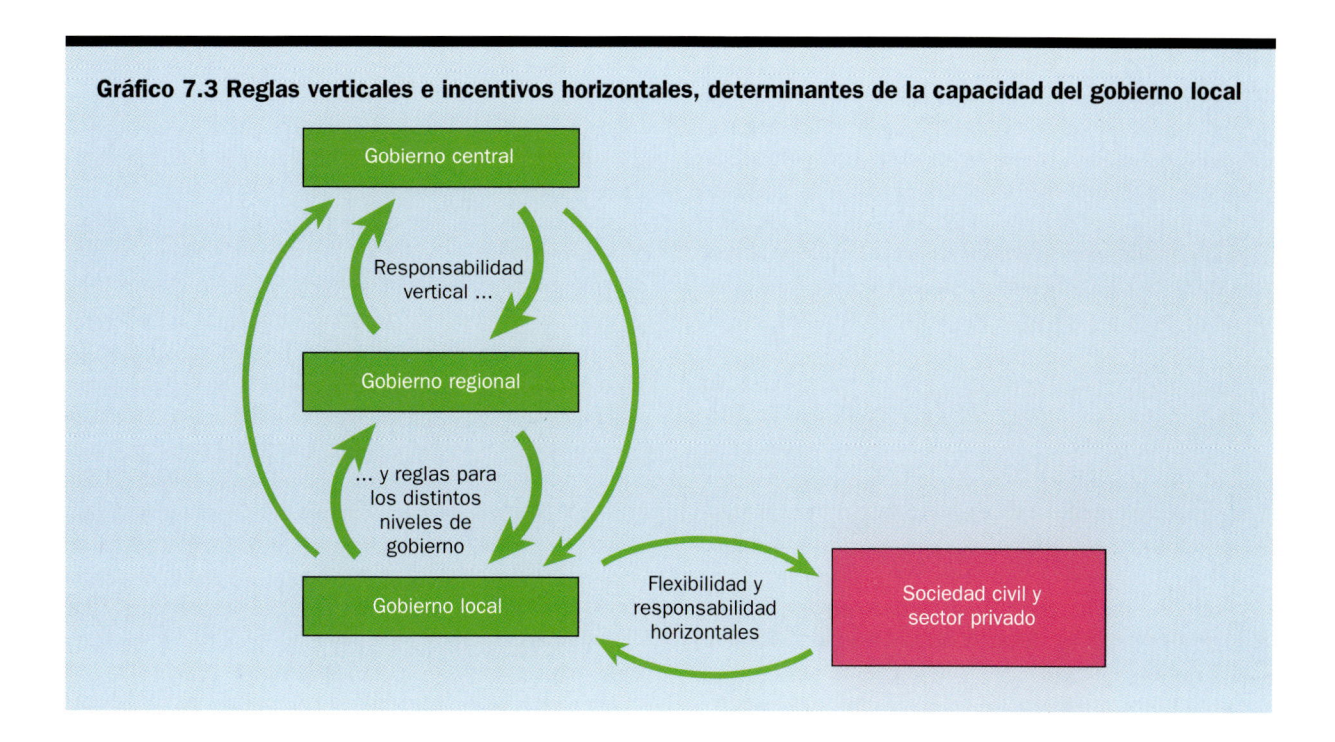

Gráfico 7.3 Reglas verticales e incentivos horizontales, determinantes de la capacidad del gobierno local

- Gobierno central
- Responsabilidad vertical ...
- Gobierno regional
- ... y reglas para los distintos niveles de gobierno
- Gobierno local
- Flexibilidad y responsabilidad horizontales
- Sociedad civil y sector privado

locales a mejorar su capacidad de respuesta, movilizar recursos, mejorar la prestación de servicios y estimular el desarrollo del sector privado.

Beneficios de las mejoras en los incentivos y en la rendición de cuentas a nivel local

PARTICIPACIÓN CIUDADANA. En teoría, la descentralización puede reforzar y complementar las medidas destinadas a ampliar la participación popular anteriormente descritas en el presente capítulo. Como éstas, puede contribuir a evitar el peligro de opresión impuesta por la mayoría acercando el Estado a los ciudadanos y facilitando la determinación local de las cuestiones y los problemas, especialmente los que afectan a los grupos minoritarios. El contraste entre Oaxaca y Chiapas, dos de los estados más pobres de México, constituye un ejemplo revelador de esos efectos. Ambos estados tienen una dotación de recursos y un potencial de desarrollo similares, así como un porcentaje elevado de pobres y de poblaciones indígenas. Pese a ello, los resultados de los programas de lucha contra la pobreza se consideran en general positivos en Oaxaca mientras que en el estado vecino de Chiapas su historial es más bien negativo. La diferencia parece tener su origen en el grado de participación popular en la adopción y aplicación de las decisiones políticas. Oaxaca tiene una larga tradición de mecanismos de participación de las poblaciones indígenas y los pobres. En Chiapas, en cambio, el rechazo de esas opciones, unido a la extensa corrupción oficial, ha conducido a la prestación de servicios deficientes y al aumento de las tensiones, con inclusión de un conflicto armado desde principios de 1994.

Cuando hay oposición a un cargo público y la población puede participar en las votaciones y elegir a sus representantes en diferentes niveles de gobierno, el número de opciones políticas aumenta también, estimulando de ese modo la competencia entre los distintos niveles de gobierno. La participación local puede significar asimismo una mayor confianza en las decisiones políticas y su aceptación por los votantes. La descentralización puede, en consecuencia, aumentar el número de opciones locales con respecto a la adopción de decisiones políticas y responsabilizar a los funcionarios municipales por lo que hacen y cómo lo hacen. Indicios recientes procedentes de América Latina, particularmente Colombia, parecen indicar que cuando a las autoridades locales se les pide cuenta de sus actos y se les hace ver que sus cargos dependen en gran medida de la opinión de los ciudadanos sobre su actuación, se suelen ocupar mucho más de la calidad de su personal y de los instrumentos de que disponen para dirigir sus oficinas con eficacia. En Pôrto Alegre (Brasil), en 1989 se lanzó un proceso innovador de planificación y gestión de la inversión pública para convencer a grupos de ciudadanos de que debían participar en la formulación del presupuesto municipal. En 1995, unas 14.000 personas intervinieron en ese proceso por medio de asambleas y reuniones. Indirectamente, se calcula que 100.000 personas estuvieron vinculadas a la "elaboración participativa del presupuesto" por conducto de asociaciones locales y organizaciones populares.

PRESTACIÓN LOCAL DE SERVICIOS. Muchos gobiernos han reaccionado ante las crisis fiscales, la disponibilidad de nuevas tecnologías y el interés de los ciudadanos transfiriendo a las autoridades locales parte de los recursos y la responsabilidad de la prestación de servicios, especialmente en las áreas de la educación y la salud. En muchos casos, esto ha dado origen a acuerdos nuevos y a menudo creativos entre los gobiernos locales, las ONG y las empresas locales. Aunque se dispone relativamente de pocos datos comparativos para evaluar la relación entre descentralización y calidad de los servicios, algunos ejemplos recientes de América Latina son ilustrativos. En el decenio de 1980 el sistema de educación primaria del estado de Minas Gerais, en la región sudoriental del Brasil, afrontó muchos de los problemas comunes de los sistemas educativos en los países en desarrollo: elevadas tasas de repetición, escasas tasas de graduación escolar y calificaciones bajas. Contribuyeron a esos problemas la gestión excesivamente regulada y centralizada, la insuficiencia de fondos y la escasa capacitación del personal docente. En el decenio de 1990 una serie de medidas, entre ellas la introducción de la autonomía para elegir a las juntas de cada escuela local (integradas por profesores, padres y alumnos de más de 16 años), junto con subvenciones del gobierno central basadas en el número de alumnos matriculados y en las necesidades especiales, han producido resultados rápidos y prometedores: las calificaciones han subido el 7% en ciencias, el 20% en idioma portugués y el 41% en matemáticas.

En Teocelo, pequeña ciudad del estado mexicano de Veracruz, la descentralización ha creado posibilidades de organizar los recursos destinados a la salud de manera más eficiente determinando las necesidades de la población y elaborando estrategias para promover la participación mediante la organización de la comunidad y la educación en materia de salud. Aumentó la cobertura de la atención preventiva y curativa, la calidad de los servicios mejoró enormemente y las tasas de mortalidad infantil se redujeron. Además, los usuarios de las instalaciones sanitarias comunicaron que las actitudes del personal de salud y la calidad de los servicios habían mejorado de forma considerable.

DESARROLLO ECONÓMICO LOCAL. La participación de las empresas locales puede desempeñar asimismo un papel esencial en la descentralización, ofreciendo nuevos incentivos en el plano local. Durante siglos, los empresarios han influido fuertemente tanto en el ritmo del desarrollo como en las relaciones entre distintos niveles de gobierno en los países industriales. Las clases propietarias que disponían de los recursos locales ejercían una considerable presión sobre las entidades públicas. Para estimular la expansión, se alentaba a los agentes privados y a los funcionarios públicos a cooperar. Esto empezó en gran parte a nivel local. Algunos miembros de la comunidad empresarial participaban a menudo en las asambleas legislativas locales. Siempre que se controle la captación de rentas con unas políticas de competencia eficaces —función de los niveles superiores de gobierno—, un sector privado local fuerte puede promover un mejor funcionamiento administrativo. Y los gobiernos locales que proporcionan y mantienen marcos plausibles para el desarrollo económico local terminan por fomentar la inversión privada, lo que con el tiempo incrementa los ingresos del gobierno local.

El mundo está lleno de ejemplos de gobiernos locales que han estimulado el desarrollo económico en sus comunidades y de dispositivos institucionales descentralizados que han contribuido al crecimiento. Las ciudades de Greenville y Spartanburg, en Carolina del Sur, son pequeñas, no se encuentran en la costa y están alejadas de los principales centros de población estadounidenses. Pese a ello, reciben el mayor volumen de inversión extranjera per cápita de todas las áreas metropolitanas de los Estados Unidos. Acogen a 215 compañías de 18 países, 74 de las cuales tienen allí su sede. Directivos clarividentes, convencidos de la importancia del sector privado para el desarrollo local, han establecido una sólida base de empresas pequeñas y medianas innovadoras, que dan empleo a una mano de obra cuya preparación se renueva constantemente.

Al otro lado del mundo, las autoridades municipales de Wuhan, en China central, decidieron a principios de los años noventa transformar la ciudad vieja y construir una nueva en gran escala. Con este fin, suavizaron los controles sobre las inversiones extranjeras en dos polos de desarrollo, abrieron un tercero, aprobaron reglamentos locales para ofrecer a los inversores extranjeros un marco jurídico que regulara el funcionamiento de las empresas, reforzaron el control de los alquileres de bienes inmuebles y tierras y emprendieron varios proyectos para mejorar la infraestructura con miras a facilitar la inversión extranjera. Como resultado de todo ello, el número de proyectos de inversión extranjera aprobados para la ciudad en 1992 fue dos veces y medio mayor que en el total de los ocho años anteriores, lo que hizo que el capital invertido se multiplicara por tres. No satisfecho con ello, el municipio organizó en 1993 una gran misión de promoción de las inversiones, que consiguió acuerdos con Singapur y Hong Kong (China) por un valor de $5.000 millones.

A pesar de esos ejemplos alentadores, la experiencia indica que una descentralización positiva puede ser de corta duración, o difícil de repetir, si no hay unas normas que regulen con eficacia la colaboración entre los distintos niveles de gobierno. Los incentivos horizontales para mejorar el rendimiento sólo representan un elemento parcial. En educación, por ejemplo, quizá se requiera la intervención de niveles superiores de gobierno para evitar la fragmentación y minimizar las diferencias de la calidad de la enseñanza en las diferentes comunidades. En el sector de la salud, pocas veces es claro cuál debe ser la distribución de competencias entre los distintos niveles de gobierno. Las inmunizaciones, la vigilancia de la tuberculosis y el almacenamiento de vacunas son aspectos que requieren la gestión fuerte y eficaz de los niveles superiores de gobierno. Por otro lado, no parece que el marco más adecuado para la formulación y aplicación de políticas sean las circunscripciones locales. En consecuencia, la descentralización no debe ser rígida ni dogmática, ni imponer funciones a las comunidades y municipios o separar artificialmente los niveles de gobierno. Debe constituir, al contrario, un empeño práctico en hallar el equilibrio óptimo entre las funciones de los diferentes niveles del gobierno y en velar por que se presten servicios de alta calidad en el momento adecuado. Tal como se describe en las secciones siguientes, la búsqueda de ese equilibrio debe realizarse dentro de un marco de normas fiables.

Los escollos de la descentralización
En muchos casos la descentralización no es resultado de una concatenación ordenada de reformas, sino que se ha producido en un entorno políticamente inestable en el que el nivel de confianza es escaso y los órganos rectores responden de manera poco sistemática a las nuevas exigencias que surgen desde abajo. Esa debilidad de los marcos normativos puede provocar graves problemas económicos, e incluso la pérdida del control macroeconómico, disparidades regionales en la prestación de servicios y una mala asignación de recursos como resultado de la sumisión a los intereses locales. La lección que deben extraer todos los Estados es que en todo momento deben existir normas claras en que se especifique el conjunto de responsabilidades que incumben a cada nivel de gobierno.

DIMENSIONES MACROECONÓMICAS DE LA FINANCIACIÓN EN LOS DISTINTOS NIVELES DE GOBIERNO. Es un hecho universalmente aceptado que el control macroeconómico debe ser competencia del gobierno central. La centralización, o por lo menos una fuerte orientación central, en asuntos presupuestarios y financieros ha demostrado ser esencial para garantizar unas finanzas públicas sólidas y un marco seguro para el desarrollo económico en la mayor parte de las economías industriales. Como la descentralización aumenta el número de agentes económicos y de cuentas presupuestarias, los países sometidos a fuertes presiones presupuestarias e inflacionistas tropezarán con graves problemas y riesgos adicionales si optan por la descentralización.

Las relaciones fiscales entre los distintos niveles de gobierno repercuten en la macroeconomía sobre todo a través de tres conductos: la asignación y distribución de las fuentes de ingresos fiscales y los gastos, la correspondencia entre las decisiones relativas a los impuestos y a los gastos y los niveles de endeudamiento subnacional.

Se pueden producir graves desequilibrios macroeconómicos si las principales fuentes de ingresos fiscales están mal distribuidas. En la India, por ejemplo, se han asignado a los gobiernos subnacionales cuantiosos ingresos tributarios. Por ello, a pesar del crecimiento de la deuda pública y de las obligaciones derivadas de las pensiones, el gobierno central cuenta con una base de recursos fiscales, constituida principalmente por ingresos, el comercio exterior y los impuestos especiales sobre el consumo, que es demasiado pequeña para responder sin problemas a sus obligaciones de pago. La distribución de las principales fuentes de ingresos tributarios puede asimismo anular los efectos de una reducción del déficit del gobierno central. Así sucedió en la Argentina a principios de los años noventa, cuando los aumentos de los rendimientos impositivos resultantes de una reforma fiscal tuvieron que compartirse con los gobiernos provinciales. Éstos lo único que hicieron fue aprovecharse gratuitamente de los esfuerzos del gobierno central, y utilizaron los ingresos adicionales para ampliar su fuerza laboral.

Los gastos que entrañan beneficios y costos nacionales —bienes públicos nacionales— deberían incumbir al gobierno central. Entre éstos cabe mencionar los costos de la redistribución y la estabilización económica. Sin embargo, muchos gastos locales influyen asimismo en la distribución de los ingresos, como la concesión de subvenciones para gastos de salud y vivienda en las economías en transición y en muchos países en desarrollo. Además, cuando los beneficios de los gastos públicos locales se concentran dentro de la jurisdicción que efectúa los gastos mientras que los costos (en forma de impuestos generales o de efectos indirectos negativos) se difunden más ampliamente, los gobiernos subnacionales tienen un incentivo para gastar más de lo que permiten sus recursos. El efecto sobre la política fiscal nacional puede ser grave.

ENDEUDAMIENTO SUBNACIONAL. El endeudamiento de los gobiernos locales puede contribuir a la inestabilidad macroeconómica cuando el gobierno central no consigue imponer unas fuertes restricciones presupuestarias y no hay ningún mecanismo eficaz para vigilar las obligaciones de la deuda, particularmente cuando existen múltiples acreedores. Otro problema estriba en la información asimétrica por parte de los prestatarios (gobiernos subnacionales) y los prestamistas (gobierno central y mercados internacionales de capital). En China, por ejemplo, los gobiernos provinciales no están autorizados a financiar los déficit del presupuesto mediante empréstitos. No obstante, a principios del decenio de 1990 los empréstitos casi incontrolados de las empresas estatales en el plano subnacional contribuyeron al recalentamiento económico y pusieron en peligro la estabilidad macroeconómica (Recuadro 7.6). El endeudamiento conjunto de los estados del Brasil superó los $100.000 millones, nivel próximo al total de la deuda federal y del banco central. A menos que se reduzca el crecimiento de esta deuda, el gobierno federal tendrá que disminuir sus propios gastos, aumentar los impuestos o recurrir a la inflación para cubrir las deudas de los estados.

Esos tres procedimientos pueden desembocar en resultados macroeconómicos perniciosos, pero algunos de los

Recuadro 7.6 Las difíciles relaciones entre los distintos niveles de gobierno: los casos del Brasil y China

La democratización y las revisiones constitucionales en el decenio de 1980 aumentaron la cuantía de los recursos sometidos al control subnacional en el Brasil y el grado de autonomía local en su utilización. Los gastos de los gobiernos locales representan ahora la mitad del gasto público total.

Aunque la descentralización transfirió recursos a los niveles inferiores, no se consideró necesario aclarar ni ampliar las responsabilidades locales. Los gobiernos subnacionales no estaban preparados para hacerse cargo de nuevas tareas y tampoco se les exigía que desempeñaran funciones concretas ni se les prohibía que asumieran competencias ya ejercidas por otros niveles de gobierno. En consecuencia, los gobiernos locales destinaron gran parte de sus beneficios imprevistos a aumentar su dotación de personal y a poner en marcha nuevos proyectos, sin las debidas garantías. Son pocas las pruebas de que haya mejorado la eficiencia general de los gastos públicos. La descentralización aumentó asimismo el déficit fiscal, ya que los grandes estados aprovecharon su mayor autonomía política para extraer recursos federales: a mediados del decenio de 1990 casi la tercera parte del aumento del déficit federal correspondía a deudas subnacionales.

La experiencia del Brasil demuestra que la descentralización política y fiscal no garantiza un aumento de la eficiencia del sector público y que puede amenazar la estabilidad macroeconómica. Para alcanzar sus objetivos, la descentralización fiscal debe ir acompañada de una descentralización correspondiente de las responsabilidades relativas al gasto; deben aumentar las capacidades institucionales de los gobiernos estatales y municipales, y el gobierno federal debe imponer unos presupuestos estrictos en sus relaciones fiscales y financieras con los gobiernos subnacionales.

La experiencia de China a principios del decenio de 1990 pone de manifiesto los escollos de la descentralización cuando no va acompañada de reformas y salvaguardias macroeconómicas paralelas. A principios de 1978, las decisiones de las autoridades centrales relativas a las inversiones y asignaciones se fueron delegando paulatinamente a los gobiernos provinciales, las empresas, las instituciones financieras e incluso los hogares. Este fue un elemento fundamental en la liberalización económica de China y un factor trascendental en el impresionante crecimiento de su economía en los últimos 20 años. Simultáneamente, sin embargo, tres consecuencias de la descentralización socavaron el control del gobierno central sobre las grandes cifras macroeconómicas:

- Los ingresos públicos en porcentaje del PIB disminuyeron vertiginosamente. Al contribuir al incremento de la competencia industrial, la descentralización coadyuvó en la reducción de los beneficios de las empresas industriales estatales, que habían constituido anteriormente la principal fuente de ingresos tributarios. Los gobiernos locales, cada vez más autónomos, redujeron aún más esos ingresos concediendo a las empresas estatales sometidas a su control exenciones fiscales con el fin de aumentar sus ingresos, una vez deducidos los impuestos.
- La mayor autonomía de los gobiernos locales contribuyó asimismo a que el sistema de planificación de las inversiones del gobierno central tuviera dificultades para controlar las inversiones de los gobiernos provinciales y de las empresas estatales sometidas a su control. Como los ingresos fiscales de las provincias habían disminuido y eran insuficientes para cubrir esas inversiones, las filiales locales de los bancos estatales se vieron obligadas a facilitar préstamos para esos proyectos.
- A las filiales locales del banco central se les asignó una facultad discrecional sobre el 30% de los préstamos anuales del banco central al sistema financiero. Cuando las filiales locales de los bancos estatales necesitaban recursos adicionales para sufragar las inversiones de los gobiernos locales y las empresas estatales, acudían a la filial local del banco central para recibir una inyección de liquidez.

El sobrecalentamiento resultante de la economía china en 1992–93 entrañó un considerable riesgo para la estabilidad. La inflación alcanzó su nivel más alto en varias décadas. El crecimiento del PIB real ascendió a un sorprendente 14,2% en 1992 y al 13,5% en 1993. El 80% de este crecimiento procedía del aumento de las inversiones, efectuadas en su mayor parte por empresas estatales sometidas a la supervisión de los gobiernos provinciales.

Las autoridades reaccionaron rápidamente con un conjunto de medidas, las más importantes de las cuales fueron las restricciones administrativas a las inversiones efectuadas por los gobiernos provinciales y las empresas estatales y una reafirmación de la autoridad del banco central sobre los préstamos a los bancos estatales. Estas y otras medidas hicieron posible un aterrizaje suave de la economía. En 1995 la inflación se había reducido a menos del 7%, mientras que el crecimiento del PIB se había mantenido en torno al 9%.

canales son cuantitativamente más importantes en determinados países que en otros. Que generen o no una inestabilidad macroeconómica dependerá de la importancia relativa de cada uno de ellos, de la capacidad relativa de adopción y aplicación de políticas por el gobierno central o por los gobiernos locales y del compromiso del gobierno central con los objetivos macroeconómicos generales, como los relativos al crecimiento y a la estabilidad de los precios.

DISPARIDADES Y DESIGUALDADES REGIONALES EN LA PRESTACIÓN DE SERVICIOS. Una igualdad nacional aproximada en los niveles de vida y en el acceso a los servicios públicos es una meta general, por no decir un mandato constitucional, en muchos países. La centralización otorga al gobierno nacional más poder discrecional para contrarrestar las disparidades regionales de los ingresos controlando las diferencias regionales en los niveles de prestación de servicios públicos y en la tributación. Con la descentralización, el objetivo de la equidad resulta imposible o, en el mejor de los casos, más difícil. Y los gobiernos locales y regionales más ricos pueden beneficiarse de manera desproporcionada de su mayor capacidad de obtener ingresos tributarios.

En China, por ejemplo, las disparidades provinciales en los ingresos reales per cápita han ido aumentando estos últimos años. La renta por persona en la provincia más rica, Guangdong, es ahora cuatro veces superior a la de la más pobre, Guizhou. Algunas provincias de la costa meridional, como Fujian, Guangdong y Hainan, han obtenido mejores resultados que las provincias occidentales del interior, en gran parte debido a su emplazamiento estratégico en lo que respecta al transporte y a las comunicaciones y a su proximidad a Hong Kong (China). Estas ventajas naturales se han visto reforzadas por las políticas oficiales en favor de las provincias ribereñas, con inclusión de desgravaciones fiscales a los inversores extranjeros emplazados en zonas económicas especiales cerca de la costa, grandes concesiones de crédito (con relación a la población) por conducto del sistema bancario de orientación estatal de China, y prescripciones de registro que desalientan a los pobres a emigrar a las regiones florecientes de la costa.

En Rusia la desigualdad de los ingresos entre *oblasts* (divisiones territoriales) es elevada. La relación de los gastos per cápita entre los *oblasts* que gastan menos y los que gastan más llegó a ser de 1 a 7 en 1992, habiendo recibido las regiones más ricas unas consignaciones presupuestarias para gastos desproporcionadamente elevadas, mientras que quedaron mal atendidas las zonas rurales. La tributación subnacional o la distribución de los ingresos federales procedentes de recursos naturales en función de su origen podrían crear disparidades fiscales aún mayores. Las experiencias tanto de Rusia como de China ponen de relieve la necesidad de idear planes de equiparación adecuados para hacer frente a la desigualdad creciente durante períodos de crecimiento acelerado o de estabilización macroeconómica.

ASIGNACIÓN INADECUADA DE RECURSOS COMO RESULTADO DE LA SUMISIÓN A LOS INTERESES LOCALES. Las distorsiones económicas y financieras pueden asimismo proceder de la capacidad de los gobiernos subnacionales para explotar las debilidades del centro. A falta de normas convenidas entre los distintos niveles de gobierno, los gobiernos locales pueden beneficiarse de fuentes de ingresos que no se les han asignado oficialmente con arreglo al plan de descentralización fiscal correspondiente. Sirva de ejemplo Polonia, donde la introducción de la autonomía local ha hecho posible que muchas autoridades locales empiecen a actuar como grupos de presión, con el afán de obtener más ventajas de Varsovia para sus clientelas locales. Como consecuencia de ello, han surgido desigualdades entre jurisdicciones, lo que ha dado lugar a nuevas formas de conflicto social.

En el Pakistán la descentralización ha ido acompañada de una forma nueva y sutil de centralización de las funciones a nivel provincial y de un deterioro de las relaciones entre los distintos niveles de gobierno. Los gobiernos provinciales, que han ampliado sus competencias en la prestación de servicios educativos y otros servicios públicos locales desde el decenio de 1960, han adoptado cada vez más una actitud centralista de injerencia con respecto a los gobiernos municipales. Lejos de alentarles a que asuman nuevas tareas y responsabilidades, se les niega la posibilidad de lograr buenos resultados. Por otro lado, este endurecimiento del control provincial no ha conseguido ningún progreso apreciable en la prestación de servicios.

Los países industriales que se han descentralizado iniciaron el proceso estableciendo un sólido marco jurídico, que somete a los gobiernos subnacionales a normas fiables. Muchos de esos países disponen también de mecanismos —como políticas de transferencia fiscal y planes de equiparación (Recuadro 7.7), fuertes restricciones presupuestarias y limitaciones al endeudamiento local— para contrarrestar los resultados negativos. Algunos países han experimentado mecanismos de participación (por ejemplo, comisiones de expertos de gran prestigio), que agrupan a los interesados y presentan opciones de políticas factibles y controlables dentro de un marco temporal establecido de común acuerdo.

Enseñanzas extraídas de los intentos logrados de descentralización

Lo ideal sería que las instancias competentes iniciaran el proceso de descentralización introduciendo gradualmente cambios en la autoridad de obtener ingresos y en la autoridad y obligación en materia de gastos en forma compatible y coherente con las necesidades y responsabilidades antes definidas. Paralelamente, deberían establecer un sistema de donaciones entre distintos niveles de gobierno para cubrir

> **Recuadro 7.7 Cómo calcular las transferencias destinadas a la equiparación fiscal**
>
> Los programas de equiparación fiscal compensan a las provincias con capacidades fiscales inferiores a la media. Además de salvaguardar los objetivos nacionales de proporcionar unos niveles mínimos de servicios públicos a toda la nación, un programa de equiparación puede promover la participación de las provincias miembros en una federación. Por esta razón, la equiparación fiscal se considera a menudo como el aglutinante que mantiene unida a una federación. Los economistas han reconocido hace tiempo que la equiparación está justificada en aras de la equidad horizontal, y en estos últimos años se ha puesto claramente de manifiesto que en determinadas condiciones puede promover también la eficiencia económica.
>
> En el Pakistán, por ejemplo, se ha propuesto un sistema tributario representativo para equiparar la capacidad fiscal de todas las regiones. La elaboración de ese sistema entraña, en primer lugar, el cálculo de los ingresos que se obtendrían si un gobierno provincial utilizara todas las fuentes normales de ingresos con la intensidad media de utilización nacional. Luego, utilizando como norma la media aritmética de todas las provincias, se determina el derecho a equiparación de la provincia, en función de una fuente de ingresos dada, estableciendo la diferencia (si es positiva) entre el producto potencial medio de todas las provincias, con la tasa impositiva nacional media, y el producto potencial obtenido en la provincia cuando se aplica a su base de ingresos la tasa impositiva media nacional. De esta manera la capacidad fiscal de las provincias situadas por debajo de la media se eleva hasta alcanzar el nivel mediano, la media aritmética o alguna otra norma. Como los datos relativos a las bases impositivas y a las recaudaciones fiscales requeridas para aplicar un sistema tributario representativo son publicados con regularidad por diversos niveles de gobierno en muchos países, ese sistema no requiere nuevos datos y podría ponerse en práctica en forma de programa federal de equiparación fiscal en lugar de una iniciativa de participación en los ingresos tributarios por parte de la población.

las diferencias entre gastos e ingresos locales y corregir los desequilibrios en la eficiencia y eficacia, si es posible con incentivos intrínsecamente orientados a movilizar los recursos locales. Esto sería lo ideal. En la vida real, la concepción de un programa de descentralización atinado suele ser más compleja.

DESIGNAR LAS AUTORIDADES ENCARGADAS DE LOS GASTOS E INGRESOS PÚBLICOS. Esto plantea una multitud de problemas. La información sobre la verdadera distribución de los beneficios e impuestos entre las distintas jurisdicciones y dentro de cada una de ellas es imperfecta. Y las economías de escala en la recaudación de ingresos y en la producción de servicios pueden en parte anular las ventajas de la eficiencia de un sistema descentralizado. Por añadidura, a menudo se desconocen los costos de otras opciones para la producción de servicios. En el Cuadro 7.3 se indican algunas posibles asignaciones de los impuestos y gastos.

DETERMINAR LAS TRANSFERENCIAS ENTRE LOS DIVERSOS NIVELES DE GOBIERNO. Las transferencias estatales son fuentes importantes de ingresos para muchos gobiernos subnacionales. En el Brasil, entre 1970 y 1992 las transferencias del gobierno federal financiaron el 64% de los gastos de los gobiernos locales. En Sudáfrica, los trasvases del gobierno central a los gobiernos provinciales recién elegidos representaron aproximadamente el 90% de los ingresos totales de estos últimos. Por su misma naturaleza, las transferencias estatales tienden a establecer una separación entre los gastos locales y los recursos locales y entre los beneficios resultantes de la prestación de servicios públicos locales y sus costos. La separación entre los beneficios y los costos y la escasa capacidad de los gobiernos locales de movilizar ingresos por sí solos pueden reducir la transparencia de la presupuestación local y la responsabilidad de los gobiernos locales ante los ciudadanos, cuyo resultado serían unos servicios públicos ineficientes y poco equitativos. Por ello, es evidente que cualquier sistema de transferencias entre los diversos niveles de gobierno en los países en desarrollo tendrá que programarse en forma muy meticulosa.

No existe ningún modelo perfecto de transferencias entre los diversos niveles de gobierno, pero un buen sistema debe tener ciertas características. Por encima de todo, debe ser previsible y transparente y reflejar los principios pertinentes establecidos en el Cuadro 7.4.

LLEGAR A UN ACUERDO SOBRE EL PLANTEAMIENTO MÁS INDICADO. Es importante contar con normas claras que impongan alguna forma de control a los agentes de cada nivel de gobierno. Igualmente importante parece ser el proceso por medio del cual se acuerdan las normas. Aunque, en principio, éstas podrían imponerse desde arriba para limitar la arbitrariedad de todos los participantes, en la práctica resulta difícil imponer un acuerdo y los resultados quizá no sean sostenibles. Esto es particularmente cierto en las economías en desarrollo. Las enseñanzas extraídas de diversos países indican que las políticas más

Cuadro 7.3 Posibles asignaciones de impuestos y gastos, por nivel de gobierno

Gobierno central	Gobierno regional	Gobierno local o provincial
Ingresos		
Impuesto sobre el valor agregado	Impuesto sobre la renta personal	Impuestos sobre la propiedad
Impuesto sobre la renta personal	Recargo sobre los impuestos nacionales	Impuestos sobre los vehículos
Impuesto sobre la renta de las sociedades	Impuesto sobre las ventas al por menor	Cargos a los usuarios
Impuestos sobre el consumo	Impuestos sobre el consumo	Permisos y derechos
Impuestos sobre los recursos naturales	Impuestos sobre la propiedad	
Derechos de aduana	Impuestos sobre los vehículos	
Impuestos a la exportación		
Gastos		
Atención terciaria de salud (lucha contra enfermedades infecciosas, investigación)	Atención secundaria de salud (hospitales, atención curativa)	Atención primaria de salud
Educación superior	Educación superior y secundaria	Educación primaria y secundaria
Caminos y carreteras (interurbanos)	Caminos y carreteras (interurbanos)	Caminos y carreteras (interurbanos)
Transporte público (interurbano)	Transporte público (interurbano)	Transporte público (interurbano)
Ordenación de recursos naturales	Contaminación del aire y el agua	Contaminación del aire y el agua
Defensa	Ordenación de recursos naturales	Eliminación de desechos sólidos, abastecimiento de agua, alcantarillado, protección contra incendios
	Protección policial	Regulación del uso de la tierra y zonificación
		Vivienda
		Política relativa a la cultura
		Promoción del turismo
		Protección policial

transcendentales tienen mayores probabilidades de aplicación cuando se basan en un amplio consenso entre los interesados. Por este motivo, las posibilidades de éxito de la descentralización son mayores si se cuenta con un entorno institucional y con procedimientos que permiten enunciar claramente los intereses y establecer políticas por consenso, como los que se especifican, por ejemplo, en la Carta Europea de Autonomía Local de 1985.

En ausencia de unos principios rectores aprobados por mutuo acuerdo, ¿qué pueden hacer los Estados interesados en la descentralización para poner en marcha el proceso? Ya existen algunos modelos. Al principio del decenio de 1990 el Gobierno de Uganda estableció un procedimiento de consulta con diferentes partes interesadas —grupos comunitarios, productores agropecuarios y representantes estatales— para decidir la mejor manera de llevar adelante la descentralización. Se adoptó la decisión de proceder por etapas y gradualmente. Otros países han preferido establecer comisiones integradas por directivos competentes de diferentes niveles de gobierno, profesores universitarios y, a veces, sindicatos y asociaciones empresariales, recurriendo al asesoramiento extranjero en caso necesario. La experiencia reciente de Sudáfrica es interesante a este respecto. La nueva Constitución prescribe el establecimiento de una comisión fiscal, encargada de la estructura de los distintos niveles de gobierno del país. El presidente, encargado de establecer la comisión, proporcionó a diferentes representantes un foro constitucionalmente garantizado donde pudieran exponer sus intereses. Aunque es demasiado pronto para determinar si ha tenido éxito, el proceso despertó amplias expectativas y estimuló la presentación de solicitudes de que se idearan medidas de descentralización adecuadas.

Las comisiones pueden atender satisfactoriamente los intereses a corto plazo. A más largo plazo, no obstante, quizá se necesiten soluciones más duraderas que hagan posible la representación oficial de los intereses de los gobiernos subnacionales en la adopción de políticas y la legislación nacionales. En este contexto se ha utilizado a menudo un sistema institucional dotado de una segunda cámara, como el Bundesrat alemán. Esos dispositivos ofrecen un mecanismo institucionalizado para enunciar los intereses desde abajo, al mismo tiempo que proporcionan los medios para elaborar normas ampliamente aceptadas y fiables de colaboración entre los niveles de gobierno, requisito esencial para una descentralización sostenible. Además, ayudan a las distintas instancias gubernamentales a ajustarse a las nuevas necesidades.

COMPROBAR QUE LA BASE INSTITUCIONAL ESTÁ LISTA. En principio, el acercamiento de la adopción y aplicación de las políticas a las comunidades destinatarias y la participación de los ciudadanos en la configuración de las políticas generan una mayor responsabilidad y un sistema más acertado de contrapesos locales. Mas, como muestra el examen anterior sobre el peligro de inestabilidad macroeconómica, las medidas de carácter general adoptadas por el gobierno central pueden socavarse en el plano local si no existen pautas firmes de restricción fiscal y normas eficaces que regulen las relaciones entre los niveles de gobierno. En la mayor parte de los sistemas confederados se han establecido con el tiempo mecanismos eficaces de contrapesos y salvaguardias entre los distintos niveles de gobierno. Lo que la historia nos dice, paradójicamente, es que a menos que los Estados hayan alcanzado cierto nivel de centralización y establecido normas eficaces de control macroeconómico global y adopción de políticas correctas, la descentralización puede presentar problemas de aplicación y crear desequilibrios. Tanto si es resultado de una evolución gradual como si se introduce deliberadamente (o ambas cosas a la vez), la descentralización podrá dar un impulso adicional al desarrollo, pero únicamente si se dan estas condiciones.

Toda estrategia de descentralización debe comenzar con una evaluación de la capacidad institucional en los diversos

Cuadro 7.4 Principios para el establecimiento de las transferencias y prácticas óptimas

Objetivo de las transferencias	Principios para el establecimiento de las transferencias	Prácticas óptimas	Prácticas que se deben evitar
Cubrir el déficit fiscal	Redistribución de responsabilidades entre los niveles de gobierno Reducción de impuestos Distribución de los ingresos tributarios	Reducción de impuestos en el Canadá Distribución de los ingresos tributarios en Brasil, Canadá, Pakistán y Sudáfrica	Transferencias para cubrir déficit Distribución de los ingresos de cada impuesto, como en India y Pakistán
Reducir las diferencias fiscales regionales	Transferencias generales sin contrapartida Transferencias para equiparar la capacidad fiscal	Programas de equiparación fiscal en Alemania, Australia y Canadá	Distribución general de los ingresos aplicando fórmulas de múltiples factores
Compensar beneficios indirectos	Transferencias de contrapartida de volumen no definido, cuya tasa está en relación con los beneficios indirectos estimados	Transferencias a hospitales universitarios en Sudáfrica	
Establecer normas mínimas a nivel nacional	Transferencias condicionales sin contrapartida y en bloque; las condiciones se refieren a las normas sobre servicio y acceso	Transferencias para carreteras y educación primaria en Indonesia Subsidios escolares en Chile y Colombia	Transferencias con condiciones relativas a los gastos únicamente Transferencias específicas
Influir en las prioridades locales en las áreas de alta prioridad para el país pero que tienen escasa importancia a nivel local	Transferencias de contrapartida de volumen no definido, cuya tasa varía en relación inversa a la capacidad fiscal local	Transferencias de contrapartida para la asistencia social en el Canadá	Transferencias específicas
Estabilización	Transferencias de capital para adquirir equipo, siempre y cuando sea posible su mantenimiento	Utilización restringida de las transferencias de capital y fomento de la participación del sector privado mediante garantías contra los riesgos políticos y de discontinuidad de las políticas	Transferencias para fines de estabilización sin exigencias sobre el mantenimiento en el futuro

Cuadro 7.5 Acomodar la estrategia de descentralización a la capacidad del gobierno

Capacidad del gobierno local	Capacidad del gobierno central	
	Baja	**Alta**
Baja	Estrategia de descentralización cautelosa, y aplicación de la misma en forma experimental	Desconcentración de algunos servicios prioritarios
	Delegación de ciertas funciones a las ONG y la comunidad	Delegación de ciertas funciones a las ONG y la comunidad
	Fortalecimiento institucional masivo en ambos niveles, sobre todo en el ámbito de las finanzas públicas (la mayoría de los países de África al sur del Sahara)	Fortalecimiento específico de entidades locales durante la transferencia de responsabilidades (por ejemplo, Hungría, México, Tailandia)
Alta	Tendencias separatistas o secesionistas	Delegación o transferencia de funciones según las prioridades y preferencias de los gobiernos, y de acuerdo con las necesidades señaladas (la mayoría de los países industriales)
	Delegación o transferencia de funciones según las prioridades de los gobiernos (por ejemplo, el Departamento de Santa Cruz, en Bolivia; algunas partes de la antigua Unión Soviética)	

niveles de gobierno (Cuadro 7.5). Cuando el gobierno central no tenga la capacidad necesaria para administrar la política fiscal y monetaria nacional, para promulgar y aplicar normas fiables relativas a los asuntos que se plantean entre niveles de gobierno o para establecer un marco que permita reunir a las partes interesadas, la descentralización será difícil de lograr. Unas relaciones fuertemente polarizadas entre los distintos niveles de gobierno o dentro de ellos y una capacidad orgánica extremadamente débil en el plano subnacional pueden obstaculizar también el intento. En esas circunstancias sería preferible que los órganos de decisión política aplazaran la descentralización o evitaran estrategias ambiciosas en favor de un enfoque más escalonado o sectorial. La descentralización podría comenzar, por ejemplo, en ciertas esferas prioritarias, como la educación, la salud o la infraestructura. Unos sólidos mecanismos de vigilancia podrían facilitar la posibilidad de aprender y de introducir gradualmente las nuevas políticas. Los países con mayor capacidad central y local pueden tener más posibilidades de elección, pero sus preferencias variarán. Lo que quizá sea importante en un país (pongamos por caso, la prestación de servicios descentralizados) quizá no sea lo más aconsejado (ni aconsejable) en otros.

Opciones estratégicas: salvar la distancia entre el Estado y el ciudadano

De la información presentada en este capítulo se deduce que, para aumentar la capacidad y la eficacia del Estado, se requieren mecanismos destinados a aumentar la apertura y la transparencia, a reforzar los incentivos para participar en los asuntos públicos y, cuando proceda, a acercar el Estado a la población y a las comunidades a las que debe servir. Para aumentar la capacidad de esta manera se necesita tiempo y una meticulosa atención a los peligros: los intentos de apertura estatal a un conjunto más amplio de necesidades e intereses no mejoran la eficacia ni la responsabilidad si marginan aún más a otros grupos. Sin embargo, la experiencia de las instituciones estatales de todo el mundo permite llegar a algunas conclusiones claras, que pueden servir como punto de partida:

- Cuando convenga, los Estados deben hacer lo posible por someter a un amplio proceso de evaluación y debate público las orientaciones y prioridades políticas esenciales. Ello significa, como mínimo, facilitar información de interés del público y establecer mecanismos de consulta, como consejos de deliberación y comités de ciudadanos para conocer las opiniones y preferencias de los grupos afectados.
- El Estado debe estimular, siempre que sea factible, la participación directa de los grupos de usuarios y beneficiarios en la concepción, introducción, provisión y vigilancia de los bienes y servicios públicos locales. Además, debe realzar la capacidad y eficiencia de las organizaciones e instituciones locales responsables, en lugar de sustituirlas.
- Cuando las circunstancias aconsejen la descentralización de los servicios, los Estados deben adoptar un enfoque meticulosamente escalonado o sectorial y comenzar por las esferas prioritarias, como la educación, la salud o la infraestructura. Deben instaurar unos mecanismos sólidos de vigilancia y asegurarse de que se han establecido

normas acertadas que impidan las actuaciones arbitrarias del gobierno central y local.
- En el plano local, los Estados deben concentrarse en los procedimientos e incentivos destinados a intensificar la responsabilidad y la competencia. Cuando los gobiernos locales son escasamente responsables o indiferentes, el logro de una mayor responsabilidad horizontal (para con el público) y vertical (con respecto al gobierno central) será un primer paso trascendental para incrementar la capacidad del Estado.

Toda estrategia destinada a abrir y descentralizar el Estado conlleva algún riesgo. Cuanto mayores son las posibilidades de expresar la propia opinión y de participar, mayores son las reivindicaciones que se plantean al Estado, lo que puede intensificar el peligro de paralización o de acaparamiento del poder por grupos de intereses con mayor capacidad de hacerse oír. Y, si no existen normas claras que impongan restricciones a los diferentes niveles de gobierno, ni incentivos que estimulen la responsabilidad local, la crisis de gobernabilidad que aflige ahora a muchos Estados centralizados simplemente se transmitirá a los niveles inferiores. No obstante, como se afirma en la Parte IV del presente Informe, los obstáculos en el camino de la reforma del Estado no son insuperables. El primer paso para acercar el Estado a la sociedad consistirá en hacer que los objetivos de la reforma sean perfectamente comprensibles para los ciudadanos y para la comunidad empresarial. Los esfuerzos en pro de la comunicación y del consenso producirán el doble beneficio de reforzar el apoyo a la reforma y de indicar mejor al Estado cómo debe proceder.

CAPÍTULO 8

PROMOVER LA ACCIÓN COLECTIVA INTERNACIONAL

En el capítulo 7 se explicaba cómo las nuevas formas de relación y la presión de la competencia pueden potenciar la eficacia del Estado en los respectivos países. Pero el problema de la reforma del Estado no se detiene en las fronteras nacionales. En un mundo cada vez más interdependiente, las acciones de un país tienen con frecuencia repercusiones para sus vecinos y para el resto del mundo. Y cada vez está más extendida la opinión de que algunos bienes y servicios públicos sólo pueden obtenerse mediante la cooperación internacional. Por ello, el fortalecimiento de la capacidad del Estado supone la creación de vínculos e instituciones más eficaces, tanto en el plano internacional como en el interno.

La necesidad de la cooperación internacional es resultado de los problemas mundiales y regionales descritos en capítulos anteriores, como la falta de mercados y la presencia de efectos secundarios o externalidades. La paz mundial, un entorno internacional sostenible, un mercado único de bienes y servicios y un patrimonio común de conocimientos básicos son otros tantos ejemplos de bienes públicos internacionales. Su suministro será insuficiente si no se hacen esfuerzos conscientes, concertados y colectivos para superar esa deficiencia. La ayuda para el desarrollo, aunque no es un bien público en sentido estricto, justifica también la cooperación internacional por motivos relacionados con la equidad mundial.

En este capítulo se estudian los modos en que los gobiernos podrían contribuir a asegurar un suministro mundial más eficaz de bienes públicos internacionales. Se empieza examinando los mecanismos voluntarios ya establecidos para coordinar la acción colectiva internacional. Aunque hay pruebas evidentes de que la cooperación para conseguir objetivos colectivos mundiales trae consigo beneficios que son también de alcance universal, no todas las acciones de este tipo producen beneficios para todos. Por ello, no siempre estarán interesados en participar todos los países. Puede ocurrir que algunos de ellos simplemente no concedan tanto valor como otros a determinados bienes públicos internacionales, o que los costos internos asociados al cumplimiento de un acuerdo sean superiores a los beneficios. Una enseñanza importante de la experiencia de los acuerdos voluntarios es que sirven de poco cuando los países los firman sin comprender o aceptar plenamente sus costos.

Financiación y suministro de bienes públicos internacionales

Hasta no hace mucho, las indicaciones que solían formularse sobre la provisión de bienes públicos se centraban casi exclusivamente en la intervención del Estado. Según las circunstancias, la solución propuesta podía ser una subvención, un impuesto, una nueva norma sobre responsabilidades, una nueva reglamentación o un nuevo programa para el suministro público directo del bien en cuestión. Pero este planteamiento solía fallar cuando se trataba de bienes públicos internacionales. En un mundo integrado por naciones soberanas, la única respuesta es la cooperación voluntaria. Pero, ¿por qué habrían de emprender los países acciones concertadas cuando el incentivo para realizarlas individualmente es escaso o nulo?

Las enseñanzas del pasado y una mejor comprensión del funcionamiento de las economías nos han obligado a reconocer un conjunto más amplio de razones que justifican las acciones colectivas y a establecer dispositivos institucionales más adecuados para su realización, independientemente de que sean de alcance nacional o mundial. Como se ha demostrado en capítulos anteriores, los Estados están renunciando a los métodos de gobierno monopolísticos, de mando y control, en favor de un planteamiento basado en la participación de la sociedad civil, los mercados y las autoridades locales. En el plano mundial, el planteamiento participativo va más lejos todavía, ya que recurre a la cooperación internacional sin necesidad de hacer uso del poder coercitivo. Actualmente, los principales mecanismos para la provisión de bienes públicos internacionales son de carácter totalmente voluntario.

En los mercados internacionales de intercambio e inversión, los países han colaborado con el fin de elaborar reglas y normas de conducta comunes y de institucionalizarlas mediante diversos acuerdos oficiales, como el foro Cooperación Económica en Asia y el Pacífico (APEC) y el Mercosur, en América del Sur, y otros mecanismos multilaterales, como la Organización Mundial del Comercio (OMC) y su precursor, el Acuerdo General sobre Aranceles y Comercio (GATT). Aunque todos estos mecanismos se basan exclusivamente en la participación voluntaria, han logrado atraer a un número cada vez mayor de miembros, lo que ha contribuido enormemente al crecimiento del comercio mundial y al bienestar de los participantes. Organizar y administrar esos acuerdos es costoso, pero sus miembros han estimado que los beneficios justifican tales costos.

¿Cuándo es conveniente la cooperación?

Para todos los países, la decisión de cooperar en iniciativas internacionales importantes es compleja y está condicionada por los valores sociales del país y por su manera de entender el interés nacional a largo plazo. El equilibrio entre los costos y beneficios de la cooperación depende del tipo de actividad, de los mecanismos propuestos y de la situación económica y social del país.

Hoy en día se reconocen en mayor medida no sólo la existencia y las ventajas de los bienes públicos internacionales, sino también las consecuencias que se pueden seguir cuando son insuficientes. La historia ha demostrado lo que puede suceder cuando la comunidad de naciones está más fragmentada que en la actualidad, debido a guerras u obstáculos al comercio y a la inversión. Sin un foro para que los Estados debatan y negocien de manera ordenada los cambios en las políticas y normas nacionales, las pequeñas economías pueden terminar teniendo que adoptar las prácticas de las potencias económicas dominantes, en un proceso de "imperialismo homologador". Si no se suministra ayuda externa eficaz o apoyo a la investigación básica para cubrir las necesidades de los países pobres, se reducen las perspectivas de que estos países lleguen a ser alguna vez economías pujantes e interlocutores comerciales productivos. La cooperación internacional es imprescindible para lograr que los acontecimientos sigan un rumbo significativamente más favorable.

Pero, una vez más, no todos los países desean en todos los casos participar en la provisión de bienes públicos internacionales. Efectivamente, la cooperación puede restringir la libertad de acción de un país. En numerosas ocasiones, las ventajas de la cesión de parte de la autonomía nacional son superiores a los costos, pero no siempre es así. En muchos ámbitos —la coordinación de las políticas macroeconómicas es uno de ellos— es imposible evitar cierta incertidumbre en cuanto al tipo de acción conjunta que ha de realizarse. En otros, como en la protección del medio ambiente y el cambio climático, lo que no estará claro es el grado de participación de los principales protagonistas. Incertidumbres de esta índole reducen la probable eficacia de la cooperación y menguan los beneficios previstos.

Aun cuando las circunstancias no sean tan inciertas, las diferencias de opinión y en el orden de prioridades pueden impedir la cooperación. Por ejemplo, muchos países en desarrollo se resisten a adoptar la legislación laboral y las normas contra la contaminación de los países más ricos, por temor a perder su ventaja comparativa y a poner en peligro su crecimiento. Y puede que algunos países opten por no cooperar en determinadas actividades porque están convencidos de que la investigación y la experimentación privadas ofrecerán en última instancia soluciones menos costosas.

El suministro colectivo de bienes públicos requiere, por lo general, un equilibrio entre tres principios: apertura, diversidad y cohesión. Los tres ofrecen ventajas notables, pero la persecución de cualquiera de ellos hasta límites extremos puede poner en peligro a los demás. La apertura a la economía mundial implica el empeño de asegurar la transparencia y unas reglas claras, por ejemplo prohibiendo prácticas comerciales discriminatorias. Por otro lado, la apertura sin diversidad podría ahuyentar a los países que no quieren renunciar a la libertad de discrepar y, en consecuencia, provocar una mayor fragmentación de la economía mundial. Análogamente, la aceptación de la diversidad, por ejemplo mediante el reconocimiento mutuo de normas nacionales diferentes, fomenta la innovación pero puede mermar la cohesión entre países o entre sus comunidades. Finalmente, también la cohesión es en general un bien deseable, pero no cuando entraña un sacrificio excesivo de la apertura y la diversidad.

De lo dicho se deduce que el suministro colectivo de bienes públicos internacionales es, sin duda, necesario pero no es la respuesta a todos los problemas de todos los países. Cada país debe decidir, caso por caso, si va a participar o no. Por ello, toda estructura mundial encaminada a organizar una acción colectiva debe dar cabida a una multitud de mecanismos e instituciones, basados todos ellos en la participación voluntaria. Una posible forma de abordar el sistema de organización es considerar que existen diversos tipos de agrupaciones, cada uno de ellos con un objetivo diferente:

- Agrupaciones funcionales, encargadas de cuestiones concretas, como la política macroeconómica, la protección del medio ambiente, las normas laborales y los conflictos internacionales (por ejemplo, la Organización Internacional del Trabajo y el Banco de Pagos Internacionales).
- Agrupaciones regionales, que se ocupan de múltiples cuestiones de interés para los países vecinos (pero abiertas, si es posible, a todos los que deseen formar parte de

ellas), en particular el comercio y la inversión (por ejemplo, el Tratado de Libre Comercio de América del Norte (TLC) y el APEC).
- Agrupaciones de coordinación, que sirven de enlace entre las funcionales y las regionales y ofrecen a todos sus miembros una red más amplia (por ejemplo, la OCDE).

Este marco garantiza un equilibrio razonable entre apertura, diversidad y cohesión y puede ser válido para impedir la fragmentación y el imperialismo homologador. En todo momento, los diferentes países pueden mostrar distinto grado de interés y de participación en los diversos acuerdos, y es posible que algunas agrupaciones permanezcan relativamente inactivas durante largos períodos. Pero cuando llegue el momento oportuno y se produzca una convergencia de ideas y circunstancias, quizá renazca el interés por sus actividades, como sucedió en las fases finales de las negociaciones de la Ronda Uruguay del GATT.

Cómo asegurar una cooperación más eficaz

No existe ninguna garantía de que los Estados participantes cumplan siempre íntegramente sus compromisos externos. Cuando no hay una autoridad con jurisdicción universal y poder coercitivo, son los propios Estados quienes deben hacer cumplir los acuerdos y tratados internacionales. Por consiguiente, es obvio que, cuando los compromisos no se respetan voluntariamente, se necesitan mecanismos para asegurar su cumplimiento. La evolución reciente del derecho internacional ha puesto de manifiesto algunos de esos mecanismos.

El hecho de que los países no cumplan sus compromisos internacionales obedece a diversas razones. Es posible que los incentivos a tal efecto sean insuficientes, debido a cambios en las prioridades políticas o en las condiciones económicas básicas. O puede que no exista la capacidad necesaria, en particular la competencia técnica y organizativa que se precisa para asegurar una acción oportuna. Finalmente, en los países en desarrollo la razón más frecuente suele ser la falta de los recursos financieros necesarios.

Es posible que un país tenga que reconsiderar su participación si sus incentivos han llegado a ser incompatibles con el cumplimiento de sus obligaciones internacionales. Los acuerdos (o las organizaciones internacionales) pierden eficacia si muchos de sus miembros tienen, simultáneamente, fuertes incentivos para no acatar sus disposiciones. Sin embargo, en la práctica, los Estados han sabido interpretar su propio interés en sentido amplio, es decir, han tenido en cuenta la repercusión de sus acciones en la comunidad de las naciones, en su propia reputación y en la posibilidad de concertar en el futuro acuerdos recíprocos.

La falta de capacidad y de recursos financieros suele ser más fácil de subsanar. Muchos acuerdos internacionales tienen en cuenta la capacidad y las restricciones financieras de algunos de sus miembros. Pueden incluirse disposiciones que aseguren a todos los miembros el personal y los recursos financieros necesarios. Cuando no se han previsto todas estas necesidades, pueden crearse mecanismos de comunicación y supervisión para abordar los nuevos problemas. Una asignación realista de responsabilidades y la autorización previa de transferencias de recursos en caso necesario permiten mejorar el cumplimiento de los compromisos y reducir las infracciones.

Los mecanismos jurídicos tradicionales no suelen ocuparse de la causa básica de los problemas relacionados con el cumplimiento, y normalmente no intervienen mientras no se produce una violación del acuerdo. Se trata de un enfoque centrado en el incumplimiento de los compromisos y en la confrontación. Las medidas correctoras llegan a veces demasiado tarde, cuando el daño está ya hecho. Las relaciones entre los miembros pueden deteriorarse, dificultando en el futuro la cooperación.

Otro posible enfoque, que hace más hincapié en los procesos, promueve la observancia de los compromisos de manera permanente. El objetivo no es condenar las infracciones, sino evitarlas, haciendo que los Estados cumplan con sus obligaciones. Este enfoque se basa mucho más en la comunicación, la consulta, la vigilancia, el intercambio de información y la asistencia técnica y financiera.

Algunos convenios recientes, especialmente en relación con el medio ambiente, incorporan mecanismos encaminados a vigilar y facilitar el cumplimiento, como conferencias de las partes, secretarías independientes y acuerdos de asistencia financiera que garantizan la presentación y examen de informes sobre la aplicación de los convenios por los países miembros. Sin embargo, estos mecanismos carecen de poder coercitivo. Tienen también una capacidad limitada para verificar la aplicación a menos que los países cooperen proporcionando información. Los acuerdos jurídicos más complejos, entre los que se incluyen algunos convenios recientes sobre el medio ambiente, refuerzan los aspectos relacionados con la supervisión. Un organismo supervisor puede ser útil para vigilar los requisitos relativos a la presentación de informes y para divulgar información sobre los efectos del convenio a nivel nacional.

El procedimiento para los casos de incumplimiento establecido por el Protocolo de Montreal relativo a las sustancias que agotan la capa de ozono es un buen ejemplo de este nuevo enfoque. Puede iniciarlo cualquier parte en el acuerdo que tenga dudas sobre la aplicación correcta del protocolo por otra de las partes, o también la propia secretaría o cualquier parte que tenga dificultades para cumplir sus compromisos. Las ONG y los particulares tienen también acceso a este procedimiento, pudiendo transmitir a la secretaría información sobre posibles casos de inobservancia. El Comité de Aplicación puede tratar de llegar a un arreglo amistoso, o recomendar que se preste asistencia técnica o financiera si el incumplimiento del protocolo se debe a una falta de capacidad. También puede suspender los derechos y prerrogativas de las partes infractoras.

El fundamento de este segundo enfoque es la cooperación permanente entre los organismos nacionales. Entre los elementos básicos se incluyen las redes de comunicación permanente, la presentación periódica de informes sobre la aplicación, el examen frecuente de las disposiciones jurídicas y reuniones habituales de quienes han de adoptar las decisiones y el personal. Todo ello contribuye a que los funcionarios responsables se mantengan al tanto de los objetivos que persiguen los acuerdos y de los medios para conseguirlos, y a que la opinión pública permanezca informada de los problemas que se plantean. Un buen ejemplo de este tipo de mecanismo es el Registro Internacional de Productos Químicos Potencialmente Tóxicos, con sede en Ginebra, que toma como base las decisiones normativas nacionales, más que las internacionales.

La provisión de bienes públicos internacionales en la actualidad

En esta sección se examinan algunos de los desafíos y oportunidades que se plantean, en cinco sectores concretos, cuando se intenta alcanzar un equilibrio entre el interés propio y el bien común en un mundo cada vez más interdependiente.

Expansión de los mercados mundiales

La liberalización del comercio y de las leyes sobre la inversión en todo el mundo ha contribuido a que el volumen del comercio mundial y de las inversiones extranjeras directas y de cartera haya registrado un enorme incremento, cuyos efectos han sido notables y positivos para el bienestar de los participantes. Los acuerdos multilaterales y regionales han favorecido la expansión del mercado, ya que la mayor interdependencia económica ha obligado a mantener y ampliar un sistema internacional y liberalizado de inversiones y comercio. Fortalecida por un comercio pujante, la economía mundial ha crecido rápidamente, y no hay indicios de que este crecimiento vaya a reducirse. La migración internacional de personas en busca de trabajo no ha crecido al mismo ritmo. Como se señalaba en el *Informe sobre el desarrollo mundial 1995*, las corrientes migratorias anuales desde los países en desarrollo no son ahora mayores, en relación con la población total, que en los años setenta. La mayor parte de los trabajadores de los países pobres sólo están comenzando a experimentar los beneficios —y los costos— de la migración mundial. Pero, debido a la expansión de los mercados y a la creciente presión de la competencia, algunos países insuficientemente preparados serán sumamente vulnerables a las conmociones imprevistas y las políticas erróneas. Como se explicaba en el Capítulo 3, los países deberán adoptar políticas internas prudentes, coherentes y creíbles con el fin de prepararse para la nueva coyuntura mundial. Una acción colectiva internacional puede respaldar estos esfuerzos ofreciendo a los países los medios para que asuman compromisos externos que hagan más creíbles esas políticas.

El creciente consenso mundial acerca de los beneficios de un comercio más liberalizado y de la expansión del mercado internacional se hace patente en el número elevado, y creciente, de miembros de la OMC (Recuadro 8.1). La Ronda Uruguay, última de las series de negociaciones multilaterales encaminadas a la liberalización del comercio, se tradujo en importantes reducciones de los obstáculos arancelarios y no arancelarios al comercio de bienes y servicios, especialmente entre los países en desarrollo.

Sin embargo, la reducción de los obstáculos fronterizos es sólo una de las condiciones previas para una participación más activa en el sistema de comercio mundial. Los países necesitan también un tipo de cambio competitivo, una disponibilidad suficiente de divisas y una infraestructura de transporte que pueda sustentar la expansión de los intercambios. Por ello, a pesar de la creciente liberalización del comercio, entre mediados de los años ochenta y de los noventa la parte de éste en el PIB disminuyó en 44 de los 93 países en desarrollo. Esta discrepancia en la velocidad y amplitud de la integración indica hasta qué punto han conseguido las diferentes regiones aumentar el volumen de su comercio con el resto del mundo. Por ejemplo, mientras que el comercio de Asia oriental se ha ampliado constantemente durante varios decenios, el de África al sur del Sahara ha disminuido.

Son cada vez más los países que, además de liberalizar su comercio, están eliminando también gradualmente las restricciones a los movimientos transfronterizos de capitales, ya sea de modo unilateral o en el marco de iniciativas regionales. El número de países con un régimen de capital liberalizado en su totalidad o en su mayor parte ha subido de 9 a 30 en los dos últimos decenios, mientras que el de países con normas relativamente restrictivas ha sufrido un acusado descenso, pasando de 73 a 53 (Gráfico 8.1).

Al igual que existen notables diferencias entre los países en lo que respecta al crecimiento del comercio, hay también una apreciable disparidad en cuanto a su capacidad para atraer capitales extranjeros. Aunque en los dos últimos decenios las corrientes de capital privadas y oficiales se han multiplicado por diez en todo el mundo, no todas las regiones se han beneficiado igualmente de ese crecimiento. Gran parte de la expansión ha correspondido a los flujos privados, y en las regiones en desarrollo la mayoría de éstos se dirigen a Asia oriental y América Latina. Según una estimación, este aspecto de la globalización apenas ha afectado a más de la mitad de la población del mundo en desarrollo.

La composición de estos flujos privados de capital en aumento suscita especial preocupación en los países en desarrollo. Aunque muchos de ellos tratan activamente de

Recuadro 8.1 La Organización Mundial del Comercio, mecanismo internacional para dar credibilidad a las políticas nacionales

La OMC se creó en enero de 1995 para administrar los acuerdos comerciales multilaterales negociados por sus Estados miembros. Es, al mismo tiempo, una institución que incorpora un conjunto de reglas y principios sobre la aplicación de las políticas que afectan a las corrientes comerciales y un "mercado" en el que los miembros intercambian concesiones relativas al acceso a los mercados y se ponen de acuerdo sobre las reglas del juego. La OMC exige a sus miembros que velen por que sus políticas comerciales no sean en general discriminatorias y por que sus normas y procedimientos de aplicación sean transparentes. La OMC proporciona también mecanismos jurídicos para que los países pongan de manifiesto la seriedad de sus compromisos y procedimientos perfeccionados de solución de diferencias para resolver conflictos entre los Estados miembros.

En sus dos primeros años de existencia, se ha sometido al sistema de solución de diferencias de la OMC un total de 62 casos concernientes a más de 43 asuntos diversos. Dos de ellos han seguido el proceso completo, y se han publicado otros dos informes del grupo especial. Los países ya no pueden obstaculizar el establecimiento de comisiones de arbitraje o hacer caso omiso de sus dictámenes, como sucedía en el GATT. Y aunque pueden apelar, la decisión del órgano que entiende de la apelación es definitiva. Todas las etapas del proceso están sujetas a plazos estrictos, y los países que no los cumplen sufren sanciones comerciales autorizadas.

Los países con mayor volumen de comercio y los grandes territorios aduaneros siguen dominando el proceso de solución de diferencias, y la credibilidad del sistema depende de su disponibilidad a aceptar las sentencias que les son desfavorables. Pero los países en desarrollo, alentados por el carácter del sistema de la OMC, incluido el derecho al resarcimiento, están recurriendo al proceso de solución de diferencias mucho más a menudo que en el marco del GATT.

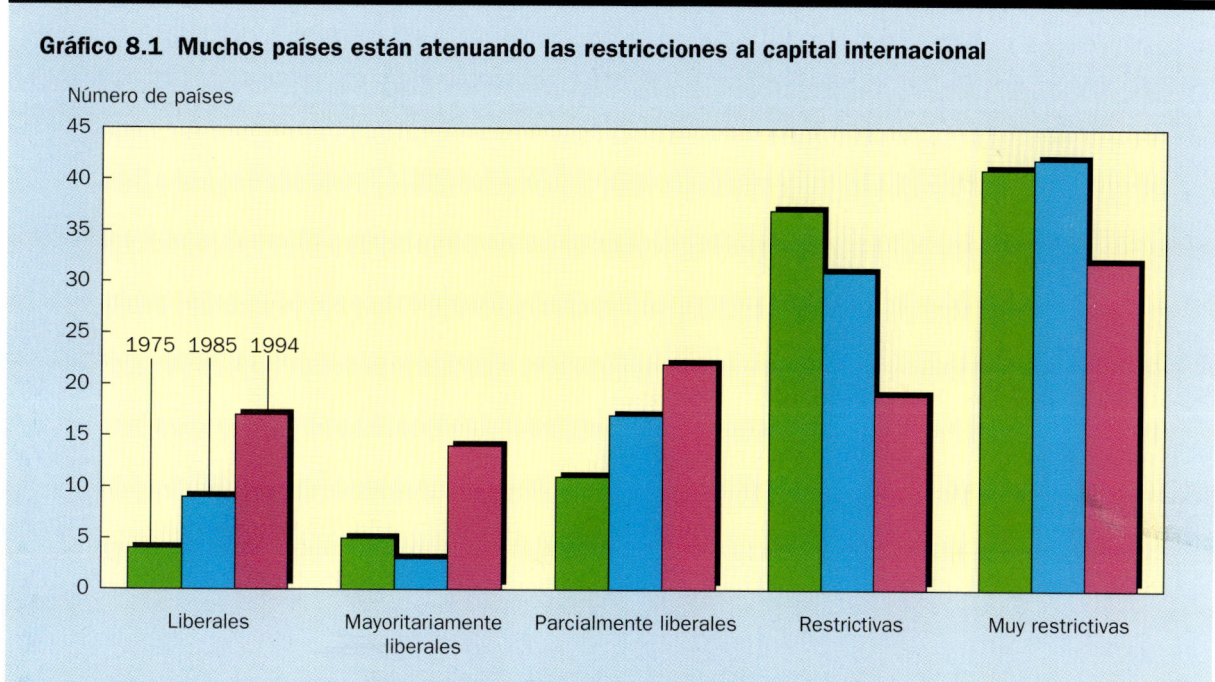

Gráfico 8.1 Muchos países están atenuando las restricciones al capital internacional

Número de países

Reglas	1975	1985	1994
Liberales	4	9	17
Mayoritariamente liberales	5	3	14
Parcialmente liberales	11	17	22
Restrictivas	37	31	19
Muy restrictivas	41	42	32

Reglas relativas a las transacciones con capital extranjero

Nota: Los datos corresponden a 102 países industriales y en desarrollo. *Liberales* significa sin restricciones; *mayoritariamente liberales* significa que existen unas pocas restricciones, según la rama de actividad; *parcialmente liberales* significa que existen muchas restricciones en cuanto al volumen y calendario de las transacciones; *restrictivas* significa que las inversiones en el país por parte de extranjeros o las inversiones en el exterior por parte de residentes en el país deben ser aprobadas oficialmente; *muy restrictivas* significa que se requiere una aprobación oficial para todas las transacciones transfronterizas. Fuente: Adaptado de Gwartney, Lawson y Block, 1996.

conseguir inversiones extranjeras directas, contemplan la inversión de cartera con actitud ambivalente. Los inversores de cartera extranjeros pueden favorecer el desarrollo de los mercados financieros locales aportando mayor liquidez e influyendo en el marco normativo y en la gestión de las empresas. Pero también plantean el riesgo de una fuga repentina de capitales, cuyos efectos desestabilizadores quedaron ilustrados elocuentemente por la crisis de 1994-95 en México.

La gestión del riesgo de fuga de capitales, y de las grandes corrientes de capital en general, ha representado un desafío para casi todos los países en desarrollo. Este riesgo se considera cada vez más como una fuente beneficiosa de disciplina gubernamental, que desalienta la adopción de políticas caprichosas e irresponsables, y muchos países han relajado el control sobre los capitales (véase el Capítulo 3). Aun así, unas corrientes importantes en una u otra dirección pueden acentuar la vulnerabilidad de un país como consecuencia de grandes desequilibrios externos, un aumento de las tasas de inflación o de los tipos de interés o una expansión excesiva del crédito que podría poner en peligro la solidez de los bancos.

Los medios a disposición de los gobiernos para evitar problemas en este terreno entran en su mayoría en el ámbito de la política interna: en particular, políticas fiscales prudentes, regímenes monetarios y de tipos de cambio creíbles, un sistema bancario sólido y prudente y, en algunos casos, medidas que convenzan a los ciudadanos de que el gobierno no les sacará de apuros si las inversiones no dan los resultados apetecidos.

Pero la comunidad internacional tiene un gran interés en afrontar los riesgos asociados con las corrientes de capital. Un mejor conocimiento de estos riesgos y una mayor confianza en su gestión alentarían a los países a participar más activamente en los mercados mundiales. Unos mercados de capital más abiertos y eficientes en los países en desarrollo permitirían hacer mejor uso de los recursos mundiales y aumentarían la diversificación de la cartera de inversiones.

¿Qué acciones colectivas podrían facilitar el logro de esos beneficios? La intensificación de las consultas entre los bancos centrales y los responsables de la regulación financiera permitiría mejorar los marcos normativos y las prácticas financieras nacionales. Y una mayor cooperación entre las autoridades nacionales haría posible la elaboración de procedimientos de asistencia mutua en caso de crisis, como el nuevo mecanismo del FMI para ayudar a los Estados miembros a amortiguar las conmociones externas.

Otro aspecto que suscita preocupación es el regionalismo creciente. En los dos últimos decenios se ha registrado un acusado aumento del número de acuerdos regionales de apertura de los mercados, entre ellos el TLC, el Mercosur y el APEC. El regionalismo no sólo atañe al comercio. En el caso de la Unión Europea, por ejemplo, responde también a los deseos de los países vecinos de aumentar su integración política en respuesta a preocupaciones comunes en materia de seguridad, de compartir los costos de infraestructuras e instituciones y de incrementar la capacidad de negociación a nivel internacional.

Hay división de opiniones en cuanto a las ventajas de los acuerdos regionales, y las pruebas al respecto no son concluyentes. Algunos opinan que el regionalismo desvía la atención y sustrae recursos que deberían dedicarse a procesos multilaterales más importantes, y obstaculiza el avance hacia unas normas comerciales no discriminatorias a nivel mundial. Otros sostienen que el regionalismo permite a los Estados adoptar medidas innovadoras de apertura de mercados, que con el tiempo constituirán elementos fundamentales de las iniciativas multilaterales. Los interlocutores regionales han aplicado nuevas medidas que posteriormente se han incorporado a acuerdos multilaterales; buen ejemplo de ello es el trato dado por la Unión Europea al comercio de servicios.

Puede que algunas de las preocupaciones que suscita el regionalismo sean legítimas. Pero se puede lograr que los acuerdos regionales sean más compatibles con unos mercados mundiales más abiertos e integrados. Un modo de conseguirlo es abrir la participación en dichos acuerdos a todos los interlocutores comerciales que lo deseen, en lugar de restringirla a los países de la región. Otra posibilidad es establecer, mediante un mecanismo multilateral, un proceso de convergencia limitado en el tiempo para reducir a un mínimo estipulado las diferencias entre los obstáculos internos y externos al comercio.

Apoyo a la investigación básica y a la acumulación de conocimientos

Los conocimientos son un bien público internacional del que todos se benefician. Una acción colectiva internacional puede orientar la investigación hacia las necesidades de los países en desarrollo, donde la mayor parte de las actividades de investigación que se realizan son fragmentarias, no reciben fondos suficientes y están mal enfocadas. La asistencia internacional puede facilitar la evaluación de las necesidades y la elaboración de un programa eficaz en función de los costos, fomentar el intercambio y la colaboración internacionales y aportar fondos suplementarios cuando sea necesario. Los éxitos obtenidos por el Grupo Consultivo sobre Investigaciones Agrícolas Internacionales (GCIAI) y la Organización Mundial de la Salud (OMS), entre otros, indican que la rentabilidad de las inversiones en investigación en los países en desarrollo puede ser considerable.

La investigación básica es un bien público clásico —y mundial. Los beneficios son inciertos antes y difíciles de calcular después, pero a menudo son extraordinariamente elevados. La transformación de la economía mundial y de enteras sociedades tiene como base los conocimientos obtenidos a partir de nuevos descubrimientos. Sin embargo, los incentivos para realizarla y financiarla son sumamente escasos: los beneficios de la acumulación de conocimientos son de uso colectivo, y pocos grupos presionan para que aumente la investigación. Los gobiernos de los países ricos consideran a menudo la investigación como un lujo y los de los países pobres no suelen prestarle mucha atención.

Tal vez sea en los países en desarrollo donde se observa la divergencia más acusada entre los posibles beneficios y la inversión efectiva. El campo de acción para crear un capital humano es enorme, pero la malnutrición infantil, las enfermedades debilitantes y la degradación de los recursos naturales de los que depende la producción agrícola dificultan este proceso. Los nuevos conocimientos pueden hacer que la vida humana cambie de manera espectacular, como sucedió con la erradicación de la viruela, la contención del paludismo y la oncocercosis o con los aumentos considerables de la productividad agrícola logrados gracias a la revolución verde. Pero estos éxitos son poco frecuentes. Y no es probable que se realicen nuevos progresos importantes si no se garantiza un apoyo constante a los esfuerzos bien orientados.

En los países en desarrollo, la investigación tropieza con diversos obstáculos. El primero es la poca importancia que se le reconoce en muchos de ellos. Por ejemplo, en África al sur del Sahara se destina menos del 2% del presupuesto sanitario a la investigación relacionada con la salud; el resultado es la escasez de instituciones, instalaciones y científicos dedicados a la investigación. En segundo lugar, los fondos limitados que se asignan a la investigación suelen estar mal distribuidos. En los países en desarrollo, la neumonía y las enfermedades diarreicas representan el 15% de todas las patologías, pero sólo el 0,2% de los fondos para la investigación médica se destina al estudio de esas enfermedades. Esta mala distribución suele obedecer a la falta de información básica y de personal especializado necesarios para establecer un programa de investigación apropiado. En tercer lugar, hay poca coordinación e intercambio entre los investigadores de países en desarrollo vecinos, lo que da lugar a una considerable duplicación de esfuerzos e impide que se aprovechen las oportunidades de reducir gastos.

La comunidad internacional puede hacer más para ayudar a los países en desarrollo a generar nuevos conocimientos que respondan a sus necesidades. Mediante la ayuda externa, los donantes pueden facilitar el establecimiento de un programa gubernamental de investigación basado en una minuciosa evaluación de sus necesidades y contribuir a financiar un volumen de gasto en investigación más elevado pero sostenible. Los países industriales pueden también paliar la fuga de cerebros, es decir, el éxodo de investigadores calificados que abandonan los países en desarrollo, proporcionando investigadores y científicos competentes que colaboren con instituciones de esos países para desarrollar la capacidad de formación y elaborar programas de investigación que alienten la retención del personal local. Los donantes pueden ayudar a crear y financiar institutos regionales de investigación con el fin de fomentar el intercambio de ideas y limitar la duplicación de las actividades de investigación. Por su parte, las instituciones internacionales pueden contribuir a divulgar los nuevos conocimientos y, de esa manera, promover una mayor productividad, tratamientos más eficaces de las enfermedades y modos de vida más sanos.

Los buenos resultados conseguidos gracias a la cooperación en muchas esferas de la investigación y la divulgación ilustran perfectamente cuáles son las posibilidades de los esfuerzos de esta índole. Por ejemplo, el GCIAI contribuyó a obtener variedades de cultivos más productivas y a promover métodos agrícolas más eficaces e inocuos para el medio ambiente. El GCIAI, constituido por una red de 16 centros de investigación agrícola en todo el mundo, recibe apoyo de 50 naciones en su objetivo fundamental de aliviar el hambre en el mundo en desarrollo. Pero los beneficios de sus actividades no se han limitado a esos países (Recuadro 8.2).

La cooperación internacional en materia de investigación sanitaria ha dado lugar también a otros progresos importantes. La Organización Mundial de la Salud, por ejemplo, desempeñó una importante función en la erradicación de la viruela. Pero queda todavía mucho margen para la acción colectiva. Se estima que, a principios de los años noventa, el 95% del gasto total en investigación sanitaria en todo el mundo se dedicaba a problemas que preocupaban sobre todo a los países industriales, y sólo un 5% a las necesidades sanitarias de los países en desarrollo.

Entre las actividades de investigación que merecen mayor apoyo internacional cabe citar las siguientes:

- profundización en el conocimiento de las enfermedades tropicales, en particular las que afectan a los niños y a la población rural de África al sur del Sahara;
- lucha contra la difusión del virus de la inmunodeficiencia humana (VIH), causa del SIDA;
- mejora del tratamiento y prevención de enfermedades no transmisibles, que afectan a un número creciente de personas en los países en desarrollo;
- descubrimiento u obtención de variedades resistentes a enfermedades y plagas de cultivos como el algodón, el cacao, el arroz y los ñames, que tienen una importancia decisiva en muchas economías, y
- desarrollo de tecnologías de extracción y cultivo para reducir al mínimo la erosión del suelo y la deforestación.

Protección del medio ambiente mundial
La degradación del medio ambiente representa una grave amenaza para el desarrollo, tanto a nivel mundial como

> **Recuadro 8.2 La investigación agrícola internacional beneficia también a los donantes**
>
> En 1993, los Estados Unidos produjeron, aproximadamente, el 12% del trigo cultivado en el mundo. Este país es también un importante exportador de arroz, representando cerca del 18% del comercio internacional de este producto. Casi todas las variedades de trigo y arroz que se cultivan en los Estados Unidos se obtuvieron mediante investigaciones fitogenéticas, muchas de ellas gracias a la labor de dos centros de investigación que forman parte de la red del GCIAI: el Centro Internacional de Mejoramiento de Maíz y del Trigo (CIMMYT) y el Instituto Internacional de Investigaciones sobre el Arroz (IRRI). Ambos se financian en parte con contribuciones públicas de los Estados Unidos.
>
> En un estudio reciente se intentó calcular los beneficios de las investigaciones del GCIAI para la economía estadounidense. Según sus estimaciones, durante el período de 1970–93 los beneficios derivados de la utilización de variedades mejoradas de trigo obtenidas por el CIMMYT ascendieron a $3.400 millones–$13.700 millones. La relación costo-beneficio del apoyo estadounidense al CIMMYT fue nada menos que de 190 a 1. Las investigaciones del IRRI hicieron posible un aumento de los ingresos derivados del arroz estimado entre $20 millones y $1.000 millones, lo que significa una relación costo-beneficio de hasta 17 a 1. Por consiguiente, aun cuando las inversiones de los Estados Unidos en la investigación agrícola internacional sobre el trigo y el arroz se efectuaron sobre todo por motivos humanitarios, han producido beneficios directos para la economía de ese país que superan con creces los costos del apoyo al GCIAI. Y, como concluye el estudio, "la investigación agrícola internacional es una inversión en estabilidad internacional y en crecimiento económico exterior, que recompensa con nuevos dividendos a los Estados Unidos y otros países donantes".

local. Entre las cuestiones ambientales de alcance mundial especialmente preocupantes se incluyen el cambio climático (Recuadro 8.3), la pérdida de diversidad biológica y la protección de las aguas internacionales. En el plano local, los problemas más acuciantes son la contaminación del aire y el agua en las ciudades, la deforestación y la degradación de los suelos y los pastizales. La acción colectiva internacional puede contribuir a mitigar estos problemas mediante una mejor coordinación, una mayor sensibilización de la opinión pública, transferencias de tecnología, la distribución de los costos y la celebración de consultas que faciliten la formulación de políticas y prácticas nacionales y locales.

Actualmente se reconoce que la cooperación internacional es la piedra angular de todo régimen ambiental sostenible. En los dos últimos decenios, el número de acuerdos internacionales sobre el medio ambiente ha aumentado significativamente. La enorme variedad de intereses en juego exige que las actividades se coordinen a nivel internacional para asegurar unas pautas de comportamiento estables y previsibles y establecer sistemas cooperativos de gestión. Aunque la disponibilidad a participar en una acción colectiva internacional implica el reconocimiento de un objetivo común, los distintos países tienen diferentes intereses que también es necesario reconocer. Por ejemplo, en el Artículo 4 del Convenio sobre el Cambio Climático de 1992 se estipula que las partes en el Convenio deben tener plenamente en cuenta, entre otros, los intereses de los pequeños Estados insulares, de los países con zonas costeras bajas, zonas áridas y semiáridas, extensiones boscosas o expuestas al deterioro forestal, y de los países con zonas propensas a las catástrofes naturales.

A menudo se necesita apoyo institucional y financiero para que ciertos países puedan cumplir con sus obligaciones. Por ejemplo, uno de los resultados de la Conferencia de las Naciones Unidas sobre el Medio Ambiente y el Desarrollo, celebrada en 1992 en Río de Janeiro, fue el compromiso de los países industriales a proporcionar recursos financieros destinados a sufragar los gastos contraídos por los países en desarrollo en cumplimiento de las obligaciones especificadas en el Programa 21 de la Conferencia. El Fondo para el Medio Ambiente Mundial, concebido con el fin de financiar los costos incrementales de los proyectos con repercusiones ambientales de alcance mundial, contribuye de forma decisiva al cumplimiento de los mismos (Recuadro 8.4).

Muchos de los problemas ambientales más acuciantes con que se enfrentan los países en desarrollo, como la contaminación del agua y del aire en las ciudades y la degradación del suelo, son sobre todo de carácter local, más que mundial. Pero tienen repercusiones importantes para la productividad, la salud y la calidad de vida dentro de las fronteras de esos países. Los progresos en la mitigación de esos problemas han sido lentos, dado que la falta de capacidad y de voluntad política tanto a nivel nacional como local constituye un obstáculo importante.

La enseñanza de las experiencias más recientes es que para asegurar la integridad y sostenibilidad del medio ambiente a nivel local y mundial será necesario un esfuerzo internacional coordinado que combine cuidadosamente los incentivos financieros, las fuerzas del mercado y las leyes e

Recuadro 8.3 Desafíos del cambio climático mundial para la cooperación internacional

Aunque subsisten ciertas dudas sobre la magnitud del cambio climático mundial y la urgencia con que se debe afrontar, se está generalizando la opinión de que el problema es real y puede ser peligroso, y que deben adoptarse sin dilación medidas razonables y apropiadas. El Grupo Intergubernamental de Expertos sobre Cambios Climáticos ha pronosticado que en los próximos 100 años la superficie de la tierra se calentará como promedio entre 0,8 y 3,5 grados centígrados, y el nivel del mar subirá entre 15 y 95 centímetros. Estos cambios causarían la aparición de sequías más frecuentes e intensas, la propagación de enfermedades, la retirada de los glaciares de montaña y temporales más destructivos.

¿Qué problemas plantea el cambio climático a la cooperación internacional? Bajo los auspicios del Convenio Marco de las Naciones Unidas sobre el Cambio Climático, firmado en 1992 y ratificado por 159 países, se está negociando un acuerdo internacional para limitar las emisiones de gases de efecto invernadero que contribuyen al cambio climático, el cual podría aprobarse para finales de 1997. Pero si el cambio climático ocasiona los terribles efectos que se prevén, requerirá una cooperación mucho más amplia —política, económica y financiera— para atender unas necesidades que, según las previsiones, ascenderán a $50.000 millones anuales para el año 2040.

Los últimos análisis del cambio climático proporcionan un argumento económico convincente para adoptar mecanismos basados en el mercado, como derechos negociables relativos a las emisiones de carbono, con objeto de reducir las emisiones de los gases de efecto invernadero. En el marco de un sistema de permisos negociables, se concederían autorizaciones para realizar emisiones de gases de efecto invernadero con un límite máximo y se prohibirían las emisiones sin permiso. Los países que pueden reducir sin grandes costos las emisiones de carbono tendrían un incentivo para llevar a cabo esa reducción y vender la parte de los permisos que no necesitan a países donde esas medidas supondrían gastos elevados. En un reciente estudio del Banco Mundial se estimaba que para reducir, con un costo mínimo, en un 20% las emisiones de los países de la OCDE habría que negociar a nivel mundial derechos por un valor de $30.000 millones–$40.000 millones al año. Si se permitiera esa negociación, se generarían unos ahorros equivalentes al 65% de los costos mundiales de reducción de la contaminación.

Los obstáculos a la puesta en marcha de este mercado mundial son sobre todo de carácter político. La existencia misma del mercado depende de la disponibilidad de los gobiernos a crearlo y regularlo. (Se prevé que los recursos financieros para la compra de derechos provendrán del sector privado.) Una medida decisiva para el establecimiento del mercado será la asignación inicial de derechos, que deberá determinarse mediante un protocolo relativo al cambio climático mundial. Si bien se han sugerido muchas fórmulas, aún no se ha resuelto esta controvertida cuestión.

Recuadro 8.4 Participación en los gastos derivados de la protección del medio ambiente

El Fondo para el Medio Ambiente Mundial (FMAM) se estableció en 1991 para permitir a los países en desarrollo financiar los costos incrementales de las nuevas inversiones en protección del medio ambiente con beneficios mundiales en cuatro esferas: cambio climático, conservación de la diversidad biológica, protección de la capa de ozono y protección de las aguas internacionales. El FMAM, iniciativa conjunta del Banco Mundial, el Programa de las Naciones Unidas para el Desarrollo y el Programa de las Naciones Unidas para el Medio Ambiente, ha propiciado nuevos arreglos institucionales para el suministro de bienes colectivos.

El FMAM cuenta con más de 165 Estados miembros y está gobernado por una junta de representantes de 32 países, cada uno de los cuales representa a su vez a un grupo. Hay 16 grupos de países en desarrollo, 14 de países industriales y 2 de Europa oriental. Los países de cada grupo eligen un miembro de la junta y un suplente, y cada grupo determina su propio proceso de consultas y de adopción de decisiones. Los nuevos miembros se incorporan a uno de los grupos ya existentes. Este sistema innovador de organización permite compaginar la representatividad, por un lado, y la eficacia, por el otro.

intereses nacionales. Igualmente importante es que la comunidad internacional contribuya a sensibilizar a la opinión pública acerca de los peligros de la degradación ambiental, a fin de ofrecer a los grupos dirigentes nuevos incentivos políticos, pues los que existen actualmente dificultan a menudo la consecución de los objetivos ambientales.

Prevención y resolución de conflictos
Durante la mayor parte del siglo XX, se ha cernido sobre el mundo el espectro de una guerra de gran envergadura. La primera mitad del siglo fue testigo de dos conflictos mundiales, una pérdida catastrófica de vidas y recursos y decenios de rehabilitación y reconstrucción. En la segunda mitad, se ha vivido en situación de guerra fría, con la amenaza de que las armas nucleares causaran daños aún mayores. Las tensiones mundiales indujeron a muchos países a destinar a las fuerzas armadas una parte considerable de la producción nacional. Sólo en los diez últimos años han empezado a disminuir esas tensiones, lo que ha proporcionado a los países la oportunidad de reducir los gastos militares y disfrutar los dividendos de la paz (Recuadro 8.5).

La amenaza de una guerra nuclear ha dejado paso a una multitud de conflictos de menor envergadura, que plantean costosos problemas de rehabilitación y socorro a los refugiados. Los mecanismos de cooperación vigentes han tenido un éxito limitado en sus intentos de resolver o evitar esos conflictos. Con frecuencia, los problemas se desbordan y arrastran a países vecinos, como sucedió en el Asia sudoriental y en gran parte del África austral en los últimos decenios y está sucediendo ahora en el África central y occidental. Estos conflictos no se limitan a los países más pobres, sino que pueden estallar también en países de ingresos medianos, como la antigua Yugoslavia o el Líbano. El problema con que se enfrenta la comunidad internacional es encontrar nuevos medios para prevenir tales conflictos o resolverlos sin demora, antes de que alcancen dimensiones trágicas.

El final de la guerra fría alimentó la creencia optimista de que se resolverían muchos de los problemas que habían sido causa de inestabilidad y conflicto en todo el mundo. En cambio, en los últimos años se han registrado al menos 30 conflictos armados importantes (entendiendo por tales los que causan más de 1.000 muertes en un año). Los frágiles acuerdos de paz de Camboya y Mozambique parecen ahora la excepción, más que la regla. Recientemente se han producido los siguientes acontecimientos:

- Multiplicación de los refugiados y los desplazados internos, y un número desproporcionado de mujeres y niños que no tienen acceso a los recursos básicos necesarios para la repatriación o rehabilitación (Gráfico 8.2).
- Aumento del número de emergencias humanitarias, que han pasado de un promedio de 5 al año en 1985–89 a 20 en 1990, 26 en 1994 y 24 en 1995.

Recuadro 8.5. ¿A cuánto ascienden los dividendos de la paz?

Los gastos militares mundiales se han reducido en forma considerable, pasando de, aproximadamente, un 4% del PIB en 1990 a un 2,7% en 1994 y a un 2,4% en 1995 (véase el gráfico). Este descenso, en fuerte contraste con la tendencia al alza de los dos decenios anteriores, fue resultado de la desintegración de la Unión Soviética, del nuevo clima político mundial, de la mayor democratización y de la reducción de la ayuda militar.

Pero, ¿ha redundado la disminución de los gastos militares en un aumento del crecimiento y del bienestar? La relación entre gasto militar y desarrollo económico depende de numerosos factores y circunstancias. Los resultados empíricos varían, dependiendo de las hipótesis y las metodologías utilizadas. Algunos estudios muestran que la reducción mundial de los gastos militares ha generado, de hecho, dividendos en forma de crecimiento más rápido de la producción. Otros indican que la relación entre gastos militares y crecimiento no es lineal sino cuadrática: cuando el volumen de los gastos militares es bajo, su aumento contribuye a acelerar el crecimiento; cuando es alto, lo frena. Si se excluyen de la muestra los países con gastos más elevados, la relación entre gastos militares y crecimiento no es significativa para la mayoría de los países en desarrollo (en épocas de paz). En tales casos, es posible que los mayores dividendos provengan, en último término, de la nueva imagen de seguridad de un país y del aumento de la confianza de los inversores, y no propiamente de la reducción de los gastos militares.

Gasto militar, desglosado entre los países industriales, en desarrollo y del antiguo bloque soviético

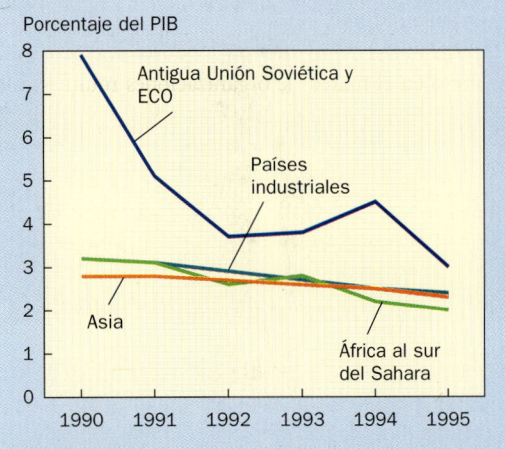

Porcentaje del PIB

[Gráfico de líneas 1990-1995 mostrando: Antigua Unión Soviética y ECO (desde ~8 en 1990 bajando a ~3 en 1995), Países industriales, Asia, África al sur del Sahara]

Nota: Los datos son promedios de los países de cada grupo, ponderados en función del PIB. Fuente: Gupta, Schiff y Clements, 1996.

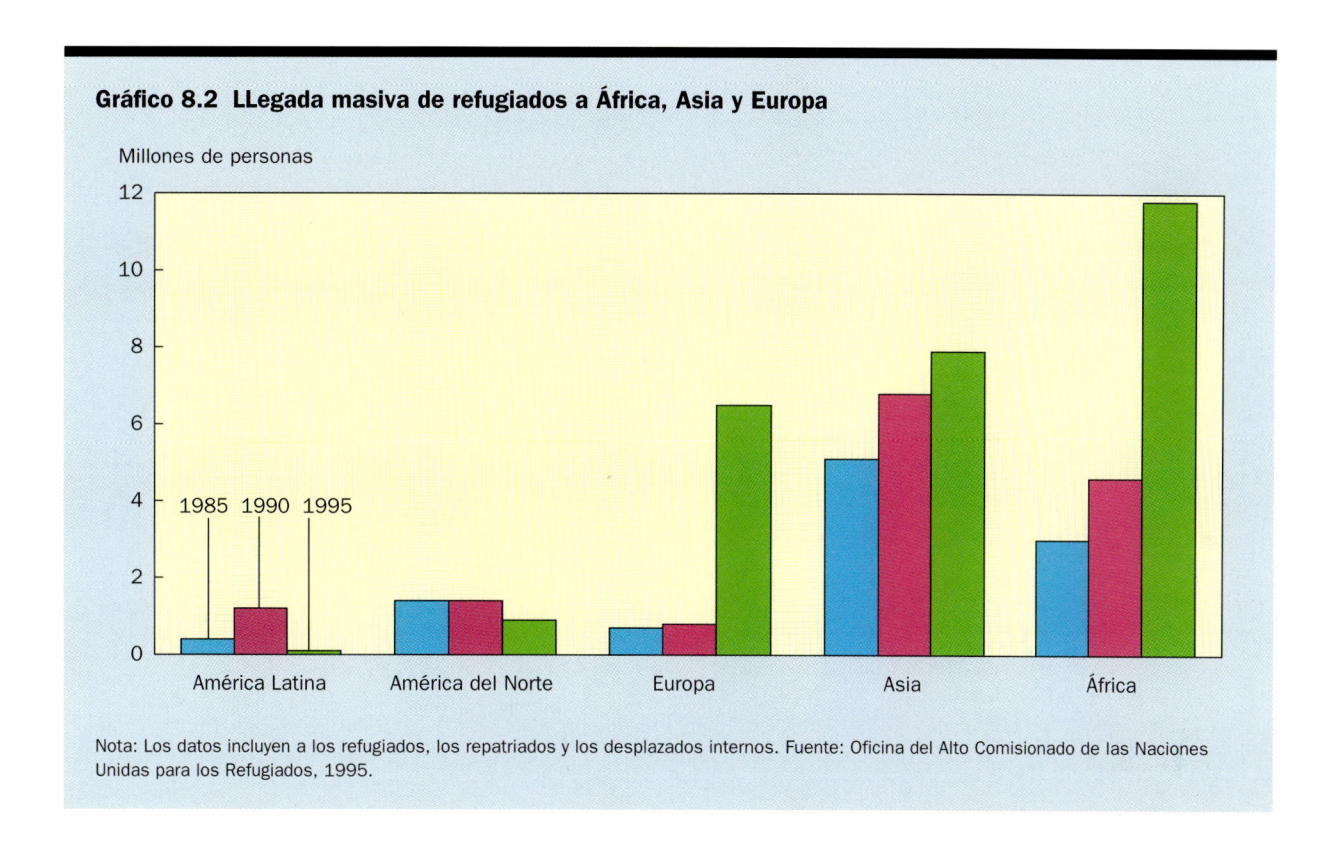

PROMOVER LA ACCIÓN COLECTIVA INTERNACIONAL   159

Gráfico 8.2 LLegada masiva de refugiados a África, Asia y Europa

Millones de personas

[Gráfico de barras con datos para 1985, 1990, 1995 por región:
- América Latina: ~0,4; ~1,2; ~0,1
- América del Norte: ~1,4; ~1,4; ~0,9
- Europa: ~0,7; ~0,8; ~6,5
- Asia: ~5,1; ~6,8; ~7,9
- África: ~2,9; ~4,5; ~11,7]

Nota: Los datos incluyen a los refugiados, los repatriados y los desplazados internos. Fuente: Oficina del Alto Comisionado de las Naciones Unidas para los Refugiados, 1995.

- Pérdida parcial o total de legitimidad y autoridad de muchos Estados, entre ellos Afganistán, Liberia, Rwanda, Somalia y la antigua Yugoslavia, como resultado de una guerra civil generalizada o del genocidio.

Las relaciones entre los refugiados y el Estado son inextricables. Éste cumple una importante misión señalando las crisis de refugiados y respondiendo a ellas. Es más, el derecho internacional define a los "refugiados" con relación al Estado. Aunque las ONG y los países y comunidades de acogida desempeñan funciones esenciales de ayuda a las personas desplazadas, la escala de los desplazamientos en los últimos años ha hecho necesario que los Estados, unilateralmente o en el marco de organizaciones multilaterales, movilicen y proporcionen protección, socorro y asistencia. Además, los Estados, actuando de consuno o como miembros de organizaciones internacionales, han iniciado negociaciones que han puesto fin a varios conflictos armados causantes de la existencia de refugiados, especialmente en Camboya, Mozambique y la antigua Yugoslavia.

No obstante, los desincentivos a la cooperación en cuestiones relacionadas con los refugiados son poderosos. Uno de ellos es la dificultad de llegar a compromisos cuando un Estado considera que éstos no redundan directamente en su propio interés. Otro es la perspectiva de unos acuerdos de distribución de los gastos que obligan a un Estado a aceptar refugiados en su territorio, lo que a menudo entraña altos costos políticos y financieros. El caso de Rwanda ilustra el alto costo de proporcionar socorro en emergencias humanitarias de grandes dimensiones. Entre abril y diciembre de 1994, la comunidad internacional destinó unos $1.400 millones para operaciones de socorro en Rwanda y países vecinos. Se introdujeron gradualmente actividades de rehabilitación, pero a finales de 1996 una población de unos 1,5 millones de refugiados externos seguía dependiendo de la asistencia internacional.

Los Estados también difieren en su capacidad para evitar o limitar la afluencia de refugiados. Los más fuertes pueden impedir con mayor eficacia la entrada de refugiados y personas en busca de asilo. Suelen ser los Estados más débiles, con recursos más limitados, los que soportan la carga más pesada de proteger a los refugiados y repatriarlos cuando acaban los conflictos.

En la actualidad, la respuesta colectiva internacional a los problemas de los refugiados depende en gran parte de las organizaciones multilaterales. La Oficina del Alto Comisionado de las Naciones Unidas para los Refugiados ha visto en los años noventa cómo su presupuesto se duplicaba y su mandato se ampliaba. Ha proporcionado socorro humanitario sobre el terreno en Bosnia, ha realizado operaciones transfronterizas en Somalia, ha prestado asistencia a desplazados internos en Sri Lanka y ha organizado la repatriación de refugiados en América Central y Mozambique. Estas actividades han requerido una compleja coordinación: por ejemplo, en las operaciones de socorro llevadas a cabo en Mozambique en 1991 participaron 26 organismos de las Naciones Unidas, 44 donantes bilaterales, otras seis instituciones multilaterales y 180 ONG. Se estima que son más de 16.000 las ONG que se ocupan de proporcionar socorro y asistencia humanitaria en todo el mundo.

Cómo mejorar la eficacia de la ayuda externa
La ayuda externa no es estrictamente un bien público, pero puede justificarse por motivos de equidad internacional, especialmente en lo que concierne a la productividad y bienestar futuros de la población en los países pobres. Un elemento fundamental para crear un entorno más favorable a la asistencia para el desarrollo es lograr que la ayuda externa sea más eficaz, desde el punto de vista tanto de los prestatarios como de los donantes. Las últimas investigaciones indican que esto puede conseguirse vinculando más firmemente la ayuda a las políticas de los países beneficiarios.

El éxito o el fracaso de los proyectos de desarrollo financiados con ayuda externa, incluso en el sector social, dependen en particular de la calidad de las políticas macroeconómicas del país en cuestión. Por ejemplo, es más probable que un proyecto para ampliar la educación primaria tenga éxito cuando hay unas políticas macroeconómicas acertadas. Si los proyectos son el vehículo para el desarrollo, se podría decir que las políticas macroeconómicas son el combustible y el lubricante que hacen que el vehículo se mueva.

Además, la ayuda externa contribuirá al crecimiento sólo si el entorno normativo es favorable. En los países que han aplicado políticas económicas fundamentales para el crecimiento —que, según conclusiones de la investigación empírica, son las que aseguran la disciplina fiscal, previenen el aumento de la inflación y mantienen una economía razonablemente abierta— la ayuda exterior ha dado notable impulso al crecimiento económico (Gráfico 8.3). Los países que han logrado crear un entorno normativo favorable y han recibido cantidades significativas de ayuda en los últimos años, como por ejemplo Bolivia, El Salvador, Malí y Uganda, han crecido más deprisa de lo que cabría deducir examinando únicamente sus políticas.

La consecuencia evidente es que la ayuda exterior sería más eficaz si se orientara más sistemáticamente a los países pobres con buenos programas de reforma económica o se utilizara para promover políticas acertadas. Al mismo tiempo, los donantes cargan con gran parte de la responsabilidad de conseguir que la ayuda se imparta en forma responsable y eficaz.

En el último decenio se ha observado una tendencia a la liberalización económica en el mundo en desarrollo, lo que indica un clima más favorable para una asistencia eficaz. Por ejemplo, la India y Viet Nam, países densamente poblados que emprendieron programas apropiados de reforma a principios de los años noventa, han creado entornos en los que la ayuda exterior tendrá, probable-

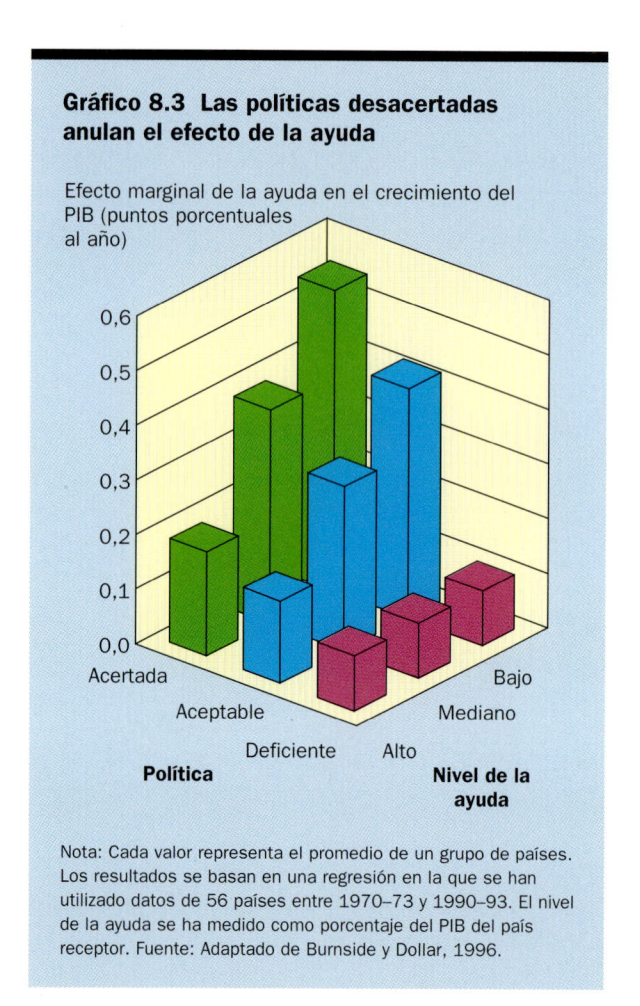

Gráfico 8.3 Las políticas desacertadas anulan el efecto de la ayuda

Efecto marginal de la ayuda en el crecimiento del PIB (puntos porcentuales al año)

Nota: Cada valor representa el promedio de un grupo de países. Los resultados se basan en una regresión en la que se han utilizado datos de 56 países entre 1970–73 y 1990–93. El nivel de la ayuda se ha medido como porcentaje del PIB del país receptor. Fuente: Adaptado de Burnside y Dollar, 1996.

mente, mayores efectos sobre el crecimiento y la reducción de la pobreza. Pero entre 1970 y 1993 fueron raros los casos en que la ayuda exterior se orientó a los países pobres con políticas acertadas. La ayuda bilateral no mostró ninguna tendencia a favorecer las políticas bien concebidas, mientras que la ayuda multilateral evidenció sólo una ligera preferencia por los países con ese tipo de políticas (como ha demostrado un estudio en que se controlaban los factores ingreso y población). Es obvio que un objetivo prioritario para los organismos de ayuda es canalizar los recursos de manera más sistemática hacia los países pobres con políticas acertadas.

¿Puede la ayuda contribuir a que los países pobres mejoren sus políticas e instituciones? Esta es una pregunta difícil de contestar, pero decisiva para la asignación de la ayuda. Ha habido pocas investigaciones sistemáticas sobre esta cuestión, pero los datos disponibles son elocuentes.

Los préstamos para fines de ajuste estructural destinados a apoyar la reforma de las políticas han dado resultados más satisfactorios cuando ha habido una fuerte "identificación" local con el programa de reforma. Si bien los préstamos para fines de ajuste estructural pueden proporcionar un apoyo útil a un programa de reforma ya existente, no es probable que generen una reforma por sí solos: la experiencia indica claramente que los donantes no pueden "sobornar" a los gobiernos para que introduzcan políticas que carecen totalmente de apoyo interno.

Cuando las fuerzas sociales y políticas internas han iniciado programas para su reforma, la ayuda externa puede proporcionar un apoyo eficaz introduciendo la competencia técnica y la experiencia de otros países en un entorno receptivo. Buenos ejemplos de esa interacción positiva se encuentran en Indonesia, Mauricio y Uganda. Pero, cuando no ha habido apenas movimientos internos en favor de la reforma, la asistencia orientada al fortalecimiento institucional y la revisión de las políticas ha tenido pocas repercusiones.

Por consiguiente, es posible que, en ciertas coyunturas, la asistencia exterior tenga que limitarse casi únicamente al mantenimiento de la paz y al socorro de urgencia. Pero, una vez que las fuerzas sociales y políticas internas han generado un impulso en favor de la reforma, la ayuda externa puede proporcionar un apoyo considerable tanto a la transformación de las políticas como al desarrollo institucional. Y, cuando ya se han implantado unas políticas y unas estructuras institucionales acertadas, la asistencia financiera puede acelerar la transición a un modelo de crecimiento más rápido. La experiencia de las economías que han logrado sus objetivos indica que la necesidad de ayuda externa es transitoria: a medida que se crea un acervo de políticas y resultados satisfactorios, las corrientes de capital privado aumentan y eliminan gradualmente esa necesidad.

Opciones estratégicas: fomentar la provisión de bienes colectivos internacionales

Una cooperación internacional más eficaz puede aumentar las oportunidades y ayudar a los países a afrontar los nuevos desafíos mundiales. Cada país debe evaluar las ventajas de cada iniciativa de cooperación propuesta y decidir si participa o no, examinando cada caso por separado. Pero en este capítulo se han señalado varias esferas en las que la cooperación podría ser muy valiosa:

- *Expansión y mantenimiento de mercados mundiales abiertos, incluida la mitigación del riesgo asociado a unos movimientos de capitales inestables.* Muchos países en desarrollo sienten cierto temor ante una mayor apertura de los mercados, por la posibilidad de fugas repentinas de capital que pueden desestabilizar la economía.

- *Investigación básica orientada a las necesidades de los países en desarrollo.* La revolución verde, que fue posible gracias al apoyo del GCIAI, demuestra que la inversión en investigación y desarrollo puede resultar muy rentable tanto para los donantes como para los beneficiarios previstos.

- *Protección del medio ambiente.* La acción colectiva internacional puede contribuir a mitigar los problemas ambientales tanto mundiales como locales mejorando la coordinación, sensibilizando a la opinión pública, transfiriendo tecnologías y proporcionando incentivos para formular y aplicar políticas nacionales apropiadas en favor del medio ambiente.

- *Mantenimiento de la paz y prevención de conflictos armados.* Es bien sabido que tanto las guerras como las actividades consiguientes de socorro y rehabilitación tienen un elevado costo humano y financiero, pero los mecanismos actualmente disponibles no han tenido mucho éxito en sus intentos de prevenir los conflictos o de resolverlos antes de que se conviertan en tragedias humanas de grandes dimensiones.

- *Aumento de la eficacia de la ayuda externa.* Se puede conseguir que la ayuda sea más eficaz vinculándola más firmemente a las políticas de los países beneficiarios: sea cual fuere el volumen de la ayuda externa a disposición de un país, los resultados económicos mejoran cuando mejora también la calidad de las políticas y del sistema de gobierno. Las políticas de los países beneficiarios han influido, al parecer, en la asignación de la ayuda multilateral, pero no de la bilateral.

El catalizador apropiado para aumentar la cooperación variará de acuerdo con los objetivos y con la diversidad de países que podrían participar. Las nuevas agrupaciones funcionales o regionales pueden ayudar en varios sectores a coordinar la colaboración voluntaria para hacerla más eficaz. Estos grupos pueden tratar de establecer reglas y mecanismos comunes para perseguir los objetivos establecidos. Pero la credibilidad y la eficacia de cualquier iniciativa de esta índole dependerán básicamente de que se establezca el equilibrio apropiado entre los valores antagónicos de la apertura, la diversidad y la cohesión. Dependerán también de los incentivos políticos y del empeño de los participantes. Los intentos de mejorar la eficacia de las acciones colectivas internacionales, al igual que las iniciativas internas análogas, únicamente darán resultado si los dirigentes están dispuestos no sólo a prometer cambios, sino también a adoptar las medidas necesarias para realizarlos.

PARTE IV

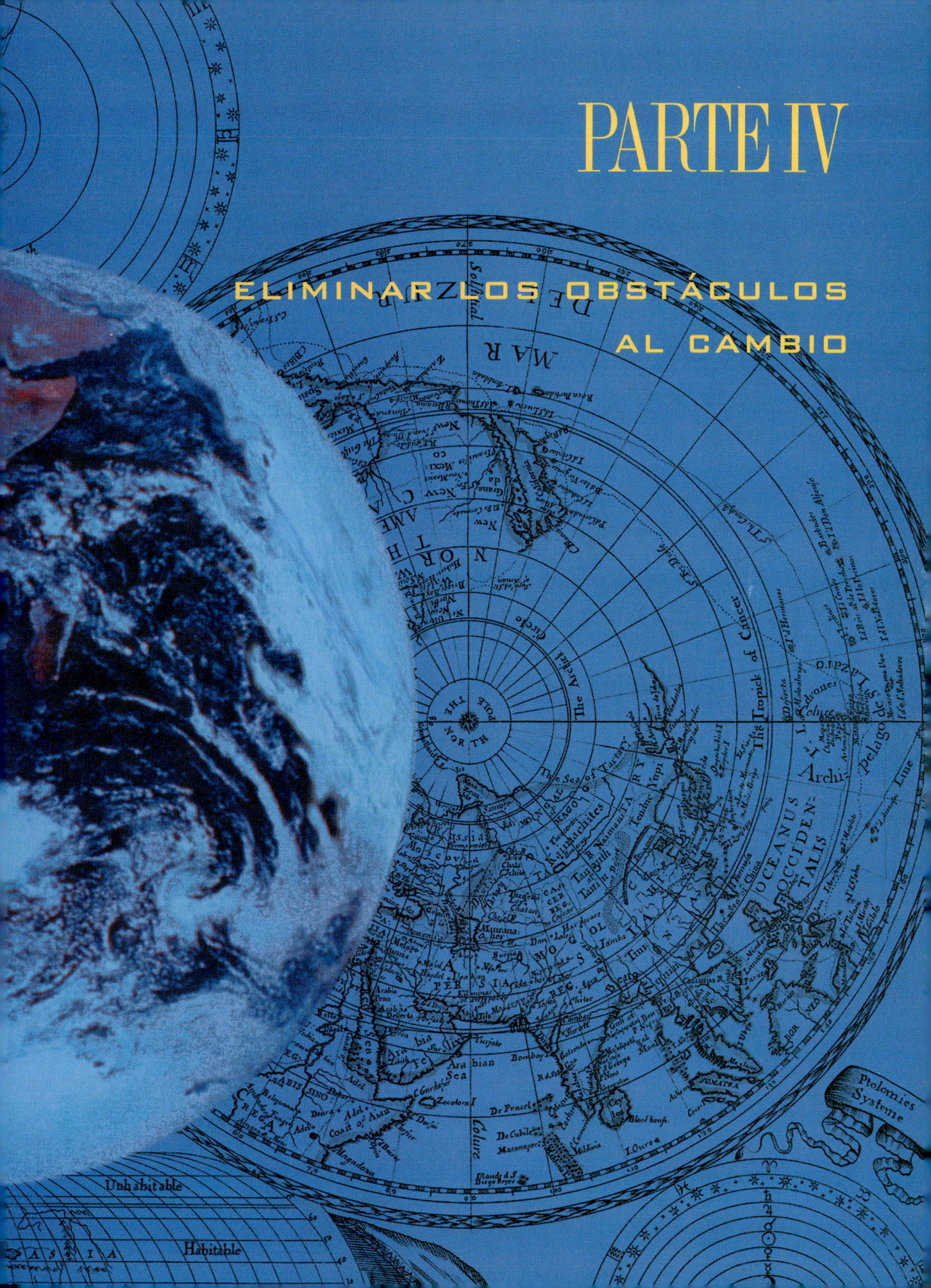

ELIMINAR LOS OBSTÁCULOS AL CAMBIO

CAPÍTULO 9

EL DESAFÍO DE EMPRENDER Y CONSOLIDAR LAS REFORMAS

Porque el innovador político tiene por enemigos a todos aquellos que sacaban provecho de las viejas instituciones, y tiene por débiles defensores a todos aquellos que podrían sacarlo de las nuevas.

—Nicolás Maquiavelo, *El Príncipe* (1513)

EN LOS CAPÍTULOS ANTERIORES SE HA MOSTRADO cómo el Estado puede incrementar su eficacia adecuando en mayor medida su papel a su capacidad, y esforzándose por ir desarrollando ésta con el tiempo. Parte esencial de este enfoque es una mejor comprensión de por qué algunos países no cumplen siquiera los requisitos más básicos de una gestión económica adecuada, y de por qué tan escaso número de países en desarrollo ha logrado crear instituciones estatales eficaces. No obstante, comprender el problema y resolverlo son dos cosas muy diferentes, y se mantienen los interrogantes básicos: ¿por qué y de qué forma han logrado algunos países desembarazarse de un legado de errores y avanzar por el camino de la reforma, mientras que otros no lo han conseguido?

En el presente capítulo se intenta dar algunas respuestas a estas preguntas examinando los principales obstáculos a las reformas y la manera de superarlos. Tres factores resultan decisivos: las características distributivas de la reforma (los probables ganadores y perdedores), la fuerza política de algunos grupos clave (en especial los que saldrán perjudicados) y la estructura de las instituciones estatales existentes. A veces una reforma puede no ser deseable desde el punto de vista político porque aquellos a quienes probablemente perjudique pertenecen a grupos que prestan un apoyo clave a los dirigentes políticos. Incluso cuando existe una voluntad política de cambio, los esfuerzos de los reformadores pueden resultar vanos debido a impedimentos arraigados en las propias instituciones estatales, que hacen más fácil a quienes se oponen a dicho cambio mantener las cosas tal y como están.

No obstante, el hecho de que la oposición a la reforma pueda estar profundamente arraigada en las instituciones de un país no tiene por qué ser motivo de desaliento. Por el contrario, de un estudio detenido de los obstáculos a la reforma se derivan tres enseñanzas prácticas para los reformadores. La primera es que a veces sí que se presentan oportunidades de reforma: suelen ser aquellas ocasiones en que las reglas de juego habituales cambian por alguna razón, aunque sea temporal. Así, a menudo se han emprendido reformas radicales en respuesta a una amenaza externa o una crisis económica, o durante el período de "luna de miel" de un nuevo gobierno o régimen, cuando se ha sustituido a quienes ocupaban cargos y tenían fuertes intereses creados en el sistema anterior.

La segunda enseñanza es que, cuando se presenta esa oportunidad, lo mejor que pueden hacer los reformadores para aprovechar la ocasión es adoptar una estrategia que tenga en cuenta los probables obstáculos y trate de allanarlos. Una concepción táctica de las reformas y del orden en que se han de suceder puede ayudar en ese sentido, al igual que la adopción de medidas para que las instituciones estén mejor protegidas contra los intereses particulares y la parálisis, aunque quizá lo más importante sea la creación de un consenso en favor de la reforma.

Por último, el mensaje que se deriva de las muchas reformas coronadas por el éxito —y también fracasadas— que se analizan en este capítulo es que los grandes avances raramente se producen por casualidad. En cualquier momento dado pueden prevalecer las fuerzas que favorecen el statu quo. Las reformas sólo tienen éxito si las dirigen líderes con una idea clara de cómo podrían ser las cosas y un deseo contagioso de convertir esa idea en realidad.

Obstáculos a las reformas

Los obstáculos a las reformas son muchos y variados en todos los países. Los factores que determinan el fracaso de una reforma no se prestan más a la generalización que los que determinan su éxito. Entre los obstáculos al cambio, no obstante, el principal es siempre el que representan los grupos de interés poderosos que pueden resultar perjudicados por el mismo. La resistencia es incluso mayor cuando los probables perdedores prestan un apoyo decisivo a los dirigentes políticos. En resumen, los efectos redistributivos de una reforma y la fuerza política de los grupos a los que afecte pueden hacer desaconsejables, desde el punto de vista político, ciertos cambios normativos. Sin embargo, incluso reformas que son políticamente oportunas pueden fracasar debido a obstáculos que tienen su origen en las instituciones estatales y que favorecen decididamente a quienes se oponen a aquellas. Por eso, los cambios de política pueden considerarse normalmente como resultado conjunto de las características de las propias reformas, la fuerza política de los diferentes actores y la configuración de las instituciones estatales existentes.

Conflictos distributivos, incertidumbre y reforma
En el Cuadro 9.1 figuran algunas clases comunes de reforma y los grupos a los que pueden favorecer o perjudicar. Estas combinaciones no se dan en todas las circunstancias, mas no por ello deja de ser cierto que la resistencia procede a menudo de la posible redistribución de recursos entre diferentes grupos, cuya composición exacta dependerá de la reforma en cuestión. Por ejemplo, la reforma del sector público, condición imprescindible para revitalizar las instituciones estatales, puede verse a veces frustrada por funcionarios públicos que corren el riesgo de perder el empleo o de tener que trabajar en peores condiciones en el sector privado. Los políticos que utilizan el empleo como instrumento de clientelismo pueden estar también interesados en bloquear ciertos tipos de reforma. La descentralización, por ejemplo, representa la posibilidad de que se reasignen recursos fuera del área de influencia de los líderes políticos. En el Perú, se interrumpió en 1993, tras amplias victorias de candidatos independientes y partidos de la oposición en las elecciones municipales, un programa de descentralización que habría permitido transferir recursos a las provincias para la financiación de la enseñanza primaria y secundaria.

La clasificación de los cambios de política atendiendo a sus costos y ventajas políticos puede ayudar a las autoridades competentes a decidir la concatenación táctica de las distintas fases de un programa global de reforma. Si bien tal clasificación dependerá mucho del país de que se trate, un buen punto de partida es comparar los efectos redistributivos previstos de las reformas propuestas con el aumento de la eficiencia que se espera de ellos. Algunas reformas, por ejemplo, resultan difíciles de llevar a la práctica porque a corto plazo parecen una mera redistribución de las oportunidades e ingresos. Esas reformas, si incrementan la eficiencia, hacen que en último término haya más para todos, pero sus efectos redistributivos a corto plazo pueden ser incluso mayores que las ventajas inmediatas. En ese supuesto, y en igualdad de circunstancias, la reforma no se llevará a cabo, porque las dificultades políticas que implica contrarrestan con creces las recompensas. Este enfoque del costo-beneficio político puede aplicarse a una amplia gama de reformas, por ejemplo a la liberalización del comercio (Recuadro 9.1).

La aplicación del cálculo redistributivo al supuesto de la reforma de las pensiones muestra cómo los conflictos de interés entre generaciones pueden condicionar también las políticas. La mayoría de los planes públicos de pensiones son sistemas sin fondos propios que se financian mediante impuestos corrientes sobre las nóminas, en vez de a través de contribuciones pasadas. El elevado impuesto marginal sobre la mano de obra y el débil vínculo existente entre contribuciones y prestaciones crean distorsiones en el mercado laboral. En los sistemas que han llegado a su madurez esas distorsiones se ven agravadas por el bajo rendimiento implícito de las pensiones en comparación con la rentabilidad del mercado de capitales. Tales distorsiones se podrían reducir, por ejemplo, estableciendo una mayor relación entre contribuciones y prestaciones, y privatizando y dotando de fondos propios a los planes de pensiones. Estas reformas, no obstante, afectarían de distinta manera a los trabajadores de generaciones diferentes. Por ejemplo, la privatización y el financiamiento pleno del sistema de seguridad social de los Estados Unidos podría generar beneficios netos, incluido un aumento de la eficiencia, pero serían los trabajadores jóvenes los que se beneficiarían de la mayor parte de esas ganancias, mientras que los trabajadores de edad más avanzada saldrían perdiendo (Gráfico 9.1). Este problema explica, en parte, por qué la reforma es tan delicada desde el punto de vista político. Análogamente, la redistribución en perjuicio de los ancianos explica por qué en Europa central y oriental y en la CEI los países se resisten a aumentar la edad de jubilación. En Ucrania, por ejemplo, el establecimiento de una edad de jubilación uniforme, a los 65 años, mitigaría el desequilibrio actuarial del sistema, pero supondría una reducción del valor (actual) de la pensión de los trabajadores de alrededor del 25% del PIB.

La dificultad de reformar programas universales de pensiones tiene su origen en los efectos redistributivos previstos

Cuadro 9.1 Simpatías de los grupos de interés, costos políticos y concatenación táctica de la reforma, por tipo de reforma

Tipo de reforma	Grupos de interés — En contra	Grupos de interés — A favor	Determinantes del costo político	Concatenación táctica	Otras cuestiones
Liberalización del comercio	Titulares de contingentes de importación Industriales protegidos	Consumidores, exportadores, el Tesoro (si van a aumentar los ingresos)	Redistribución (+) Aumento de la eficiencia (−)	Reducir las restricciones cuantitativas antes que los aranceles.	
Privatización de las pensiones	Sindicatos Asociaciones de pensionistas Organismos administrativos (ministerio de trabajo, organismo de la seguridad social)	Empleadores Instituciones financieras Trabajadores jóvenes	Reducción de la riqueza (+) Reducción de la cobertura (+) Edad más avanzada del votante mediano (+) Aumento de la eficiencia (−)	Ofrecer a los participantes la posibilidad de suscribir servicios privados, y luego eliminar los servicios públicos gradualmente.	Los trabajadores jóvenes pueden estar dispuestos a renunciar a algunos de sus derechos adquiridos
Descentralización Funcional	Altos funcionarios y demás personal de la administración central	Altos funcionarios y demás personal de las administraciones locales, consumidores, beneficiarios, empresas locales	Redistribución (+) Posibilidad de oposición política (+) Aumento de la eficiencia (−)	Crear un consenso, introducir gradualmente un programa experimental, formular planes de donaciones.	Necesidad de mitigar desequilibrios fiscales y formular nuevos planes para la asignación de transferencias a las distintas jurisdicciones
Política	Altos dirigentes de partidos políticos	Dirigentes locales de partidos políticos, asociaciones y sindicatos; ONG; contribuyentes			
Fiscal	Altos funcionarios del ministerio de hacienda y el organismo de planificación estratégica (o inversión pública)	Departamentos de hacienda de la administración local, divisiones locales de planificación e inversión			
Reforma del sector público	Empleados y personal directivo de empresas públicas, políticos defensores del clientelismo	Empresas privadas, elite rural, organismos centrales, contribuyentes	Despidos (+) Desempleo (+) Salarios relativos (+) Aumento de la eficiencia (−)	Eliminar los trabajadores fantasma, fomentar la jubilación voluntaria y anticipada, garantizar una reducción de personal sin posibilidad de volver a contratar a quienes se den de baja.	Incentivos: indemnizaciones, venta de acciones a los trabajadores, plan de capitalización, capacitación, colocación en el sector privado, programas de crédito

Nota: El signo más (+) representa un factor que incrementa el costo político de la reforma, y el signo menos (−) un factor que lo reduce.

de la reforma y en el poder de los votantes de edad avanzada. Las generaciones futuras, que serían las más beneficiadas, no pueden influir en la decisión. En los Estados Unidos, los costos políticos de la reforma han aumentado con el tiempo, pues la diferencia en el nivel de participación electoral entre los jóvenes (de 25 a 40 años) y los mayores de 65 años se ha ido incrementando en favor de estos últimos, hasta situarse hoy día en unos 12 puntos porcentuales. Es evidente que la reforma de los programas de financiamiento público de pensiones y servicios de salud para las personas mayores, por muy insostenibles que resulten fiscalmente, es una hazaña difícil de realizar, no obstante lo cual debe tener carácter prioritario. Aun en los casos en que no es posible una reforma única y global, se puede reducir la oposición introduciendo los cambios en forma gradual y manteniendo los derechos adquiridos de los beneficiarios actuales, en reconocimiento de que los cambios serán probablemente generacionales y a largo plazo.

Recuadro 9.1 Sopesar los costos y los beneficios políticos de la reforma

Las reformas que refuerzan la eficiencia son a menudo difíciles de llevar a la práctica porque favorecen a unos pero perjudican a otros, y quizá no haya forma de compensar a estos últimos. La oposición es todavía más difícil de neutralizar cuando el incremento de la eficiencia es reducido en relación con los efectos redistributivos. Aplicando a las medidas de reforma un coeficiente aproximado de costo-beneficio político, se puede determinar la redistribución que se consigue con un aumento dado de la eficiencia. Una política que incremente los ingresos de un grupo sin reducir los de otro, por ejemplo, tendrá un coeficiente de cero.

En el caso de la liberalización del comercio, el coeficiente de costo-beneficio político está inversamente relacionado con el tipo arancelario, la parte de las importaciones en el consumo total y la elasticidad de la demanda de importaciones. En el África al sur del Sahara el arancel de importación medio sobrepasa el 30%, y la parte de las importaciones en el consumo total es de alrededor del 40%. Suponiendo que la elasticidad de la demanda de importaciones sea de dos (la demanda de importaciones aumenta un 2% por cada punto porcentual que disminuya el precio), el coeficiente de costo-beneficio de la liberalización del comercio será de más de cuatro. Por lo tanto, por cada aumento dado de la eficiencia, los efectos redistributivos serán cuatro veces mayores. Cuando un programa de reforma combina la liberalización del comercio con un plan de estabilización que incrementa la producción, el coeficiente disminuye de forma significativa. Un plan de estabilización que hiciera crecer el PIB un punto porcentual bastaría para reducir el coeficiente de cuatro a menos de uno.

En muchos países, las empresas de servicios públicos son monopolios estatales gestionados con gran ineficiencia. Los consumidores saldrían muy beneficiados si tales empresas fueran privatizadas y se crearan organismos reguladores encargados de su supervisión. Un buen ejemplo es el caso de la Argentina, que empezó a privatizar sus servicios públicos de infraestructura en 1989. Todos los grupos de ingreso se han beneficiado del aumento de la eficiencia generado por la privatización, y ese aumento (en relación con el gasto en servicios públicos) ha sido parecido para todos esos grupos (Cuadro 9.2). En el Uruguay, en cambio, la legislación privatizadora fue rechazada en un plebiscito celebrado en 1989. No obstante, en un reciente estudio se demuestra que el mal funcionamiento de las empresas de servicios públicos supone un incremento del 30% en las facturas de la electricidad, el agua y el teléfono del uruguayo medio. Además, como se observa en el Recuadro 4.2, muchos de los argumentos que suelen esgrimirse contra la privatización carecen de validez.

¿Por qué, entonces, la privatización encuentra todavía oposición en algunos países? Esta resistencia a reformas que pueden incrementar el bienestar está asociada al menos a tres factores:

- La sensación de incertidumbre sobre el resultado de la reforma, que obstaculiza la formación de un fuerte grupo de apoyo y suscita el temor de que la consecuencia inmediata será la agitación social, mientras que las ventajas sólo se conseguirán más adelante.
- El hecho de que, para conseguir realmente una mayor eficiencia, los gestores privados normalmente tienen que introducir cambios que perjudican a ciertos grupos.
- La existencia de grupos con opiniones encontradas sobre el papel del Estado: por ejemplo, en muchos países en

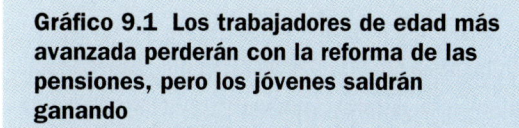

Gráfico 9.1 Los trabajadores de edad más avanzada perderán con la reforma de las pensiones, pero los jóvenes saldrán ganando

Beneficios netos previstos de la privatización de las pensiones en los Estados Unidos (miles de dólares por afiliado contribuyente)

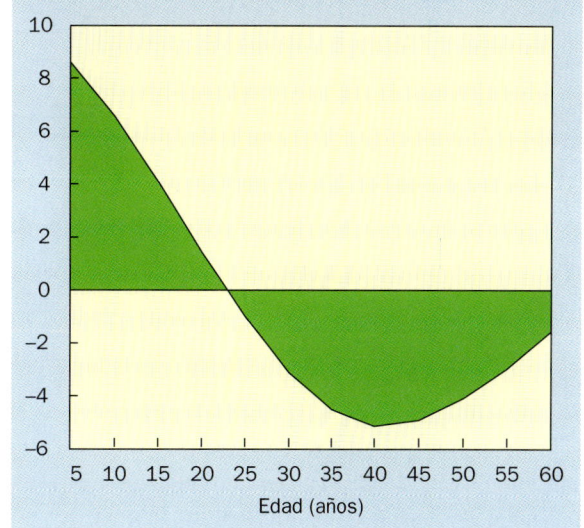

Nota: Los datos son la suma de los beneficios o pérdidas de toda la vida, con valores de 1995 y una tasa de descuento del 5%. Fuente: Feldstein y Samwick, 1996.

Cuadro 9.2 Aumento estimado de la eficiencia tras la privatización de las empresas de servicios públicos en la Argentina

Quintil de ingreso	Aumento de la eficiencia (millones de dólares de 1993)	Aumento por dólar de gasto en servicios públicos (porcentaje)
Más pobre	205	30
Segundo	222	27
Medio	342	34
Cuarto	335	27
Más rico	549	31
Total	1.653	30

Fuente: Chisari, Estache y Romero, 1996.

los que las empresas de servicios públicos han sido tradicionalmente empresas estatales, muchos grupos siguen oponiéndose a la privatización por motivos ideológicos.

Estructura institucional

En el análisis anterior se ha puesto de manifiesto que quienes resultan perjudicados por una reforma pueden ser un poderoso obstáculo a la misma. Sin embargo, el que tales grupos se impongan o no, en un caso dado, dependerá frecuentemente de las características de las instituciones estatales. En vez de tratar de efectuar un examen exhaustivo de cómo se puede utilizar cada una de éstas para bloquear las reformas, nos centramos aquí en el examen de dos de las más importantes: el sistema electoral y de partidos y el sistema de contrapesos y salvaguardias. Lo que se quiere demostrar no es que las instituciones deban ser remodeladas y modificadas con frecuencia para facilitar la realización de reformas, ni que deba adoptarse un modelo único para todos los países y situaciones. El objetivo es más bien demostrar cómo los elementos del marco institucional subyacente pueden condicionar tanto los intentos de reforma como la respuesta a ellos.

SISTEMAS ELECTORALES Y DE PARTIDOS. Como se ha puesto de relieve a lo largo de este Informe, las opciones en materia institucional rara vez resultan obvias: se precisa un cuidadoso equilibrio entre la concesión de un margen de flexibilidad a los funcionarios y la imposición de límites adecuados a su actuación. Un ejemplo ilustrativo es el de los sistemas electorales proporcionales. Estos sistemas están asociados con gobiernos de coalición, que pueden ser convenientes en la medida que incorporan más voces al gabinete ministerial y otorgan un gran valor al consenso. Estas mismas características pueden ser, sin embargo, un obstáculo a la reforma y causa de largos retrasos en la adopción

de políticas y de un elevado déficit fiscal, debido a la necesidad de hacer concesiones a los intereses sectoriales o regionales. Algunos estudios han demostrado que los países con coaliciones amplias y fragmentadas suelen tener más dificultades para ajustarse a las conmociones externas, como la subida de los precios del petróleo en 1973–74. La elevada deuda pública de Bélgica e Italia se ha atribuido en parte al hecho de haber estado gobernadas durante dos decenios por coaliciones grandes e inestables.

El Brasil constituye otro ejemplo de interacción entre los sistemas electorales y de partidos y la política económica. El proyecto de ley de la seguridad social presentado por el gobierno del Presidente Fernando Henrique Cardoso en junio de 1996 fue rechazado en la Cámara Baja, a pesar de existir una mayoría oficial a favor de la alianza gubernamental, debido a que ciertos grupos de interés (funcionarios y profesores, entre otros) se aprovecharon de privilegios protegidos por la Constitución y de un sistema político que dificulta la formación de mayorías de voto estables en el Congreso. El hecho de que diputados pertenecientes a la alianza votaran en contra del proyecto, es muestra de la sorprendente autonomía de los representantes electos con respecto de los partidos políticos, que es una de las características del sistema brasileño de representación proporcional. Según un estudio del sistema electoral y de partidos del Brasil, efectuado en 1991, los parlamentarios habían pertenecido a una media de tres partidos políticos, y en el período 1987–90 un tercio del total de 559 había cambiado de partido desde su elección en 1986. Es posible que en 1997 se vote en el Congreso una ley para reformar algunos aspectos de la legislación sobre los partidos.

En el Uruguay, algunas instituciones han acelerado ciertas reformas —y frenado otras. Una de las peculiaridades de su sistema electoral, antes de la reciente reforma, era que las elecciones preliminares internas de los partidos y las elecciones generales se celebraban simultáneamente. En consecuencia, el candidato presidencial ganador obtenía sólo una minoría del total de votos y tenía que formar alianzas con sus oponentes en el Parlamento. En las elecciones de noviembre de 1994 el candidato ganador consiguió sólo el 24% de los votos, y cada uno de los tres partidos principales más del 30%. Estos sistemas electorales suelen estar centrados en los candidatos y favorecer la formación de facciones. Por lo tanto, los grupos que son capaces de movilizarse políticamente son los que más ventajas consiguen. Otro rasgo distintivo del sistema político uruguayo es su frecuente recurso a la democracia directa (plebiscitos) para tomar decisiones sobre el sistema público de pensiones. En 1992, los votantes rechazaron importantes leyes de privatización, mientras que un plebiscito celebrado en 1989, a propuesta de la asociación de pensionistas, garantiza la plena indización de las pensiones según los salarios cada tres meses. Estas características institucionales explican por qué los gastos en pensiones en relación con el PIB son alrededor del 35% más elevados en el Uruguay que en los Estados Unidos, aun cuando la población de ambos países cuenta más o menos con la misma proporción de ancianos (16%).

El Uruguay comprendió que su sistema electoral era un obstáculo al buen funcionamiento del Estado, y en octubre de 1996 el Parlamento aprobó un nuevo sistema. Éste suprime la celebración simultánea de las elecciones internas de partido con las generales, y requiere que en las elecciones presidenciales se celebre una segunda vuelta entre los dos candidatos que hayan conseguido más votos si ninguno hubiera llegado a obtener el 50%. Se espera que estos cambios refuercen la disciplina de partido y frenen la formación de facciones.

CONTRAPESOS Y SALVAGUARDIAS. En el Capítulo 6 se muestra cómo y por qué unos contrapesos y salvaguardias inadecuados pueden dar lugar a decisiones y actuaciones gubernamentales arbitrarias. Las posibilidades de veto se dan en tres niveles: la separación entre el poder legislativo y el ejecutivo, la división del poder legislativo en cámaras separadas, y la distribución de poderes entre el gobierno nacional y los gobiernos subnacionales. Cuando el Estado apoya la multiplicación de las posibilidades institucionales de control y los grupos que se oponen al cambio pueden ejercer influencia en uno o más niveles, se favorece el mantenimiento del statu quo. En un sistema presidencial, por ejemplo, se puede llegar a un punto muerto cuando los partidos o coaliciones que controlan el poder ejecutivo no tienen mayoría en la asamblea legislativa. Análogamente, como se ha indicado en el Capítulo 7, una descentralización mal concebida que haga que las administraciones locales queden en manos de ciertos grupos de interés puede impedir la adopción de reformas acertadas.

Si bien la presencia de muchas instancias de control puede contribuir a veces a que se produzcan retrasos, hay indicios de que ha contribuido a evitar la expansión del Estado del bienestar. Como se muestra en el Gráfico 9.2, la división constitucional de poderes ocupa el segundo lugar, superado únicamente por el envejecimiento de la población, entre los factores que explican los cambios en el gasto en prestaciones sociales. A medida que aumenta el ingreso per cápita, aumenta también la demanda de transferencias del Estado. Los países que tienen menos instancias de control en su estructura estatal (como Suecia y Dinamarca) se muestran más atentos a estas demandas. En cambio, el mayor número de posibilidades de control de Suiza —Estado federal con un parlamento bicameral— ha bloqueado muchas iniciativas para la ampliación de programas sociales. Por ello, para la reforma del Estado del bienestar no basta con racionalizar el funcionamiento de los programas de transferencias. De hecho, así lo reconoció en 1992 la Comisión sueca para la reforma estatal, que

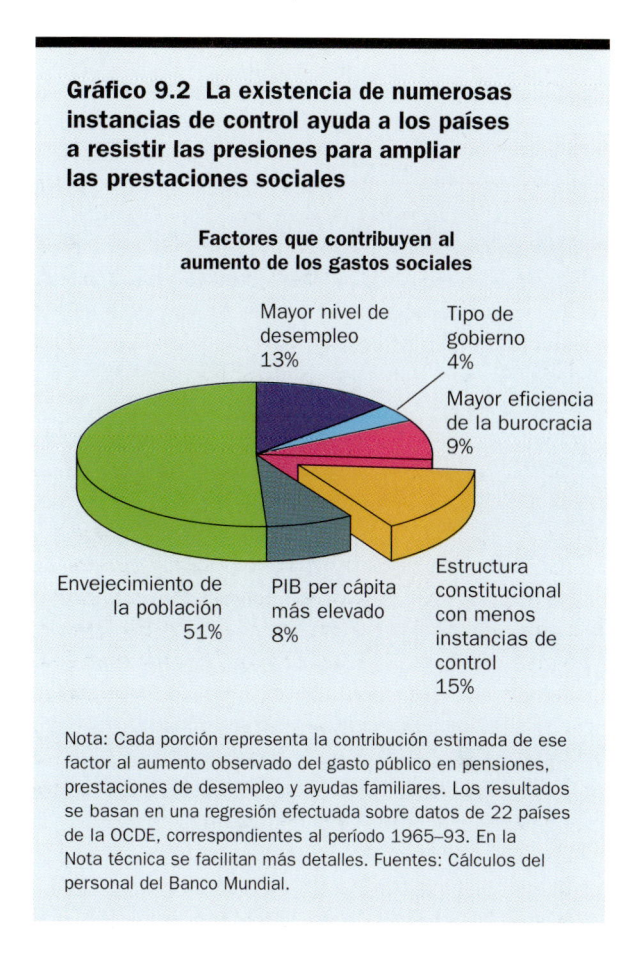

Gráfico 9.2 La existencia de numerosas instancias de control ayuda a los países a resistir las presiones para ampliar las prestaciones sociales

Factores que contribuyen al aumento de los gastos sociales

- Mayor nivel de desempleo 13%
- Tipo de gobierno 4%
- Mayor eficiencia de la burocracia 9%
- Estructura constitucional con menos instancias de control 15%
- PIB per cápita más elevado 8%
- Envejecimiento de la población 51%

Nota: Cada porción representa la contribución estimada de ese factor al aumento observado del gasto público en pensiones, prestaciones de desempleo y ayudas familiares. Los resultados se basan en una regresión efectuada sobre datos de 22 países de la OCDE, correspondientes al período 1965–93. En la Nota técnica se facilitan más detalles. Fuentes: Cálculos del personal del Banco Mundial.

recomendó reforzar el poder ejecutivo introduciendo un voto de censura constructivo, permitiendo al gobierno solicitar al Parlamento la votación sobre medidas consideradas en su conjunto en vez de por apartados concretos, ampliando el plazo entre elecciones de cuatro a cinco años y reduciendo a la mitad el tamaño del Parlamento.

RÉGIMEN POLÍTICO. La elección de régimen político se justifica por razones que van mucho más allá de las condiciones económicas. No obstante, los fuertes vínculos existentes entre las instituciones estatales y las medidas de política obligan a preguntarse si los obstáculos a la reforma pueden residir en el régimen político. Algunos analistas han sostenido que los regímenes no democráticos, al tener menos instancias de control, son más propicios al desarrollo económico. La realidad, sin embargo, es más complicada: no hay un tipo concreto de régimen que pueda garantizar el progreso económico y social. Sabemos, no obstante, que una clase de régimen —el llamado Estado depredador— conduce casi con toda seguridad al estancamiento económico. La razón de ser de este Estado es la extracción de rentas económicas de los ciudadanos en beneficio personal de quienes detentan el poder. Para ello, los derechos de propiedad se definen de modo que multipliquen los ingresos del grupo en el poder, independientemente de los efectos que

Recuadro 9.2 El Estado depredador en el Haití de los Duvalier

Haití obtuvo la independencia en 1804. Entre 1843 y 1915 fue víctima de un Estado depredador. Ese período se caracterizó por una serie de gobernantes que ejercieron su cargo por breve tiempo, movidos únicamente por el ánimo de lucro personal, y que fueron a menudo depuestos por un golpe de Estado. De los 22 gobiernos que se sucedieron en ese período, 11 duraron menos de un año, y sólo uno logró completar su mandato.

Los Estados Unidos ocuparon el país de 1915 a 1934, pero la lógica del Estado depredador permaneció invariable. En 1957, el gobierno democráticamente elegido de François (Papa Doc) Duvalier llevó esa lógica a un nuevo nivel, comenzando con una purga sin precedentes entre la sociedad civil, el ejército, la oposición política y otras ramas de la administración. A los dos meses de su llegada al poder, Duvalier había encarcelado a 100 opositores políticos. La Iglesia Católica se consideró una amenaza, y los líderes religiosos tuvieron que abandonar el país. Se silenció a los medios informativos con la expulsión de los periodistas extranjeros, y un código de 1958 permitió al gobierno eliminar a los reporteros acusados de difundir "noticias falsas". Se decretó el encarcelamiento de los padres de los estudiantes en huelga. Tras suprimir la inmunidad parlamentaria en 1959, Duvalier disolvió el Senado y la Cámara de Diputados. En el sótano del palacio presidencial se almacenó equipo militar moderno, y en los primeros 11 años de gobierno de Duvalier más de 200 oficiales fueron separados de sus cargos. En 1964, Duvalier se autodesignó presidente vitalicio.

Los pilares económicos del Estado depredador de Haití eran la expropiación, la extorsión, el impuesto inflacionario y la corrupción. En 1957, tras una huelga comercial, se autorizó a la policía a abrir las tiendas de los comerciantes huelguistas y a distribuir sus mercancías. Se dedicaban considerables recursos a la protección del propio Duvalier: el 30% del gasto total durante la primera mitad del decenio de 1960. Se gravó fuertemente la agricultura, especialmente el café. Según algunos cálculos, Duvalier sacaba de Haití más de $7 millones al año destinados a su uso personal. También había sobornos en gran escala, a través de tratos con inversores extranjeros sobre proyectos que a menudo no se materializaban. La extorsión bajo el disfraz de donaciones "voluntarias" se institucionalizó con el Mouvement de Rénovation Nationale. Se creó una seudopensión de vejez con una deducción del 3%, y se obligó a los funcionarios a comprar un libro de $15 con los discursos de Duvalier. Un fondo gubernamental autónomo recaudaba impuestos y contribuciones, no incluidos en el presupuesto y de los que no se rendían cuentas.

Tras casi 30 años en el poder, la dinastía Duvalier cayó en 1986, cuando Jean-Claude (Baby Doc) Duvalier, que había heredado la presidencia de su padre, se exilió en Francia con una fortuna de unos $1.600 millones. La historia de Haití como Estado depredador explica en gran medida sus desastrosos resultados económicos. En el período 1965–90, el crecimiento medio del PNB per cápita fue de –0,02%, y los indicadores sociales siguen siendo los peores del hemisferio occidental. Con este legado del Estado depredador, el mayor obstáculo para el cambio en Haití quizá sea su propia historia.

---

ello pueda tener en la riqueza de la sociedad en su conjunto. Dos buenos ejemplos de ello son los de Haití bajo el régimen de Duvalier (Recuadro 9.2) y de Rumania bajo el de Nicolae Ceausescu. El Estado depredador es incompatible con el desarrollo económico porque desalienta la productividad y favorece una asignación inadecuada de los recursos, lo que a veces culmina en el colapso del propio Estado.

El final de la guerra fría, unido a la presión ciudadana, deberá reducir los riesgos de acaparamiento extremo del poder público encarnado en Estado depredador, pues muchos países han adoptado ya elementos característicos de los regímenes democráticos (como elecciones libres y abiertas). Los analistas, no obstante, no se han puesto todavía de acuerdo sobre la relación concreta existente entre crecimiento y democracia: en alrededor de una quinta parte de los estudios se observa una relación positiva, en otra quinta parte una relación negativa y en el resto no se obtienen resultados concluyentes. Del análisis de los determinantes del crecimiento, resumido en el Capítulo 2, no se desprende la existencia de una correlación estadísticamente significativa entre uno y otra. Por otra parte, los resultados económicos de los países en desarrollo considerados democracias duraderas acusan diferencias notables.

La experiencia de países que han combinado la transformación política con la transición de una economía dirigida a otra de mercado da igualmente pie a conclusiones encontradas con respecto a la relación entre democracia y reforma. Como se observa en el Capítulo 7, utilizar las urnas para castigar o recompensar a los políticos por su actuación pasada (voto retrospectivo) puede ser una manera eficaz de garantizar responsabilidad y buenas políticas. El camino, no obstante, puede ser empinado al principio. En efecto, la reacción inicial de los gobiernos ante la existencia de mayores posibilidades de competencia política puede hacer todavía más difícil el fortalecimiento institucional, y la transición a la democracia se asocia a veces con mayores déficit presupuestarios e inflación.

En África al sur del Sahara se han celebrado, desde 1990, unas 27 elecciones, 21 de ellas en países que las convocaban por vez primera. Las democracias jóvenes no son inmunes al ciclo electoral. En Ghana, antes de las elecciones de 1992, el gobierno incrementó el gasto y elevó los salarios, lo que repercutió negativamente en la estabilidad macroeconómica y la inflación. En África al sur del Sahara el número de puestos ministeriales y escaños parlamentarios ha aumentado un 22% durante la transición política iniciada en 1989. Los gobiernos de Camerún, Malawi y Senegal tienen, en cada caso, más de 30 ministros. En tales circunstancias, resulta difícil establecer prioridades en materia de políticas. Bolivia, por ejemplo, ha reaccionado a esta situación imponiendo restricciones jurídicas al número de miembros del gabinete: sólo se pueden crear dos ministerios adicionales, y ello con carácter temporal. Estas experiencias indican que los Estados han de tener la habilidad de gestionar la transición política de modo que no obstaculice el programa de desarrollo.

¿Cuándo y por qué adoptan reformas los países?

La comprensión de las circunstancias que propician el éxito de las reformas es tan útil como la comprensión de los obstáculos que se oponen a las mismas. De hecho, unas y otros están relacionados. Si las circunstancias son favorables a la reforma, el primer paso que hay que dar es alterar la dinámica que dio lugar al statu quo. En las secciones siguientes se describe cómo las amenazas externas o las crisis económicas —reales o imaginarias— pueden vencer la resistencia al cambio. Esa posibilidad, sin embargo, no siempre se ha hecho realidad. Sigue siendo un misterio por qué algunos países emprenden reformas en esas circunstancias extremas y otros no.

Amenazas externas
Una creciente amenaza militar externa ha sido en muchos casos el desencadenante de las reformas. Hasta hace poco tiempo, el retraso tecnológico y económico de un país se hacía evidente sólo en época de guerra. En los siglos XVIII y XIX, los gobernantes del Imperio Otomano reorganizaron sus fuerzas armadas e introdujeron amplias reformas en los sistemas educativo y administrativo en respuesta a las derrotas militares sufridas ante las potencias europeas. De forma análoga, la restauración Meiji de 1868 en el Japón estuvo motivada por el deseo de reforzar el Estado frente a las intrusiones de las potencias occidentales (Recuadro 9.3).

Recuadro 9.3 Reformas impulsadas por una amenaza externa: la restauración Meiji en el Japón

Lo que impulsó las reformas en el Japón fue la injerencia de los poderes occidentales en el comercio nacional. A partir del decenio de 1840, el Japón fue sometido a una presión creciente por parte de los países occidentales interesados en obtener privilegios comerciales. El gobierno Tokugawa era consciente de que en el terreno tecnológico y militar Japón estaba atrasado, y en 1854 el país no tuvo más remedio que acceder a la exigencia del Comodoro Perry de que se abrieran algunos puertos a los barcos americanos. Después vinieron acuerdos semejantes con otros gobiernos extranjeros. Para 1865, los poderes occidentales habían restringido la capacidad del Japón de imponer aranceles de importación: la tasa más elevada se fijó en el 5%. En 1868, una coalición de señores feudales derrocó a la familia Tokugawa, que había gobernado el Japón durante más de dos siglos, y la sustituyó por unos dirigentes que modernizarían el país y lo situarían en mejores condiciones para hacer frente a una amenaza extranjera. La llamada restauración Meiji marcó el comienzo del crecimiento económico del Japón moderno.

Las reformas que siguieron a la restauración transformaron el Estado y la sociedad. Se abolió el sistema de clases, se instituyó una nueva forma de gobierno local y nacional y se estableció el sistema de reclutamiento en el ejército y la armada. A fin de sentar las bases de un sistema fiscal sólido, el gobierno ordenó la realización del catastro, estableció los títulos de propiedad e impuso una contribución territorial pagadera en metálico. La enseñanza se hizo obligatoria gradualmente, de modo que a mediados del decenio de 1880 casi la mitad de los niños en edad escolar estaban efectivamente escolarizados. Se creó el Banco del Japón (el banco central) y se emprendieron reformas burocráticas que prepararon el terreno para la selección de los funcionarios sobre la base del mérito y no de las influencias. Además, el nuevo régimen puso en marcha iniciativas que hoy serían consideradas políticas industriales: creó y dirigió fábricas (de seda, ladrillos, vidrio, cemento, textiles, astilleros), subvencionó industrias, importó técnicos y envió estudiantes al extranjero.

Hoy en día, la confrontación militar ha perdido importancia como factor de reforma. En cambio, la impresión de un país de que su economía se está quedando a la zaga de la de sus vecinos puede convertirse en un fuerte incentivo a seguir su ejemplo. Es evidente que el éxito económico de Chile inspiró a otros países latinoamericanos a emprender reformas a finales de los años ochenta, y lo mismo ocurrió con los éxitos del Japón y, más tarde, de la República de Corea y Taiwán (China) en Asia oriental y sudoriental. La reforma económica china obedece a muchos factores, pero entre ellos se cuenta el efecto demostrativo del éxito económico de sus vecinos y el deseo de no quedarse atrás.

Crisis económica
Desde principios de los años ochenta, la crisis económica ha sido, con mucho, el principal factor impulsor de reformas ambiciosas. A medida que aumenta la conciencia del fracaso de las políticas vigentes, la demanda popular de reforma se hace más manifiesta, y los políticos se muestran más dispuestos a arriesgarse a introducir cambios radicales. La crisis económica —en especial la hiperinflación y una recesión profunda— precedió a la reforma económica en Indonesia en 1961-64 y en el Perú en 1990, por citar dos ejemplos. No obstante, varios países con graves dificultades económicas no han logrado adoptar medidas correctoras, y algunos de las países que han emprendido la reforma no han necesitado el acicate de una grave crisis. No puede atribuirse a la crisis económica el estímulo para emprender reformas en Australia (1983), Colombia (1989) o Portugal (1985).

La crisis económica y los conflictos civiles con frecuencia se dan pábulo mutuamente y llevan a la práctica desintegración del Estado (como ha sucedido, por ejemplo, en Liberia y Somalia). Estas crisis tienen enormes costos sociales, y las esperanzas de que se solucionen con rapidez son escasas, pues se requiere un mínimo de capacidad estatal para poder hacer de una crisis una oportunidad. Sin embargo, el liderazgo y el espíritu de iniciativa políticos también cuentan, y a menudo los dirigentes que no dejan escapar las oportunidades de mejora económica pueden sacar partido de los beneficios de una reforma eficaz.

Incluso en tiempos de crisis, quienes ya están en el poder son más reacios a adoptar reformas que los recién llegados. Por lo tanto, un cambio de gobierno en medio de una crisis económica (como sucedió en el Perú y Polonia en 1990) puede proporcionar el impulso adicional necesario para iniciar reformas. El terrorismo, la hiperinflación y la mediocre actuación de los partidos tradicionales en el Perú fueron factores que dieron al nuevo Presidente, Alberto Fujimori, un margen de maniobra. En Colombia, por el contrario, las reformas tuvieron lugar en 1989, hacia el final del gobierno de Virgilio Barco, cuando la economía no estaba en crisis. Así pues, los períodos de "luna de miel" y las crisis económicas constituyen una oportunidad —pero no la única— de introducir reformas. Sin embargo, y sobre todo, aun en aquellos países en los que la crisis económica ha provocado reformas, éstas han sido, por lo general, poco profundas. En muchos casos no se ha logrado una mejora duradera de los resultados económicos. Una crisis económica puede brindar la oportunidad de ir más allá de la estabilización, pero el que un país aproveche o no esa oportunidad dependerá de los efectos redistributivos de la reforma, la capacidad inicial del Estado y el liderazgo político. Es poco probable que de un programa de reforma iniciado e impulsado únicamente por una crisis surjan cambios institucionales profundos.

Aplicación y mantenimiento de las reformas

Reforma del Estado significa no sólo reforma de las políticas, sino también institucionalización de buenas normas de conducta para su acatamiento por los organismos estatales. Deben crearse instituciones que contribuyan a evitar el menoscabo de los beneficios de las reformas, la parálisis que se puede derivar de circunstancias nuevas y desconocidas, y problemas de desconfianza social. Es preciso lograr un equilibrio entre unas normas claras que restrinjan la libertad de los funcionarios públicos de conducirse de forma oportunista, y la necesidad de que éstos puedan actuar con flexibilidad y rapidez. Un Estado eficaz es el que cuenta con reglas claras y transparentes y, al mismo tiempo, está presto a aprovechar las oportunidades y a cambiar de rumbo cuando lo exijan las circunstancias.

Los obstáculos a la construcción de un Estado eficaz no son insuperables. Los cambios tienen más posibilidades de éxito cuando las autoridades se atienen a tres principios: concepción y concatenación tácticas de las reformas, indemnización de los perjudicados y búsqueda del consenso. En el análisis que sigue nos ocupamos de cada uno de ellos. En algunos casos, sin embargo, para que el Estado funcione mejor es preciso modificar las instituciones: no se trata ya de una cuestión de tácticas, sino de reformas fundamentales. Hay una enseñanza clara: todos estos cambios son mucho más difíciles —incluso imposibles— si no existen líderes con una clara visión de futuro.

Concepción y concatenación tácticas
La concepción y la concatenación tácticas de las reformas pueden incrementar sus posibilidades de éxito, ya que permiten tener en cuenta las limitaciones de la capacidad estatal, atenuar la resistencia al cambio y crear una opinión favorable a la reforma.

ACOMODAR LA FUNCIÓN A LA CAPACIDAD. Como se ha destacado a lo largo de este Informe, la clave de unas políticas eficaces es una buena adecuación del papel del Estado a su capacidad. El desajuste entre capacidad y acción puede comprometer la sostenibilidad y la eficacia de las reformas incluso cuando no se oponen a éstas obstáculos políticos. Las reformas normativas —ya se trate de normas antimonopolio, ambientales o financieras— deben estar en consonancia con la capacidad institucional (véase el Cuadro 4.2). Por ejemplo, el establecimiento de topes a los precios mediante la fijación del factor de ajuste que se ha de utilizar para determinar los precios de las empresas monopolísticas de servicios públicos resulta más indicado en los países con instituciones relativamente fuertes. Análogamente, los mecanismos para mejorar la prestación de servicios deben tener en cuenta no sólo las características del servicio en cuestión sino también la capacidad del Estado (véase el Cuadro 5.1). En el sector público básico (educación y salud, por ejemplo) el recurso a organismos para el desarrollo basados en criterios de ejecución y a contratos formales requiere una capacidad institucional de la que carecen muchos países en desarrollo. En tales casos, estos enfoques que requieren un gran despliegue institucional resultan inviables. Las limitaciones de la capacidad deberán tenerse también muy en cuenta al elegir las estrategias de descentralización (véase el Cuadro 7.5). Cuando tanto el gobierno central como el local tienen una capacidad reducida, quizá lo más conveniente sea una estrategia de descentralización prudente con ensayos previos. No obstante, como se ha puesto de manifiesto en la Parte III de este Informe, la capacidad no es inmutable, y los esfuerzos orientados a aumentarla son muy productivos.

LA CONCATENACIÓN ESTRATÉGICA, PRIMER PASO PARA AUMENTAR LA CAPACIDAD. Cuando la capacidad administrativa de un país es débil, en vez de intentar realizar una reforma global de todas las instituciones, se debe proceder en forma selectiva, comenzando por los organismos y funciones clave. Este enfoque, además de ser compatible con las limitaciones presupuestarias y de recursos humanos, presenta dos ventajas. En primer lugar, permite a los reformadores aprender de los errores que van inevitablemente asociados al desarrollo institucional. En segundo lugar, si comienzan por los organismos más prometedores, los reformadores pueden aprovechar los efectos demostrativos que se generan para el resto del sector público. Estas dos ventajas incrementan las probabilidades de lograr éxitos que sirvan para mantener el apoyo político a un programa global de reforma.

Muchos países han adoptado este enfoque estratégico y han iniciado las reformas concentrándose en unos pocos enclaves decisivos. Las entidades elegidas para esta etapa inicial suelen ser el ministerio de hacienda, el banco central y el organismo recaudador de impuestos. En el Perú y en Ghana, por ejemplo, los reducidos ingresos tributarios obligaron al gobierno a introducir cambios drásticos en la recaudación de impuestos. No obstante, todo país que siga esta estrategia deberá asegurarse de que, al asignar la responsabilidad en materia de políticas entre los distintos organismos y ministerios, se tome en consideración dónde están concentrados los especialistas pertinentes, y de que las misiones encomendadas sean acordes en líneas generales con el interés público. Por ejemplo, un régimen arancelario gestionado a través del ministerio de hacienda probablemente hará más hincapié en los fines recaudatorios que en los de protección de la industria; sin embargo, si el responsable fuera el ministerio de comercio, el orden de prioridades seguramente se invertiría. La propuesta de transformar las restricciones cuantitativas en aranceles normalmente recibiría más apoyo del Tesoro (véase el Cuadro 9.1). La adecuada distribución de responsabilidades en materia de políticas puede ayudar a sostener la reforma, ya que puede determinar qué es lo que se aprueba y en qué orden.

Esta actuación centrada en los enclaves estratégicos permite a los países adoptar la primera generación de reformas (Cuadro 9.3). Éstas —que se pueden introducir en su mayor parte por decreto— comprenden normalmente medidas de estabilización y reformas estructurales seleccionadas. No obstante, si este enfoque selectivo resulta demasiado estrecho, puede obstaculizar los cambios institucionales más profundos exigidos por la segunda generación de reformas. Por otro lado, el progreso en los sectores sociales ha sido por lo general moderado. En Ghana, por ejemplo, uno de los países pioneros en la introducción de reformas de África al sur del Sahara, los gastos en salud son ahora más regresivos que antes de las reformas. Las reformas institucionales profundas llevan tiempo y son complejas, y han de hacer frente a la oposición, a menudo fuerte, de grupos de interés (por ejemplo, el sindicato del personal docente en Colombia). Para los países estancados en la primera generación de reformas, será difícil conseguir un desarrollo sostenible a largo plazo.

Los países, sin embargo, pueden aplicar una estrategia que les permita evitar la trampa que puede representar la reforma por enclaves. Esta estrategia requiere, sobre todo, que se acuerden reglas claras sobre las condiciones para que los organismos que no pertenezcan al enclave original se incluyan en el programa de reforma. Estas reglas forman un puente entre las reformas de la primera y la segunda generación, al tiempo que reducen la animosidad de los organismos externos al enclave. La reforma de la función pública boliviana ha ido acertadamente en esa dirección. En la ley sobre la administración financiera, de 1990, y en las normas conexas relativas a distintos organismos, se incluye un conjunto de disposiciones que determinan qué entidades están facultadas para contratar funcionarios con una elevada remuneración, qué condiciones tienen que cumplir para ello, y qué se espera de tales entidades una vez que hayan ejecutado la reforma. No obstante, la experiencia del Ecuador con una estrategia de reforma parecida pone de manifiesto que la misma exige un fuerte compromiso con el programa para garantizar que las disposiciones se apliquen en la práctica. Dos meses después de concluida la elaboración de las normas de reforma administrativa, el ministro encargado declaró "reestructuradas" todas las entidades de la administración central, y concedió un aumento salarial, aunque ninguna de ellas reunía los requi-

Cuadro 9.3 Reformas de la primera y la segunda generación

	Primera generación	**Segunda generación**
Objetivos principales	Superar la crisis: reducir la inflación y reanudar el crecimiento	Mejorar las condiciones sociales y la competitividad, mantener la estabilidad macroeconómica
Instrumentos	Recortes presupuestarios drásticos, reforma impositiva, liberalización de los precios, liberalización del comercio y la inversión extranjera, desreglamentación, fondos sociales, organismos de contratación autónomos, algunas privatizaciones	Reforma de la función pública, reforma laboral, reestructuración de los ministerios del área social, reforma judicial, modernización del cuerpo legislativo, desarrollo de la capacidad reguladora, mejora del sistema de recaudación de impuestos, privatización en gran escala, reestructuración de las relaciones entre el gobierno central y los gobiernos locales
Actores	Presidencia, ministros del área económica, banco central, instituciones financieras multilaterales, grupos financieros privados, inversionistas de cartera extranjeros	Presidencia y consejo de ministros, asamblea legislativa, funcionarios, judicatura, sindicatos, partidos políticos, medios informativos, gobiernos regionales y locales, sector privado, instituciones financieras multilaterales
Principal desafío	Gestión macroeconómica por una elite aislada de tecnócratas	Desarrollo institucional muy dependiente de los cuadros intermedios del sector público

Fuente: Adaptado de Naím, 1995.

sitos establecidos. Las normas pueden respaldar un compromiso de reforma, pero no pueden sustituirlo.

ELIMINACIÓN GRADUAL. Para adecuar el papel del Estado a su capacidad e ir más allá de la estrategia de los enclaves, algunas veces es preciso reemplazar un organismo público por otro privado. Esto, a su vez, puede obligar a adoptar una estrategia en dos etapas para vencer las resistencias. En la primera fase, se puede instaurar un mecanismo que permita a quienes lo deseen pasarse al sector privado. Una vez que se hayan comprobado ampliamente las ventajas de un mejor servicio, será más fácil pasar a la segunda fase: eliminar ese servicio público.

La Ley de Telecomunicaciones de Sri Lanka, de 1991, ilustra las ventajas de esta estrategia. Esta ley creó un organismo regulador y permitió a los operadores privados competir con el monopolio estatal, Sri Lanka Telecom (SLT), en los servicios de telecomunicaciones de valor añadido. El marco jurídico y regulador ha contribuido a hacer de Sri Lanka uno de los mercados de telecomunicaciones más liberalizados de Asia. En 1995 existían cuatro operadores de telefonía móvil celular, cinco compañías de servicios de radiobúsqueda, tres de servicios de transmisión de datos y una de servicios de Internet. Al final de 1995, el 20% de los abonados telefónicos estaban conectados a servicios de telefonía celular. La competencia entre los operadores de este sector ha hecho que las tarifas figuren entre las más bajas de la región, y estos servicios se consideran cada vez más una alternativa válida a los de telefonía alámbrica de SLT. Para reducir rápidamente la demanda no satisfecha, a principios de 1996 el organismo regulador de las telecomunicaciones concedió a dos operadores privados fijos de telefonía inalámbrica licencia para suministrar servicios básicos de telecomunicaciones. Estos impresionantes resultados han incentivado a la empresa pública de telecomunicaciones a mejorar su desempeño. De conformidad con una estrategia de eliminación gradual en dos etapas, el gobierno ha anunciado la venta del 34% del capital de SLT a un inversionista estratégico.

La reforma de las pensiones en el Perú ilustra cómo se puede aplicar también a los sectores sociales el concepto de eliminación gradual. Cuando, en 1993, se puso en marcha la reforma, se permitió a los trabajadores elegir entre planes de pensiones públicos y privados. En 1996 se suprimieron los factores que podían disuadir de la elección de planes privados, lo que condujo de hecho a la eliminación gradual del plan público. Durante la segunda fase se formó un fuerte grupo favorable a la reforma, integrado por trabajadores que ya se habían cambiado a un plan privado y por administradores de fondos de pensiones. En el Pakistán, en cambio, el orden adoptado para la reforma de los impuestos directos parece haber reducido grandemente sus posibilidades de éxito. El gobierno inició la reforma con una reducción de las tasas impositivas, que debía ir acompañada de la eliminación de las exenciones fiscales. Sin embargo, el poderoso grupo de presión agrario bloqueó esa eliminación, y el intento realizado en 1993 de establecer un impuesto para gravar a los agricultores ricos fue neutralizado por el procedimiento de fijar un tope diez veces superior a las exenciones. No obstante, habría bastado una reducción de las tasas impositivas sin efectos sobre los ingresos, combinada con una ampliación de la base imponible, para mitigar las distorsiones sin perjudicar a nadie. El beneficio derivado de la disminución de las distorsiones sería, según cálculos aproximados, superior al 1,4% del PIB (véase la Nota técnica).

EFICIENCIA FRENTE A CONCATENACIÓN TÁCTICA. La concatenación ideal desde el punto de vista de la eficiencia puede no ser políticamente factible. Por ejemplo, consideraciones de eficiencia aconsejan la creación de un organismo regulador estable y con credibilidad antes de privatizar las telecomunicaciones. De esta forma se reduce el riesgo inherente a la compra y, consecuentemente, se eleva el precio de venta de la compañía. La Argentina prefirió no atenerse a ese orden: el monopolio telefónico nacional se vendió un año antes de que se creara el nuevo organismo regulador. Esta estrategia se adoptó para agilizar la privatización y evitar la oposición a la reforma. Es posible que la incertidumbre normativa haya reducido el precio de venta, pero la viabilidad política de la reforma resultó muy reforzada. Además, como se ha observado con anterioridad, el aumento de la eficiencia provocado por el programa global de privatización fue considerable (Cuadro 9.2). Por otro lado, los países que, por motivos políticos, renuncian al orden cronológico que sería más eficiente, podrían atenuar las desventajas de un precio de venta inicial más bajo vendiendo las acciones por etapas, a medida que vaya mejorando la credibilidad de la reforma.

COMBINACIÓN Y AGRUPACIÓN DE REFORMAS. La combinación adecuada de varias reformas puede permitir a grupos de opinión poderosos compensar sus pérdidas y ganancias, reduciendo así el costo político de la reforma (véase el Recuadro 9.1). Ésta fue la estrategia seguida por el gobierno laborista de Nueva Zelandia en los años ochenta. El Ministro de Hacienda, Roger Douglas, convenció a los grupos agrarios de que la pérdida de sus subvenciones era fundamental para el programa global de reforma, y de que ésta era beneficiosa para ellos ya que reducía los aranceles y la inflación y podía corregir el sesgo existente contra las exportaciones. De forma análoga, en Bolivia el amplio programa de reforma adoptado en 1985 por el gobierno de Víctor Paz Estenssoro, en un marco de hiperinflación, logró eludir la oposición de los trabajadores, que habían vetado planes anteriores de reforma. Si bien el apoyo de los dos partidos políticos principales sirvió de ayuda, la rapidez y el gran alcance de la reforma evitaron que los grupos de presión se organizaran para hacerla fracasar.

Cuando hay que corregir grandes desequilibrios macroeconómicos, la agrupación de varias reformas en un solo bloque puede incrementar su viabilidad política. Por ejemplo, la liberalización del comercio es a menudo más fácil de llevar a cabo si va acompañada de un programa de ajuste, ya que los beneficios derivados de una política macroeconómica más acertada (descenso de la inflación y crecimiento de la economía) pueden contrarrestar los efectos distributivos de la liberalización (véase el Recuadro 9.1). Las reformas de amplio alcance pueden también reforzar la credibilidad. En 1990, el gobierno polaco liberalizó el 90% de los precios, eliminó la mayoría de las barreras comerciales, abolió los monopolios comerciales estatales e hizo convertible su moneda para las operaciones en cuenta corriente. Tras una disminución inicial del producto en 1990-91, la economía polaca ha registrado un vigoroso crecimiento.

Compensación

INDEMNIZACIONES POR DESPIDO. Para adecuar el papel del Estado a su capacidad y reforzar ésta se requiere no sólo una concepción y una concatenación tácticas de la reforma, sino también que se compense a los grupos perjudicados por ella, a fin de garantizar su apoyo. Estos grupos no siempre son los más pobres de la sociedad. Pueden comprender, por ejemplo, burócratas cuyos puestos de trabajo van a desaparecer, directivos de empresas estatales privatizadas, y empresarios acostumbrados a trabajar con un alto nivel de protección comercial. Aunque la compensación puede ser económicamente costosa a corto plazo, a la larga merecerá la pena en la medida en que atenúa la oposición a la reforma. En un reciente estudio sobre programas de reducción de personal se concluyó que, en promedio, los beneficios —aumento de la productividad y ahorro salarial— compensan el costo de las indemnizaciones al cabo de tan sólo 1,7 años. Tres factores ponen de manifiesto por qué las indemnizaciones por despido pueden ser tan importantes para el éxito de la reforma. En primer lugar, la viabilidad política puede exigir que los recortes se hagan con el consentimiento de los afectados. En segundo lugar, aun cuando no haya dificultades de orden político, es posible que la legislación prohíba el despido forzoso, como en el caso del Banco Central de Ecuador. En tercer lugar, la mayoría de los países en desarrollo carecen de seguro de desempleo, por lo que las indemnizaciones por despido se utilizan en buena medida como sustituto.

La creación de planes de indemnización que tengan en cuenta algunas características generales de los trabajadores puede contribuir a que una reducción de personal políticamente factible resulte menos costosa y mejor orientada. Uno de los procedimientos consiste en fijar topes al número de despidos por nivel de calificación. En la Argentina, por ejemplo, se decidió que los profesionales especializados del Instituto Nacional de Tecnología Agrícola no podían acogerse a los programas de jubilación voluntaria. También es importante hacer que los programas de reducción de personal incorporen mecanismos para evitar que los que se marchan sean contratados de nuevo posteriormente, lo que iría en contra del objetivo que se persigue.

INCENTIVOS ACCIONARIOS. En algunos casos, la compensación va más allá de una generosa indemnización por despido: los trabajadores, la dirección o el público en general pueden recibir una parte de las empresas privatizadas. El programa de capitalización de Bolivia supone un enfoque muy innovador. Al menos tres características del programa incrementaron su aceptación política sin comprometer el aumento de la eficiencia:

- Al distribuir acciones entre empleados y pensionistas, el programa evitó la resistencia a la privatización que a menudo se da cuando los activos se venden en su totalidad a compañías extranjeras.
- Los ciudadanos reciben beneficios tangibles en las primeras etapas del proceso. A partir de mayo de 1997, toda persona mayor de 65 años recibirá del programa de capitalización una anualidad por un valor estimado de $200 a $225. Como término de referencia, cabe señalar que el ingreso per cápita de Bolivia era de $770 en 1994.
- La inquietud a menudo expresada por quienes se oponen a la privatización, a saber, que brinda oportunidades de corrupción, se atenúa en cierta medida (con justificación o sin ella) debido a que el Estado no recibe fondos.

Las experiencias boliviana y checa demuestran que un programa de privatización cuidadosamente concebido puede reforzar la viabilidad política y conseguir una mayor eficiencia sostenible; sin embargo, las versiones mal diseñadas de estas estrategias pueden tener un efecto opuesto al deseado.

Búsqueda del consenso

La reforma del Estado requiere la cooperación de todos los grandes grupos sociales. La existencia de diferencias profundas y desconfianzas mutuas entre los distintos grupos puede retrasar o frustrar la reforma. No hay remedios instantáneos para poner fin a enemistades ancestrales, pero los pactos sociales pueden ayudar. En un pacto social, empresarios, trabajadores y grupos de interés agrarios negocian con los representantes gubernamentales los términos de un acuerdo, estableciendo responsabilidades claramente definidas para cada grupo. Este enfoque ha tenido éxito en países tan distintos como España y Benin. En España, un gobierno minoritario logró imponer una política de austeridad salarial reuniendo a todos los partidos políticos en torno a la mesa de negociaciones y desarrollando un programa común, conocido más adelante con el nombre de Pactos de la Moncloa (Recuadro 9.4). El segundo gobierno elegido democráticamente de Benin organizó una consulta con los partidos políticos y la sociedad civil al entrar en funciones en mayo de 1996. La Conferencia Económica Nacional creó diversos grupos de trabajo sectoriales y formuló recomendaciones específicas sobre el papel del Estado. Ahora está por ver si esta iniciativa se traducirá en un consenso en torno a un programa económico.

Liderazgo y clarividencia

No existe una receta universal de reforma. Sin embargo, casi todos los casos de reforma que han tenido éxito en las economías en desarrollo tienen una característica común: han sido obra de líderes dinámicos que supieron mantener el rumbo a pesar de las dificultades políticas. Estos líderes aprovechan las oportunidades que se presentan, pero también las crean buscando a los posibles beneficiarios y entrando en contacto con ellos, reorganizando las instituciones y articulando una imagen del futuro atractiva y asequible. El liderazgo político es especialmente importante en aquellos países en los que hay poca confianza y cohesión entre los diferentes grupos sociales. Cuando los empresarios desconfían de los burócratas, los trabajadores dudan de los directivos y los agricultores sospechan de todos, las reformas, por muy razonables que sean, pueden fracasar. Los dirigentes deben reducir la polarización, convenciendo a todos de que tienen que movilizarse por una causa común.

El objetivo de la reforma es incrementar el bienestar económico. Sus resultados se miden a menudo utilizando criterios cuantificables, como el ingreso nacional, las exportaciones o la inflación. Sin embargo, un aspecto igualmente importante de la reforma es si logra remodelar los valores y normas del Estado y la relación de éste con la economía. Esta transformación es la que, en último término, legitima las reformas a los ojos de la sociedad. En consecuencia, los líderes políticos deben presentar un proyecto atractivo, que trascienda las ásperas realidades de la eficiencia económica y en el que ilustren hacia dónde se encamina la sociedad. Esa perspectiva puede ser fuente de motivación y apoyo para la adopción de reformas.

Por ejemplo, en algunas economías en transición, como la República Checa, Hungría y Polonia, la reforma se vio favorecida por la perspectiva de ingreso en la Unión Europea. Ese mismo deseo motivó la reforma en España y Portugal a principios de los años ochenta. En otros casos no surge con facilidad una imagen clara del futuro. Las reformas adoptadas en Venezuela por el gobierno de Carlos Andrés Pérez fueron un fracaso político debido a que no hubo una imagen coherente que facilitara su aceptación (Recuadro 9.5). En Malasia, en cambio, las iniciativas normativas del Primer Ministro Mahathir Mohamad en la primera mitad de los años noventa se presentaron en el marco de su proyecto Visión 2020, en el que se proponía una meta llamativa: hacer que, para el año 2020, el nivel de vida de Malasia fuera equiparable al de los países industriales.

Opciones estratégicas: encontrar el camino hacia la reforma

Maquiavelo reparó acertadamente en que los conflictos distributivos se encuentran entre las dificultades básicas para la reforma del Estado. Pero ni estos conflictos, ni los

Recuadro 9.4 Los Pactos de la Moncloa en España

Adolfo Suárez fue nombrado Presidente del gobierno por el Rey de España, Juan Carlos I, en julio de 1976, a comienzos de la transición a la democracia que se inició tras la muerte del Generalísimo Francisco Franco en noviembre de 1975. Suárez comenzó introduciendo reformas políticas: reconoció la libertad sindical y el derecho a la huelga, legalizó todos los partidos políticos (incluido el Partido Comunista), proclamó una amnistía política y aprobó una nueva ley electoral. Las primeras elecciones libres desde la guerra civil española tuvieron lugar el 15 de junio de 1977. Suárez ganó las elecciones, pero su partido, la Unión de Centro Democrático, consiguió sólo el 47% de los escaños en el Parlamento.

Las elecciones se celebraron cuando la economía estaba entrando en crisis. La inflación y el desempleo iban en aumento, y el saldo externo estaba empeorando rápidamente. Dentro de su campaña antiinflacionista y su política de liberalización externa, el gobierno de Suárez trató de reducir el crecimiento salarial. Sin embargo, en vez de enfrentarse al movimiento obrero y los sindicatos, Suárez trató de lograr el consenso con respecto a la política de ingresos. A finales del verano de 1977 se convocó a las principales organizaciones patronales y obreras para tratar de forjar una posición común. El intento, no obstante, fracasó debido a las hondas discrepancias existentes entre ambas partes. Los representantes de los trabajadores, por ejemplo, pertenecían al menos a cuatro tendencias políticas diferentes. Nadie quería dar la impresión de hacer concesiones.

Suárez cambió entonces de estrategia y buscó una aveniencia entre los líderes de los partidos, en vez de los de clase. Los acuerdos resultantes, alcanzados en octubre de 1977, se conocerían con el nombre de Pactos de la Moncloa. El acuerdo entre los partidos políticos fue más fácil de alcanzar debido a que sus líderes eran más moderados que los grupos de interés que representaban, y a que se pudo excluir a la extrema izquierda (que no tenía representación parlamentaria).

Los pactos fueron mucho más allá de la austeridad salarial: incluyeron disposiciones sobre política monetaria y fiscal, así como reformas estructurales. Prometieron un nuevo marco para las relaciones laborales, con una mayor flexibilidad del mercado laboral, un sistema impositivo más progresivo y la racionalización y descentralización de las empresas públicas. Un aspecto importante es que los pactos contenían medidas para compensar a los trabajadores por algunos de los costos que se esperaba que les supondría el ajuste. Entre las medidas compensatorias figuraban un aumento del gasto público en la creación de empleo y en el seguro de desempleo, la ampliación progresiva del seguro de desempleo a todos los desempleados y algunos controles sobre los precios. Dado que España tenía ya el nivel más alto de conflictividad laboral de toda Europa, sin estas concesiones habría sido muy difícil que los trabajadores aceptaran esas reformas fundamentales.

Si bien no se llegaron a cumplir todas las promesas contenidas en los Pactos de la Moncloa (especialmente en las áreas de la reforma del mercado laboral y las empresas públicas), los acuerdos lograron alcanzar sus objetivos básicos. La inflación de precios y salarios experimentó un marcado descenso tras 1997, y se corrigió el desequilibrio en la cuenta corriente.

---

impedimentos propios de las instituciones públicas y que los pueden exacerbar, son inmutables. El cambio se producirá cuando los incentivos para desprenderse de la organización institucional y de las políticas del pasado sean más fuertes que los que favorecen su mantenimiento. El impulso necesario para emprender las reformas puede proceder de una crisis económica o una amenaza externa. No obstante, el momento preciso en que se lleve a cabo puede retrasarse si los que están en el poder mantienen políticas anticuadas porque ello redunda en su propio interés (o en el de sus aliados). A veces el retraso puede ser largo y con dolorosas consecuencias, como en Haití bajo los Duvalier o en Zaire actualmente.

Como se ha visto en el presente capítulo, a veces se presentan oportunidades inesperadas, que es preciso aprovechar para introducir cambios, compensando a los posibles perjudicados, eligiendo las tácticas con habilidad y creando un consenso. Como se destaca a lo largo de todo el Informe, no se puede olvidar la capacidad real del Estado cuando se formulan las reformas; pero los reformadores tienen que ir más lejos: deben tener también una estrategia para mejorar esa capacidad. Un Estado más capaz puede ampliar las posibilidades de elección de políticas y mejorar significativamente los resultados económicos. La adopción de una concatenación estratégica de las distintas reformas, e incluso de una intervención por enclaves bien concebida, puede ser un buen primer paso y, además, es compatible con las limitaciones presupuestarias y de otro tipo de muchos países en desarrollo. En cualquier caso, los países deben formular pronto una estrategia que les permita ir

Recuadro 9.5 El programa venezolano de reforma de 1989, y su anulación

A finales de los años ochenta la economía venezolana atravesaba una profunda crisis, con desequilibrios internos y externos ocasionados por la hipertrofia del sector público y la mala gestión de la economía. En 1989 fue reelegido Carlos Andrés Pérez, que había sido presidente en los años setenta. Su plan de estabilización de 1989 preveía una fuerte devaluación del bolívar y la eliminación de los controles sobre los precios y las tasas de interés. El plan restableció el equilibrio interno y externo y estuvo acompañado por reformas estructurales, como la liberalización del comercio, privatizaciones y una mayor autonomía para el banco central.

Estas reformas resultaron posibles gracias a los amplios poderes ejecutivos de la presidencia venezolana. El consenso sobre ellas, sin embargo, no duró mucho tiempo. Tras un período de inestabilidad política, en febrero de 1994 Rafael Caldera fue elegido líder de un gobierno de coalición. El nuevo gobierno empezó por rechazar algunas de las reformas, eliminando el impuesto sobre el valor agregado e imponiendo de nuevo controles sobre los precios y las tasas de interés. La autonomía del banco central se vió también comprometida, lo que llevó a la dimisión de su presidente. Obligado por acuerdos internacionales, el gobierno no dio marcha atrás en lo tocante a la liberalización del comercio, pero recurrió a medidas proteccionistas no arancelarias. La falta de coherencia del programa provocó una pérdida de confianza en la comunidad inversora internacional. La clasificación de los bonos venezolanos bajó 20 puntos porcentuales en relación con su nivel de 1991. En 1994, el PIB real disminuyó el 3% y la inflación se disparó al 71%. En el segundo trimestre de 1996 el gobierno empezó a adoptar políticas económicas más ortodoxas respaldadas por un acuerdo con el FMI, políticas que se han puesto en práctica con cierto éxito hasta la fecha. Queda ahora por ver cuál será el alcance y la sostenibilidad de este programa.

La experiencia de Venezuela pone de relieve ciertos aspectos importantes relativos a la sostenibilidad de las reformas. La reforma económica se puede anular más fácilmente cuando cuenta sólo con el apoyo de unos pocos tecnócratas, y no con el de los partidos políticos u otros grupos. Las reformas asociadas a medidas de estabilización son más fáciles de adoptar que las reformas estructurales que requieren la aprobación del Congreso. Además, las reformas económicas son más difíciles en un entorno proclive al riesgo político. La introducción de impuestos es conflictiva cuando el control estatal de los recursos naturales (petróleo, en este caso) produce la impresión de que los servicios públicos se prestan sin costo alguno. Una crisis puede bastar para crear las condiciones básicas de la reforma, pero para sostenerla se precisa mucho más. Para conseguir buenos resultados a largo plazo se requiere clarividencia y unidad de propósito.

---

más allá de la reforma de unos pocos organismos, y escapar así de la trampa de los enclaves. Es preciso definir normas claras para incorporar al programa de reforma los organismos no incluidos en el enclave original. No obstante, las normas y tácticas no pueden compensar la falta de compromiso y de liderazgo político.

El liderazgo no lo es todo: incluso líderes comprometidos y con visión de futuro no son siempre capaces de eliminar el legado de años, quizá decenios, de desaciertos. Pronunciarse por la reforma en estas circunstancias normalmente supone dar un salto en el vacío, que puede ser tan aterrador para quienes se verán beneficiados en el futuro como para los perjudicados. En tales circunstancias, la presencia de alguien que pueda convencer al país de que merece la pena dar ese salto es sin duda una poderosa arma de reforma.

CAPÍTULO 10

EL CAMINO HACIA EL CAMBIO

COMO SE HA COMPROBADO EN ESTE INFORME, EL Estado tiene una enorme influencia en el desarrollo económico y social de un país y en su sostenibilidad. Posee un inigualable potencial para propulsar, fomentar y encauzar el proceso de cambio orientado a la consecución de metas colectivas. Cuando este potencial se ha aprovechado eficazmente, las economías han prosperado. En los demás casos, el desarrollo se ha atrofiado.

La trayectoria no es irreversible: ejemplos de las diversas eras de la historia y de todas partes del mundo revelan que los países pueden cambiar de rumbo y reformar sus políticas e instituciones a fin de mejorar la eficacia del Estado y promover el desarrollo. Pero, ¿por qué tantos de estos esfuerzos no logran sus objetivos y, sobre todo, por qué un número tan grande de Estados que se encuentran en situación desesperada ni siquiera intentan emprender ese camino? Gran parte de la respuesta radica en la política. Pero no se trata sencillamente de una cuestión de democracia frente a autoritarismo. Es preciso ir más allá de estos amplios conceptos de organización política para entender los incentivos que motivan a los organismos estatales a superarse. Necesitamos comprender mejor cómo y cuándo pueden aprovecharse los intereses económicos y políticos favorables al desarrollo para implantar los cambios institucionales que requiere ese proceso.

Los esfuerzos para reactivar el desarrollo en los países en que el Estado es ineficaz deben comenzar con disposiciones institucionales orientadas a fomentar la capacidad de respuesta, la responsabilidad y el imperio de la ley.

A fin de que el Estado pueda hacer más en bien de la economía y de la sociedad, es necesario crear un clima de confianza: la sociedad tiene que confiar en las normas básicas que la rigen y en la autoridad pública que la sustenta. Esta tarea es ardua por dos razones.

Primero, porque exige una gran paciencia. El poder judicial necesita tiempo para convencer a las empresas y a los individuos de la imparcialidad de sus decisiones. Las legislaturas nacionales y provinciales, los funcionarios con nombramientos políticos, los jueces, los empleados públicos, los consejos mixtos de deliberación, los entes autónomos de vigilancia y las organizaciones no gubernamentales —actores todos cuyas relaciones mutuas revisten características singulares en las diversas sociedades— también necesitan tiempo para aprender a respetar los límites de sus respectivas atribuciones y colaborar en forma eficaz. Se necesita tiempo además para sentar las bases de una burocracia profesional basada en una normativa sólida. No obstante, es posible escalonar las reformas de tal manera que produzcan resultados a corto plazo. Entre las medidas iniciales cabe mencionar las siguientes: fortalecer la capacidad del gobierno central, elevar los niveles superiores de las escalas de sueldos para atraer personal competente, promover una mayor participación en el proceso de formulación de políticas y asegurar una mayor apertura de las deliberaciones, desgajar algunas actividades abiertas a la competencia y fácilmente delimitables para ofrecerlas al sector privado, e intensificar los esfuerzos para obtener las opiniones de los clientes. En general, sin embargo, no hay muchas soluciones rápidas.

Segundo, la tarea es difícil porque las mismas instituciones que pueden fomentar la credibilidad y la responsabilidad también pueden tener una influencia restrictiva. Las normas que impiden el abuso de la autoridad estatal pueden al mismo tiempo reducir la capacidad para utilizarla en forma positiva. El problema está en formular disposiciones institucionales que ofrezcan flexibilidad dentro de unas limitaciones apropiadas.

En última instancia, cada país tiene que buscar la combinación ideal. Los países con un sólido historial de fidelidad a sus compromisos y con instituciones estatales bien arraigadas en la sociedad es probable que tengan más margen de maniobra para experimentar y responder en forma flexible a los acontecimientos imprevistos, sin grave detrimento para su credibilidad. En cambio, los países que están saliendo de un largo período de gobierno arbitrario y disfuncional quizá deberían prescindir de los beneficios a corto plazo de la flexibilidad y concentrarse en el logro de instituciones idóneas y sostenibles, aunque el resultado sea a largo plazo.

Para los países con buenas perspectivas en lo que respecta a la implantación de reformas, la propuesta de este Informe para aumentar la eficacia del Estado es una estrategia en dos partes:

- acomodar la función del Estado a su capacidad, y
- revitalizar la capacidad del Estado sometiéndolo a más normas y controles y a una mayor presión competitiva, e incrementando su transparencia y apertura.

En una amplia gama de países —particularmente de África, la CEI y partes de América Latina, Oriente Medio y Asia meridional— lo primero que se debe hacer es concentrar la limitada capacidad estatal en los aspectos básicos.

Ante todo, es preciso acomodar la función del Estado a su capacidad. En muchas partes del mundo el Estado no desempeña ni siquiera sus funciones fundamentales: mantener el orden público, salvaguardar los derechos de propiedad, encargarse de la gestión macroeconómica, suministrar servicios sociales básicos y proteger a los indigentes.

En algunos casos el Estado ha reglamentado en exceso la economía, a pesar de su falta de capacidad para asegurar la aplicación sistemática de esa reglamentación. Una consecuencia ha sido una corrupción más generalizada, que a su vez reduce aún más la capacidad del Estado, a tal punto que a veces no puede ni siquiera proporcionar los servicios básicos. Algunas burocracias que funcionaban relativamente bien se han debilitado con el paso de los años, y ahora requieren una reestructuración a fondo. En estas economías la desreglamentación reviste vital importancia.

El Banco Mundial y otras organizaciones internacionales han respaldado programas para ayudar a los países a formular reformas destinadas a acomodar la función del Estado a su capacidad. Muchas de las reformas implantadas en el pasado decenio se han orientado a reducir el papel del Estado en algunas áreas de la economía y a encauzar los recursos así liberados hacia actividades básicas. Estas reformas constituyen un buen comienzo, pero es mucho lo que todavía queda por hacer.

Sin embargo, según se ha demostrado en este Informe, la búsqueda de esa armonía entre función y capacidad no debe interpretarse exclusivamente como una reducción del papel del Estado. No se trata sólo de determinar qué debe hacerse, sino en qué forma: cómo atender la gestión del sector financiero, cómo reglamentar la actividad económica, cómo proteger el medio ambiente, aspectos todos que dependen en forma decisiva de la capacidad institucional del Estado.

Los esfuerzos por lograr una utilización más eficaz de la capacidad actual del Estado tienen que complementarse con reformas orientadas a ampliar esa capacidad mediante la revitalización de las instituciones públicas. En muchas esferas, el Estado sólo podrá mejorar su eficacia forjando nuevas relaciones de asociación con otras organizaciones de la sociedad civil. En otras, su eficacia únicamente podrá aumentar si existe la posibilidad de impugnar sus decisiones y medidas, si se brindan opciones a los individuos y las empresas y si se desmantelan los monopolios estatales.

Para incrementar la capacidad del Estado no basta con aumentar la asistencia técnica. Se necesitan también los incentivos adecuados.

Las medidas específicas que se precisan para mejorar la capacidad del Estado son diferentes en los distintos países debido a que una gran parte de las reformas necesarias son de carácter institucional y, por ende, dependen de la trayectoria seguida anteriormente. Más adelante pasamos revista a algunos de los principales retos y oportunidades que se presentan al Estado en cada región en desarrollo. Ahora bien, esas indicaciones se basan en el supuesto de que existe, como mínimo, un Estado que reformar. En medida creciente, no se da ni siquiera esta condición previa básica para mejorar los resultados del proceso de desarrollo. Analizamos en primer lugar estos casos más extremos de fracaso institucional en los que, durante un cierto período, ha desaparecido el Estado como ente legítimo y operativo.

Cuando se desploma el Estado

Durante los últimos años, en varios países se han paralizado prácticamente todas las funciones e instituciones gubernamentales, en muchos casos como consecuencia de una guerra civil. Cuando el Estado deja de cumplir incluso sus funciones más básicas, puede producirse una crisis prolongada y grave. Las estructuras que en situación normal podrían atenuar los efectos de la crisis y servir de instrumento para la recuperación con frecuencia han quedado destruidas, lo que hace casi inviables las soluciones más genéricas para ampliar la capacidad del Estado.

Causas del desplome estatal

El desplome estatal, si bien no es un fenómeno nuevo, parece ser más frecuente en los decenios de 1980 y 1990 que en los primeros años del período de la posguerra, y es motivo de grave preocupación para los demás Estados, tanto en forma individual como colectiva. Los países en que el Estado se ha desintegrado, como Afganistán, Camboya, Liberia, Rwanda y Somalia, han sufrido los desastres humanitarios más desgarradores de la era reciente. Con frecuencia, éstos se transmiten a los países vecinos en forma de violencia, bandolerismo y grandes corrientes de refugiados. El desplome del Estado también hace que los países se atrasen en sus pagos, destruye sus activos económicos y su infraestructura, exige enormes cantidades de asistencia internacional y, desde luego, lleva a la pérdida de incontables vidas. Pueden identificarse tres patologías, amplias y superpuestas, de desplome estatal:

- Estados que han perdido (o no han llegado a establecer) su legitimidad ante la mayoría de la población teóricamente sometida a su autoridad y que, por lo tanto, son incapaces de ejercer tal autoridad.
- Estados destruidos por dirigentes y funcionarios corruptos, negligentes o incompetentes, o las tres cosas a la vez.
- Estados fragmentados por una guerra civil, y en los que ninguna de las partes en pugna es capaz de restablecer la autoridad central.

Una característica común de todos estos Estados es la pérdida fundamental de su capacidad institucional. Según se ha señalado en el Capítulo 1 (véase el Cuadro 1.1), el Estado tiene que desempeñar como mínimo las funciones más básicas de mantener el orden público, asegurar la defensa nacional y proporcionar una estructura para la gestión de las transacciones económicas. Se considera que un Estado se ha desplomado no cuando no consigue hacer lo que debe, sino cuando no hace casi nada en forma eficaz, ni siquiera mantener un orden represivo. El desplome de un Estado no se produce necesariamente cuando éste ha sido derrotado en una guerra o se ha dividido en dos o más entes en los que, pese a ciertas deficiencias, los sistemas siguen funcionando con más o menos eficacia, ni cuando el Estado se convierte en instrumento de "depredación" o represión. Para reprimir a toda la población de un país puede ser necesaria una considerable capacidad de organización. En esas circunstancias, lo que se produce es la sustitución de un régimen estatal por otro, como sucedió en Camboya o Rwanda, pero no necesaria —ni siquiera probablemente— el desplome del Estado.

Factores que perpetúan el conflicto
En la mayoría de los países en que el Estado se ha desplomado, hay grupos interesados en perpetuar la situación de anarquía, y su búsqueda desenfrenada de riquezas o poder se vería limitada por la existencia de un Estado capaz de emitir normas, recaudar ingresos y hacer cumplir la ley. Es en los países en que predominan estos grupos donde el desplome del Estado plantea los problemas más inquietantes y de más difícil solución. En Angola, Liberia y Somalia, por ejemplo, ha surgido una economía autosuficiente de violencia armada fundamentada en el saqueo, la exacción de tributos de protección, el narcotráfico, el lavado de dinero y la extracción de recursos brutos, como piedras preciosas, minerales y maderas tropicales (Recuadro 10.1). Los disturbios civiles que padecen estos países tuvieron su origen en rivalidades políticas o étnicas, pero sus características han ido cambiando y ahora se centran en el control de los activos económicos que constituyen la fuente del financiamiento para las actividades bélicas y para el enriquecimiento personal.

En esos países la lucha armada entre las diversas facciones es el método principal para la asignación de los recursos, y la violencia es la fuente del poder. Estas economías funcionan al margen de las instituciones estatales y, de hecho, probablemente se verían perjudicadas por ellas. Importantes fuerzas económicas, pues, se conjugan para perpetuar la lucha. El papel de los factores económicos como propulsores de la acción bélica ha sido particularmente significativo en Liberia (Recuadro 10.2), pero estos factores también han contribuido a la prolongación de los conflictos en Angola y Sierra Leona. El pueblo paga un alto precio por su impotente proximidad a estos sistemas. Otra consecuencia es la perturbación y corrupción de las transacciones económicas internacionales.

Si bien, a causa de los rendimientos decrecientes de los conflictos bélicos y la extracción de recursos, a la larga las guerras terminan sin necesidad de intervención internacional, esto sólo sucede después de que han quedado destruidos prácticamente todos los activos de un país. Entonces, otros Estados y los organismos intergubernamentales tienen que hacer frente a dos apremiantes interrogantes: ¿Cómo evitar el desplome del Estado? ¿Cómo crear de las cenizas de un Estado que se ha desplomado otro que funcione debidamente?

Cómo evitar el desplome del Estado
Dadas las funestas consecuencias que acarrea el desplome del Estado, es natural que la atención se centre ahora en la prevención como una alternativa mejor y con costos potencialmente menores. Pero no hay soluciones fáciles. Para evitar esa catástrofe se precisa toda la gama de instituciones y normas que influyen en las relaciones sociales, políticas y económicas de una sociedad. Sin embargo, hay dos enfoques relacionados entre sí que permiten reducir la probabilidad de que el conflicto político degenere en el hundimiento total del Estado.

El primero de ellos hace hincapié en el fortalecimiento de la sociedad civil como forma de incrementar la capacidad de las instituciones sociales para evitar la anarquía, incluso en casos en que el Estado es muy débil. Un pujante entramado asociativo puede permitir a las comunidades mantener el orden público a nivel local, sostener una red

Recuadro 10.1 Desplome del Estado en Somalia, y sus repercusiones

Somalia es uno de los países étnicamente más homogéneos de África, de modo que en su caso el desplome del Estado no se debió a conflictos étnicos, una de las causas más comunes de ese fenómeno. Más bien, la dinámica de ese proceso se fraguó en el país durante el largo período (1969–91) de dictadura y notoria mala administración de la economía por Mohamed Siad Barre, después de cuya violenta deposición se desencadenó una feroz lucha por el poder. Siad Barre se aprovechó en beneficio propio de la rivalidad de las superpotencias durante la guerra fría. El apoyo externo que recibió Somalia, primero de la Unión Soviética y después de los Estados Unidos, desequilibró el delicado entorno social de su política basada en los clanes y abrió las puertas a grandes cantidades de armamentos mortíferos. El conflicto norte-sur heredado de la era anterior a la independencia, una guerra irredentista para apropiarse de la región etíope de Ogaden, habitada por somalíes, y la suspensión de la asistencia económica y militar en 1989 son factores todos que contribuyeron al deterioro de la capacidad del Estado.

La guerra civil en que han estado inmersos desde 1991 clanes y facciones rivales ha completado la destrucción de la economía formal de Somalia, y ha dejado al país sin instituciones estatales ni administración pública. La infraestructura física y los activos económicos han sido destruidos, las empresas privadas han sido saqueadas y la producción ganadera y pastoral ha disminuido drásticamente. Al mismo tiempo, han huido del país los profesionales, los técnicos y los funcionarios públicos. La intervención internacional organizada para poner término a la grave hambruna causada por la guerra alivió algo la situación y permitió un cierto grado de reconstrucción entre finales de 1992 y principios de 1995, pero tras la retirada de las fuerzas de las Naciones Unidas, estos avances quedaron anulados y volvió a prevalecer la anarquía.

Algunos elementos del mercado informal privado han demostrado una resistencia extraordinaria, aunque algo perversa, ante el caos y la violencia reinantes. Los comerciantes y empresarios sólo pueden operar con la protección de algún clan; quienes cuentan con esta protección y controlan, a través de su clan, activos económicos como puertos, depósitos de minerales y tierras agrícolas, financian las milicias de ese clan. Puesto que no hay normas ni controles gubernamentales, el precio de los bienes y de las divisas flota libremente. Los costos de transacción son altos, pero los mercados funcionan en forma eficiente. A pesar de que el país no tiene un banco central, el shilling somalí tiene valor, pero el papel moneda se está desgastando materialmente. Las redes establecidas por los clanes tramitan las remesas del extranjero en forma rápida y fiable.

Hoy en día Somalia es el ejemplo de lo que podría calificarse de economía "postestatal". Los niveles de capacidad productiva, inversión privada y empleo son sumamente bajos, los riesgos son considerables y la violencia constituye el método habitual de competencia y resolución de diferencias económicas. El sector privado ha demostrado que, si un Estado viable con instituciones legítimas lograse restablecer el orden público sin retornar a la rígida y desacertada administración económica del régimen de Siad Barre, podría sortear los grandes riesgos existentes y superar los desafíos que se plantean al mercado.

---

de protección social y resistir la corrupción o explotación existente en los medios oficiales. El segundo enfoque, inspirado en la experiencia de los países de Asia oriental, se basa en la necesidad de establecer estructuras burocráticas al amparo de la injerencia política y en las que el proceso de adopción de decisiones burocráticas se inscriba en un marco de limitaciones apropiadas. La integridad y el profesionalismo de la administración pública son importantes elementos de este planteamiento.

> *Una activa sociedad civil y una burocracia competente y profesional son los pilares gemelos de una relación constructiva entre el Estado y la sociedad. Cuando existe el peligro de un desplome total del Estado, la existencia de estos dos pilares puede contribuir a reducir ese riesgo.*

El desafío de la reconstrucción

Mucho más difícil —por no decir imposible— es lograr la rápida recuperación de un Estado que se ha desintegrado. La mayoría de estos casos se producen en países que han estado recientemente o están todavía inmersos en enconados conflictos internos. En ellos la situación política a menudo está cargada de sospechas de complicidad, y cunde la desconfianza. Es difícil lograr la colaboración entre antiguos rivales, y el deseo de justicia de algunos grupos puede ser visto como sed de venganza por otros. Puede haber poca confianza en la posibilidad de mantener la paz o las políticas adoptadas, y en muchos casos el capital social y humano ha sufrido muy graves quebrantos.

Los agentes externos tropiezan con dificultades inusitadas cuando deciden intervenir en un país cuyo Estado se encuentra en ruinas. Ante todo, tienen que tomar una

Recuadro 10.2 Los fundamentos económicos del conflicto: el caso de Liberia

Inicialmente, la guerra se libró en Liberia por motivos en gran medida sociales y políticos, siendo el control del gobierno central la meta principal perseguida. El apoyo externo ayudó a financiar el estallido de esta guerra. Gradualmente, el control de los ricos recursos naturales y otros bienes del país, además de constituir un medio de financiar las hostilidades, ha pasado a ser el objetivo de las facciones que luchan entre sí.

Estas facciones se mantienen gracias a un suministro constante de ingresos por concepto de la exportación de caucho, madera, mineral de hierro, oro y diamantes. Durante los períodos en que el conflicto es intenso, gran parte de esos ingresos se usan para comprar armamentos y municiones. Cuando hay una pausa en la lucha, se acumula un "superávit" que se destina al enriquecimiento personal de los dirigentes y a comprar la lealtad de los miembros de las distintas facciones. Ello, unido a la incertidumbre de éstos acerca de sus perspectivas económicas después de la guerra, hace que los combatientes de más bajo nivel busquen por todos los medios participar en ese superávit. Sin embargo, estos combatientes casi nunca reciben pagos directos, y subsisten más bien gracias al saqueo y el pillaje.

Como la lucha reduce el "superávit", mientras las perspectivas de enriquecimiento privado sigan siendo grandes, las facciones tienen fuertes incentivos para mantener una situación de equilibrio en que no haya "ni guerra ni paz". Esto contribuye a explicar las dificultades de concertar un acuerdo de paz duradero en Liberia.

Por lo tanto, toda intervención orientada al restablecimiento de la paz tendrá que incluir medidas para reducir a cero o a niveles negativos el "superávit" de las facciones combatientes y, al mismo tiempo, eliminar los ingresos que perciben los combatientes por sus actividades de saqueo, o incrementar los riesgos de tales actividades. Estas medidas van desde sanciones económicas a la exportación de madera y caucho hasta convenios internacionales para incrementar el costo de los armamentos. Además, deberán eliminarse los incentivos para prolongar la guerra mediante una combinación de planes de desmovilización bien estructurados y la aplicación estricta de leyes contra la criminalidad.

---

decisión básica: ¿En qué forma y con quién deben trabajar? Una posible estrategia es asociarse con una de las facciones o dirigentes locales y tratar de fortalecer su posición. Se trata de una decisión arriesgada. El socio escogido puede no ser fiable o abusar de su posición de liderazgo. También existe el riesgo de que otro grupo externo decida colaborar con otra de las partes en el conflicto, contribuyendo así a prolongarlo, como sucedió en Mozambique y Angola. Otra posible estrategia entraña la colaboración de los agentes externos con las autoridades e instituciones locales, que en muchos casos mantienen su legitimidad y capacidad de acción largo tiempo después de la desintegración de las instituciones centrales. La adopción de esta estrategia puede ayudar a restablecer la confianza a nivel local y a robustecer la capacidad para la adopción de decisiones en ese nivel. Pero si no se combina con medidas para restablecer la autoridad del gobierno central, también puede contribuir a perpetuar la fragmentación del Estado. Somalia es buen ejemplo de ello.

En muchos casos los actores externos se dedican principalmente a aliviar el costo humano del desplome del Estado mediante programas de socorro y rehabilitación, absteniéndose de intervenir directamente en la reconstrucción de las estructuras civiles o políticas de la nación. La experiencia enseña, sin embargo, que después de cierto tiempo estos programas pueden contribuir a sumir a la población local en una situación de dependencia, e incluso pueden socavar la reconstrucción de la capacidad del Estado distrayendo a éste de sus funciones más fundamentales. En cambio, los enfoques más integrales para el restablecimiento de la paz, como los adoptados en Angola, Camboya y Mozambique, otorgan a las organizaciones internacionales una significativa autoridad oficial para supervisar la aplicación de los acuerdos de paz, suministrar servicios públicos y facilitar la repatriación de los refugiados. La meta final es entregar el poder a autoridades autóctonas tras la celebración de elecciones. En general, se considera que las operaciones internacionales realizadas en Camboya y Mozambique tuvieron éxito en este sentido. Pero ambas fueron sumamente costosas, y no puede ni debe esperarse que elementos del exterior reemplacen a un Estado inexistente durante un período indefinido.

La estrategia que adopten los actores externos tendrá que responder a la patología del tipo de desplome estatal de que se trate. Como se deduce de la exposición hecha en el Capítulo 8, existe una conciencia creciente del papel que podrían tener que desempeñar en el futuro los donantes y organismos externos para allanar el largo proceso de reconstrucción y rehabilitación. A continuación se mencionan algunos de los desafíos que tendrán que superar.

RESTABLECIMIENTO DE LA SEGURIDAD. El final de una guerra civil no pone automáticamente fin a la situación de inseguridad. De hecho, el temor a incidentes de violencia personal o robos puede aumentar tras el término de la acción bélica; si no se toman medidas para incrementar el costo de oportunidad de la guerra para los combatientes individuales, el final de las hostilidades puede crear mayores posibilidades para la actividad delictiva. Por consiguiente, es prioritario que se adopten programas de desmovilización eficaces, como el aplicado por Uganda, para asegurar a los combatientes su reinserción en la sociedad civil después de la guerra y proporcionarles así una salida legítima. A fin de reducir los riesgos de bandolerismo y otras actividades delictivas, también es esencial tomar medidas para fortalecer a la policía local y asegurar la aplicación más estricta de las leyes de lucha contra la criminalidad y otras disposiciones. Sin embargo, para lograr una solución a largo plazo será necesario abordar las causas socioeconómicas básicas del conflicto.

RECUPERACIÓN ECONÓMICA. Si bien es posible que los componentes de un programa de estabilización y recuperación a raíz de un conflicto no sean muy diferentes de los incluidos en los programas aplicados en otras esferas, es necesario actuar con cautela y examinar los distintos elementos del conjunto de políticas desde la perspectiva de las condiciones y distorsiones que caracterizan el entorno posbélico. Los conflictos civiles socavan el patrimonio social que infunde confianza y propicia la inversión. Es posible, por lo tanto, que el temor sea un obstáculo mayor para la reactivación de la inversión que los daños sufridos por la infraestructura. Las políticas destinadas a estimular la recuperación del sector privado deben, pues, evitar los aumentos excesivos de los impuestos y hacer hincapié en la rápida implantación de reformas favorables a la inversión, como el mantenimiento de bajos niveles de inflación, la venta o restitución de las viviendas expropiadas y la circunspección en la recaudación de ingresos. Esta renuncia a prácticas agresivas de recaudación no significa que se deban ofrecer incentivos tributarios excesivamente generosos a la inversión extranjera privada. Como ha demostrado la experiencia de Camboya, esos incentivos pueden resultar contraproducentes, pues privan al gobierno de importantes ingresos durante un largo período y le impiden abordar la tarea fundamental de reactivar la inversión interna.

PROMOCIÓN DE UNA RECONCILIACIÓN SOCIOPOLÍTICA FUNDAMENTAL. La política económica y los proyectos sectoriales deben responder a los problemas especiales que experimentan los pueblos traumatizados y las sociedades cuyo capital social ha sufrido graves quebrantos. Y, al elegir el orden cronológico de las reformas de la política económica y de la gestión gubernamental, es preciso, por un lado, evitar poner en peligro el mantenimiento de los acuerdos de paz y, por el otro, tener en cuenta las distorsiones generalmente serias de las condiciones económicas.

AMPLIACIÓN DE LA CAPACIDAD. El problema fundamental que obstaculiza los esfuerzos por mantener el impulso de la recuperación y la reconstrucción en las situaciones posbélicas es la falta de capacidad. Incluso en los casos en que se han emprendido eficaces reformas macroeconómicas y políticas, las mejoras de la capacidad burocrática con frecuencia han quedado bastante a la zaga (como sucedió en Uganda, por ejemplo). Se han ensayado diversos métodos para poner en marcha el proceso de creación de capacidad adicional, entre ellos el empleo en el nuevo gobierno de profesionales que habían huído del país (por ejemplo, en Camboya, Líbano y Haití) y la contratación de expertos extranjeros como asesores de sus homólogos locales. Como está implícito en la estrategia para la expansión de la capacidad del Estado, la asistencia técnica convencional casi nunca es eficaz cuando no hay ni siquiera normas y limitaciones mínimas que impidan la arbitrariedad. La ausencia de tales normas es una característica definitoria del desplome de un Estado. Es esencial, por lo tanto, que la asistencia técnica del exterior esté acompañada de esfuerzos por establecer y hacer cumplir las normas mas básicas de responsabilidad y moderación en el gobierno, para así poder iniciar el proceso de reconstituir la credibilidad perdida.

El desplome de un Estado es un fenómeno extremo, y las circunstancias de cada caso son únicas. Es imposible, por lo tanto, formular generalizaciones sencillas acerca de las causas o efectos de este fenómeno. Cada uno entraña sus propios desafíos para la nación afectada y para el sistema internacional. Sin embargo, casi sin excepción es el pueblo quien sufre las consecuencias, lo que pone nuevamente de relieve la importancia crítica de un Estado eficaz y flexible para la salud y prosperidad a largo plazo de la sociedad.

Aciertos —y desaciertos— en las distintas regiones

Como es inevitable, los componentes de cualquier estrategia orientada a mejorar la eficacia del Estado difieren enormemente de un país a otro, de acuerdo con las circunstancias institucionales y políticas imperantes. Más adelante se resumen las condiciones y desafíos clave del Estado en las distintas regiones en desarrollo. Se trata necesariamente de generalizaciones amplias, pues cada región comprende varios países con experiencias totalmente diferentes.

Es en la región de *África al sur del Sahara* donde, como consecuencia de la caída de los niveles de remuneración de los funcionarios públicos, la fuerte dependencia de la asistencia y el sistema de clientelismo político, el deterioro de la eficacia del Estado ha sido más profundo —aunque con algunas excepciones, como Botswana. En un informe preparado recientemente por encargo de un grupo de ministros de hacienda de países africanos se llegó a la conclusión, semejante a los planteamientos hechos en capítulos precedentes de este Informe, de que la mayoría de los países de África al sur del Sahara tienen ahora menos capacidad (incluida la capacidad estatal) que cuando obtuvieron su independencia. Por ello, muchos se ven atrapados en un círculo vicioso de disminución de la capacidad del Estado y, por ende, de descenso de credibilidad ante sus ciudadanos.

Doble crisis del Estado en gran parte de África: de capacidad y de legitimidad

La primera parte de la doble estrategia recomendada en este Informe es quizás la que se precisa con mayor urgencia en los países de África al sur del Sahara, en los que hay una gran necesidad de reorientar las prioridades del Estado. Esta reorientación ya se ha efectuado en unos cuantos casos, pero sólo después de una prolongada crisis. En general, el alcance y la eficacia del Estado han sufrido una disminución drástica e, inevitablemente, muchas de sus actividades de hecho se han paralizado. Pero como la reorientación de las prioridades no ha sido acertada, el lamentable resultado es que el Estado se ha debilitado o su actuación ha cesado por completo en esferas que legítimamente le competen. En muchas partes de África al sur del Sahara se ha producido un vacío institucional de enormes proporciones, lo que ha dado lugar al aumento de la delincuencia y la inseguridad, con consecuencias negativas para la inversión y el crecimiento.

No será fácil lograr un aumento decisivo de la eficacia del Estado, ya que las causas de su deterioro son múltiples y complejas. La causa principal ha sido la pugna continuada entre las formas tradicionales de gobierno y organización social (en muchos casos fundamentadas en la tribu, el linaje y el grupo lingüístico y de parentesco) y los sistemas gubernamentales modernos. Otro grave problema es el planteado por los elevados gastos militares y el comportamiento disfuncional de los miembros de las fuerzas armadas (en ausencia de otros contrapesos y salvaguardias). Con frecuencia, este hecho ha reducido la transparencia y responsabilidad de las instituciones públicas, hasta el punto de que los gobiernos cada vez tienen menor conciencia de la necesidad de justificar sus acciones ante la población.

África debe, con carácter prioritario y urgente, reconstituir la capacidad estatal mediante la reestructuración a fondo de las instituciones públicas y la apropiada vigilancia de los abusos de la autoridad pública.

En la mayoría de los países africanos es obvia la necesidad de una reforma integral del aparato del Estado para que pueda suministrar servicios públicos de alta calidad y facilitar las actividades privadas, en vez de obstaculizar la actuación de ambos sectores. Como se ha destacado en este Informe, también es preciso emprender sin demora la segunda parte de la estrategia: la reconstitución de la capacidad del Estado. Para ello, es esencial comenzar a tomar medidas en algunas áreas prioritarias. El fortalecimiento del estado de derecho es un primer paso esencial. Otro es el incremento de la capacidad para la supervisión del poder ejecutivo por la legislatura. También debe atribuirse alta prioridad al robustecimiento del poder ejecutivo —en particular, la capacidad del gobierno central para formular políticas macroeconómicas y estratégicas y su sistema de incentivos para el suministro eficiente de los bienes públicos fundamentales. Es desalentador que, con algunas excepciones prometedoras (Botswana y, más recientemente, Uganda), los esfuerzos por mejorar la eficacia del Estado en la región de África se hayan limitado a la adopción de medidas marginales y a la promulgación de reformas que han quedado en papel mojado. Pero hay señales de que estos problemas se están abordando con seriedad. Los recientes programas de reforma prestan mucha más atención al fortalecimiento institucional, y la gestión macroeconómica está mejorando en un gran número de economías africanas.

Un importante factor que limita la reforma institucional sistémica del sector estatal en los países africanos es su costo, pero los fondos necesarios podrían obtenerse si se establecieran prioridades claras. Casi todos los países tendrán que reasignar fondos actualmente destinados a fines desacertados para elevar los sueldos reales en el sector público (en grado más que proporcional a los ahorros que puedan derivarse de una nueva contracción del gasto), aumentar los desembolsos para servicios sociales y realizar cuantiosas inversiones para mejorar la gestión, el readiestramiento y la responsabilidad del personal. Una reconstitución de la capacidad estatal de esta magnitud no puede alcanzarse sin asistencia internacional. Sin embargo, el grado excepcional de cooperación entre los gobiernos y los organismos externos ha creado una situación de dependencia respecto de esos organismos. Será preciso reexaminar además los tipos de asistencia y los incentivos que la misma genera con objeto de asegurar que se utilice para respaldar políticas coherentes y adoptadas tras un debate apropiado y que contribuya a fortalecer el marco general de incentivos en el sector estatal y fuera de éste. Para poner en marcha el proceso de reforma es preciso fijar prioridades e incluso establecer enclaves estratégicos, pero esto debe hacerse como parte de un plan cuidadosamente estructurado para ampliar y profundizar las reformas.

A fin de mejorar los servicios públicos y colectivos, será necesario forjar relaciones de asociación más estrechas con el sector privado y la sociedad civil. La creación de estas relaciones debe estimularse particularmente en los casos en que los vínculos entre el Estado y la sociedad civil están poco desarrollados.

Un acontecimiento reciente que resulta alentador es el número cada vez mayor de iniciativas comunitarias de autoayuda, sobre todo en las esferas de la enseñanza primaria, atención básica de salud y servicios locales, como eliminación de desechos. Estas iniciativas en muchos casos han surgido debido a que el Estado no proporcionaba los servicios en forma eficiente. Aunque casi nunca pueden llegar a reemplazar por completo a una administración pública que funcione debidamente, estas iniciativas constituyen un medio parcial para salir del actual marasmo. Dicho esto, resulta difícil imaginar cómo se podrá reformar la función del Estado e incrementar su capacidad en la mayoría de los países africanos sin los incentivos más enérgicos que también se recomiendan en este Informe: intensificación de las presiones competitivas, mayor atención a la opinión de la sociedad, mayor transparencia, y establecimiento de normas y limitaciones, en particular el imperio de la ley.

La situación es diferente en Asia. En los países de reciente industrialización de *Asia oriental,* en general se considera que el Estado es eficaz y mantiene relaciones productivas con el sector privado. Con pocas excepciones, la función del Estado se ha ajustado muy bien a su capacidad, lo que incrementa su eficacia. Mientras que en África los Estados autoritarios ineficaces han sido responsables directos del deterioro económico de la región, muchos países de Asia oriental han logrado un crecimiento notable (con algunas mejoras en materia de equidad) bajo regímenes autoritarios. Como se ha indicado en el capítulo anterior, el vínculo entre autoritarismo y deterioro económico, tan evidente en África, no existe en los países asiáticos, debido en gran parte a su firme empeño en promover un rápido crecimiento económico, una sólida capacidad administrativa y vínculos institucionalizados con las partes interesadas, como las empresas privadas, y a su capacidad de establecer las bases económicas y sociales: buena gestión de la economía, servicios básicos de educación y de salud e infraestructura.

En Asia oriental, un factor decisivo para mantener la pujanza de la economía será la capacidad del Estado para adaptarse ante los nuevos e importantes desafíos que se le presentan. Al mismo tiempo, será esencial que los países adopten medidas para modernizar su administración pública y lograr una descentralización eficaz.

Pero toda la región de Asia oriental se encuentra ante nuevos e importantes retos relacionados con el papel y el funcionamiento del Estado. China y Viet Nam, las economías en transición de la región, se esfuerzan por redefinir la función del Estado en los sectores empresarial y financiero. Ambos países han compaginado un rápido crecimiento con el mantenimiento de un sector de empresas públicas muy considerable, aunque aquejado de una creciente fragilidad financiera. En estas economías se debate también constantemente cuál es la posible función de una política industrial intervencionista como medio de orientar la inversión. Ahora bien, las condiciones de estas dos economías parecen ser muy diferentes de las del Japón y la República de Corea en las primeras etapas de su industrialización (Capítulo 4).

En toda esta región siguen coexistiendo sustanciales sistemas de captación de rentas económicas (derivadas de monopolios o restricciones legales, o del tráfico de influencias y la corrupción) con un sector privado muy dinámico y con intereses internacionales. La tolerancia de estos sistemas probablemente está disminuyendo, como indican las recientes campañas contra la corrupción llevadas a cabo en China, Corea y Viet Nam. Además, es posible que, debido a la mayor competencia internacional, los sectores protegidos ineficientes no puedan sostenerse a costa de los otros sectores dinámicos y eficientes, ni en Japón, ni en Corea, ni en las economías emergentes.

La conclusión que se deduce de todo ello es que, en gran parte de Asia oriental, se requerirá una modernización más profunda para crear una sólida normativa que apoye la competencia y, en los países en que persista la acción gubernamental, mecanismos para asegurar una mayor transparencia y responsabilidad. Para las perspectivas de desarrollo a largo plazo de estos países, será particularmente importante lograr una mayor eficiencia en el financiamiento y ejecución de los servicios de infraestructura en asociación con el sector privado. Si bien en Asia oriental están en marcha muchos proyectos de gran envergadura, la región tiene que agilizar el establecimiento de la normativa necesaria para generar competencia, ordenar el proceso de contratación y reglamentar los monopolios.

Al mismo tiempo, en muchas sociedades de Asia oriental probablemente se precisará una mayor actuación del Estado en nuevas esferas. A título de ejemplo cabe citar el establecimiento de mecanismos formales, como planes de seguro social y de salud, que contribuyan a atender los nuevos riesgos de los individuos y los hogares en unas sociedades cada vez más urbanizadas y con una población de edad más avanzada, y la adopción de medidas más enérgicas de protección ambiental. Se necesitarán medidas públicas también para llegar a los que se han quedado a la zaga del rápido desarrollo, por ejemplo, la población rural de algunas provincias del interior de China, la población relativamente más pobre de la zona oriental de Indonesia y, en algunos países, las minorías étnicas. También podrían necesitarse nuevos mecanismos para abordar la creciente desigualdad existente, por ejemplo, en China, Malasia y Tailandia.

Por último, muchos países de la región necesitan establecer instituciones gubernamentales básicas más eficaces (siguiendo las indicaciones del Capítulo 5) y luchar contra el problema de la corrupción (Capítulo 6). El desarrollo institucional es prioritario para los países con una administración pública relativamente débil (Indonesia, por ejemplo) y en que la capacidad tradicional del Estado ha sufrido algún menoscabo (como en Filipinas y Tailandia). También se precisan urgentemente esfuerzos para mejorar la capacidad burocrática en los niveles inferiores de gobierno de países como China, Filipinas, Indonesia y Viet Nam, en los que la descentralización de algunas funciones gubernamentales ha puesto el poder en manos de funcionarios menos competentes y ha incrementado el riesgo de que los gobiernos locales queden a merced de intereses especiales (Capítulo 7).

Las circunstancias son distintas en Asia meridional; en muchos países de la región la ineficiencia y corrupción del Estado han coexistido con una administración pública relativamente competente y eficaz, aunque su calidad ha sufrido una disminución apreciable.

En *Asia meridional* también existe un desajuste entre la función del Estado y su capacidad. El problema en esta región no es que la capacidad estatal haya sido históricamente débil, como en África. Lo que ocurre es que el Estado ha adoptado programas excesivamente intervencionistas que estaban muy por encima de su capacidad. Esto ha tenido efectos negativos en el desarrollo y, con el tiempo, también ha dado lugar a la contracción de la capacidad estatal. Ahora es necesario reformular la función del Estado para acomodarla a su capacidad actual, impedir que siga disminuyendo y después incrementarla.

El problema principal en Asia meridional es la reglamentación excesiva y el acaparamiento de demasiadas actividades por el Estado, lo que a la vez es causa y efecto del número desmesurado de empleados públicos y constituye la ruta más segura hacia la corrupción. Como se ha destacado en el Capítulo 4, la simplificación del régimen normativo y la reforma de las empresas públicas, con la consiguiente contracción del papel del Estado, es una tarea compleja y políticamente difícil. Pero esas medidas incrementan la eficiencia de la economía, intensifican las presiones competitivas, reducen la corrupción y producen importantes ahorros fiscales. Es imprescindible también establecer relaciones de asociación más sólidas con los círculos comerciales y la sociedad civil y prestar más atención a sus puntos de vista para así contar con una información más cabal y complementar la capacidad del Estado.

La injerencia política generalizada es otra importante barrera que obstaculiza la eficacia del Estado en muchos países de la región. Como se ha mencionado en el Capítulo 5, en la India la capacidad burocrática se ve mermada, además de por la legendaria maraña de trámites administrativos innecesarios, por el hecho de que la autonomía de sus competentes funcionarios públicos está muy limitada en la práctica (no obstante la protección que la ley les brinda contra la injerencia en sus acciones individuales), debido a las frecuentes transferencias de personal y otras disposiciones, en muchos casos por motivos políticos.

En el Pakistán, poderosos grupos comerciales e intereses feudales ejercen presiones crecientes sobre el aparato del Estado. Más recientemente, el deterioro consiguiente de la autoridad y eficacia del Estado ha dado lugar a tentativas de reformar el propio mecanismo estatal. También en este caso la existencia de una administración pública competente, así como de una judicatura muy activa, permite albergar la esperanza de que la reforma no sólo es posible sino que realmente tendrá lugar. Los recientes acontecimientos políticos ocurridos en Bangladesh han creado asimismo las condiciones necesarias para comenzar a abordar el problema de la pérdida de autoridad y eficiencia del Estado basándose en los pilares constituidos por el firme compromiso político de alto nivel, la participación popular y la descentralización, todo ello respaldado por los competentes y profesionales miembros de la administración pública. En otros países de la región están surgiendo oportunidades semejantes de mejorar la función gubernamental y racionalizar la administración pública.

Ya se han mencionado las considerables diferencias entre los países de todas las regiones, por lo que las generalizaciones regionales sólo son útiles como primera aproximación. Esto es particularmente cierto en lo que respecta a los países de *Europa central y oriental (ECO)* y los de la *Comunidad de Estados Independientes (CEI),* actualmente en fase de transición del sistema de planificación central. Existen además amplias diferencias entre estos dos grupos de países. Aunque ambos deben hacer frente al desafío común de la transformación económica y política —y, por ende, de una reorientación radical de las actividades estatales—, los países de la CEI (con excepción de Rusia) se encuentran ante el doble reto, sin precedentes históricos, de tener que proceder a la transformación económica *y* a la constitución del Estado. Estos países no han tenido un gobierno central en varias generaciones y no han sido entes políticos independientes, con sus actuales fronteras, desde hace siglos (o nunca, en la mayoría de los casos).

El problema de introducir un sistema de gobierno más eficaz en estas economías en transición es, en un sentido, más fácil y, en otro, más difícil que en la mayor parte de las economías en desarrollo —y, en cualquier caso, muy diferente. La primera parte de la estrategia en dos etapas, es decir, acomodar la función a la capacidad, es decisiva, pero especialmente difícil en una situación en que tanto la función como la capacidad cambian con rapidez. El alcance del deterioro de la capacidad varía enormemente: se encuentran islas de gran progreso en medio de un mar de eficacia decreciente y de enormes problemas de gobierno básico. En este contexto, para ajustar la función a la capacidad no basta con ocuparse de las realidades básicas. Y no porque que éstas no tengan importancia decisiva —sin ellas, el camino hacia la economía de mercado será muy vacilante. Pero lo que estos países tienen que hacer es resolver esos problemas básicos y, simultáneamente, mantener los logros aislados conseguidos a lo largo del tiempo y ofrecer a la población los mecanismos de protección social a que está acostumbrada. Dadas las capacidades intrínsecas de una población con alto nivel de instrucción y socialmente consciente, la tarea de reconstruir la capacidad estatal —segunda parte de la estrategia— consiste aquí, más que en ningún otro lugar, en cambiar los incentivos y la cultura de la burocracia. El tiempo necesario para conseguir la transición dependerá del ritmo con que se introduzca esa reorientación.

La reorientación del Estado hacia una función de "señalar el rumbo, no remar" dista de haberse terminado en los países de Europa central y oriental. Pero la mayoría de estos países han avanzado hacia la reformulación de la función del Estado, y han iniciado el proceso de incrementar su capacidad y responsabilidad.

No es sorprendente, pues, que las mejoras en la eficacia del Estado hayan sido más perceptibles en los países de Europa central y oriental, particularmente en Hungría, Polonia y la República Checa. Gran parte de este progreso se logró gracias a la rapidísima reformulación de la función del Estado, o sea, el primer elemento de la doble estrategia. Sin embargo, en los países de la región sudoriental de Europa el progreso ha sido mucho menor, tanto en lo que respecta a la reforma de las políticas como a la administración pública.

En particular, varios países de Europa central y oriental han logrado avanzar hacia el establecimiento de sistemas competitivos de suministro de servicios y hacia una considerable ampliación de la función del sector privado (en las esferas de educación y atención de la salud, entre otras). Las asociaciones profesionales autónomas también están empezando a prosperar en estos países, hecho que abre buenas perspectivas para la creación de capacidad institucional fuera del sector gubernamental (necesaria para ayudar a poner en práctica las reformas) y para la reconstitución del patrimonio social. Con el respaldo de la Unión Europea, ha sido posible alcanzar además importantes avances en la reforma y simplificación del sistema normativo. En los países de Europa sudoriental, el progreso en todas estas áreas también ha sido en general mucho más lento. El problema no estriba tanto en la ausencia de consenso acerca de la conveniencia de estas reformas como en la grave falta de capacidad estatal para formularlas y orientarlas, situación que, en algunos países, se ve complicada por la inestabilidad política.

La escasa capacidad del Estado en las antiguas repúblicas soviéticas es un obstáculo grave y creciente que impide su progreso en casi todas las esferas de la política económica y social.

La reorientación del Estado está dando todavía sus primeros pasos en los países de la CEI, en los que además han surgido varios problemas graves. A diferencia de lo sucedido en los países de ECO, en la CEI todavía no se ha definido claramente la nueva función del Estado. Incluso en los casos en que en principio existe una definición clara de esa función, en la práctica la escasa capacidad a nivel central hace que resulte sumamente difícil plasmarla en realidad. En casi todos los países la estructura institucional básica requerida para asegurar la eficacia del Estado es todavía débil. Ante todo, existe el problema fundamental del insuficiente grado de responsabilidad del poder ejecutivo respecto de la legislatura en la mayoría de los países de la CEI. Durante los primeros años del decenio de 1990, en la mayoría de los nuevos países el parlamento era la única institución que poseía alguna legitimidad tras el colapso de la Unión Soviética. Hubo incluso casos de injerencia excesiva por parte de la legislatura en las actividades habituales del poder ejecutivo (problema que todavía persiste en Ucrania). Pero, actualmente, en casi todos estos países hay un poder ejecutivo dominante y una débil supervisión legislativa.

Además de la necesidad de incrementar la responsabilidad del poder ejecutivo, la mayoría de los países de la CEI experimentan otros tres problemas. Estos no sólo acarrean enormes costos económicos sino que además llevan a una corrupción generalizada. La existencia de esta lacra, repudiada con razón en casi toda la región, fue confirmada por los resultados de la encuesta de empresas comerciales privadas realizada para este Informe. El primer problema es la debilidad y la lentitud del sistema judicial, que constituye un gran obstáculo para la reforma y para la actividad económica. Como es bien sabido, la deficiente aplicación de la ley y los inadecuados procedimientos judiciales han permitido un aumento sin precedentes de la delincuencia organizada. El segundo, la ausencia de una delimitación clara entre los derechos de propiedad públicos y privados, que ha dado lugar a sistemas masivos de captación de rentas en el marco de los cuales los funcionarios a menudo utilizan los bienes públicos, incluidos los de las empresas privadas, para su propio provecho. El tercero, una normativa opaca y todavía enormemente compleja que ha favorecido la corrupción en toda la gama de relaciones entre los sectores público y privado.

A fin de mejorar el funcionamiento del Estado y fomentar la recuperación económica en toda la región, evidentemente es esencial contar con asistencia y estímulo del exterior para incrementar el grado de responsabilidad del poder ejecutivo ante la legislatura; fortalecer la capacidad de supervisión del poder legislativo; agilizar y reforzar el sistema judicial; aclarar los derechos de propiedad y asegurar la gestión responsable y vigilancia de los bienes públicos; proceder a una simplificación radical de la normativa y avanzar rápidamente hacia la adopción de normas concretas en sustitución de las medidas discrecionales y, finalmente, aunque no en orden de importancia, poner coto a la actuación de los elementos criminales y romper sus vínculos con el sector público.

En la mayoría de los países de la CEI ha brillado por su ausencia una genuina reforma administrativa destinada a ampliar la capacidad burocrática. La dotación de personal del gobierno central suele ser baja y, aunque los funcionarios gubernamentales en muchos casos tienen un alto nivel de instrucción y poseen buenos conocimientos técnicos, carecen de la formación requerida para ocuparse de la administración en una economía no dirigida. Además, no cuentan con los suministros y recursos básicos necesarios, y su remuneración es muy baja. No es sorprendente que durante la primera etapa del proceso de transformación económica la atención y los recursos financieros se centraran en actividades apremiantes como la privatización, la reforma de los sistemas de precios y de cambios, y el establecimiento de un cierto grado de control fiscal y monetario. Pero tampoco es sorprendente que la fase siguiente de ese proceso, la adopción de reformas que exigen medidas administrativas decisivas e inequívocas, se vea ahora gravemente entorpecida por la ausencia de los mecanismos y los funcionarios y recursos gubernamentales que se precisan para la implantación de esas reformas.

La función del Estado en la región de *América Latina y el Caribe* ha experimentado en el pasado decenio profundos cambios provocados por la crisis fiscal y las crecientes expectativas derivadas del restablecimiento de la democracia y el surgimiento de la sociedad civil. A causa de las presiones competitivas producidas por la globalización, es cada vez más apremiante que los gobiernos privaticen o contraten las actividades en las que no poseen una ventaja comparativa, y que incrementen su eficacia y eficiencia en la producción de bienes públicos.

Ahora bien, aunque varios países de la región han aplicado con éxito la primera etapa del proceso de reforma, el progreso ha sido más lento en la segunda, en la que el cambio institucional es de vital importancia. Por ejemplo, la reforma de la administración pública y de los servicios sociales se está demorando debido a las limitaciones políticas y los intereses creados. La reforma en estas esferas (que se inició recientemente en la Argentina y unos cuantos otros países) no puede realizarse en forma aislada, sino que debe inscribirse en un proceso más amplio de descentralización de la administración política y la gestión financiera, que ya está en marcha en muchos países.

Los gobiernos de América Latina están replanteando su concepción de la lucha contra la pobreza, aspecto particularmente importante en una región en que la distribución del ingreso es muy desigual.

Varios países latinoamericanos que ya habían implantado importantes reformas económicas y estructurales ahora han creado fondos de inversión social para ayudar a los grupos más pobres de la sociedad. En un plano más amplio, algunos gobiernos de la región han sufrido la quiebra de planes estatales de pensiones muy poco equitativos basados en el sistema de reparto. Chile privatizó su sistema en 1981, reduciendo así la función del gobierno a la reglamentación; otros países (por ejemplo, Argentina y Colombia) tienen ambos tipos de sistemas. Un tercer grupo de países está empezando a estudiar la manera de reformar sus sistemas de pensiones. Sin embargo, para que América Latina pueda competir con Asia oriental, los países de la región deberán poner más empeño en mejorar las condiciones sociales y de esa manera complementar las reformas básicas ya emprendidas en el plano económico.

En América Latina es prioritario robustecer la capacidad institucional del Estado, esfera en la que ya están en marcha algunas importantes iniciativas. Los Estados, tanto unitarios como federales, han optado por la descentralización, sobre todo con objeto de mejorar la prestación de servicios. Han procedido a la transferencia de la autoridad y responsabilidad en lo que respecta a los ingresos y los gastos, aunque en muchos casos inicialmente ha habido desajustes. Para los países con sistemas federales, como Argentina y Brasil, que tienen un legado de endeudamiento excesivo de los gobiernos locales y cuyas bancas estatales o provinciales no son fuertes, el incremento de la capacidad institucional a nivel provincial y local plantea un importante desafío. No obstante, hay muchos ejemplos de reformas de los gobiernos locales llevadas a cabo con éxito en épocas de crisis (por ejemplo, mediante asociaciones entre entidades públicas y privadas); en estos casos, dinámicos dirigentes locales emprendieron y lograron aplicar reformas cuya magnitud se ajustaba a las posibilidades existentes.

La descentralización del poder y del gasto, aunada a la democratización, ha dado lugar en América Latina a una drástica transformación del panorama político local, calificada por algunos de "revolución silenciosa". En la región está surgiendo un nuevo modelo de gobierno.

Las etapas iniciales del proceso local de reforma en América Latina, que abarcaron aproximadamente el período de 1983–90, sentaron las bases para un entorno institucional que ha alentado la aparición de una nueva generación de candidatos a cargos públicos, más profesionales y reformistas que sus predecesores. Los dirigentes de decenas de ciudades se han visto atraídos por la ineludible lógica de la participación popular como medio natural de conocer los deseos de los votantes. Esta misma lógica ha llevado al fortalecimiento de los vínculos fiscales entre gobierno y gobernados, y ha puesto más de relieve la relación existente entre las obras públicas y las mejoras de los servicios que desean los miembros de la comunidad y los pagos que, según las autoridades, éstos deben hacer para asegurar la recuperación de los costos. Por ejemplo, muchos gobiernos locales condicionan la implantación de mejoras al cobro de cargos a los usuarios o de impuestos sobre la plusvalía, o acuden a la celebración de referendos. En los modelos tradicionales de gobierno se considera este intercambio —el pago de los bienes y servicios proporcionados— como algo axiomático. Pero en América Latina y el Caribe cuatro decenios de sistemas centralizados terminaron con este pacto implícito de confianza, y los bajos niveles de recuperación de costos y de recaudación de ingresos tributarios son sólo dos de las consecuencias de este hecho. La principal característica del nuevo modelo de gobierno, que encierra prometedoras perspectivas para el futuro, es el restablecimiento en el nivel local de este importantísimo vínculo fiscal.

Los gobiernos también están tomando medidas para incrementar la apertura de su gestión, lo que refleja la existencia de una sociedad civil más activa (medios de comunicación pública, centros de reflexión privados, organizaciones no gubernamentales) que reclama una mayor participación en el proceso de adopción de decisiones; esta tendencia es particularmente notable en los países del Caribe miembros del Commonwealth, donde se ha plasmado en cartas de derechos de los ciudadanos (Jamaica, por ejemplo). En países como Colombia se está procurando formular indicadores del desempeño (economía, eficiencia, eficacia, calidad de los servicios, actuación financiera), para hacer a los administradores del sector público y los políticos más responsables de sus actos.

Los sistemas judiciales de la mayoría de los países latinoamericanos adolecen de importantes deficiencias, corrupción generalizada e injerencia política. A fin de que las nuevas estructuras legislativas e institucionales sean eficaces, es necesario que el poder judicial funcione en forma eficiente y equitativa. Entre las esferas en que se necesitan reformas, ya iniciadas en algunos países (entre ellos Bolivia, Ecuador, Trinidad y Tabago y Venezuela), cabe mencionar la formación jurídica, la administración de los tribunales y programación de los casos, y el régimen procesal, incluida la creación de métodos alternativos de resolución de diferencias fuera del sistema judicial. También es preciso fortalecer el sistema de justicia criminal para aliviar el creciente problema de delincuencia y violencia, que en la región está parcialmente vinculado al narcotráfico.

En el Oriente Medio y Norte de África el desempleo es con mucho el problema económico y social más importante, por lo que resulta particularmente difícil reducir las dimensiones del sector estatal.

Los países de la región de *Oriente Medio y Norte de África* otorgaron al Estado enormes atribuciones en la gestión de la economía en los años sesenta y setenta. Últimamente han reducido en cierta medida la función del Estado, pero todavía queda mucho por hacer a ese respecto en el sector gubernamental y en el de empresas estatales. Además, no ha habido una contracción proporcional del numeroso cuerpo de funcionarios creado en esos países durante el período mencionado. Con pocas excepciones (Túnez es una de ellas), la reglamentación es excesiva, como lo es también la participación del Estado en la actividad económica, y el suministro de servicios es ineficiente.

En muchos casos escasean los funcionarios públicos capacitados, y los servicios públicos son con frecuencia insuficientes. Una reglamentación excesiva ha producido la multiplicación innecesaria de los funcionarios públicos, frecuente injerencia en la actividad económica privada y una corrupción muy generalizada. Es poco lo que se ha hecho en pro de la racionalización de las empresas y el mejoramiento de la eficiencia del Estado. Además, con el tiempo se ha atrofiado progresivamente la capacidad de cambio del sistema. Los conflictos regionales también han distraído la atención de la reforma del sector estatal, pero gracias a la terminación de la guerra fría y de la guerra del Golfo y al cambio de actitudes producido por el proceso de paz, los gobiernos de la región han comenzado a prestar más atención a este problema.

Lo primero que tendrá que hacer la mayoría de los países de la región es evitar un mayor crecimiento del empleo en el gobierno central y proceder a la liberalización de la economía. Algunos países ya han comenzado a tomar medidas en este sentido. En la región de Oriente Medio y Norte de África las dificultades políticas y sociales relacionadas con la reforma son considerables, pero no insuperables, por lo que una posible estrategia sería la descentralización de ciertos servicios para incrementar la responsabilidad y responder mejor a las necesidades de la población y concentrarse en una reforma selectiva de las empresas estatales, al mismo tiempo que se prepara el terreno para una reforma estatal más ambiciosa.

Los países de la *Organización de Cooperación y Desarrollo Económicos (OCDE)*, en los que en general la capacidad del Estado es alta, están desplegando esfuerzos para mejorar su eficacia. En parte como consecuencia de la globalización y el avance tecnológico, se están produciendo cambios que crearán mayores oportunidades en muchos de los países de la OCDE para la colaboración del gobierno con el sector privado y la sociedad civil, particularmente en las áreas de la seguridad y la asistencia social.

Algunas de las reformas más profundas del Estado en todo el mundo han tenido lugar en los países de la OCDE, impulsadas sobre todo por el alto costo de la acción gubernamental y por el deseo de la población de obtener más por los fondos que aporta. Todavía es demasiado pronto para poder hacer una evaluación definitiva de la mayor parte de estos esfuerzos. Ahora bien, la profunda insatisfacción que hay en estos países respecto de la eficacia del Estado permite pensar que continuarán y deberán continuar los esfuerzos por incrementar la eficacia de la acción gubernamental y elevar la calidad de los servicios públicos.

Incluso la adopción de medidas de pequeña envergadura puede contribuir mucho a mejorar la eficacia del Estado, lo que permitiría elevar los niveles de vida y crear oportunidades para nuevas reformas. El desafío estriba en saber tomar medidas de pequeña envergadura que puedan generar un círculo virtuoso.

La doble estrategia descrita en este Informe constituye sólo un marco general para los múltiples y diversos programas de reforma que se aplican en todo el mundo. De la misma manera, la asistencia internacional para la reforma del Estado no debe conformarse con proponer una solución única para todos ni acomodarse a las preferencias de los donantes, relegando a un segundo plano las necesidades de los países receptores. Esta asistencia debe fundamentarse en un análisis más certero de cada caso y de la inserción de las reformas en el proceso más amplio de cambio político y social del país respectivo.

El componente institucional es un aspecto importante de las reformas examinadas en este Informe, y su aplicación requerirá tiempo. Durante los últimos 20 años se ensayaron soluciones rápidas y sencillas para incrementar la capacidad del Estado, pero los resultados fueron limitados. Estos esfuerzos se han concentrado en gran medida en la capacitación, la formación profesional y la importación de sistemas técnicos. No se ha prestado mucha atención a los incentivos que se derivan de las presiones competitivas, las relaciones de asociación y la transparencia, así como de los sistemas basados en normas establecidas. A su vez, la precipitación en la implantación de las reformas puede crear nuevos riesgos: las reformas pueden verse bloqueadas por aquellos que probablemente saldrán perdiendo con el cambio, y además siempre existe el peligro de que lleven a la fragmentación y produzcan un vacío institucional.

La cooperación internacional y la descentralización son tendencias potencialmente positivas, pues crean oportunidades para mejorar la acción colectiva internacional y el suministro de bienes públicos locales. En realidad, estas dos tendencias se refuerzan mutuamente. Pero sólo producirán beneficios si se evitan los posibles riesgos. La cooperación internacional sólo dará resultados positivos si los países consideran que la integración global redundará en su beneficio. Y para que esto suceda será necesario abordar con inteligencia los riesgos e incertidumbres de la globalización —para los hogares, los trabajadores, los pobres y los grupos vulnerables. También se precisará una cuidadosa gestión de la descentralización para evitar que los costos, como la pérdida de control macroeconómico y el aumento de las desigualdades regionales, sean mayores que los beneficios.

En el pasado parecía evidente que las demoras en la implantación de reformas sólo se traducían en el aplazamiento del crecimiento, que cuando se desaprovechaba una oportunidad de reforma el único costo era, en el peor de los casos, la continuación del estancamiento. Pero la mejor comprensión del efecto multiplicador que puede tener la disminución de la eficacia y credibilidad del Estado —y la resistencia a la reforma—, unida a los ejemplos de desplome de diversos Estados como consecuencia de esta espiral descendente, permite pensar que los costos son mucho mayores. Si los gobiernos no pueden agarrar el toro por las astas, procediendo a incrementar su eficacia y revitalizando las instituciones públicas, es posible que en algunos países las perspectivas para el mejoramiento de la economía y el bienestar social sean muy sombrías.

La proximidad del siglo XXI es una promesa de cambio y un motivo de esperanza. En un mundo caracterizado por vertiginosas transformaciones de los mercados, las sociedades civiles y las fuerzas mundiales, se está presionando a los Estados para que incrementen su eficacia, pero su ritmo de cambio todavía no es lo bastante rápido para poder mantenerse a la par de esas transformaciones. No hay un modelo único para el cambio, y las reformas a menudo se implantarán con lentitud debido a que exigen un replanteamiento fundamental de las funciones de las distintas instituciones y de la interacción entre los ciudadanos y el Estado. En este Informe se ha puesto de manifiesto que la reforma de las instituciones estatales es un proceso largo, difícil y políticamente delicado. Pero, si bien es cierto que ahora tenemos una idea más cabal de la magnitud del desafío que representa la reforma, también lo es que somos mucho más conscientes de los costos que podría tener el dejar las cosas como están.

NOTA TÉCNICA

Panorama general

Los datos del *Gráfico 1* son en precios nacionales corrientes. Los datos sobre los países de la OCDE se han tomado de Tanzi y Schuknecht, 1995, con actualizaciones de la OCDE, diversas ediciones. Los países incluidos son Alemania, Austria, Bélgica, España, Estados Unidos, Francia, Italia, Japón, Noruega, Países Bajos, Reino Unido, Suecia y Suiza. Los datos sobre los países en desarrollo proceden de FMI, diversas ediciones b). Entre los países en desarrollo se incluyen los de ingreso bajo y mediano, de acuerdo con la definición del Banco Mundial; los países incluidos varían a lo largo del período.

Los índices regionales del panel izquierdo del *Recuadro 2* provienen de promedios de índices de credibilidad de los países de la región. En lo que respecta a la elaboración del índice de credibilidad, véanse la sección titulada "Encuesta del sector privado", más adelante, y los documentos de antecedentes de Brunetti, Kisunko y Weder.

Los otros dos paneles del Recuadro 2 se basan en las regresiones que se presentan en el Cuadro NT1. En la regresión del crecimiento del PIB se aplica el método de la variable instrumental y se utiliza el índice Freedom House de derechos políticos (Freedom House Index of Political Rights, Freedom House, varios números) como instrumento para medir el nivel de credibilidad. Los resultados de la regresión relativa al coeficiente inversión-PIB se expresan en mínimos cuadrados ordinarios. El índice de credibilidad se ha tomado del documento de antecedentes de Brunetti, Kisunko y Weder a). El índice se ha normalizado de manera tal que el nivel correspondiente a los países de ingreso alto de la OCDE es igual a uno. El resto de las variables proviene del documento de antecedentes de Commander, Davoodi y Lee.

La metodología empleada para crear los dos paneles de la derecha del Recuadro 2 es la que se utiliza habitualmente en los análisis de regresión múltiple y, salvo indicación en contrario, la que se ha empleado en todo el Informe. La altura de la barra vertical asociada a la categoría media es el valor de la variable dependiente obtenida al evaluar la regresión estimada en la media muestral de todos los términos de la derecha (por ejemplo, la constante, la credibilidad, el ingreso inicial, la educación inicial y la distorsión de las políticas, en el Cuadro NT1). La altura de las otras dos barras representa los valores de la variable dependiente obtenidos al evaluar la regresión estimada en la media muestral de todas las variables situadas a mano derecha, con excepción de la variable pertinente (en el Cuadro NT1, la credibilidad), que se evalúa con una unidad de desviación estándar por encima de la media muestral para la categoría superior y con una desviación estándar por debajo de la media muestral para la categoría inferior.

En los gráficos en que figura un diagrama de barras basado en una correlación simple (por ejemplo, el panel superior izquierdo del Gráfico 3 del Panorama general), salvo indicación en contrario se utiliza la siguiente metodología: Los países incluidos en la muestra se clasifican de acuerdo con sus valores en relación con la variable del eje horizontal. Los niveles alto, mediano y bajo se definen de la siguiente manera: el nivel "mediano" abarca los países donde la distancia de la media muestral es igual o inferior a una unidad de desviación estándar, y la altura de la barra representa el promedio para esos países. El resto de los países, es decir, los situados en los extremos superior e inferior, pertenecen a los niveles alto y bajo, respectivamente, y la altura de la barra representa también el promedio de los países situados en esa categoría.

El panel superior izquierdo del *Gráfico 3* se basa en una correlación simple entre el índice de distorsión de las políticas (promedios correspondientes al período 1984–93) y un índice de corrupción (datos de 1996). El coeficiente de correlación es 0,53 con un estadístico-t de 3,79. El índice de distorsión de las políticas se ha tomado del documento

Cuadro NT1 Regresiones del crecimiento y la inversión con respecto al nivel de credibilidad y otras variables

Variable independiente	Coeficiente de regresión Crecimiento del PIB per cápita (método de variables instrumentales)	Coeficiente inversión-PIB (método de los mínimos cuadrados ordinarios)
Constante	−9,550** (4,14)	−36,841*** (9,03)
Nivel de credibilidad (0 = mínimo, 1 = máximo)	13,44** (6,34)	17,54** (7,53)
Logaritmo del PIB per cápita inicial	−0,048 (0,77)	5,025** (1,43)
Logaritmo del promedio de años de escolaridad iniciales	−0,255 (0,85)	−1,109 (1,85)
Distorsión de las políticas	−0,256 (0,64)	0,628 (1,51)
R^2 ajustado	0,264	0,674
Número de observaciones	33	33

*** Significativo al 1%.
** Significativo al 5%.
Nota: Los números entre paréntesis son errores típicos.

Cuadro NT2 Regresión relativa al nivel de corrupción con respecto a la previsibilidad del poder judicial y la delincuencia y el robo

Variable independiente	Coeficiente de regresión
Constante	−7,63*** (0,703)
Previsibilidad del poder judicial	−0,59*** (0,10)
Logaritmo del PIB per cápita inicial en 1990	−0,51*** (0,162)
Logaritmo de la matrícula en la escuela secundaria en 1990	0,39 (0,185)**
R^2 ajustado	0,603
Número de observaciones	59

*** Significativo al 1%.
Nota: Los números entre paréntesis son errores típicos. La estimación se hizo mediante el método de los mínimos cuadrados ordinarios.

de antecedentes de Commander, Davoodi y Lee. A los valores más altos del índice corresponde una mayor distorsión de las políticas. El índice de corrupción se ha tomado de la encuesta del sector privado realizada para este Informe (véase más adelante). Véase la parte de esta Nota técnica correspondiente al Gráfico 5, donde se explica la preparación del índice de distorsión de las políticas.

El panel superior derecho del Gráfico 3 se basa en una regresión —presentada en el Cuadro NT2— del índice de corrupción con respecto al índice de previsibilidad del poder judicial (cuanto más altos son los valores, mayor es la previsibilidad), controlando el PIB per cápita inicial y la educación (información proveniente de la base de datos del Banco Mundial). Los datos sobre el nivel de corrupción y previsibilidad del poder judicial se han tomado de la encuesta del sector privado (véase más adelante). La metodología estadística utilizada en la preparación de las barras es la que se describe en la parte de esta Nota técnica sobre el Cuadro 2.

El panel inferior izquierdo del Gráfico 3 proviene de una regresión presentada por Evans y Rauch, 1996. La variable dependiente es la corrupción, y los datos sobre ésta se han tomado de varios números de *International Country Risk Guide*, publicación de Political Risk Services, según la recopilación hecha por IRIS Center, Universidad de Maryland (véase además Keefer y Knack, 1995), y se han reajustado de modo que los valores más altos indiquen mayor corrupción. La regresión incluye una constante y, como variables independientes, el PIB real per cápita y un índice sobre contratación basada en el mérito. Cuanto más altos son los valores de este índice, mayor es la proporción de funcionarios de niveles superiores en los organismos económicos centrales que ingresaron en la administración pública tras realizar un examen oficial, y más elevada es la proporción de los funcionarios con títulos universitarios o de posgrado entre los que no habían pasado un examen oficial. La metodología estadística usada en la elaboración de las barras se describe en la parte de esta Nota técnica sobre el Recuadro 2.

En el panel inferior derecho del Gráfico 3 se indica, por un lado, la relación entre los salarios de la administración pública y los de la industria manufacturera y, por el otro, el índice de corrupción tomado de *International Country Risk Guide*. El coeficiente de correlación global es de 0,65, con un estadístico-*t* de 3,61. Los datos se han tomado del documento de antecedentes de Van Rijckeghem y Weder.

El coeficiente de correlación para los datos del *Gráfico 4* es −0,35, con un estadístico-*t* de −3,65.

El *Gráfico 5* se ha tomado del documento de antecedentes de Commander, Davoodi y Lee y se basa en una regresión realizada mediante el método de variables instrumentales, con el componente de interacción, que figura en el Cuadro NT3. Los datos provienen de fuentes del Banco

Cuadro NT3 Regresiones hechas mediante el método de los mínimos cuadrados ordinarios y de variables instrumentales, con el crecimiento del PIB per cápita como variable dependiente

Variable independiente	Método de los mínimos cuadrados ordinarios Sin componente de interacción	Método de los mínimos cuadrados ordinarios Con componente de interacción	Método de variables instrumentales Sin componente de interacción	Método de variables instrumentales Con componente de interacción
Constante	0,171***	0,161***	0,167***	0,136***
	(0,022)	(0,024)	(0,027)	(0,038)
Variable ficticia para el período 1974–83	–0,015***	–0,015***	–0,015***	–0,014***
	(0,003)	(0,003)	(0,004)	(0,004)
Variable ficticia para el período 1984–93	–0,017***	–0,016***	–0,017***	–0,016***
	(0,004)	(0,004)	(0,004)	(0,004)
PIB per cápita inicial	–0,019***	–0,019***	–0,021***	–0,021***
	(0,003)	(0,003)	(0,003)	(0,003)
Escolaridad inicial	0,003	0,003	0,003	0,003
	(0,003)	(0,003)	(0,003)	(0,003)
Crecimiento demográfico	–0,184	–0,209	–0,260	–0,304
	(0,192)	(0,192)	(0,204)	(0,203)
Coeficiente inversión-PIB	0,009***	0,009***	0,008**	0,007**
	(0,003)	(0,003)	(0,003)	(0,003)
Tamaño del sector público	–0,016***	–0,022***	–0,023***	–0,038***
	(0,004)	(0,008)	(0,008)	(0,015)
Capacidad institucional (0 = mínima, 1 = máxima)	0,017*	0,041	0,027***	0,085*
	(0,009)	(0,027)	(0,010)	(0,044)
Tamaño del sector público × Capacidad institucional		0,014		0,033
		(0,014)		(0,024)
Distorsión de las políticas	–0,006***	–0,006***	–0,005***	–0,005***
	(0,002)	(0,002)	(0,002)	(0,002)
Variaciones de la relación de intercambio	0,034	0,034	0,042	0,044
	(0,040)	(0,040)	(0,042)	(0,042)
Variable ficticia para América Latina	–0,017***	–0,017***	–0,015***	–0,015***
	(0,004)	(0,004)	(0,004)	(0,004)
Variable ficticia para África al sur del Sahara	–0,030***	–0,030***	–0,028***	–0,028***
	(0,006)	(0,006)	(0,006)	(0,006)
Variable ficticia para los países socialistas	–0,008	–0,008	–0,013**	–0,013**
	(0,006)	(0,006)	(0,005)	(0,005)
Número de observaciones	271	271	258	258
R^2	0,5196	0,5213	a	a

*** Significativo al 1%.
** Significativo al 5%.
* Significativo al 10%.

Nota: El crecimiento del PIB per cápita es a precios internacionales de 1985. Los errores típicos, corregidos para tener en cuenta la heteroscedasticidad, figuran entre paréntesis.
a. El R^2 no es un indicador apropiado de la precisión del ajuste en las regresiones realizadas mediante el método de la variable instrumental.

Mundial y de los cuadros con cifras mundiales de Summers-Heston (National Bureau of Economic Research, 1997). Las variables sobre el Estado son el logaritmo del PIB per cápita inicial a precios internacionales de 1985, el nivel de instrucción (determinado por el logaritmo del promedio de años de escolaridad de la población en edad de trabajar), la tasa de crecimiento demográfico y el logaritmo de la razón inversión-PIB a precios internacionales de 1985. Las variables de control incluyen el logaritmo de la razón consumo público-PIB (tamaño del sector público) a precios internacionales de 1985, un índice sobre distorsión de las políticas, un indicador sobre la calidad de la burocracia o la capacidad institucional, la variación porcentual media de la relación de intercambio y variables ficticias para los decenios y las regiones. La regresión con el componente de interacción es una estimación del efecto combinado del tamaño del sector público y la burocracia en el crecimiento del PIB per cápita.

La variable de capacidad institucional es un índice compuesto de indicadores sobre la eficacia del gobierno, tomado de Knack y Keefer, 1995 y de Mauro, 1995, entre otros. Esta evaluación se basa en las respuestas de inversionistas extranjeros a preguntas relacionadas con el volumen de trámites burocráticos vinculados a cada transacción, el marco normativo y el grado de autonomía frente a las presiones políticas. Aunque es probable que las respuestas de los inversionistas extranjeros estén sesgadas, estas series son las únicas evaluaciones en gran escala disponibles sobre la forma en que funcionan las burocracias estatales de varios países. Todas las respuestas se han reducido a una escala que va del cero al uno, en la cual las puntuaciones más altas indican burocracias más eficaces. El índice de distorsión de las políticas se ha obtenido mediante el análisis del componente principal de tres indicadores fundamentales: el grado de apertura de una economía (determinado por la razón comercio-PIB), el grado en que se ha sobrevaluado la moneda de un país (determinado por la prima del mercado negro sobre el tipo de cambio) y el alejamiento de los precios nacionales con respecto de los precios internacionales. Los valores más altos del índice indican una mayor distorsión de las políticas.

Los datos del Gráfico 5 se han agrupado en promedios decenales, que cubren los períodos 1964–73, 1974–83 y 1984–93. Las regresiones hechas mediante el método de los mínimos cuadrados ordinarios y las basadas en variables instrumentales pueden verse en el Cuadro NT3. Las estimaciones obtenidas a través de ambos métodos son muy similares; el análisis se centra en las estimaciones obtenidas mediante el método de variables instrumentales. Los instrumentos usados para calcular el índice de distorsión de las políticas y la razón inversión-PIB son sus propios valores desfasados correspondientes a los cinco años previos. El instrumento usado en la variable relativa al tamaño del sector público es la predicción derivada de la regresión con variables instrumentales sobre el tamaño del sector público presentada en el documento de antecedentes de Commander, Davoodi y Lee. Todas las demás variables de la regresión se han considerado "exógenas".

Todas las variables sobre el Estado presentan los signos previstos. El coeficiente sobre el ingreso inicial indica una tasa de convergencia condicional de 2,1% al año, que es similar al 2,6% señalado por Barro y Sala-i-Martin, 1995. La formación del capital humano, en función de los años de instrucción, tiene un efecto positivo sobre el crecimiento, aunque dicho efecto no es estadísticamente significativo. En cambio, la tasa de inversión tiene un efecto sumamente importante en el crecimiento. El crecimiento demográfico afecta negativamente el incremento del PIB per cápita, en tanto que la variable relativa a la relación de intercambio tiene un efecto positivo, si bien ambos efectos son insignificantes. El gasto del consumo público tiene un efecto claramente negativo y estadísticamente significativo. Un incremento del consumo público equivalente a una unidad de desviación estándar implica una disminución del 0,65% al año, que es similar al 0,7% señalado por Barro y Sala-i-Martin, 1995. La distorsión de las políticas también tiene un efecto claramente negativo en el crecimiento, que es significativo al 1%. Esto indica que las distorsiones de las políticas, medidas mediante el índice que aquí se utiliza, tendrán un efecto negativo previsible sobre el crecimiento. Sin embargo, la magnitud de ese efecto, determinada por el coeficiente sobre el componente de políticas (y controlando otras variables), no es muy grande, al menos en relación con la variable sobre el tamaño del sector público (0,5% por año). En cambio, la variable sobre capacidad institucional tiene un efecto considerable y positivo en el crecimiento. Igualmente, al relacionar el factor de consumo público con la variable de capacidad institucional —un intento por limitar los efectos producidos cuando ambas variables dan valores elevados simultáneamente— se obtiene un coeficiente positivo. Al evaluar el efecto del sector público en el crecimiento, el tamaño no es el único factor importante. Las políticas desacertadas, representadas por una moneda sobrevaluada y restricciones generalizadas al comercio, obstaculizan el crecimiento de un país, mientras que el buen gobierno puede tener un efecto positivo en el desempeño. Además, es evidente que, en general, en los países y regiones donde los resultados han sido menos positivos los tres indicadores son menos favorables. Aparentemente, los factores que cuentan son el tamaño del sector público y la calidad de las políticas e instituciones.

Capítulo 2

En el *Gráfico 2.2* se utilizan las estimaciones de la regresión del crecimiento obtenidas mediante el método de variables instrumentales indicadas en el documento de antecedentes de Commander, Davoodi y Lee para descomponer las fuentes de crecimiento económico en África al sur del Sahara y Asia oriental durante el período 1964–93. Estas fuentes (explicadas y sin explicar) se añaden secuencialmente al PIB per cápita en África al sur del Sahara en 1964.

Para una información más detallada sobre los dos paneles superiores del *Gráfico 2.4* véase la parte de esta Nota técnica sobre el Recuadro 2. El panel inferior del Gráfico 2.4 proviene de la regresión presentada en el Cuadro NT4. La variable dependiente son las tasas medias de rendimiento del país para una muestra de 312 proyectos de desarrollo financiados por el Banco Mundial. Se ha llevado a cabo la evaluación de los proyectos elegidos. La información está tomada de la base de datos del Departamento de Evaluación de Operaciones del Banco Mundial. Las variables independientes son la variación en la relación de intercambio durante el período 1984–93, el índice de distorsión de las políticas para el mismo período, y un índice sobre el nivel de credibilidad del gobierno. Las variables relativas a la relación de intercambio y la distorsión de las políticas (véase la nota anterior relativa al Gráfico 5) se han

Cuadro NT4 Regresión relativa a las tasas de rentabilidad de los proyectos financiados por el Banco Mundial con respecto al nivel de credibilidad y otras variables	
Variable independiente	Coeficiente de regresión
Constante	−7,080
	(12,87)
Nivel de credibilidad	35,55**
(0 = mínimo, 1 = máximo)	(16,18)
Variación de la relación de intercambio, 1984–93	8,078
	(31,07)
Distorsión de las políticas, 1984–93	2,481
	(2,76)
R^2 ajustado	0,088
Número de observaciones	30

**Estadísticamente significativo al 5%.
Nota: Los números que figuran entre paréntesis son errores típicos. La estimación se hizo mediante el método de los mínimos cuadrados ordinarios.

tomado del documento de antecedentes de Commander, Davoodi y Lee. Los datos sobre el nivel de credibilidad provienen de la encuesta del sector privado realizada para este Informe (véase "Encuesta del sector privado", más adelante). La regresión también incluye una constante.

Capítulo 3

Los datos del *Gráfico 3.8* son promedios simples de pensiones, prestaciones de desempleo y gastos de apoyo a las familias como porcentaje del PIB en 22 países de la OCDE. Las series correspondientes al período 1965–79 se han elaborado a partir de datos de OIT, diversas ediciones. Los datos del período 1980–93 se han tomado de OCDE, 1996.

Capítulo 5

En el *Gráfico 5.5*, la variable dependiente, que corresponde a un índice sobre capacidad burocrática, es la variable de evaluación de la eficacia de la burocracia a que se hace referencia en *International Country Risk Guide*, varios números, reajustada de manera que los valores más altos indiquen mayor eficiencia de la burocracia. Las variables independientes son el PIB per cápita inicial y el índice de meritocracia. La regresión incluye también un factor constante.

El coeficiente de correlación para los datos del *Gráfico 5.7* es −0,37 con un estadístico-t de −10,14. Los países representados son Botswana, Burkina Faso, Camerún, Chad, Egipto, Gabón, Gambia, Ghana, Kenya, Madagascar, Malawi, Marruecos, Mauricio, Mauritania, Nigeria, Rwanda, Senegal, Somalia, Sudán y Togo. La muestra cubre las variaciones de los salarios y el empleo a lo largo del tiempo y en los diferentes países. La variable de salarios es la relación entre el salario medio real del gobierno central y el PIB per cápita, ambos medidos en moneda nacional; la variable de empleo es la relación entre el empleo en el gobierno central y la población total. El empleo y los salarios nominales se han tomado de Kraay y Van Rijckeghem, 1995. El salario medio real se obtiene deflactando los salarios nominales totales por el producto del índice de precios al consumidor y el empleo. La población, el índice de precios al consumidor y el PIB real per cápita provienen de la base de datos del Banco Mundial.

Capítulo 6

El *Gráfico 6.1* está basado en los resultados de una regresión de varios países presentada en el Cuadro NT5. Los países incluidos y las definiciones de las variables relativas a la corrupción se indican más adelante en la sección "Encuesta del sector privado". La variable dependiente, es decir, el coeficiente inversión-PIB, es el promedio simple de la razón inversión bruta-PIB durante el período 1990–94. La previsibilidad de la corrupción es una combinación de la previsibilidad de los resultados y la cuantía del pago adicional exigido. La regresión controla el nivel inicial de educación (medido en función del logaritmo de la matrícula en escuelas secundarias en 1990), el ingreso inicial (logaritmo del PIB per cápita en 1990, medido en términos de paridad del poder adquisitivo) y la actual distorsión de las políticas. La variable sobre distorsión de las políticas se ha tomado del documento de antecedentes de

Cuadro NT5 Regresión de la razón inversión bruta-PIB con respecto al nivel y la previsibilidad de la corrupción y otras variables	
Variable independiente	Coeficiente de regresión
Constante	19,523
	(13,49)
Nivel de corrupción	−5,814**
	(2,23)
Previsibilidad de la corrupción	6,309**
	(2,62)
Logaritmo de la matrícula en la escuela secundaria en 1990	1,987
	(2,18)
Logaritmo del PIB per cápita inicial en 1990	−1,149
	(1,87)
Distorsión de las políticas	−1,959
	(1,46)
R^2 ajustado	0,24
Número de observaciones	39

**Significativo al 5%.
Nota: Los números que figuran entre paréntesis son errores típicos. La estimación se hizo mediante el método de los mínimos cuadrados ordinarios.

Commander, Davoodi y Lee (véase la parte de esta Nota técnica sobre el *Gráfico 5*). Los datos sobre inversión, educación e ingreso inicial provienen de fuentes del Banco Mundial. La metodología estadística usada es la misma que en el *Gráfico 5*. El nivel y previsibilidad de la corrupción son factores importantes para determinar la proporción de inversiones, y son significativos al 5%.

Capítulo 7

El índice de democracia del *Gráfico 7.1* se basa en datos de Polity III elaborados por Jaggers y Gurr, 1996; las agrupaciones regionales corresponden a las clasificaciones estándar del Banco Mundial. El índice se ha deducido de los indicadores "democracia institucionalizada" y "autocracia institucionalizada" para cada año entre 1800 y 1994, correspondientes a todos los países independientes que a comienzos del decenio de 1990 tenían una población superior a 500.000 habitantes (177 países en total). El índice se calcula substrayendo el segundo indicador del primero. Cada indicador tiene cinco componentes: competitividad de la participación en la política, reglamentación de la participación en la política, competitividad en la selección de los altos cargos apertura del proceso de selección de los altos cargos y limitaciones del poder del jefe de gobierno. Los componentes se clasifican de acuerdo con Jaggers y Gurr, 1995 (pág. 472). Ambos indicadores son aditivos en una escala de 11 puntos que va de 0 a 10. La ventaja de usar la diferencia entre los dos indicadores es que ésta revela un tipo de régimen dentro de un continuo político cuyos extremos son la democracia (+10) y la autocracia (–10). El índice de democracia está estrechamente correlacionado con el índice de Freedom House sobre derechos políticos y civiles (Freedom House, diversas ediciones), con coeficientes de correlación de 0,92 y 0,87, respectivamente, para el período 1973–94.

Los gráficos del *Recuadro 7.3* están basados en correlaciones simples y no se controlan otras características de las aldeas. Sin embargo, las relaciones subsisten aun cuando se controlen estas características. Los datos sobre el patrimonio social provienen de la encuesta sobre patrimonio social y pobreza (Social Capital and Poverty Survey, SCPS), que se realizó en las zonas rurales de Tanzanía en abril y mayo de 1995 dentro de un estudio participativo de mayor alcance sobre la pobreza realizado por el Banco Mundial. Los datos sobre gastos provienen de la misma fuente, aunque esa parte del estudio abarcó los hogares en sólo 53 de los 87 grupos. El índice sobre patrimonio social a nivel de aldeas es el número medio de agrupaciones (iglesias, agrupaciones de mujeres, agrupaciones de agricultores) al que pertenecían los entrevistados, multiplicado por un índice de las características medias de estos grupos en tres planos: la heterogeneidad en el parentesco, la heterogeneidad en el ingreso y el funcionamiento de los grupos. Los datos sobre la calidad de las escuelas provienen de la encuesta sobre desarrollo de los recursos humanos (Human Resource Development Survey, HRDS), realizada en Tanzanía en 1993, que, a nivel de grupos, puede hacerse corresponder con los 87 grupos de la SCPS. El índice sobre la calidad de las escuelas es un promedio de grupos obtenido mediante las respuestas de los entrevistados a preguntas sobre la importancia relativa de cinco características de las escuelas y su evaluación de la calidad de su escuela local en relación con esas cinco características. La HRDS fue una encuesta de alcance nacional realizada en 5.000 hogares de Tanzanía. Se trató de un esfuerzo conjunto realizado por el Departamento de Economía de la Universidad de Dar es Salam, el Gobierno de Tanzanía y el Banco Mundial y financiado por el Banco Mundial, el Gobierno del Japón y la Agencia Británica de Desarrollo de Ultramar. Véase Ferreira y Griffen, 1995.

Capítulo 9

El *Gráfico 9.2* está basado en la regresión hecha mediante el método de mínimos cuadrados generalizados presentada en el Cuadro NT6. La regresión refleja los efectos de las condiciones iniciales y las variables institucionales, demográficas y económicas del gasto social.

La variable dependiente es el gasto público en pensiones, desempleo y asistencia para la familia como proporción del PIB (véase la parte de esta Nota técnica sobre el

Cuadro NT6 Regresión sobre el gasto social con respecto a la estructura constitucional y otras variables

Variable independiente	Coeficiente de regresión	Error típico
Constante	–6,37	4,229
Estructura constitucional	4,40	2,189**
Envejecimiento	0,583	0,082***
Tasa de desempleo	0,361	0,029***
Tipo de gobierno	0,227	0,063***
Eficiencia de la burocracia	1,76	0,521***
PIB per cápita $\times 10^4$	0,94	0,495*
Ideología del gobierno	–0,04	0,045
Tasa de inflación	0,01	0,017
Número de niños $\times 10^8$	2,37	4,09
Primer año del programa	–0,006	0,039
Índice de Gini	–0,004	0,109
R^2	0,63	
Número de observaciones	365	

*** Significativo al 1%.
** Significativo al 5%.
* Significativo al 10%.
Nota: La estimación se hizo mediante el método de los mínimos cuadrados ordinarios. El R^2 no tiene todas las propiedades del R^2 basado en el método de los mínimos cuadrados ordinarios.

Gráfico 3.8). Las condiciones iniciales se reflejan en el índice de Gini inicial de distribución del ingreso (Deininger y Squire, 1996) y el tiempo transcurrido desde el inicio del programa de protección social en cada país (Departamento de Salud y Servicios Humanos de los Estados Unidos 1994). Las variables institucionales incluyen un indicador de eficiencia burocrática (capacidad institucional, del documento de antecedentes de Commander, Davoodi y Lee) y tres indicadores del entorno político. Las puntuaciones más altas indican mayor eficiencia. Aunque es más probable que las burocracias eficientes frenen el fraude y el abuso, también lo es que otorguen prestaciones a todos los beneficiarios que reúnen los requisitos. Por consiguiente, el signo del coeficiente de la variable sobre eficiencia de la burocracia depende de la importancia relativa de estos dos efectos. Un coeficiente positivo denota que los gobiernos más eficientes ofrecen una gama más amplia de prestaciones sociales. Los indicadores sobre el clima político abarcan la estructura constitucional, el tipo de gobierno y la orientación ideológica del poder legislativo (los datos sobre los últimos dos factores se han tomado de Alesina y Perotti, 1995). Como medida de la estructura constitucional se utiliza la capacidad otorgada por la constitución a las minorías y los grupos de interés para obstaculizar o vetar la legislación social. Los valores más altos del índice revelan menor capacidad de obstruccionismo. Un coeficiente positivo indica que en los países en que el poder de veto es limitado son mayores las probabilidades de que se amplíen las prestaciones sociales. Se identifican seis tipos de gobierno, desde el sistema de partido único hasta el sistema con minorías de varios partidos. La orientación ideológica se clasifica en derecha, centro-derecha, centro, centro-izquierda e izquierda. En el caso de los tipos de gobierno, un coeficiente positivo significa que los gobiernos de partido único son menos propensos a adoptar políticas expansionistas; en el caso de la orientación ideológica, dicho coeficiente indica que los gobiernos de izquierda son más propensos a adoptar ese tipo de políticas. El porcentaje de población mayor de 65 años (envejecimiento), el número de niños de 14 años o menos, la tasa de desempleo, el PIB real per cápita y la inflación se han tomado de la base de datos sobre indicadores sociales del Banco Mundial; OCDE, diversas ediciones; OIT, 1986 y 1994; FMI, diversas ediciones b) y la base de datos económicos y sociales del Banco Mundial. Se prevé que las variables sobre la población anciana y la tasa de inflación sean positivas. Finalmente, cuanto más rico es un país, mayor es el gasto en bienestar social. Este efecto se refleja en un coeficiente positivo del PIB real per cápita.

Una nueva variable, "el gasto social medio residual", se determina substrayendo, del promedio de la muestra del gasto social, el factor constante de la regresión y el siguiente factor: (coeficiente x promedio de la muestra de las variables independientes no significativas con un nivel del 10% o inferior). La contribución de cada variable al gasto social se obtiene multiplicando el coeficiente estimado correspondiente a cada variable por el promedio de la muestra de esa variable y dividiendo el resultado por el gasto social medio residual. El desglose señalado del gasto social se mantiene aun cuando se retengan únicamente las variables de la regresión que eran estadísticamente significativas con un nivel del 10% o superior.

El cálculo aproximado para la reducción de las distorsiones resultantes de la reforma tributaria en el Pakistán se basa en el denominado triángulo de Harberger. La ecuación de pérdida de eficiencia (DWL) es la siguiente:

$$DWL = (0,5) \times (t^2) \times (1-t)^{-1} \times \varepsilon_T \times TI$$

donde:

t = tasa impositiva
ε_T = elasticidad de la demanda compensada
TI = ingreso imponible.

La tasa impositiva anterior a la reforma utilizada es el 60% y la tasa posterior el 30%. La elasticidad de la demanda compensada aquí utilizada es 0,5%, la misma que en Feldstein, 1995. El coeficiente relevante ingreso imponible-PIB es 7,22%. Según estas cifras, se estima que la reducción de la pérdida de eficiencia (antes de la reforma menos después de la reforma) asociada a una reforma sin repercusiones sobre el ingreso es de un 1,4% del PIB.

Encuesta del sector privado

El por qué de esta encuesta

En muchos estudios se señala de forma incidental el daño causado al desarrollo del sector privado por la incertidumbre reinante sobre las leyes, políticas y reglamentos. Como ejemplos cabe citar los de De Soto, 1989, sobre los problemas relativos a las empresas del sector no estructurado en el Perú; la descripción de Klitgaard, 1990 sobre las incertidumbres vinculadas a las operaciones económicas en Guinea Ecuatorial, y el análisis de Borner, Brunetti y Weder, 1995 sobre la incertidumbre institucional en Nicaragua.

Sin embargo, no ha sido fácil encontrar datos para este tipo de análisis. La encuesta del sector privado realizada para este Informe tuvo como objetivo llenar este vacío mediante el establecimiento de una serie de datos comparables a nivel internacional, que abarque una amplia variedad de países y diferentes aspectos de la incertidumbre institucional, tal como la perciben los empresarios del sector privado.

El cuestionario de la encuesta

La primera parte del cuestionario contiene algunas preguntas sobre las características generales de la empresa encuestada. Se toman en cuenta cinco aspectos diferentes: tamaño (menos de 50 empleados, entre 50 y 200 empleados, o más de 200 empleados), tipo de actividad de la empresa (manufacturas, servicios, agricultura), lugar de la sede (la capital, otra ciudad importante, una ciudad pequeña o una zona rural), la presencia o ausencia de capital extranjero, y si la empresa exporta o no sus productos.

La parte más importante del cuestionario consiste en 25 preguntas de selección múltiple, agrupadas en cinco secciones, cada una con un tema central. Dichas secciones son las siguientes:

- *Previsibilidad de las leyes y políticas.* Estas preguntas tienen como objetivo evaluar la incertidumbre creada por el proceso legislativo.
- *Inestabilidad política y seguridad de la propiedad.* Esta sección se refiere a la incertidumbre que acompaña a los cambios constitucionales e inconstitucionales del poder ejecutivo.
- *Intersección Estado-empresas.* En el cuestionario se mencionan 15 áreas en que las empresas se ven afectadas por la intervención estatal y se pregunta a los encuestados en qué medida surgen obstáculos para la actividad comercial en cada una de estas áreas.
- *Aplicación de la ley y trabas burocráticas.* Se desea saber el nivel de corrupción y si la corrupción es un costo de transacción previsible o una fuente de incertidumbre. Uno de los problemas que surge al analizar las respuestas es que las empresas son reacias a admitir abiertamente que utilizan el soborno. Además, en el cuestionario se pregunta directamente si la incertidumbre vinculada al trato con el Estado ha obstaculizado los proyectos de inversión programados y qué porcentaje de su tiempo destina la administración superior a cumplir las prescripciones jurídicas.
- *Incertidumbre creada por la ineficiencia del gobierno en la prestación de servicios.* Con estas preguntas se intenta determinar si el Estado presta ciertos servicios básicos como el correo, la atención de salud, los servicios telefónicos y la red vial, y en qué medida es eficiente dicho suministro.

Ejecución y resultados

Originalmente, el cuestionario se redactó en inglés. Sin embargo, para distribuirlo en todo el mundo fue necesario traducirlo al alemán, español, francés, portugués y ruso. Siempre que fue posible, los cuestionarios se distribuyeron en uno de estos idiomas o en inglés. Sin embargo, en algunos casos hubo que traducir el texto para un solo país. Esto se hizo en Albania, Bulgaria, Hungría, Italia, Polonia, la República Checa, la República Eslovaca y Turquía.

La encuesta tuvo lugar entre agosto de 1996 y enero de 1997. En ella participaron los 69 países que se mencionan a continuación. *Países industriales*: Alemania, Austria, Canadá, España, Estados Unidos, Francia, Irlanda, Italia, Portugal, Suiza y Reino Unido. *Asia meridional y Asia sudoriental:* Fiji, India y Malasia. *Oriente Medio y Norte de África*: Jordania, Marruecos y la Ribera Occidental y Gaza. *Europa central y oriental*: Albania, Bulgaria, Estonia, Hungría, Letonia, Lituania, Macedonia, Polonia, República Checa, República Eslovaca y Turquía. *América Latina y el Caribe*: Bolivia, Colombia, Costa Rica, Ecuador, Jamaica, México, Paraguay, Perú y Venezuela. *África al sur del Sahara*: Benin, Camerún, Chad, Congo, Côte d'Ivoire, Ghana, Guinea, Guinea-Bissau, Kenya, Madagascar, Malawi, Malí, Mauricio, Mozambique, Nigeria, Senegal, Sudáfrica, Tanzanía, Togo, Uganda, Zambia y Zimbabwe. *Comunidad de Estados Independientes:* Armenia, Azerbaiyán, Belarús, Georgia, Kazakstán, Moldova, República Kirguisa, Rusia, Ucrania y Uzbekistán.

La encuesta incluyó empresas de diversos tamaños, zonas geográficas y tipos de actividad, con y sin participación de capital extranjero. Los cuestionarios se enviaron por correo, cuando fue posible, si bien en los países en que el sistema de correo es poco fiable se entregaron en mano. En el Cuadro NT7 se presentan detalles sobre la proporción de cuestionarios respondidos. Habida cuenta de los bajos resultados obtenidos en encuestas por correo anteriores, el elevado número de respuestas de países en desarrollo recibidas en este caso (30%) constituyó un logro notable. Ello puede atribuirse a dos factores, a saber, que la encuesta abarcó temas de gran trascendencia para los empresarios locales y que fue patrocinada por una organización internacional de gran prestigio en los países en desarrollo.

Debido a las limitaciones presupuestarias y de tiempo, en algunos países las empresas que respondieron a la encuesta no constituyeron una muestra aleatoria de las que recibieron los cuestionarios. En otros países, las condiciones políticas y económicas limitaron la cobertura geográfica. En promedio, sin embargo, se cumplió el objetivo fijado de 50 respuestas por país.

Casi la mitad de las empresas eran pequeñas (menos de 50 empleados); el resto se dividió de manera más o menos equilibrada en las dos categorías de empresa de mayor tamaño. Se procuró incluir empresas representativas de una amplia variedad de lugares geográficos en cada país. Alrededor de la mitad de las empresas que respondieron están ubicadas en la capital de la nación. No obstante, es alentador que en casi la cuarta parte de los casos la administración de las empresas estuviera situada en una ciudad pequeña o una zona rural.

Sin embargo, los resultados globales revelan importantes diferencias dentro de cada país. La proporción de empresas situadas en la capital oscila entre un 100% y un 0%. Estas divergencias pueden deberse a la distribución de las empresas privadas. En algunas de las ex repúblicas de la Unión Soviética, más de la mitad de las empresas registra-

Cuadro NT7 Respuesta a la encuesta del sector privado, por región

Región o grupo	Número de países incluidos en la encuesta	Número de empresas encuestadas	Número de cuestionarios devueltos			
			Promedio	Mediano	Mínimo	Máximo
Países industriales	11	254	23	20	14	56
Asia meridional y sudoriental	3	139	46	45	41	53
Oriente Medio y Norte de África	3	109	36	42	15	52
ECO	11	771	70	70	46	114
América Latina y el Caribe	9	474	53	47	17	87
África al sur del Sahara	22	1.288	59	48	13	124
CEI	10	650	65	62	31	91
Total de los países en desarrollo	58	3.431	59	51	13	124
Total general	69	3.685	53	50	13	124

das se encuentran en la capital. En otros países, la situación socioeconómica y política limitó la distribución del cuestionario en las zonas más remotas. En algunos países, la poca fiabilidad del servicio de correo hizo inviable la distribución y oportuna devolución de los cuestionarios en las zonas remotas.

Los sectores de servicios y manufacturas estuvieron representados de manera más o menos similar entre los encuestados, aunque las empresas agrícolas que respondieron fueron relativamente pocas. Esto se debe a que más de las tres cuartas partes de las empresas encuestadas tenían su sede en una capital u otra ciudad importante, donde hay pocas empresas agrícolas.

En lo que respecta a la participación del capital extranjero y el acceso a los mercados extranjeros la representación de las empresas fue bastante pareja. Las dos terceras partes de las empresas encuestadas señalaron que no contaban con la participación de capitales extranjeros. Por consiguiente, estos resultados difieren de los obtenidos en el pasado mediante evaluaciones subjetivas del entorno para las inversiones en los países, que han tenido en cuenta únicamente las impresiones de las empresas multinacionales.

Elaboración del indicador de credibilidad
El indicador de credibilidad se concibió con el deseo de disponer de un índice amplio de la fiabilidad del marco institucional desde el punto de vista de los empresarios privados. Abarca varias fuentes de incertidumbre en la interacción del gobierno con el sector privado y los resume en un indicador global. El índice de credibilidad es la media aritmética de las respuestas medias a cinco subindicadores, que luego se normaliza de tal manera que el índice para los países de ingreso alto de la OCDE sea igual a uno:

- *Previsibilidad del proceso de elaboración de normas,* es decir, hasta qué punto los empresarios deben afrontar cambios imprevistos de las normas y políticas, prevén que el gobierno mantenga las principales políticas anunciadas, reciben información sobre los cambios en las normas y tienen la oportunidad de expresar sus inquietudes cuando los cambios previstos repercuten en sus actividades comerciales.
- *Percepción subjetiva de la inestabilidad política,* es decir, si se estima que los cambios en el gobierno (constitucionales e inconstitucionales) son acompañados por acontecimientos inesperados de gran alcance en materia de políticas, que podrían tener profundas consecuencias para el sector privado.
- *Seguridad de las personas y la propiedad,* es decir, si los empresarios confían en que las autoridades los protegerán y protegerán su propiedad frente a actos delictivos, y si el robo y otros tipos de criminalidad presentan un problema grave para la actividad comercial.
- *Previsibilidad de los mecanismos judiciales,* es decir, la incertidumbre creada cuando el poder judicial aplica arbitrariamente la ley y si esa incertidumbre constituye un problema para las operaciones comerciales.
- *Corrupción,* es decir, si es frecuente que los empresarios privados tengan que efectuar pagos adicionales extraordinarios para que las cosas funcionen.

NOTA BIBLIOGRÁFICA

En la preparación de este informe se ha utilizado una gran variedad de documentos del Banco Mundial y numerosas fuentes externas. Las fuentes del Banco Mundial comprenden tanto investigaciones en curso como estudios económicos y sectoriales de países y proyectos. Estas y otras obras se enumeran, ordenadas alfabéticamente por nombre de autor u organización, en dos grupos: los documentos de antecedentes encargados para este Informe y una bibliografía. En los documentos de antecedentes, algunos de los cuales se publicarán en la serie de documentos de trabajo sobre investigaciones relativas a políticas de desarrollo y el resto a través de la oficina a cargo de la preparación del Informe sobre el desarrollo mundial, se resumen las publicaciones y los estudios del Banco sobre este tema. Las opiniones que en ellos se expresan no son necesariamente las del Banco Mundial, ni las que se exponen en este Informe.

Además de las fuentes principales que aquí se mencionan, se ha podido contar con el valioso asesoramiento y orientación de muchas personas, tanto del Banco como ajenas a la institución. Merecen especial agradecimiento Gregory Ingram, Arturo Israel, Ravi Kanbur y Michael Walton. Caroline Anstey y Hans Jurgen Gruss ayudaron a reunir información y realizaron consultas en numerosas fuentes. Se han recibido también valiosas observaciones y contribuciones de Sri-Ram Aiyer, Mark Baird, Shahid Javed Burki, Uri Dadush, Partha Dasgupta, Gloria Davis, Shanta Devarajan, Mamadou Dia, Jessica Einhorn, Gunnar Eskeland, Francisco Ferreira, César Gaviria, Roger Grawe, Jeffrey Hammer, Ricardo Haussman, Enrique Iglesias, Edmundo Jarquin, Robert Klitgaard, Geoff Lamb, Moises Naím, Gobind Nankani, John Nellis, Richard Newfarmer, Guillermo Perry, Guy Pfeffermann, Robert Picciotto, Boris Pleskovic, Stephen Pursey, Sarath Rajapatirana, Malcolm Rowat, Salvatore Schiavo-Campo, Nemat Shafik, Ibrahim Shihata, Mary Shirley, I. J. Singh, Andrew Steer, Nicholas Stern, Maurice Strong, Roger Sullivan, Vinod Thomas, Jacques van der Gaag, Paulo Vieira da Cunha, Steve Webb, Alan Winters y John Williamson. Bruce Ross-Larson, Meta de Coquereaumont, Paul Holtz y Alison Strong proporcionaron valioso asesoramiento y asistencia en varias etapas de la redacción. En el apartado de reconocimientos por capítulos se enumeran las contribuciones más valiosas correspondientes a cada uno de ellos.

La encuesta sobre las empresas del sector privado, realizada especialmente para este Informe, fue posible gracias a la asistencia y cooperación del personal del servicio de operaciones del Banco Mundial. Merecen nuestro especial agradecimiento los coordinadores de la encuesta en las vicepresidencias regionales, así como los representantes residentes y el personal de las misiones residentes en los países participantes.

En la preparación del Informe se realizó un gran número de consultas. En particular, quisiéramos agradecer su asistencia en la preparación de las reuniones consultivas a las siguientes organizaciones: Research Institute for Development Assistance; Fondo de Cooperación Económica a Ultramar, Tokio; Ministerio de Cooperación de Alemania; Ministerio de Relaciones Exteriores de Noruega; North-South Institute, Ottawa; National Council for Applied Economic Research, Nueva Delhi; African Economic Research Consortium, Nairobi; Administración de Desarrollo de Ultramar, Londres; Coalición Mundial para África, Addis Abeba, e InterAction, Washington, D.C.

Quisiéramos expresar nuestro reconocimiento a las siguientes personas: *en Tokio:* Yuan Gangming, Kaoru Hayashi, Mr. Hisatake, Naoko Ishii, Shigeru Ishikawa, Shinichi Jin, Yutaka Kosai, Isao Kubota, Toru Nakanishi, Nobutake Odano, Tetsuji Okazaki, Yoshio Okubo, Toru Shinotsuka, Masaki Shiratori, Akira Suehiro, Shigeki Tejima, Prof. Juro Teranishi y Yoshio Wada; *en Bruselas:* Dominique Bé, Brunet Bernard, Noel Coghlan, P.

Defraigne, M. de Lange, L. de Richemont, Daniel Guyader, Maurice Guyader, Ditte Juul Jorgensen, Maral LeRoy, Françoise Moreau, L. R. Pench, Regine Roy, G. Tebbe, A. Tincani, J. Vignon y Rutger Wissels; *en el Reino Unido:* Mandeep Bains, Bill Baker, Richard Batley, Kate Bayliss, Sarah Bernard, Graham P. Chapman, Anne Coles, Paul Collier, Sean Collins, Rosalind Eyben, Mick Foster, Peter Grant, Mr. Greif, P. Holden, Tony Killick, Robert Lasiett, Andrew Leslie, Deborah McGurk, Dino Merotto, Mick Moore, Peter Mountfield, Rachel Phillipson, Trevor Robinson, Sally Taylor, Sandra Wallman, Jon Wilmsburst y Geoffrey Wood; *en Estocolmo:* Stefan Fölster, Jörgen Holmqvist, Erik Johnsson, Assar Lindbeck, Eva Lindström, Per Molander y Joakim Palme; *en Ferney-Voltaire (Francia):* Hans Engelberts, Elie Jouen y Mike Waghorne; *en Bonn:* Friedrich W. Bolay, Hans-Gert Braun, Hartmut Elsenhans, Ingrid Hoven, Ernst-J. Kerbusch, Elmar Kleiner, Gudrun Kochendörfer-Lucius, Rolf J. Langhammer, Hildegard Lingnau, Peter Molt, Sr. Preuss, Dirk Reinermann, Hans-Bernd Schäfer, Sr. Schröder, Christian Sigrist, Klaus Simon, Albrecht Stockmayer, Franz Thediek, Josef Thesing, Dr. Tittel-Gronefeld, Klemens van de Sand y Peter Wolf; *en París:* Sophie Bismut, Catherine Bourtembourg, Christian Chavagneux, Jean Coussy, Maximin Emagna, Bénédicte Etien, Ulrich Hiemenz, Etienne Le Roy, Turkia Ould-Daddah, Michel Pipelier y Jean Pisani Ferry; *en una reunión de representantes de ONG en Londres:* Graham Bray, Joji Carino, Marcus Colchester, Harriet Goodman, Andrew Gray, Caroline Harper, Rob Lake, Christine Lippai, Brendon Martin, Arthur Neame, Henry Northover, Helen O'Connell, Robin Poulton, Mohammed Sulliman, Sabjit Tohal, Kitty Warnock, Alex Wilks, Christian Wisskirchen y Jessica Woodroffe; *en la Comisión Europea:* Roderick Abbott, Christoph Bail, Chris Boyd, Gunther Burghardt, Carlos Camino, Jim Cloos, Robert Coleman, Carlos Costa, Pierre Defraigne, Xavier de Larnaudie-Eiffel, Joly Dixon, Michael Green, Alexander Italianer, Horst Krenzler, Ed Kronenburg, François Lamoureux, Rene Leray, Jean-François Marchipont, Stefano Micossi, Agne Pantelouri, Bernard Petit, Juan Prat, Giovanni Ravasio, Alexander Schaub, Steffen Smidt, Michel van den Abeele, Robert Verrue, Jerome Vignon, Heinrich von Moltke y Jorg Wenzel; *en la Universidad de Georgetown, Washington, D.C.:* Daniel Brumberg, Marsha Darling, Bruce Douglas, Steven King, Carol Lancaster, Marilyn McMorrow, Dennis McNamara, Gwendolyn Mikell, Howard Schaeffer y Dan Unger; *en el Washington College of Law, American University:* Claudia Martin y Rochas Pronk; *en una reunión del Banco Mundial con representantes de ONG:* Peter Bachrach, Deborah Brautigam, Jim Cox, George Devendorf, Jack Downey, Justin Forsyth, Jo Marie Griesgraber, Wendy Grzywacz, Kari Hamerschlag, Carola Kaps, Meg Kinghorn, Michael Kronthal, Carolyn Long, Claudia Martin, Carmen Monico, Joe Muwonge, Gabriel Negatu, Michal Nehrbass, Carolyn Reynolds, Mildred Robbins Leet, Bruce Robinson, Berta Romero, James Rosen, Frances Seymour, Gmakahn Sherman, Carla Simon, Andrea Soccobo, Julia Taft, Nicolas van de Walle, Nick Vanedwaild y Chuck Woolery; *en El Cairo:* Ismail Sabry Abdallah, Mamdouh El Beltagy, Ahmed Galal, Abdel Fattah El Gebalyl, Mohamed El Sayed Selim, Mohamed Aboul Enein, Samiha Fawzy, Ahmed Gweily, Heba Handoussa, Taher Helmy, Mohamed Mahmoud El Imam, Mohamed Lofty Mansour, Omar Mohanna, Mohamed Ozalp, Ghada Ragab, Yasser Sobhi, Arvind Subramanian, Fouad Sultan y El Sayed Yasseen; *en Oslo:* Ole Winkler Andersen, Christian Friis Bach, Ingrid Braenden, Adne Cappelen, Arne Disch, Thorvald Grung Moe, Tor Halvorsen, Trond Folke Lindberg, Desmond McNeill, Lars Mjoset, Frode Neergaard, Poul Engberg Pedersen, Erik Reinert, Reiulf Steen, Astri Suhrke y Lars Udsholt; *en los Países Bajos:* M. Bienefelt, K. Blekxtoon, J. de Groot, L. de Maat, K. Doornhof, J. Enneking, J. Faber, H. Gobes, A. C. M. Hamer, J. P. Ramaker, F. Roos, G. Storm, R. J. Tjeerdsma, A. van't Veer, F. Ph. M. van der Kraaji, G. van Dijk, G. J. J. M. van Empel, F. D. van Loon, L. van Maare, A. van Raverstein y M. van Wier; *en Bélgica:* Guido Dumon, Dany Ghekiere, Luc Hubloue, Thomas Lievens y Guy Schorochoff; *en la Organización Mundial de la Salud:* D. Bettcher, A. Moncayo, S. Sapirie, J. Tulloch, J. Visschedijk y Derek Yach; *en la Oficina del Alto Comisionado de las Naciones Unidas para los Refugiados:* Jamal Benomar y Eric Morris; *en Addis Abeba:* los miembros del Comité Económico de la Coalición Mundial para África; *en la Ribera Occidental y Gaza:* Samir Abdallah, Hatem Halawani, Nabil Kassis, Ali Mahmoud Khadr, Mohammad Zuhdi Nashashibi, Yousif Nasser y Mohammad Shtayyeh; *en una reunión en Cancún (México):* José Afonso, Pedro Aguayo, Kenny Anthony, Nicolás Ardito-Barletta, Edgardo Boeninger, Juan Bour, Hernán Buchi, Rubén Carles, Alejandro Carrillo, Tarsicio Castañeda, Pelegrin Castillo, José Dagnino Pastore, Andrés Dauhajre, Diego de Figueiredo Moreira Neto, Alberto Díaz Cayeros, Haydee García, Rudolf Hommes, Tasso Jereissati, Arnoldo Jiménez, Eduardo Lizano, Thereza Lobo, Rolf Lüders, Gabriel Martínez, Néstor Martínez, Helen McBain, Ambler Moss, Marthe Muse, Arturo Núñez del Prado, Tomás Pastoriza, Ramón Piñango, Fernando Romero, Luis Rubio, Ricardo Samaniego, Cezley Sampson, Antonio Sancho, Enrique Vescovi y Eduardo Wiesner Durán; *en la India:* Swaminathan Aiyar, Yoginder Alagh, Surjit Bhalla, Onkar Goswani, R. N. Malhotra, Rakesh Mohan y Pai Panandikar; *en Berna:* Franz Blankart, Thomas Greminger, Beat Kappeler, Luzius Mader y Mathias Meyer; *en el African Economic Research Consortium:* Ibrahim Elbadawi y Benno Ndulu; *en Berlín:* Heinz Buhler, Alexander Friedrich, Götz Link, Theo Sommer y

Carl-Dieter Spranger; *en la Organización Internacional del Trabajo:* Katherine Hagen y Stanley Taylor; *en la Confederación Internacional de Organizaciones Sindicales Libres:* Gemma Adaba; *en el Canadá:* Isabella Bakker, Manfred Bienefeld, Jim Carruthers, G. Shabbir Cheema, Roy Culpeper, Nasir Islam, Devesh Kapur, Bahman Kia, Peter Larson, Caroline Pestieau y Alison Van Rooy, *en Addis Abeba:* Addis Anteneh, Tedenekialesh Assfaw, Asrat Bekele, Befekadu Degefe, Getachew Demeke, Tekalign Gedamu, Murtaza Jaffer, Rehenia Jingo-Kakonge, Teshome G. Mariam, Berhane Mewa, Gabriel Negatu, Florence Nekyon, Tom L. Torome y Kiffle Wodajo.

En relación con este proceso de consultas, tenemos una deuda especial de gratitud con Patricia Dufour, Tomoko Hirai, Mika Iwasaki, Ali Khadr, Geoff Lamb, S. Miyamura, Fayez Omar, Sudarshan Gooptu, Claudia Von Monbart, Spiros Voyadzis y con varios Directores Ejecutivos del Banco Mundial y sus equipos en Washington.

Capítulo 1
Tilly, 1990 presenta un análisis general audaz de la evolución del Estado durante los últimos mil años. El *Príncipe*, de Maquiavelo, y *Arthashastra*, de Kautiliya, son algunos de los textos clásicos sobre el Estado y su gestión (véase Kangle, 1965). Helm, 1989 analiza el desplazamiento de los límites del papel del Estado con posterioridad a 1945. Díaz Alejandro, 1988 examina los cambios en las tendencias en materia de desarrollo en América Latina. Tanzi y Schuknecht, 1995 hacen una evaluación actualizada sobre la eficacia del Estado. Banco Mundial, 1991b ofrece una visión global de paradigmas opuestos de desarrollo y de las diferentes funciones asignadas al Estado. Teranishi y Kosai, 1993 contiene un examen general de las políticas económicas japonesas. FMI, 1996 aporta una perspectiva general de los problemas de política fiscal que deben afrontar los países en desarrollo. En Stiglitz, 1994 se hace un análisis exhaustivo de los argumentos a favor de la intervención del Estado. En Mueller, 1989 puede verse un enfoque alternativo. El Recuadro 1.1 es una adaptación de Sills, 1968, Gould y Kolb, 1964 y Kuper y Kuper, 1996. El Recuadro 1.2 es un resumen de Stiglitz, 1996. El Recuadro 1.3 está basado en un documento de antecedentes preparado por Swaminathan Aiyar. El análisis histórico está inspirado en parte en contribuciones de Emma Rothschild y en un documento de antecedentes preparado por Aron, Elbadawi y Ndulu. El Recuadro 1.4 es un resumen de Stiglitz, 1986. Para el Cuadro 1.1 se han recibido valiosas aportaciones de Jeffrey Hammer.

Capítulo 2
Peter Knight aportó material para el Recuadro 2.1. El Gráfico 2.1 se ha tomado de Alston, 1996. Sobre la cuantificación del Estado, véanse Gemmell, 1993 y Lindauer, 1988. El estudio de Summers y Heston, 1991 es el documento clásico de referencia sobre los precios expresados en paridad del poder adquisitivo. El estudio empírico contenido en este capítulo se basa en el documento de antecedentes de Commander, Davoodi y Lee. Existen numerosas publicaciones sobre los factores que determinan el tamaño del sector público; véanse, entre otros, Borcherding, 1985; Buchanan, 1977; Courakis, Moura-Roque y Tridimas, 1993; Lybeck, 1986; Meltzer y Richard, 1981; Oxley, 1994; Peacock y Wiseman, 1961; Ram, 1987 y Rodrik 1996. Sobre los efectos del tamaño del sector público en el crecimiento y otros indicadores del bienestar, véanse Alesina y Perotti, 1995; Anand y Ravallion, 1993; Barro y Sala-i-Martin, 1995; Bosworth, Collins y Chen, 1995; Devarajan, Swaroop y Zou, 1996; Kormendi y Meguire, 1985; Landau, 1986; Ram, 1986 y Slemrod, 1995. Knack y Keefer, 1995 examinan expresamente el papel de las instituciones. Mauro, 1995 estudia los efectos de la corrupción sobre el crecimiento. El estudio sobre credibilidad está basado en Borner, Brunetti y Weder, 1995, y los resultados registrados provienen de una encuesta sobre la credibilidad, realizada para este Infome, que se describe en detalle en los documentos de antecedentes de Brunetti, Kisunko y Weder. El análisis general sobre las instituciones se basa en parte en North, 1990; Olson, 1996 y Dia, 1996. El estudio de la evolución de las ideas de los economistas sobre el crecimiento se basa en Barro y Sala-i-Martin, 1995, Solow, 1956, Dasgupta, 1995 y Drèze y Sen 1989.

Capítulo 3
Este capítulo ha contado con las valiosas contribuciones y recomendaciones de Richard Ball, Jeanine Braithwaite, Lionel Demery, Jeffrey Hammer, Estelle James, Emmanuel Jiménez, Maureen Lewis, Geoffrey Shepherd, Carlos Silva, Kalanidhi Subbarao y Dominique van de Walle.

El análisis sobre el crecimiento compartido se basa en Aoki, Murdoch y Okuno-Fujiwara, 1995 e Ishikawa, 1990. El Recuadro 3.2 está tomado de Guerrero, 1996. El análisis sobre la minería en Nevada es de Libecap, 1996. El material sobre el otorgamiento de títulos de propiedad fue facilitado por Klaus Deininger, con información adicional de Feder y Nishio, 1996. Berry y Levy, 1994 describen algunos de los sistemas de comercialización de las exportaciones usados por las empresas de Indonesia. El Recuadro 3.3 se basa en Stone, Levy y Paredes, 1996.

El análisis sobre la distorsión de los precios del sector agrícola en África contenido en la sección sobre el marco normativo está inspirado en Banco Mundial, 1994a. El estudio sobre los cambios en la forma en que los países en desarrollo movilizan ingresos tributarios se basa en información proporcionada por Vinaya Swaroop. En el análisis de los mecanismos para establecer credibilidad fiscal y monetaria se recurre a los documentos de antecedentes preparados por Alesina y Ball.

El análisis de las tendencias en materia de gasto público se basa en Hammer, 1997; Pradhan, 1996 y Banco Mundial, 1994c. El examen sobre los beneficios derivados del gasto público está basado en las contribuciones de Lionel Demery y los estudios de van de Walle y Nead, 1995. El análisis del papel histórico del sector privado está inspirado en Psacharopoulos y Nguyen, 1997 y van der Gaag, 1995. El Recuadro 3.6 se basa en van der Gaag, 1995.

El Recuadro 3.7 está basado en Coloma, 1996. El Recuadro 3.8 ha sido facilitado por Nisha Agrawal.

Capítulo 4
En la preparación de este capítulo se ha contado con valiosas contribuciones de Jean Aden, Gerard Caprio, Cheryl Gray, Luis Guasch, Robert Hahn, Gordon Hughes, Pablo Spiller y Andrew Stone. El Recuadro 4.1 es obra de Andrew Stone.

El análisis sobre privatización y liberalización se basa en gran medida en Galal y colaboradores, 1994; Banco Mundial, 1995c y el documento de antecedentes de Guasch y Hahn. En Lau y Song se describe la evolución de la propiedad pública y privada en la República de Corea y Taiwán (China).

El marco para el análisis de la reglamentación financiera, de los servicios y del medio ambiente se ha tomado en gran parte de Caprio, 1996; Levy y Spiller, 1994 y Afsah, Laplante y Wheeler, 1996, respectivamente. El análisis sobre supervisión bancaria se basa en gran medida en Polizatto, 1992. El Recuadro 4.3 se ha tomado de Sheng, 1992. El estudio del Banco Mundial sobre situaciones de insolvencia bancaria es Caprio y Klingebiel, 1996. La descripción del sistema de regulación de los topes de precios en el Reino Unido se basa en Spiller y Vogelsang, 1996. La información sobre reglamentación ambiental en los países industriales se ha tomado de Lovei y Weiss, 1996 y Rose-Ackerman, 1995. Las deficiencias de la reglamentación ambiental impuesta "desde arriba" se examinan en Margulis, 1996.

Stiglitz y Uy, 1996 exploran algunos de los métodos usados en Asia oriental para mantener la solvencia bancaria, y Saunders y Wilson, 1995 resumen algunas de las experiencias adquiridas en los países occidentales en materia de pasivo contingente en el sector bancario. Los análisis sobre reglamentación de las telecomunicaciones en Jamaica y Filipinas se han tomado de Spiller y Sampson, 1996 y Esfahani, 1996. El examen de los resultados obtenidos en Indonesia en materia de reglamentación ambiental se basa en Afsah, Laplante y Makarim, 1996. El Recuadro 4.5 se ha tomado del Programa de mejoramiento del medio ambiente en las grandes ciudades, 1996.

La sección sobre política industrial tiene como base Aoki, Murdoch y Okuno-Fujiwara, 1995; Ohno, 1996; Banco Mundial, 1993, Levy y colaboradores, 1994 y Humphrey y Schmitz, 1995. El Recuadro 4.6 es una adaptación de Okazaki, 1997. La experiencia de Filipinas en materia de proyectos con uso intensivo de capital se resume en Banco Mundial, 1987. En el documento de antecedentes de Lee se describen los resultados obtenidos en materia de infraestructura en la región de Cholla, en la República de Corea. Tendler, 1997 examina las adquisiciones públicas en el estado de Ceará (Brasil).

Capítulo 5
Este capítulo ha contado con las valiosas contribuciones, sugerencias y comentarios de Ladipo Adamolekun, Ed Campos, Migara da Silva, Giulio de Tommaso, Roger Grawe, Jeffrey Hammer, Malcolm Holmes, Arturo Israel, Klaus König, Alexander Kotchegura, Patricia Langan, Nicholas Manning, Ernesto May, Julie McLaughlin, Amitabha Mukherjee, Vikram Nehru, Chetana Neerchal, Barbara Nunberg, Gary Reid, Susan Rose-Ackerman, George Russell, Claude Salem, Salvatore Schiavo-Campo, Mary Shirley, Mike Stevens, Roger Sullivan, Jim Wesberry y David Wood.

Este capítulo se basa en los documentos de antecedentes de Campos y Pradhan y de Schiavo-Campo, de Tommaso y Mukherjee, y en notas de antecedentes preparadas por Nicholas Manning y Gary Reid. Mike Stevens contribuyó a la preparación del Recuadro 5.1. El Recuadro 5.2 se tomó de Campos y Pradhan, 1996. El análisis sobre la formulación de políticas como cerebro del gobierno se basa en Israel, 1990. El análisis sobre formulación de política en Polonia y Hungría se basa en Nunberg, de próxima aparición.

La sección sobre la prestación de servicios se basa en información facilitada por Nicholas Manning y en Israel, 1997. El Recuadro 5.3 se ha tomado de Banco Mundial, 1996c. El Recuadro 5.4 está basado en parte en van der Gaag, 1995 y en Heyneman, de próxima aparición. El Recuadro 5.5 está tomado de van der Gaag, 1995. El estudio sobre los contratos-plan con las empresas públicas es Banco Mundial, 1995c. La comparación de los sistemas de riego de la India y Corea se basa en Wade, 1994. En la sección sobre los controles financieros y de la gestión se utiliza información recibida de Gary Reid, Chetana Neerchal, George Russell y Jim Wesberry.

La sección sobre la formación de un personal capaz y motivado ha contado con amplias contribuciones de Barbara Nunberg. La relativa a la contratación y ascensos por méritos se basa en Evans, 1995 y Campos y Root, 1996. El Recuadro 5.6 se ha tomado de Nunberg, 1995. El análisis sobre remuneración y empleo, incluida la decompresión de los salarios en África, se basa en Lindauer y Nunberg, 1994; el estudio sobre la reducción de los salarios en el sector público se ha tomado de Haque y Sahay, 1996. El estudio sobre las iniciativas de refoma de la administración pública durante el período 1981-91 aparece en Banco Mundial, 1991a. El Recuadro 5.7 se ha tomado de Tendler, 1997.

Capítulo 6
Este capítulo se ha beneficiado de los valiosos aportes, recomendaciones y observaciones de Ladipo Adamolekun, Robert Bates, Ed Campos, María Dakolias, Matthew McCubbins, Elena Panaritis, Andrés Rigo Sureda, Susan Rose-Ackerman, Kenneth Shepsle, Mike Stevens, Andrew Stone y Douglas Webb.

La sección sobre el poder judicial se basa en el documento de antecedentes de Webb. El estudio sobre derechos de propiedad y la estabilidad del régimen es Clague y colaboradores, 1996. El Recuadro 6.1 es una aportación de Elena Panaritis. La sección sobre corrupción se basa en el documento de antecedentes de Rose-Ackerman. En el análisis de la previsibilidad de la corrupción se han tenido en cuenta las conversaciones mantenidas con Ed Campos. Los Recuadros 6.2, 6.3 y 6.4 son obra de Susan Rose-Ackerman, y están basados en Brett, 1993 y Ruzindana, 1995 (Recuadro 6.3) y Manion, 1996 y Quah, 1993 (Recuadro 6.4). Hay numerosos trabajos sobre la corrupción, entre ellos Klitgaard, 1988; Mauro, 1995; Rose-Ackerman, 1978 y Shleifer y Vishny, 1993.

Capítulo 7
Este capítulo ha contado con las valiosas contribuciones y observaciones de Junaid K. Ahmad, Dan Aronson, Katherine Bain, Ela Bhatt, Richard Bird, Tim Campbell, John Clark, Peter Evans, Marianne Fay, Deon Filmer, Ashraf Ghani, Jim Hicks, Michael Laver, Deepa Narayan, Vikram Nehru, Samuel Paul, Lant Pritchett, Lester Salamon, David Sewell, Anwar Shah, Jerry Silverman, Albrecht Stockmayer y David Wildasin.

La sección sobre consulta y participación se basa en gran medida en las ideas expuestas en Evans, 1996a y 1996b, Hirschman, 1970 y Montgomery, 1988. El Recuadro 7.1 se basa en Linz, Lipset, y Pool, sin fecha, Weaver y Dickens, 1995, y encuestas realizadas por Europinion, Bruselas, e *India Today,* 1996. La referencia a los mecanismos electorales en los sistemas parlamentarios y a la representación política de la mujer proviene de Lijphart, 1995. La sección sobre diversidad y representación se basa en el documento de antecedentes de Brautigam y una nota de antecedentes de Jalali. La distinción entre las ONG que prestan servicios, los organismos intermediarios y las asociaciones primarias se basa en Fisher, 1993 y Carroll, Schmidt, y Bebbington, 1996. La referencia a Umu-Itodo (Nigeria) se ha tomado de Francis y colaboradores, 1996. El Recuadro 7.3 se basa en Putnam, Leonardi, y Nanetti, 1993 y Narayan y Pritchett, 1997. El análisis sobre la importancia del patrimonio social para mejorar la gestión pública se basa en Evans, 1996a y 1996b.

El análisis de los mecanismos de participación está inspirado en Campos y Root, 1996; Paul, 1994; Picciotto, 1995 y Holmes y Krishna, 1996. La referencia a la evaluación por los usuarios del abastecimiento de agua en Baku (Azerbaiyán) se ha tomado de Banco Mundial, 1995a. El Recuadro 7.4 se basa en material proporcionado por Patricia Langan. Los datos contenidos en el Recuadro 7.5 se basan en Narayan, 1995 y en estudios empíricos posteriores de Isham, Narayan y Pritchett, 1995. El ejemplo de Recife (Brasil) se ha tomado de Orstrom, 1996, y el examen de las repercusiones sobre los organismos públicos y el entorno propicio está inspirado en Banco Mundial, 1996d y 1996f.

La sección sobre descentralización se basa en los estudios de Bennett, 1990; Campbell y Fuhr, de próxima aparición; Oates, 1972; Scharpf, 1994; Shah, 1994; Stiglitz, 1977 y 1996; Tanzi, 1995a; Wallich, 1994 e investigaciones del Banco Mundial dirigidas por Hans Binswanger y Anwar Shah. El Recuadro 7.2 se basa en contribuciones de Jeffrey Hammer. El Recuadro 7.6 ha sido preparado por Bill Dillinger y Vikram Nehru, y el Recuadro 7.7 por Anwar Shah. El Cuadro 7.4 es también obra de Anwar Shah. Los ejemplos sobre programas de descentralización en diferentes países se basan en Barzelay, 1991; Kanter, 1995; Villadsen y Lubanga, 1996 y en informaciones proporcionadas por Tim Campbell, Florence Eid, Armin Fidler, Vikram Nehru, Alcyone Saliba, Klaus Simon y Markus Steinich.

Capítulo 8
En este capítulo se utiliza en gran medida el marco establecido por Stiglitz, 1995. Los principios de cooperación voluntaria se han tomado de Lawrence, Bressant e Ito, 1996. La sección relativa al logro de una cooperación más eficaz se basa en Shihata, 1996. Hoekman, 1995 contiene valiosos documentos de referencia sobre la apertura de los mercados mundiales. El Recuadro 8.1 se basa en Hoekman, 1995 y *Financial Times,* 1996. En la sección sobre la investigación básica se utilizan las conclusiones presentadas por el Comité Especial de la OMS sobre Investigaciones Sanitarias relativas a Opciones de Intervención Futuras, 1996. El Recuadro 8.2 está basado en Pardey y colaboradores, 1996. El análisis de los acuerdos internacionales sobre el medio ambiente se ha tomado, en parte, del material facilitado por Laurence Boisson des Chassournes; los ejemplos de las cuestiones ambientales de alcance mundial se han tomado de Flavin, 1996. El Recuadro 8.3 es obra de Carter Brandon y Charles Feinstein. El Recuadro 8.5 se basa en los estudios de Landau, 1993 y Knight, Loayza y Villanueva, 1995. El estudio sobre los refugiados y el papel del Estado está basado en un documento de antecedentes

preparado por Suhrke y Newland. Los datos sobre la eficacia de la ayuda se han tomado de Burnside y Dollar, 1996.

Capítulo 9
Para este capítulo se han recibido contribuciones escritas de Dani Rodrik y Gary Reid y recomendaciones y observaciones de Barry Ames, Juan Cariaga, Antonio Estache, Sue Goldmark, Jorge Gorrio, Ravi Kanbur, Octavio Amorim Neto, Graham Scott, Mary Shirley y Zafiris Tzannatos.

La información sobre el programa de descentralización en el Perú se ha tomado de Graham y Kane, 1996. El estudio sobre la ineficiencia de los servicios de abastecimiento de agua potable en el Uruguay es de Estache, Rodríguez-Pardina y Smith, 1996. El estudio sobre las coaliciones políticas en Brasil es Alesina y Rosenthal, 1995. En Kane, 1995 se examina el gasto en pensiones en el Uruguay. El Recuadro 9.2 se basa en Lundhal, 1992 y el Recuadro 9.3 en Lewis, 1961; el análisis de las telecomunicaciones en Sri Lanka, en Banco Mundial, 1996h; el Recuadro 9.4, en Bermeo y García-Durán, 1994 y el Recuadro 9.5, en Navarro, 1996.

Capítulo 10
El análisis sobre el derrumbe del Estado está basado en el documento de antecedentes de Suhrke y Newland, así como en consultas con Mamadou Dia y Steven Holtzman, y en Tallroth, 1997. El Recuadro 10.1 se basa en Mubarak, 1996 y el Recuadro 10.2 en Tallroth, 1997. El análisis del programa regional se ha preparado con ayuda de Malcolm Rowat, Salvatore Schiavo-Campo y Michael Walton. Shahrokh Fardoust, Alan Gelb, Costas Michalopoulos, Marcelo Selowsky, Shekhar Shah, Roger Sullivan y John Williamson aportaron también sus valiosas observaciones.

Documentos de antecedentes

Aiyar, Swaminathan. "Evolution of the Role of the State in India."
Alesina, Alberto. "Politics, Procedures, and Budget Deficits."
Aron, Janine, Ibrahim Elbadawi y Benno Ndulu. "The State and Development in Sub-Saharan Africa."
Ball, Richard. "The Institutional Foundations of Monetary Commitment: A Comparative Analysis."
Braathen, Einar y Harald Ekker. "The State and National Reconstruction: Interdependency Between Central and Local Level."
Brautigam, Deborah. "The State and Ethnic Pluralism: Managing Conflict in Multiethnic Societies."
Brunetti, Aymo, Gregory Kisunko y Beatrice Weder. "Credibility of Rules and Economic Growth: Evidence from a World Wide Survey of the Private Sector." a)
_____. "Institutional Obstacles for Doing Business: Region-by-Region Results from a Worldwide Survey of the Private Sector." b)
Campos, Ed y Sanjay Pradhan. "Building Institutions for a More Effective Public Sector."
Commander, Simon, Hamid Davoodi y Une J. Lee. "The Causes and Consequences of Government for Growth and Well-Being."
De Silva, Migara. "War, Tax Revenue and the Rise of the Modern Public Administration in Western Europe."
Disch, Arne. "The Scandinavian 'Model': Successes and Limitations of the Activist State."
Guasch, J. Luis y Robert W. Hahn. "The Costs and Benefits of Regulation: Some Implications for Developing Countries."
Jalali, Rita. "State and Ethnicity."
Lee, Kyu Sik. "Cholla Region Catches Up with Korea: The Role of Local Governments."
Molander, Per. "Public Sector Spending Control: Swedish Experiences."
Ohno, Kenichi. "Creating the Market Economy: The Japanese View on Economic Development and Systemic Transition."
OMS (Organización Mundial de la Salud). "Essential Public Health Functions: A New Initiative in Support of Health for All."
_____. "Redefining the Scope of Public Health Beyond the Year 2000."
_____. "The Role of Government in Public Health Through the Ages."
_____. "The Role of State Action in Disease Eradication and Control."
Rose-Ackerman, Susan. "When Is Corruption Harmful?"
Schiavo-Campo, Rino. "Civil Service and Economic Development—A Selective Synthesis of International Facts and Experience."
Schiavo-Campo, Salvatore, Giulio de Tommaso y Amitabha Mukherjee. "An International Statistical Survey of Government Employment and Wages."
Suhrke, Astri y Kathleen Newland. "States and Refugees: International Cooperation on Issues of Displacement."
Van Rijckeghem, Caroline y Beatrice Weder. "Corruption and Rate of Temptation: Do Low Wages in the Civil Service Cause Corruption?"
Webb, Douglas. "The Judiciary: The Arbiter of Rules and Resolver of Disputes."

Bibliografía

Abdallah, A. E. A. 1990. "Ethnic Conflict in Sudan." En M. L. Michael Wyzan, comp., *The Political Economy of Ethnic Discrimination and Affirmative Action*. Nueva York, N.Y.: Praeger.
Adamolekun, Lapido. 1991. "Promoting African Decentralization." *Public Administration and Development* 11(3): 285–91.
Aden, Jean. 1996. "Industrial Pollution Abatement in the Newly Industrializing Countries: Korea." Departamento Técnico, Asia. Banco Mundial, Washington, D.C.
Afsah, Shakeb, Benoit Laplante y Nabiel Makarim. 1996. "Program-based Pollution Control Management: The Indonesian PROKASIH Program." Documento de trabajo sobre investigaciones relativas a políticas de desarrollo No. 1602 del Banco Mundial. Departamento de Investigaciones sobre Políticas de Desarrollo, División de Medio Ambiente, de Infraestructura y Agricultura. Banco Mundial, Washington, D.C.
Afsah, Shakeb, Benoit Laplante, y David Wheeler. 1996. "Controlling Industrial Pollution: A New Paradigm." Documento de trabajo sobre investigaciones relativas a políticas de desarrollo No. 1672 del Banco Mundial. Departamento de Investigaciones sobre Políticas de Desarrollo, División de Medio Ambiente, de Infraestructura y Agricultura. Banco Mundial, Washington, D.C.

Alesina, Alberto, R. Hausmann, R. Hommes y E. Stein. 1996. "Budget Institutions and Fiscal Performance in Latin America." NBER Working Paper No. 5556. National Bureau of Economic Research, Cambridge, Mass.

Alesina, Alberto y Roberto Perotti. 1995. "Fiscal Expansions and Adjustments in OECD Countries." *Economic Policy: A European Forum* 21 (Octubre): 205–48.

_____. 1996. "Income Distribution, Political Instability, and Investment." *European Economic Review* 40: 1203–28.

Alesina, Alberto y Howard Rosenthal. 1995. *Partisan Politics, Divided Government, and the Economy.* Cambridge, Inglaterra: Cambridge University Press.

Alston, Lee. 1996. "Empirical Work in Institutional Economics: An Overview." En Lee Alston, T. Eggertsson y Douglass North, comps. *Empirical Studies in Institutional Change.* Cambridge, Inglaterra: Cambridge University Press.

Amsden, Alice. 1989. *Asia's Next Giant: South Korea and Late Industrialization.* Nueva York, N.Y.: Oxford University Press.

Anand, Sudhir y Martin Ravallion. 1993. "Human Development in Poor Countries: On the Role of Private Incomes and Public Services." *Journal of Economic Perspectives* 7(1): 133–50.

Andic, Fuat y Suphan Andic. 1996. *The Last of the Ottoman Grandees: The Life and Political Testament of Ali Pasha.* Estambul: Istanbul's Press.

Aoki, Masahiko y Ronald Dore, comps. 1994. *The Japanese Firm: Sources of Competitive Strength.* Oxford, Inglaterra: Clarendon Press.

Aoki, Masahiko, Hyung-Ki Kim y Masahiro Okuno-Fujiwara. 1997. *The Role of the Government in East Asian Economic Development: Comparative Institutional Analysis.* Oxford, Inglaterra: Oxford University Press.

Aoki, Masahiko, Kevin Murdoch y Masahiro Okuno-Fujiwara. 1995. "Beyond the East Asian Miracle: Introducing the Market-Enhancing View." Stanford University Center for Economic Policy Research Discussion Paper No. 442. Stanford, Calif.

Arisawa, Hiromi y Takahide Nakamura, comps. 1990. *Data: Design of Postwar Economic Policies,* Vol. 1. Tokio: Tokyo University Press (en japonés).

Bahl, Roy. 1994. "Revenues and Revenue Assignment: Intergovernmental Fiscal Relations in the Russian Federation." En Christine I. Wallich, comp., *Russia and the Challenge of Fiscal Federalism.* Estudios regionales y sectoriales del Banco Mundial. Washington, D.C.: Banco Mundial.

Banco Mundial. 1983. *Informe sobre el Desarrollo Mundial 1983.* Washington, D.C.: Banco Mundial.

_____. 1987. "The Philippines: Issues and Policies in the Industrial Sector." Informe No. 6706-PH. Departamento Geográfico II. Región de Asia. Banco Mundial, Washington, D.C.

_____. 1991a. *The Reform of Public Sector Management: Lessons of Experience.* Serie de documentos sobre políticas y desarrollo 18. Banco Mundial, Washington, D.C.

_____. 1991b. *Informe sobre el desarrollo mundial 1991: La tarea acuciante del desarrollo.* Washington, D.C.: Banco Mundial.

_____. 1993. *The East Asian Miracle: Economic Growth and Public Policy.* Informe del Banco Mundial sobre investigaciones relativas a políticas de desarrollo. Nueva York, N.Y.: Oxford University Press. (Resumen disponible en español con el título "El milagro de Asia oriental: el crecimiento económico y las políticas oficiales". Washington, D.C.: Banco Mundial.)

_____. 1994a. *Adjustment in Africa: Reforms, Results and the Road Ahead.* Informe del Banco Mundial sobre investigaciones relativas a políticas de desarrollo. Nueva York, N.Y.: Oxford University Press.

_____. 1994b. *Envejecimiento sin crisis: políticas para la protección de los ancianos y la promoción del crecimiento.* Informe del Banco Mundial sobre investigaciones relativas a políticas de desarrollo. Washington, D.C.: Banco Mundial.

_____. 1994c. *Informe sobre el desarrollo mundial 1994: Infraestructura y Desarrollo.* Washington, D.C.: Banco Mundial.

_____. 1995a. "Azerbaijan: Baku Water Supply Rehabilitation Project." Assessment Series Paper No. 017, Departamento del Medio Ambiente. Banco Mundial, Washington, D.C.

_____. 1995b. *Mejorar la calidad de los servicios urbanos: en busca de incentivos válidos.* Washington, D.C.: Banco Mundial.

_____. 1995c. *Bureaucrats in Business: The Economics and Politics of Government Ownership.* Informe del Banco Mundial sobre investigaciones relativas a políticas de desarrollo. Nueva York, N.Y.: Oxford University Press. (Resumen disponible en español con el título "El estado como empresario: aspectos económicos y políticos de la propiedad estatal". Washington, D.C.: Banco Mundial.)

_____. 1995d. *Las perspectivas económicas globales y los países en desarrollo.* Coedición Banco Mundial/Ediciones Mundi-Prensa. Madrid.

_____. 1995e. "Vietnam Poverty Assessment and Strategy." Informe No. 13442-VN. Departamento Geográfico I, Oficina Regional de Asia oriental y el Pacífico. Banco Mundial, Washington, D.C.

_____. 1995f. *Informe sobre el desarrollo mundial 1995: El mundo del trabajo en una economía integrada.* Washington, D.C.: Banco Mundial.

_____. 1996a. *Prioridades y estrategias para la educación: examen del Banco Mundial.* Serie El desarrollo en la práctica. Washington, D.C.: Banco Mundial.

_____. 1996b. "Argentina: Reforming Provincial Utilities: Issues, Challenges and Best Practice." Informe No. 15063-AR. División de Infraestructura, Departamento Geográfico I, Oficina Regional de América Latina y el Caribe. Banco Mundial, Washington, D.C.

_____. 1996c. "Bangladesh: Government That Works: Reforming the Public Sector." División de Finanzas y Desarrollo del Sector Privado, Departamento Geográfico I, Oficina Regional de Asia Meridional. Banco Mundial, Washington, D.C.

_____. 1996d. *Handbook on Good Practices for Laws Relating to Nongovernmental Organizations.* Documento preparado para el Banco Mundial por el International Center for Non-Profit Law.

_____. 1996e. "Republic of Guinea: Public Expenditure Review." Departamento de África del Oeste. Banco Mundial, Washington, D.C.

_____. 1996f. *Social Assistance and Poverty-Targeted Programs: A Sourcebook Prepared by the Social Assistance Program Team.* Washington, D.C.: Departamento de Lucha contra la Pobreza y Políticas Sociales, Banco Mundial.

_____. 1996g. *Indicadores sociales del desarrollo 1996.* Washington, D.C.: Banco Mundial.

_____. 1996h. "Technical Annex: Democratic Republic of Sri Lanka: Telecommunications Regulation and Public Enterprise Reform Technical Assistance Project." Informe No. T-6730 CE.

División de Energía y Financiamiento de Proyectos, Departamento Geográfico I, Oficina Regional de Asia Meridional. Banco Mundial, Washington, D.C.

———. 1996i. *The World Bank Participation Sourcebook*. Washington, D.C.: Banco Mundial.

———. 1996j. *Informe sobre el desarrollo mundial 1996: De la planificación centralizada a la economía de mercado*. Washington, D.C. Banco Mundial.

———. 1997. "Ukraine Public Sector Reform Loan, Preparation Mission Report, Public Administration." Banco Mundial, Washington, D.C.

———. De próxima aparición. *The Road to Financial Integration: Private Capital Flows to Developing Countries*. Washington, D.C.: Banco Mundial.

Bardhan, Pranab. 1996. "Efficiency, Equity and Poverty Alleviation: Policy Issues in Less Developed Countries." *Economic Journal* 106 (Septiembre): 1344–56.

Barro, Robert J. 1996. "Determinants of Democracy." Departamento de Economía, Universidad de Harvard, Cambridge, Mass.

Barro, Robert J. y Xavier Sala-i-Martin. 1995. *Economic Growth*. Nueva York, N.Y.: McGraw-Hill.

Barzelay, Michael. 1991. "Managing Local Development: Lessons from Spain." *Policy Sciences* 24:271–90.

Batley, Richard. 1996. "Public-Private Relationships and Performance in Service Provision." *Urban Studies* 33(4–5): 723–51.

Bennett, Robert J., comp. 1990. *Decentralization, Local Governments, and Markets: Toward a Post-Welfare Agenda*. Oxford, Inglaterra: Oxford University Press.

Bermeo, Nancy y José García-Durán. 1994. "Spain: Dual Transition Implemented by Two Parties." En Stephan Haggard y Steven B. Webb, *Voting for Reform: Democracy, Political Liberalization, and Economic Adjustment*. Nueva York, N.Y.: Oxford University Press.

Berry, Albert y Brian Levy. 1994. "Indonesia's Small and Medium-Size Exporters and Their Support Systems." Documento de trabajo sobre investigaciones relativas a políticas de desarrollo No. 1402 del Banco Mundial. Departamento de Investigaciones sobre Políticas de Desarrollo. División de Desarrollo del Sector Financiero y el Sector Privado. Banco Mundial, Washington, D.C.

Bhatt, Ela. Sin fecha. "Moving Towards a People-Centered Economy." Asociación de Trabajadoras por Cuenta Propia, Ahmedabad, India.

Bird, Richard M. 1995. "Decentralizing Infrastructure: For Good or for Ill?" En Antonio Estache, comp., *Decentralizing Infrastructure: Advantages and Limitations*, págs. 22-51. Documento para discusión No. 290 del Banco Mundial. Washington, D.C.: Banco Mundial.

Bird, Richard M., Robert D. Ebel y Christine I. Wallich, comps. 1995. *Decentralization of the Socialist State: Intergovernmental Finance in Transition Economies*. Estudios regionales y sectoriales del Banco Mundial. Washington, D.C.: Banco Mundial.

Boadway, Robin W., Sandra Roberts y Anwar Shah. 1994. "The Reform of Fiscal Systems in Developing and Emerging Market Economies: A Federalism Perspective." Documento de trabajo sobre investigaciones relativas a políticas de desarrollo No. 1259 del Banco Mundial. Departamento de Investigaciones sobre Políticas de Desarrollo, División de Economía del Sector Público. Banco Mundial, Washington, D.C.

Borcherding, T. E. 1985. "The Causes of Government Expenditure Growth: A Survey of the U.S. Evidence." *Journal of Public Economics* 28 (Diciembre): 359–82.

Borner, Silvio, Aymo Brunetti y Beatrice Weder. 1995. *Political Credibility and Economic Development*. Nueva York, N.Y.: St. Martin's Press.

Boston, Jonathan, John Martin, June Pallot y Pat Walsh. 1996. *Public Management: The New Zealand Model*. Nueva York, N.Y.: Oxford University Press.

Bosworth, Barry, Susan Collins y Yu-chin Chen. 1995. "Accounting for Differences in Economic Growth." Economic Studies Program, Brookings Institution, Washington, D.C.

Brass, P. R. 1985. *Ethnic Groups and the State*. Totowa, N. J.: Barnes and Noble.

Brautigam, Deborah. 1996. "State Capacity and Effective Governance." En Benno Ndulu y Nicholas van de Walle, comps., *Agenda for Africa's Economic Renewal*, págs. 81–108. Washington, D.C.: Consejo de Desarrollo de Ultramar.

Brett, E.A. 1993. "Theorizing Crisis and Reform: Institutional Theories and Social Change in Uganda." Instituto de Estudios para el Desarrollo, Universidad de Sussex, Brighton, Inglaterra.

Buchanan, J. M. 1977. "Why Does Government Grow?" En Thomas Borcherding, comp., *Budgets and Bureaucrats: The Sources of Government Growth*. Durham, N.C.: Duke University Press.

Burki, Shahid J. y Sebastian Edwards. 1996. *Dismantling the Populist State. The Unfinished Revolution in Latin America and the Caribbean*. Estudios del Banco Mundial sobre América Latina y el Caribe: Puntos de vista. Washington, D.C.: Banco Mundial.

Burnside, Craig y David Dollar. 1996. "Aid, Policies and Growth." Departamento de Investigaciones sobre Políticas de Desarrollo, División de Macroeconomía y Crecimiento. Banco Mundial, Washington, D.C.

Buscaglia, Edgardo y Maria Dakolias. 1996. *Judicial Reform in Latin American Courts: The Experience in Argentina and Ecuador*. Documento técnico del Banco Mundial No. 350. Banco Mundial, Washington, D.C.

Campbell, Tim y Harald Fuhr, comps. De próxima aparición. *Does Decentralization Work? Case Studies on Innovative Local Government in Latin America*. Washington, D.C.: Banco Mundial.

Campbell, Tim, George Peterson y José Brakarz. 1991. "Decentralization to Local Government in LAC: National Strategies and Local Response in Planning, Spending and Management." Informe No. 5. Departamento Técnico de la Oficina Regional de América Latina y el Caribe, Programa de estudios regionales. Banco Mundial, Washington, D.C.

Campos, Ed y Sanjay Pradhan. 1996. "Budgetary Institutions and Expenditure Outcomes: Binding Governments to Fiscal Performance." Documento de trabajo sobre investigaciones relativas a políticas de desarrollo No. 1646 del Banco Mundial. Departamento de Investigaciones sobre Políticas de Desarrollo. Banco Mundial, Washington, D.C.

Campos, Ed y Hilton L. Root. 1996. *The Key to the Asian Miracle: Making Shared Growth Credible*. Washington, D.C.: Brookings Institution.

Caprio, Gerard, Jr. 1996. "Bank Regulation: The Case of the Missing Model." Documento de trabajo sobre investigaciones relativas a políticas de desarrollo No. 1574 del Banco Mundial. Departamento de Investigaciones sobre Políticas de Desarrollo,

División de Desarrollo del Sector Financiero y el Sector Privado. Banco Mundial, Washington, D.C.

Caprio, Gerard, Jr. y Daniela Klingebiel. 1996. "Bank Insolvency: Bad Luck, Bad Policy, or Bad Banking?" Documento presentado en la Conferencia anual del Banco Mundial sobre economía del desarrollo. Banco Mundial, Washington, D.C. 25 de abril.

Carroll, Tom, Mary Schmidt y Tony Bebbington. 1996. "Participation Through Intermediary NGOs." Documento No. 031 del Departamento del Medio Ambiente. Banco Mundial, Washington, D.C.

CEPAL/GTZ (Comisión Económica para América Latina y el Caribe/Sociedad Alemana de Cooperación Técnica). 1996. *Descentralización Fiscal en América Latina: Balance y Principales Desafíos.* Santiago, Chile: CEPAL/GTZ.

Chellaraj, Gnanaraj, Olusoji Adeyi, Alexander S. Preker y Ellen Goldstein. 1996. *Trends in Health Status, Services, and Finance: The Transition in Central and Eastern Europe. Volume II: Statistical Annex.* Washington, D.C.: Banco Mundial.

Chhibber, Ajay, Mansoor Dailami y Nemat Shafik, comps. 1992. *Reviving Private Investment in Developing Countries: Empirical Studies and Policy Lessons.* Elsevier Science Publishers, North-Holland.

Chisari, Omar, Antonio Estache y Carlos Romero. 1996. "Winners and Losers from Utilities Privatizations: Lessons from a General Equilibrium Model of Argentina." Universidad Argentina de la Empresa, Buenos Aires, y Banco Mundial, Washington, D.C.

Clague, Christopher, Philip Keefer, Stephen Knack y Mancur Olson. 1996. "Property and Contract Rights under Democracy and Dictatorship." *Journal of Economic Growth* 1(2): 243–76.

Clark, John. 1995. "The State, Popular Participation and the Voluntary Sector." *World Development* 23(4): 593–601.

Coase, R. H. 1960. "The Problem of Social Cost." *Journal of Law and Economics* 3 (Octubre): 1–44.

_____. 1994. La empresa, el mercado y la ley. Madrid: Alianza Editorial, S.A.

Coloma, Fernando C. 1996. "Seguro de Desempleo: Teoría, Evidencia, y una Propuesta." *Cuadernos de Economía* 33(99): 295–320.

Comisión Europea. 1996. "Towards a More Coherent Global Economic Order." Discussion Paper. Célula de Prospectiva y Dirección General de Asuntos Económicos y Financieros. Comisión Europea, Bruselas.

Comité Especial de la OMS sobre Investigaciones Sanitarias relativas a Opciones de Intervención Futuras. 1996. *Investing in Health Research and Development: Report of the Ad Hoc Committee on Health Research Relating to Future Intervention Options.* Ginebra: Organización Mundial de la Salud.

Conyers, Diana. 1985. "Decentralization: A Framework for Discussion." En Hasnat Abdul Hye, comp., *Decentralization, Local Government Institutions and Resource Mobilization,* págs 22–42. Comilla, Bangladesh: Bangladesh Academy for Rural Development.

Courakis, Anthony, Fátima Moura-Roque y George Tridimas. 1993. "Public Expenditure Growth in Greece and Portugal: Wagner's Law and Beyond." *Applied Economics* 25: 125–34.

Cox, Gary W. y Mathew D. McCubbins. 1996. "Structure and Policy: The Institutional Determinants of Policy Outcomes." Departamento de Ciencias Políticas, Universidad de California, San Diego, Calif.

Dasgupta, Partha. 1995. *An Inquiry into Well-Being and Destitution.* Nueva York, N.Y.: Oxford University Press.

_____. 1997. "Social Capital and Economic Performance." Universidad de Cambridge, Cambridge, Inglaterra.

Deininger, Klaus y Lyn Squire. 1996. "A New Data Set on Measuring Income Inequality." *World Bank Economic Review* 10(3): 565–92.

Departamento de Salud y Servicios Humanos de los Estados Unidos. *Social Security Programs Throughout the World.* SSA Publication No. 13-11805, Research Report No. 63. Office of Research and Statistics, Social Security Administration, Washington, D.C.

De Soto, Hernando. 1986. El otro sendero: la revolución informal. Lima: El Barranco.

Devarajan, Shantayanan, Vinaya Swaroop y Heng-fu Zou. 1996. "The Composition of Public Expenditure and Economic Growth." *Journal of Monetary Economics* 37: 313–44.

Dia, Mamadou. 1996. *Africa's Management in the 1990s and Beyond: Reconciling Indigenous and Transplanted Institutions.* Serie de Tendencias del Desarrollo. Washington, D.C.: Banco Mundial.

Díaz Alejandro, Carlos. 1988. *Trade, Development and the World Economy: Selected Essays.* Oxford, Inglaterra: Basil Blackwell.

DiIulio, John J. Jr., comp. 1994. *Deregulating the Public Service: Can Government Be Improved?* Washington, D.C.: The Brookings Institution.

Dillinger, Bill. 1995. "Decentralization, Politics and Public Service." En Antonio Estache, comp., *Decentralizing Infrastructure: Advantages and Limitations,* págs. 5–21. Documentos para discusión No. 290 del Banco Mundial. Washington, D.C.: Banco Mundial.

Dixon, Geoffrey. 1993. "Managing Budget Outlays 1983–84 to 1992–93." En Brian Galligan, comp., *Federalism and the Economy: International, National and State Issues.* Canberra: Federalism Research Centre, Australian National University.

Drèze, Jean y A. K. Sen. 1989. *Hunger and Public Action.* Oxford, Inglaterra : Oxford University Press.

Easterly, William y Ross Levine. 1996. "Africa's Growth Tragedy: A Retrospective, 1960–89." Documento de trabajo sobre investigaciones relativas a políticas de desarrollo No. 1503 del Banco Mundial. Departamento de Investigaciones sobre Políticas de Desarrollo, División de Macroeconomía y Crecimiento. Banco Mundial, Washington, D.C.

Easterly, William y Sergio Rebelo. 1993. "Fiscal Policy and Economic Growth." *Journal of Monetary Economics* (Países Bajos) 32(3): 417–58.

Economic and Social Research Council. Sin fecha. *ESRC Whitehall Programme: The Changing Nature of Central Government in Britain.* Londres: Economic and Social Research Council.

Edwards, Michael y David Hulme, comps. 1992. *Making a Difference: NGOs and Development in a Changing World.* Londres: Earthscan Publications.

El Instituto de pan para el mundo. 1997. *What Governments Can Do: Seventh Annual Report on the State of World Hunger.* Silver Spring, Md.: El Instituto de pan para el Mundo.

Elsenhans, Hartmut. 1996. *State, Class and Development.* Nueva Delhi: Radiant Publishers.

Epsing-Andersen, Gøsta. 1994. "After the Golden Age: The Future of the Welfare State in the New Global Order." Occasional Paper No. 7. Cumbre Mundial sobre Desarrollo Social. Ginebra.

Esfahani, Hadi Salehi. 1996. "The Political Economy of the Telecommunications Sector in the Philippines." En Brian Levy y Pablo T. Spiller, comps., *Regulations, Institutions and Commitment: Comparative Studies of Telecommunications,* págs. 145–201. Cambridge, Inglaterra: Cambridge University Press.

Esman, Milton. 1994. *Ethnic Politics.* Ithaca, N.Y.: Cornell University Press.

Estache, Antonio, comp. 1995. *Decentralizing Infrastructure: Advantages and Limitations.* Documento para discusión No. 290 del Banco Mundial. Washington, D.C.: Banco Mundial.

Estache, Antonio, M. Rodríguez-Pardina y W. Smith. 1996. "Encaminados hacia un Nuevo Papel para el Estado de los Servicios Públicos del Uruguay." Oficina Regional de América Latina y el Caribe, Departamento Geográfico I, División de Infraestructura y Desarrollo Urbano. Banco Mundial, Washington, D.C.

Evans, Peter B. 1995. *Embedded Autonomy: States and Industrial Transformation.* Princeton, N.J.: Princeton University Press.

———. 1996a. "Government Action, Social Capital and Development: Reviewing the Evidence on Synergy." *World Development* 24(6): 1119–32.

———. 1996b. "Social Capital and the Functioning of Bureaucracies in Developing Countries." Documento presentado en la International Conference on Governance Innovations: Building a Government-Citizen-Business Partnership, Manila, 20–23 de octubre.

Evans, Peter B. y James Rauch. 1996. "Bureaucratic Structure and Economic Growth: Some Preliminary Analysis of Data on 35 Developing Countries." Universidad de California, Berkeley, Calif.

Fageberg, Jan, Bart Verspagen y Nick von Tunzelmann. 1994. *The Dynamics of Technology, Trade and Growth.* Aldershot, Hants, Inglaterra y Brookfield, Vt.: Edward Elgar.

Farrington, John y David Lewis, comps., con S. Satish y Avrea Miclat-Teves. 1993. *Nongovernmental Organizations and the State in Asia: Rethinking Roles in Sustainable Agricultural Development.* Londres y Nueva York, N.Y.: Routledge.

Feder, Gershon y Akihiko Nishio, 1996. "The Benefits of Land Registration and Titling: Economic and Social Perspectives." Documento presentado en la International Conference of Land Tenure and Administration, Orlando, Flo., 12 de noviembre.

Federalist Papers. 1987. Compilado por Isaac Kramnick. Harmondsworth, Middlesex, Inglaterra: Penguin.

Feldstein, Martin. 1995. "Tax Avoidance and the Deadweight Loss of the Income Tax." NBER Working Paper No. 5055. National Bureau of Economic Research, Cambridge, Mass.

Feldstein, Martin y Andrew Samwick. 1996. "The Transition Path in Privatizing Social Security." Documento presentado en la conferencia de la National Bureau of Economic Research sobre privatización del seguro social. Cambridge, Mass., 2 de agosto.

Fernández, Raquel y Dani Rodrik. 1991. "Resistance to Reform: Status Quo Bias in the Presence of Individual-Specific Uncertainty." *American Economic Review* 81(5): 1146–55.

Ferreira, M. Luisa y Charles C. Griffen. 1995. "Tanzania Human Development Survey: Final Report." Departamento de África Oriental, División de Población y Recursos Humanos. Banco Mundial, Washington, D.C.

Financial Times. 1996. "Antagonists Queue for WTO Judgment." (8 de agosto).

Fischer, Stanley. 1995. "Central-Bank Independence Revisited." *AEA Papers and Proceedings* (Mayo): 201–06.

Fisher, Julie. 1993. *The Road from Rio: Sustainable Development and the Nongovernmental Movement in the Third World.* Nueva York, N.Y.: Praeger.

Fiske, Edward B. 1996. *Decentralization of Education: Politics and Consensus.* Serie de Tendencias del Desarrollo. Washington, D.C.: Banco Mundial.

Flavin, Christopher. 1996. "La respuesta a los peligros del cambio climático." En Lester R. Brown, Christopher Flavin y Linda Starke, comps., *La Situación del Mundo 1996. Informe Anual del Worldwatch Institute sobre Medio Ambiente y Desarrollo.* Barcelona: ICARIA.

FMI (Fondo Monetario Internacional). 1986. *Manual de estadísticas de las finanzas públicas.* Washington, D.C.: FMI.

———. 1996. *Perspectivas de la economía mundial.* Washington, D.C.: FMI.

———. Diversas ediciones a). *Government Statistics Yearbook.* Washington, D.C.: FMI.

———. Diversas ediciones b). *Estadísticas financieras internacionales.* Washington, D.C.: FMI.

Fölster, Stephan. 1996. "Social Insurance Based on Personal Savings Accounts: A Possible Reform Strategy for Overburdened Welfare States." Industrial Institute for Economic and Social Research, Estocolmo.

Forster, Michael. 1994. *The Effects of Net Transfers on Low Income Among Non-Elderly Families.* OECD Economic Studies No. 22. París: OCDE.

Francis, Paul, J. A. Akinwumi, P. Ngwu, S. A. Nkom, J. Odihi, J. A. Olomajeye, F. Okunmedewa y D. J. Shehu. 1996. *State, Community and Local Development in Nigeria.* Documento técnico No. 336 del Banco Mundial. Serie de la Oficina Regional de África. Washington, D.C.: Banco Mundial.

Francks, Penelope. 1992. *Japanese Economic Development: Theory and Practice.* Londres y Nueva York, N.Y.: Routledge.

Freedom House. Diversas ediciones. *Freedom in the World: The Annual Survey of Political Rights and Civil Liberties.* Nueva York, N.Y.: Freedom House.

Freeman, Richard B., Birgitta Swedenborg y Robert Topel. 1995. "Economic Troubles in Sweden's Welfare State: Introduction, Summary, and Conclusions." NBER/SNS Project Reforming the Welfare State Occasional Paper No. 69. National Bureau of Economic Research. Cambridge, Mass.

Frey, Bruno S. y Reiner Eichenberger. 1994. "The Political Economy of Stabilization Programmes in Developing Countries." *European Journal of Political Economy* 10: 169–90.

Fuhr, Harald, Klaus Simon y Albrecht Stockmayer, comps. 1993. *Subsidiarität in der Entwicklungszusammenarbeit: Dezentralisierung und Verwaltungsreformen zwischen Strukturanpassung und Selbsthilfe.* Baden-Baden, Alemania: Nomos Verlagsgesellschaft.

Fukuyama, Francis. 1995. *Trust: The Social Virtues and Creation of Prosperity.* Nueva York, N.Y.: Simon & Schuster.

Fundación Alemana para el Desarrollo Internacional. 1996. *Zweites Deutsches Weltbank-Forum: Verantwortungsbewußte öffentlich-private Partnerschaft.* Berlín: Fundación Alemana para el Desarrollo Internacional.

Galal, Ahmed. 1996. "Chile: Regulatory Specificity, Credibility of Commitment, and Distributional Demands." En Brian Levy y Pablo Spiller, comps., *Regulations, Institutions and Commitment: Comparative Studies of Telecommunications.* Cambridge, Inglaterra: Cambridge University Press.

Galal, Ahmed, Leroy Jones, Pankaj Tandon e Ingo Vogelsang. 1994. Welfare *Consequences of Selling Public Enterprises: An Empirical Analysis*. Nueva York, N.Y.: Oxford University Press. (Resumen disponible en español con el título "Consecuencias de la venta de empresas públicas en el bienestar: análisis empírico".)

Gemmell, Norman, comp. 1993. *The Growth of the Public Sector*. Londres: Edward Elgar.

Gould, Julius y William L. Kolb. 1964. *A Dictionary of the Social Sciences*. Nueva York, N.Y.: Free Press of Glencoe.

Graham, Carol y Cheikh Kane. 1996. "Opportunistic Government or Sustaining Reform? Electoral Trends and Public Expenditure Patterns in Peru, 1990-1995." Serie de documentos para discusión No. 89. Departamento de Lucha contra la Pobreza y Políticas Sociales, Capital Humano y Políticas de Operaciones. Banco Mundial, Washington D.C.

Graham, Carol y Moises Naím. 1997. "The Political Economy of Institutional Reform in Latin America." Documento presentado en la Conferencia de la Fundación MacArthur/BID sobre el crecimiento capaz de reducir la desigualdad en las economías de mercado de América Latina, 28–29 de enero.

Gray, Cheryl. 1996. "In Search of Owners: Privatization and Corporate Governance in Transition Economies." *World Bank Research Observer* 11(2): 179–97.

Greenwood, Roystone, C. R. Hinnings y Stewart Ranson. 1975. "Contingency Theory and the Organization of Local Authorities. Part 1: Differentiation and Integration." *Public Administration* 53: 1–23.

Gruber, Jonathan. 1994. "The Consumption Smoothing Benefits of Unemployment Insurance." NBER Working Paper Series No. 4750. National Bureau of Economic Research, Cambridge, Mass.

Guasch, J. Luis y Pablo T. Spiller. 1997. *Managing the Regulatory Process: Concepts, Issues and the Latin America and Caribbean Story Book*. Serie de Tendencias del Desarrollo. Washington, D.C.: Banco Mundial y Johns Hopkins University Press.

Guerrero, Rodrigo. 1996. "Epidemiology of Violence: The Case of Cali, Colombia." Documento presentado en la Segunda Conferencia Anual del Banco Mundial sobre el Desarrollo en América Latina y el Caribe. Bogotá, Colombia, Julio.

Guhan, S. y Samuel Paul, comps. 1997. *Corruption in India: Agenda for Action*. Nueva Delhi: Vision Books.

Gupta, Sanjeev, Jerald Schiff y Benedict Clements. 1996. "El descenso del gasto militar a escala mundial produce un fuerte dividendo." *Boletín del FMI* (3 de junio).

Gurr, Ted Robert, Keith Jaggers y Will H. Moore. 1990. "The Transformation of the Western State: The Growth of Democracy, Autocracy, and State Power Since 1800." *Studies in Comparative International Development* 25(1): 73–108.

Gustafsson, Bo. 1995. "Foundations of the Swedish Model." *Nordic Journal of Political Economy* 22: 5–26.

Gwartney, James D., Robert Lawson y Walter Block. 1996. *Economic Freedom of the World, 1975–1995*. Vancouver: Fraser Institute.

Haggard, Stephan y Steven B. Webb, comps. 1994. *Voting for Reform: Democracy, Political Liberalization, and Economic Adjustment*. Nueva York, N.Y.: Oxford University Press.

Hahn, Robert W., comp. 1996. *Risks, Costs and Lives Saved: Getting Better Results from Regulation*. Nueva York, N.Y.: Oxford University Press.

Hammer, Jeffrey S. 1997. "Economic Analysis for Health Projects." *World Bank Research Observer* 12(1): 47–71.

Haque, Nadeem Ul y Ratna Sahay. 1996. "Do Government Wage Cuts Close Budget Deficits? Costs of Corruption." *IMF Staff Papers* 43(4):754–78.

Helm, Dieter, comp. 1989. *The Economic Borders of the State*. Oxford, Inglaterra: Oxford University Press.

Hesse, Jems-Joachim. 1993. "From Transformation to Modernization: Administrative Change in Central and Eastern Europe." *Public Administration* 71 (Primavera-Verano): 219–57.

Heyneman, Stephen P. De próxima aparición. "Education Choice in Eastern Europe and the Former Soviet Union: A Review Essay." *Education Economics*.

Hirsch, Joachim. 1995. *Der nationale Wettbewerbstaat: Staat, Demokratie, und Politik, in globalen Kapitalismus*. Berlín, Edition ID-Archiv.

Hirschman, Albert O. 1970. *Exit, Voice, and Loyalty: Responses to Decline in Firms, Organizations and States*. Cambridge, Mass.: Harvard University Press.

Ho, Luu Bich. 1997. "The Government's Role in Market-oriented Economic Renovation Process in Viet Nam." Documento presentado en el Simposio Internacional sobre la función del Estado en las economías de mercado. China Institute for Reform and Development, Haikou, China, 7–8 de enero.

Hoekman, Bernard M. 1995. *Trade Laws and Institutions: Good Practices and the World Trade Organization*. Documento para discusión No. 282 del Banco Mundial. Washington, D.C.: Banco Mundial.

Holmes, Malcolm y Anirudh Krishna. 1996. "Public Sector Management and Participation: Institutional Support for Sustainable Development." En Jennifer Rietbergen-McCracken, comp., *Participation in Practice: The Experience of the World Bank and Other Stakeholders*, págs. 29-35. Documento para discusión No. 333 del Banco Mundial. Washington, D.C.: Banco Mundial

Holsti, K. J. 1995. "War, Peace, and the State of the State." *International Political Science Review* 16(4): 319–39.

Holtzman, Steven. 1995. "Post Conflict Reconstruction." Departamento del Medio Ambiente, División de Políticas Sociales y Reasentamiento. Banco Mundial, Washington, D.C.

Hommes, Rudolf. 1995. "Conflicts and Dilemmas of Decentralization." En Michael Bruno y Boris Pleskovic, comps., *Annual World Bank Conference on Development Economics*, págs. 331–50. Washington, D.C.: Banco Mundial.

Huber, Evelyne, Charles Ragin y John D. Stephens. 1993. "Social Democracy, Christian Democracy, Constitutional Structure, and the Welfare State." *American Journal of Sociology* 99(3): 711–49.

Hulten, Charles R. 1996. "Infrastructure and Economic Development: Once More into the Breach." Departamento de Economía, Universidad de Maryland, College Park, Md.

Humphrey, John y Hubert Schmitz. 1995. "Principles for Promoting Clusters and Networks of Small and Medium Enterprises." Discussion Paper No. 1. Subdivisión de Empresas Pequeñas y Medianas. Organización de las Naciones Unidas para el Desarrollo Industrial. Nueva York, N.Y. (Resumen disponible en español con el título "Principios para la promoción de conglomerados y redes de PME".)

Huntington, Samuel P. 1994. *La tercera ola: la democratización a finales del siglo XX*. Barcelona: Ediciones Paidós Ibérica.

India Today. 1996. "The Maturity of Democracy." (31 de agosto).

International Country Risk Guide. Diversas ediciones. Nueva York, N.Y.: International Reports.

International Political Science Review. 1996. *New Trends in Federalism.* Edición especial de *International Political Science Review* 17(4).

Isham, Jonathan, Daniel Kaufmann y Lant Pritchett. 1995. "Governance and the Returns to Investment: An Empirical Investigation." Documento de trabajo sobre investigaciones relativas a políticas de desarrollo No. 1550 del Banco Mundial. Departamento de Investigaciones sobre políticas de Desarrollo, División de Recursos Humanos y Lucha contra la Pobreza. Banco Mundial, Washington, D.C.

Isham, Jonathan, Deepa Narayan y Lant Pritchett. 1995. "Does Participation Improve Performance? Establishing Causality with Subjective Data." *World Bank Economic Review* 9(2): 175–200.

Ishikawa, Shigeru. 1990. *Basic Issues of Development Economics.* Tokio: Iwanami Shoten (en japonés).

_____. 1996. "From Development Economics to Development Aid Policy." En S. Ishikawa comp., *Theoretical Studies on Development Aid Policy.* Tokio: Institute of Development Economics (en japonés).

Israel, Arturo. 1990. "The Changing Role of the State: Institutional Dimensions." Documento de trabajo de políticas, investigaciones y asuntos externos No. WPS 495 del Banco Mundial. Departamento de Economías Nacionales. Banco Mundial, Washington, D.C.

_____. 1997. "A Guide for the Perplexed: Institutional Aspects of Social Programs." SOC 96-105. Banco Interamericano de Desarrollo, Washington, D.C.

Itoh, Motoshige, Kazuharu Kiyono, Masahiro Okuno y Kotaro Suzumura. 1988. *Economic Analysis of Industrial Policy.* Tokio: Tokyo University Press (en japonés).

Jaggers, Keith y Ted Robert Gurr. 1995. "Tracking Democracy's Third Wave with the Polity III Data." *Journal of Peace Research* 32(4): 469–82.

_____. 1996. "Polity III: Regime Type and Political Authority, 1800–1994." Inter-University Consortium for Political and Social Research. Ann Arbor, Mich.

Jalali, Rita y Seymour M. Lipset. 1992–93. "Racial and Ethnic Conflicts: A Global Perspective." *Political Science Quarterly* 107(4).

Jalan, Bimal. 1992. *The Indian Economy: Problems and Prospects.* Nueva Delhi: Penguin Books India.

Jhabvala, Renana y Ela Bhatt. Sin fecha. "The World of Work in the People's Sector: And Its Inherent Strength. The SEWA Experience." Asociación de Trabajadoras por Cuenta Propia. Ahmedabad, India.

Jun, Jong S. y Deil S. Wright, comps. 1996. *Globalization and Decentralization: Institutional Contexts, Policy Issues and Intergovernmental Relations in Japan and the United States.* Washington, D.C.: Georgetown University Press.

Ka, Samba y Nicolas van de Walle. 1994. "Senegal: Stalled Reform in a Dominant Party System." En Stephan Haggard y Stephen B. Webb, *Voting for Reform: Democracy, Political Liberalization, and Economic Adjustment,* págs. 290–359. Nueva York, N.Y.: Oxford University Press.

Kabeer, Naila. 1994. *Reversed Realities: Gender Hierarchies in Development Thought.* Londres: Verso.

Kane, Cheikh T. 1995. "Uruguay: Options for Pension Reform." Education and Social Policy Paper Series No. 68. Departamento de Perfeccionamiento de Recursos Humanos y Políticas de Operaciones. Banco Mundial, Washington, D.C.

Kane, Cheikh y Robert Palacios. 1996. "La deuda implícita del sistema de pensiones." *Finanzas & Desarrollo* 33 (Junio): 34–36.

Kangle, K. P. 1965. *The Kautiliya Arthashastra: An English Translation with Critical and Explanatory Notes.* Delhi: Motilal Banarsidass Publishers.

Kanter, Rosabeth Moss. 1995. "Thriving Locally in the Global Economy." *Harvard Business Review* (Septiembre-Octubre): 151–60.

Kaufmann, Daniel. 1996. "Listening to Stakeholders on Development Challenges and World Bank Instruments in their Countries: Myths Meet Some Evidence on Corruption, Economic Reforms, and Bank Programs." Instituto de Desarrollo Internacional de Harvard, Universidad de Harvard, Cambridge, Mass., y Banco Mundial, Washington, D.C.

Keefer, Philip y Stephen Knack. 1995. "The Effects of Institutions on Public Investment." Departamento de Investigaciones sobre Políticas de Desarrollo, Banco Mundial, Washington, D.C.; IRIS/Universidad de Maryland, College Park, Md. y School of Public Affairs, American University, Washington, D.C.

Khaldaun, Ibn. Sin fecha. *The Muqaddimah.* Traducción al inglés con una Introducción de Franz Rosenthal. Princeton, N.J.: Princeton University Press.

Kim, Hyung-Ki, Michio Muramatsu, T.J. Pempel y Kozo Yamamura, comps. 1995. *The Japanese Civil Service and Economic Development: Catalysts of Change.* Oxford, Inglaterra: Clarendon Press.

Klingemann, Hans-Dieter y Dieter Fuchs, comps. 1995. *Beliefs in Government. Volume 1: Citizens and the State.* Nueva York, N.Y.: Oxford University Press.

Klitgaard, Robert. 1990. *Controlando la corrupción.* La Paz, Bolivia: Dist. Amigos.

_____. *Tropical Gangsters.* Nueva York, N.Y.: Basic Books.

Knack, Stephen y Philip Keefer. 1995. "Institutions and Economic Performance: Cross-Country Tests Using Alternative Institutional Measures." *Economics and Politics* 7(3): 207–27.

Knight, Malcolm, Norman Loayza y Delano Villanueva. 1995. "The Peace Dividend: Military Spending Cuts and Economic Growth." Documento de trabajo del FMI No. WP/95/53. Departamento del Oriente Medio. Fondo Monetario Internacional, Washington, D.C.

Kohli, Atul. 1994. "Where Do High Growth Political Economies Come From? The Japanese Lineage of Korea's 'Development State.'" *World Development* 22: 1269–93.

König, Klaus. 1996. "Policy Planning and Management Dialogue with Countries in Transition." *Public Administration and Development* 16: 417-29.

_____. 1997. "Drei Welten der Verwaltungsmodernisierung." En Klaus Lüder, comp., *Staat und Verwaltung: Funfzig Jahre Hochschule für Verwaltungswissenschaften,* págs. 399–424. Berlín: Duncker & Humbolt.

Kormendi, Roger y Philip Meguire. 1985. "Macroeconomic Determinants of Growth: Cross-Country Evidence." *Journal of Monetary Economics* 16(2): 141–63.

Kraay, Aart y Caroline van Rijckeghem. 1995. "Employment and Wages in the Public Sector: A Cross-Country Study." Documento de trabajo del FMI No. WP/95/70. Departamento de Finanzas Públicas. Fondo Monetario Internacional, Washington, D.C.

Kubota, Isao. 1996. "Roles That Governments Play in Developing, Developed States." *Japan Times*, 17 de junio, pág. 15.

Kuper, Adam y Jessica Kuper, comps. 1996. *The Social Science Encyclopedia*, 2nda. ed. Londres y Nueva York, N.Y.: Routledge.

Laking, R. G. 1996. "Good Practice in Public Sector Management: Issues for the World Bank." Departamento de Lucha contra la Pobreza y Políticas Sociales. Banco Mundial, Washington, D.C.

Lalor, R. Peter y Hernán García. 1996. "Reshaping Power Markets in South America." *Electricity Journal* 9(2): 63–71.

Landau, D. 1986. "Government and Economic Growth in Less Developed Countries: An Empirical Study for 1960–1980." *Economic Development and Cultural Change* 35(1): 35–75.

_____. 1993. "The Economic Impact of Military Expenditures." Documento de trabajo sobre investigaciones relativas a políticas de desarrollo No. WPS 1138 del Banco Mundial. Departamento de Investigaciones sobre Políticas de Desarrollo. Banco Mundial, Washington, D.C.

Latinobarómetro. 1996. "Press Release: Latinobarometro Survey 1996." Latinobarómetro. Santiago, Chile.

Lau, Lawrence y D. H. Song. 1992. "Growth versus Privatization— An Alternative Strategy to Reduce the Public Enterprise Sector: The Experiences of Taiwan and South Korea." Working Paper, Departamento de Economía. Universidad de Stanford, Stanford, Calif.

Lawrence, Robert Z., Albert Bressand y Takatoshi Ito. 1996. *A Vision for the World Economy*. Washington, D.C.: Brookings Institution.

Leftwich, Adrian, comp. 1996. *Democracy and Development: Theory and Practice*. Cambridge, Inglaterra y Cambridge, Mass: Polity Press en colaboración con Blackwell Publishers.

Leonard, David K. y Dale Rogers Marshall. 1982. "Institutions of the Rural Development for the Poor: Decentralization and Organizational Linkages." Instituto de Estudios Internacionales, Universidad de California, Berkeley, Calif.

Letowski, Janusz. 1993. "Polish Public Administration Between Crisis and Renewal." *Public Administration* 71(Primavera–Verano): 1–11.

Levine, Ross y David Renelt. 1992. "A Sensitivity Analysis of Cross-Country Growth Regressions." *American Economic Review* 82(4): 942–63.

Levy, Brian y Pablo Spiller. 1994. "The Institutional Foundations of Regulatory Commitment: A Comparative Analysis of Telecommunications and Regulation." *Journal of Law, Economics and Organization* 10(2): 201–46.

Levy, Brian y Pablo Spiller, comps. 1996. *Regulations, Institutions and Commitment: Comparative Studies of Telecommunications*. Cambridge, Inglaterra: Cambridge University Press.

Levy, Brian, Albert Berry, Motoshige Itoh, Linsu Kim, Jeffrey Nugent y Shujiro Urata. 1994. "Technical and Marketing Support Systems for Successful Small and Medium-Size Enterprises in Four Countries." Documento de trabajo sobre investigaciones relativas a políticas de desarrollo No. 1400 del Banco Mundial. Departamento de Investigaciones sobre Políticas de Desarrollo, División de Desarrollo del Sector Financiero y el Sector Privado. Banco Mundial, Washington, D.C.

Lewis, Bernard. 1961. *The Emergence of Modern Turkey*. Londres y Nueva York, N.Y.: Oxford University Press.

Libecap, Gary D. 1996. "Economic Variables and the Development of Law: The Case of Western Mineral Rights." En Lee J. Alston, Thrainn Eggertsson y Douglass C. North, comps., *Empirical Studies in Institutional Change*. Nueva York, N.Y.: Cambridge University Press.

Lijphart, Arendt. 1969. "Consociational Democracy." *World Politics* 21.

_____. 1995. "The Virtues of Parliamentarism: But Which Kind of Parliamentarism?" En H. E. Chenabi y Alfred Stepan, comps., *Politics, Society, and Democracy: Comparative Studies*. Boulder, Colo.: Westview Press.

Lijphart, Arendt y Carlos H. Waisman, comps. 1996. *Institutional Design in New Democracies: Eastern Europe and Latin America*. Boulder, Colo.: Westview Press.

Lim, Linda Y. y Peter Gosling, comps. 1983. *The Chinese in Southeast Asia*, vol. 1. Singapur: Naruyen Asia.

Lin, Justin Yifu. 1996. "Comparative Advantage, Development Policy, and the East Asian Miracles." Peking University, Hong Kong University of Science and Technology, and Australian National University.

Lin, Justin Yifu, Fang Cai y Zhou Li. 1996. *The China Miracle: Development Strategy and Economic Reform*. A Friedman Lecture Fund Monograph. Hong Kong: The Chinese University Press.

Lindauer, David. 1988. "The Size and Growth of Government Spending." Documento de trabajo de políticas, planificación e investigaciones No. WPS 44 del Banco Mundial. Banco Mundial, Washington, D.C.

Lindauer, David y Barbara Nunberg, comps. 1994. *Rehabilitating Government: Pay and Employment Reform in Africa*. Washington, D.C.: Banco Mundial.

Lindbeck, Assar. 1995. "Hazardous Welfare State Dynamics." Reprint Series No. 538. Instituto de Estudios Económicos Internacionales, Universidad de Estocolmo, Estocolmo.

Lindbeck, Assar, Per Molander, Torsten Persson, Olof Petersson, Agnar Sandmo, Birgitta Swedenborg y Niels Thygesen. 1994. *Turning Sweden Around*. Cambridge, Mass.: MIT Press.

Linz, Juan J., Seymour Martin Lipset y Amy Bunger Pool. Sin fecha. "Social Conditions for Democracy in Latin America: Latin American Barometer Survey Analysis." Universidad de Yale, New Haven, Conn.

Linz, Juan J. y Alfred Stepan, comps. 1996. *Problems of Democratic Transition and Consolidation: Southern Europe, South America, and Post Communist Europe*. Baltimore, Md.: Johns Hopkins University Press.

Lipset, Seymour Martin. 1979. *The First New Nation: The United States in Historical & Comparative Perspective*. Nueva York, N.Y.: W. W. Norton & Company.

_____. 1996. *American Exceptionalism: A Double Edged Sword*. Nueva York, N.Y.: W. W. Norton.

Lovei, Magda y Charles Weiss, Jr. 1996. "Environmental Management and Institutions in OECD Countries: Experience and Lessons Learned." Departamento del Medio Ambiente. Banco Mundial, Washington, D.C.

Lundahl, Mats. 1992. *Politics or Markets?: Essays on Haitian Underdevelopment*. Londres y Nueva York, N.Y.: Routledge.

Lybeck, J. A. 1986. *The Growth of Government in Developed Economies*. Aldershot, Hants, Inglaterra y Brookfield, Vt.: Gower.

Ma, Jun. 1996. *Intergovernmental Relations and Economic Management in China.* Houndsmill, Basingstoke y Londres: Macmillan.

Machiavelli, Niccolò. 1988. *El Príncipe.* Traducción de Helena Puigdoménech. Madrid: Editorial Tecnos.

Mainwaring, Scott. 1991."Politicians, Parties, and Electoral Systems: Brazil in Comparative Perspective." *Comparative Politics* (Octubre): 21–43.

Manion, Melanie. 1996. "Policy Instruments and Political Context: Transforming a Culture of Corruption in Hong Kong." Documento presentado en la Reunión Anual de la Asociación para Estudios Asiáticos. Honolulú, Hawai, 11–14 de abril.

Manor, James. 1996. "The Political Economy of Decentralization." Departamento de Agricultura y Recursos Naturales. Banco Mundial, Washington, D.C.

Margulis, Sergio. 1996. "Environmental Regulation: Instruments and Actual Implementation." Departamento del Medio Ambiente. Banco Mundial, Washington, D.C.

Margulis, Sergio y Paulo Pereira de Gusmao. 1996. "Problems of Environmental Management in the Real World: The Rio de Janeiro Experience." Departamento del Medio Ambiente. Banco Mundial, Washington, D.C.

Martin, Brendan. 1993. *In The Public Interest?: Privatization and Public Sector Reform.* Londres: Zed Books.

Mauro, Paolo. 1995. "Corruption and Growth." *Quarterly Journal of Economics* 110: 681–712.

McLure, Charles E., Jr. 1994. "The Sharing of Taxes on Natural Resources and the Future of the Russian Federation." En Christine I. Wallich, comp., *Russia and the Challenge of Fiscal Federalism,* págs. 181–217. Estudios regionales y sectoriales del Banco Mundial. Washington, D.C.: Banco Mundial.

⎯⎯⎯. 1995. "Comment on Prud'homme." *World Bank Research Observer* 10(2): 221–26.

Meltzer, Alan y S. F. Richard. 1981. "A Rational Theory of the Size of Government." *Journal of Political Economy* 89: 914–27.

Metropolitan Environment Improvement Program. 1996. "Japan's Experience in Urban Environmental Management —Yokohama: A Case Study." Programa de las Naciones Unidas para el Desarrollo, Nueva York, N.Y. y Banco Mundial, Washington, D.C.

Milgrom, Paul R., Douglass C. North y Barry R. Weingast. 1990. "The Role of Institutions in the Revival of Trade: The Law Merchant, Private Judges, and the Champagne Fairs." *Economics and Politics* 2(1): 1–23.

Montgomery, John D. 1988. *Bureaucrats and People: Grassroots Participation in Third World Development.* Baltimore, Md: Johns Hopkins University Press.

Montinola, Gabriella, Yingyi Qian y Barry R. Weingast. 1995. "Federalism, Chinese Style: The Political Basis for Economic Success in China." *World Politics* 48: 50–81.

Mosley, Paul, Jane Harrigan y John Toye. 1995. *Aid and Power: The World Bank and Policy-Based Lending. Vol. 1, Analysis and Policy Proposals,* 2nda. ed. Londres y Nueva York, N.Y.: Routledge.

Moser, Caroline. 1996. *Confronting Crisis: A Comparative Study of Household Responses to Poverty and Vulnerability in Four Urban Communities.* Serie de monografías y estudios sobre el desarrollo ecológicamente sostenible No. 8. Washington, D.C.: Banco Mundial.

Mubarak, Jamil Abdalla. 1996. *From Bad Policy to Chaos in Somalia: How an Economy Fell Apart.* Londres: Praeger.

Mueller, D. C. 1989. *Public Choice II.* Cambridge, Inglaterra: Cambridge University Press.

Mugoya, Ndungu. 1996. "Tribalism and the Politics of Patronage in Kenya." *Finance* 31 (Mayo): 14–18.

Murphy, Ricardo López, comp. 1995. *Fiscal Decentralization in Latin America.* Washington, D.C.: Banco Interamericano de Desarrollo.

Musgrave, R. A. 1976. "Adam Smith on Public Finance and Distribution." En Thomas Wilson y Andrew Skinner, comps., *The Market and the State: Essays in Honour of Adam Smith.* Oxford, Inglaterra: Oxford University Press.

Naím, Moises. 1995. "Instituciones: El Eslabón Perdido en las Reformas Económicas de América Latina." Centro Internacional para el Desarrollo Económico. Occasional Paper No. 62. San Francisco, Calif.: Institute for Contemporary Studies Press.

Narayan, Deepa. 1995. "The Contribution of People's Participation: Evidence from 121 Rural Water Supply Projects." Environmentally Sustainable Development Occasional Paper Series No. 1. Banco Mundial, Washington, D.C.

Narayan, Deepa y Lant Pritchett. 1997. "Cents and Sociability: Household Income and Social Capital in Rural Tanzania." Departamento del Medio Ambiente y Departamento de Investigaciones sobre Políticas de Desarrollo. Banco Mundial, Washington, D.C.

National Bureau of Economic Research. 1997. *Penn World Tables, Mark 5.6.* http://nber.harvard.edu/pwt56.html.

Navarro, Juan Carlos. 1996 "Reversal of Fortune: The Ephemeral Success of Adjustment in Venezuela, 1989–93." En Leila Frischtak e Izak Atiyas, comps., *Governance, Leadership, Communication: Building Constituencies for Economic Reform. Essays on Venezuela, Malaysia, Tanzania, Bolivia, Egypt, Ghana, Pakistan, Turkey, Brazil.* Washington, D.C.: Departamento de Desarrollo del Sector Privado del Banco Mundial.

Ndulu, Benno y Nicholas van de Walle, comps. 1996. *Agenda for Africa's Economic Renewal.* New Brunswick, N.J. y Oxford, Inglaterra: Transaction Publishers.

Nellis, John R. y Dennis A. Rondinelli. 1986. "Assessing Decentralization Policies in Developing Countries: The Case for Cautious Optimism." *Development Policy Review* 4(1): 3–23.

Noonan, John T., Jr. 1994. *Bribes.* Berkeley, Calif.: University of California Press.

North, Douglass. 1990. *Institutions, Institutional Change and Economic Performance.* Cambridge, Inglaterra: Cambridge University Press.

⎯⎯⎯. 1993. Documento preparado para la ceremonia de entrega del Premio Nobel en Economía. Estocolmo.

Nunberg, Barbara. 1995. *Managing the Civil Service: Reform Lessons from Advanced Industrialized Countries.* Documento para discusión No. 204 del Banco Mundial. Washington, D.C.: Banco Mundial.

⎯⎯⎯. De próxima aparición. *The State After Communism: Administrative Transitions in Central and Eastern Europe.* Departamento técnico de las Oficinas Regionales de Europa, Asia central y de Oriente Medio y Norte de Africa. Banco Mundial, Washington, D.C.

Oates, Wallace E. 1972. *Fiscal Federalism.* Nueva York, N.Y.: Harcourt Brace Jovanovich.

⎯⎯⎯. 1985. "Searching for the Leviathan: An Empirical Study." *American Economic Review* 74(4): 748–57.

OCDE (Organización de Cooperación y Desarrollo Económico). 1993. *Managing with Market-Type Mechanisms.* París: OCDE/PUMA.

———. 1994. *DAC Orientations on Participatory Development and Good Governance,* Vol. 2, No. 2. OECD Working Papers. París: OCDE.

———. 1996. "Social Expenditure Statistics of OECD Member Countries (Versión provisional)." Labor Market and Social Policy Occasional Papers No. 17. París: OCDE.

———. Diversas ediciones. *OECD Economic Outlook.* París: OCDE.

Oficina del Alto Comisionado de las Naciones Unidas para los refugiados. 1995. *La situación de los refugiados en el mundo: En busca de soluciones.* Madrid: Alianza.

Ohno, Kenichi. 1996. "Replicability of Selective Industrial Policy: The Case of Five Capital-Intensive Industries in Vietnam." Universidad de Saitama y Universidad de Tsukuba, Japón.

OIT (Oficina Internacional del Trabajo). Diversas ediciones. *El costo de la seguridad social.* Ginebra: OIT.

OIT (Organización Internacional del Trabajo). 1986. *Anuario de Estadísticas del Trabajo.* Ginebra: OIT.

———. 1994. *Anuario de Estadísticas del Trabajo.* Ginebra: OIT.

Okazaki, Tetsuji. 1997. "The Government-Firm Relationship in Postwar Japanese Economic Recovery: Co-ordinating the Coordination Failure in Industrial Rationalization." En Masahiko Aoki, Hyung-Ki Kim y Masahiro Okuno-Fujiwara, comps., *The Role of Government in East Asian Economic Development: Comparative Institutional Analysis.* Oxford, Inglaterra: Oxford University Press.

Olson, Mancur, Jr. 1992. *Lógica de la acción colectiva. Bienes públicos y la teoría de grupos.* México: Limusa-Noriega.

———. 1996. "Big Bills Left on the Sidewalks: Why Some Nations are Rich, and Others Poor." *Journal of Economic Perspectives* 10(2): 3–24.

Orstrom, Elinor. 1996. "Crossing the Divide: Co-production, Synergy and Development." *World Development* 24(6): 1073–87.

Orstrom, Elinor, Larry Schroeder y Susan Wynne. 1993. *Institutional Incentives and Sustainable Development: Infrastructure Policies in Perspective.* Boulder, Colo., San Francisco, Calif. y Oxford, Inglaterra: Westview Press.

Osborne, David y Ted Gaebler. 1993. *Reinventing Government: How the Entrepreneurial Spirit Is Transforming the Public Sector.* Nueva York, N.Y.: Penguin.

Ottaway, Marina. 1994. *Democratization and Ethnic Nationalism: African and Eastern European Experiences.* Policy Essay No. 14. Washington, D.C.: Consejo de Desarrollo de Ultramar.

Oxley, Les. 1994. "Cointegration, Causality and Wagner's Law: A Test for Britain, 1870–1913." *Scottish Journal of Political Economy* 41(3): 286–98.

Pardey, Philip G. y colaboradores. 1996. *Hidden Harvest: U.S. Benefits from International Research Aid.* Washington, D.C. Instituto Internacional de Investigaciones sobre Políticas Alimentarias.

Pasha, Hafiz. 1996 "Governance and Fiscal Reform: A Study of Pakistan." En Leila Frischtak e Izak Atiyas, comps., *Governance, Leadership, Communication: Building Constituencies for Economic Reform. Essays on Venezuela, Malaysia, Tanzania, Bolivia, Egypt, Ghana, Pakistan, Turkey, Brazil.* Washington, D.C.: Departamento de Desarrollo del Sector Privado del Banco Mundial.

Paul, Samuel. 1994. "Does Voice Matter? For Public Accountability, Yes." Documento de trabajo sobre investigaciones relativas a políticas de desarrollo No. 1388 del Banco Mundial. Departamento de Investigaciones sobre Políticas de Desarrollo, División de Desarrollo del Sector Financiero y el Sector Privado. Banco Mundial, Washington, D.C.

Peacock, A. T. y J. Wiseman. 1961. *The Growth of Public Expenditure in the United Kingdom.* NBER General Series No. 72. Princeton, N.J.: Princeton University Press.

Peters, B. Guy. 1996. *The Future of Governing: Four Emerging Models.* Lawrence, Kan.: University Press of Kansas.

Peterson, George E. 1997. *Decentralization in Latin America: Learning Through Experience.* Estudios del Banco Mundial sobre América Latina y el Caribe. Washington, D.C.: Banco Mundial.

Peterson, Paul E. 1995. *The Price of Federalism.* A Twentieth Century Fund Book. Washington, D.C.: Brookings Institution.

Picciotto, Robert. 1995. *Putting International Economics to Work: From Participation to Governance.* Documento para discusión No. 304 del Banco Mundial. Washington, D.C.: Banco Mundial.

———. 1996. "What Is Education Worth? From Production Function to Institutional Capital." Documento de trabajo No. 75, Desarrollo del Capital Humano. Banco Mundial, Washington, D.C.

Picks Currency Yearbook. Diversas ediciones. Nueva York, N.Y.: Pick Publishing.

Pierson, Paul. 1994. *Dismantling the Welfare State.* Nueva York, N.Y.: Cambridge University Press.

Pitschas, Rainer y Rolf Sülzer, comps. 1995. *New Institutionalism in Development Policy: Perspectives and General Conditions of Public Administration Development in the South and East.* Berlín: Duncker and Humblot.

Platteau, Jean Philippe. 1991. "Traditional Systems of Social Security." En E. Ahmad y colaboradores, comps., *Social Security in Developing Countries.* Oxford, Inglaterra: Oxford University Press.

Polizatto, Vincent P. 1992. "Prudential Regulation and Banking Supervision." En Dimitri Vittas, comp., *Financial Regulation: Changing the Rules of the Game.* Estudios del IDE sobre el desarrollo. Washington, D.C.: Banco Mundial.

Poterba, James M. 1994. "State Responses to Fiscal Crises: The Effect of Budgetary Institutions and Politics." *Journal of Political Economy* 102(4): 799.

Pradhan, Sanjay. 1996. *Evaluating Public Spending: A Framework for Public Expenditure Review.* Documento para discusión No. 323 del Banco Mundial. Washington, D.C.: Banco Mundial.

Pritchett, Lant y L. H. Summers. 1996. "Wealthier Is Healthier." *Journal of Human Resources* 1(4): 841–68.

Programa de las Naciones Unidas para el Desarrollo. 1997. *Reconceptualising Governance.* Discussion Paper 2. Nueva York, N.Y.: División de Desarrollo de la Gestión y de Buena Administración Pública, Dirección de Políticas y de Apoyo de Programas. Programa de las Naciones Unidas para el Desarrollo.

Prud'homme, Rémy. 1995. "The Dangers of Decentralization." *World Bank Research Observer* 10(2): 201–20.

Psacharopoulos, George. 1995. *Building Human Capital for Better Lives.* Washington, D.C.: Banco Mundial.

Psacharopoulos, George y Nguyen Xuan Nguyen. 1997. *The Role of Government and the Private Sector in Fighting Poverty.* Documento técnico No. 346 del Banco Mundial. Washington, D.C.: Banco Mundial.

Psacharopoulos, George y P. Zafiris Tzannatos. 1992. *Women's Employment and Pay in Latin America: Overview and Methodology.* Documentos regionales y sectoriales del Banco Mundial. Washington, D.C.: Banco Mundial.

Putnam, Robert con Robert Leonardi y Rafaella Y. Nanetti. 1993. *Making Democracy Work: Civic Traditions in Modern Italy.* Princeton, N.J.: Princeton University Press.

Quah, Jon. 1993. "Controlling Corruption in City-States: A Comparative Study of Hong Kong and Singapore." Documento presentado en una Conferencia sobre el milagro de Asia oriental: crecimiento económico y políticas gubernamentales. Universidad de Standford, Palo Alto, Calif., 25–26 de octubre.

Ram, Rati. 1986. "Government Size and Economic Growth: A New Framework and Some Evidence from Cross-Section and Time-Series Data." *American Economic Review* 76(1): 191–203.

_____. 1987. "Wagner's Hypothesis in Time Series and Cross-Section Perspectives: Evidence from 'Real' Data for 115 Countries." *Review of Economics and Statistics* 69: 194–204.

Ramey, Garey y Valerie Ramey. 1995. "Cross-Country Evidence on the Link Between Volatility and Growth." *American Economic Review* 85(5): 1138–51.

Reinert, Erik S. 1996. "The Role of the State in Economic Growth." Documento preparado para la conferencia celebrada en Milán sobre el auge y la caída de empresas públicas en los países de occidente. 10–12 de octubre.

Rietbergen-McCracken, Jennifer, comp. 1996. *Participation in Practice: The Experience of the World Bank and Other Stakeholders.* Documento para discusión No. 333 del Banco Mundial. Washington, D.C.: Banco Mundial.

Rodrik, Dani. 1996. "Why Do More Open Economies Have Larger Governments?" John F. Kennedy School of Government. Universidad de Harvard, Cambridge, Mass.

Romer, Paul M. 1994. "The Origins of Endogenous Growth." *Journal of Economic Perspectives* 8(1): 3–22.

Rose, Richard y Christian Haerpfer. 1990. "New Democracies Barometer III: Learning from What is Happenning," *Studies in Public Policy.*

Rose-Ackerman, Susan. 1978. *Corruption: A Study in Political Economy.* Nueva York, N.Y.: Academic Press.

_____. 1992. *Rethinking the Progressive Agenda: The Reform of the American Regulatory State.* Nueva York, N.Y.: Free Press.

_____. 1995. *Controlling Environmental Policy: The Limits of Public Law in Germany and the United States.* New Haven, Conn.: Yale University Press.

_____. De próxima aparición. "The Political Economy of Corruption." En Kimberly Ann Elliott, comp., *Corruption in the World Economy.* Washington, D.C.: Instituto de Economía Internacional.

Roy, Jayanta, comp. 1995. *Macroeconomic Management and Fiscal Decentralization.* Serie de seminarios del IDE. Washington, D.C.: Banco Mundial.

Ruzindana, Augustine. 1995. "Combating Corruption in Uganda." En Peter Langseth, J. Katorobo, E. Brett y J. Munene, comps., *Uganda: Landmarks in Rebuilding a Nation.* Kampala: Fountain Publishers.

Salamon, Lester M. y Helmut K. Anheier. 1994. *The Emerging Sector—An Overview.* Baltimore, Md.: The Johns Hopkins University Institute for Policy Studies.

_____.1996. "The Nonprofit Sector: A New Global Force." Working Paper No. 21. The Johns Hopkins Comparative Nonprofit Sector Project. The Johns Hopkins University Institute for Policy Studies, Baltimore, Md.

Saunders, Anthony y Berry Wilson. 1995. "Contingent Liability in Banking: Useful Policy for Developing Countries?" Documento de trabajo sobre investigaciones relativas a políticas de desarrollo No. 1538 del Banco Mundial. Departamento de Investigaciones sobre Políticas de Desarrollo, División de Desarrollo del Sector Financiero y el Sector Privado. Banco Mundial, Washington, D.C.

Scharpf, Fritz W. 1994. *Optionen des Föderalismus in Deutschland und Europa.* Francfort, Alemania y Nueva York, N.Y.: Campus Verlag.

Schwart, Joseph. 1994. "Democratic Solidarity and the Crisis of the Welfare State." En Lyman Legters, John Burke y Arthur Diquatro, comps., *Critical Perspectives on Democracy.* Lanham, Md.: Rowman & Littlefield.

Scott, Graham. 1995. "Improving Fiscal Responsibility." Extract from *Agenda: A Journal of Policy Analysis and Reform* 2(1): 3–16. Heidelberg, Victoria, Australia.

_____. 1996. "The Use of Contracting in the Public Sector." *Australian Journal of Public Administration* 55(3).

Sen, Amartya. 1987. *The Standard of Living.* Cambridge, Inglaterra: Cambridge University Press.

Senghaas, Dieter. 1985. *The European Experience: A Historical Critique of Development Theories.* Oxford, Inglaterra: Berg Publishers.

Serven, Luis y Andrés Solimano, comps. 1994. *Striving for Growth after Adjustment: The Role of Capital Formation.* Washington, D.C.: Banco Mundial.

Shah, Anwar. 1994. *The Reform of Intergovernmental Fiscal Relations in Developing and Emerging Market Economies.* Washington, D.C.: Banco Mundial.

_____.1997. "Fostering Responsible and Accountable Performance: Lessons from Decentralization Experience." Documento presentado en la Conferencia anual del DEO. Banco Mundial, Washington, D.C., 1–2 de abril.

Sheng, Andrew. 1992. "Bank Restructuring in Malaysia." En Dimitri Vittas, comp. *Financial Regulation: Changing the Rules of the Game.* Estudios del IDE sobre el desarrollo. Washington, D.C.: Banco Mundial.

Shihata, Ibrahim F. I. 1996. "Implementation, Enforcement and Compliance With International Environmental Agreements—Practical Suggestions in Light of the World Bank's Experience." Departamento Jurídico. Banco Mundial, Washington, D.C.

Shiratori, Masaki y Yoshio Wada. 1996. "World Bank-OECF Periodic Conference: General Meeting on 'Role of Government.'" Banco Mundial, Washington, D.C.

Shleifer, Andrei. 1996. "Government in Transition." Discussion Paper No. 1783. Harvard Institute of Economic Research. Universidad de Harvard, Cambridge, Mass.

Shleifer, Andrei y Robert W. Vishny. 1993. "Corruption." *Quarterly Journal of Economics* 108: 599–617.

Shui Yan Tang. 1992. *Institutions and Collective Action: Self Governance in Irrigation.* San Francisco, Calif.: Institute for Contemporary Studies.

Sills, David L., comp. 1974–77. *Enciclopedia internacional de las ciencias sociales.* Madrid: Aguilar.

Silverman, Jerry M. 1992. *Public Sector Decentralization: Economic Policy and Sector Investment Programs*. Documento técnico No. 188 del Banco Mundial, Serie del Departamento Técnico de África. Washington, D.C.: Banco Mundial.

Slemrod, Joel. 1995. "What Do Cross-Country Studies Teach about Government Involvement, Prosperity and Economic Growth?" *Brookings Papers on Economic Activity* 2: 373–431.

Snider, Lewis. 1996. *Growth, Debt and Politics: Economic Adjustment and the Political Performance of Developing Countries*. Boulder, Colo.: Westview Press.

Sociedad Alemana de Cooperación Técnica (GTZ). Sin fecha. "Indo-German Watershed Development Programme, Maharashtra, India." GTZ. Eschborn, Alemania.

Solow, Robert. 1956. "A Contribution to the Theory of Economic Growth." *Quarterly Journal of Economics* 70: 65–94.

Soyinka, Wole. 1996. *The Open Sore of a Continent: A Personal Narrative of the Nigerian Crisis*. Nueva York, N.Y. y Oxford, Inglaterra: Oxford University Press.

Spiller, Pablo T. y Cezley Sampson. 1996. "Telecommunications Regulation in Jamaica." En Brian Levy y Pablo Spiller, comps., *Regulations, Institutions and Commitment: Comparative Studies of Telecommunications*. Cambridge, Inglaterra: Cambridge University Press.

Spiller, Pablo e Ingo Vogelsang. 1996. "The United Kingdom: A Pacesetter in Regulatory Incentives. En Brian Levy y Pablo Spiller, comps., *Regulations, Institutions and Commitment: Comparative Studies of Telecommunications*. Cambridge, Inglaterra: Cambridge University Press.

Stein, Freiherr vom. 1807. "Über die zweckmäßige Bildung der obersten und der Provinzial-, Finanz- und Polizeibehörden in der preußischen Monarchie (Nassauer Denkschrift)." (Reimpreso en Walther Hubatsch, comp. 1959. *Freiherr vom Stein. Briefe und amtliche Schriften,* págs. 380–98. Stuttgart, Alemania: Kohlhammer.)

Stiglitz, Joseph E. 1977. "The Theory of Local Public Goods." En Martin S. Feldstein y Robert P. Inman, comps., *The Economics of Public Services,* págs. 274–333. Londres: Macmillan.

_____. 1988. *Economía del sector público*. Barcelona: Antoni Bosch.

_____. 1994. *Whither Socialism?* Cambridge, Mass.: MIT Press.

_____. 1995. "The Theory of International Public Goods and the Architecture of International Organizations." Documento presentado en la Tercera Reunión de las Naciones Unidas del Grupo de alto nivel sobre estrategia de desarrollo y gestión de las economías de mercado. Helsinki, 8–9 de julio.

_____. 1996. "Keynote Address: The Role of Government in Economic Development." En Michael Bruno y Boris Pleskovic, comps., *Annual World Bank Conference on Development Economics,* págs. 11–23. Washington, D.C.: Banco Mundial.

Stiglitz, Joseph y Marilou Uy. 1996. "Financial Markets, Public Policy and the East Asian Miracle." *World Bank Research Observer* 11(2): 249–76.

Stone, Andrew, Brian Levy y Ricardo Paredes. 1996. "Public Institutions and Private Transactions: A Comparative Analysis of the Legal and Regulatory Environment for Business Transactions in Brazil and Chile." En Lee J. Alston, Thrainn Eggertsson y Douglass C. North, comps., *Empirical Studies in Institutional Change*. Nueva York, N.Y.: Cambridge University Press.

Strong, Maurice F. 1996. "The CGIAR at Twenty-Five: Looking Back and Looking Forward." Conferencia en memoria de Sir John Crawford, Semana de los Centros Internacionales, Washington, D.C., 28 de octubre.

Stuart, Charles E. 1981. "Swedish Tax Rates, Labor Supply, and Tax Revenues." *Journal of Political Economy* 89(51): 1020–51.

Subbarao, Kalanidhi, Aniruddha Bonnerjee, Jeanine Braithwaite, Soniya Carvalho, Kene Ezemenari, Carol Graham y Alan Thompson. 1997. *Safety Net Programs and Poverty Reduction: Lessons from Cross Country Experience*. Serie de Tendencias del Desarrollo. Washington, D.C.: Banco Mundial.

Suecia. Ministerio de Salud y Asuntos Sociales. 1994. "Pension Reform in Sweden: A Short Summary." Estocolmo: Ministerio de Salud y Asuntos Sociales.

Suecia. Styrelsen för Internationell Utveckling. 1994. *State, Market and Aid: Redefined Roles*. Estocolmo: Organismo Sueco de Desarrollo Internacional.

Summers, Robert y Alan Heston. 1991. "The Penn World Table (Mark 5): An Expanded Set of International Comparisons, 1950–1988." *Quarterly Journal of Economics* 106 (Mayo): 327–68.

Tallroth, Nils Borje, III. 1997. "The Political Economy of Modern Wars in Africa." Documento presentado en la Conferencia del Centro Carter sobre la transición de la guerra a la paz. Atlanta, 19–21 de febrero.

Tanzi, Vito. 1995a. "Fiscal Federalism and Decentralization: A Review of Some Efficiency and Macroeconomic Aspects." En Michael Bruno y Boris Pleskovic, comps., *Annual World Bank Conference on Development Economics,* págs. 295–316. Washington, D.C.: Banco Mundial.

_____. 1995b. *Taxation in an Integrating World*. Washington, D.C.: Brookings Institution.

Tanzi, Vito y Ludger Schuknecht. 1995. "The Growth of Government and the Reform of the State in Industrial Countries." Documento de trabajo del FMI No. WP/95/130. Fondo Monetario Internacional, Washington, D.C.

Tavares, José y Romain Wacziarg. 1996. "How Democracy Fosters Growth?" Departamento de Economía, Universidad de Harvard, Cambridge, Mass.

Tendler, Judith. 1997. *Good Government in the Tropics*. Baltimore, Md.: Johns Hopkins University Press.

Tengs, Tammy O. y John D. Graham. 1996. "The Opportunity Costs of Haphazard Social Investments in Life-Saving." En Robert W. Hahn, comp., *Risks, Costs and Lives Saved: Getting Better Results from Regulation*. Nueva York, N.Y.: Oxford University Press.

Teranishi, Juro y Yukata Kosai, comps. 1993. *The Japanese Experience of Economic Reforms*. Nueva York, N.Y.: St. Martin's Press.

Tilly, Charles. 1992. *Coerción, capital y los estados europeos: 990–1990*. Madrid: Alianza Editorial.

Tlaiye, Laura y Dan Biller. 1995. "Instituciones Eficientes para el Medio Ambiente: Enseñanzas de Colombia y de Curitiba, Brasil." Nota de difusión No. 12. Departamento Técnico, Oficina Regional de América Latina y el Caribe, Unidad del Medio Ambiente. Banco Mundial, Washington, D.C.

Thomas, Vinod y Jisoon Lee. 1997. "The Payoffs from Economic Reforms." En Nancy Birdsall y Frederick Jaspersen, comps., *Pathways to Growth*. Washington, D.C.: Banco Interamericano de Desarrollo.

Toye, J. 1992. "Interest Group Politics and the Implementation of Adjustment Policies in Sub-Saharan Africa." *Journal of Interna-

tional Development Policy, Economic and International Relations 4(2), Marzo–Abril: 183–98 (número especial de The Economic Analysis of Aid Policy).

Trebilcock, Michael J. 1996. "What Makes Poor Countries Poor? The Role of Institutional Capital in Economic Development." Facultad de Derecho, Universidad de Toronto, Toronto.

Twain, Mark, Charles Warner y Ward Just. 1877. *The Gilded Age: A Tale of Today.* Reimpreso por Nueva York, N.Y.: Oxford University Press, 1996.

Unión Interparlamentaria. 1996. "Las mujeres en el Parlamento al 30 de junio de 1995." Unión Interparlamentaria. Ginebra.

Valdeavilla, Ermelita V. 1995. "Breakthroughs and Challenges of Making Philippine Government Work for Gender Equality." *IDS Bulletin* 26(3): 94–101. Brighton, Inglaterra: Instituto de Estudios para el Desarrollo, Universidad de Sussex, Brighton, Inglaterra.

van der Gaag, Jacques. 1995. *Private and Public Initiatives: Working Together for Health and Education.* Washington, D.C.: Banco Mundial.

van de Walle, Dominique y Kimberley Nead, comps. 1995. *Public Spending and the Poor: Theory and Evidence.* Baltimore, Md.: Johns Hopkins University Press.

Villadsen, Søren y Francis Lubanga, comps. 1996. *Democratic Decentralisation in Uganda: A New Approach to Local Governance.* Kampala, Uganda: Fountain.

Vittas, Dimitri, comp. 1992. *Financial Regulation: Changing the Rules of the Game.* Estudios del IDE sobre el desarrollo. Washington, D.C.: Banco Mundial.

von Hagen, J. e I. Harden. 1994. "National Budget Processes and Fiscal Performance." *European Economy, Reports and Studies* 3: 311–418.

Wade, Robert. 1994. "The Governance of Infrastructure: Organizational Issues in the Operation and Maintenance of Irrigation Canals." Banco Mundial, Washington, D.C.

Wallich, Christine I. 1994. "Intergovernmental Fiscal Relations: Setting the Stage." En Christine I. Wallich, comp., *Russia and the Challenge of Fiscal Federalism,* págs. 19–63. Estudios regionales y sectoriales del Banco Mundial. Washington, D.C.: Banco Mundial.

Weal, Albert. 1990. "Equality, Social Welfare and the Welfare State." *Ethics* 100(3): 475.

Weaver, R. Kent y William T. Dickens, comps. 1995. *Looking Before We Leap: Social Science and Welfare Reform.* Washington, D.C.: Brookings Institution.

Wiesner Durán, Eduardo. 1992. "Colombia: Descentralización y Federalismo Fiscal: Informe Final de la Misión para la Descentralización." Departamento Nacional de Planeación, Presidencia de la República, Bogotá, Colombia.

Wildasin, David E. 1996. "Introduction: Fiscal Aspects of Evolving Federations." *International Tax and Public Finance* (Países Bajos) 3: 21–131.

Williamson, John, comp. 1994. *The Political Economy of Policy Reform.* Washington, D.C.: Institute for International Economics.

Williamson, Oliver E. 1996. *The Mechanisms of Governance.* Nueva York, N.Y.: Oxford University Press.

Willman, John, Stephen Pollard, Bernard Jenkin, Madsen Pirie, Eamonn Butler y José Piñera. 1996. "The Need for Welfare Reform". En *Over to You: The Transition of Funded Fortune Accounts.* Londres: Adam Smith Institute.

Winston, Clifford. 1993. "Economic Deregulation: Days of Reckoning for Microeconomists." *Journal of Economic Literature* 31(3): 1263–89.

Wolf, Edward. 1985. "Social Security, Pensions and the Wealth Holdings of the Poor." Institute for Research on Poverty Discussion Paper No. 799-85. Universidad de Wisconsin-Madison, Madison, Wisc.

Wong, John. 1997. "Government Participation in Economic Development: Singapore Experiences." Documento presentado en el Simposio Internacional sobre la función del Estado en las economías de mercado. China Institute for Reform and Development, Haikou, China, 7–8 de enero.

Wyzan, M. L. Michael, comp. 1990. *The Political Economy of Ethnic Discrimination and Affirmative Action: A Comparative Perspective.* Nueva York, N.Y.: Praeger.

Zartman, William I., comp. 1995. *Collapsed States: The Disintegration and Restoration of Legitimate Authority.* Boulder, Colo. y Londres: Lynne Rienner.

APÉNDICE

INDICADORES SELECCIONADOS SOBRE FINANZAS PÚBLICAS

Los datos sobre los ingresos y gastos del gobierno central provienen de diversas ediciones de FMI a) y b) y de los archivos de datos del FMI. Las cuentas correspondientes a cada país se han declarado conforme a las definiciones y clasificaciones corrientes que aparecen en FMI, 1986. Para obtener una explicación completa y autorizada de los conceptos, definiciones y fuentes de los datos, véanse dichas fuentes.

Cuadro A.1 Ingresos del gobierno central

El ingreso corriente comprende los ingresos tributarios y las entradas no reembolsables (salvo donaciones) procedentes de la venta de tierras, activos intangibles, existencias del gobierno o activos de capital fijo, o de transferencias de capital de fuentes no gubernamentales.

Los impuestos a los *ingresos, utilidades y ganancias de capital* se aplican sobre el ingreso neto efectivo o presunto de las personas naturales, sobre las utilidades de las empresas y sobre las ganancias de capital. Las *contribuciones al seguro social* comprenden las contribuciones de los empleadores y empleados y las de los empleados por cuenta propia y los desempleados. Los impuestos a los *bienes y servicios nacionales* incluyen los impuestos generales sobre la venta y sobre la cifra de negocios o impuestos al valor agregado, impuestos específicos sobre el consumo de bienes, impuestos específicos sobre los servicios, impuestos sobre el uso de bienes o la propiedad y las utilidades de los monopolios fiscales. Los impuestos sobre el *comercio internacional* comprenden los derechos de importación y exportación, las utilidades de los monopolios de importación o exportación, las utilidades cambiarias y los impuestos sobre transacciones cambiarias. El rubro *otros impuestos* comprende los impuestos sobre las nóminas, los impuestos sobre la propiedad y los que no se pueden asignar a otras categorías. Los *ingresos no tributarios* incluyen las entradas que no representan pagos obligatorios ni son reembolsables para finalidades del sector público, como las multas, los cargos administrativos o los ingresos empresariales procedentes de propiedades estatales, y entradas voluntarias, unilaterales y no recuperables procedentes de fuentes no gubernamentales.

Cuadro A.2 Gastos del gobierno central por tipo económico

El gasto público comprende todos los pagos no recuperables, con fines corrientes o de capital, sean o no unilaterales. El gasto se puede medir por tipo económico, como se muestra en este cuadro, o por función, como aparece en el Cuadro A.3.

El gasto en concepto de *bienes y servicios* comprende todos los pagos del gobierno a cambio de bienes y servicios, ya sea en forma de sueldos y salarios a los empleados u otras adquisiciones. Los *sueldos y salarios* comprenden todos los pagos en efectivo efectuados a los empleados por servicios prestados, antes de descontar los impuestos y las contribuciones a los planes de pensiones. Los *pagos de intereses* son los pagos por el uso de dinero tomado en préstamo a los sectores internos y no residentes. Las *subvenciones y otras transferencias corrientes* comprenden todas las transferencias unilaterales no reembolsables en cuenta corriente a empresas privadas y públicas, y el costo de cubrir los déficit de operación en efectivo de las empresas adscritas por ventas al público. El *gasto de capital* es el gasto para adquirir activos de capital fijo, tierras, activos intangibles, existencias del gobierno y activos no financieros no militares. Incluye también las donaciones en capital.

Cuadro A.3 Gasto del gobierno central por función

Los datos sobre el gasto del gobierno central por función suelen ser incompletos, y la cobertura varía entre los distintos países, debido a que las responsabilidades funcionales recaen en distintos niveles de gobierno respecto de los cuales no se dispone de datos. En consecuencia, en algunos casos los datos que se presentan, sobre todo los correspondientes a la educación y la salud, pueden no ser comparables entre países.

El rubro *salud* comprende el gasto público en hospitales, maternidades y centros de atención dental, y algunas clínicas; en planes nacionales de seguro médico, y en planificación y salud preventiva. El rubro *educación* comprende el gasto en establecimientos de enseñanza preescolar, primaria y secundaria; establecimientos de enseñanza superior, e instituciones de formación profesional, técnica y otras instituciones de capacitación. El rubro *seguro social y asistencia social* comprende las indemnizaciones a los enfermos y a las personas temporalmente incapacitadas por la pérdida de ingresos; los pagos a los ancianos, a los incapacitados en forma permanente y a los desempleados; las asignaciones familiares, de maternidad y por hijos a cargo, y el costo de los servicios de asistencia social, como el cuidado de los ancianos, los discapacitados y los niños. Los gastos para fines de *defensa* abarcan todos los realizados por el ministerio de defensa o por otros ministerios para el mantenimiento de las fuerzas armadas. El rubro *otros gastos* abarca los servicios públicos generales, los pagos de intereses y partidas no incluidas en otra parte.

Cuadro A.1 Ingresos del gobierno central

Porcentaje del total del ingreso corriente

Ingresos tributarios

		Ingresos, utilidades y ganancias de capital		Contribuciones al seguro social		Bienes y servicios nacionales		Comercio internacional		Otros impuestos		Ingresos no tributarios	
		1981–90	1991–95	1981–90	1991–95	1981–90	1991–95	1981–90	1991–95	1981–90	1991–95	1981–90	1991–95
Países de ingreso bajo													
1	Mozambique	..	..	..	..	..	..	..	..	..	..	..	..
2	Etiopía	27,5	26,5	..	..	22,2	25,7	20,2	18,5	0,7	1,7	27,5	23,4
3	Tanzanía	*28,7*	..	..	..	*55,0*	..	*9,6*	..	*1,3*	..	*4,6*	..
4	Burundi	22,4	..	2,9	..	28,7	..	24,0	..	2,3	..	10,8	..
5	Malawi	35,0	..	..	..	32,2	..	19,0	..	0,5	..	13,3	..
6	Chad	*19,0*	22,6	..	..	*35,3*	33,7	*27,5*	15,3	*6,6*	5,2	*9,5*	21,8
7	Rwanda	*17,1*	*14,7*	*6,4*	*3,5*	*33,6*	*35,2*	*26,1*	*31,4*	*3,3*	*3,8*	*13,0*	*11,2*
8	Sierra Leona	26,0	22,8	..	..	22,7	35,4	41,2	37,7	1,2	0,3	8,8	3,8
9	Nepal	8,6	8,8	..	..	38,7	39,1	29,2	28,0	0,2	..	17,2	19,3
10	Níger	..	..	..	..	..	..	..	..	..	..	..	..
11	Burkina Faso	17,8	*21,5*	8,2	..	17,6	..	35,8	..	5,1	*2,0*	13,7	*25,0*
12	Madagascar	*11,4*	16,0	..	..	*21,0*	24,6	*45,9*	46,7	*0,7*	0,4	*19,6*	11,1
13	Bangladesh	9,6	..	..	..	25,3	..	32,2	..	1,5	..	29,5	..
14	Uganda	8,2	..	..	..	31,1	..	58,6	..	0,1	..	3,1	..
15	Viet Nam	..	..	..	..	..	..	..	..	..	..	..	..
16	Guinea-Bissau	*9,9*	..	2,1	..	15,8	..	33,5	..	8,8	..	36,6	..
17	Haití	14,9	..	0,3	..	30,7	..	23,8	..	6,2	..	11,5	..
18	Malí	12,3	..	4,7	..	31,8	..	21,5	..	11,0	..	11,2	..
19	Nigeria	*50,5*	..	..	..	6,9	..	12,1	..	0,2	..	50,6	..
20	Yemen, República del	25,8	22,8	..	..	10,2	10,8	16,8	19,1	4,5	2,7	42,6	42,9
21	Camboya	..	..	..	..	..	..	..	..	..	..	..	..
22	Kenya	28,6	28,5	..	..	39,9	47,5	20,1	12,4	0,9	1,0	10,6	10,6
23	Mongolia	..	34,8	..	11,6	..	24,3	..	13,1	..	0,4	..	16,0
24	Togo	33,5	..	6,4	..	11,6	..	31,2	..	0,2	..	13,2	..
25	Gambia	15,8	13,3	..	..	10,5	38,0	65,4	42,4	0,8	0,4	7,4	5,9
26	República Centroafricana	*16,1*	..	*6,4*	..	*20,8*	..	*39,8*	..	*7,4*	..	*9,1*	..
27	India	16,0	19,7	..	..	37,8	32,9	26,2	23,3	0,1	0,2	19,5	23,8
28	República Dem. Pop. Lao	..	..	..	..	..	..	..	..	..	..	..	..
29	Benin	..	..	..	..	..	..	..	..	..	..	..	..
30	Nicaragua	13,5	11,2	9,7	11,8	43,8	45,1	13,2	19,4	2,1	5,3	9,5	6,6
31	Ghana	22,5	17,7	..	..	28,2	37,1	37,2	31,2	0,1	..	12,1	14,0
32	Zambia	33,2	33,5	..	..	41,2	42,5	17,8	18,5	1,2	0,1	6,4	5,1
33	Angola	..	..	..	..	..	..	..	..	..	..	..	..
34	Georgia	..	..	..	..	..	..	..	..	..	..	..	..
35	Pakistán	12,3	14,2	..	..	33,0	32,0	31,7	26,5	0,0	..	22,8	26,8
36	Mauritania	..	..	..	..	..	..	..	..	..	..	..	..
37	Azerbaiyán	..	..	..	..	..	..	..	..	..	..	..	..
38	Zimbabwe	44,8	44,4	..	..	29,0	26,3	14,7	19,0	0,8	0,8	10,4	9,3
39	Guinea	*8,6*	10,4	..	..	*16,6*	25,1	*47,0*	46,1	*0,4*	0,8	*27,4*	17,6
40	Honduras	24,2	..	..	..	25,9	..	42,4	..	1,0	..	5,7	..
41	Senegal	*20,7*	..	*3,5*	..	*26,0*	..	*35,6*	..	*2,1*	..	*7,1*	..
42	China	31,2	33,5	..	..	17,6	29,2	13,8	17,7	..	0,8	37,4	19,4
43	Camerún	39,0	18,1	5,7	5,6	15,1	18,4	19,7	16,9	2,9	3,6	15,0	33,4
44	Côte d'Ivoire	..	..	..	..	..	..	..	..	..	..	..	..
45	Albania	..	8,4	..	15,2	..	39,6	..	14,0	..	0,4	..	21,5
46	Congo	..	..	..	..	..	..	..	..	..	..	..	..
47	República Kirguisa	..	..	..	..	..	..	..	..	..	..	..	..
48	Sri Lanka	13,4	13,2	..	..	38,5	49,6	32,6	22,1	..	..	12,7	11,1
49	Armenia	..	..	..	..	..	..	..	..	..	..	..	..
Países de ingreso mediano													
De ingreso mediano bajo													
50	Lesotho	11,3	15,4	..	..	16,8	15,9	59,7	55,1	0,4	0,1	11,9	13,4
51	Egipto, República Árabe de	16,5	20,6	13,1	10,5	11,4	12,8	15,7	10,4	6,4	9,0	35,9	36,0
52	Bolivia	3,7	4,3	8,7	7,5	37,5	38,5	12,5	6,6	3,8	0,5	29,2	33,9
53	Macedonia, ERY de	..	..	..	..	..	..	..	..	..	..	..	..
54	Moldova	..	..	..	..	..	..	..	..	..	..	..	..
55	Uzbekistán	..	..	..	..	..	..	..	..	..	..	..	..
56	Indonesia	61,9	52,2	..	2,0	16,9	28,0	5,2	5,4	0,5	0,5	14,1	11,5
57	Filipinas	23,6	29,2	..	..	36,3	26,7	24,1	28,1	2,1	3,6	13,1	12,2
58	Marruecos	19,0	22,6	4,7	3,8	39,4	39,9	17,2	18,0	3,9	1,4	13,5	12,0
59	República Árabe Siria	26,6	27,4	..	..	20,6	34,0	7,9	11,5	6,1	6,0	36,7	19,9
60	Papua Nueva Guinea	46,0	45,0	..	..	12,8	10,8	23,9	23,8	1,8	1,9	15,5	18,4
61	Bulgaria	*32,4*	20,7	*20,9*	25,4	*20,0*	21,1	*1,8*	6,9	*1,2*	4,3	*23,7*	21,6
62	Kazakstán	..	..	..	..	..	..	..	..	..	..	..	..
63	Guatemala	15,7	19,4	..	..	39,4	42,4	21,2	20,1	7,5	3,5	14,8	13,7
64	Ecuador	53,9	56,0	..	..	20,8	24,9	20,2	11,6	1,1	1,0	2,5	5,5
65	República Dominicana	19,4	17,1	4,1	4,1	28,4	25,1	33,7	44,2	1,4	0,3	12,3	8,6
66	Rumania	*18,9*	32,4	*15,4*	29,6	*32,6*	22,7	*0,5*	4,0	*11,1*	2,5	*68,3*	8,8
67	Jamaica	34,5	..	4,6	..	38,0	..	7,7	..	8,7	..	4,8	..
68	Jordania	12,0	11,1	..	..	13,8	20,6	34,0	31,6	5,6	5,3	30,0	26,9
69	Argelia	..	..	..	..	..	..	..	..	..	..	..	..
70	El Salvador	20,2	22,2	..	..	39,9	49,8	25,8	17,0	0,8	0,2	8,3	7,1
71	Ucrania	..	..	..	..	..	..	..	..	..	..	..	..
72	Paraguay	12,7	9,8	13,1	..	22,6	27,7	14,6	14,8	12,7	11,9	16,7	30,0

Nota: Es posible que los componentes no sumen 100% debido al ajuste de los totales del ingreso corriente por parte de los países declarantes. Las cifras que aparecen en bastardilla corresponden a años distintos de los indicados.

Porcentaje del total del ingreso corriente

Ingresos tributarios

		Ingresos, utilidades y ganancias de capital		Contribuciones al seguro social		Bienes y servicios nacionales		Comercio internacional		Otros impuestos		Ingresos no tributarios	
		1981–90	1991–95	1981–90	1991–95	1981–90	1991–95	1981–90	1991–95	1981–90	1991–95	1981–90	1991–95
73	Túnez	13,7	13,6	9,0	12,3	21,0	23,2	27,4	28,4	2,6	2,9	24,4	17,8
74	Lituania	..	20,7	..	29,8	..	38,2	..	3,7	..	0,3	..	6,5
75	Colombia	24,6	39,3	10,3	..	28,2	37,2	17,0	9,7	6,2	0,7	14,4	13,2
76	Namibia	34,9	26,2	..	..	21,9	26,6	29,3	33,6	0,3	0,4	12,9	12,7
77	Belarús	..	11,9	..	32,2	..	39,9	..	4,5	..	8,7	..	2,0
78	Federación de Rusia	..	14,2	..	33,6	..	32,7	..	12,1	..	1,4	..	6,4
79	Letonia	..	11,5	..	34,9	..	40,0	..	3,6	..	0,4	..	9,8
80	Perú	14,6	12,5	7,4	12,3	49,8	49,3	20,8	9,8	8,0	7,3	9,1	8,6
81	Costa Rica	12,3	9,8	26,2	27,7	26,0	32,2	25,5	16,1	1,2	0,7	10,6	13,1
82	Líbano	..	10,3	..	..	..	6,8	..	35,5	..	6,7	..	30,5
83	Tailandia	20,3	28,4	0,2	1,1	46,5	40,7	21,3	17,6	0,7	0,8	9,3	9,1
84	Panamá	20,7	18,0	22,4	20,5	15,5	16,8	9,9	10,5	1,7	1,7	25,6	31,1
85	Turquía	44,4	37,0	..	..	28,0	35,4	6,9	4,1	3,7	2,3	15,6	20,1
86	Polonia	25,8	27,6	24,0	24,7	30,0	28,0	6,6	8,1	6,4	1,1	5,3	10,4
87	Estonia	..	20,5	..	33,6	..	38,8	..	1,8	..	0,5	..	4,6
88	República Eslovaca	..	..	..	..	..	..	..	..	..	..	..	..
89	Botswana	35,6	29,7	..	..	1,3	3,0	20,4	18,6	..	..	42,5	48,6
90	Venezuela	60,0	50,6	3,9	5,5	5,5	10,4	12,6	9,1	1,1	1,3	18,3	22,3
De ingreso mediano alto													
91	Sudáfrica	51,4	50,9	1,5	1,8	31,0	34,9	4,4	2,9	1,4	1,3	8,7	6,5
92	Croacia	..	10,7	..	36,9	..	38,1	..	8,3	..	0,5	..	5,1
93	México	27,9	34,2	12,9	17,9	55,3	50,2	10,1	7,1	1,0	2,4	10,7	9,0
94	Mauricio	12,8	12,5	4,4	5,1	19,2	23,9	49,2	41,0	0,4	0,7	10,9	11,1
95	Gabón	40,2	27,6	0,9	0,8	10,8	23,7	17,4	17,4	1,8	0,9	29,2	29,3
96	Brasil	17,4	16,3	24,8	30,1	21,0	19,2	2,7	1,9	4,5	5,2	29,5	27,2
97	Trinidad y Tabago	62,3	..	..	..	11,0	..	8,0	..	0,6	..	17,7	..
98	República Checa	..	16,6	..	38,0	..	31,9	..	3,9	..	1,7	..	7,5
99	Malasia	34,8	34,3	0,6	1,0	17,8	22,0	20,5	14,1	1,8	3,5	24,1	24,6
100	Hungría	16,9	..	22,8	..	34,7	..	6,2	..	3,5	..	13,2	..
101	Chile	13,3	18,1	8,4	6,7	41,8	45,2	8,7	9,6	6,3	3,7	21,1	16,7
102	Omán	24,3	19,9	..	..	0,7	1,0	2,5	3,2	0,5	0,7	71,9	74,9
103	Uruguay	7,4	7,3	26,1	30,1	42,2	32,4	11,4	5,6	4,9	8,4	6,4	5,9
104	Arabia Saudita	..	..	..	..	..	..	..	..	..	..	..	..
105	Argentina	4,9	2,6	26,4	45,9	33,1	26,6	13,8	7,9	6,0	4,6	11,9	9,1
106	Eslovenia	..	..	..	..	..	..	..	..	..	..	..	..
107	Grecia	18,5	29,6	31,7	1,1	37,8	66,5	0,9	0,1	4,7	3,9	9,7	6,4
Países de ingreso alto													
108	República de Corea	27,1	31,6	2,2	6,9	40,9	33,6	14,2	6,9	2,7	6,0	11,4	12,1
109	Portugal	21,6	24,7	25,0	25,0	35,1	35,2	3,4	0,2	5,5	2,8	8,3	11,8
110	España	25,6	31,2	41,5	38,2	19,9	21,5	3,3	0,6	0,3	..	7,9	8,1
111	Nueva Zelandia	59,7	58,2	..	..	21,5	27,4	3,4	2,1	1,1	1,4	13,4	10,1
112	Irlanda	33,9	38,6	13,6	14,7	31,2	30,9	8,2	5,9	1,4	1,5	10,0	6,4
113	†Israel	38,2	37,4	8,4	7,7	28,8	35,9	3,9	1,2	3,5	3,1	16,7	13,7
114	†Kuwait	1,7	..	..	..	0,6	..	1,6	..	..	..	96,0	..
115	†Emiratos Árabes Unidos	..	..	2,5	2,1	24,1	26,0	..	..	..	..	77,3	71,9
116	Reino Unido	39,2	35,2	16,9	16,9	29,7	32,3	0,1	0,1	1,0	0,1	10,7	8,3
117	Australia	61,5	63,9	..	..	22,8	20,4	4,8	3,3	0,5	1,5	10,1	10,9
118	Italia	36,3	36,6	33,7	29,2	25,6	28,8	0,0	0,0	1,4	1,2	4,0	2,9
119	Canadá	50,3	49,3	13,6	18,4	19,2	18,2	4,4	2,6	0,0	..	12,5	11,4
120	Finlandia	30,5	29,0	9,5	11,4	46,7	44,2	1,1	0,9	0,3	0,3	8,4	11,6
121	†Hong Kong	..	..	..	..	..	..	..	..	..	..	..	..
122	Suecia	16,9	8,9	31,5	36,0	28,6	31,6	0,6	0,8	5,1	3,0	14,5	15,8
123	Países Bajos	26,0	28,7	39,0	38,5	20,6	21,6	..	..	0,4	0,9	12,0	8,0
124	Bélgica	37,2	33,6	33,4	35,4	23,5	24,7	0,0	0,0	0,1	..	3,7	3,8
125	Francia	17,6	17,7	42,1	44,1	29,4	27,5	0,0	0,0	1,2	2,0	7,7	6,8
126	†Singapur	27,2	28,0	..	..	15,3	18,3	3,7	1,7	5,4	8,9	40,1	36,5
127	Austria	19,6	19,9	36,3	37,5	26,2	24,6	1,4	1,4	6,5	6,5	8,3	8,6
128	Estados Unidos	51,4	50,9	32,4	34,5	4,4	3,9	1,5	1,5	0,0	0,0	9,2	8,1
129	Alemania	17,3	15,5	53,9	47,7	22,5	25,2	0,0	..	..	..	6,2	6,2
130	Dinamarca	36,7	38,3	3,9	3,9	42,6	39,6	0,1	0,1	0,7	1,4	13,2	14,8
131	Noruega	21,4	16,0	22,7	24,0	37,9	36,7	0,5	0,6	0,1	0,0	16,4	21,9
132	Japón	67,8	38,7	..	25,6	17,4	13,9	1,7	1,2	3,6	1,6	5,2	15,4
133	Suiza	14,9	14,7	48,7	52,6	19,2	16,9	8,4	6,4	..	..	6,0	6,6

† Países clasificados por las Naciones Unidas como economías en desarrollo, o considerados como tales por las autoridades respectivas. Desde el 1 de julio de 1997, Hong Kong forma parte de China.

Cuadro A.2 Gasto del gobierno central por tipo económico

Porcentaje del gasto total

		Bienes y servicios		Sueldos y salarios[a]		Pagos de intereses		Subvenciones y otras transferencias corrientes		Gasto de capital	
		1981–90	1991–95	1981–90	1991–95	1981–90	1991–95	1981–90	1991–95	1981–90	1991–95
Países de ingreso bajo											
1	Mozambique	..	..	..	..	..	..	..	..	..	..
2	Etiopía	78,0	*74,6*	35,0	*43,9*	4,9	*7,2*	7,2	*14,9*	20,5	*13,1*
3	Tanzanía	*52,4*	..	*19,0*	..	*8,9*	..	*13,1*	..	*28,6*	..
4	Burundi	*39,4*	..	*25,5*	..	*1,9*	..	*6,8*	..	*45,5*	..
5	Malawi	47,9	..	18,2	..	17,0	..	6,5	..	28,6	..
6	Chad	*34,1*	*40,9*	*24,3*	*23,9*	*1,2*	*2,8*	*2,5*	*2,7*	*61,7*	*60,3*
7	Rwanda	47,9	*60,2*	29,3	*27,3*	5,3	*8,9*	14,7	*7,1*	32,9	*31,6*
8	Sierra Leona	54,1	36,4	27,0	18,8	15,6	23,7	6,8	19,4	24,3	30,0
9	Nepal	..	..	..	..	..	..	..	..	..	..
10	Níger	..	..	..	..	..	..	..	..	..	..
11	Burkina Faso	63,8	*46,0*	53,0	*37,8*	5,8	*8,3*	12,8	*11,6*	15,3	*34,0*
12	Madagascar	*37,5*	32,1	*26,0*	20,9	*10,8*	21,9	*8,1*	7,1	*39,9*	35,4
13	Bangladesh	..	..	..	..	..	..	..	..	..	..
14	Uganda	..	..	..	..	..	..	..	..	16,9	..
15	Viet Nam	..	..	..	..	..	..	..	..	..	..
16	Guinea-Bissau	*22,9*	..	*13,9*	..	*6,1*	..	*4,0*	..	*62,1*	..
17	Haití	*70,5*	..	..	..	*3,4*	..	*15,2*	..	*10,8*	..
18	Malí	37,1	..	25,8	..	2,4	..	6,5	..	3,3	..
19	Nigeria	*16,2*	..	*9,5*	..	*31,8*	..	*12,3*	..	*38,5*	..
20	Yemen, República del	*64,2*	68,1	*55,0*	58,4	*8,4*	10,0	*6,5*	8,2	*33,4*	13,6
21	Camboya	..	..	..	..	..	..	..	..	..	..
22	Kenya	53,2	49,8	31,4	31,1	15,7	26,3	14,8	8,4	16,3	15,4
23	Mongolia	..	32,1	..	8,2	..	2,5	..	47,7	..	17,7
24	Togo	48,1	..	26,2	..	12,7	..	13,0	..	28,5	..
25	Gambia	49,9	..	25,3	..	8,0	..	10,4	..	30,9	30,7
26	República Centroafricana	*67,0*	..	*53,6*	..	*1,2*	..	*16,0*	..	*6,0*	..
27	India	27,2	22,8	12,3	10,0	17,1	25,6	42,6	40,1	13,1	11,5
28	República Dem. Pop. Lao	..	..	..	..	..	..	..	..	..	..
29	Benin	..	..	..	..	..	..	..	..	..	..
30	Nicaragua	59,9	47,9	14,6	27,9	4,0	10,7	14,6	19,2	17,2	22,1
31	Ghana	55,5	47,4	32,1	31,1	12,7	13,8	14,8	20,7	16,2	18,1
32	Zambia	*47,3*	37,6	*26,2*	19,6	*9,9*	18,4	*19,0*	16,9	*19,7*	26,0
33	Angola	..	..	..	..	..	..	..	..	..	..
34	Georgia	..	..	..	..	..	..	..	..	..	..
35	Pakistán	50,0	45,7	..	..	16,9	23,7	18,9	13,7	14,2	16,8
36	Mauritania	..	..	..	..	..	..	..	..	..	..
37	Azerbaiyán	..	..	..	..	..	..	..	..	..	..
38	Zimbabwe	48,6	55,1	30,4	38,0	12,5	15,5	30,6	18,2	8,2	*11,1*
39	Guinea	*36,3*	*39,4*	*17,2*	*22,0*	*5,8*	*7,2*	*5,8*	*4,4*	*52,1*	*48,9*
40	Honduras	..	..	..	..	..	..	..	..	..	..
41	Senegal	*52,4*	..	*36,3*	..	*7,5*	..	*16,9*	..	*16,9*	..
42	China	..	..	..	..	..	..	..	..	..	..
43	Camerún	*47,3*	59,0	*30,0*	47,8	*3,0*	8,1	*11,9*	14,4	*37,9*	16,0
44	Côte d'Ivoire	..	..	..	..	..	..	..	..	..	..
45	Albania	..	26,3	..	11,8	..	7,6	..	48,4	..	17,8
46	Congo	..	..	..	..	..	..	..	..	*45,6*	..
47	República Kirguisa	..	..	..	..	..	..	..	..	..	..
48	Sri Lanka	26,3	34,4	14,2	18,4	16,7	21,8	19,6	21,6	37,4	22,2
49	Armenia	..	..	..	..	..	..	..	..	..	..
Países de ingreso mediano											
De ingreso mediano bajo											
50	Lesotho	*43,8*	*51,8*	*23,5*	*29,3*	*9,0*	*7,1*	*4,9*	*6,0*	*42,3*	*33,2*
51	Egipto, República Árabe de	42,4	33,6	20,3	17,8	9,2	18,9	33,0	25,2	16,1	22,3
52	Bolivia	*62,6*	58,0	*41,6*	32,8	*6,6*	8,3	*18,9*	13,5	*11,8*	20,2
53	Macedonia, ERY de	..	..	..	..	..	..	..	..	..	..
54	Moldova	..	..	..	..	..	..	..	..	..	..
55	Uzbekistán	..	..	..	..	..	..	..	..	..	..
56	Indonesia	23,5	25,4	14,3	16,0	9,9	11,3	19,6	14,1	47,0	48,6
57	Filipinas	52,0	42,5	29,0	28,0	23,1	29,8	6,8	9,9	18,1	17,8
58	Marruecos	47,3	50,6	34,1	37,3	14,6	17,9	12,5	9,1	25,7	22,5
59	República Árabe Siria	..	..	..	..	..	..	..	..	30,1	31,9
60	Papua Nueva Guinea	61,9	57,0	35,2	28,7	9,5	9,2	19,1	22,5	9,6	11,3
61	Bulgaria	*34,0*	26,6	*2,8*	5,7	*6,9*	24,6	*54,2*	46,0	*4,9*	2,9
62	Kazakstán	..	..	..	..	..	..	..	..	..	..
63	Guatemala	52,8	50,2	37,3	34,4	9,7	11,4	14,0	15,5	25,6	25,6
64	Ecuador	32,0	46,1	28,9	42,2	17,8	22,7	26,5	11,2	19,2	16,7
65	República Dominicana	47,1	33,9	34,8	22,9	4,1	6,1	13,3	10,2	34,2	48,7
66	Rumania	25,9	33,4	5,9	15,8	*1,8*	1,8	34,2	53,9	39,0	10,8
67	Jamaica	44,1	..	18,4	..	30,7	..	10,5	..	14,7	..
68	Jordania	53,9	57,9	48,9	43,4	9,0	12,4	12,4	10,5	26,0	19,6
69	Argelia	..	..	..	..	..	..	..	..	..	..
70	El Salvador	61,2	51,3	51,0	41,9	8,3	13,2	14,0	17,4	10,6	16,8
71	Ucrania	..	..	..	..	..	..	..	..	..	..
72	Paraguay	55,9	53,7	35,3	42,4	6,2	7,0	20,9	22,5	16,9	16,8

Nota: Es posible que los componentes no sumen 100% debido al ajuste del gasto total por parte de los países declarantes. Las cifras que aparecen en bastardilla corresponden a años distintos de los indicados.

		\multicolumn{10}{c	}{Porcentaje del gasto total}
		\multicolumn{2}{c	}{Bienes y servicios}	\multicolumn{2}{c	}{Sueldos y salarios[a]}	\multicolumn{2}{c	}{Pagos de intereses}	\multicolumn{2}{c	}{Subvenciones y otras transferencias corrientes}	\multicolumn{2}{c	}{Gasto de capital}
		1981–90	1991–95	1981–90	1991–95	1981–90	1991–95	1981–90	1991–95	1981–90	1991–95
73	Túnez	35,3	35,9	26,9	29,2	7,5	10,3	30,9	32,9	27,0	20,9
74	Lituania	..	31,5	..	11,8	..	0,7	..	55,8	..	12,2
75	Colombia	28,1	25,2	19,3	16,2	7,3	10,0	45,7	42,7	20,7	22,1
76	Namibia	51,5	72,5	21,8	..	5,8	1,1	25,7	10,9	16,9	15,5
77	Belarús	..	36,4	..	2,1	..	1,8	..	46,3	..	15,5
78	Federación de Rusia	..	39,6	..	13,7	..	9,7	..	49,4	..	4,6
79	Letonia	..	36,8	..	18,6	..	2,4	..	56,6	..	4,2
80	Perú	46,0	29,7	18,5	15,6	21,6	19,3	15,8	35,7	16,6	15,3
81	Costa Rica	49,4	50,5	38,9	38,0	9,2	15,2	29,2	23,9	15,3	10,5
82	Líbano	..	52,9	..	37,0	..	26,6	..	..	..	20,5
83	Tailandia	59,9	58,4	30,8	32,1	13,8	5,5	8,0	7,5	18,4	28,6
84	Panamá	57,3	53,0	37,6	40,1	15,8	9,7	18,9	28,9	7,9	8,3
85	Turquía	39,9	46,3	25,3	34,5	11,8	14,4	28,1	27,9	20,2	11,4
86	Polonia	18,2	26,1	..	14,1	0,5	10,3	74,5	60,1	6,9	3,5
87	Estonia	..	25,1	..	7,8	..	0,2	..	72,8	..	7,5
88	República Eslovaca	..	..	..	..	..	..	..	..	..	..
89	Botswana	48,8	53,0	25,7	27,9	3,3	2,1	26,0	27,0	21,8	17,9
90	Venezuela	37,4	30,9	29,5	24,4	12,4	17,4	29,8	34,7	19,2	15,4
\multicolumn{12}{	l	}{De ingreso mediano alto}
91	Sudáfrica	49,6	47,4	21,5	31,9	11,8	15,2	27,8	29,0	10,7	8,4
92	Croacia	..	57,5	..	21,3	..	3,1	..	33,2	..	6,2
93	México	23,7	32,6	17,9	23,4	40,6	22,7	19,2	29,9	16,7	15,1
94	Mauricio	43,1	46,1	34,1	35,1	17,7	11,6	24,6	23,5	14,6	18,7
95	Gabón	35,8	..	23,0	27,1	5,5	6,2	3,8	..	45,3	45,6
96	Brasil	16,5	15,1	9,4	8,7	39,7	44,5	46,7	47,3	5,5	3,2
97	Trinidad y Tabago	40,6	..	34,8	..	6,2	..	30,2	..	23,0	..
98	República Checa	..	19,6	..	8,6	..	3,7	..	66,1	..	10,6
99	Malasia	45,1	47,9	31,1	30,7	19,8	16,5	14,6	16,6	20,9	19,6
100	Hungría	19,6	..	7,0	..	3,6	..	67,9	..	8,9	..
101	Chile	30,0	28,4	19,3	18,6	5,9	6,3	54,0	50,9	10,1	14,4
102	Omán	71,4	72,1	16,5	22,4	3,9	5,2	4,7	6,5	20,0	16,2
103	Uruguay	39,9	30,3	24,9	15,8	6,5	5,9	46,4	57,5	7,2	6,3
104	Arabia Saudita	..	..	..	..	..	..	..	..	..	..
105	Argentina	28,4	29,3	19,8	22,2	11,6	10,2	50,6	57,7	9,5	2,8
106	Eslovenia	..	..	..	..	..	..	..	..	..	..
107	Grecia	39,2	31,4	24,8	22,1	11,1	25,8	38,6	32,3	11,6	10,4
\multicolumn{12}{	l	}{Países de ingreso alto}
108	República de Corea	39,9	31,7	14,2	13,1	6,3	3,4	39,0	49,5	14,8	15,5
109	Portugal	31,7	38,2	22,0	28,5	16,6	15,8	40,0	33,4	10,5	12,6
110	España	29,0	20,5	21,6	14,9	6,6	10,2	53,5	61,7	10,7	7,7
111	Nueva Zelandia	25,2	43,6	16,1	10,5	15,2	13,6	54,5	39,4	5,1	3,4
112	Irlanda	18,1	18,5	12,8	13,2	17,9	16,0	56,9	58,1	7,1	7,4
113	† Israel	38,4	34,3	11,6	13,5	22,6	15,2	35,0	39,6	3,9	11,1
114	† Kuwait	46,9	41,9	24,8	19,7	..	..	24,1	47,8	29,0	10,3
115	† Emiratos Árabes Unidos	88,6	88,1	30,6	34,0	..	..	8,8	8,2	4,4	3,8
116	Reino Unido	30,6	29,8	12,8	10,4	10,0	7,2	54,1	56,4	5,3	6,6
117	Australia	22,2	23,5	11,1	10,0	8,3	5,5	63,1	65,7	6,4	5,2
118	Italia	16,0	15,3	11,7	11,7	17,1	21,8	56,0	56,5	9,5	6,0
119	Canadá	20,6	18,9	9,8	9,2	17,2	17,3	60,4	60,9	1,8	1,4
120	Finlandia	20,3	17,9	10,4	7,8	3,6	6,3	67,0	71,1	9,0	4,7
121	† Hong Kong	..	..	..	..	..	..	..	..	..	..
122	Suecia	14,4	14,7	6,3	5,8	13,7	11,7	68,6	72,9	3,2	2,5
123	Países Bajos	14,9	14,5	9,1	8,7	7,5	9,1	69,9	71,9	7,8	4,5
124	Bélgica	19,9	18,0	14,2	14,2	17,1	20,1	56,6	57,4	6,4	4,6
125	Francia	27,4	24,9	17,8	16,3	4,2	6,0	63,8	64,3	4,6	4,9
126	† Singapur	49,2	54,1	26,3	28,2	14,7	10,2	7,4	13,0	28,6	22,7
127	Austria	25,9	24,9	10,2	9,7	7,3	9,5	58,0	57,7	8,8	7,9
128	Estados Unidos	30,1	25,3	10,5	9,3	14,3	14,6	50,6	55,7	5,1	4,4
129	Alemania	33,7	30,1	8,6	7,6	4,9	6,3	56,0	58,4	5,3	5,2
130	Dinamarca	20,4	19,8	12,6	11,4	15,1	13,6	60,3	63,0	4,2	3,5
131	Noruega	18,8	19,7	9,0	8,0	7,0	5,6	70,8	69,4	3,4	5,2
132	Japón	13,4	..	..	..	18,7	..	53,0	..	14,9	..
133	Suiza	29,3	30,4	6,5	5,0	2,5	2,8	62,1	62,0	6,2	4,8

a. Se incluyen en los bienes y servicios.   † Países clasificados por las Naciones Unidas como economías en desarrollo, o considerados como tales por las autoridades respectivas. Desde el 1 de julio de 1997, Hong Kong forma parte de China.

Cuadro A.3 Gasto del gobierno central por función

Porcentaje del gasto total

		Salud		Educación		Seguro social y asistencia social		Defensa		Otros gastos	
		1981–90	1991–95	1981–90	1991–95	1981–90	1991–95	1981–90	1991–95	1981–90	1991–95
Países de ingreso bajo											
1	Mozambique	..	..	..	..	..	..	..	..	..	..
2	Etiopía	3,5	4,2	10,7	12,4	5,2	5,8	32,8	30,2	47,7	47,5
3	Tanzanía	5,5	..	11,8	..	0,5	..	13,3	..	68,8	..
4	Burundi	..	..	..	..	..	..	..	..	..	..
5	Malawi	6,5	..	11,9	..	0,8	..	6,4	..	74,3	..
6	Chad	..	..	..	..	..	..	..	..	..	..
7	Rwanda	..	..	..	..	..	..	..	..	..	..
8	Sierra Leona	7,8	..	14,8	..	1,9	..	6,1	..	69,4	..
9	Nepal	4,6	3,8	10,8	12,5	0,6	..	5,9	5,7	78,4	78,0
10	Níger	..	..	..	..	..	..	..	..	..	..
11	Burkina Faso	6,1	6,9	17,3	17,3	5,5	..	19,1	14,0	53,2	61,8
12	Madagascar	5,6	5,3	14,3	13,5	2,3	1,6	7,2	5,9	73,0	73,7
13	Bangladesh	5,1	..	9,1	..	3,4	..	10,8	..	71,6	..
14	Uganda	3,7	..	12,6	..	1,5	..	20,1	..	62,0	..
15	Viet Nam	..	..	..	..	..	..	..	..	..	..
16	Guinea-Bissau	6,1	..	8,0	..	4,0	..	7,2	..	75,4	..
17	Haití	..	..	..	..	..	..	..	..	..	..
18	Malí	2,6	..	10,0	..	4,2	..	8,3	..	74,8	..
19	Nigeria	1,7	..	6,1	..	0,3	..	7,5	..	84,5	..
20	Yemen, República del	4,1	4,4	17,4	19,7	..	..	29,5	30,3	49,0	45,6
21	Camboya	..	..	..	..	..	..	..	..	..	..
22	Kenya	6,4	5,6	20,6	20,3	0,1	0,1	10,7	7,6	62,1	66,4
23	Mongolia	..	2,4	..	3,6	..	22,2	..	11,3	..	60,5
24	Togo	5,1	..	18,5	..	7,8	..	8,0	..	60,6	..
25	Gambia	7,4	..	14,8	..	2,5	..	4,3	..	74,0	..
26	República Centroafricana	5,1	..	17,6	..	6,2	..	9,7	..	61,4	..
27	India	2,0	1,7	2,2	2,0	..	..	19,2	15,1	76,7	81,3
28	República Dem. Pop. Lao	..	..	..	..	..	..	..	..	..	..
29	Benin	..	..	..	..	..	..	..	..	..	..
30	Nicaragua	13,3	13,4	13,7	15,4	8,3	16,3	28,5	7,6	36,2	47,3
31	Ghana	8,5	7,8	21,9	23,0	6,0	7,0	5,4	4,7	58,2	57,6
32	Zambia	6,5	9,9	11,6	12,8	1,8	2,9	..	..	80,1	74,4
33	Angola	..	..	..	..	..	..	..	..	..	..
34	Georgia	..	..	..	..	..	..	..	..	..	..
35	Pakistán	..	..	..	..	..	..	..	..	..	..
36	Mauritania	..	..	..	..	..	..	..	..	..	..
37	Azerbaiyán	..	..	..	..	..	..	..	..	..	..
38	Zimbabwe	6,8	..	21,5	..	4,5	..	17,1	..	50,1	..
39	Guinea	..	..	..	..	..	..	..	..	..	..
40	Honduras	..	..	..	..	..	..	..	..	..	..
41	Senegal	4,3	..	18,0	..	5,5	..	10,0	..	62,3	..
42	China	0,4	0,4	2,1	2,4	0,1	0,1	15,4	16,3	82,0	80,8
43	Camerún	3,8	4,8	11,8	18,0	4,6	1,0	7,5	9,4	72,3	66,8
44	Côte d'Ivoire	..	..	..	..	..	..	..	..	..	..
45	Albania	..	5,6	..	2,3	..	21,7	..	7,1	..	63,3
46	Congo	..	..	10,3	..	4,2	..	..	..	88,9	..
47	República Kirguisa	..	..	..	..	..	..	..	..	..	..
48	Sri Lanka	4,7	5,5	8,6	10,2	10,8	16,9	5,4	11,8	70,5	55,6
49	Armenia	..	..	..	..	..	..	..	..	..	..
Países de ingreso mediano											
De ingreso mediano bajo											
50	Lesotho	8,9	12,1	15,7	21,3	1,7	1,3	7,4	6,1	66,3	59,2
51	Egipto, República Árabe de	2,6	2,4	11,2	12,0	11,9	10,4	15,4	9,4	58,9	65,8
52	Bolivia	5,5	6,3	20,4	18,0	17,4	15,3	13,6	9,5	43,2	50,8
53	Macedonia, ERY de	..	..	..	..	..	..	..	..	..	..
54	Moldova	..	..	..	..	..	..	..	..	..	..
55	Uzbekistán	..	..	..	..	..	..	..	..	..	..
56	Indonesia	2,2	2,8	9,2	9,8	..	5,3	9,7	6,6	78,9	79,5
57	Filipinas	5,0	3,8	17,6	15,7	1,6	2,7	12,7	10,5	63,0	67,3
58	Marruecos	2,9	3,0	17,4	17,8	5,8	6,1	14,6	14,3	59,3	58,8
59	República Árabe Siria	1,4	2,3	8,8	9,0	4,2	2,0	36,3	35,2	49,3	51,5
60	Papua Nueva Guinea	9,3	8,3	17,4	16,2	0,5	0,8	4,6	3,9	68,1	70,8
61	Bulgaria	1,7	3,2	2,8	3,7	21,8	30,7	8,8	7,0	65,0	55,4
62	Kazakstán	..	..	..	..	..	..	..	..	..	..
63	Guatemala	7,7	10,1	14,1	16,8	3,5	4,4	14,1	13,9	60,9	58,2
64	Ecuador	9,0	..	24,9	..	1,4	..	12,2	..	52,6	..
65	República Dominicana	10,1	11,0	12,4	10,1	6,4	3,7	7,2	4,9	63,8	70,4
66	Rumania	3,1	8,1	3,4	9,7	21,4	27,0	7,1	8,1	65,0	47,1
67	Jamaica	..	..	..	..	..	..	..	..	..	..
68	Jordania	4,4	6,5	12,4	14,8	11,4	14,6	25,8	22,6	46,1	41,5
69	Argelia	..	..	..	..	..	..	..	..	..	..
70	El Salvador	7,5	8,0	16,7	13,4	3,3	4,5	21,7	14,0	50,8	60,1
71	Ucrania	..	..	..	..	..	..	..	..	..	..
72	Paraguay	4,3	6,3	11,9	17,6	24,6	15,6	11,9	12,1	47,3	48,5

Nota: Es posible que los componentes no sumen 100% debido al redondeo de las cifras. Las cifras que aparecen en bastardilla corresponden a años distintos de los indicados.

		\multicolumn{10}{c}{Porcentaje del gasto total}
		\multicolumn{2}{c}{Salud}	\multicolumn{2}{c}{Educación}	\multicolumn{2}{c}{Seguro social y asistencia social}	\multicolumn{2}{c}{Defensa}	\multicolumn{2}{c}{Otros gastos}
		1981–90	1991–95	1981–90	1991–95	1981–90	1991–95	1981–90	1991–95	1981–90	1991–95
73	Túnez	6,3	6,5	15,1	17,5	10,7	14,1	7,7	5,5	60,2	56,4
74	Lituania	..	6,0	..	6,9	..	35,8	..	2,4	..	48,9
75	Colombia	4,6	5,4	21,1	18,3	16,7	8,3	8,0	8,0	49,5	60,1
76	Namibia	..	..	..	..	..	..	..	..	..	..
77	Belarús	..	2,5	..	17,6	..	36,5	..	4,1	..	39,3
78	Federación de Rusia	..	1,6	..	2,7	..	28,1	..	14,3	..	53,3
79	Letonia	..	6,4	..	13,8	..	39,0	..	3,0	..	37,9
80	Perú	5,7	..	16,9	..	..	..	20,1	..	57,2	..
81	Costa Rica	25,0	26,7	19,6	21,0	13,2	14,4	2,5	..	39,9	38,0
82	Líbano	..	..	..	..	..	..	..	..	..	..
83	Tailandia	5,7	7,6	19,7	21,3	3,2	3,6	19,1	15,6	52,4	51,8
84	Panamá	17,1	20,5	16,0	18,4	14,5	22,4	7,2	5,2	49,4	33,5
85	Turquía	2,3	3,0	13,6	16,1	1,2	3,1	12,2	10,0	70,8	67,8
86	Polonia	..	..	..	..	..	..	..	..	..	..
87	Estonia	..	13,1	..	8,2	..	34,9	..	2,6	..	41,9
88	República Eslovaca	..	..	..	..	..	..	..	..	..	..
89	Botswana	5,5	5,1	19,1	21,3	2,3	2,1	9,3	12,1	63,9	59,4
90	Venezuela	8,6	..	18,3	..	6,7	..	6,3	..	60,2	..
\multicolumn{12}{l}{De ingreso mediano alto}
91	Sudáfrica	..	..	..	..	..	..	..	..	..	..
92	Croacia	..	15,3	..	6,2	..	32,2	..	18,7	..	27,6
93	México	1,4	3,0	11,9	23,7	10,0	21,0	2,2	3,8	74,5	48,6
94	Mauricio	7,9	8,8	14,5	15,5	15,8	15,9	1,1	1,5	60,7	58,3
95	Gabón	..	..	..	..	..	..	..	..	..	..
96	Brasil	7,1	5,9	3,9	3,5	26,8	30,6	3,9	2,8	58,3	57,3
97	Trinidad y Tabago	..	..	..	..	..	..	..	..	..	..
98	República Checa	..	17,2	..	11,2	..	27,8	..	6,1	..	37,7
99	Malasia	4,9	5,6	18,7	20,4	4,0	5,9	10,7	11,7	61,8	56,3
100	Hungría	3,4	..	2,0	..	24,3	..	4,5	..	65,8	..
101	Chile	7,5	11,4	13,2	13,5	37,7	33,5	11,4	9,2	30,3	32,3
102	Omán	4,2	6,0	8,9	12,1	3,0	3,6	44,4	35,4	41,6	42,9
103	Uruguay	4,1	5,4	7,2	6,7	50,6	58,4	10,8	6,5	27,4	23,0
104	Arabia Saudita	..	..	..	..	..	..	..	..	..	..
105	Argentina	2,0	2,2	7,9	7,0	35,7	47,5	7,9	6,8	46,8	36,4
106	Eslovenia	..	..	..	..	..	..	..	..	..	..
107	Grecia	10,5	7,7	9,6	8,2	30,6	14,2	10,8	8,6	38,4	61,3
\multicolumn{12}{l}{Países de ingreso alto}
108	República de Corea	1,7	1,1	18,9	18,8	6,9	10,0	29,0	20,0	43,5	50,1
109	Portugal	8,7	..	9,9	..	24,2	..	6,0	..	51,3	..
110	España	8,2	6,2	5,9	4,4	47,0	39,0	4,9	3,7	34,0	46,7
111	Nueva Zelandia	12,8	13,5	11,8	14,4	29,4	37,7	4,9	3,8	41,1	30,7
112	Irlanda	13,0	14,1	11,7	12,8	25,4	27,5	3,1	3,1	46,9	42,6
113	† Israel	3,7	5,4	8,5	12,0	17,1	23,5	27,8	20,3	43,0	38,8
114	† Kuwait	6,7	4,5	11,9	8,8	10,6	13,7	14,5	36,8	56,3	36,1
115	† Emiratos Árabes Unidos	6,8	7,1	11,4	16,2	3,1	3,4	43,3	37,5	35,5	35,8
116	Reino Unido	13,6	14,0	2,7	4,2	30,0	30,5	13,0	9,2	40,7	42,2
117	Australia	9,8	12,9	7,4	7,4	27,7	32,5	9,1	7,7	46,0	39,5
118	Italia	11,0	..	8,2	..	32,8	..	3,4	..	44,6	..
119	Canadá	5,8	4,9	3,3	2,8	34,7	40,6	7,8	6,5	48,5	45,1
120	Finlandia	10,7	2,9	14,1	12,2	32,2	45,3	5,1	4,2	37,9	35,4
121	† Hong Kong	..	..	..	..	..	..	..	..	..	..
122	Suecia	1,3	0,5	9,2	7,3	46,1	50,1	6,8	5,6	36,6	36,4
123	Países Bajos	11,2	13,9	11,0	10,5	36,6	37,4	5,2	4,3	35,9	33,9
124	Bélgica	1,9	..	12,9	..	40,3	..	5,0	..	39,9	..
125	Francia	16,1	17,8	7,5	7,0	43,0	42,9	6,6	5,7	26,8	26,6
126	† Singapur	5,5	6,8	19,1	21,0	1,5	3,3	20,6	26,5	53,2	42,3
127	Austria	12,4	13,3	9,6	9,5	45,5	45,4	2,9	2,3	29,6	29,6
128	Estados Unidos	11,7	16,9	1,9	1,8	29,9	28,5	24,2	19,3	32,3	33,6
129	Alemania	18,6	16,8	0,7	0,8	48,9	45,3	8,8	6,4	23,1	30,7
130	Dinamarca	1,2	1,0	9,4	9,8	38,7	41,1	5,4	4,5	45,2	43,6
131	Noruega	9,0	3,5	7,9	6,3	35,2	36,7	8,2	7,0	39,7	46,5
132	Japón	..	1,5	..	6,2	..	37,5	..	4,4	..	50,3
133	Suiza	13,0	20,7	3,2	2,7	49,1	46,0	10,4	7,1	24,3	23,4

† Países clasificados por las Naciones Unidas como economías en desarrollo, o considerados como tales por las autoridades respectivas. Desde el 1 de julio de 1997, Hong Kong forma parte de China.

INDICADORES SELECCIONADOS DEL DESARROLLO MUNDIAL

ÍNDICE

Introducción		230
Clave y documentación de los datos primarios		234

Cuadros

Resumen de los indicadores socioeconómicos del desarrollo
Cuadro 1	Indicadores básicos	238
Cuadro 2	Indicadores macroeconómicos	240
Cuadro 3	Indicadores económicos externos	242

Recursos humanos
Cuadro 4	Población y población activa	244
Cuadro 5	Distribución del ingreso o del consumo	246
Cuadro 6	Salud	248
Cuadro 7	Educación	250

Sostenibilidad ambiental
Cuadro 8	Uso de energía comercial	252
Cuadro 9	Uso de la tierra y urbanización	254
Cuadro 10	Recursos forestales e hídricos	256

Resultados económicos
Cuadro 11	Crecimiento de la economía	258
Cuadro 12	Estructura de la economía: producción	260
Cuadro 13	Estructura de la economía: demanda	262
Cuadro 14	Presupuesto del gobierno central	264
Cuadro 15	Exportaciones e importaciones de mercancías	266
Cuadro 16	Balanza de pagos	268
Cuadro 17	Deuda externa	270

Cuadro 1a.	Indicadores básicos de otros países	272

Notas técnicas	273
Fuentes de los datos	290
Clasificación de los países	291

INTRODUCCIÓN

Estos indicadores seleccionados del desarrollo mundial constituyen un conjunto básico de datos que abarcan tres aspectos del desarrollo: la población, el medio ambiente y la economía. Se presentan 17 cuadros en los que, como era tradicional en las ediciones anteriores del Informe sobre el desarrollo mundial, se comparan datos socioeconómicos de más de 130 países correspondientes al año o al período más reciente sobre el que están disponibles, y a otro año o período anterior. En otro cuadro se presentan los indicadores básicos de 76 países que tienen una población de menos de 1 millón de habitantes o respecto de los cuales se dispone de datos escasos.

La mayoría de los indicadores que se incluyen aquí han sido seleccionados de entre más de 500 indicadores que se presentan en la nueva publicación independiente titulada *World Development Indicators 1977*. *World Development Indicators* es el documento estadístico más importante del Banco Mundial y aparecerá anualmente. Su principal característica es un enfoque más amplio e integral para presentar las estadísticas sobre el desarrollo. En sus cinco secciones principales se muestra la interacción de diversos aspectos: desarrollo del capital humano, sostenibilidad ambiental, resultados macroeconómicos, desarrollo del sector privado y las vinculaciones a nivel mundial que influyen en las condiciones externas para el desarrollo. Además, por primera vez se proporciona una documentación completa de los datos con el propósito de resaltar el peligro que pueden entrañar las comparaciones entre países y a través del tiempo. *World Development Indicators* se complementa con una nueva base de datos en CD-ROM que contiene más de 1.000 cuadros de datos y 500 indicadores en series cronológicas correspondientes a 209 países.

Otros detalles sobre los Indicadores seleccionados del desarrollo mundial

En los Cuadros 1 a 3, *Resumen de los indicadores socioeconómicos del desarrollo*, se presenta un panorama general de los temas de interés fundamental para el desarrollo, tales como el nivel de riqueza o pobreza de la población, la esperanza de vida de los recién nacidos, el porcentaje de adultos analfabetos, los resultados económicos en términos de crecimiento e inflación, y las condiciones económicas externas a que se ven enfrentados los países.

En los Cuadros 4 a 7, *Recursos humanos*, se muestra el avance logrado en materia de desarrollo social en los últimos diez años. Se han incluido datos sobre crecimiento de la población, participación de la población activa y distribución del ingreso. También se presentan medidas del bienestar, como la malnutrición y el acceso a servicios de salud, las tasas de matrícula escolar y el nivel de analfabetismo de los adultos, por sexo.

En los Cuadros 8 a 10, *Sostenibilidad ambiental*, se presentan medidas de los efectos de las actividades humanas en el medio ambiente —deforestación, variación de las modalidades de uso de la tierra, utilización de agua dulce y emisiones de dióxido de carbono— y de algunas de las actividades que producen esos efectos, como el uso de energía y la urbanización. También se incluye información sobre las zonas protegidas para la conservación del hábitat natural y, por lo tanto, de la diversidad biológica.

En los Cuadros 11 a 17, *Resultados económicos*, se presenta información sobre la estructura económica y el crecimiento, y sobre la inversión extranjera, la deuda externa y el nivel de la integración en la economía mundial.

Dado que la función primordial del Banco Mundial es proporcionar financiamiento y asesoría sobre políticas a los países miembros de ingreso bajo y mediano, los temas que se tratan se refieren fundamentalmente a esos países. En los casos en que se dispone de información sobre los países de ingreso alto, ésta se incluye también para fines comparativos. Los lectores pueden remitirse a las publicaciones estadísticas nacionales o a las de la Organización de Cooperación y Desarrollo Económicos y de la Unión Europea, donde encontrarán más información sobre los países de ingreso alto.

Clasificación de los países

Al igual que en el texto principal del Informe, el PNB per cápita es el criterio principal que se utiliza para clasificar a los países y distinguir de manera amplia las etapas de desarrollo económico en que se encuentra cada uno de ellos. Los países se clasifican en tres categorías, según el ingreso. En la presente edición de los Indicadores seleccionados del desarrollo mundial, éstas son las siguientes, atendiendo al nivel del PNB per cápita: de ingreso bajo, de $765 o menos en 1995 (49 países); de ingreso mediano, de $766 a $9.385 (58 países), y de ingreso alto, de $9.386 o más (26 países). Además, se ha establecido una subdivisión, en el nivel de $3.035 del PNB per cápita, para distinguir entre los países de ingreso mediano bajo y los de ingreso mediano alto. También se ha clasificado a los países por región. La lista de todos los países de cada grupo de ingresos y cada región, incluidos los que tienen menos de 1 millón de habitantes, puede verse en el cuadro de la clasificación de los países, al final de los Indicadores seleccionados del desarrollo mundial.

Fuentes y métodos para la recopilación de los datos

Los datos socioeconómicos que se presentan aquí se han tomado de varias fuentes: datos recopilados principalmente por el Banco Mundial, publicaciones estadísticas de los países miembros, organizaciones no gubernamentales como el Instituto de Recursos Mundiales, y otros organismos internacionales, como las Naciones Unidas y sus organismos especializados, el Fondo Monetario Internacional y la Organización de Cooperación y Desarrollo Económicos. (Véanse las fuentes de los datos al final de las Notas técnicas, donde se presenta una lista completa de dichas fuentes.) Si bien en la mayoría de los datos estadísticos que declaran los países e instituciones internacionales se aplican normas internacionales sobre cobertura, definición y clasificación de los datos, inevitablemente existen diferencias en cuanto a la cobertura, actualización y los medios y recursos utilizados en la obtención y recopilación de los datos básicos. En algunos casos en que hay discrepancias entre los datos de distintas fuentes se requiere un examen del personal del Banco Mundial a fin de asegurar que se presenten los más confiables de que se disponga. No se presentan datos en los casos en que se estima que los datos disponibles son insuficientes como para extraer conclusiones confiables sobre los niveles y tendencias, o que éstos no se ajustan lo suficiente a las normas internacionales.

Los datos que figuran en estos cuadros están en consonancia con los que aparecen en *World Development Indicators 1997*. Las diferencias entre los datos de cada edición anual reflejan no sólo la información más reciente que se ha recibido, sino también rectificaciones de las series históricas y cambios realizados en la metodología. En consecuencia, en las diferentes ediciones pueden publicarse datos recopilados en distintas épocas. *Se recomienda a los lectores no comparar las series de datos de distintas publicaciones.* En *World Development Indicators 1997 CD ROM* se presentan series cronológicas de datos que sí son concordantes.

A pesar de que se han desplegado grandes esfuerzos para uniformar los datos, *no se puede garantizar que éstos sean completamente comparables y los indicadores se deben interpretar con cautela.* Por ejemplo, los indicadores del Cuadro 5, Distribución del ingreso o del consumo, no son absolutamente comparables entre los distintos países debido a las diferencias en los métodos utilizados y en el tipo de datos recopilados en las encuestas de hogares.

Todas las cantidades en dólares se dan en dólares corrientes de Estados Unidos salvo indicación en contrario. Los métodos empleados para convertir a esa moneda las cifras expresadas en monedas nacionales se describen en las Notas técnicas.

Medidas de resumen

En cada cuadro, las medidas de resumen que figuran en las franjas de color son totales (marcados con la letra *t*), promedios ponderados (letra *p*) o medianas (letra *m*) calculados para grupos de países. Los países cuyos datos no se presentan en los cuadros principales se han incluido implícitamente en las medidas de resumen partiendo del supuesto de que han seguido la misma tendencia de los países declarantes durante el período respectivo. Los países que no figuran en los cuadros principales (es decir, los que aparecen en el Cuadro 1a, Indicadores básicos de otros países), se han incluido en las medidas de resumen si se dispone de datos o, de lo contrario, partiendo del supuesto que han seguido la misma tendencia de los países declarantes. Esta estandarización de la cobertura de los países en cada período indicado permite obtener datos agregados más coherentes. Ahora bien, en los casos en que la información que falta representa un tercio o más de la estimación total, se indica que no hay datos disponibles. El método empleado para calcular las medidas de resumen en cada cuadro se señala en la nota técnica del cuadro pertinente.

Terminología y cobertura de los datos

El término "país" no pretende suponer independencia política, sino que puede referirse a cualquier territorio para el cual las autoridades respectivas notifican estadísticas sociales o económicas por separado.

Los datos presentados corresponden a los países o economías según la manera en que estaban constituidos en 1995, y los datos históricos han sido rectificados para indicar los sistemas políticos que los rigen en la actualidad. En los cuadros aparecen notas en las que se aclaran las excepciones.

Los datos correspondientes a China no incluyen a Taiwán, China, a menos que se indique lo contrario. Desde el 1 de julio de 1997, Hong Kong forma parte de China.

En la medida de lo posible se presentan datos por separado de la República Checa y la República Eslovaca, países que surgieron de la ex Checoslovaquia.

Cuando ha sido posible, se presentan datos por separado sobre Eritrea, pero en la mayoría de los datos anteriores a 1992, los correspondientes a ese país se incluyen en los de Etiopía.

Los datos sobre Alemania se refieren a la Alemania unificada, a menos que se indique lo contrario.

Los datos sobre Jordania se refieren a la Ribera Oriental solamente, a menos que se indique otra cosa.

En 1991, la Unión de Repúblicas Socialistas Soviéticas se dividió oficialmente en 15 países: Armenia, Azerbaiyán, Belarús, Estonia, la Federación de Rusia, Georgia, Kazakstán, Letonia, Lituania, Moldova, la República Kirguisa, Tayikistán, Turkmenistán, Ucrania y Uzbekistán. En la medida de lo posible, se presentan datos por separado de cada uno de estos países.

Los datos correspondientes a la República del Yemen se refieren a ese país a partir de 1990; los datos de años anteriores se refieren a la ex República Democrática Popular del Yemen y a la ex República Árabe del Yemen, a menos que se indique otra cosa.

En la medida de lo posible, se presentan datos por separado de los países que surgieron de la ex Yugoslavia: Bosnia y Herzegovina, Croacia, la ex República Yugoslava de Macedonia, Eslovenia y la República Federativa de Yugoslavia (Serbia y Montenegro).

Presentación de los cuadros

En general el formato de los cuadros de esta edición es el mismo empleado en ediciones anteriores del Informe sobre el desarrollo mundial. En todos los cuadros, salvo el Cuadro 1a, los países se enumeran en orden ascendente del PNB per cápita. Los países de ingreso alto marcados con el signo † son los clasificados por las Naciones Unidas como países en desarrollo o considerados como tales por las autoridades respectivas. Los países con una población de menos de 1 millón de habitantes y aquellos respecto de los que se cuenta con datos escasos no aparecen por separado en los cuadros principales, pero están incluidos en las cifras agregadas del grupo pertinente. En el Cuadro 1a se presentan los indicadores básicos correspondientes a estos países. En la lista por orden alfabético que aparece en el cuadro de la Clave y documentación de los datos primarios se indica el número de referencia de cada país.

Notas técnicas

Dado que la calidad de los datos y su comparación entre países a menudo presentan problemas, se recomienda a los lectores consultar las Notas técnicas, la Clave y documentación de los datos primarios, el cuadro de clasificación de los países y las notas al pie de los cuadros. En ellos se describen los métodos, conceptos, definiciones y fuentes de los datos empleados en la preparación de los cuadros. Para obtener una documentación más completa, véase *World Development Indicators 1997*. En la sección titulada Fuentes de los datos al final de las Notas técnicas se consignan las fuentes en las que pueden encontrarse definiciones y descripciones más completas de los conceptos utilizados.

Para obtener más información sobre los Indicadores seleccionados del desarrollo mundial y las demás publicaciones estadísticas del Banco Mundial, se ruega dirigirse a:

Information Center, Development Data Group
The World Bank, 1818 H Street, N.W.
Washington, D.C. 20433
Informaciones: (800) 590-1906 ó (202) 473-7824
Fax: (202) 522-1498
Correo electrónico: info@worldbank.org
World Wide Web: http://www.worldbank.org, o bien, http://www.worldbank.org/wdi.

Los interesados en obtener publicaciones del Banco Mundial pueden hacer sus pedidos por correo electrónico a: books@worldbank.org, o escribiendo a World Bank Publications, a la dirección antes señalada, o llamando al teléfono (703) 661-1580.

Grupos de países

En este mapa, al igual que en los cuadros que figuran a continuación, los países se han clasificado según el grupo de ingreso al que pertenecen. Países de ingreso bajo son los que en 1995 tenían un PNB per cápita de hasta $765; países de ingreso mediano son los que tenían de $766 a $9.385, y países de ingreso alto los que tenían $9.386 o más. Por falta de espacio, en el mapa no figuran cinco países de ingreso mediano —Fiji, Kiribati, Tonga, Samoa Americana (EE UU) y Samoa Occidental—, un país de ingreso alto —Polinesia Francesa (Fr)— y Tuvalu, sobre el que no hay datos disponibles.

- Países de ingreso bajo
- Países de ingreso mediano
- Países de ingreso alto
- No se dispone de datos

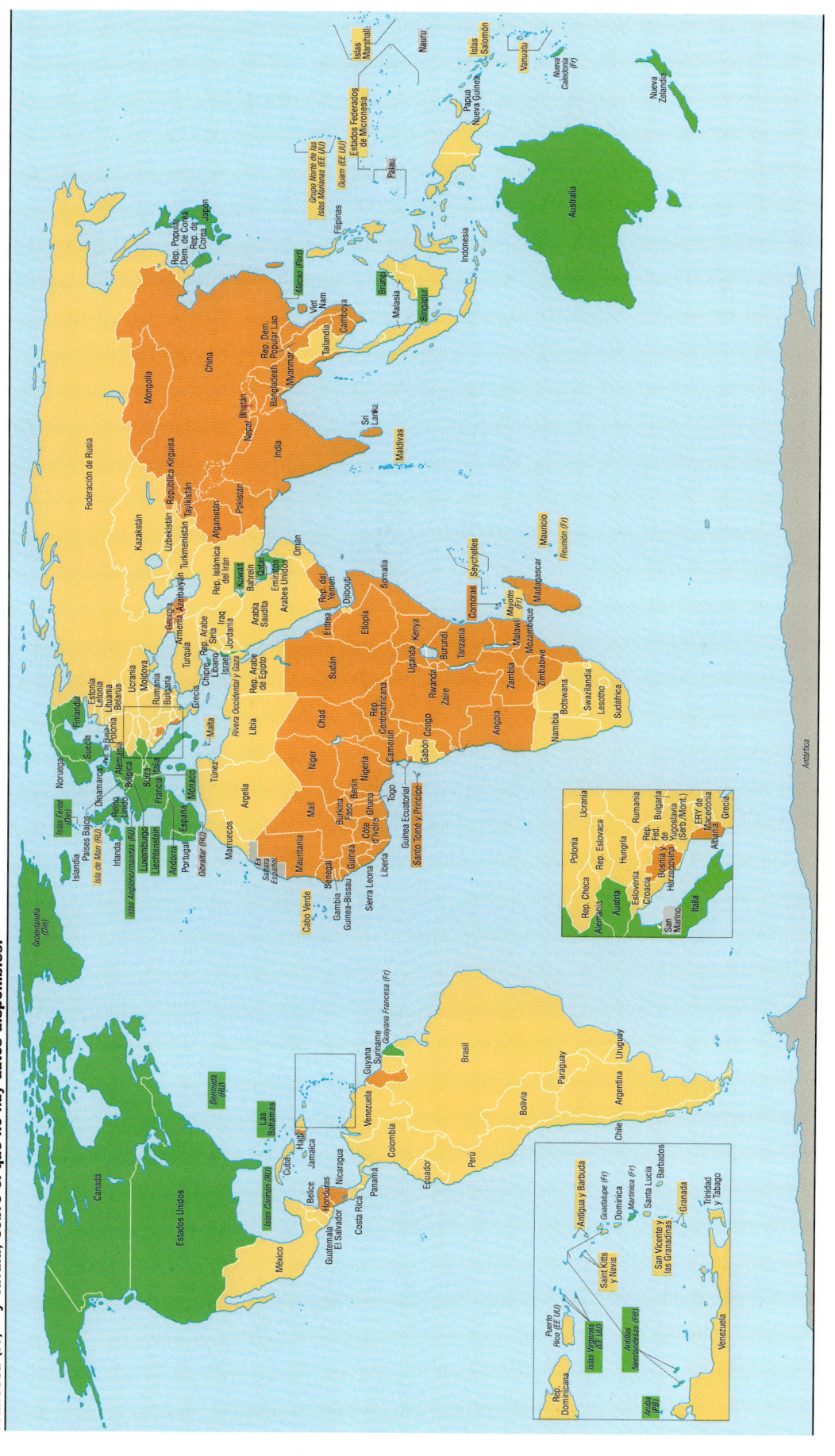

CLAVE Y DOCUMENTACIÓN DE LOS DATOS PRIMARIOS

En este cuadro se presenta una lista de los países incluidos en los Indicadores seleccionados del desarrollo mundial y se proporciona información adicional sobre las fuentes, el tratamiento y la actualización de los indicadores demográficos, económicos y ambientales fundamentales correspondientes a los 133 países incluidos en los cuadros estadísticos principales.

El Banco Mundial no se dedica a recopilar datos primarios sobre diversas áreas, excepto en lo que respecta a la deuda de los países y los estudios sobre niveles de vida. Sin embargo, el Banco utiliza muchos datos socioeconómicos, y por esta razón presta especial atención a la documentación de los mismos para informar a quienes los utilicen en los análisis económicos y en la formulación de las políticas. Las diferencias en los métodos y las convenciones empleados por los órganos que recopilan datos primarios —por lo general, organismos nacionales de estadística, bancos centrales y servicios de aduanas— pueden dar lugar, con el tiempo, a importantes discrepancias entre los datos de los distintos países y dentro de cada uno de ellos. En la edición de 1997 de *World Development Indicators* se puede encontrar una documentación más completa sobre el tratamiento de los datos primarios.

En cada cuadro estadístico de los Indicadores seleccionados del desarrollo mundial se enumeran los países en orden ascendente del PNB per cápita. En consecuencia, el número de orden según el PNB per cápita que aparece en la segunda columna es el que corresponde a cada país en los cuadros estadísticos.

En dichos cuadros, las cifras que aparecen en las franjas de color son medidas de resumen correspondientes a los grupos de países. La letra *p* después de la cifra indica que es el promedio ponderado; la letra *m* que es la mediana, y la letra *t* que es el total.

Las tasas de crecimiento se dan en cifras reales, salvo que se indique lo contrario en las Notas técnicas.

La fecha límite de los datos es el 1 de febrero de 1997.

El símbolo . . significa que no se dispone de datos.

Un espacio en blanco significa no aplicable.

0 y 0,0 significan cero o menos de la mitad de la unidad indicada.

Las cifras que aparecen en bastardilla indican que los datos corresponden a años o períodos distintos de los indicados.

El símbolo † índica países de ingreso alto clasificados por las Naciones Unidas como países en desarrollo, o considerados como tales por las autoridades respectivas.

País	Número de orden según el PNB per cápita en los cuadros	Último censo de población	Última encuesta demográfica o de hogares	Registro civil completo	Datos más recientes sobre utilización del agua	Cierre del ejercicio económico	Cuentas nacionales Año de base	Cuentas nacionales Valoración de precios	Base contable para las finanzas públicas
Albania	45	1989		√	1970	Dic. 31	1993	VPC	
Alemania	129			√	1991	Dic. 31	1990	VPC	C
Angola	33	1970			1987	Dic. 31	1970	VPC	
Arabia Saudita	104	1992	Salud materno-infantil, 1993	√	1975	Calendario Hegiriano	1970	VPC	
Argelia	69	1987	PAPCHILD, 1992		1990	Dic. 31	1980	VPP	

INDICADORES SELECCIONADOS DEL DESARROLLO MUNDIAL

País	Número de orden según el PNB per cápita en los cuadros	Último censo de población	Última encuesta demográfica o de hogares	Registro civil completo	Datos más recientes sobre utilización del agua	Cierre del ejercicio económico	Cuentas nacionales Año de base	Cuentas nacionales Valoración de precios	Base contable para las finanzas públicas
Argentina	105	1991			1976	Dic. 31	1986	VPC	C
Armenia	49	1989		√	1989	Dic. 31	1993	VPP	
Australia	117	1991		√	1985	Jun. 30	1989	VPC	C
Austria	127	1991		√	1991	Dic. 31	1990	VPC	C
Azerbaiyán	37	1989		√	1989	Dic. 31	1987	VPC	
Bangladesh	13	1991	DHS, 1994		1987	Jun. 30	1985	VPC	
Belarús	77	1989		√	1989	Dic. 31	1990	VPP	C
Bélgica	124	1991		√	1980	Dic. 31	1985	VPC	C
Benin	29	1992	EMF, 1981		1994	Dic. 31	1985	VPC	
Bolivia	52	1992	DHS, 1994		1987	Dic. 31	1980	VPC	C
Botswana	89	1991	DHS, 1988		1992	Mar. 31	1986	VPC	P
Brasil	96	1991	DHS, 1991		1990	Dic. 31	1980	VPP	C
Bulgaria	61	1992		√	1988	Dic. 31	1990	VPC	C
Burkina Faso	11	1985	ASA, 1995		1992	Dic. 31	1985	VPP	C
Burundi	4	1990			1987	Dic. 31	1980	VPP	
Camboya	21	1962			1987	Dic. 31	1960	VPC	
Camerún	43	1987	DHS, 1991		1987	Jun. 30	1980	VPC	C
Canadá	119	1991		√	1991	Mar. 31	1986	VPP	C
Chad	6	1993			1987	Dic. 31	1977	VPP	C
Chile	101	1992			1975	Dic. 31	1986	VPC	C
China	42	1990	Población, 1995		1980	Dic. 31	1990	VPC	P
Colombia	75	1993	DHS, 1995		1987	Dic. 31	1975	VPC	C
Congo	46	1984			1987	Dic. 31	1978	VPC	
Corea, República de	108	1995			1992	Dic. 31	1990	VPC	C
Costa Rica	81	1984	CDC, 1993	√	1970	Dic. 31	1987	VPC	C
Côte d'Ivoire	44	1988	DHS, 1994		1986	Dic. 31	1986	VPP	C
Croacia	92	1991		√		Dic. 31	1994	VPP	C
Dinamarca	130	1991			1990	Dic. 31	1980	VPP	C
Ecuador	64	1990	DHS, 1994		1987	Dic. 31	1975	VPC	P
Egipto, Rep. Árabe de	51	1986	DHS, 1995	√	1992	Jun. 30	1987	VPP	C
El Salvador	70	1992	CDC, 1994		1975	Dic. 31	1962	VPC	P
† Emiratos Árabes Unidos	115	1980			1980	Dic. 31	1985	VPP	P
Eslovenia	106	1991		√		Dic. 31	1992	VPP	
España	110	1991		√	1991	Dic. 31	1996	VPC	C
Estados Unidos	128	1990	Pobl. actual, 1994	√	1990	Sep. 30	1985	VPC	C
Estonia	87	1989		√	1989	Dic. 31	1993	VPP	C
Etiopía	2	1994	Fam. y fec., 1990		1987	Jul. 7	1981	VPP	P
Federación de Rusia	78	1989	LSMS, 1994	√	1991	Dic. 31	1993	VPP	C
Filipinas	57	1990	DHS, 1993		1975	Dic. 31	1985	VPC	P
Finlandia	120	1990		√	1991	Dic. 31	1990	VPP	C
Francia	125	1990	Ingresos, 1989	√	1990	Dic. 31	1980	VPC	C
Gabón	95	1993				Dic. 31	1989	VPC	P
Gambia	25	1993			1982	Jun. 30	1976	VPP	P
Georgia	34	1989		√	1989	Dic. 31	1987	VPP	
Ghana	31	1984	DHS, 1993		1970	Dic. 31	1975	VPC	C
Grecia	107	1991		√	1980	Dic. 31	1970	VPP	C
Guatemala	63	1994	DHS, 1995		1970	Dic. 31	1958	VPC	P
Guinea	39	1991	ASA, 1991		1991	Dic. 31	1986	VPC	
Guinea-Bissau	16	1983	ASA, 1994–95		1987	Dic. 31	1989	VPC	C
Haití	17	1982	DHS, 1994–95		1987	Sep. 30	1976	VPC	

País	Número de orden según el PNB per cápita en los cuadros	Último censo de población	Última encuesta demográfica o de hogares	Registro civil completo	Datos más recientes sobre utilización del agua	Cierre del ejercicio económico	Cuentas nacionales Año de base	Cuentas nacionales Valoración de precios	Base contable para las finanzas públicas
Honduras	40	1988	DHS, 1994		1992	Dic. 31	1978	VPP	
† Hong Kong	121	1991		√		Dic. 31	1990	VPP	
Hungría	100	1990	Ingresos, 1995	√	1991	Dic. 31	1991	VPP	C
India	27	1991	Estudio nac. de salud fam. 1992–93		1975	Mar. 31	1980	VPP	C
Indonesia	56	1990	DHS, 1994		1987	Mar. 31	1993	VPC	C
Irlanda	112	1996		√	1980	Dic. 31	1985	VPP	C
† Israel	113	1983		√	1989	Dic. 31	1990	VPP	C
Italia	118	1991		√	1990	Dic. 31	1985	VPC	C
Jamaica	67	1991	LSMS, 1994	√	1975	Dic. 31	1986	VPC	
Japón	132	1990		√	1990	Mar. 31	1985	VPC	C
Jordania	68	1994	DHS, 1990		1975	Dic. 31	1990	VPP	P
Kazakstán	62	1989		√	1989	Dic. 31	1994	VPP	
Kenya	22	1989	DHS, 1993		1990	Jun. 30	1982	VPP	P
† Kuwait	114	1995		√	1974	Jun. 30	1984	VPC	C
Lesotho	50	1986	DHS, 1991		1987	Mar. 31	1980	VPP	C
Letonia	79	1989		√	1989	Dic. 31	1993	VPP	C
Líbano	82	1970			1975	Dic. 31	1990	VPP	
Lituania	74	1989		√	1989	Dic. 31	1993	VPP	C
Macedonia, ERY de	53	1994		√		Dic. 31	1990	VPC	
Madagascar	12	1993	ASA, 1993		1984	Dic. 31	1984	VPP	C
Malasia	99	1991		√	1975	Dic. 31	1978	VPC	C
Malawi	5	1987	DHS, 1992		1994	Mar. 31	1978	VPP	P
Malí	18	1987	DHS, 1987		1987	Dic. 31	1987	VPP	
Marruecos	58	1994	DHS, 1995		1992	Dic. 31	1980	VPC	C
Mauricio	94	1990	CDC, 1991	√	1974	Jun. 30	1992	VPP	C
Mauritania	36	1988	PAPCHILD, 1990		1985	Dic. 31	1985	VPP	
México	93	1990	DHS, 1987		1991	Dic. 31	1980	VPC	C
Moldova	54	1989		√	1989	Dic. 31	1993	VPP	
Mongolia	23	1989			1987	Dic. 31	1986	VPP	C
Mozambique	1	1980			1992	Dic. 31	1987	VPP	
Namibia	76	1991	DHS, 1992		1991	Mar. 31	1990	VPP	C
Nepal	9	1991			1987	Jul. 14	1985	VPP	C
Nicaragua	30	1995	LSMS, 1993		1975	Dic. 31	1980	VPC	C
Níger	10	1988	Presup. y consumo familiares, 1993			Dic. 31	1987	VPC	
Nigeria	19	1991	Gastos de consumo, 1992		1987	Dic. 31	1987	VPP	
Noruega	131	1990		√	1985	Dic. 31	1990	VPC	C
Nueva Zelandia	111	1991		√	1991	Jun. 30	1982	VPC	P
Omán	102	1993	Salud infantil, 1989		1975	Dic. 31	1978	VPC	P
Países Bajos	123	1971		√	1991	Dic. 31	1990	VPC	C
Pakistán	35	1981	LSMS, 1991		1975	Jun. 30	1981	VPP	
Panamá	84	1990			1975	Dic. 31	1992	VPP	C
Papua Nueva Guinea	60	1990			1987	Dic. 31	1983	VPC	P
Paraguay	72	1992	CDC, 1992		1987	Dic. 31	1982	VPC	C
Perú	80	1993	LSMS, 1994		1987	Dic. 31	1979	VPC	C
Polonia	86	1988		√	1991	Dic. 31	1990	VPC	C
Portugal	109	1991		√	1990	Dic. 31	1985	VPC	C
Reino Unido	116	1991		√	1991	Dic. 31	1990	VPP	C
República Árabe Siria	59	1994			1976	Dic. 31	1985	VPC	C
República Centroafricana	26	1988	DHS, 1994–95		1987	Dic. 31	1987	VPP	
República Checa	98	1991	CDC, 1993	√	1991	Dic. 31	1984	VPC	C

País	Número de orden según el PNB per cápita en los cuadros	Último censo de población	Última encuesta demográfica o de hogares	Registro civil completo	Datos más recientes sobre utilización del agua	Cierre del ejercicio económico	Cuentas nacionales Año de base	Cuentas nacionales Valoración de precios	Base contable para las finanzas públicas
Rep. Dem. Pop. Lao	28	1985			1987	Dic. 31	1990	VPC	
República Dominicana	65	1993	DHS, 1991		1987	Dic. 31	1970	VPC	C
República Eslovaca	88	1991		√	1991	Dic. 31	1993	VPC	
República Kirguisa	47	1989	LSMS, 1994	√	1989	Dic. 31	1993	VPP	
Rumania	66	1992	LSMS, 1995	√	1994	Dic. 31	1993	VPP	C
Rwanda	7	1991	DHS, 1992		1993	Dic. 31	1985	VPP	C
Senegal	41	1988	DHS, 1992–93		1987	Dic. 31	1987	VPC	
Sierra Leona	8	1985	SHEHEA, 1989–90		1987	Jun. 30	1985	VPP	P
† Singapur	126	1990		√	1975	Mar. 31	1985	VPC	C
Sri Lanka	48	1981	DHS, 1993	√	1970	Dic. 31	1982	VPP	C
Sudáfrica	91	1991	LSMS, 1993		1990	Mar. 31	1990	VPC	C
Suecia	122	1990		√	1991	Jun. 30	1990	VPP	C
Suiza	133	1990		√	1991	Dic. 31	1990	VPC	C
Tailandia	83	1990	DHS, 1987		1987	Sep. 30	1988	VPC	C
Tanzanía	3	1988	LSMS, 1993		1994	Jun. 30	1992	VPP	
Togo	24	1981	DHS, 1988		1987	Dic. 31	1978	VPC	
Trinidad y Tabago	97	1990	DHS, 1987	√	1975	Dic. 31	1985	VPP	
Túnez	73	1994			1990	Dic. 31	1990	VPC	C
Turquía	85	1990	Pobl. y salud, 1983		1991	Dic. 31	1994	VPP	C
Ucrania	71	1989		√	1989	Dic. 31	1990	VPP	
Uganda	14	1991	DHS, 1995		1970	Jun. 30	1991	VPP	
Uruguay	103	1985			1965	Dic. 31	1983	VPC	C
Uzbekistán	55	1989		√	1989	Dic. 31	1987	VPP	
Venezuela	90	1990	LSMS, 1993		1970	Dic. 31	1984	VPC	C
Viet Nam	15	1989	Encuesta demog. intercensal, 1995		1992	Dic. 31	1989	VPC	
Yemen, Rep. del	20	1994	DHS, 1991–92		1987	Dic. 31	1990	VPP	C
Zambia	32	1990	ASA, 1993		1994	Dic. 31	1977	VPC	C
Zimbabwe	38	1992	DHS, 1994		1987	Jun. 30	1980	VPP	C

Notas:
- En la columna *Último censo de población* se indica el año del censo más reciente.
- En la columna *Última encuesta demográfica o de hogares* se indican las encuestas utilizadas para recopilar datos demográficos o sobre los hogares. PAPCHILD es el Proyecto Panárabe para el Desarrollo del Niño; DHS son las Encuestas de Demografía y Salud; EMF significa Encuesta Mundial sobre la Fecundidad; LSMS se refiere a los Estudios de medición de los niveles de vida; ASA se refiere al programa sobre los aspectos sociales del ajuste; CDC son los Centros de Control y Prevención de Enfermedades, y SHEHEA se refiere a la encuesta sobre gastos familiares y sobre las actividades económicas de los hogares.
- En la columna *Registro civil completo* se señalan los países que, según la División de Estadística del Departamento de Información Económica y Social y Análisis de Políticas de las Naciones Unidas, tienen registros completos (√) de estadísticas demográficas que se declaran en *Population and Vital Statistics Reports*. Los indicadores de los países que cuentan con registros completos de tales estadísticas pueden ser más exactos y estar más actualizados.
- En la columna *Datos más recientes sobre utilización del agua* se indica el año más reciente sobre el cual se han recabado datos de diversas fuentes.
- El *cierre del ejercicio económico* es la fecha en que se cierra el ejercicio económico del gobierno central. Los ejercicios por los que se rigen otros niveles del gobierno y los años que abarcan las encuestas estadísticas pueden diferir, pero si en la columna siguiente se indica un ejercicio económico, la fecha que aparece corresponde al cierre del período de la declaración a efectos de las cuentas nacionales.
- El *año de base* es el año que se emplea como período de base para los cálculos a precios constantes en las cuentas nacionales. Los índices de precios derivados de las cifras agregadas de las cuentas nacionales, como el deflactor del PIB, indican el nivel de precios con respecto a los precios del año de base. Los datos a precios constantes declarados en el Banco Mundial se han llevado parcialmente a un año de base común (1987).
- La *valoración de precios* indica la forma en que se declara el valor agregado en las cuentas nacionales: en precios básicos o al productor (VPP), o bien en precios de comprador (VPC). Los precios de comprador incluyen los impuestos aplicados al valor agregado y cobrados a los consumidores y, por lo tanto, tienden a exagerar el valor efectivo agregado en el proceso de producción.
- La *base contable para las finanzas públicas* describe la base contable que se utiliza para declarar los datos financieros del gobierno central. Los datos correspondientes a la mayoría de los países se han consolidado (C) en un grupo de cuentas que comprenden todas las actividades fiscales del gobierno central. En las cuentas presupuestarias del gobierno central (P) no están incluidas las unidades del gobierno central.

Cuadro 1. Indicadores básicos

		Población (millones) med. 1995	Superficie (miles de km²)	PNB per cápita[a] Dólares 1995	PNB per cápita[a] Tasa media de crecimiento anual (%) 1985-95	Estimaciones del PNB per cápita según la PPA[b] Estados Unidos = 100 1987	Estimaciones del PNB per cápita según la PPA[b] Estados Unidos = 100 1995	Estimaciones del PNB per cápita según la PPA[b] Dólares internacionales corrientes 1995	Pobreza: porcentaje de personas que viven con menos de $1 al día (PPA) 1981-95	Esperanza de vida al nacer (años) 1995	Analfa- betismo de adultos (%) 1995
	Países de ingreso bajo	3.179,9 t	40.606 t	430 p	3,8 p					63 p	34 p
	Excluidos China e India	1.050,3 t	27.758 t	290 p	-1,4 p					56 p	46 p
1	Mozambique	16,2	802	80	3,6	2,5	3,0	810[c]	..	47	60
2	Etiopía	56,4	1.097	100	-0,3	2,0	1,7	450	33,8	49	65
3	Tanzanía[d]	29,6	945	120	1,0	2,6	2,4	640	16,4	51	32
4	Burundi	6,3	28	160	-1,3	3,2	2,3	630[c]	..	49	65
5	Malawi	9,8	118	170	-0,7	3,1	2,8	750	..	43	44
6	Chad	6,4	1.284	180	0,6	2,5	2,6	700[c]	..	48	52
7	Rwanda	6,4	26	180	-5,4	3,8	2,0	540	45,7	46	40
8	Sierra Leona	4,2	72	180	-3,6	3,2	2,2	580	..	40	..
9	Nepal	21,5	141	200	2,4	4,0	4,3	1.170[c]	53,1	55	73
10	Níger	9,0	1.267	220	..	3,6	2,8	750	61,5	47	86
11	Burkina Faso	10,4	274	230	-0,2	3,3	2,9	780[c]	..	49	81
12	Madagascar	13,7	587	230	-2,2	3,1	2,4	640	72,3	52	..
13	Bangladesh	119,8	144	240	2,1	4,8	5,1	1.380	..	58	62
14	Uganda	19,2	236	240	2,7	4,7	5,5	1.470[c]	50,0	42	38
15	Viet Nam	73,5	332	240	..	..	..	..	..	68	6
16	Guinea-Bissau	1,1	36	250	2,0	2,8	2,9	790[c]	87,0	38	45
17	Haití	7,2	28	250	-5,2	5,8	3,4	910[c]	..	57	55
18	Malí	9,8	1.240	250	0,8	2,3	2,0	550	..	50	69
19	Nigeria	111,3	924	260	1,2	4,4	4,5	1.220	28,9	53	43
20	Yemen, República del	15,3	528	260	..	..	..	..	..	53	..
21	Camboya	10,0	181	270	..	..	..	..	..	53	35
22	Kenya	26,7	580	280	0,1	5,7	5,1	1.380	50,2	58	22
23	Mongolia	2,5	1.567	310	-3,8	10,6	7,2	1.950	..	65	..
24	Togo	4,1	57	310	-2,7	5,5	4,2	1.130[c]	..	56	48
25	Gambia	1,1	11	320	..	4,5	3,5	930[c]	..	46	61
26	República Centroafricana	3,3	623	340	-2,4	4,0	4,0	1.070[c]	..	48	40
27	India	929,4	3.288	340	3,2[e]	4,4	5,2	1.400	52,5	62	48
28	República Dem. Pop. Lao	4,9	237	350	2,7	..	..	..	..	52	43
29	Benin	5,5	113	370	-0,3	6,9	6,5	1.760	..	50	63
30	Nicaragua	4,4	130	380	-5,4	11,8	7,4	2.000[c]	43,8	68	34
31	Ghana	17,1	239	390	1,4	7,4	7,4	1.990[c]	..	59	..
32	Zambia	9,0	753	400	-0,8	4,2	3,5	930	84,6	46	22
33	Angola	10,8	1.247	410	-6,1	8,9	4,9	1.310	..	47	..
34	Georgia[f]	5,4	70	440	-17,0	28,1	5,5	1.470	..	73	..
35	Pakistán	129,9	796	460	1,2	8,4	8,3	2.230	11,6	60	62
36	Mauritania	2,3	1.026	460	0,5	6,0	5,7	1.540[c]	31,4	51	..
37	Azerbaiyán[f]	7,5	87	480	-16,3	21,8	5,4	1.460	..	70	..
38	Zimbabwe	11,0	391	540	-0,6	8,6	7,5	2.030	41,0	57	15
39	Guinea	6,6	246	550	1,4	..	..	..	26,3	44	..
40	Honduras	5,9	112	600	0,1	7,9	7,0	1.900	46,5	67	27
41	Senegal	8,5	197	600	..	7,3	6,6	1.780	54,0	50	67
42	China	1.200,2	9.561	620	8,3	6,3	10,8	2.920	29,4	69	19
43	Camerún	13,3	475	650	-6,6	15,1	7,8	2.110	..	57	37
44	Côte d'Ivoire	14,0	322	660	..	8,2	5,9	1.580	17,7	55	60
45	Albania	3,3	29	670	..	..	..	..	..	73	..
46	Congo	2,6	342	680	-3,2	11,5	7,6	2.050	..	51	25
47	República Kirguisa[f]	4,5	199	700	-6,9	13,6	6,7	1.800	18,9	68	..
48	Sri Lanka	18,1	66	700	2,6	10,6	12,1	3.250	4,0	72	10
49	Armenia[f]	3,8	30	730	-15,1	25,4	8,4	2.260	..	71	..
	Países de ingreso mediano	1.590,9 t	60.838 t	2.390 p	-0,7 p				..	68 p	18 p
	De ingreso mediano bajo	1.152,6 t	40.323 t	1.670 p	-1,3 p				..	67 p	..
50	Lesotho	2,0	30	770	1,2	6,1	6,6	1.780[c]	50,4	61	29
51	Egipto, República Árabe de	57,8	1.001	790	1,1	14,3	14,2	3.820	7,6	63	49
52	Bolivia	7,4	1.099	800	1,8	9,1	9,4	2.540	7,1	60	17
53	Macedonia, ERY de	2,1	26	860	..	..	..	..	..	73	..
54	Moldova[f]	4,3	34	920	..	..	..	..	6,8	69	..
55	Uzbekistán[f]	22,8	447	970	-3,9	12,6	8,8	2.370	..	70	..
56	Indonesia	193,3	1.905	980	6,0	9,8	14,1	3.800	14,5	64	16
57	Filipinas	68,6	300	1.050	1,5	10,3	10,6	2.850	27,5	66	5
58	Marruecos	26,6	447	1.110	0,9	13,2	12,4	3.340	1,1	65	56
59	República Árabe Siria	14,1	185	1.120	0,9	18,5	19,7	5.320	..	68	..
60	Papua Nueva Guinea	4,3	463	1.160	2,3	8,5	9,0	2.420[c]	..	57	28
61	Bulgaria	8,4	111	1.330	-2,6	23,4	16,6	4.480	2,6	71	..
62	Kazakstán[f]	16,6	2.717	1.330	-8,6	24,2	11,2	3.010	..	69	..
63	Guatemala	10,6	109	1.340	0,3	13,2	12,4	3.340	53,3	66	44
64	Ecuador	11,5	284	1.390	0,8	15,8	15,6	4.220	30,4	69	10
65	República Dominicana	7,8	49	1.460	2,1	13,7	14,3	3.870	19,9	71	18
66	Rumania	22,7	238	1.480	-3,8	22,2	16,2	4.360	17,7	70	..
67	Jamaica	2,5	11	1.510	3,6	11,3	13,1	3.540	4,7	74	15
68	Jordania	4,2	89	1.510	-4,5	23,8	15,1	4.060[c]	2,5	70	13
69	Argelia	28,0	2.382	1.600	-2,4	26,5	19,6	5.300	1,6	70	38
70	El Salvador	5,6	21	1.610	2,8	8,2	9,7	2.610	..	67	29
71	Ucrania[f]	51,6	604	1.630	-9,2	20,7	8,9	2.400	..	69	..
72	Paraguay	4,8	407	1.690	1,2	13,3	13,5	3.650	..	68	8

Nota: Véanse otros países en el Cuadro 1a. Respecto de la comparabilidad y cobertura de los datos, véanse las Notas técnicas. Las cifras que aparecen en bastardilla corresponden a años distintos de los indicados.

INDICADORES SELECCIONADOS DEL DESARROLLO MUNDIAL 239

		Población (millones) Med. 1995	Superficie (miles de km²)	PNB per cápita[a] Dólares 1995	Tasa media de crecimiento anual (%) 1985-95	Estimaciones del PNB per cápita según la PPA[b] Estados Unidos = 100 1987	1995	Dólares internacionales corrientes 1995	Pobreza: porcentaje de personas que viven con menos de $1 al día (PPA) 1981-95	Esperanza de vida al nacer (años) 1995	Analfabetismo de adultos (%) 1995
73	Túnez	9,0	164	1.820	1,9	18,3	18,5	5.000	3,9	69	33
74	Lituania[f]	3,7	65	1.900	-11,7	25,2	15,3	4.120	2,1	69	..
75	Colombia	36,8	1.139	1.910	2,6	20,7	22,7	6.130	7,4	70	9
76	Namibia	1,5	824	2.000	2,9	15,8	15,4	4.150[c]	..	59	..
77	Belarús[f]	10,3	208	2.070	-5,2	26,3	15,6	4.220	..	70	..
78	Federación de Rusia[f]	148,2	17.075	2.240	-5,1	30,9	16,6	4.480	1,1	65	..
79	Letonia[f]	2,5	65	2.270	-6,6	24,5	12,5	3.370	..	69	..
80	Perú	23,8	1.285	2.310	-1,6	17,9	14,0	3.770	49,4	66	11
81	Costa Rica	3,4	51	2.610	2,8	19,8	21,7	5.850	18,9	77	5
82	Líbano	4,0	10	2.660	..	..	..	..	..	68	8
83	Tailandia	58,2	513	2.740	8,4	16,2	28,0	7.540	0,1	69	6
84	Panamá	2,6	76	2.750	-0,4	26,1	22,2	5.980	25,6	73	9
85	Turquía	61,1	779	2.780	2,2	20,4	20,7	5.580	..	67	18
86	Polonia	38,6	313	2.790	1,2	21,5	20,0	5.400	6,8	70	..
87	Estonia[f]	1,5	45	2.860	-4,3	25,5	15,6	4.220	6,0	70	..
88	República Eslovaca	5,4	49	2.950	-2,8	17,6	13,4	3.610	12,8	72	..
89	Botswana	1,5	582	3.020	6,1	15,3	20,7	5.580	34,7	68	30
90	Venezuela	21,7	912	3.020	0,5	33,0	29,3	7.900	11,8	71	9
De ingreso mediano alto		438,3 t	20.514 t	4.260 p	0,2 p					69 p	14 p
91	Sudáfrica	41,5	1.221	3.160	-1,1	22,4	18,6	5.030[c]	23,7	64	18
92	Croacia	4,8	57	3.250	..	..	..	..	..	74	..
93	México	91,8	1.958	3.320	0,1	27,8	23,7	6.400	14,9	72	10
94	Mauricio	1,1	2	3.380	5,4	39,0	49,0	13.210	..	71	17
95	Gabón	1,1	268	3.490	-8,2	..	..	..	..	55	37
96	Brasil	159,2	8.512	3.640	-0,8	24,2	20,0	5.400	28,7	67	17
97	Trinidad y Tabago	1,3	5	3.770	-1,7	38,1	31,9	8.610[c]	..	72	2
98	República Checa	10,3	79	3.870	-1,8	44,9	36,2	9.770	3,1	73	..
99	Malasia	20,1	330	3.890	5,7	22,9	33,4	9.020	5,6	71	17
100	Hungría	10,2	93	4.120	-1,0	28,9	23,8	6.410	0,7	70	..
101	Chile	14,2	757	4.160	6,1	24,6	35,3	9.520	15,0	72	5
102	Omán	2,2	212	4.820	0,3	33,2	30,2	8.140[c]	..	70	..
103	Uruguay	3,2	177	5.170	3,1	23,6	24,6	6.630	..	73	3
104	Arabia Saudita	19,0	2.150	7.040	-1,9	43,0	..	..	..	70	37
105	Argentina	34,7	2.767	8.030	1,8	31,6	30,8	8.310	..	73	4
106	Eslovenia	2,0	20	8.200	..	..	..	..	..	74	..
107	Grecia	10,5	132	8.210	1,3	44,2	43,4	11.710	..	78	..
De ingreso bajo y mediano		4.770,8 t	101.444 t	1.090 p	0,4 p					65 p	30 p
África al sur del Sahara		583,3 t	24.271 t	490 p	-1,1 p					52 p	43 p
Asia oriental y el Pacífico		1.706,4 t	16.249 t	800 p	7,2 p					68 p	17 p
Asia meridional		1.243,0 t	5.133 t	350 p	2,9 p					61 p	51 p
Europa y Asia central		487,6 t	24.355 t	2.220 p	-3,5 p					68 p	..
Oriente Medio y Norte de África		272,4 t	11.021 t	1.780 p	-0,3 p					66 p	39 p
América Latina y el Caribe		477,9 t	20.414 t	3.320 p	0,3 p					69 p	13 p
Países de ingreso alto		902,2 t	32.039 t	24.930 p	1,9 p					77 p	..
108	República de Corea	44,9	99	9.700	7,7	27,3	42,4	11.450	..	72	h
109	Portugal	9,9	92	9.740	3,6	41,6	47,0	12.670	..	75	..
110	España	39,2	505	13.580	2,6	50,5	53,8	14.520	..	77	..
111	Nueva Zelandia	3,6	271	14.340	0,8	63,3	60,6	16.360	..	76	h
112	Irlanda	3,6	70	14.710	5,2	44,2	58,1	15.680	..	77	h
113	†Israel	5,5	21	15.920	2,5	56,3	61,1	16.490	..	77	..
114	†Kuwait	1,7	18	17.390	1,1	86,3	88,2	23.790[c]	..	76	21
115	†Emiratos Árabes Unidos	2,5	84	17.400	-2,8	84,4	61,1	16.470	..	75	21
116	Reino Unido	58,5	245	18.700	1,4	72,0	71,4	19.260	..	77	h
117	Australia	18,1	7.713	18.720	1,4	70,1	70,2	18.940	..	77	h
118	Italia	57,2	301	19.020	1,8	72,5	73,7	19.870	..	78	h
119	Canadá	29,6	9.976	19.380	0,4	84,6	78,3	21.130	..	78	h
120	Finlandia	5,1	338	20.580	-0,2	72,9	65,8	17.760	..	76	h
121	†Hong Kong	6,2	1	22.990[g]	4,8	70,7	85,1	22.950[g]	..	79	8
122	Suecia	8,8	450	23.750	-0,1	77,7	68,7	18.540	..	79	h
123	Países Bajos	15,5	37	24.000	1,9	70,5	73,9	19.950	..	78	h
124	Bélgica	10,1	31	24.710	2,2	76,3	80,3	21.660	..	77	h
125	Francia	58,1	552	24.990	1,5	77,6	78,0	21.030	..	78	h
126	†Singapur	3,0	1	26.730	6,2	56,1	84,4	22.770[c]	..	76	9
127	Austria	8,1	84	26.890	1,9	75,0	78,8	21.250	..	77	..
128	Estados Unidos	263,1	9.364	26.980	1,3	100,0	100,0	26.980	..	77	h
129	Alemania	81,9	357	27.510	..	..	74,4	20.070	..	76	h
130	Dinamarca	5,2	43	29.890	1,5	78,7	78,7	21.230	..	75	h
131	Noruega	4,4	324	31.250	1,7	78,6	81,3	21.940	..	78	h
132	Japón	125,2	378	39.640	2,9	75,3	82,0	22.110	..	80	h
133	Suiza	7,0	41	40.630	0,2	105,4	95,9	25.860	..	78	h
Todo el mundo		5.673,0 t	133.483 t	4.880 p	0,8 p					67 p	..

†Clasificados como economías en desarrollo por las Naciones Unidas o considerados como tales por las autoridades respectivas. a. Método del *Atlas;* véanse las Notas técnicas. b. Paridad del poder adquisitivo; véanse las Notas técnicas. c. Estimación obtenida según el método de regresión; otros datos que se han extrapolado de las estimaciones de referencia más recientes del Programa de Comparación Internacional. d. En todos los cuadros, los datos que figuran para el PIB y el PNB se refieren sólo a la parte continental de Tanzanía. e. Las tasas de crecimiento del PIB fueron rectificadas después de que se habían completado los datos estadísticos para esta publicación. f. Las estimaciones correspondientes a los países de la antigua Unión Soviética son preliminares y su clasificación será objeto de continuos exámenes. g. Los datos se refieren al PIB. h. Según la UNESCO, el analfabetismo es inferior al 5%.

Cuadro 2. Indicadores macroeconómicos

		Déficit/superávit corriente del gobierno central[a] (% del PIB)		Dinero y cuasidinero Tasa nominal media de aumento anual (%)	Promedio en circulación como porcentaje del PIB		Tasas bancarias de interés nominal (porcentajes anuales medios) Tasa sobre los depósitos		Tasa sobre los préstamos		Tasa media de inflación anual (%) (deflactor del PIB)	Balanza en cuenta corriente (% del PIB)		Reservas internacionales brutas (en meses de importaciones)		Valor neto actual de la deuda externa (% del PNB)
		1980	1995	1985–95	1980	1995	1980	1995	1980	1995	1985–95	1980	1995	1980	1995	1995
Países de ingreso bajo																
Excluidos China e India																
1	Mozambique	..	..	..	..	..	..	11,5	..	15,1	52,2	−18,1	..	..	7,0	333
2	Etiopía	−1,7[b]	..	..	21,6[b]	42,1	..	11,5	..	15,1	..	−4,1[b]	−1,9	4,0[b]	1,5	61
3	Tanzanía	−1,3	..	40,7	30,7	4,0	24,6	11,5	42,8		32,3	−7,1	−17,5	0,2	1,5	148
4	Burundi	1,9	..	..	13,5	19,9	2,5	..	12,0	15,3	6,1	..	−0,6	..	8,7	50
5	Malawi	1,1	..	23,6	18,0	15,2	7,9	37,3	16,7	47,3	22,1	−21,0	−35,0	1,4	1,5	65
6	Chad	..	..	−0,6	20,0	13,7	5,5	5,5	11,0	16,0	3,1	1,2	−4,1	1,7	4,2	38
7	Rwanda	3,5	..	7,3	13,6	15,5	6,3	5,0	13,5	15,0	10,8	−4,2	−6,5	6,7	4,7	40
8	Sierra Leona	−4,4	−3,3	51,4	19,4	9,8	9,2	7,0	11,0	28,8	61,6	−14,2	−10,1	0,7	2,7	137
9	Nepal	..	..	..	21,9	33,7	4,0	..	14,0	..	11,6	−4,8	−8,9	8,9	4,9	26
10	Níger	5,0	..	1,1	13,3	14,2	6,2	..	14,5	..	1,3	−10,9	−8,2	1,6	2,6	53
11	Burkina Faso	2,0	..	9,3	13,8	22,3	6,2	..	14,5	..	2,6	−2,9	0,8	1,5	7,1	27
12	Madagascar	..	−2,8	24,2	18,2	17,9	..	..	..	..	18,4	−13,8	−8,6	0,1	1,1	98
13	Bangladesh	..	..	14,1	18,4	35,6	8,3	6,0	11,3	14,0	6,4	−6,5	−3,5	1,5	4,2	32
14	Uganda	−2,2	..	69,0	12,7	10,1	6,8	7,6	10,8	20,2	65,7	−6,6	−7,6	0,1	3,8	43
15	Viet Nam	..	..	..	..	..	..	..	..	..	88,3	..	−9,9	..	0,0	138
16	Guinea-Bissau	..	..	..	..	13,8	..	26,5	..	32,9	62,5	−48,0	−16,1	..	2,5	235
17	Haití	−3,2	..	16,9	24,0	42,9	10,0	..	..	..	14,7	−6,9	−3,3	0,6	1,6	25
18	Malí	−1,4	..	6,5	17,9	20,2	6,2	..	14,5	..	4,6	−8,0	−8,9	0,6	4,0	73
19	Nigeria	..	..	..	23,8	25,1	5,3	13,5	8,4	20,2	33,0	5,6	−1,9	5,8	1,5	132
20	Yemen, República del	..	−13,4	..	..	47,0	..	..	..	..	..	..	3,0	..	2,5	128
21	Camboya	..	..	..	..	7,7	..	8,7	..	18,7	..	..	−6,7	..	0,8	52
22	Kenya	2,5	−0,3	21,3	29,8	37,6	5,8	13,6	10,6	28,8	13,0	−12,1	−4,4	2,1	1,2	72
23	Mongolia	..	8,6	..	..	25,7	..	60,1	..	114,9	51,6	−34,7	4,5	..	3,4	39
24	Togo	1,8	..	0,5	29,0	28,9	6,2	..	14,5	..	..	−8,4	−5,8	1,4	3,6	75
25	Gambia	6,7	7,4	14,4	21,1	23,1	5,0	12,5	15,0	25,0	9,0	−37,2	−2,1	0,4	5,3	59
26	República Centroafricana	−2,1	..	6,1	18,9	20,9	5,5	5,5	10,5	16,0	3,8	−5,4	−2,8	2,2	9,0	52
27	India	0,0	−1,6	16,8	34,7	46,0	..	..	16,5	16,3	9,8	−1,7	−1,8	8,0	5,2	23
28	República Dem. Pop. Lao	..	..	10,1	..	12,7	..	14,0	..	25,7	22,6	..	−12,7	..	1,8	43
29	Benin	..	..	10,1	17,1	25,1	6,2	..	14,5	..	..	−2,5	2,4	0,4	3,2	46
30	Nicaragua	−1,5	3,1	836,2	24,0	30,0	..	11,1	..	19,9	961,6	−19,2	−36,9	0,9	1,2	520
31	Ghana	−2,9	−0,9	38,4	16,2	15,4	11,5	28,7	19,0	..	28,6	0,7	−6,5	3,1	4,3	61
32	Zambia	−8,1	3,4	75,1	28,4	12,6	7,0	..	9,5	113,3	91,5	−13,3	..	1,2	..	139
33	Angola	..	..	..	..	..	..	..	..	..	169,5	..	−18,1	..	..	260
34	Georgia	..	..	..	..	..	..	..	..	..	310,0	..	..	..	..	44
35	Pakistán	1,8	0,3	15,6	38,7	40,9	..	..	..	..	9,2	−4,8	−3,8	3,1	2,1	38
36	Mauritania	..	..	7,5	20,5	19,3	5,5	..	12,0	..	6,9	−18,8	−2,6	3,6	1,7	166
37	Azerbaiyán	..	..	..	..	9,5	..	..	..	162,5	..	..	−10,9	..	..	8
38	Zimbabwe	−9,0	..	22,1	29,5	26,0	3,5	25,9	17,5	34,7	20,9	−2,8	−7,3	2,7	..	65
39	Guinea	..	..	..	..	8,8	..	17,5	..	21,5	..	..	−5,3	..	1,0	59
40	Honduras	..	..	18,6	21,1	25,2	10,6	12,0	16,5	27,0	14,3	−12,3	−5,1	1,5	1,5	101
41	Senegal	1,8	..	3,9	26,6	20,0	6,2	..	14,5	..	3,7	−12,8	0,1	0,2	1,9	54
42	China	..	..	28,3	33,2	92,4	5,4	11,0	5,0	12,1	9,3	2,8	0,2	10,5	6,3	16
43	Camerún	5,8	0,2	−2,9	20,6	16,2	7,5	5,5	13,0	16,0	2,0	−10,1	−2,2	1,1	0,1	97
44	Côte d'Ivoire	3,8	..	2,2	26,7	26,2	6,2	..	14,5	..	4,0	−18,0	−2,7	0,1	1,5	185
45	Albania	..	−4,7	..	..	47,5	..	15,3	..	19,7	27,3	..	−0,5	..	3,7	32
46	Congo	..	..	1,1	14,8	14,7	6,5	5,5	11,0	16,0	2,2	−9,8	−26,4	0,9	0,4	325
47	República Kirguisa	..	..	..	..	..	..	..	..	..	..	..	−9,5	..	..	15
48	Sri Lanka	−4,5	−1,5	17,0	28,4	31,8	14,5	16,1	19,0	14,7	11,8	−16,3	−4,7	1,5	4,2	44
49	Armenia	..	..	..	..	..	..	..	..	..	183,1	..	−13,6	..	..	14
Países de ingreso mediano																
De ingreso mediano bajo																
50	Lesotho	1,3	18,0	13,9	39,7	28,9	9,6	13,3	11,0	16,4	13,4	15,3	12,2	1,3	5,4	26
51	Egipto, República Árabe de	9,0	6,5	19,0	52,2	96,8	8,3	10,9	13,3	16,5	15,7	−1,9	−2,0	3,1	11,8	56
52	Bolivia	..	−1,2	43,1	16,2	44,9	18,0	18,9	28,0	51,0	18,4	−0,2	−4,0	6,0	6,7	67
53	Macedonia, ERY de	..	..	..	..	..	..	..	..	..	..	..	..	..	1,7	57
54	Moldova	..	..	..	..	11,5	..	..	..	..	..	..	−2,7	..	2,9	16
55	Uzbekistán	..	..	..	..	..	..	..	..	..	..	..	0,0	..	..	7
56	Indonesia	9,6	9,9	..	13,2	..	6,0	..	..	17,1	8,8	−0,6	−3,5	2,9	3,0	54
57	Filipinas	4,1	2,0	20,7	22,0	45,4	12,3	8,4	14,0	14,7	9,8	−5,9	−2,7	4,6	2,6	49
58	Marruecos	0,5	..	13,1	38,5	65,2	4,9	..	7,0	10,0	4,8	−7,5	−4,7	1,7	3,6	62
59	República Árabe Siria	−3,5	7,1	..	40,9	63,2	5,0	..	..	..	16,0	1,9	2,6	2,2	..	118
60	Papua Nueva Guinea	−6,2	−4,1	..	32,9	30,2	6,9	5,1	11,2	9,2	4,5	−11,3	13,8	3,5	1,3	45
61	Bulgaria	..	−4,1	..	..	..	..	..	..	..	45,9	4,8	2,7	..	..	87
62	Kazakstán	..	..	..	..	..	..	..	..	..	..	..	−2,4	..	2,8	22
63	Guatemala	2,1	0,8	22,7	20,5	23,5	9,0	7,9	11,0	21,2	18,6	−2,1	−3,9	4,3	2,4	19
64	Ecuador	0,9	3,3	55,3	21,2	26,6	..	43,3	9,0	55,7	45,5	−5,5	−4,6	4,1	3,4	76
65	República Dominicana	2,9	8,3	31,9	17,8	24,4	..	..	..	..	26,4	−10,9	−1,1	1,5	0,7	33
66	Rumania	15,5	2,2	51,3	33,4	19,9	..	..	..	..	68,7	..	−3,8	2,1	2,9	18
67	Jamaica	..	..	33,4	32,8	44,0	9,5	23,2	15,6	43,6	28,3	−5,1	−5,6	0,8	2,0	123
68	Jordania	..	2,5	10,2	..	104,5	..	3,3	..	9,0	..	..	−9,0	6,3	5,3	108
69	Argelia	..	..	14,8	53,3	38,8	..	..	..	..	22,9	0,6	−5,6	5,8	5,0	64
70	El Salvador	−0,4	0,8	21,2	28,0	36,1	..	14,4	..	19,1	14,9	0,9	−0,7	3,6	3,2	22
71	Ucrania	..	..	..	..	0,0	..	70,3	..	122,7	..	..	−1,4	..	0,7	10
72	Paraguay	3,3	3,0	36,5	19,8	26,4	..	21,2	..	31,0	24,9	−13,5	−19,0	7,8	..	27

Nota: Respecto de la comparabilidad y cobertura de los datos, véanse las Notas técnicas. Las cifras que aparecen en bastardilla corresponden a años distintos de los indicados.

INDICADORES SELECCIONADOS DEL DESARROLLO MUNDIAL 241

		Déficit/superávit corriente del gobierno central[a] (% del PIB)		Dinero y cuasidinero			Tasas bancarias de interés nominal (porcentajes anuales medios)				Tasa media de inflación anual (%) (deflactor del PIB)	Balanza en cuenta corriente (% del PIB)		Reservas internacionales brutas (en meses de importaciones)		Valor neto actual de la deuda externa (% del PNB)
				Tasa nominal media de aumento anual (%)	Promedio en circulación como porcentaje del PIB		Tasa sobre los depósitos		Tasa sobre los préstamos								
		1980	1995	1985–95	1980	1995	1980	1995	1980	1995	1985–95	1980	1995	1980	1995	1995
73	Túnez	9,2	..	9,8	37,6	44,3	2,5	..	7,3	..	6,0	−4,0	−4,1	2,0	2,1	52
74	Lituania	..	0,7	..	..	22,6	..	8,4	..	27,1	..	..	−8,7	..	2,5	9
75	Colombia	1,5	2,8	31,6	17,1	19,5	..	32,3	..	42,7	25,2	−0,6	−5,4	12,5	5,0	27
76	Namibia	..	0,7	..	..	38,7	..	10,8	..	18,5	10,4	..	1,6	..	1,3	..
77	Belarús	..	..	..	..	10,5	..	100,8	..	175,0	..	..	−1,2	..	0,9	6
78	Federación de Rusia	..	−5,6	..	..	11,6	..	102,0	..	319,5	148,9	..	2,8	..	2,5	35
79	Letonia	..	−2,5	..	..	25,0	..	14,8	..	34,6	72,5	..	−0,4	..	3,2	7
80	Perú	2,0	0,5	388,5	16,5	17,2	..	16,0	..	36,6	398,5	−0,5	−7,4	6,6	8,6	52
81	Costa Rica	−3,5	−0,4	23,6	38,8	32,2	18,3	23,9	25,0	36,7	18,4	−13,7	−1,5	1,2	3,0	40
82	Líbano	..	−11,2	63,4	..	117,6	12,9	16,3	16,8	24,7	..	..	−45,7	..	14,6	25
83	Tailandia	−0,1	8,1	19,7	34,5	73,8	12,0	11,6	18,0	14,4	5,0	−6,4	−8,1	3,3	5,0	35
84	Panamá	0,4	2,8	11,3	32,8	67,9	..	7,2	..	11,1	1,7	−9,2	−2,2	0,2	0,9	98
85	Turquía	2,6	−2,4	73,9	14,2	24,8	8,0	76,1	..	..	64,6	−5,0	−1,4	4,3	3,7	43
86	Polonia	..	−0,8	87,2	57,0	31,8	..	26,8	8,0	33,5	91,8	−6,0	−3,6	0,3	4,9	31
87	Estonia	..	..	..	..	22,5	..	8,7	..	16,0	77,2	..	−4,6	..	2,2	6
88	República Eslovaca	..	..	..	..	62,9	..	9,0	..	15,6	10,6	..	3,7	..	4,4	31
89	Botswana	10,8	21,1	19,2	28,2	25,9	5,0	10,0	8,5	14,2	11,5	−15,6	7,9	4,3	22,5	13
90	Venezuela	7,4	2,6	36,3	28,9	23,1	..	24,7	..	32,2	37,6	6,8	3,0	9,4	6,3	47
De ingreso mediano alto																	
91	Sudáfrica	4,4	−4,2	14,5	50,1	51,7	5,5	13,5	9,5	17,9	13,9	4,5	−2,6	3,6	1,4	..
92	Croacia	..	2,1	..	..	22,1	..	5,5	..	20,2	..	..	−9,5	..	2,5	18
93	México	3,8	2,4	46,1	25,2	30,7	20,6	39,2	28,1	..	36,7	−5,3	−0,3	1,4	2,1	67
94	Mauricio	−1,9	1,9	20,3	40,0	73,2	9,3	12,2	12,2	20,8	8,8	−10,3	−0,6	1,9	4,2	..
95	Gabón	..	..	1,2	15,3	14,6	7,5	5,5	12,5	16,0	5,0	9,0	8,1	0,7	0,8	89
96	Brasil	4,1	−13,3	995,5	11,1	26,1	115,0	52,2	..	..	875,3	−5,5	−2,6	2,3	7,9	23
97	Trinidad y Tabago	24,1	..	4,3	27,1	40,1	6,6	6,9	10,0	15,2	6,8	5,7	5,5	11,4	1,8	52
98	República Checa	..	4,0	..	..	81,0	..	7,0	..	12,8	12,2	..	−3,1	..	6,5	36
99	Malasia	7,1	7,3	15,5	46,1	85,0	6,2	5,9	7,8	7,6	3,3	−1,1	−5,9	4,6	3,2	39
100	Hungría	4,7	..	..	..	43,0	3,0	26,1	..	32,6	19,9	−2,3	−5,8	..	6,7	72
101	Chile	6,7	5,3	25,5	21,0	33,9	37,7	13,7	47,1	18,2	17,9	−7,1	0,2	5,9	8,8	41
102	Omán	7,9	−4,3	5,7	13,8	31,3	..	6,5	..	9,4	−0,2	15,8	−8,1	3,2	2,6	28
103	Uruguay	2,1	0,6	71,3	31,2	33,4	50,3	38,2	66,6	99,1	70,7	−7,0	−2,0	12,5	5,3	31
104	Arabia Saudita	..	..	5,1	13,8	50,4	..	..	..	..	2,8	26,5	−6,5	5,0	2,7	..
105	Argentina	−2,6	..	257,9	19,0	18,8	79,6	11,9	..	17,8	255,6	−6,3	−1,4	7,0	6,2	31
106	Eslovenia	..	..	..	..	32,5	..	15,3	..	24,8	..	..	−0,2	..	2,1	18
107	Grecia	−0,4	−14,4	..	50,5	53,0	14,5	15,8	21,3	23,1	15,4	−5,5	−3,2	3,7	7,0	..
De ingreso bajo y mediano																	
África al sur del Sahara																	
Asia oriental y el Pacífico																	
Asia meridional																	
Europa y Asia central																	
Oriente Medio y Norte de África																	
América Latina y el Caribe																	
Países de ingreso alto																	
108	República de Corea	2,8	6,0	18,5	29,0	40,9	19,5	8,8	18,0	9,0	6,7	−8,3	−1,8	1,3	2,5	..
109	Portugal	−2,7	−3,4	15,5	70,1	78,1	19,0	8,4	18,8	13,8	11,2	−3,7	−0,2	15,2	6,2	..
110	España	0,4	−4,9	11,2	75,4	78,6	13,1	7,7	16,9	10,0	6,3	−2,6	0,2	6,0	3,2	..
111	Nueva Zelandia	−1,6	3,8	19,2	26,4	77,6	11,0	8,5	12,6	12,2	3,9	−4,3	−6,6	0,6	2,4	..
112	Irlanda	−5,7	−1,8	11,4	43,8	50,1	12,0	0,4	16,0	6,6	2,5	−10,6	2,3	2,7	2,0	..
113	†Israel	−16,9	−2,4	22,1	14,8	67,3	..	14,1	176,9	20,2	17,1	−3,9	−6,0	3,6	2,5	..
114	†Kuwait	70,5	..	3,2	33,1	77,7	9,2	6,5	9,2	8,4	−0,5	53,4	15,8	6,2	4,1	..
115	†Emiratos Árabes Unidos	−11,0	−8,8	4,6	19,0	54,0	9,5	..	12,1	..	..	..	..	..	..	..
116	Reino Unido	−1,2	−3,4	..	..	..	14,1	4,1	16,2	6,7	5,1	1,3	−0,4	2,0	1,3	..
117	Australia	0,6	−1,9	11,9	36,4	61,3	8,6	..	10,6	..	3,7	−2,8	−5,5	2,5	1,9	..
118	Italia	−6,4	−8,4	..	70,9	62,5	12,7	6,4	19,0	12,5	6,0	−2,3	2,4	6,4	2,4	..
119	Canadá	−2,4	..	8,9	45,1	59,3	12,9	7,1	14,3	8,6	2,9	−0,6	−1,5	2,3	0,8	..
120	Finlandia	2,0	−9,0	6,6	39,8	56,7	9,0	3,2	9,8	7,7	3,8	−2,7	4,5	1,6	2,9	..
121	†Hong Kong	..	..	..	60,7	..	..	..	..	..	8,7	−4,4	..	..	..	..
122	Suecia	−2,5	−5,9	..	..	..	11,3	6,2	15,2	11,1	5,5	−3,4	2,0	2,0	3,1	..
123	Países Bajos	1,2	−2,3	5,6	67,3	82,0	6,0	4,4	13,5	7,2	1,7	−0,5	4,1	4,4	2,5	..
124	Bélgica	−2,9	−2,6	43,0	45,0	80,2	7,7	4,0	18,0	8,4	3,2	..	..	..	..	..
125	Francia	2,2	−3,8	3,7	71,6	64,4	7,3	4,5	12,5	8,1	2,8	−0,6	1,1	5,2	1,5	..
126	†Singapur	9,8	15,0	14,3	57,7	82,6	9,4	3,5	11,7	6,4	3,9	−13,3	18,0	3,0	5,7	..
127	Austria	0,6	−1,5	7,0	72,6	89,5	5,0	2,2	..	..	3,2	−5,0	−2,2	6,4	2,5	..
128	Estados Unidos	−0,5	−1,4	3,9	60,4	59,4	13,1[c]	5,9[c]	15,3	8,8	3,2	0,1	−2,1	6,2	2,0	..
129	Alemania	..	−0,2	8,1	..	62,0	7,9	3,9	12,0	10,9	..	..	−0,9	5,3	2,1	..
130	Dinamarca	−1,2	−1,2	4,4	42,6	57,8	10,8	3,9	17,2	10,3	2,8	−3,3	0,8	1,5	1,5	..
131	Noruega	4,0	1,0	5,9	47,1	55,6	5,0	5,0	12,6	7,8	3,0	1,7	3,0	3,0	5,5	..
132	Japón	−3,2	..	5,9	83,4	112,7	5,5	0,7	8,3	3,4	1,4	−1,0	2,2	2,8	4,1	..
133	Suiza	0,8	−3,4	4,6	107,4	126,3	8,8	1,3	5,6	5,5	3,4	−0,2	7,2	13,3	7,7	..
Todo el mundo																	

a. Se refiere al equilibrio del presupuesto corriente, sin incluir las donaciones. b. Incluye a Eritrea. c. Tasa sobre los certificados de depósito.

Cuadro 3. Indicadores económicos externos

		Relación neta de intercambio de trueque (1987=100)		Comercio exterior (% del PIB)		Flujos netos de recursos: montos agregados (% del PNB)		Flujos netos de capital privado (millones de $)		Asistencia (% del PNB)	
		1985	1995	1980	1995	1980	1995	1980	1995	1980	1994
	Países de ingreso bajo	111 m	91 m			3,4 p	5,9 p	7.368 t	53.446 t	1,9 p	4,3 p
	Excluidos China e India	112 m	91 m			6,3 p	7,3 p	4.769 t	5.517 t	4,1 p	12,6 p
1	Mozambique	113	124	61	102	3,9	76,8	0	67	8,4	101,0
2	Etiopía	119[a]	74	27[a]	39	8,3[a]	12,0	26[a]	−42	4,7[a]	22,7
3	Tanzanía	126	83	37	96	16,4	18,1	100	137	12,4	29,9
4	Burundi	133	52	32	43	8,1	24,5	−3	1	12,8	31,6
5	Malawi	99	87	64	69	15,7	22,4	30	−14	12,6	38,0
6	Chad	99	103	65	46	3,3	16,2	0	7	4,9	23,9
7	Rwanda	136	75	41	32	9,3	53,8	14	1	13,4	95,9
8	Sierra Leona	109	89	62	40	5,2	22,7	−7	−28	8,0	36,0
9	Nepal	98	85	30	60	6,5	6,4	0	−2	8,3	10,9
10	Níger	91	101	63	30	12,9	8,6	199	−23	6,8	25,0
11	Burkina Faso	103	103	43	45	8,4	13,9	4	0	12,5	23,7
12	Madagascar	124	82	43	54	8,7	8,4	131	4	5,8	10,2
13	Bangladesh	126	94	24	37	13,0	3,5	11	10	9,9	6,8
14	Uganda	149	58	45	33	8,9	10,1	44	112	9,0	19,2
15	Viet Nam	..	..	..	83	..	4,4	0	1.487	..	5,9
16	Guinea-Bissau	91	92	52	48	108,0	26,4	18	1	56,6	74,3
17	Haití	89	52	52	17	5,2	28,0	20	2	7,3	37,3
18	Malí	100	103	51	38	12,1	13,9	10	1	16,6	24,5
19	Nigeria	167	86	48	81	0,9	0,8	694	453	0,0	0,6
20	Yemen, República del	131	84	..	88	..	3,6	97	−2	..	4,6
21	Camboya	..	..	..	36	..	15,1	0	164	..	14,3
22	Kenya	124	98	67	72	8,8	5,6	301	−42	5,6	9,7
23	Mongolia	..	..	58	..	0,0	16,0	0	−4	0,0	27,6
24	Togo	139	90	107	65	12,7	11,3	83	0	8,3	13,8
25	Gambia	137	111	119	103	35,0	9,0	21	10	24,4	19,8
26	República Centroafricana	109	91	69	46	10,7	12,5	4	3	13,9	19,4
27	India	92	150	17	27	1,4	1,0	868	3.592	1,3	0,8
28	República Dem. Pop. Lao	..	..	..	53	..	16,1	0	88	..	14,2
29	Benin	111	110	66	64	7,2	10,7	4	1	6,4	17,4
30	Nicaragua	111	95	68	76	13,8	33,3	−26	−7	10,9	46,1
31	Ghana	93	64	18	59	4,1	17,4	−26	525	4,3	8,5
32	Zambia	89	85	87	71	14,6	12,5	175	30	8,9	20,7
33	Angola	153	86	..	132	..	21,3	38	523	..	11,0
34	Georgia	..	..	..	46	..	66,2	0	0	..	7,5
35	Pakistán	112	114	37	36	5,4	4,1	230	1.443	5,1	3,1
36	Mauritania	110	106	104	104	29,4	17,8	27	3	26,2	27,7
37	Azerbaiyán	..	..	..	66	..	7,9	0	110	..	3,8
38	Zimbabwe	100	84	64	74	4,2	7,2	23	99	3,1	10,2
39	Guinea	120	91	..	46	..	9,1	80	20	..	11,0
40	Honduras	118	77	80	80	11,7	6,5	137	65	4,2	9,5
41	Senegal	107	107	72	69	9,0	8,4	18	−24	9,0	17,2
42	China	109	105	13	40	1,0	7,9	1.732	44.339	0,0	0,6
43	Camerún	113	79	54	46	10,9	2,8	409	49	4,4	10,0
44	Côte d'Ivoire	109	81	76	76	11,8	7,9	936	36	2,2	24,8
45	Albania	..	..	..	52	..	9,2	0	70	..	9,1
46	Congo	150	93	120	128	35,5	1,1	440	−49	6,0	24,9
47	República Kirguisa	..	..	..	58	..	6,1	0	15	..	5,5
48	Sri Lanka	106	88	87	83	10,6	6,0	129	140	9,8	5,1
49	Armenia	..	..	..	85	..	7,2	0	8	..	9,8
	Países de ingreso mediano	..	94 m			2,8 p	4,1 p	44.334 t	130.742 t	0,6 p	1,0 p
	De ingreso mediano bajo	..	..			..	..			1,3 p	1,4 p
50	Lesotho	..	..	143	138	10,5	8,4	7	32	14,9	8,9
51	Egipto, República Árabe de	147	95	73	54	14,2	1,9	1.133	294	6,5	6,4
52	Bolivia	130	67	38	47	14,1	12,9	203	191	5,9	10,9
53	Macedonia, ERY de	..	..	..	86	..	3,0	0	0	..	..
54	Moldova	..	..	..	78	..	4,9	0	79	..	1,5
55	Uzbekistán	..	..	..	125	..	2,3	0	235	..	0,1
56	Indonesia	145	79	53	53	2,5	6,8	987	11.648	1,3	1,0
57	Filipinas	99	114	52	80	3,9	5,2	840	4.605	0,9	1,6
58	Marruecos	99	90	45	62	8,6	2,9	731	572	4,9	2,2
59	República Árabe Siria	138	78	54	..	19,7	1,9	42	43	13,0	5,3
60	Papua Nueva Guinea	94	90	97	106	16,8	10,8	106	578	13,1	6,4
61	Bulgaria	95	106	66	94	1,7	3,7	339	489	0,0	1,6
62	Kazakstán	..	..	..	69	..	4,7	0	500	..	0,2
63	Guatemala	114	93	47	47	2,8	1,7	91	85	0,9	1,7
64	Ecuador	143	71	51	56	7,4	4,8	594	561	0,4	1,4
65	República Dominicana	115	123	48	55	7,1	1,5	150	237	1,9	0,7
66	Rumania	66	111	75	60	..	4,4	1.360	687	..	0,5
67	Jamaica	89	105	102	145	12,3	5,5	9	188	5,1	2,9
68	Jordania	127	128	..	121	35,0	8,4	28	−143	..	6,5
69	Argelia	173	83	65	57	3,1	2,6	897	129	0,4	1,0
70	El Salvador	122	89	67	55	3,2	1,6	−17	8	2,8	3,9
71	Ucrania	..	..	..	..	..	0,9	0	247	..	0,3
72	Paraguay	110	101	44	82	3,6	4,3	121	174	0,7	1,3

Nota: Respecto de la comparabilidad y cobertura de los datos, véanse las Notas técnicas. Las cifras que aparecen en bastardilla corresponden a años distintos de los indicados.

INDICADORES SELECCIONADOS DEL DESARROLLO MUNDIAL   243

		Relación neta de intercambio de trueque (1987=100) 1985	1995	Comercio exterior (% del PIB) 1980	1995	Flujos netos de recursos: montos agregados (% del PNB) 1980	1995	Flujos netos de capital privado (millones de $) 1980	1995	Asistencia (% del PNB) 1980	1994
73	Túnez	123	91	86	93	7,2	5,7	337	751	2,7	0,7
74	Lituania	..	..	..	108	..	3,6	0	194	..	1,1
75	Colombia	124	80	32	35	2,9	2,7	688	3.741	0,3	0,2
76	Namibia	..	..	142	110	..	..	..	..	0,0	4,7
77	Belarús	..	..	..	..	..	1,4	0	103	..	0,5
78	Federación de Rusia	..	..	..	44	..	0,5	2.817	1.116	..	0,6
79	Letonia	..	..	..	91	..	2,2	0	224	..	0,9
80	Perú	111	83	42	30	1,8	6,4	−67	3.532	1,0	0,8
81	Costa Rica	111	92	63	81	9,2	1,6	248	384	1,4	0,9
82	Líbano	105	95	..	70	..	11,3	70	1.153	..	2,5
83	Tailandia	103	100	54	90	6,5	6,1	1.465	9.143	1,3	0,4
84	Panamá	104	86	..	79	4,1	10,1	65	228	1,3	0,6
85	Turquía	82	109	17	45	3,0	0,8	660	2.000	1,4	0,1
86	Polonia	95	109	59	53	5,5	5,6	2.265	5.058	0,0	2,0
87	Estonia	..	..	..	160	..	6,5	0	207	..	1,1
88	República Eslovaca	98	86	..	124	..	4,3	0	653	..	0,6
89	Botswana	97	152	116	101	20,3	2,3	115	64	11,8	2,2
90	Venezuela	166	82	51	49	2,6	0,0	1.825	848	0,0	0,1
De ingreso mediano alto		110 m	95 m			..	..	..	..	0,1 p	0,1 p
91	Sudáfrica	101	111	64	44	..	..	..	..	..	0,2
92	Croacia	..	..	..	93	..	1,9	0	346	..	..
93	México	145	92	24	48	4,8	8,7	8.181	13.068	0,0	0,1
94	Mauricio	77	103	113	120	8,4	7,9	48	304	3,0	0,4
95	Gabón	154	90	96	101	−1,9	9,6	−93	−125	1,4	5,6
96	Brasil	101	101	20	15	2,9	2,6	5.656	19.097	0,0	0,1
97	Trinidad y Tabago	138	86	89	68	6,3	6,4	258	271	0,1	0,5
98	República Checa	98	86	..	108	0,0	9,2	0	5.596	..	0,4
99	Malasia	114	92	113	194	8,7	14,7	1.913	11.924	0,6	0,1
100	Hungría	103	97	80	67	3,3	17,4	596	7.841	0,0	0,5
101	Chile	91	94	50	54	8,7	4,7	2.447	4.230	0,0	0,3
102	Omán	182	77	100	89	3,3	1,3	33	126	3,1	1,0
103	Uruguay	91	112	36	41	5,3	1,8	479	217	0,1	0,5
104	Arabia Saudita	175	92	101	70	..	..	..	..	0,0	0,0
105	Argentina	123	120	12	16	4,6	4,1	3.475	7.204	0,0	0,1
106	Eslovenia	..	..	..	113	..	4,0	0	838	..	..
107	Grecia	96	111	47	57	..	..	..	..	0,1	0,0
De ingreso bajo y mediano		111 m	93 m			2,9 p	4,5 p	51.702 t	184.188 t	1,0 p	3,3 p
África al sur del Sahara		110 m	91 m			5,5 p	8,3 p	7.906 t	9.128 t	3,4 p	16,3 p
Asia oriental y el Pacífico		..	..			2,9 p	7,8 p	7.135 t	84.137 t	0,7 p	1,1 p
Asia meridional		109 m	94 m			3,0 p	1,6 p	1.238 t	5.191 t	2,4 p	1,9 p
Europa y Asia central		..	..			1,7 p	3,8 p	26.164 t	30.059 t	0,4 p	0,9 p
Oriente Medio y Norte de África		147 m	92 m			1,9 p	0,4 p	−1.040 t	1.414 t	1,1 p	..
América Latina y el Caribe		111 m	94 m			4,2 p	4,3 p	24.590 t	54.261 t	0,3 p	1,7 p
Países de ingreso alto		96 m	97 m			..	..	..	..	..	..
108	República de Corea	94	102	74	67					0,2	0,0
109	Portugal	117	92	61	66					..	..
110	España	82	114	34	47					..	..
111	Nueva Zelandia	90	108	62	62					..	..
112	Irlanda	96	90	108	136					..	..
113	†Israel	99	109	91	69					4,1	1,6
114	†Kuwait	165	88	113	104					0,0	0,0
115	†Emiratos Árabes Unidos	181	93	112	139					0,0	0,0
116	Reino Unido	104	102	52	57					..	..
117	Australia	110	101	34	40					..	..
118	Italia	84	107	47	49					..	..
119	Canadá	99	100	55	71					..	..
120	Finlandia	88	95	67	68					..	..
121	†Hong Kong	118	87	181	297					0,0	0,0
122	Suecia	92	102	61	77					..	..
123	Países Bajos	101	103	103	99					..	..
124	Bélgica	96[b]	101[b]	128	143					..	..
125	Francia	89	106	44	43					..	..
126	†Singapur	108	89	423	..					0,1	0,0
127	Austria	92	87	76	77					..	..
128	Estados Unidos	101	102	21	24					..	..
129	Alemania	84[c]	96	..	46					..	..
130	Dinamarca	91	100	66	64					..	..
131	Noruega	142	95	81	71					..	..
132	Japón	73	127	28	17					..	..
133	Suiza	85	60	77	68					..	..
Todo el mundo		..	..							..	..

a. Incluye a Eritrea.   b. Incluye a Luxemburgo.   c. Los datos se refieren a la República Federal de Alemania antes de la unificación.

Cuadro 4. Población y población activa

		Población Total (millones) 1980	1995	Tasa media de crecimiento anual (%) 1980-90	1990-95	Habitantes de 15 y 64 años de edad (millones) 1980	1995	Población activa Total[a] (millones) 1980	1995	Tasa media de crecimiento anual (%) 1980-90	1990-95	Mujeres (%) 1980	1995	Agricultura (%) 1980	1990	Industria (%) 1980	1990
	Países de ingreso bajo	2.378 t	3.180 t	2,0 p	1,7 p	1.351 t	1.934 t	1.156 t	1.575 t	2,2 p	1,7 p	40 p	41 p	73 p	69 p	13 p	15 p
	Excluidos China e India	709 t	1.050 t	2,7 p	2,4 p	371 t	563 t	317 t	467 t	2,6 p	2,5 p	40 p	41 p	72 p	67 p	10 p	12 p
1	Mozambique	12	16	1,6	2,6	6	9	7	8	1,2	2,4	49	48	84	83	7	8
2	Etiopía	38	56	3,1	1,9	19	28	17	25	2,9	2,3	42	41	86	80	2	2
3	Tanzanía	19	30	3,2	3,0	9	15	10	15	3,2	2,9	50	49	86	84	4	5
4	Burundi	4	6	2,8	2,6	2	3	2	3	2,6	2,7	50	49	93	92	2	3
5	Malawi	6	10	3,3	2,7	3	5	3	5	3,0	2,5	51	49	88	95	5	5
6	Chad	4	6	2,4	2,5	2	3	2	3	2,1	2,5	43	44	88	81	3	4
7	Rwanda	5	6	3,0	-1,7	3	4	3	4	3,2	2,0	49	49	93	92	3	3
8	Sierra Leona	3	4	2,1	1,0	2	2	1	2	1,8	2,0	36	36	70	67	14	15
9	Nepal	15	21	2,6	2,5	8	12	7	10	2,4	2,4	39	40	95	95	1	0
10	Níger	6	9	3,3	3,3	3	4	3	4	3,0	2,9	45	44	93	91	3	4
11	Burkina Faso	7	10	2,6	2,8	4	5	4	5	2,0	2,1	48	47	92	92	3	2
12	Madagascar	9	14	2,9	3,1	5	7	4	6	2,5	3,1	45	45	85	84	6	7
13	Bangladesh	87	120	2,4	1,6	44	64	41	60	2,8	2,1	42	42	74	64	9	16
14	Uganda	13	19	2,4	3,2	6	9	7	9	2,2	2,7	48	48	89	93	4	5
15	Viet Nam	54	73	2,1	2,1	28	43	26	37	2,7	1,9	48	49	73	72	13	14
16	Guinea-Bissau	1	1	1,8	2,1	0	1	0	1	1,3	1,8	40	40	86	85	2	2
17	Haití	5	7	1,9	2,0	3	4	3	3	1,3	1,7	45	43	71	68	8	9
18	Malí	7	10	2,5	2,9	3	5	3	5	2,3	2,7	47	46	93	93	2	2
19	Nigeria	71	111	3,0	2,9	38	58	30	44	2,6	2,8	36	36	55	43	8	7
20	Yemen, República del	9	15	3,3	5,0	4	8	2	5	3,7	4,9	33	29	70	58	13	16
21	Camboya	6	10	2,9	2,8	3	5	3	5	2,8	2,5	56	53	76	74	7	8
22	Kenya	17	27	3,4	2,7	8	14	8	13	3,6	2,7	46	46	83	80	6	7
23	Mongolia	2	2	2,9	2,1	1	1	1	1	3,1	2,9	46	46	40	32	21	22
24	Togo	3	4	3,0	3,0	1	2	1	2	2,6	2,8	39	40	69	66	10	10
25	Gambia	1	1	3,6	3,7	0	1	0	1	3,4	3,2	45	45	84	82	7	8
26	República Centroafricana	2	3	2,4	2,2	..	2	1	2	1,7	1,8	48	47	85	80	3	3
27	India	687	929	2,1	1,8	394	562	300	398	1,9	2,0	34	32	70	64	13	16
28	República Dem. Pop. Lao	3	5	2,7	3,0	2	3	2	2	2,3	2,7	45	47	80	78	6	6
29	Benin	3	5	3,1	2,9	2	3	2	2	2,7	2,5	47	48	67	62	7	8
30	Nicaragua	3	4	2,9	3,1	1	2	1	2	2,9	4,0	28	36	39	28	24	26
31	Ghana	11	17	3,3	2,8	6	9	5	8	3,1	2,7	51	51	61	60	13	13
32	Zambia	6	9	3,0	2,9	3	5	2	4	3,1	2,8	45	45	76	75	8	9
33	Angola	7	11	2,7	3,1	4	5	3	5	2,1	2,8	47	46	76	75	8	8
34	Georgia	5	5	0,7	-0,2	3	4	3	3	0,4	-0,1	49	46	32	26	27	31
35	Pakistán	83	130	3,1	2,9	44	70	29	46	2,9	3,3	23	26	62	56	15	20
36	Mauritania	2	2	2,6	2,5	1	1	1	1	2,0	2,7	45	44	72	55	7	10
37	Azerbaiyán	6	8	1,5	1,0	4	5	3	3	1,0	1,7	47	44	35	31	28	29
38	Zimbabwe	7	11	3,3	2,4	3	6	3	5	3,6	2,2	44	44	74	69	12	8
39	Guinea	4	7	2,5	2,7	2	3	2	3	2,1	2,4	47	47	91	87	1	2
40	Honduras	4	6	3,3	3,0	2	3	1	2	3,6	3,8	25	30	56	40	14	19
41	Senegal	6	8	2,9	2,7	3	4	3	4	2,6	2,7	42	42	81	76	6	7
42	China	981	1.200	1,5	1,1	586	811	539	709	2,2	1,1	43	45	76	74	14	15
43	Camerún	9	13	2,8	2,9	5	7	4	5	2,4	3,1	37	38	73	70	8	9
44	Côte d'Ivoire	8	14	3,8	3,1	4	7	3	5	3,1	2,3	32	33	65	60	8	10
45	Albania	3	3	2,1	-0,1	2	2	1	2	2,6	0,8	39	41	57	55	23	23
46	Congo	2	3	3,1	2,9	1	1	1	1	3,1	2,6	43	43	58	48	13	14
47	República Kirguisa	4	5	1,9	0,5	2	3	2	2	1,6	1,2	48	47	34	32	29	26
48	Sri Lanka	15	18	1,4	1,3	9	12	5	8	2,3	2,0	27	35	52	49	18	21
49	Armenia	3	4	1,4	1,2	2	2	1	2	1,6	1,1	48	48	21	17	43	41
	Países de ingreso mediano	1.236 t	1.591 t	1,8 p	1,4 p	717 t	981 t	513 t	688 t	2,1 p	1,8 p	36 p	38 p	38 p	32 p	28 p	27 p
	De ingreso mediano bajo	905 t	1.153 t	1,7 p	1,4 p	527 t	712 t	387 t	507 t	1,8 p	1,7 p	38 p	40 p	41 p	36 p	27 p	27 p
50	Lesotho	1	2	2,7	2,1	1	1	1	1	2,3	2,3	38	37	41	41	33	28
51	Egipto, República Árabe de	41	58	2,5	2,0	23	34	14	21	2,5	2,7	26	29	61	43	17	23
52	Bolivia	5	7	2,0	2,4	3	4	2	3	2,6	2,6	33	37	53	47	18	18
53	Macedonia, ERY de	2	2	0,7	0,9	1	1	1	1	1,2	1,3	36	41	34	22	31	41
54	Moldova	4	4	0,9	-0,1	3	3	2	2	0,2	0,2	50	49	43	33	26	30
55	Uzbekistán	16	23	2,5	2,1	9	13	6	9	2,2	2,8	48	46	38	34	25	25
56	Indonesia	148	193	1,8	1,6	83	120	59	89	2,9	2,5	35	40	59	57	12	14
57	Filipinas	48	69	2,4	2,2	27	40	19	28	2,7	2,7	35	37	52	45	15	15
58	Marruecos	19	27	2,2	2,0	10	16	7	10	2,6	2,6	34	35	56	45	20	25
59	República Árabe Siria	9	14	3,3	3,0	4	7	2	4	3,0	3,5	23	26	39	34	28	24
60	Papua Nueva Guinea	3	4	2,2	2,3	2	2	2	2	2,1	2,3	42	42	83	79	6	7
61	Bulgaria	9	8	-0,2	-0,7	6	6	5	4	-0,4	-0,6	45	48	20	14	45	50
62	Kazakstán	15	17	1,2	-0,2	9	10	7	8	1,1	0,5	48	47	24	22	32	31
63	Guatemala	7	11	2,8	2,9	4	6	2	4	2,9	3,5	22	26	54	52	19	17
64	Ecuador	8	11	2,5	2,2	4	7	3	4	3,5	3,2	20	26	40	33	20	19
65	República Dominicana	6	8	2,2	1,9	3	5	2	3	3,1	2,6	25	29	32	25	24	29
66	Rumania	22	23	0,4	-0,4	14	15	11	11	-0,2	0,1	46	44	35	24	41	47
67	Jamaica	2	3	1,2	1,0	1	2	1	1	2,1	1,8	46	46	31	24	16	23
68	Jordania	2	4	3,7	5,7	1	2	1	1	4,9	5,3	15	21	24	21	32	32
69	Argelia	19	28	2,9	2,2	9	16	5	9	3,7	4,1	21	24	36	26	27	31
70	El Salvador	5	6	1,0	2,2	2	3	2	2	1,7	3,4	27	34	43	36	19	21
71	Ucrania	50	52	0,4	-0,1	33	34	26	26	-0,1	-0,2	50	49	25	20	39	40
72	Paraguay	3	5	3,0	2,7	2	3	1	2	2,9	2,9	27	29	45	39	20	23

Nota: Respecto de la comparabilidad y cobertura de los datos, véanse las Notas técnicas. Las cifras que aparecen en bastardilla corresponden a años distintos de los indicados.

INDICADORES SELECCIONADOS DEL DESARROLLO MUNDIAL

		Población					Población activa								
		Total (millones)		Tasa media de crecimiento anual (%)		Habitantes de 15 y 64 años de edad (millones)		Total[a] (millones)		Tasa media de crecimiento anual (%)		Mujeres (%)		Agricultura (%)		Industria (%)	
		1980	1995	1980–90	1990–95	1980	1995	1980	1995	1980–90	1990–95	1980	1995	1980	1990	1980	1990
73	Túnez	6	9	2,5	1,9	3	5	2	3	2,7	3,0	29	30	39	28	30	32
74	Lituania	3	4	0,9	0,0	2	2	2	2	0,7	–0,2	50	48	28	18	38	40
75	Colombia	28	37	1,9	1,8	16	23	9	16	3,9	2,7	26	37	39	25	20	22
76	Namibia	1	2	2,7	2,7	1	1	0	1	2,3	2,5	40	41	56	49	15	15
77	Belarús	10	10	0,6	0,2	6	7	5	5	0,5	0,2	50	49	26	20	38	40
78	Federación de Rusia	139	148	0,6	0,0	95	99	76	77	0,2	0,0	49	49	16	14	44	42
79	Letonia	3	3	0,5	–1,2	2	2	1	1	0,2	–1,1	51	50	16	16	42	40
80	Perú	17	24	2,2	2,0	9	14	5	9	3,1	3,1	24	29	40	36	18	18
81	Costa Rica	2	3	2,8	2,3	1	2	1	1	3,8	2,5	21	30	35	26	23	27
82	Líbano	3	4	2,5	1,9	2	2	1	1	3,5	2,9	23	28	13	5	26	22
83	Tailandia	47	58	1,7	0,9	26	39	24	34	2,6	1,3	47	46	71	64	10	14
84	Panamá	2	3	2,1	1,7	1	2	1	1	3,1	2,4	30	34	29	26	19	16
85	Turquía	44	61	2,3	1,7	25	38	19	28	2,9	2,1	35	35	60	53	16	18
86	Polonia	36	39	0,7	0,3	19	26	19	19	0,1	0,6	45	46	30	27	38	36
87	Estonia	1	1	0,6	–1,1	1	1	1	1	0,4	–0,8	51	49	15	14	43	41
88	República Eslovaca	5	5	0,6	0,3	3	4	2	3	0,9	0,7	45	48	14	12	36	32
89	Botswana	1	1	3,5	2,5	0	1	0	1	3,4	2,5	50	46	64	46	10	20
90	Venezuela	15	22	2,6	2,3	8	13	5	8	3,5	3,0	27	33	15	12	28	28
De ingreso mediano alto		331 t	438 t	2,0 p	1,7 p	191 t	269 t	126 t	182 t	2,7 p	2,0 p	29 p	34 p	31 p	21 p	29 p	27 p
91	Sudáfrica	29	41	2,4	2,2	16	24	11	16	2,7	2,4	35	37	17	14	35	32
92	Croacia	5	5	0,4	0,0	3	3	2	2	0,3	0,1	40	43	24	15	32	32
93	México	67	92	2,3	1,9	35	54	22	36	3,5	2,8	27	31	37	28	29	24
94	Mauricio	1	1	0,9	1,3	1	1	0	0	2,3	1,8	26	32	27	17	28	43
95	Gabón	1	1	3,0	2,8	0	1	0	1	2,1	1,9	45	44	76	61	14	19
96	Brasil	121	159	2,0	1,5	71	101	48	71	3,2	1,6	28	35	37	23	24	23
97	Trinidad y Tabago	1	1	1,3	0,8	1	1	0	1	1,2	1,8	32	36	11	11	39	31
98	República Checa	10	10	0,1	–0,1	6	7	5	6	0,2	0,4	47	47	13	11	56	45
99	Malasia	14	20	2,6	2,4	8	12	5	8	2,8	2,7	34	37	41	27	19	23
100	Hungría	11	10	–0,3	–0,3	7	7	5	5	–0,8	0,1	43	44	18	15	43	38
101	Chile	11	14	1,7	1,5	7	9	4	6	2,7	2,1	26	32	21	19	25	25
102	Omán	1	2	3,9	6,0	1	1	0	1	3,4	5,1	7	14	50	48	22	26
103	Uruguay	3	3	0,6	0,6	2	2	1	1	1,6	1,0	31	40	17	14	28	27
104	Arabia Saudita	9	19	5,2	3,7	5	10	3	6	6,5	3,2	8	13	45	20	16	20
105	Argentina	28	35	1,5	1,3	17	21	11	14	1,3	2,0	28	31	13	12	34	32
106	Eslovenia	2	2	0,5	–0,1	1	1	1	1	0,3	0,1	46	46	15	5	42	44
107	Grecia	10	10	0,5	0,6	7	7	4	4	1,2	0,9	28	36	31	23	29	28
De ingreso bajo y mediano		3.614 t	4.771 t	2,0 p	1,6 p	2.069 t	2.916 t	1.669 t	2.263 t	2,2 p	1,7 p	38 p	40 p	63 p	58 p	17 p	18 p
África al sur del Sahara		381 t	583 t	3,0 p	2,6 p	196 t	305 t	173 t	257 t	2,7 p	2,6 p	42 p	42 p	72 p	68 p	9 p	9 p
Asia oriental y el Pacífico		1.360 t	1.706 t	1,6 p	1,3 p	796 t	1.119 t	704 t	951 t	2,3 p	1,3 p	43 p	45 p	73 p	70 p	14 p	15 p
Asia meridional		903 t	1.243 t	2,2 p	1,9 p	508 t	732 t	389 t	532 t	2,1 p	2,1 p	34 p	33 p	70 p	64 p	13 p	16 p
Europa y Asia central		437 t	488 t	0,9 p	0,3 p	277 t	317 t	219 t	238 t	0,6 p	0,5 p	46 p	46 p	27 p	23 p	37 p	36 p
Oriente Medio y Norte de África		175 t	272 t	3,1 p	2,7 p	91 t	151 t	54 t	88 t	3,2 p	3,3 p	24 p	26 p	48 p	36 p	21 p	24 p
América Latina y el Caribe		358 t	478 t	2,0 p	1,7 p	201 t	293 t	130 t	197 t	3,0 p	2,3 p	27 p	33 p	34 p	25 p	25 p	24 p
Países de ingreso alto		816 t	902 t	0,7 p	0,7 p	522 t	605 t	368 t	432 t	1,2 p	0,9 p	39 p	42 p	9 p	5 p	35 p	31 p
108	República de Corea	38	45	1,2	0,9	24	32	16	22	2,3	1,9	39	40	37	18	27	35
109	Portugal	10	10	0,1	0,1	6	7	5	5	0,4	0,5	39	43	26	18	36	34
110	España	37	39	0,4	0,2	23	27	14	17	1,3	1,0	28	36	19	12	37	33
111	Nueva Zelandia	3	4	0,8	1,4	2	2	1	2	2,0	1,5	34	44	11	10	33	25
112	Irlanda	3	4	0,3	0,5	2	2	1	1	0,4	1,7	28	33	19	14	34	29
113	†Israel	4	6	1,8	3,5	2	3	1	2	2,3	3,5	34	40	6	4	32	29
114	†Kuwait	1	2	4,4	–4,9	1	1	0	1	5,8	–1,6	13	27	2	1	32	25
115	†Emiratos Árabes Unidos	1	2	5,7	5,8	1	1	1	1	5,1	3,9	5	13	4	7	37	24
116	Reino Unido	56	59	0,2	0,3	36	38	27	29	0,6	0,3	39	43	3	2	38	29
117	Australia	15	18	1,5	1,1	10	12	7	9	2,3	1,4	37	43	6	5	32	26
118	Italia	56	57	0,1	0,1	36	39	23	25	0,8	0,4	33	38	13	9	38	32
119	Canadá	25	30	1,2	1,3	17	20	12	15	1,9	1,0	40	45	7	3	33	25
120	Finlandia	5	5	0,4	0,5	3	3	2	3	0,6	0,1	46	48	12	8	35	31
121	†Hong Kong	5	6	1,2	1,6	3	4	2	3	1,6	1,3	34	37	1	1	50	37
122	Suecia	8	9	0,3	0,6	5	6	4	5	1,0	0,3	44	48	..	..	..	..
123	Países Bajos	14	15	0,6	0,7	9	11	6	7	2,0	0,6	31	40	6	5	31	26
124	Bélgica	10	10	0,1	0,4	6	7	4	4	0,2	0,5	34	40	3	3	35	28
125	Francia	54	58	0,5	0,5	34	38	24	26	0,4	0,8	40	44	8	5	35	29
126	†Singapur	2	3	1,7	2,0	2	2	1	1	2,3	1,7	35	38	2	0	44	36
127	Austria	8	8	0,2	0,8	5	5	3	4	0,5	0,5	40	41	10	8	41	37
128	Estados Unidos	228	263	0,9	1,0	151	172	110	133	1,4	1,1	42	46	3	3	31	28
129	Alemania	78	82	0,1	0,6	52	56	37	40	0,6	0,3	40	42	7	4	45	38
130	Dinamarca	5	5	0,0	0,3	3	4	3	3	0,7	0,1	44	46	7	6	31	28
131	Noruega	4	4	0,4	0,5	3	3	2	2	0,9	0,7	40	46	8	6	29	25
132	Japón	117	125	0,6	0,3	79	87	57	66	1,1	0,6	38	41	11	7	35	34
133	Suiza	6	7	0,6	1,0	4	5	3	4	1,5	0,8	37	40	6	6	39	35
Todo el mundo		4.429 t	5.673 t	1,7 p	1,5 p	2.590 t	3.521 t	2.037 t	2.695 t	2,0 p	1,6 p	38 p	40 p	53 p	49 p	20 p	20 p

a. Para obtener las estimaciones relativas a la población activa, a las estimaciones de la población se han aplicado las tasas de participación proporcionadas por la OIT.

Cuadro 5. Distribución del ingreso o del consumo

		Año de la encuesta	Coeficiente de Gini	10% inferior	20% inferior	Segundo quintil	Tercer quintil	Cuarto quintil	20% superior	10% superior
Países de ingreso bajo										
Excluidos China e India										
1	Mozambique	..	..	..	..	..	..	..	..	..
2	Etiopía	..	..	..	..	..	..	..	..	..
3	Tanzanía	1993[a,b]	38,1	2,9	6,9	10,9	15,3	21,5	45,4	30,2
4	Burundi	..	..	..	..	..	..	..	..	..
5	Malawi	..	..	..	..	..	..	..	..	..
6	Chad	..	..	..	..	..	..	..	..	..
7	Rwanda	1983–85[a,b]	28,9	4,2	9,7	13,2	16,5	21,6	39,1	24,2
8	Sierra Leona	..	..	..	..	..	..	..	..	..
9	Nepal	1995–96[a,b]	36,7	3,2	7,6	11,5	15,1	21,0	44,8	29,8
10	Níger	1992[a,b]	36,1	3,0	7,5	11,8	15,5	21,1	44,1	29,3
11	Burkina Faso	..	..	..	..	..	..	..	..	..
12	Madagascar	1993[a,b]	43,4	2,3	5,8	9,9	14,0	20,3	50,0	34,9
13	Bangladesh	1992[a,b]	28,3	4,1	9,4	13,5	17,2	22,0	37,9	23,7
14	Uganda	1992–93[a,b]	40,8	3,0	6,8	10,3	14,4	20,4	48,1	33,4
15	Viet Nam	1993[a,b]	35,7	3,5	7,8	11,4	15,4	21,4	44,0	29,0
16	Guinea-Bissau	1991[a,b]	56,2	0,5	2,1	6,5	12,0	20,6	58,9	42,4
17	Haití	..	..	..	..	..	..	..	..	..
18	Malí	..	..	..	..	..	..	..	..	..
19	Nigeria	1992–93[a,b]	45,0	1,3	4,0	8,9	14,4	23,4	49,3	31,3
20	Yemen, República del	..	..	..	..	..	..	..	..	..
21	Camboya	..	..	..	..	..	..	..	..	..
22	Kenya	1992[a,b]	57,5	1,2	3,4	6,7	10,7	17,0	62,1	47,7
23	Mongolia	..	..	..	..	..	..	..	..	..
24	Togo	..	..	..	..	..	..	..	..	..
25	Gambia	..	..	..	..	..	..	..	..	..
26	República Centroafricana	..	..	..	..	..	..	..	..	..
27	India	1992[a,b]	33,8	3,7	8,5	12,1	15,8	21,1	42,6	28,4
28	República Dem. Pop. Lao	1992[a,b]	30,4	4,2	9,6	12,9	16,3	21,0	40,2	26,4
29	Benin	..	..	..	..	..	..	..	..	..
30	Nicaragua	1993[a,b]	50,3	1,6	4,2	8,0	12,6	20,0	55,2	39,8
31	Ghana	1992[a,b]	33,9	3,4	7,9	12,0	16,1	21,8	42,2	27,3
32	Zambia	1993[a,b]	46,2	1,5	3,9	8,0	13,8	23,8	50,4	31,3
33	Angola	..	..	..	..	..	..	..	..	..
34	Georgia	..	..	..	..	..	..	..	..	..
35	Pakistán	1991[a,b]	31,2	3,4	8,4	12,9	16,9	22,2	39,7	25,2
36	Mauritania	1988[a,b]	42,4	0,7	3,6	10,6	16,2	23,0	46,5	30,4
37	Azerbaiyán	..	..	..	..	..	..	..	..	..
38	Zimbabwe	1990[a,b]	56,8	1,8	4,0	6,3	10,0	17,4	62,3	46,9
39	Guinea	1991[a,b]	46,8	0,9	3,0	8,3	14,6	23,9	50,2	31,7
40	Honduras	1992[c,d]	52,7	1,5	3,8	7,4	12,0	19,4	57,4	41,9
41	Senegal	1991[a,b]	54,1	1,4	3,5	7,0	11,6	19,3	58,6	42,8
42	China	1995[c,d]	41,5	2,2	5,5	9,8	14,9	22,3	47,5	30,9
43	Camerún	..	..	..	..	..	..	..	..	..
44	Côte d'Ivoire	1988[a,b]	36,9	2,8	6,8	11,2	15,8	22,2	44,1	28,5
45	Albania	..	..	..	..	..	..	..	..	..
46	Congo	..	..	..	..	..	..	..	..	..
47	República Kirguisa	..	..	..	..	..	..	..	..	..
48	Sri Lanka	1990[a,b]	30,1	3,8	8,9	13,1	16,9	21,7	39,3	25,2
49	Armenia	..	..	..	..	..	..	..	..	..
Países de ingreso mediano										
De ingreso mediano bajo										
50	Lesotho	1986–87[a,b]	56,0	0,9	2,8	6,5	11,2	19,4	60,1	43,4
51	Egipto, República Árabe de	1991[a,b]	32,0	3,9	8,7	12,5	16,3	21,4	41,1	26,7
52	Bolivia	1990[c,d]	42,0	2,3	5,6	9,7	14,5	22,0	48,2	31,7
53	Macedonia, ERY de	..	..	..	..	..	..	..	..	..
54	Moldova	1992[c,d]	34,4	2,7	6,9	11,9	16,7	23,1	41,5	25,8
55	Uzbekistán	..	..	..	..	..	..	..	..	..
56	Indonesia	1993[a,b]	31,7	3,9	8,7	12,3	16,3	22,1	40,7	25,6
57	Filipinas	1988[a,b]	40,7	2,8	6,5	10,1	14,4	21,2	47,8	32,1
58	Marruecos	1990–91[a,b]	39,2	2,8	6,6	10,5	15,0	21,7	46,3	30,5
59	República Árabe Siria	..	..	..	..	..	..	..	..	..
60	Papua Nueva Guinea	..	..	..	..	..	..	..	..	..
61	Bulgaria	1992[c,d]	30,8	3,3	8,3	13,0	17,0	22,3	39,3	24,7
62	Kazakstán	1993[c,d]	32,7	3,1	7,5	12,3	16,9	22,9	40,4	24,9
63	Guatemala	1989[c,d]	59,6	0,6	2,1	5,8	10,5	18,6	63,0	46,6
64	Ecuador	1994[a,b]	46,6	2,3	5,4	8,9	13,2	19,9	52,6	37,6
65	República Dominicana	1989[c,d]	50,5	1,6	4,2	7,9	12,5	19,7	55,7	39,6
66	Rumania	1992[c,d]	25,5	3,8	9,2	14,4	18,4	23,2	34,8	20,2
67	Jamaica	1991[a,b]	41,1	2,4	5,8	10,2	14,9	21,6	47,5	31,9
68	Jordania	1991[a,b]	43,4	2,4	5,9	9,8	13,9	20,3	50,1	34,7
69	Argelia	1988[a,b]	38,7	2,8	6,9	11,0	15,1	20,9	46,1	31,5
70	El Salvador	..	..	..	..	..	..	..	..	..
71	Ucrania	1992[c,d]	25,7	4,1	9,5	14,1	18,1	22,9	35,4	20,8
72	Paraguay	..	..	..	..	..	..	..	..	..

Nota: Respecto de la comparabilidad y cobertura de los datos, véanse las Notas técnicas.

INDICADORES SELECCIONADOS DEL DESARROLLO MUNDIAL

		Año de la encuesta	Coeficiente de Gini	Proporción del ingreso o del consumo						
				10% inferior	20% inferior	Segundo quintil	Tercer quintil	Cuarto quintil	20% superior	10% superior
73	Túnez	1990[a,b]	40,2	2,3	5,9	10,4	15,3	22,1	46,3	30,7
74	Lituania	1993[c,d]	33,6	3,4	8,1	12,3	16,2	21,3	42,1	28,0
75	Colombia	1991[c,d]	51,3	1,3	3,6	7,6	12,6	20,4	55,8	39,5
76	Namibia		..	..	..	..	..	..	..	..
77	Belarús	1993[c,d]	21,6	4,9	11,1	15,3	18,5	22,2	32,9	19,4
78	Federación de Rusia	1993[a,b]	49,6	1,2	3,7	8,5	13,5	20,4	53,8	38,7
79	Letonia	1993[c,d]	27,0	4,3	9,6	13,6	17,5	22,6	36,7	22,1
80	Perú	1994[a,b]	44,9	1,9	4,9	9,2	14,1	21,4	50,4	34,3
81	Costa Rica	1989[c,d]	46,1	1,2	4,0	9,1	14,3	21,9	50,7	34,1
82	Líbano		..	..	..	..	..	..	..	..
83	Tailandia	1992[a,b]	46,2	2,5	5,6	8,7	13,0	20,0	52,7	37,1
84	Panamá	1989[c,d]	56,6	0,5	2,0	6,3	11,6	20,3	59,8	42,2
85	Turquía		..	..	..	..	..	..	..	..
86	Polonia	1992[a,b]	27,2	4,0	9,3	13,8	17,7	22,6	36,6	22,1
87	Estonia	1993[c,d]	39,5	2,4	6,6	10,7	15,1	21,4	46,3	31,3
88	República Eslovaca	1992[c,d]	19,5	5,1	11,9	15,8	18,8	22,2	31,4	18,2
89	Botswana		..	..	..	..	..	..	..	..
90	Venezuela	1990[c,d]	53,8	1,4	3,6	7,1	11,7	19,3	58,4	42,7
De ingreso mediano alto										
91	Sudáfrica	1993[a,b]	58,4	1,4	3,3	5,8	9,8	17,7	63,3	47,3
92	Croacia		..	..	..	..	..	..	..	..
93	México	1992[a,b]	50,3	1,6	4,1	7,8	12,5	20,2	55,3	39,2
94	Mauricio		..	..	..	..	..	..	..	..
95	Gabón		..	..	..	..	..	..	..	..
96	Brasil	1989[c,d]	63,4	0,7	2,1	4,9	8,9	16,8	67,5	51,3
97	Trinidad y Tabago		..	..	..	..	..	..	..	..
98	República Checa	1993[c,d]	26,6	4,6	10,5	13,9	16,9	21,3	37,4	23,5
99	Malasia	1989[c,d]	48,4	1,9	4,6	8,3	13,0	20,4	53,7	37,9
100	Hungría	1993[a,b]	27,0	4,0	9,5	14,0	17,6	22,3	36,6	22,6
101	Chile	1994[c,d]	56,5	1,4	3,5	6,6	10,9	18,1	61,0	46,1
102	Omán		..	..	..	..	..	..	..	..
103	Uruguay		..	..	..	..	..	..	..	..
104	Arabia Saudita		..	..	..	..	..	..	..	..
105	Argentina		..	..	..	..	..	..	..	..
106	Eslovenia	1993[c,d]	28,2	4,1	9,5	13,5	17,1	21,9	37,9	23,8
107	Grecia		..	..	..	..	..	..	..	..
De ingreso bajo y mediano										
África al sur del Sahara										
Asia oriental y el Pacífico										
Asia meridional										
Europa y Asia central										
Oriente Medio y Norte de África										
América Latina y el Caribe										
Países de ingreso alto										
108	República de Corea		..	..	..	..	..	..	..	..
109	Portugal		..	..	..	..	..	..	..	..
110	España	1988[e,f]	..	..	8,3	13,7	18,1	23,4	36,6	21,8
111	Nueva Zelandia	1981–82[e,f]	..	..	5,1	10,8	16,2	23,2	44,7	28,7
112	Irlanda		..	..	..	..	..	..	..	..
113	†Israel	1979[e,f]	..	..	6,0	12,1	17,8	24,5	39,6	23,5
114	†Kuwait		..	..	..	..	..	..	..	..
115	†Emiratos Árabes Unidos		..	..	..	..	..	..	..	..
116	Reino Unido	1988[e,f]	..	..	4,6	10,0	16,8	24,3	44,3	27,8
117	Australia	1985[e,f]	..	..	4,4	11,1	17,5	24,8	42,2	25,8
118	Italia	1986[e,f]	..	..	6,8	12,0	16,7	23,5	41,0	25,3
119	Canadá	1987[e,f]	..	..	5,7	11,8	17,7	24,6	40,2	24,1
120	Finlandia	1981[e,f]	..	..	6,3	12,1	18,4	25,5	37,6	21,7
121	†Hong Kong	1980[e,f]	..	..	5,4	10,8	15,2	21,6	47,0	31,3
122	Suecia	1981[e,f]	..	..	8,0	13,2	17,4	24,5	36,9	20,8
123	Países Bajos	1988[e,f]	..	..	8,2	13,1	18,1	23,7	36,9	21,9
124	Bélgica	1978–79[e,f]	..	..	7,9	13,7	18,6	23,8	36,0	21,5
125	Francia	1989[e,f]	..	..	5,6	11,8	17,2	23,5	41,9	26,1
126	†Singapur	1982–83[e,f]	..	..	5,1	9,9	14,6	21,4	48,9	33,5
127	Austria		..	..	..	..	..	..	..	..
128	Estados Unidos	1985[e,f]	..	..	4,7	11,0	17,4	25,0	41,9	25,0
129	Alemania	1988[e,f]	..	..	7,0	11,8	17,1	23,9	40,3	24,4
130	Dinamarca	1981[e,f]	..	..	5,4	12,0	18,4	25,6	38,6	22,3
131	Noruega	1979[e,f]	..	..	6,2	12,8	18,9	25,3	36,7	21,2
132	Japón	1979[e,f]	..	..	8,7	13,2	17,5	23,1	37,5	22,4
133	Suiza	1982[e,f]	..	..	5,2	11,7	16,4	22,1	44,6	29,8
Todo el mundo										

a. Los datos se refieren a la proporción del gasto por percentil de personas. b. Datos clasificados según el gasto per cápita. c. Los datos se refieren a la proporción del ingreso por percentil de personas. d. Datos clasificados según el ingreso per cápita. e. Los datos se refieren a la proporción del ingreso por percentil de unidades familiares. f. Datos clasificados según el ingreso familiar.

Cuadro 6. Salud

| | | Porcentaje de la población total que tiene acceso a | | | | | | Tasa de mortalidad infantil (por cada 1.000 nacidos vivos) | | Prevalencia de la malnutrición (porcentaje de niños menores de 5 años) | Tasa de uso de anticonceptivos (%) | Tasa de fecundidad total | | Tasa de mortalidad derivada de la maternidad (por cada 100.000 nacidos vivos) |
| | | Servicios de salud | | Agua potable | | Servicios de saneamiento | | | | | | | | |
		1980	1993	1980	1994–95	1980	1994–95	1980	1995	1989–95	1989–95	1980	1995	1989–95
	Países de ingreso bajo							**98 p**	**69 p**			**4,3 p**	**3,2 p**	
	Excluidos China e India							**116 p**	**89 p**			**6,3 p**	**5,0 p**	
1	Mozambique	..	..	9	28	10	23	145	113	..	..	6,5	6,2	1.512[a]
2	Etiopía	..	55	4	27	..	10	155	112	47	4	6,6	7,0	1.528[a]
3	Tanzanía	72	93	..	49	..	86	104	82	28	10	6,7	5,8	748[a]
4	Burundi	..	80	..	58	..	48	121	98	..	..	6,8	6,5	1.327[a]
5	Malawi	40	..	..	54	..	63	169	133	27	13	7,6	6,6	620[b]
6	Chad	..	26	..	29	..	32	147	117	..	..	5,9	5,9	1.594[a]
7	Rwanda	..	..	..	..	..	..	128	133	28	21	8,3	6,2	1.512[a]
8	Sierra Leona	26	..	..	..	13	..	190	179	23	..	6,5	6,5	..
9	Nepal	10	..	11	48	0	6	132	91	70	..	6,4	5,3	515[c]
10	Níger	..	30	..	57	..	15	150	119	..	4	7,4	7,4	593[b]
11	Burkina Faso	..	..	35	..	5	14	121	99	..	..	7,5	6,7	939[a]
12	Madagascar	..	..	..	32	..	17	138	89	32	17	6,5	5,8	..
13	Bangladesh	80	74	..	83	..	30	132	79	84	40	6,1	3,5	887[a]
14	Uganda	..	..	..	42	..	60	116	98	23	15	7,2	6,7	506[c]
15	Viet Nam	75	..	..	38	..	21	57	41	45	..	5,0	3,1	105[d]
16	Guinea-Bissau	30	..	24	27	..	20	168	136	..	..	6,0	6,0	..
17	Haití	..	..	..	28	..	24	123	72	27	18	5,9	4,4	600[b]
18	Malí	20	..	..	44	..	44	184	123	..	..	7,1	6,8	1.249[a]
19	Nigeria	40	67	..	43	..	63	99	80	43	6	6,9	5,5	..
20	Yemen, República del	16	..	..	52	..	51	141	100	30	..	7,9	7,4	1.471[a]
21	Camboya	..	..	..	13	..	..	201	108	..	..	4,7	4,7	..
22	Kenya	..	..	..	49	..	43	72	58	23	27	7,8	4,7	..
23	Mongolia	90	..	..	..	..	..	82	55	10	..	5,4	3,4	..
24	Togo	..	..	..	67	..	20	110	88	..	..	6,6	6,4	626[a]
25	Gambia	90	..	42	61	..	34	159	126	..	..	6,5	5,3	..
26	República Centroafricana	..	..	16	..	..	..	117	98	..	..	5,8	5,1	649
27	India	50	..	..	63	..	29	116	68	63	43	5,0	3,2	437[d]
28	República Dem. Pop. Lao	..	..	..	41	..	30	127	90	40	..	6,7	6,5	..
29	Benin	..	42	..	70	..	22	122	95	36	..	6,5	6,0	..
30	Nicaragua	..	..	..	57	..	..	90	46	12	44	6,2	4,1	..
31	Ghana	..	25	..	56	..	29	100	73	27	20	6,5	5,1	742[a]
32	Zambia	..	..	..	47	..	42	90	109	27	15	7,0	5,7	..
33	Angola	70	24	..	32	..	16	153	124	20	..	6,9	6,9	..
34	Georgia	..	..	..	..	..	..	25	18	..	..	2,3	2,2	55[d]
35	Pakistán	65	85	38	60	16	30	124	90	40	14	7,0	5,2	..
36	Mauritania	..	..	..	41	..	64	120	96	..	..	6,3	5,2	..
37	Azerbaiyán	..	..	..	..	..	..	30	25	..	..	3,2	2,3	29[d]
38	Zimbabwe	55	..	..	74	5	58	82	55	16	..	6,8	3,8	..
39	Guinea	..	45	..	49	12	6	161	128	18	..	6,1	6,5	880[d]
40	Honduras	..	..	..	70	..	68	70	45	19	47	6,5	4,6	..
41	Senegal	..	40	..	..	..	..	91	62	20	7	6,7	5,7	..
42	China	..	..	..	83	..	..	42	34	17	83	2,5	1,9	115[e]
43	Camerún	20	..	..	41	..	40	94	56	14	16	6,5	5,7	..
44	Côte d'Ivoire	..	..	20	82	17	54	108	86	..	11	7,4	5,3	887[a]
45	Albania	100	..	92	..	..	100	47	30	..	..	3,6	2,6	23[d]
46	Congo	..	..	..	60	..	9	89	90	..	..	6,2	6,0	822[a]
47	República Kirguisa	..	..	..	75	..	53	43	30	..	..	4,1	3,3	80[d]
48	Sri Lanka	90	..	..	57	..	66	34	16	38	..	3,5	2,3	30[d]
49	Armenia	..	..	..	..	..	..	26	16	..	..	2,3	1,8	35[d]
	Países de ingreso mediano							**65 p**	**39 p**			**3,8 p**	**3,0 p**	
	De ingreso mediano bajo							**68 p**	**41 p**			**3,7 p**	**3,0 p**	
50	Lesotho	..	..	18	57	12	35	108	76	21	23	5,6	4,6	598[a]
51	Egipto, República Árabe de	100	99	90	84	70	..	120	56	9	48	5,1	3,4	..
52	Bolivia	..	..	..	60	..	44	118	69	13	45	5,5	4,5	373[b]
53	Macedonia, ERY de	..	..	..	..	..	..	54	23	..	..	2,5	2,2	12[d]
54	Moldova	..	..	..	..	..	50	35	22	..	..	2,4	2,0	34[d]
55	Uzbekistán	..	..	..	..	..	18	47	30	..	..	4,8	3,7	43[d]
56	Indonesia	..	..	..	63	..	55	90	51	39	55	4,3	2,7	390
57	Filipinas	..	..	..	84	..	75	52	39	30	40	4,8	3,7	208[b]
58	Marruecos	..	62	32	58	50	63	99	55	9	50	5,4	3,4	372[c]
59	República Árabe Siria	..	99	71	87	45	78	56	32	..	..	7,4	4,8	179[d]
60	Papua Nueva Guinea	..	..	..	31	..	26	67	64	..	..	5,7	4,8	..
61	Bulgaria	..	..	96	..	..	99	20	15	..	..	2,1	1,2	20[d]
62	Kazakstán	..	..	..	..	..	..	33	27	..	..	2,9	2,3	53[d]
63	Guatemala	..	..	..	64	..	71	75	44	..	32	6,2	4,7	464[a]
64	Ecuador	..	..	..	70	..	64	67	36	45	57	5,0	3,2	..
65	República Dominicana	..	..	..	79	..	85	76	37	10	56	4,2	2,9	..
66	Rumania	..	..	77	..	..	50	29	23	..	57	2,4	1,4	48[d]
67	Jamaica	..	..	..	70	..	74	21	13	10	55	3,7	2,4	..
68	Jordania	..	90	89	89	76	30	41	31	17	..	6,8	4,8	132[a]
69	Argelia	..	..	77	..	..	..	98	34	9	51	6,7	3,5	140[d]
70	El Salvador	..	..	..	62	..	73	81	36	22	53	5,3	3,7	..
71	Ucrania	..	..	..	97	50	49	17	15	..	..	2,0	1,5	33[d]
72	Paraguay	..	..	..	..	..	30	50	41	4	48	4,8	4,0	180[d]

Nota: Respecto de la comparabilidad y cobertura de los datos, véanse las Notas técnicas. Las cifras que aparecen en bastardilla corresponden a años distintos de los indicados.

INDICADORES SELECCIONADOS DEL DESARROLLO MUNDIAL   249

		Porcentaje de la población total que tiene acceso a						Tasa de mortalidad infantil (por cada 1.000 nacidos vivos)		Prevalencia de la malnutrición (porcentaje de niños menores de 5 años)	Tasa de uso de anticon- ceptivos (%)	Tasa de fecundidad total		Tasa de mortalidad derivada de la maternidad (por cada 100.000 nacidos vivos)
		Servicios de salud		Agua potable		Servicios de saneamiento								
		1980	1993	1980	1994–95	1980	1994–95	1980	1995	1989–95	1989–95	1980	1995	1989–95
73	Túnez	95	90	72	86	46	72	71	39	..	..	5,2	2,9	138a
74	Lituania	..	..	..	..	..	..	20	14	..	..	2,0	1,5	16d
75	Colombia	88	..	..	96	..	70	45	26	10	72	3,8	2,8	107a
76	Namibia	..	..	..	57	..	36	90	62	..	29	5,9	5,0	518
77	Belarús	..	..	..	..	50	100	16	13	..	..	2,0	1,4	25d
78	Federación de Rusia	..	..	..	..	..	..	22	18	..	..	1,9	1,4	52d
79	Letonia	..	..	..	..	..	..	20	16	..	..	2,0	1,3	..
80	Perú	..	..	..	60	..	47	81	47	16	55	4,5	3,1	..
81	Costa Rica	..	..	..	100	..	99	20	13	2	..	3,7	2,8	..
82	Líbano	..	..	92	..	59	..	48	32	..	..	4,0	2,8	..
83	Tailandia	30	59	..	81	..	87	49	35	13	..	3,5	1,8	..
84	Panamá	..	..	..	82	..	87	32	23	7	..	3,7	2,7	..
85	Turquía	..	..	67	92	..	94	109	48	..	..	4,3	2,7	183c
86	Polonia	100	..	67	..	50	100	21	14	..	..	2,3	1,6	10d
87	Estonia	..	..	..	..	..	..	17	14	..	..	2,0	1,3	41d
88	República Eslovaca	..	..	..	..	43	51	21	11	..	..	2,3	1,5	8d
89	Botswana	..	..	..	70	..	55	69	56	..	..	6,7	4,4	220a
90	Venezuela	..	..	..	88	..	55	36	23	6	..	4,1	3,1	200d
De ingreso mediano alto								57 p	35 p			3,9 p	2,9 p	
91	Sudáfrica	..	..	..	..	..	46	67	50	..	..	4,9	3,9	404a
92	Croacia	..	..	..	96	..	68	21	16	..	..	1,9	1,5	10d
93	México	51	..	..	87	..	70	51	33	..	..	4,5	3,0	..
94	Mauricio	100	99	..	100	..	100	32	16	..	75	2,7	2,2	112d
95	Gabón	..	..	..	67	..	76	116	89	..	..	4,5	5,2	483a
96	Brasil	..	..	..	92	..	73	70	44	18	..	3,9	2,4	200d
97	Trinidad y Tabago	..	..	..	82	..	56	35	13	..	..	3,3	2,1	..
98	República Checa	..	..	..	..	..	..	16	8	..	69	2,1	1,3	12d
99	Malasia	..	88	..	90	75	94	30	12	23	..	4,2	3,4	34f
100	Hungría	..	..	..	..	..	94	23	11	..	..	1,9	1,6	10d
101	Chile	..	..	..	96	..	71	32	12	1	..	2,8	2,3	..
102	Omán	75	89	15	56	..	72	41	18	..	9	9,9	7,0	..
103	Uruguay	..	..	..	83	..	82	37	18	..	..	2,7	2,2	..
104	Arabia Saudita	85	98	91	93	76	86	65	21	..	..	7,3	6,2	18d
105	Argentina	..	..	..	64	..	89	35	22	..	..	3,3	2,7	140d
106	Eslovenia	..	..	..	..	..	90	15	7	..	..	2,1	1,3	5d
107	Grecia	..	..	..	..	..	96	18	8	..	..	2,2	1,4	..
De ingreso bajo y mediano								87 p	60 p			4,1 p	3,1 p	
África al sur del Sahara								114 p	92 p			6,7 p	5,7 p	
Asia oriental y el Pacífico								56 p	40 p			3,1 p	2,2 p	
Asia meridional								120 p	75 p			5,3 p	3,5 p	
Europa y Asia central								40 p	26 p			2,5 p	2,0 p	
Oriente Medio y Norte de África								97 p	54 p			6,1 p	4,2 p	
América Latina y el Caribe								60 p	37 p			4,1 p	2,8 p	
Países de ingreso alto								13 p	7 p			1,9 p	1,7 p	
108	República de Corea	..	100	..	89	..	100	26	10	..	..	2,6	1,8	30d
109	Portugal	..	..	57	..	..	100	24	7	..	..	2,2	1,4	21
110	España	..	..	98	99	95	97	12	7	..	..	2,2	1,2	..
111	Nueva Zelandia	..	100	87	..	..	..	13	7	..	..	2,1	2,1	..
112	Irlanda	..	..	..	..	..	100	11	6	..	60	3,2	1,9	..
113	†Israel	..	..	..	99	..	70	15	8	..	..	3,2	2,4	..
114	†Kuwait	100	..	100	..	100	..	27	11	..	..	5,3	3,0	18d
115	†Emiratos Árabes Unidos	96	90	100	98	75	95	55	16	..	..	5,4	3,6	20a
116	Reino Unido	..	..	..	100	..	96	12	6	..	..	1,9	1,7	..
117	Australia	99	..	99	95	99	90	11	6	..	..	1,9	1,9	..
118	Italia	..	..	99	..	99	100	15	7	..	..	1,6	1,2	..
119	Canadá	..	..	97	100	60	85	10	6	..	..	1,7	1,7	..
120	Finlandia	..	..	..	100	100	100	8	5	..	..	1,6	1,8	..
121	†Hong Kong	..	..	..	100	..	..	11	5	..	..	2,0	1,2	..
122	Suecia	..	..	..	..	85	100	7	4	..	..	1,7	1,7	..
123	Países Bajos	..	..	100	100	100	100	9	6	..	..	1,6	1,6	..
124	Bélgica	..	..	..	..	99	100	12	8	..	..	1,7	1,6	..
125	Francia	..	..	..	100	85	96	10	6	..	..	1,9	1,7	..
126	†Singapur	..	..	100	100	..	100	12	4	14	..	1,7	1,7	..
127	Austria	..	..	100	..	85	100	14	6	..	..	1,6	1,5	..
128	Estados Unidos	..	..	..	90	98	85	13	8	..	..	1,8	2,1	..
129	Alemania	..	..	..	..	..	100	12	6	..	..	1,6	1,2	..
130	Dinamarca	..	..	100	100	100	100	8	6	..	..	1,5	1,8	..
131	Noruega	..	..	..	100	100	100	8	5	..	..	1,7	1,9	..
132	Japón	..	100	..	95	..	85	8	4	3	..	1,8	1,5	6d
133	Suiza	..	..	..	100	85	100	9	6	..	..	1,6	1,5	..
Todo el mundo								80 p	55 p			3,7 p	2,9 p	

a. Estimación de UNICEF/OMS basada en un modelo estadístico. b. La cifra se basa en una estimación indirecta utilizando datos de encuestas por muestreo. c. La cifra se basa en encuestas por muestreo. d. Estimación oficial. e. La cifra se basa en una encuesta que abarcó 30 provincias. f. La cifra se basa en datos del registro civil.

Cuadro 7. Educación

			Matriculados en el sistema educativo como porcentaje de los grupos de edades								Porcentaje de la cohorte que llegó al cuarto grado					Analfabetismo de adultos (%)
		colspan="4"	Nivel primario	colspan="4"	Nivel secundario		Nivel terciario		Niñas		Niños	Mujeres	Hombres
			Niñas		Niños		Niñas		Niños								
		1980	1993	1980	1993	1980	1993	1980	1993	1980	1993	1980	1990	1980	1990	1995	1995
	Países de ingreso bajo	81 p	98 p	104 p	112 p	26 p	41 p	42 p	..	3 p	..					45 p	24 p
	Excluidos China e India	64 p	..	85 p	..	14 p	..	25 p	..	3 p	..					55 p	37 p
1	Mozambique	84	51	114	69	3	6	8	9	0	0	..	54	..	60	77	42
2	Etiopía[a]	23	19	44	27	6	11	11	12	0	1	48	56	42	56	75	55
3	Tanzanía	86	69	99	71	2	5	4	6	..	..	89	90	90	89	43	21
4	Burundi	21	63	32	76	2	5	4	9	1	1	83	79	83	79	78	51
5	Malawi	48	77	72	84	2	3	5	6	1	1	55	68	62	73	58	28
6	Chad	..	30	..	62	..	..	..	..	..	1	..	65	..	74	65	38
7	Rwanda	60	76	66	78	3	9	4	11	0	..	74	76	73	73	48	30
8	Sierra Leona	43	..	61	..	8	..	20	..	1	..	..	..	..	..	82	55
9	Nepal	49	87	117	129	9	23	33	46	3	6	..	..	..	..	86	59
10	Níger	18	21	33	35	3	4	7	9	0	1	79	..	82	..	93	79
11	Burkina Faso	14	30	23	47	2	6	4	11	0	..	79	90	79	86	91	71
12	Madagascar	133	72	139	75	..	14	..	14	3	4	..	72	..	68	..	..
13	Bangladesh	46	105	76	128	9	12	26	26	3	..	30	46	29	44	74	51
14	Uganda	43	83	56	99	3	10	7	17	1	1	..	..	..	..	50	26
15	Viet Nam	106	..	111	..	40	..	44	..	2	2	67	..	71	..	9	4
16	Guinea-Bissau	43	..	94	..	2	2	10	10	..	..	47	..	63	..	58	32
17	Haití	70	..	82	..	13	..	14	..	1	..	64	60	63	60	58	52
18	Malí	19	24	34	38	5	6	12	12	1	..	77	84	73	87	77	61
19	Nigeria	104	82	135	105	14	27	27	32	2	..	..	76	..	74	53	33
20	Yemen, República del	..	..	..	..	..	..	..	..	..	..	..	..	..	..	..	..
21	Camboya	..	46	..	48	..	..	..	..	..	..	..	..	..	..	47	20
22	Kenya	110	91	120	92	16	23	23	28	1	..	85	78	84	76	30	14
23	Mongolia	107	..	107	..	97	87	85	..	..	..	..	..	..	..	..	..
24	Togo	91	81	146	122	16	12	51	34	2	3	84	82	90	87	63	33
25	Gambia	35	61	67	84	7	13	16	25	..	..	..	..	..	..	75	47
26	República Centroafricana	51	..	92	92	7	..	21	..	1	2	..	..	..	..	48	32
27	India	67	91	98	113	20	..	39	..	5	..	52	..	57	..	62	35
28	República Dem. Pop. Lao	104	92	123	123	16	19	25	31	0	2	31	..	31	..	56	31
29	Benin	41	44	87	88	9	7	24	17	2	..	73	58	77	58	74	51
30	Nicaragua	102	105	96	101	45	44	39	39	13	9	55	62	51	55	33	35
31	Ghana	71	70	89	83	31	28	51	44	2	..	82	..	87	..	47	24
32	Zambia	83	99	97	109	11	..	22	..	2	..	..	..	..	..	29	14
33	Angola	..	..	..	..	..	..	..	..	0	1	..	37	..	49	..	..
34	Georgia	..	..	..	..	..	..	..	..	30	..	..	..	..	..	..	..
35	Pakistán	27	49	51	80	8	..	20	..	..	..	41	45	53	55	76	50
36	Mauritania	26	62	47	76	4	11	17	19	..	4	86	83	96	82	74	50
37	Azerbaiyán	..	87	..	91	..	88	..	89	25	26	..	..	..	..	..	..
38	Zimbabwe	..	114	..	123	..	40	..	51	1	6	..	..	..	..	20	10
39	Guinea	25	30	48	61	10	6	24	17	5	..	..	78	..	81	78	50
40	Honduras	99	112	98	111	31	37	29	29	8	9	..	..	..	..	27	27
41	Senegal	37	50	56	67	7	11	15	21	3	3	90	..	93	..	77	57
42	China	103	116	121	120	37	51	54	60	1	4	..	..	..	..	27	10
43	Camerún	89	..	107	..	13	..	24	..	2	2	81	..	81	..	48	25
44	Côte d'Ivoire	63	58	95	80	12	17	27	33	3	..	91	82	94	85	70	50
45	Albania	111	97	116	95	63	..	70	..	8	10	96	..	97	..	..	..
46	Congo	..	..	..	..	..	..	..	..	..	..	91	..	91	..	33	17
47	República Kirguisa	..	..	..	..	..	..	..	..	28	21	..	..	..	..	..	..
48	Sri Lanka	100	..	105	106	57	78	52	71	3	6	..	96	..	95	13	7
49	Armenia	..	93	..	87	..	90	..	80	30	49	..	..	..	..	..	..
	Países de ingreso mediano	99 p	101 p	106 p	105 p	48 p	62 p	53 p	64 p	21 p	20 p					23 p	14 p
	De ingreso mediano bajo	97 p	101 p	106 p	106 p	50 p	61 p	56 p	65 p	24 p	22 p					..	..
50	Lesotho	120	105	85	90	21	31	14	21	2	2	77	85	61	75	38	19
51	Egipto, República Árabe de	61	89	84	105	39	69	61	81	16	17	83	..	75	..	61	36
52	Bolivia	81	..	92	..	32	..	42	..	16	23	50	..	52	..	24	10
53	Macedonia, ERY de	..	87	..	88	..	55	..	53	28	16	..	..	..	..	..	..
54	Moldova	..	77	..	78	..	72	..	67	29	35	..	..	..	..	..	..
55	Uzbekistán	..	79	..	80	..	92	..	96	30	33	..	..	..	..	22	10
56	Indonesia	100	112	115	116	23	39	35	48	..	10	..	..	..	..	22	10
57	Filipinas	112	..	113	..	69	..	61	..	24	26	..	82	..	78	6	5
58	Marruecos	63	60	102	85	20	29	32	40	6	10	89	81	90	83	69	43
59	República Árabe Siria	88	99	111	111	35	42	57	52	17	18	91	96	94	97	44	14
60	Papua Nueva Guinea	51	67	66	80	8	10	15	15	2	..	..	70	..	72	37	19
61	Bulgaria	98	84	98	87	84	70	85	66	16	23	95	91	98	93	..	..
62	Kazakstán	..	86	..	86	..	91	..	89	34	42	..	..	..	..	..	..
63	Guatemala	65	78	77	89	17	23	20	25	8	..	56	..	66	..	51	38
64	Ecuador	116	122	119	124	53	56	53	54	35	..	76	..	78	..	12	8
65	República Dominicana	..	99	..	95	..	43	..	30	..	..	..	..	..	..	18	18
66	Rumania	101	86	102	87	69	82	73	83	12	12	..	94	..	93	..	..
67	Jamaica	104	108	103	109	71	70	63	62	7	6	..	100	..	98	11	19
68	Jordania	102	95	105	94	73	54	79	52	27	19	95	97	95	99	21	7
69	Argelia	81	96	108	111	26	55	40	66	6	11	91	95	92	96	51	26
70	El Salvador	75	80	75	79	23	30	26	27	4	15	55	..	52	..	30	27
71	Ucrania	..	87	..	87	..	95	..	65	42	46	..	..	..	..	..	..
72	Paraguay	101	110	107	114	..	38	..	36	8	10	..	78	..	79	9	7

Nota: Respecto de la comparabilidad y cobertura de los datos, véanse las Notas técnicas. Las cifras que aparecen en bastardilla corresponden a años distintos de los indicados.

INDICADORES SELECCIONADOS DEL DESARROLLO MUNDIAL 251

			Matriculados en el sistema educativo como porcentaje de los grupos de edades								Porcentaje de la cohorte que llegó al cuarto grado				Analfabetismo de adultos (%)
		colspan="4"	Nivel primario		Nivel secundario									
			Niñas		Niños		Niñas		Niños		Nivel terciario		Niñas		Niños	Mujeres	Hombres
		1980	1993	1980	1993	1980	1993	1980	1993	1980	1993	1980	1990	1980	1990	1995	1995
73	Túnez	88	113	118	123	20	49	34	55	5	11	90	93	94	95	45	21
74	Lituania	..	90	..	95	..	79	..	76	49	39	..	..	..	..	..	..
75	Colombia	126	120	123	118	41	68	40	57	9	10	46	74	42	72	9	9
76	Namibia	..	138	..	134	..	61	..	49	..	3	..	64	..	65	..	..
77	Belarús	..	95	..	96	..	96	..	89	39	44	..	..	..	..	..	..
78	Federación de Rusia	102	107	102	107	97	91	95	84	46	45	..	..	..	..	..	..
79	Letonia	..	82	..	83	..	90	..	84	45	39	..	..	..	..	..	..
80	Perú	111	..	117	..	54	..	63	..	17	40	83	..	85	..	17	6
81	Costa Rica	104	105	106	106	51	49	44	45	21	30	84	91	80	90	5	5
82	Líbano	..	114	..	117	..	78	..	73	30	29	..	..	..	..	10	5
83	Tailandia	97	97	100	98	28	37	30	38	13	19	..	..	..	..	8	4
84	Panamá	105	..	108	..	65	65	58	..	21	23	88	88	87	85	10	9
85	Turquía	90	98	102	107	24	48	44	74	5	16	..	98	..	98	28	8
86	Polonia	99	97	100	98	80	87	75	82	18	26	..	..	..	..	..	..
87	Estonia	..	83	..	84	..	96	..	87	43	38	..	..	..	..	..	..
88	República Eslovaca	..	101	..	101	..	90	..	87	..	17	..	..	..	..	..	..
89	Botswana	100	120	83	113	20	55	17	49	1	3	98	94	91	92	40	20
90	Venezuela	..	97	..	95	25	41	18	29	21	29	..	..	..	..	10	8
De ingreso mediano alto		103 p	..	106 p	..	43 p	..	43 p	..	13 p	16 p					14 p	12 p
91	Sudáfrica	..	110	..	111	..	84	..	71	..	13					18	18
92	Croacia	..	..	..	..	..	86	..	80	..	27					..	..
93	México	121	110	122	114	46	58	51	57	14	14	63	..	85	..	13	8
94	Mauricio	91	106	94	107	49	60	51	58	1	4	97	98	97	99	21	13
95	Gabón	..	136	..	132	..	..	..	..	..	3	79	80	82	82	47	26
96	Brasil	97	..	101	..	36	..	31	..	11	12	..	..	..	..	17	17
97	Trinidad y Tabago	100	94	98	94	..	78	..	74	4	8	89	97	83	96	3	1
98	República Checa	..	100	..	99	..	88	..	85	18	16	..	..	..	..	..	..
99	Malasia	92	93	93	93	46	61	50	56	4	..	..	..	..	98	22	11
100	Hungría	97	95	96	95	67	82	72	79	14	17	96	97	96	97	..	..
101	Chile	108	98	110	99	56	67	49	65	12	27	81	95	78	95	5	5
102	Omán	36	82	69	87	6	57	19	64	..	5	..	..	..	..	..	..
103	Uruguay	107	108	107	109	62	..	61	..	17	30	99	98	93	98	2	3
104	Arabia Saudita	49	73	74	78	23	43	36	54	7	14	90	..	81	..	50	29
105	Argentina	106	107	106	108	..	75	..	70	22	41	76	..	73	..	4	4
106	Eslovenia	..	97	..	97	..	90	..	88	..	28					..	..
107	Grecia	103	..	103	..	77	..	85	..	17	..	98	..	98	..	..	..
De ingreso bajo y mediano		87 p	99 p	105 p	110 p	33 p	49 p	45 p	..	8 p	..					39 p	21 p
África al sur del Sahara		68 p	65 p	90 p	78 p	10 p	22 p	20 p	27 p	1 p	..					54 p	35 p
Asia oriental y el Pacífico		102 p	116 p	118 p	120 p	36 p	51 p	51 p	60 p	3 p	5 p					24 p	9 p
Asia meridional		61 p	87 p	91 p	110 p	18 p	35 p	36 p	..	5 p	..					64 p	37 p
Europa y Asia central		..	97 p	..	97 p	..	90 p	..	81 p	31 p	32 p					..	..
Oriente Medio y Norte de África		74 p	91 p	98 p	103 p	32 p	51 p	52 p	65 p	11 p	14 p					50 p	28 p
América Latina y el Caribe		105 p	..	108 p	..	41 p	..	40 p	..	14 p	15 p					14 p	12 p
Países de ingreso alto		103 p	103 p	103 p	103 p	..	98 p	..	97 p	35 p	56 p					..	..
108	República de Corea	111	102	109	100	74	92	82	93	15	48	96	100	96	100	b	b
109	Portugal	123	118	124	122	40	..	34	..	11	23	..	..	..	..	..	..
110	España	109	105	110	104	89	120	85	107	23	41	94	95	92	94	..	..
111	Nueva Zelandia	111	101	111	102	84	104	82	103	27	58	..	99	..	98	b	b
112	Irlanda	100	103	100	103	95	110	85	101	18	34	100	99	97	98	b	b
113	†Israel	..	96	..	95	..	91	..	84	29	35	..	97	..	98	..	..
114	†Kuwait	100	..	105	..	76	..	84	..	11	..	..	..	..	..	25	18
115	†Emiratos Árabes Unidos	88	108	90	112	49	94	55	84	3	11	..	93	..	94	20	21
116	Reino Unido	103	113	103	112	85	94	82	91	19	37	..	..	..	..	b	b
117	Australia	110	107	112	108	72	86	70	83	25	42	97	100	94	98	b	b
118	Italia	99	100	98	70	82	73	81	27	37	..	..	..	..	b	b	
119	Canadá	99	104	99	106	89	103	87	104	52	103	97	98	94	95	b	b
120	Finlandia	96	100	97	100	105	130	94	110	32	63	99	98	99	98	b	b
121	†Hong Kong	106	..	107	..	65	..	63	..	10	21	..	..	..	..	12	4
122	Suecia	97	100	96	100	93	100	83	99	31	38	100	..	99	..	b	b
123	Países Bajos	101	99	99	96	90	120	95	126	29	45	100	..	97	..	b	b
124	Bélgica	103	100	104	99	92	104	90	103	26	..	81	..	78	..	b	b
125	Francia	110	105	112	107	92	107	77	104	25	50	..	..	..	..	b	b
126	†Singapur	106	..	109	..	59	..	56	..	8	..	100	100	99	100	14	4
127	Austria	98	103	99	103	87	104	98	109	22	43	97	99	92	97	b	b
128	Estados Unidos	100	106	101	107	..	97	..	98	56	81	..	..	..	..	b	b
129	Alemania[c]	..	98	..	97	..	100	..	101	..	36	98	99	96	97	b	b
130	Dinamarca	95	98	96	97	104	115	105	112	28	41	..	..	..	..	b	b
131	Noruega	100	99	100	99	96	114	92	118	26	54	..	..	..	..	b	b
132	Japón	101	102	101	102	94	97	92	95	31	30	100	100	100	100	b	b
133	Suiza	..	102	..	100	..	89	..	93	18	31	94	..	92	..	b	b
Todo el mundo		90 p	99 p	104 p	109 p	39 p	57 p	50 p	..	13 p	..					..	..

a. Los datos correspondientes a 1980 incluyen a Eritrea. b. Según la UNESCO, el analfabetismo es inferior al 5%. c. Los datos anteriores a 1990 se refieren a la República Federal de Alemania antes de la unificación.

Cuadro 8. Uso de energía comercial

| | | \multicolumn{6}{c|}{Uso de energía (equivalente en petróleo)} | \multicolumn{2}{c|}{Importaciones netas de energía como porcentaje del consumo} | \multicolumn{4}{c}{Emisiones de CO_2 [a]} |
		\multicolumn{2}{c	}{Uso total (miles de toneladas métricas)}	\multicolumn{2}{c	}{Uso per cápita (kg)}	Tasa media de aumento anual (%)	\multicolumn{2}{c	}{PIB por kilogramo ($ de 1987)}			\multicolumn{2}{c	}{Total (millones de toneladas métricas)}	\multicolumn{2}{c}{Per cápita (toneladas métricas)}
		1980	1994	1980	1994	1980–94	1980	1994	1980	1994	1980	1992	1980	1992
	Países de ingreso bajo	587.124 t	1.154.712 t	248 p	369 p	4,4 p	0,9 p	1,1 p			2.063 t	3.880 t	0,9 p	1,3 p
	Excluidos China e India	80.087 t	137.034 t	114 p	134 p	2,3 p	..	2,6 p			223 t	443 t	0,3 p	0,5 p
1	Mozambique	1.123	619	93	40	−2,5	1,4	3,3	−15	74	3	1	0,3	0,1
2	Etiopía	624	1.193	17	22	5,2	..	6,9	91	87	2	3	0,0	0,1
3	Tanzanía	1.023	975	55	34	0,7	..	4,5	92	83	2	2	0,1	0,1
4	Burundi	58	143	14	23	6,8	13,9	8,3	98	97	0	0	0,0	0,0
5	Malawi	334	370	54	39	1,5	3,2	3,4	70	59	1	1	0,1	0,1
6	Chad	93	100	21	16	0,6	6,2	10,9	100	100	0	0	0,0	0,0
7	Rwanda	190	209	37	34	−0,4	9,3	4,9	85	78	0	0	0,0	0,1
8	Sierra Leona	310	323	96	77	0,5	2,3	2,4	100	100	1	0	0,2	0,1
9	Nepal	174	582	12	28	8,7	12,5	7,3	91	88	1	1	0,0	0,1
10	Níger	210	327	38	37	2,1	12,1	7,3	93	83	1	1	0,1	0,1
11	Burkina Faso	144	160	21	16	1,1	11,2	16,0	100	100	0	1	0,1	0,1
12	Madagascar	391	479	45	36	1,7	6,7	5,6	90	83	2	1	0,2	0,1
13	Bangladesh	2.809	7.566	32	64	7,7	4,5	3,1	60	28	8	17	0,1	0,2
14	Uganda	320	*425*	25	23	1,3	..	22,6	52	58	1	1	0,1	0,1
15	Viet Nam	4.024	*7.267*	75	*101*	3,1	..	7,5	32	−55	17	22	0,3	*0,3*
16	Guinea-Bissau	31	39	38	37	2,1	3,8	5,8	100	100	0	0	0,2	0,2
17	Haití	240	200	45	29	1,8	9,5	7,9	77	93	1	1	0,1	0,1
18	Malí	164	205	25	22	1,8	11,2	11,5	87	80	0	0	0,1	0,0
19	Nigeria	9.879	17.503	139	162	3,8	3,1	2,2	−968	−484	68	97	1,0	0,9
20	Yemen, República del	1.364	3.044	160	*206*	4,1	..	..	100	−463	3	*10*	0,4	0,7
21	Camboya	393	512	60	52	2,2	..	2,4	97	96	0	0	0,0	0,1
22	Kenya	1.991	2.872	120	110	3,1	3,1	3,3	95	83	6	5	0,4	0,2
23	Mongolia	1.943	2.550	1.168	1.058	2,0	1,2	1,2	38	15	7	9	4,0	4,0
24	Togo	195	183	75	46	1,8	6,3	6,9	99	100	1	1	*0,2*	*0,2*
25	Gambia	53	60	83	56	0,9	3,5	4,9	100	100	0	0	0,2	0,2
26	República Centroafricana	59	93	26	29	2,7	16,2	12,1	71	76	0	0	0,1	0,1
27	India	93.907	226.638	137	248	6,6	1,9	1,6	21	21	350	769	0,5	0,9
28	República Dem. Pop. Lao	107	182	33	38	2,6	..	9,1	−121	−18	0	0	0,1	0,1
29	Benin	149	107	43	20	−3,5	8,3	18,0	93	−194	0	1	0,1	0,1
30	Nicaragua	756	1.273	270	300	3,3	5,1	2,7	83	63	2	2	0,7	0,6
31	Ghana	1.303	1.542	121	93	2,5	3,6	4,4	57	66	2	4	0,2	0,2
32	Zambia	1.685	*1.296*	294	149	−2,6	1,3	1,8	32	31	4	2	0,6	0,3
33	Angola	937	931	133	89	0,3	..	7,0	−722	−2.576	5	5	0,8	0,5
34	Georgia	..	3.325	..	614	..	..	0,7	..	85	..	14	..	2,5
35	Pakistán	11.698	32.133	142	254	7,4	1,8	1,5	38	40	32	72	0,4	0,6
36	Mauritania	214	229	138	103	0,5	3,8	4,8	100	100	1	3	0,4	1,4
37	Azerbaiyán	15.001	16.274	2.433	2.182	−2,7	..	0,2	1	1	..	64	..	8,7
38	Zimbabwe	2.797	4.722	399	438	3,9	1,5	*1,4*	28	*24*	10	*19*	1,4	*1,8*
39	Guinea	356	418	80	65	1,3	..	6,1	89	86	1	1	0,2	0,2
40	Honduras	843	1.173	230	204	2,1	4,2	4,4	76	82	2	3	0,6	0,6
41	Senegal	875	803	158	97	−0,1	4,2	6,3	100	100	3	3	0,5	0,4
42	China	413.130	791.040	421	664	5,0	0,3	0,7	−4	−1	1.489	2.668	1,5	2,3
43	Camerún	774	1.335	89	103	2,6	10,0	6,9	−269	−333	4	2	0,4	0,2
44	Côte d'Ivoire	1.435	1.406	175	103	1,4	6,8	6,8	87	70	5	6	0,6	0,5
45	Albania	3.058	1.093	1.145	341	−4,8	0,6	2,4	0	3	7	4	2,8	1,2
46	Congo	262	847	157	331	3,7	5,7	2,8	−1.193	−1.013	0	4	0,2	1,6
47	República Kirguisa	..	2.755	..	616	..	..	0,9	..	47	..	15	..	3,4
48	Sri Lanka	1.411	1.728	96	97	1,9	3,4	5,1	91	80	3	5	0,2	0,3
49	Armenia	1.071	1.441	346	384	1,6	4,3	1,4	..	79	..	4	..	1,1
	Países de ingreso mediano	1.873.142 t	2.313.337 t	1.537 p	1.475 p	−1,7 p	..	..			2.831 t	7.221 t	2,9 p	4,8 p
	De ingreso mediano bajo	1.448.776 t	1.647.009 t	*1.632* p	*1.449* p	−3,0 p	..	..			1.664 t	5.565 t	2,6 p	*5,1* p
50	Lesotho	..	..	..	..	..	..	..	..	..	..	0	..	0,0
51	Egipto, República Árabe de	15.176	34.071	371	600	5,7	1,6	1,2	−120	−79	45	84	1,1	1,5
52	Bolivia	1.713	2.698	320	373	1,6	2,7	2,1	−107	−61	5	7	0,8	1,0
53	Macedonia, ERY de	..	2.686	..	1.279	..	..	..	..	44	..	4	..	2,0
54	Moldova	..	4.763	..	1.095	..	..	..	..	99	0	14	0,0	3,3
55	Uzbekistán	..	41.825	..	*1.869*	..	..	0,3	..	0	..	123	..	5,7
56	Indonesia	25.028	69.740	169	366	8,3	2,1	1,8	−275	−120	95	185	0,6	1,0
57	Filipinas	13.406	21.199	277	316	3,5	2,4	1,9	79	71	37	50	0,8	0,8
58	Marruecos	4.927	8.509	254	327	4,1	3,1	2,9	87	95	16	27	0,8	1,1
59	República Árabe Siria	5.343	13.675	614	997	6,1	1,9	1,2	−78	−130	19	42	2,2	3,3
60	Papua Nueva Guinea	705	990	228	236	2,4	3,9	4,8	89	−150	2	2	0,6	0,6
61	Bulgaria	28.476	20.568	3.213	2.438	−2,7	0,7	1,0	74	56	75	54	8,4	6,4
62	Kazakstán	76.799	56.664	5.153	3.371	−2,3	..	0,3	0	−25	..	298	..	17,6
63	Guatemala	1.443	2.165	209	210	3,2	5,0	4,3	84	74	4	6	0,6	0,6
64	Ecuador	4.209	6.345	529	565	2,7	2,3	2,2	−156	−231	13	19	1,7	1,8
65	República Dominicana	2.083	2.591	366	337	1,4	2,0	2,5	93	94	6	10	1,1	1,4
66	Rumania	63.846	39.387	2.876	1.733	−3,1	0,5	0,7	19	27	191	122	8,6	5,4
67	Jamaica	2.169	2.703	1.017	1.083	2,3	1,3	1,5	99	100	8	8	4,0	3,3
68	Jordania	1.710	4.306	784	1.067	5,2	..	1,5	100	96	5	11	2,2	3,0
69	Argelia	12.078	24.834	647	906	4,9	4,1	2,6	−452	−318	66	79	3,5	3,0
70	El Salvador	1.000	2.032	220	370	4,0	4,5	2,6	63	70	2	4	0,5	0,7
71	Ucrania	108.290	165.132	2.164	*3.180*	−1,4	..	0,4	−1	48	..	611	..	11,7
72	Paraguay	550	1.402	175	299	6,9	6,0	3,5	88	−123	1	3	0,5	0,6

Nota: Respecto de la comparabilidad y cobertura de los datos, véanse las Notas técnicas. Las cifras que aparecen en bastardilla corresponden a años distintos de los indicados.

INDICADORES SELECCIONADOS DEL DESARROLLO MUNDIAL 253

		\multicolumn{7}{c}{Uso de energía (equivalente en petróleo)}	\multicolumn{2}{c}{Importaciones netas de energía como porcentaje del consumo}	\multicolumn{4}{c}{Emisiones de CO_2 [a]}
		\multicolumn{2}{c}{Uso total (miles de toneladas métricas)}	\multicolumn{2}{c}{Uso per cápita (kg)}	Tasa media de aumento anual (%)	\multicolumn{2}{c}{PIB por kilogramo ($ de 1987)}			\multicolumn{2}{c}{Total (millones de toneladas métricas)}	\multicolumn{2}{c}{Per cápita (toneladas métricas)}
		1980	1994	1980	1994	1980–94	1980	1994	1980	1994	1980	1992	1980	1992
73	Túnez	..	7.555	..	595	..	..	0,8	..	70	..	22	..	5,9
74	Lituania	13.972	22.470	501	2.030	3,5	2,1	2,1	7	–99	39	61	1,4	1,8
75	Colombia	..	..	..	622	..	..	..	..	..	..	0	..	0,0
76	Namibia	2.385	24.772	247	..	13,4	..	0,8	–8	88	..	102	..	9,9
77	Belarús	750.240	595.440	5.397	2.392	–2,6	0,6	0,5	0	–53	..	2.103	..	14,1
78	Federación de Rusia	..	3.997	..	4.014	..	..	1,2	..	90	..	15	..	5,6
79	Letonia	8.139	8.555	471	1.569	–0,2	2,5	2,7	–36	0	24	22	1,4	1,0
80	Perú	1.292	1.843	566	367	3,5	3,1	3,4	86	67	2	4	1,1	1,2
81	Costa Rica	2.376	3.790	840	558	2,3	..	..	97	98	6	11	2,2	2,9
82	Líbano	12.093	44.395	259	964	13,4	2,8	2,2	96	61	40	112	0,9	2,0
83	Tailandia	1.376	1.597	703	769	1,2	3,2	3,9	97	87	4	4	1,9	1,7
84	Panamá	31.314	57.580	705	618	4,4	1,9	1,8	45	53	76	145	1,7	2,5
85	Turquía	124.500	92.537	3.499	957	–2,0	0,5	0,7	3	–2	460	342	12,9	8,9
86	Polonia	..	5.560	..	2.401	..	..	0,7	..	39	0	21	0,3	13,5
87	Estonia	..	17.343	..	3.709	..	..	0,9	..	72	..	37	..	7,0
88	República Eslovaca	35.011	46.300	2.354	3.243	2,3	1,3	1,2	–280	–269	90	116	6,0	5,7
89	Botswana	424.366	666.328	1.282	387	2,6	2,3	1,7	..	..	1.167	1.656	3,7	4,0
90	Venezuela	384	549	426	2.186	2,6	2,1	4,7	32	55	1	2	1,1	1,6
De ingreso mediano alto		**424.366 t**	**666.328 t**	**1.282 p**	**1.544 p**	**2,6 p**	**2,3 p**	**1,7 p**			**1.167 t**	**1.656 t**	**3,7 p**	**4,0 p**
91	Sudáfrica	60.511	86.995	2.074	2.146	2,1	1,2	1,0	–14	–35	213	290	7,3	7,5
92	Croacia	..	6.667	..	1.395	..	..	..	..	43	..	16	..	3,4
93	México	97.434	140.840	1.464	1.561	2,6	1,3	1,2	–49	–48	260	333	3,9	3,8
94	Mauricio	339	431	351	387	2,8	3,7	6,3	94	92	1	1	0,6	1,3
95	Gabón	759	692	1.098	652	–0,4	5,0	5,5	–1.106	–2.212	5	6	6,9	5,5
96	Brasil	72.141	112.795	595	718	3,9	3,4	2,8	65	39	184	217	1,5	1,4
97	Trinidad y Tabago	3.863	6.935	3.570	5.436	2,9	1,5	0,7	–240	–87	17	21	15,4	16,5
98	República Checa	29.394	39.982	2.873	3.868	45,2	..	0,8	–29	7	..	136	..	13,1
99	Malasia	9.522	33.410	692	1.699	10,0	2,4	1,7	–58	–71	28	70	2,0	3,8
100	Hungría	28.322	24.450	2.645	2.383	–0,9	0,8	1,0	49	47	82	60	7,7	5,8
101	Chile	7.743	14.155	695	1.012	5,0	2,3	2,3	50	68	27	35	2,4	2,6
102	Omán	1.346	5.018	1.223	2.392	9,1	2,9	2,4	–1.024	–787	6	10	5,3	5,3
103	Uruguay	2.208	1.971	758	622	3,2	3,4	4,6	89	67	6	5	2,0	1,6
104	Arabia Saudita	35.496	83.772	3.787	4.566	5,5	2,7	1,1	–1.361	–463	131	221	14,0	13,1
105	Argentina	39.669	51.405	1.411	1.504	1,6	2,8	2,7	8	–18	107	117	3,8	3,5
106	Eslovenia	..	5.195	..	2.612	..	..	..	..	51	..	6	..	2,8
107	Grecia	15.973	23.560	1.656	2.260	3,3	2,8	2,2	77	62	51	74	5,3	7,2
De ingreso bajo y mediano		2.460.266 t	3.468.049 t	686 p	739 p	–0,1 p	1,4 p	1,1 p			4.893 t	11.101 t	1,5 p	2,4 p
África al sur del Sahara		94.721 t	133.471 t	249 p	237 p	1,2 p	2,2 p	2,0 p			353 t	472 t	0,9 p	0,9 p
Asia oriental y el Pacífico		514.066 t	1.000.586 t	378 p	593 p	4,8 p	0,7 p	0,9 p			1.846 t	3.378 t	1,4 p	2,1 p
Asia meridional		110.906 t	271.293 t	123 p	222 p	6,4 p	2,0 p	1,7 p			395 t	866 t	0,4 p	0,7 p
Europa y Asia central		1.279.071 t	1.288.624 t	3.105 p	2.647 p	–4,6 p	..	0,6 p			944 t	4.506 t	..	9,3 p
Oriente Medio y Norte de África		143.540 t	323.064 t	825 p	1.220 p	4,8 p	3,2 p	1,7 p			500 t	849 t	2,9 p	3,4 p
América Latina y el Caribe		317.962 t	451.011 t	888 p	960 p	2,9 p	2,3 p	2,0 p			855 t	1.029 t	2,4 p	2,3 p
Países de ingreso alto		3.789.479 t	4.543.482 t	4.644 p	5.066 p	1,9 p	2,9 p	3,4 p			9.877 t	10.246 t	12,4 p	11,9 p
108	República de Corea	41.426	132.538	1.087	2.982	9,5	1,8	1,8	77	86	126	290	3,3	6,6
109	Portugal	10.291	18.090	1.054	1.827	4,7	3,5	2,8	86	88	27	47	2,8	4,8
110	España	68.692	96.200	1.837	2.458	2,8	3,6	3,6	77	69	200	223	5,4	5,7
111	Nueva Zelandia	9.202	15.070	2.956	4.245	4,1	3,4	2,8	39	15	18	26	5,7	7,6
112	Irlanda	8.485	11.200	2.495	3.137	2,2	3,1	3,9	78	68	25	31	7,4	8,7
113	† Israel	8.616	14.624	2.222	2.717	4,9	3,4	3,7	98	96	21	42	5,4	8,1
114	† Kuwait	9.500	13.968	6.909	8.622	0,3	2,7	2,0	–739	–693	25	16	18,0	11,2
115	† Emiratos Árabes Unidos	8.558	25.137	8.205	10.531	6,3	3,6	..	–996	–454	36	71	34,8	33,9
116	Reino Unido	201.200	220.270	3.572	3.772	0,8	2,8	3,5	2	–10	588	566	10,4	9,8
117	Australia	70.399	95.280	4.792	5.341	2,3	2,4	2,6	–22	–83	203	268	13,8	15,3
118	Italia	139.190	154.600	2.466	2.707	1,4	4,8	5,5	86	81	372	408	6,6	7,2
119	Canadá	193.170	229.730	7.854	7.854	1,5	1,7	2,0	–7	–47	430	410	17,5	14,4
120	Finlandia	24.998	30.520	5.230	5.997	1,7	2,9	3,0	72	58	55	41	11,5	8,2
121	† Hong Kong	5.628	13.243	1.117	2.185	6,4	5,3	5,3	100	100	16	29	3,3	5,0
122	Suecia	40.992	50.250	4.933	5.723	1,3	3,4	3,3	61	38	71	57	8,6	6,6
123	Países Bajos	65.106	70.440	4.601	4.580	1,3	3,0	3,7	–10	7	153	139	10,8	9,2
124	Bélgica	46.122	51.790	4.684	5.120	1,5	2,8	3,2	83	78	128	102	13,0	10,1
125	Francia	190.660	234.160	3.539	4.042	2,0	4,1	4,4	75	95	484	362	9,0	6,3
126	† Singapur	6.049	23.743	2.651	8.103	9,9	2,2	1,6	100	100	30	50	13,2	17,7
127	Austria	23.449	26.500	3.105	3.301	1,6	4,6	5,4	67	66	52	57	6,9	7,2
128	Estados Unidos	1.801.000	2.037.980	7.908	7.819	1,6	2,1	2,6	14	19	4.623	4.881	20,3	19,1
129	Alemania	359.170	336.490	4.587	4.128	–0,1	..	..	49	58	1.068	878	13,6	10,9
130	Dinamarca	19.488	20.700	3.804	3.977	0,8	4,4	5,5	97	28	63	54	12,3	10,4
131	Noruega	18.865	23.060	4.611	5.318	1,6	3,9	4,6	–195	–638	40	60	9,8	14,1
132	Japón	347.120	481.850	2.972	3.856	2,8	5,5	6,2	88	81	934	1.093	8,0	8,8
133	Suiza	20.840	25.380	3.298	3.629	1,7	7,3	7,4	66	57	41	44	6,5	6,4
Todo el mundo		**6.249.745 t**	**8.011.531 t**	**1.419 p**	**1.433 p**	**1,0 p**	**2,3 p**	**2,4 p**			**14.770 t**	**21.347 t**	**3,6 p**	**4,0 p**

a. Emisiones derivadas de procesos industriales.

Cuadro 9. Uso de la tierra y urbanización

		Uso de la tierra (% del territorio)					Población urbana			Población de los núcleos urbanos de 1 millón o más de personas como porcentaje de			
		Tierras de cultivo		Praderas permanentes		Otras tierras		Como porcentaje de la población total		Tasa media de crecimiento anual (%)	Población urbana		Población total	
		1980	1994	1980	1994	1980	1994	1980	1995	1980–95	1980	1995	1980	1995
	Países de ingreso bajo	12 p	12 p	31 p	32 p	57 p	55 p	21 p	29 p	4,0 p	32 p	34 p	7 p	10 p
	Excluidos China e India	8 p	8 p	32 p	32 p	60 p	60 p	21 p	28 p	4,6 p	28 p	31 p	6 p	9 p
1	Mozambique	4	4	56	56	40	40	13	38	8,5	48	36	6	14
2	Etiopía	..	11	..	20	..	69	11	13	4,5	30	29	3	4
3	Tanzanía	3	4	40	40	57	56	15	24	6,7	30	24	5	6
4	Burundi	46	46	39	39	15	15	4	8	6,8	0	0	0	0
5	Malawi	14	18	20	20	66	62	9	13	6,0	0	0	0	0
6	Chad	3	3	36	36	62	62	19	21	3,4	0	0	0	0
7	Rwanda	41	47	28	28	30	24	5	8	4,7	0	0	0	0
8	Sierra Leona	7	8	31	31	62	62	25	39	4,9	0	0	0	0
9	Nepal	17	17	14	15	69	68	7	14	7,8	0	0	0	0
10	Níger	3	3	8	8	90	89	13	23	7,2	0	0	0	0
11	Burkina Faso	10	13	22	22	68	65	9	27	11,3	0	0	0	0
12	Madagascar	5	5	41	41	54	53	18	27	5,7	0	0	0	0
13	Bangladesh	70	74	5	5	25	21	11	18	5,6	46	47	5	9
14	Uganda	28	34	9	9	63	57	9	12	5,2	0	0	0	0
15	Viet Nam	20	21	1	1	79	78	19	21	2,7	27	31	5	7
16	Guinea-Bissau	10	12	38	38	51	50	17	22	3,7	0	0	0	0
17	Haití	32	33	18	18	49	49	24	32	3,9	55	56	13	18
18	Malí	2	2	25	25	74	73	19	27	5,3	0	0	0	0
19	Nigeria	33	36	44	44	23	20	27	39	5,6	23	27	6	11
20	Yemen, República del	3	3	30	30	67	67	20	34	7,6	0	0	0	0
21	Camboya	12	22	3	8	85	70	12	21	6,7	..	..	..	..
22	Kenya	8	8	37	37	55	55	16	28	7,0	32	28	5	8
23	Mongolia	1	1	79	75	20	24	52	60	3,6	0	0	0	0
24	Togo	43	45	4	4	53	52	23	31	5,1	0	0	0	0
25	Gambia	16	17	19	19	65	64	18	26	6,3	0	0	0	0
26	República Centroafricana	3	3	5	5	92	92	35	39	3,1	0	0	0	0
27	India	57	57	4	4	39	39	23	27	3,1	25	35	6	10
28	República Dem. Pop. Lao	3	4	3	3	94	93	13	22	6,3	0	0	0	0
29	Benin	16	17	4	4	80	79	32	42	5,1	0	0	0	0
30	Nicaragua	10	10	40	45	50	44	53	62	3,9	42	44	23	27
31	Ghana	15	19	37	37	48	44	31	36	4,3	30	27	9	10
32	Zambia	7	7	40	40	53	53	40	45	4,0	23	33	9	15
33	Angola	3	3	43	43	54	54	21	32	5,9	63	64	13	20
34	Georgia	17	16	39	24	44	60	52	58	1,3	42	43	22	25
35	Pakistán	26	28	6	6	67	66	28	35	4,6	39	53	11	18
36	Mauritania	0	0	38	38	62	62	29	54	6,8	0	0	0	0
37	Azerbaiyán	22	23	27	25	51	52	53	56	1,7	48	44	26	25
38	Zimbabwe	7	7	44	44	49	48	22	32	5,7	0	0	0	0
39	Guinea	3	3	44	44	54	53	19	30	5,8	65	77	12	23
40	Honduras	16	18	13	14	71	68	36	48	5,2	0	0	0	0
41	Senegal	12	12	30	30	58	58	36	42	4,0	49	55	18	23
42	China	11	10	36	43	53	47	19	30	4,2	41	35	8	11
43	Camerún	15	15	4	4	81	81	31	45	5,3	19	22	6	10
44	Côte d'Ivoire	10	12	41	41	49	47	35	44	5,2	44	46	15	20
45	Albania	26	26	15	15	59	59	34	37	2,1	0	0	0	0
46	Congo	0	0	29	29	70	70	41	59	5,6	0	0	0	0
47	República Kirguisa	8	7	47	44	45	48	38	39	1,6	0	0	0	0
48	Sri Lanka	29	29	7	7	64	64	22	22	1,6	0	0	0	0
49	Armenia	..	..	..	..	..	..	66	69	1,6	51	51	34	35
	Países de ingreso mediano	9 p	10 p	28 p	23 p	62 p	67 p	52 p	60 p	2,8 p	31 p	33 p	16 p	20 p
	De ingreso mediano bajo	10 p	11 p	..	18 p	..	71 p	48 p	56 p	2,8 p	28 p	30 p	13 p	17 p
50	Lesotho	10	11	66	66	24	24	13	23	6,5	0	0	0	0
51	Egipto, República Árabe de	2	4	0	0	98	96	44	45	2,5	52	51	23	23
52	Bolivia	2	2	25	24	73	73	46	58	3,9	30	29	14	17
53	Macedonia, ERY de	..	26	..	25	..	49	53	60	1,5	0	0	0	0
54	Moldova	67	66	11	13	23	21	40	52	2,4	0	0	0	0
55	Uzbekistán	10	11	57	50	33	39	41	42	2,5	28	24	11	10
56	Indonesia	14	17	7	7	79	77	22	34	4,8	33	39	7	13
57	Filipinas	29	31	3	4	67	65	38	53	4,9	33	25	12	14
58	Marruecos	18	21	47	47	35	32	41	49	3,3	26	37	11	18
59	República Árabe Siria	31	30	46	45	24	25	47	53	4,1	60	52	28	28
60	Papua Nueva Guinea	1	1	0	0	99	99	13	16	3,6	0	0	0	0
61	Bulgaria	38	38	18	16	44	46	61	71	0,6	20	23	12	16
62	Kazakstán	13	13	70	70	16	17	54	60	1,6	12	13	6	8
63	Guatemala	16	18	12	24	72	58	37	42	3,6	0	0	0	0
64	Ecuador	9	11	15	18	77	71	47	58	3,9	29	44	14	26
65	República Dominicana	29	31	43	43	27	26	51	65	3,8	49	51	25	33
66	Rumania	46	43	19	21	35	36	49	55	1,0	18	17	9	9
67	Jamaica	22	20	24	24	54	56	47	55	2,2	0	0	0	0
68	Jordania	4	5	9	9	87	87	60	72	5,8	49	39	29	28
69	Argelia	3	3	15	13	82	83	43	56	4,5	25	24	11	13
70	El Salvador	35	35	29	29	36	35	42	45	2,0	0	0	0	0
71	Ucrania	61	59	12	13	27	28	62	70	1,0	22	22	14	15
72	Paraguay	4	6	40	55	56	40	42	54	4,7	0	0	0	0

Nota: Respecto de la comparabilidad y cobertura de los datos, véanse las Notas técnicas. Las cifras que aparecen en bastardilla corresponden a años distintos de los indicados.

INDICADORES SELECCIONADOS DEL DESARROLLO MUNDIAL

		\multicolumn{6}{c}{Uso de la tierra (% del territorio)}	\multicolumn{3}{c}{Población urbana}	\multicolumn{4}{c}{Población de los núcleos urbanos de 1 millón o más de personas como porcentaje de}
		\multicolumn{2}{c}{Tierras de cultivo}	\multicolumn{2}{c}{Praderas permanentes}	\multicolumn{2}{c}{Otras tierras}	\multicolumn{2}{c}{Como porcentaje de la población total}	Tasa media de crecimiento anual (%)	\multicolumn{2}{c}{Población urbana}	\multicolumn{2}{c}{Población total}
		1980	1994	1980	1994	1980	1994	1980	1995	1980–95	1980	1995	1980	1995
73	Túnez	30	32	22	20	48	48	51	57	3,0	34	40	17	23
74	Lituania	49	47	8	7	43	46	61	72	1,8	0	0	0	0
75	Colombia	5	5	37	39	58	56	64	73	2,7	34	38	22	28
76	Namibia	1	1	46	46	53	53	23	38	6,2	0	0	0	0
77	Belarús	31	31	16	14	53	55	56	71	2,0	24	24	14	17
78	Federación de Rusia	8	8	..	5	..	87	70	73	0,8	23	26	16	19
79	Letonia	28	28	12	13	60	59	68	73	0,5	0	0	0	0
80	Perú	3	3	21	21	76	76	65	72	2,9	40	44	26	31
81	Costa Rica	10	10	39	46	51	44	43	50	3,7	0	0	0	0
82	Líbano	30	30	1	1	69	69	73	87	3,7	..	..	..	..
83	Tailandia	36	41	1	2	63	58	17	20	2,6	59	56	10	11
84	Panamá	7	9	17	20	75	71	50	56	2,8	0	0	0	0
85	Turquía	37	36	13	16	50	48	44	70	5,4	39	35	17	24
86	Polonia	49	48	13	13	38	39	58	65	1,2	31	28	18	18
87	Estonia	24	27	8	7	68	66	70	73	0,4	0	0	0	0
88	República Eslovaca	41	34	13	17	45	49	52	59	1,3	0	0	0	0
89	Botswana	1	1	45	45	54	54	15	31	8,4	0	0	0	0
90	Venezuela	4	4	20	20	76	75	83	93	3,3	20	29	16	27
De ingreso mediano alto		7 p	7 p	30 p	32 p	63 p	60 p	64 p	73 p	2,8 p	38 p	38 p	24 p	28 p
91	Sudáfrica	11	11	67	67	22	23	48	51	2,7	23	38	11	19
92	Croacia	29	22	28	20	42	59	50	64	2,0	0	0	0	0
93	México	13	13	39	39	48	48	66	75	3,1	41	37	27	28
94	Mauricio	53	52	3	3	44	44	42	41	0,6	0	0	0	0
95	Gabón	2	2	18	18	80	80	36	50	5,4	0	0	0	0
96	Brasil	6	6	20	22	74	72	66	78	3,0	42	42	27	33
97	Trinidad y Tabago	23	24	2	2	75	74	63	68	1,7	0	0	0	0
98	República Checa	41	44	13	12	45	45	64	65	0,2	18	18	12	12
99	Malasia	15	23	1	1	85	76	42	54	4,3	16	11	7	6
100	Hungría	58	54	14	12	28	34	57	65	0,5	34	30	19	20
101	Chile	6	6	17	18	77	76	81	86	2,0	41	41	33	36
102	Omán	0	0	5	5	95	95	8	13	8,6	0	0	0	0
103	Uruguay	8	7	78	77	14	15	85	90	1,0	49	46	42	42
104	Arabia Saudita	1	2	40	56	60	42	67	79	6,0	28	27	19	21
105	Argentina	10	10	52	52	38	38	83	88	1,8	42	44	35	39
106	Eslovenia	..	14	..	25	..	61	48	64	2,2	0	0	0	0
107	Grecia	30	27	41	41	29	32	58	65	1,4	54	54	31	35
De ingreso bajo y mediano		10 p	11 p	29 p	27 p	60 p	63 p	32 p	39 p	3,3 p	32 p	33 p	10 p	13 p
África al sur del Sahara		6 p	7 p	34 p	34 p	60 p	59 p	23 p	31 p	5,0 p	23 p	26 p	5 p	8 p
Asia oriental y el Pacífico		11 p	12 p	30 p	34 p	59 p	54 p	21 p	31 p	4,2 p	37 p	34 p	8 p	11 p
Asia meridional		44 p	45 p	11 p	10 p	45 p	45 p	22 p	26 p	3,4 p	27 p	38 p	6 p	10 p
Europa y Asia central		13 p	13 p	..	16 p	..	71 p	58 p	65 p	1,6 p	24 p	25 p	14 p	16 p
Oriente Medio y Norte de África		5 p	6 p	21 p	24 p	74 p	70 p	48 p	56 p	4,2 p	36 p	36 p	17 p	20 p
América Latina y el Caribe		7 p	7 p	28 p	29 p	65 p	63 p	65 p	74 p	2,8 p	37 p	38 p	24 p	28 p
Países de ingreso alto		12 p	12 p	25 p	24 p	62 p	63 p	75 p	75 p	0,7 p	41 p	43 p	31 p	33 p
108	República de Corea	22	21	1	1	77	78	57	81	3,5	65	64	37	52
109	Portugal	34	32	9	11	57	58	29	36	1,3	46	53	13	19
110	España	41	40	22	21	37	38	73	77	0,6	27	23	20	18
111	Nueva Zelandia	13	14	53	50	34	35	83	84	1,0	0	0	0	0
112	Irlanda	16	19	67	45	17	36	55	58	0,5	0	0	0	0
113	†Israel	20	21	6	7	74	72	89	..	..	41	..	37	35
114	†Kuwait	0	0	8	8	92	92	90	97	0,9	67	68	60	66
115	†Emiratos Árabes Unidos	0	0	2	2	97	97	72	84	5,8	0	0	0	0
116	Reino Unido	29	25	47	46	24	29	89	90	0,3	28	26	25	23
117	Australia	6	6	57	54	37	40	86	85	1,3	55	68	47	58
118	Italia	42	38	17	15	40	47	67	66	0,1	39	30	26	20
119	Canadá	5	5	3	3	92	92	76	77	1,4	38	47	29	36
120	Finlandia	8	9	1	0	91	91	60	63	0,8	0	0	0	0
121	†Hong Kong	7	7	1	1	92	92	92	95	1,5	100	95	91	90
122	Suecia	7	7	2	1	91	92	83	83	0,4	20	21	17	17
123	Países Bajos	24	28	35	31	41	41	88	89	0,6	8	16	7	14
124	Bélgica	..	24	..	21	..	55	95	97	0,3	13	11	12	11
125	Francia	34	35	23	19	42	45	73	73	0,5	29	28	21	21
126	†Singapur	13	2	0	0	87	98	100	100	1,8	106	95	106	95
127	Austria	20	18	25	24	56	57	55	56	0,5	49	46	27	26
128	Estados Unidos	21	21	26	26	53	53	74	76	1,2	49	51	36	39
129	Alemania	36	34	17	15	47	51	83	87	0,6	46	47	38	41
130	Dinamarca	63	56	6	7	31	37	84	85	0,2	32	30	27	25
131	Noruega	3	3	0	0	97	97	71	73	0,7	0	0	0	0
132	Japón	13	12	2	2	85	87	76	78	0,6	44	48	34	37
133	Suiza	10	11	40	29	49	60	57	61	1,2	0	0	0	0
Todo el mundo		11 p	11 p	28 p	26 p	60 p	63 p	40 p	45 p	2,5 p	35 p	36 p	14 p	16 p

Cuadro 10. Recursos forestales e hídricos

		Superficie cubierta de bosques			Zonas protegidas a nivel nacional, 1994[a]			Recursos de agua dulce: utilización anual, 1995[b]			
		Superficie total (en miles de km²) 1990	Deforestación anual, 1980–90		Miles de km²	Número	Como porcentaje de la super- ficie total	Total (km³)	Como porcentaje del total de recursos hídricos	Per cápita (m³)	
			Miles de km²	Variación porcentual						Usos generales	Otros usos
	Países de ingreso bajo	7.916 t	65,5 t	0,8 p	2.001,1 t	1.842 t	5,2 p				
	Excluidos China e India	6.152 t	53,3 t	0,8 p	1.276,9 t	795 t	4,9 p				
1	Mozambique	173	1,4	0,8	0,0	1	0,0	0,6	0,4[c]	13	42
2	Etiopía	142	0,4	0,3	60,2	23	6,0	2,2	2,0	6	45
3	Tanzanía	336	4,4	1,2	139,4	31	15,8	1,2	1,3[c]	7	28
4	Burundi	2	0,0	0,6	0,9	3	3,5	0,1	2,8	7	13
5	Malawi	35	0,5	1,4	10,6	9	11,3	0,9	5,0[c]	7	13
6	Chad	114	0,9	0,7	114,9	9	9,1	0,2	0,4[c]	6	29
7	Rwanda	2	0,0	0,2	3,3	2	13,3	0,8	12,2	6	18
8	Sierra Leona	19	0,1	0,6	0,8	2	1,1	0,4	0,2	7	92
9	Nepal	50	0,5	1,0	11,1	12	8,1	2,7	1,6	6	144
10	Níger	24	0,1	0,4	84,2	5	6,6	0,5	0,9[c]	9	33
11	Burkina Faso	44	0,3	0,7	26,6	12	9,7	0,4	1,4	5	13
12	Madagascar	158	1,3	0,8	11,2	36	1,9	16,3	4,8[c]	16	1.568
13	Bangladesh	8	0,4	4,1	1,0	8	0,7	22,5	1,0[c]	7	213
14	Uganda	63	0,6	1,0	19,1	31	9,6	0,2	0,3[c]	7	14
15	Viet Nam	83	1,4	1,5	13,3	52	4,1	28,9	7,7	54	361
16	Guinea-Bissau	20	0,2	0,8	..	..	..	0,0	0,0[c]	3	8
17	Haití	0	0,0	5,1	0,1	3	0,4	0,0	0,4	2	5
18	Malí	121	1,1	0,8	40,1	11	3,3	1,4	1,4[c]	3	159
19	Nigeria	156	1,2	0,7	29,7	19	3,3	3,6	1,3	13	28
20	Yemen, República del	41	0,0	0,0	0,0	0	0,0	3,4	136,0	17	318
21	Camboya	122	1,3	1,0	30,0	20	17,0	0,5	0,1	3	61
22	Kenya	12	0,1	0,6	35,0	36	6,2	2,1	7,0[c]	14	37
23	Mongolia	139	1,3	0,9	61,7	15	3,9	0,6	2,2	30	243
24	Togo	14	0,2	1,5	6,5	11	11,9	0,1	0,8[c]	17	11
25	Gambia	1	0,0	0,8	0,2	5	2,3	0,0	0,3[c]	2	27
26	República Centroafricana	306	1,3	0,4	61,1	13	9,8	0,1	0,0	5	20
27	India	517	3,4	0,6	143,4	339	4,8	380,0	18,2[c]	18	594
28	República Dem. Pop. Lao	132	1,3	0,9	..	..	..	1,0	0,4	21	239
29	Benin	49	0,7	1,3	7,8	2	7,0	0,1	0,4[c]	7	19
30	Nicaragua	60	1,2	1,9	9,0	59	7,4	0,9	0,5	92	275
31	Ghana	96	1,4	1,4	11,0	9	4,9	0,3	0,6[c]	12	23
32	Zambia	323	3,6	1,1	63,6	21	8,6	1,7	1,5[c]	54	32
33	Angola	231	1,7	0,7	26,4	5	2,1	0,5	0,3	8	49
34	Georgia	28	0,2	0,7	1,9	15	2,7	4,0	6,5	156	586
35	Pakistán	19	0,8	3,5	37,2	55	4,8	153,4	32,8[c]	21	2.032
36	Mauritania	6	0,0	0,0	17,5	4	1,7	1,6	14,0[c]	59	436
37	Azerbaiyán	10	0,1	1,3	1,9	12	2,2	15,8	56,4[c]	90	2.158
38	Zimbabwe	89	0,6	0,7	30,7	25	7,9	1,2	6,1[c]	19	117
39	Guinea	67	0,9	1,2	1,6	3	0,7	0,7	0,3	14	126
40	Honduras	46	1,1	2,2	8,6	43	7,7	1,5	2,1[c]	12	282
41	Senegal	75	0,5	0,7	21,8	9	11,3	1,4	3,5[c]	10	191
42	China	1.247	8,8	0,7	580,8	463	6,2	460,0	16,4	28	433
43	Camerún	204	1,2	0,6	20,5	14	4,4	0,4	0,1	17	20
44	Côte d'Ivoire	109	1,2	1,0	19,9	12	6,3	0,7	0,9	15	52
45	Albania	14	0,0	0,0	0,3	11	1,2	0,2	0,9[c]	6	88
46	Congo	199	0,3	0,2	11,8	10	3,4	0,0	0,0[c]	12	7
47	República Kirguisa	7	0,1	1,2	2,8	5	1,5	11,7	24,0	82	2.647
48	Sri Lanka	17	0,3	1,4	8,0	56	12,3	6,3	14,6	10	493
49	Armenia	3	0,2	3,9	2,1	4	7,6	3,8	45,8[c]	149	996
	Países de ingreso mediano	20.913 t	114,4 t	0,5 p	2.994,3 t	2.662 t	5,0 p				
	De ingreso mediano bajo	13.525 t	65,6 t	0,5 p	2.199,7 t	1.664 t	5,6 p				
50	Lesotho	0	0,0	0,0	0,1	1	0,2	0,1	1,0	7	24
51	Egipto, República Árabe de	0	0,0	0,0	7,9	12	0,8	56,4	97,1[c]	67	889
52	Bolivia	493	6,3	1,2	92,3	25	8,5	1,2	0,4	20	181
53	Macedonia, ERY de	9	0,0	0,1	2,2	16	8,5	..	..	..	..
54	Moldova	4	−0,2	−6,7	0,1	3	0,4	3,7	29,1[c]	60	793
55	Uzbekistán	14	1,0	5,5	2,4	10	0,6	82,2	76,4[c]	165	3.956
56	Indonesia	1.095	12,1	1,1	185,6	168	10,2	16,6	0,7	12	83
57	Filipinas	78	3,2	3,4	6,1	27	2,0	29,5	9,1	123	562
58	Marruecos	90	−1,2	−1,4	3,7	11	0,8	10,9	36,2	23	404
59	República Árabe Siria	7	−0,3	−4,3	0,0	0	0,0	3,3	9,4	30	405
60	Papua Nueva Guinea	360	1,1	0,3	0,8	5	0,2	0,1	0,0	8	20
61	Bulgaria	37	−0,1	−0,2	3,7	46	3,3	13,9	6,8[c]	43	1.501
62	Kazakstán	0	0,0	0,0	9,9	20	0,4	37,9	30,2	92	2.202
63	Guatemala	42	0,8	1,8	13,3	18	12,3	0,7	0,6	13	127
64	Ecuador	120	2,4	1,8	111,1	15	40,1	5,6	1,8	41	541
65	República Dominicana	11	0,4	2,9	10,5	17	21,7	3,0	14,9	22	423
66	Rumania	63	0,0	0,0	10,7	39	4,7	26,0	12,5[c]	91	1.044
67	Jamaica	2	0,3	7,8	0,0	1	0,2	0,3	3,9	11	148
68	Jordania	1	0,0	−1,0	2,9	10	3,3	0,5	32,1	50	123
69	Argelia	41	0,3	0,8	119,2	19	5,0	4,5	30,4[c]	35	125
70	El Salvador	1	0,0	2,3	0,1	2	0,2	1,0	5,3	17	228
71	Ucrania	92	−0,2	−0,3	4,9	19	0,8	34,7	40,0[c]	108	565
72	Paraguay	129	4,0	2,8	15,0	20	3,8	0,4	0,1[c]	16	93

Nota: Respecto de la comparabilidad y cobertura de los datos, véanse las Notas técnicas. Las cifras que aparecen en bastardilla corresponden a años distintos de los indicados.

INDICADORES SELECCIONADOS DEL DESARROLLO MUNDIAL

		Superficie cubierta de bosques			Zonas protegidas a nivel nacional, 1994[a]			Recursos de agua dulce: utilización anual, 1995[b]			
		Superficie total (en miles de km²) 1990	Deforestación anual, 1980–90		Miles de km²	Número	Como porcentaje de la superficie total	Total (km³)	Como porcentaje del total de recursos hídricos	Per cápita (m³)	
			Miles de km²	Variación porcentual						Usos generales	Otros usos
73	Túnez	7	−0,1	−1,9	0,4	6	0,3	3,1	79,5[c]	41	276
74	Lituania	20	0,0	0,0	6,3	76	9,6	4,4	19,0[c]	83	1.107
75	Colombia	541	3,7	0,7	93,8	80	9,0	5,3	0,5	71	103
76	Namibia	126	0,4	0,3	102,2	12	12,4	0,2	0,3[c]	7	103
77	Belarús	63	−0,3	−0,4	2,7	11	1,3	3,0	5,4[c]	94	200
78	Federación de Rusia	7.681	15,5	0,2	705,4	209	4,2	117,0	2,7[c]	134	656
79	Letonia	28	−0,1	−0,2	7,8	45	12,5	0,7	2,2[c]	110	152
80	Perú	679	2,7	0,4	41,8	22	3,3	6,1	15,3	57	243
81	Costa Rica	14	0,5	3,0	6,5	28	12,7	1,4	1,4	31	749
82	Líbano	1	0,0	0,6	0,0	1	0,4	0,8	15,6	30	241
83	Tailandia	127	5,2	3,5	70,2	111	13,7	31,9	17,8[c]	24	578
84	Panamá	31	0,6	1,9	13,3	14	17,8	1,3	0,9	91	664
85	Turquía	202	0,0	0,0	10,7	49	1,4	33,5	17,3[c]	140	445
86	Polonia	87	−0,1	−0,1	30,7	111	10,1	12,3	21,9[c]	42	279
87	Estonia	19	−0,2	−1,2	4,1	38	9,7	3,3	21,2	105	1.992
88	República Eslovaca	18	0,0	0,1	10,2	40	21,1	1,8	5,8	..	..
89	Botswana	143	0,8	0,5	106,6	9	18,8	0,1	0,6[c]	5	94
90	Venezuela	457	6,0	1,2	263,2	100	29,8	4,1	0,3[c]	164	218
De ingreso mediano alto		7.387 t	48,8 t	0,6 w	794,6 t	998 t	3,9 p				
91	Sudáfrica	45	−0,4	−0,8	69,7	238	5,7	13,3	26,6[c]	47	348
92	Croacia	20	0,0	0,1	3,9	30	7,0	..	..	..	..
93	México	486	6,8	1,3	98,5	68	5,2	77,6	21,7	54	845
94	Mauricio	1	0,0	0,2	0,0	1	2,0	0,4	16,4	66	344
95	Gabón	182	1,2	0,6	10,5	6	4,1	0,1	0,0	41	16
96	Brasil	5.611	36,7	0,6	321,9	272	3,8	36,5	0,5[c]	54	191
97	Trinidad y Tabago	2	0,0	−2,1	0,2	5	3,1	0,2	2,9	40	108
98	República Checa	26	0,0	0,0	10,7	34	13,8	2,7	4,7	109	157
99	Malasia	176	4,0	2,1	14,8	51	4,5	9,4	2,1	177	592
100	Hungría	17	−0,1	−0,5	5,7	53	6,2	6,8	5,7[c]	59	601
101	Chile	88	−0,1	−0,1	137,3	66	18,3	16,8	3,6	98	1.528
102	Omán	41	0,0	0,0	9,9	28	4,6	0,5	24,0	17	547
103	Uruguay	7	0,0	−0,6	0,3	8	0,2	0,7	0,5[c]	14	227
104	Arabia Saudita	12	0,0	0,0	62,0	10	2,9	3,6	163,6	224	273
105	Argentina	592	0,9	0,1	43,7	84	1,6	27,6	2,8[c]	94	949
106	Eslovenia	10	0,0	0,0	1,1	10	5,4	..	..	..	..
107	Grecia	60	0,0	0,0	2,2	21	1,7	5,0	8,6[c]	42	481
De ingreso bajo y mediano		28.828 t	179,8 t	0,6 p	4.995,4 t	4.504 t	5,1 p				
África al sur del Sahara		5.322 t	40,7 t	0,7 p	1.362,5 t	673 t	5,8 p				
Asia oriental y el Pacífico		3.986 t	43,5 t	1,0 p	966,3 t	1.172 t	6,2 p				
Asia meridional		658 t	5,5 t	0,8 p	212,4 t	485 t	4,4 p				
Europa y Asia central		8.630 t	16,6 t	0,2 p	860,0 t	964 t	3,6 p				
Oriente Medio y Norte de África		446 t	−1,4 t	−0,3 p	290,8 t	170 t	3,0 p				
América Latina y el Caribe		9.786 t	74,8 t	0,7 p	1.303,4 t	1.040 t	6,5 p				
Países de ingreso alto		10.766 t	−46,4 t	−0,5 p	3.607,9 t	5.506 t	11,9 p				
108	República de Corea	65	0,1	0,1	6,9	27	7,0	27,6	41,8	117	515
109	Portugal	31	−0,1	−0,5	5,8	24	6,3	7,3	10,5[c]	111	628
110	España	256	0,0	0,0	42,5	214	8,5	30,8	27,6[c]	94	687
111	Nueva Zelandia	75	0,0	0,0	60,7	182	22,6	2,0	0,6	271	318
112	Irlanda	4	0,0	−1,2	0,5	11	0,7	0,8	1,6[c]	37	196
113	† Israel	1	0,0	−0,3	3,1	15	14,9	1,9	84,1[c]	65	343
114	† Kuwait	0	0,0	0,0	0,3	2	1,5	0,5	..	336	189
115	† Emiratos Árabes Unidos	0	0,0	0,0	0,0	0	0,0	0,9	300,0	97	787
116	Reino Unido	24	−0,2	−1,1	51,1	168	21,1	11,8	16,6	41	164
117	Australia	1.456	0,0	0,0	940,8	889	12,3	14,6	4,3	607	327
118	Italia	86	0,0	0,0	22,8	171	7,7	56,2	33,7[c]	138	848
119	Canadá	4.533	−47,1	−1,1	823,6	627	8,9	45,1	1,6	288	1.314
120	Finlandia	234	−0,1	0,0	27,4	81	9,0	2,2	1,9[c]	53	387
121	† Hong Kong	0	0,0	−0,5	..	..	..	..	..	..	..
122	Suecia	280	−0,1	0,0	29,8	197	7,2	2,9	1,6[c]	123	218
123	Países Bajos	3	0,0	−0,3	4,3	85	12,6	7,8	8,7[c]	26	492
124	Bélgica	6	0,0	−0,3	0,8	3	2,3	9,0	72,2[c]	101	816
125	Francia	135	−0,1	−0,1	56,0	102	10,2	37,7	19,1[c]	106	559
126	† Singapur	0	0,0	2,3	0,0	1	4,9	0,2	31,7	38	46
127	Austria	39	−0,1	−0,4	20,8	170	25,2	2,4	2,6[c]	101	203
128	Estados Unidos	2.960	3,2	0,1	1.302,1	1.585	14,2	467,3	18,9[c]	244	1.626
129	Alemania	107	−0,5	−0,4	91,9	497	26,3	46,3	27,1[c]	64	518
130	Dinamarca	5	0,0	0,0	13,9	114	32,8	1,2	9,2[c]	70	163
131	Noruega	96	−1,2	−1,4	55,4	113	18,0	2,0	0,5[c]	98	390
132	Japón	238	0,0	0,0	27,6	80	7,3	90,8	16,6	125	610
133	Suiza	12	−0,1	−0,6	7,3	109	18,5	1,2	2,4[c]	40	133
Todo el mundo		39.595 t	133,4 t	0,3 p	8.603,2 t	10.010 t	6,7 p				

a. Los datos pueden referirse a años anteriores y son los más recientes que ha notificado el Centro Mundial de Vigilancia de la Conservación. b. Los datos corresponden a cualquier año comprendido entre 1970 y 1995. c. El total de recursos hídricos comprende el caudal de los ríos que nacen en otros países.

Cuadro 11. Crecimiento de la economía

Tasa media de crecimiento anual (%)

		PIB		Deflactor del PIB		Agricultura		Industria		Servicios[a]		Exportaciones de bienes y servicios		Inversión interna bruta	
		1980–90	1990–95	1980–90	1990–95	1980–90	1990–95	1980–90	1990–95	1980–90	1990–95	1980–90	1990–95	1980–90	1990–95
Países de ingreso bajo		6,0 p	6,8 p	13,4 p	62,0 p	3,6 p	3,1 p	7,7 p	11,6 p	6,9 p	6,4 p	6,1 p	11,0 p	6,2 p	10,5 p
Excluidos China e India		2,7 p	1,8 p	28,4 p	170,8 p	2,6 p	1,9 p	2,9 p	..	2,8 p	..	2,5 p	4,4 p	–1,3 p	3,6 p
1	Mozambique	–0,2	7,1	38,4	48,6	1,6	2,4	–9,8	–2,4	–0,1	15,0	–5,0	7,2	–2,5	8,6
2	Etiopía[b]	*2,3*	..	*3,4*	..	*1,4*	..	*1,8*	..	*3,1*	..	0,3	..	3,5	..
3	Tanzanía	3,8	3,2	35,7	22,4	4,9	4,1	3,4	8,4	1,6	1,7	..	..	..	..
4	Burundi	4,4	–2,3	4,4	8,5	3,1	–4,1	4,5	–5,0	5,4	–1,5	4,5	–2,6	4,5	–5,0
5	Malawi	2,3	0,7	15,0	30,4	2,0	1,7	2,9	0,4	3,4	–1,0	2,5	2,3	–2,8	–11,2
6	Chad	6,3	1,9	1,1	8,9	2,7	6,9	8,0	–9,9	9,9	1,2	7,7	–15,8	19,0	–2,9
7	Rwanda	2,3	–12,8	3,9	18,2	0,7	–10,8	1,8	–17,0	5,4	–12,3	3,5	17,8	3,7	–6,3
8	Sierra Leona	1,6	–4,2	62,2	39,6	4,4	–2,8	5,7	–2,8	–1,1	–5,9	2,8	–15,2	–6,5	–20,0
9	Nepal	4,6	5,1	11,1	11,0	4,0	1,5	6,0	9,3	4,8	7,2	1,1	25,8	1,8	6,3
10	Níger	–1,1	0,5	2,9	6,5	1,8	..	–3,3	..	–5,2	..	–4,6	–5,2	–5,9	0,3
11	Burkina Faso	3,7	2,6	3,1	6,2	3,1	4,6	3,7	1,4	4,7	1,7	–0,6	–1,2	8,6	–5,8
12	Madagascar	1,3	0,1	16,9	23,5	2,5	1,6	0,9	0,5	0,8	–0,6	–2,0	4,9	4,9	–4,5
13	Bangladesh	4,3	4,1	9,5	4,6	2,7	1,1	4,9	7,3	5,7	5,4	7,7	14,2	1,4	8,2
14	Uganda	3,1	6,6	125,6	23,7	2,3	3,8	6,0	11,0	3,0	8,2	2,3	11,7	9,6	7,9
15	Viet Nam	..	8,3	210,7	26,3	..	5,2	..	..	..	..	..	..	..	..
16	Guinea-Bissau	4,5	3,5	56,1	49,5	6,7	4,8	0,4	1,9	3,3	2,2	–1,7	11,3	5,8	1,2
17	Haití	–0,2	–6,5	7,5	22,4	..	..	..	..	..	..	1,2	–19,0	–0,6	–45,7
18	Malí	1,8	2,5	5,3	10,1	4,3	3,1	2,7	5,3	–1,7	1,2	5,2	5,3	5,4	6,1
19	Nigeria	1,6	1,6	16,6	47,1	3,3	2,3	–1,0	–1,2	3,2	4,5	–0,3	1,1	–8,6	1,2
20	Yemen, República del	..	..	..	..	..	..	..	..	..	..	..	..	..	..
21	Camboya	..	6,4	..	56,2	..	2,1	..	11,3	..	8,3	..	..	..	..
22	Kenya	4,2	1,4	9,0	18,5	3,3	–0,4	3,9	1,5	4,9	3,1	4,3	3,0	0,8	0,0
23	Mongolia	5,5	–3,3	–1,2	126,7	2,9	..	4,6	..	..	..	3,1	12,8	1,7	..
24	Togo	1,8	–3,4	4,7	4,9	5,6	3,3	1,1	–6,0	–0,3	–8,6	0,6	–10,6	2,9	–16,4
25	Gambia	3,4	1,6	18,7	5,0	0,4	2,6	6,0	0,4	3,9	2,5	0,6	–0,8	0,8	3,0
26	República Centroafricana	1,7	1,0	5,6	8,5	2,7	1,5	3,1	–4,6	–0,1	–1,6	–3,7	4,4	4,8	–8,7
27	India[c]	5,8	4,6	8,0	10,1	3,1	3,1	7,1	5,1	6,7	6,1	5,9	12,5	6,5	5,3
28	República Dem. Pop. Lao	..	6,5	37,8	10,1	..	..	..	..	..	..	..	5,9	..	..
29	Benin	2,6	4,1	1,6	7,9	5,1	4,9	2,1	3,5	1,2	3,5	–2,7	6,3	–6,2	12,1
30	Nicaragua	–2,0	1,1	422,6	98,3	–2,2	0,3	–1,7	–4,4	–2,0	2,2	–3,8	7,2	–4,7	4,1
31	Ghana	3,0	4,3	42,4	23,8	1,0	2,4	3,3	4,4	6,4	6,5	2,5	6,7	4,5	0,9
32	Zambia	0,8	–0,2	42,4	107,8	3,6	–0,5	1,0	–1,2	0,1	0,7	–3,3	10,8	–2,7	–10,2
33	Angola	3,7	–4,1	5,9	774,5	0,5	–1,8	6,4	0,9	2,2	–10,8	13,3	2,9	–6,8	0,1
34	Georgia	0,5	–26,9	1,9	2.280,2	0,7	–31,4	1,8	–34,1	–1,4	–22,3	..	..	0,3	–21,2
35	Pakistán	6,3	4,6	6,7	11,2	4,3	3,4	7,3	5,7	6,8	5,0	8,1	7,7	5,9	4,0
36	Mauritania	1,7	4,0	8,6	6,8	1,7	4,9	4,9	3,9	0,4	3,2	3,4	–1,0	–4,1	–1,3
37	Azerbaiyán	..	–20,2	..	747,6	..	..	..	..	..	..	..	..	..	..
38	Zimbabwe	3,5	1,0	11,5	27,6	2,4	1,6	3,6	–3,6	2,9	1,7	5,4	5,5	1,3	1,5
39	Guinea	..	3,8	..	10,1	..	4,5	..	2,3	..	4,5	..	1,3	..	0,6
40	Honduras	2,7	3,5	5,7	19,2	2,7	2,9	3,3	4,9	2,5	1,3	1,1	0,2	2,9	10,0
41	Senegal	3,1	1,9	6,5	7,6	2,8	1,3	3,7	2,0	3,0	2,0	3,9	–0,9	3,9	4,7
42	China	10,2	12,8	5,8	12,4	5,9	4,3	11,1	18,1	13,6	10,0	11,5	15,6	11,0	15,5
43	Camerún	3,1	–1,8	5,9	5,1	2,2	2,2	5,9	–6,8	2,1	–1,4	5,9	2,2	–2,7	–4,1
44	Côte d'Ivoire	0,1	0,7	3,4	10,4	–0,5	0,3	4,4	1,7	–1,3	0,2	1,9	–0,9	–28,8	138,3
45	Albania	3,0	1,4	–1,9	76,4	2,4	7,6	3,2	–15,6	3,2	5,9	..	..	–0,3	38,4
46	Congo	3,6	–0,6	0,3	7,8	3,4	–0,9	5,2	1,2	2,5	–2,1	4,8	4,0	–11,9	–7,9
47	República Kirguisa	..	–14,7	..	337,3	..	–7,6	..	..	..	..	..	..	..	..
48	Sri Lanka	4,2	4,8	10,8	10,4	2,2	2,4	4,6	6,5	4,7	6,3	6,8	11,0	0,6	6,8
49	Armenia	3,3	–21,2	0,3	896,6	–3,9	–0,6	5,1	–28,7	4,6	–19,7	..	..	6,2	–17,7
Países de ingreso mediano		1,9 p	0,1 p	64,8 p	298,8 p	..	0,9 p	..	..	2,6 p	3,9 p	..	..	..	..
De ingreso mediano bajo		2,3 p	–1,5 p	17,5 p	286,7 p	..	0,5 p	..	..	..	..	..	..	..	..
50	Lesotho	4,3	7,5	13,6	11,0	2,6	–3,4	7,2	12,3	5,2	6,1	4,1	11,4	6,9	12,1
51	Egipto, República Árabe de	5,0	1,3	11,7	13,3	1,5	2,1	2,6	0,4	8,4	1,5	5,2	4,2	2,7	–1,5
52	Bolivia	0,0	3,8	316,7	10,5	2,0	..	–2,9	..	–0,1	..	3,5	6,7	–9,9	4,2
53	Macedonia, ERY de	..	..	..	..	..	..	..	..	..	..	..	..	..	..
54	Moldova	..	..	..	..	..	..	..	..	..	..	..	..	..	..
55	Uzbekistán	..	–4,4	..	628,4	..	–0,9	..	–6,7	..	–6,6	..	..	..	–9,2
56	Indonesia	6,1	7,6	8,5	7,6	3,4	2,9	6,9	10,1	7,0	7,4	2,9	10,8	7,0	16,3
57	Filipinas	1,0	2,3	14,9	9,2	1,0	1,6	–0,9	2,2	2,8	2,7	3,5	9,4	–2,1	3,2
58	Marruecos	4,2	1,2	7,2	3,9	6,7	–5,9	3,0	1,7	4,2	2,8	6,8	3,1	2,5	–2,5
59	República Árabe Siria	1,5	7,4	15,3	8,5	–0,6	..	6,6	..	..	..	3,6	..	–7,0	..
60	Papua Nueva Guinea	1,9	9,3	5,3	5,7	1,8	4,7	1,9	17,8	2,0	4,8	3,3	13,3	–0,9	0,4
61	Bulgaria	4,0	–4,3	1,2	81,2	–2,1	–1,9	5,2	–7,5	7,2	–20,7	–3,5	–0,7	2,4	–7,1
62	Kazakstán	..	–11,9	..	805,5	..	–18,0	..	19,2	..	6,1	..	..	..	*–16,7*
63	Guatemala	0,8	4,0	14,6	14,2	2,3	2,5	2,1	4,2	2,1	4,9	–2,1	4,8	–1,8	10,7
64	Ecuador	2,0	3,4	36,4	37,2	4,4	2,5	1,2	4,9	1,8	2,7	5,4	7,4	–3,8	5,3
65	República Dominicana	2,7	3,9	21,5	11,7	0,4	2,5	2,2	3,3	3,7	4,5	2,8	4,6	3,7	4,9
66	Rumania	0,5	–1,4	2,5	158,4	..	–0,4	..	–2,1	..	–2,8	..	..	..	–10,0
67	Jamaica	2,0	2,9	18,6	38,5	0,6	8,3	2,4	–0,5	1,9	6,0	5,4	–1,0	–0,1	5,8
68	Jordania	–1,5	8,2	7,0	4,7	13,2	10,2	–1,3	7,9	–8,2	6,2	5,9	8,2	7,3	6,5
69	Argelia	2,8	0,1	8,0	25,8	4,6	1,3	2,3	–1,1	3,8	1,3	4,1	0,2	–2,3	–4,7
70	El Salvador	0,2	6,3	16,4	11,2	–1,1	1,2	0,1	2,9	0,7	9,3	–3,4	13,6	2,2	14,7
71	Ucrania	..	–14,3	..	1.040,5	..	–9,7	..	–21,6	..	..	..	..	..	..
72	Paraguay	2,5	3,1	24,4	18,0	3,6	1,4	–0,3	1,9	3,4	4,1	11,5	13,8	–0,8	2,6

Nota: Respecto de la comparabilidad y cobertura de los datos, véanse las Notas técnicas. Las cifras que aparecen en bastardilla corresponden a años distintos de los indicados.

INDICADORES SELECCIONADOS DEL DESARROLLO MUNDIAL

| | | \multicolumn{12}{c}{Tasa media de crecimiento anual (%)} |
| | | PIB || Deflactor del PIB || Agricultura || Industria || Servicios[a] || Exportaciones de bienes y servicios || Inversión interna bruta ||
		1980–90	1990–95	1980–90	1990–95	1980–90	1990–95	1980–90	1990–95	1980–90	1990–95	1980–90	1990–95	1980–90	1990–95
73	Túnez	3,3	3,9	7,4	5,4	2,8	–2,1	3,1	4,0	3,6	5,6	5,6	5,6	–1,8	1,4
74	Lituania	..	–9,7	..	241,4	..	..	..	..	..	..	..	..	..	..
75	Colombia	3,7	4,6	24,6	23,3	2,9	1,4	5,0	3,0	3,1	6,4	7,5	7,2	0,5	19,0
76	Namibia	1,1	3,8	13,6	9,3	1,8	6,8	–1,1	2,9	2,7	4,6	1,5	6,9	11,9	–2,8
77	Belarús	..	–9,3	..	878,8	..	–11,2	..	–10,9	..	–6,9	..	..	..	–17,0
78	Federación de Rusia	1,9	–9,8	3,2	517,0	..	..	..	..	..	..	..	..	..	..
79	Letonia	3,4	–13,7	..	149,1	2,3	–16,4	4,3	–25,1	3,1	–2,1	..	..	3,4	–37,1
80	Perú	–0,2	5,3	229,6	62,4	..	..	..	..	..	..	–1,7	8,3	–4,2	7,4
81	Costa Rica	3,0	5,1	23,5	19,1	3,1	3,6	2,8	5,2	3,1	5,6	6,1	9,5	5,3	6,6
82	Líbano	..	..	..	..	..	..	..	..	..	..	..	..	..	..
83	Tailandia	7,6	8,4	3,9	4,6	4,0	3,1	9,9	10,8	7,3	7,8	14,0	14,2	9,4	10,2
84	Panamá	0,3	6,3	2,4	1,8	..	4,4	..	14,9	..	5,5	..	4,3	..	15,3
85	Turquía	5,3	3,2	45,3	75,6	1,3	0,9	7,8	4,2	4,4	3,3	16,9	9,4	5,3	2,0
86	Polonia	1,9	2,4	53,7	34,9	–0,1	–2,0	–0,9	3,7	5,1	2,4	4,5	9,4	0,9	1,1
87	Estonia	2,1	–9,2	2,4	151,4	..	–8,9	..	–14,9	..	–3,8	..	..	..	–13,4
88	República Eslovaca	2,0	–2,8	1,8	16,0	1,6	1,0	2,0	–10,4	0,8	6,2	..	17,8	1,1	–7,7
89	Botswana	10,3	4,2	13,1	9,2	2,2	0,7	11,4	1,4	11,0	7,7	..	..	..	..
90	Venezuela	1,1	2,4	19,3	38,4	3,0	1,9	1,6	3,4	0,5	1,7	2,8	4,9	–5,3	3,8
	De ingreso mediano alto	1,3 p	2,6 p	138,0 p	320,5 p	2,4 p	1,8 p	0,7 p	2,6 p	2,0 p	3,4 p	5,9 p	7,4 p	–1,4 p	5,6 p
91	Sudáfrica	1,3	0,6	14,8	11,5	3,0	–0,3	–1,1	–0,1	3,1	0,9	1,9	2,4	–4,8	4,7
92	Croacia	..	..	..	..	..	..	..	..	..	..	..	..	..	..
93	México	1,0	1,1	70,4	15,5	0,6	0,4	1,0	0,5	1,1	1,5	6,6	6,8	–3,1	–1,2
94	Mauricio	6,2	4,9	9,4	6,7	2,9	–1,4	10,3	5,6	5,4	6,4	10,4	4,8	10,2	1,7
95	Gabón	0,5	–2,5	1,9	13,0	1,7	–0,2	1,0	2,7	–0,3	–10,0	2,8	4,1	–4,6	–0,5
96	Brasil	2,7	2,7	284,5	965,3	2,8	3,7	2,0	1,7	3,5	3,6	7,5	7,4	0,2	3,5
97	Trinidad y Tabago	–2,5	1,0	4,1	7,2	–5,8	1,3	–5,5	0,2	–3,3	–0,1	8,9	12,5	–10,1	1,0
98	República Checa	1,7	–2,6	1,5	18,3	..	..	..	..	..	..	..	..	2,3	0,9
99	Malasia	5,2	8,7	1,7	3,9	3,8	2,6	7,2	11,0	4,2	8,6	10,9	14,4	2,6	16,0
100	Hungría	1,6	–1,0	8,6	22,3	0,6	–7,0	–2,6	0,5	3,6	–4,6	4,0	–1,5	–0,4	6,6
101	Chile	4,1	7,3	20,9	14,7	5,6	5,2	3,7	6,1	4,2	8,4	7,0	9,2	9,6	11,9
102	Omán	8,3	6,0	–3,6	–2,9	7,9	..	10,3	..	6,0	..	..	..	..	..
103	Uruguay	0,4	4,0	61,3	55,6	0,0	4,5	–0,2	0,1	0,9	6,2	4,3	4,4	–7,8	12,9
104	Arabia Saudita	–1,2	1,7	–3,7	1,0	13,4	..	–2,3	..	–1,2	..	..	..	..	..
105	Argentina	–0,3	5,7	389,0	20,5	0,9	0,5	–0,9	5,9	0,0	6,4	3,7	6,9	–4,7	16,0
106	Eslovenia	..	..	..	..	..	..	..	..	..	..	..	..	..	..
107	Grecia	1,4	1,1	18,3	13,1	–0,1	3,1	1,3	–0,8	4,9	0,6	7,1	4,5	–0,9	1,9
	De ingreso bajo y mediano	2,8 p	2,1 p	50,6 p	235,8 p	3,1 p	2,0 p	3,9 p	4,9 p	3,6 p	4,5 p	..	..	1,8 p	6,5 p
	África al sur del Sahara	1,7 p	1,4 p	19,0 p	47,4 p	1,9 p	1,5 p	0,6 p	0,2 p	2,5 p	1,5 p	1,9 p	2,5 p	–4,0 p	3,4 p
	Asia oriental y el Pacífico	7,6 p	10,3 p	10,1 p	11,5 p	4,8 p	3,9 p	8,9 p	15,0 p	9,0 p	8,4 p	8,8 p	13,9 p	8,5 p	14,4 p
	Asia meridional	5,7 p	4,6 p	8,0 p	9,9 p	3,2 p	3,0 p	6,9 p	5,3 p	6,6 p	6,0 p	6,4 p	11,9 p	6,1 p	5,3 p
	Europa y Asia central	2,3 p	–6,5 p	12,2 p	461,5 p	..	..	..	..	..	..	..	..	..	..
	Oriente Medio y Norte de África	0,2 p	2,3 p	8,2 p	19,4 p	4,5 p	3,3 p	1,1 p	..	1,2 p	..	..	..	..	..
	América Latina y el Caribe	1,7 p	3,2 p	179,4 p	380,9 p	2,0 p	2,3 p	1,4 p	2,5 p	1,9 p	3,8 p	5,4 p	7,0 p	–1,5 p	5,7 p
	Países de ingreso alto	3,2 p	2,0 p	4,8 p	2,4 p	2,3 p	0,6 p	3,2 p	0,7 p	3,4 p	2,3 p	5,2 p	6,4 p	4,1 p	–0,2 p
108	República de Corea	9,4	7,2	5,9	6,2	2,8	1,3	13,1	7,3	8,2	7,9	12,0	13,4	11,9	7,2
109	Portugal	2,9	0,8	18,1	8,7	..	..	..	..	..	..	8,7	3,3	..	..
110	España	3,2	1,1	9,3	5,2	..	–1,7	..	..	..	..	5,7	10,1	5,7	–2,6
111	Nueva Zelandia	1,8	3,6	10,8	0,6	4,4	0,9	1,3	3,8	1,7	3,5	4,1	5,2	1,7	12,4
112	Irlanda	3,1	4,7	6,6	2,2	..	..	..	..	..	..	8,9	10,7	..	–3,8
113	† Israel	3,5	6,4	101,5	12,2	..	..	..	..	..	..	5,5	9,5	2,2	11,5
114	† Kuwait	0,9	12,2	–2,4	–2,0	14,7	..	1,0	..	0,9	..	–2,3	..	–4,5	..
115	† Emiratos Árabes Unidos	–2,0	..	0,7	..	9,6	9,3	–4,2	–1,8	3,4	4,9	0,0	..	–8,7	..
116	Reino Unido	3,2	1,4	5,7	3,6	..	..	..	..	..	..	3,9	4,3	6,4	..
117	Australia	3,4	3,5	7,3	1,3	3,3	–2,4	2,8	3,3	3,7	3,7	7,0	6,8	2,7	5,8
118	Italia	2,4	1,0	9,9	4,7	0,6	1,6	..	..	..	..	4,1	8,1	2,1	–3,2
119	Canadá	3,4	1,8	4,4	1,5	1,5	0,3	2,9	1,2	3,7	1,8	6,0	9,5	5,2	2,3
120	Finlandia	3,3	–0,5	6,8	1,8	–0,2	0,0	3,3	–1,2	5,3	–2,7	2,2	9,8	3,0	–8,3
121	† Hong Kong	6,9	5,6	7,7	8,1	..	..	..	..	..	..	14,4	13,5	4,0	11,7
122	Suecia	2,3	–0,1	7,4	3,2	1,5	–1,9	2,8	–0,7	2,5	–0,1	4,3	6,7	4,3	–7,2
123	Países Bajos	2,3	1,8	1,6	2,2	3,4	3,0	1,6	0,4	2,6	2,1	4,5	3,7	3,1	–0,3
124	Bélgica	1,9	1,1	4,4	3,1	1,8	4,0	2,2	..	1,8	..	4,6	4,6	3,2	–0,9
125	Francia	2,4	1,0	6,0	2,1	2,0	–1,1	1,1	–1,0	3,0	1,5	3,7	4,0	2,8	–2,8
126	† Singapur	6,4	8,7	2,0	3,7	–6,2	0,5	5,4	9,2	7,2	8,4	10,0	..	3,7	6,0
127	Austria	2,1	1,9	3,7	3,5	1,1	–1,8	1,9	1,7	2,3	2,2	4,6	2,5	2,5	3,6
128	Estados Unidos	3,0	2,6	4,1	2,4	4,0	3,6	2,8	1,2	3,1	2,1	5,2	7,3	3,4	4,1
129	Alemania[d]	2,2	..	2,6	..	1,7	..	1,2	..	2,9	..	4,4	..	2,0	..
130	Dinamarca	2,4	2,0	5,5	1,8	3,1	0,3	2,9	1,6	2,3	1,3	4,4	2,8	4,0	–1,1
131	Noruega	2,9	3,5	5,5	1,3	0,9	..	3,5	..	2,6	..	5,0	5,1	0,6	..
132	Japón	4,0	1,0	1,7	0,9	1,3	–2,2	4,2	0,0	3,9	2,3	4,5	3,4	5,3	–0,8
133	Suiza	2,2	0,1	3,7	2,3	..	..	..	..	..	..	3,4	1,5	4,9	0,0
	Todo el mundo	3,1 p	2,0 p	15,0 p	56,6 p	2,8 p	1,3 p	3,3 p	1,4 p	3,4 p	2,6 p	5,3 p	6,8 p	3,7 p	0,8 p

a. El concepto Servicios incluye renglones no asignados. b. Los datos anteriores a 1992 incluyen a Eritrea. c. Las tasas de crecimiento del PIB fueron rectificadas después de que se habían completado los datos estadísticos para esta publicación. d. Los datos anteriores a 1990 se refieren a la República Federal de Alemania antes de la unificación.

Cuadro 12. Estructura de la economía: producción

		PIB (millones de $)		Agricultura Valor agregado		Industria Valor agregado		(Manufacturas[a]) Valor agregado		Servicios[b] Valor agregado	
		1980	1995	1980	1995	1980	1995	1980	1995	1980	1995
	Países de ingreso bajo	739.236 t	1.352.256 t	34 p	25 p	32 p	38 p	21 p	27 p	32 p	35 p
	Excluidos China e India	*390.472* t	*316.889* t	..	33 p	..	25 p	..	*13* p	..	41 p
1	Mozambique	2.028	1.469	37	*33*	31	*12*	..	..	32	55
2	Etiopía[c]	*5.179*	*5.287*	*56*	*57*	*12*	*10*	*6*	*3*	*31*	*33*
3	Tanzanía	*5.702*	*3.602*	*46*	*58*	*18*	*17*	*11*	*8*	*37*	*24*
4	Burundi	920	1.062	62	56	13	18	7	12	25	26
5	Malawi	1.238	1.465	37	42	19	27	12	18	44	31
6	Chad	727	1.138	54	*44*	12	*22*	..	*16*	34	*35*
7	Rwanda	1.163	1.128	50	37	23	17	16	*3*	27	46
8	Sierra Leona	1.166	824	33	42	21	27	5	6	47	31
9	Nepal	1.946	4.232	62	42	12	22	4	10	26	36
10	Níger	2.538	1.860	43	*39*	23	*18*	4	..	35	*44*
11	Burkina Faso	1.709	2.325	33	*34*	22	*27*	16	*21*	45	*39*
12	Madagascar	4.042	3.198	30	34	16	13	..	13	54	53
13	Bangladesh	12.950	29.110	50	31	16	18	11	10	34	52
14	Uganda	1.267	5.655	72	50	4	14	4	6	23	36
15	Viet Nam	..	20.351	..	28	..	30	..	22	..	42
16	Guinea-Bissau	105	257	44	46	20	24	..	7	36	30
17	Haití	1.462	2.043	..	*44*	..	*12*	..	*9*	..	*44*
18	Malí	1.629	2.431	61	46	10	17	4	6	29	37
19	Nigeria	93.082	26.817	27	28	40	53	8	5	32	18
20	Yemen, República del	..	4.790	..	*22*	..	*27*	..	*14*	..	*51*
21	Camboya	..	2.771	..	51	..	14	..	6	..	34
22	Kenya	7.265	9.095	33	29	21	17	13	11	47	54
23	Mongolia	*2.328*	861	..	..	..	..	..	..	..	..
24	Togo	1.136	*981*	27	*38*	25	*21*	8	*9*	48	*41*
25	Gambia	233	384	30	*28*	16	*15*	7	*7*	53	*58*
26	República Centroafricana	797	1.128	40	*44*	20	*13*	7	..	40	*43*
27	India	172.321	324.082	38	29	26	29	18	19	36	41
28	República Dem. Pop. Lao	..	1.760	..	*52*	..	*18*	..	*14*	..	*30*
29	Benin	1.405	*1.522*	35	*34*	12	*12*	8	*7*	52	*53*
30	Nicaragua	2.144	1.911	23	*33*	31	*20*	26	*16*	45	*46*
31	Ghana	4.445	6.315	58	46	12	16	8	6	30	38
32	Zambia	3.884	4.073	14	22	41	40	18	30	44	37
33	Angola	..	3.722	..	12	..	59	..	3	..	28
34	Georgia	..	2.325	..	67	..	22	..	18	..	11
35	Pakistán	23.690	60.649	30	26	25	24	16	17	46	50
36	Mauritania	709	1.068	30	*27*	26	*30*	..	*13*	44	*43*
37	Azerbaiyán	..	3.475	..	*27*	..	*32*	..	..	..	*41*
38	Zimbabwe	5.355	6.522	14	*15*	34	*36*	25	*30*	52	*48*
39	Guinea	..	3.686	..	*24*	..	*31*	..	*5*	..	*45*
40	Honduras	2.566	3.937	24	21	24	33	15	18	52	46
41	Senegal	3.016	4.867	19	20	25	18	15	12	57	62
42	China	201.688	697.647	30	21	49	48	41	38	21	31
43	Camerún	6.741	7.931	29	39	23	23	9	10	48	38
44	Côte d'Ivoire	10.175	10.069	27	31	20	20	13	18	53	50
45	Albania	..	2.192	..	56	..	21	..	..	..	23
46	Congo	1.706	2.163	12	10	47	38	7	6	42	51
47	República Kirguisa	..	3.028	..	44	..	24	..	..	..	32
48	Sri Lanka	4.024	12.915	28	23	30	25	18	16	43	52
49	Armenia	..	2.058	..	44	..	35	..	..	25	20
	Países de ingreso mediano	2.461.307 t	4.033.376 t	..	*11* p	..	*35* p	..	*18* p	..	*52* p
	De ingreso mediano bajo	..	2.025.853 t	..	*13* p	..	*36* p	..	..	..	*49* p
50	Lesotho	368	1.029	24	10	29	56	7	18	47	34
51	Egipto, República Árabe de	22.913	47.349	18	20	37	21	12	15	45	59
52	Bolivia	3.074	6.131	18	..	35	..	15	..	47	..
53	Macedonia, ERY de	..	1.975	..	..	..	..	..	..	..	..
54	Moldova	..	3.518	..	50	..	28	..	26	..	22
55	Uzbekistán	..	21.590	..	*33*	..	*34*	..	*18*	..	*34*
56	Indonesia	78.013	198.079	24	17	42	42	13	24	34	41
57	Filipinas	32.500	74.180	25	22	39	32	26	23	36	46
58	Marruecos	18.821	32.412	18	14	31	33	17	19	51	53
59	República Árabe Siria	13.062	16.783	20	..	23	..	..	..	56	..
60	Papua Nueva Guinea	2.548	4.901	33	26	27	*38*	10	*8*	40	*34*
61	Bulgaria	20.040	12.366	14	13	54	34	..	..	32	53
62	Kazakstán	..	21.413	..	12	..	30	..	6	..	57
63	Guatemala	7.879	14.489	..	25	..	19	..	..	..	56
64	Ecuador	11.733	17.939	12	12	38	36	18	21	50	52
65	República Dominicana	6.631	11.277	20	15	28	22	15	15	52	64
66	Rumania	..	35.533	..	21	..	40	..	..	..	39
67	Jamaica	2.679	4.406	8	9	38	38	17	18	54	53
68	Jordania	..	*6.105*	..	*8*	..	*27*	..	*14*	..	*65*
69	Argelia	42.345	41.435	10	13	54	47	9	9	36	41
70	El Salvador	3.574	9.471	38	14	22	22	16	..	40	65
71	Ucrania	..	80.127	..	18	..	42	..	37	..	41
72	Paraguay	4.579	7.743	29	*24*	27	*22*	16	*16*	44	*54*

Nota: Respecto de la comparabilidad y cobertura de los datos, véanse las Notas técnicas. Las cifras que aparecen en bastardilla corresponden a años distintos de los indicados.

INDICADORES SELECCIONADOS DEL DESARROLLO MUNDIAL

Distribución del producto interno bruto (%)

		PIB (millones de $) 1980	PIB (millones de $) 1995	Agricultura Valor agregado 1980	Agricultura Valor agregado 1995	Industria Valor agregado 1980	Industria Valor agregado 1995	(Manufacturas[a]) Valor agregado 1980	(Manufacturas[a]) Valor agregado 1995	Servicios[b] Valor agregado 1980	Servicios[b] Valor agregado 1995
73	Túnez	8.743	18.035	14	12	31	29	12	19	55	59
74	Lituania	..	7.089	..	11	..	36	..	30	..	53
75	Colombia	33.399	76.112	19	14	32	32	23	18	49	54
76	Namibia	2.190	3.033	12	14	53	29	5	9	35	56
77	Belarús	..	20.561	..	13	..	35	..	22	..	52
78	Federación de Rusia	..	344.711	..	7	..	38	..	31	..	55
79	Letonia	..	6.034	..	9	..	31	..	18	..	60
80	Perú	20.661	57.424	10	7	42	38	20	24	48	55
81	Costa Rica	4.831	9.233	18	17	27	24	19	19	55	58
82	Líbano	..	11.143	..	7	..	24	..	10	..	69
83	Tailandia	32.354	167.056	23	11	29	40	22	29	48	49
84	Panamá	3.592	7.413	..	11	..	15	..	..	..	74
85	Turquía	68.790	164.789	26	16	22	31	14	21	51	53
86	Polonia	57.068	117.663	..	6	..	39	..	26	..	54
87	Estonia	..	4.007	..	8	..	28	..	17	..	64
88	República Eslovaca	..	17.414	..	6	..	33	..	..	..	61
89	Botswana	971	4.318	13	5	44	46	4	4	43	48
90	Venezuela	69.377	75.016	5	5	46	38	16	17	49	56
De ingreso mediano alto		989.317 t	1.981.511 t	8 p	9 p	47 p	37 p	20 p	18 p	43 p	53 p
91	Sudáfrica	78.744	136.035	7	5	50	31	23	24	43	64
92	Croacia	..	18.081	..	12	..	25	..	20	..	62
93	México	194.914	250.038	8	8	33	26	22	19	59	67
94	Mauricio	1.132	3.919	12	9	26	33	15	23	62	58
95	Gabón	4.285	4.691	7	..	60	..	5	..	33	..
96	Brasil	235.025	688.085	11	14	44	37	33	24	45	49
97	Trinidad y Tabago	6.236	5.327	2	3	60	42	9	9	38	54
98	República Checa	29.123	44.772	7	6	63	39	..	..	30	55
99	Malasia	24.488	85.311	22	13	38	43	21	33	40	44
100	Hungría	22.163	43.712	..	8	..	33	..	24	..	59
101	Chile	27.572	67.297	7	..	37	..	21	..	55	..
102	Omán	5.982	12.102	3	..	69	..	1	..	28	..
103	Uruguay	10.132	17.847	14	9	34	26	26	18	53	65
104	Arabia Saudita	156.487	125.501	1	..	81	..	5	..	18	..
105	Argentina	76.962	281.060	6	6	41	31	29	20	52	63
106	Eslovenia	..	18.550	..	5	..	39	..	1	..	57
107	Grecia	40.147	90.550	27	21	48	36	30	21	24	43
De ingreso bajo y mediano		3.192.729 t	5.393.142 t	..	14 p	..	36 p	..	20 p	..	48 p
África al sur del Sahara		292.557 t	296.748 t	24 p	20 p	36 p	30 p	12 p	15 p	38 p	48 p
Asia oriental y el Pacífico		464.719 t	1.341.265 t	27 p	18 p	39 p	44 p	27 p	32 p	32 p	38 p
Asia meridional		219.283 t	439.203 t	39 p	30 p	24 p	27 p	15 p	17 p	35 p	41 p
Europa y Asia central		..	1.103.330 t	..	..	..	..	..	..	..	..
Oriente Medio y Norte de África		463.031 t	..	9 p	..	57 p	..	7 p	..	32 p	..
América Latina y el Caribe		758.569 t	1.688.195 t	10 p	10 p	37 p	33 p	25 p	21 p	51 p	55 p
Países de ingreso alto		7.758.074 t	22.485.548 t	3 p	2 p	37 p	32 p	24 p	21 p	58 p	66 p
108	República de Corea	63.661	455.476	15	7	40	43	29	27	45	50
109	Portugal	28.526	102.337	..	..	..	..	..	..	..	..
110	España	211.543	558.617	..	3	..	..	..	..	..	..
111	Nueva Zelandia	22.469	57.070	11	..	31	..	22	..	58	..
112	Irlanda	20.080	60.780	..	..	..	..	..	..	..	..
113	†Israel	22.579	91.965	..	..	..	..	..	..	..	..
114	†Kuwait	28.639	26.650	0	0	75	53	6	11	25	46
115	†Emiratos Árabes Unidos	29.625	39.107	1	2	77	57	4	8	22	40
116	Reino Unido	537.382	1.105.822	2	2	43	32	27	21	54	66
117	Australia	160.109	348.782	5	3	36	28	19	15	58	70
118	Italia	452.648	1.086.932	6	3	39	31	28	21	55	66
119	Canadá	263.193	568.928	5	..	40	..	22	..	55	..
120	Finlandia	51.306	125.432	12	6	49	37	35	28	39	57
121	†Hong Kong	28.495	143.669	1	0	32	17	24	9	67	83
122	Suecia	125.557	228.679	4	2	37	32	25	23	59	66
123	Países Bajos	171.861	395.900	3	3	32	27	18	18	64	70
124	Bélgica	118.022	269.081	2	2	34	..	24	..	64	..
125	Francia	664.597	1.536.089	4	2	34	27	24	19	62	71
126	†Singapur	11.718	83.695	1	0	38	36	29	27	61	64
127	Austria	76.882	233.427	4	2	40	34	28	24	56	63
128	Estados Unidos	2.708.150	6.952.020	3	2	34	26	22	18	64	72
129	Alemania	..	2.415.764	..	..	..	..	..	..	..	..
130	Dinamarca	66.322	172.220	6	4	33	29	22	21	61	67
131	Noruega	63.283	145.954	4	..	36	..	15	..	60	..
132	Japón	1.059.253	5.108.540	4	2	42	38	29	24	54	60
133	Suiza	101.646	300.508	..	..	..	..	..	..	..	..
Todo el mundo		10.768.090 t	27.846.241 t	7 p	5 p	38 p	33 p	23 p	21 p	53 p	63 p

a. Debido a que las manufacturas suelen ser la parte más dinámica del sector industrial, el porcentaje del PIB correspondiente a este subsector se indica por separado. b. El concepto Servicios incluye renglones no asignados. c. Los datos anteriores a 1992 incluyen a Eritrea.

Cuadro 13. Estructura de la economía: demanda

Distribución del producto interno bruto (%)

		Consumo de las administraciones públicas 1980	1995	Consumo privado 1980	1995	Inversión interna bruta 1980	1995	Ahorro interno bruto 1980	1995	Exportaciones de bienes y servicios 1980	1995	Balanza de recursos 1980	1995
	Países de ingreso bajo	12 p	12 p	66 p	59 p	24	32 p	22 p	30 p	13 p	19 p	−2 p	−1 p
	Excluidos China e India	..	13 p	..	80 p	..	20 p	..	10 p	..	24 p	−8 p	−6 p
1	Mozambique	21	20	78	75	22	60	1	5	20	23	−22	−55
2	Etiopía	14[a]	12	83[a]	81	9[a]	17	3[a]	7	11[a]	15	−6[a]	−11
3	Tanzanía	12	10	69	97	29	31	19	−7	14	30	−10	−38
4	Burundi	9	12	92	95	14	11	−1	−7	9	12	−15	−18
5	Malawi	19	20	70	76	25	15	11	4	25	29	−14	−11
6	Chad	8	17	99	93	4	9	−6	−10	24	13	−17	−19
7	Rwanda	12	14	83	93	16	13	5	−7	15	6	−11	−20
8	Sierra Leona	8	11	91	98	18	6	2	−9	23	13	−16	−15
9	Nepal	7	8	82	79	18	23	11	12	12	24	−7	−12
10	Níger	10	17	67	82	37	6	23	1	24	13	−14	−4
11	Burkina Faso	10	16	95	78	17	22	−6	6	10	14	−23	−16
12	Madagascar	12	7	89	91	15	11	−1	3	13	23	−16	−8
13	Bangladesh	6	14	92	78	15	17	2	8	6	14	−13	−8
14	Uganda	11	10	89	83	6	16	0	7	19	12	−6	−9
15	Viet Nam	..	7	..	77	..	27	..	16	..	36	..	−11
16	Guinea-Bissau	29	8	77	98	30	16	−6	−5	8	13	−36	−22
17	Haití	10	6	82	101	17	2	8	−7	22	4	−9	−9
18	Malí	10	11	91	79	17	26	−2	10	16	22	−19	−16
19	Nigeria	12	10	56	69	22	18	32	20	29	25	10	4
20	Yemen, República del	..	29	..	61	..	12	..	10	..	43	..	−2
21	Camboya	..	11	..	82	..	19	..	6	..	11	..	−13
22	Kenya	20	15	62	72	29	19	18	13	28	33	−11	−6
23	Mongolia	b	..	74	..	46	..	27	..	19	..	−36	2
24	Togo	22	11	53	80	30	14	25	9	51	31	−5	−4
25	Gambia	20	19	79	76	26	21	1	5	47	53	−26	−15
26	República Centroafricana	15	13	94	80	7	15	−10	6	26	18	−17	−9
27	India	10	10	73	68	21	25	17	22	7	12	−4	−2
28	República Dem. Pop. Lao	..	..	..	..	..	..	..	..	..	..	..	..
29	Benin	9	9	96	82	15	20	−5	9	23	27	−20	−6
30	Nicaragua	20	14	83	95	17	18	−2	−9	24	24	−19	−27
31	Ghana	11	12	84	77	6	19	5	10	8	25	−1	−8
32	Zambia	26	9	55	88	23	12	19	3	41	31	−4	−7
33	Angola	..	47	..	9	..	27	..	43	..	74	..	33
34	Georgia	13	7	56	103	29	3	..	−9	..	17	..	−1
35	Pakistán	10	12	83	73	18	19	7	16	12	16	−12	−3
36	Mauritania	25	9	68	80	36	15	7	11	37	50	−29	−3
37	Azerbaiyán	..	b	..	96	..	16	..	4	..	27	..	−16
38	Zimbabwe	20	19	64	64	19	22	16	17	30	34	−3	−6
39	Guinea	..	8	..	81	..	15	..	11	..	21	..	−4
40	Honduras	13	14	70	73	25	23	17	14	36	36	−8	−10
41	Senegal	22	11	78	79	15	16	0	10	28	32	−16	−5
42	China	15	12	51	46	35	40	35	42	6	21	0	2
43	Camerún	10	9	70	71	21	15	20	21	27	26	−1	6
44	Côte d'Ivoire	17	12	63	67	27	13	20	20	35	41	−6	7
45	Albania	9	15	56	93	35	16	..	−8	..	14	..	−24
46	Congo	18	12	47	64	36	27	36	23	60	62	0	−4
47	República Kirguisa	..	23	..	67	..	16	..	10	..	26	..	−18
48	Sri Lanka	9	12	80	74	34	25	11	14	32	36	−23	−11
49	Armenia	16	13	47	116	29	9	..	−29	..	24	..	−53
	Países de ingreso mediano	..	14 p	..	59 p	..	25 p	..	25 p	..	24 p	..	−1 p
	De ingreso mediano bajo	..	..	..	..	..	..	..	..	..	..	..	..
50	Lesotho	36	23	124	85	42	87	−60	−9	20	21	−102	−96
51	Egipto, República Árabe de	16	13	69	81	28	17	15	6	31	21	−12	−3
52	Bolivia	14	13	67	79	15	15	19	8	21	20	4	−7
53	Macedonia, ERY de	..	14	..	82	..	15	..	4	..	37	..	−11
54	Moldova	..	20	..	81	..	7	..	−1	..	35	..	−7
55	Uzbekistán	..	25	..	59	..	23	..	24	..	63	..	0
56	Indonesia	11	8	52	56	24	38	37	36	33	25	13	1
57	Filipinas	9	11	67	74	29	23	24	15	24	36	−5	−8
58	Marruecos	18	15	68	71	24	21	14	13	17	27	−10	−8
59	República Árabe Siria	23	..	67	..	28	..	10	..	18	..	−17	..
60	Papua Nueva Guinea	24	12	61	48	25	24	15	39	43	61	−10	15
61	Bulgaria	6	15	55	61	34	21	39	25	36	49	5	2
62	Kazakstán	..	15	..	65	..	22	..	19	..	34	..	−3
63	Guatemala	8	6	79	86	16	17	13	8	22	19	−3	−6
64	Ecuador	15	13	60	67	26	19	26	21	25	29	0	2
65	República Dominicana	8	4	77	80	25	20	15	16	19	26	−10	0
66	Rumania	5	12	60	66	40	26	35	21	35	28	..	−5
67	Jamaica	20	9	64	80	16	17	16	10	51	69	0	−7
68	Jordania	..	22	..	75	..	26	..	3	..	49	..	−24
69	Argelia	14	16	43	56	39	32	43	29	34	27	4	−3
70	El Salvador	14	8	72	86	13	19	14	6	34	21	1	−16
71	Ucrania	..	..	..	..	..	..	..	..	..	..	..	−3
72	Paraguay	6	7	76	79	32	23	18	14	15	36	−13	−19

Nota: Respecto de la comparabilidad y cobertura de los datos, véanse las Notas técnicas. Las cifras que aparecen en bastardilla corresponden a años distintos de los indicados.

INDICADORES SELECCIONADOS DEL DESARROLLO MUNDIAL

Distribución del producto interno bruto (%)

		Consumo de las administraciones públicas 1980	1995	Consumo privado 1980	1995	Inversión interna bruta 1980	1995	Ahorro interno bruto 1980	1995	Exportaciones de bienes y servicios 1980	1995	Balanza de recursos 1980	1995
73	Túnez	14	16	62	63	29	24	24	20	40	45	−5	−4
74	Lituania	..	20	..	63	..	19	..	16	..	58	..	−3
75	Colombia	10	9	70	75	19	20	20	16	16	15	1	−3
76	Namibia	17	31	44	52	29	20	39	17	76	53	10	−7
77	Belarús	..	22	..	58	..	25	..	20	..	43	..	−5
78	Federación de Rusia	15	16	62	58	22	25	..	26	..	22	..	3
79	Letonia	8	20	60	65	26	21	..	16	..	43	..	−5
80	Perú	11	6	57	83	29	17	32	11	22	12	3	−5
81	Costa Rica	18	17	66	60	27	25	16	24	26	41	−10	−1
82	Líbano	..	12	..	110	..	29	..	−22	..	10	..	−62
83	Tailandia	12	10	65	54	29	43	23	36	24	42	−6	−7
84	Panamá	..	15	..	64	..	24	..	22	..	39	..	−2
85	Turquía	10	10	78	70	18	25	11	20	5	20	−7	−5
86	Polonia	9	18	67	63	26	17	23	19	28	28	−3	2
87	Estonia	..	23	..	58	..	27	..	18	..	75	..	−9
88	República Eslovaca	..	20	..	50	..	28	..	30	..	63	..	2
89	Botswana	19	32	53	45	38	25	28	23	53	49	−10	−2
90	Venezuela	12	6	55	73	26	16	33	21	29	27	7	5
De ingreso mediano alto		**12 p**	**15 p**	**56 p**	**61 p**	**25**	**21 p**	**32 p**	**23 p**	**27 p**	**22 p**	**7 p**	**−1 p**
91	Sudáfrica	13	21	50	61	28	18	36	18	36	22	8	0
92	Croacia	..	33	..	66	..	14	..	1	..	40	..	−13
93	México	10	10	65	71	27	15	25	19	11	25	−2	3
94	Mauricio	14	12	75	65	21	25	10	22	51	58	−10	−3
95	Gabón	13	10	26	42	28	26	61	48	65	61	33	22
96	Brasil	9	17	70	62	23	22	21	21	9	7	−2	−1
97	Trinidad y Tabago	12	13	46	62	31	14	42	25	50	39	11	11
98	República Checa	..	20	..	60	..	25	..	20	..	52	..	−5
99	Malasia	17	12	51	51	30	41	33	37	58	96	3	−3
100	Hungría	10	11	61	68	31	23	29	21	39	35	−2	−2
101	Chile	12	9	67	62	25	27	20	29	23	29	−4	2
102	Omán	25	31	28	42	22	17	47	27	63	49	25	10
103	Uruguay	12	13	76	74	17	14	12	13	15	19	−6	−1
104	Arabia Saudita	16	27	22	43	22	20	62	30	71	40	41	10
105	Argentina	b	b	76	82	25	18	24	18	5	9	−1	0
106	Eslovenia	..	21	..	58	..	22	..	21	..	56	..	−1
107	Grecia	16	19	60	74	29	19	23	7	21	22	−5	−12
De ingreso bajo y mediano		**14 p**	**14 p**	**57 p**	**63 p**	**26**	**27 p**	**30 p**	**22 p**	**23 p**	**22 p**	**2 p**	**−1 p**
África al sur del Sahara		14 p	17 p	60 p	67 p	23	19 p	27 p	16 p	31 p	28 p	3 p	−3 p
Asia oriental y el Pacífico		12 p	11 p	58 p	51 p	28	39 p	28 p	38 p	16 p	29 p	1 p	−1 p
Asia meridional		9 p	11 p	75 p	69 p	20	23 p	15 p	20 p	8 p	14 p	−6 p	−3 p
Europa y Asia central		..	..	..	..	..	..	..	..	..	..	..	..
Oriente Medio y Norte de África		16 p	..	39 p	..	26	..	45 p	..	47 p	..	16 p	..
América Latina y el Caribe		11 p	12 p	67 p	67 p	25	20 p	23 p	19 p	16 p	17 p	−2 p	−2 p
Países de ingreso alto		**17 p**	**15 p**	**60 p**	**63 p**	**23**	**21 p**	**23 p**	**21 p**	**22 p**	**22 p**	**0 p**	**2 p**
108	República de Corea	12	10	64	54	32	37	25	36	34	33	−7	−1
109	Portugal	14	17	65	65	34	28c	21	18	24	28	−13	−9
110	España	13	16	66	62	23	21	21	22	16	24	−2	0
111	Nueva Zelandia	18	15	62	60	21	24	20	26	30	32	−1	2
112	Irlanda	19	15	67	57	27	13	14	27	48	75	−13	15
113	† Israel	39	29	50	58	22	24	11	13	40	29	−11	−10
114	† Kuwait	11	33	31	49	14	12	58	18	78	55	44	6
115	† Emiratos Árabes Unidos	11	18	17	54	28	27	72	27	78	70	43	1
116	Reino Unido	22	21	59	64	17	16c	19	15	27	28	2	−1
117	Australia	18	17	59	60	25	23	24	22	16	20	−2	−1
118	Italia	15	16	61	62	27	18	24	22	22	26	−3	3
119	Canadá	19	19	55	60	24	19	25	21	28	37	2	2
120	Finlandia	18	21	54	54	29	16	28	24	33	38	−1	8
121	† Hong Kong	6	9	60	59	35	35	34	33	90	147	−1	−2
122	Suecia	29	26	51	55	21	14	19	19	29	41	−2	4
123	Países Bajos	17	14	61	57	22	22	22	29	51	53	0	7
124	Bélgica	18	15	63	62	22	18	19	24	63	74	−3	6
125	Francia	18	20	59	60	24	18	23	20	22	23	−1	2
126	† Singapur	10	9	53	40	46	33	38	..	207	..	−9	..
127	Austria	18	19	56	55	28	27	26	26	37	38	−2	−1
128	Estados Unidos	18	16	63	68	20	16	19	15	10	11	−1	−2
129	Alemania	..	20	..	58	..	21	..	23	..	23	..	1
130	Dinamarca	27	25	56	54	19	16	17	21	33	35	−1	6
131	Noruega	18	21	51	50	25	23c	31	29	43	38	6	6
132	Japón	10	10	59	60	32	29	31	31	14	9	−1	2
133	Suiza	13	14	67	59	24	23	20	27	37	36	−4	4
Todo el mundo		**16 p**	**15 p**	**59 p**	**63 p**	**24**	**23 p**	**25 p**	**21 p**	**22 p**	**22 p**	**1 p**	**1 p**

a. Incluye a Eritrea. b. No se dispone de cifras por separado sobre el consumo de las administraciones públicas; se incluyen en los datos sobre consumo privado.
c. Contiene una discrepancia estadística.

Cuadro 14. Presupuesto del gobierno central

		colspan="4"	Total de ingresos[a]	colspan="4"	Gasto total	colspan="4"	Porcentaje del total de gastos[b]		Superávit/déficit global[c] (% del PIB)
			Ingresos tributarios		Ingresos no tributarios		Gasto corriente		Gastos de capital		Defensa		Servicios sociales[d]		
		1980	1995	1980	1995	1980	1995	1980	1995	1980	1995	1980	1995	1980	1995
	**Países de ingreso bajo** *Excluidos China e India*
1	Mozambique	..	..	..	..	..	..	..	..	..	..	..	..	..	..
2	Etiopía	*12,8*[e]	11,9	*3,7*[e]	..	*18,0*[e]	..	*3,3*[e]	..	*35,5*[e]	..	*19,6*[e]	..	*-3,1*[e]	-8,5
3	Tanzanía	17,1	..	9,4	..	19,2	..	10,4	..	9,2	..	35,0	..	-7,0	..
4	Burundi	13,2	..	3,5	..	11,5	..	11,0	..	..	..	..	..	-3,9	..
5	Malawi	16,6	..	5,9	..	18,0	..	16,6	..	12,8	..	30,7	..	-15,9	..
6	Chad	..	..	..	..	..	..	..	..	..	..	..	..	..	..
7	Rwanda	11,0	..	2,5	..	9,3	..	5,0	..	..	..	..	..	-1,7	-6,9
8	Sierra Leona	14,0	12,5	2,5	4,5	19,6	13,3	5,0	6,5	..	..	..	..	-12,1	-5,0
9	Nepal	6,6	9,1	2,9	4,3	..	..	..	..	6,7	..	..	..	-3,0	..
10	Níger	12,2	..	2,6	..	9,4	..	9,0	..	3,8	..	50,5	..	-4,7	..
11	Burkina Faso	10,4	..	1,9	..	9,8	..	2,3	..	17,0	..	36,0	..	0,2	..
12	Madagascar	12,9	8,2	5,2	2,2	..	11,3	..	7,5	..	..	..	34,6	..	-4,8
13	Bangladesh	7,7	..	2,9	..	..	..	..	..	9,4	..	..	..	2,5	..
14	Uganda	3,0	..	1,3	..	5,3	..	0,8	..	25,2	..	24,1	..	-3,1	..
15	Viet Nam	..	..	..	..	..	..	..	..	..	..	..	..	..	..
16	Guinea-Bissau	..	..	..	..	..	..	..	..	..	..	..	..	..	..
17	Haití	9,3	..	1,6	..	13,9	..	3,5	..	..	..	..	..	-4,7	..
18	Malí	9,5	..	4,0	..	12,3	..	1,9	..	11,0	..	37,8	..	-4,6	..
19	Nigeria	..	..	..	..	..	..	..	..	..	..	..	..	..	..
20	Yemen, República del	..	13,0	..	2,6	..	34,7	..	3,8	..	30,3	..	30,8	..	-17,3
21	Camboya	..	..	..	..	..	..	..	..	..	..	..	..	..	..
22	Kenya	19,1	19,6	8,5	10,0	19,4	22,1	5,9	5,3	16,4	6,2	36,0	27,1	-4,5	-3,2
23	Mongolia	..	20,3	..	5,0	..	18,1	..	3,3	..	11,5	..	38,8	..	-1,9
24	Togo	27,0	..	4,6	..	23,7	..	8,9	..	7,1	..	56,2	..	-2,0	..
25	Gambia	20,0	21,8	0,8	7,5	16,7	15,8	15,5	4,6	..	..	38,2	..	-4,5	3,5
26	República Centroafricana	*15,0*	..	*3,4*	..	*18,5*	..	*1,3*	..	*9,7*	..	*34,5*	..	*-3,5*	..
27	India	9,8	9,6	5,0	4,1	11,7	14,2	1,6	1,8	19,8	14,5	8,8	11,9	-6,5	-5,4
28	República Dem. Pop. Lao	..	..	..	..	..	..	..	..	..	..	..	..	..	..
29	Benin	..	..	..	..	..	..	..	..	..	..	..	..	..	..
30	Nicaragua	20,3	23,6	8,7	10,7	24,8	22,0	4,7	8,4	7,7	0,0	41,3	63,5	-7,2	-4,3
31	Ghana	6,4	12,9	1,9	5,6	9,8	17,6	1,1	3,0	3,7	4,9	38,3	42,3	-4,2	-2,5
32	Zambia	23,1	13,4	10,8	7,0	33,0	10,7	4,0	6,1	0,0	..	23,4	59,0	-18,5	-2,9
33	Angola	..	..	..	..	..	..	..	..	..	..	..	..	..	..
34	Georgia	..	..	..	..	..	..	..	..	..	..	..	..	..	..
35	Pakistán	13,3	15,3	5,5	7,2	14,5	19,1	3,1	4,1	..	..	..	..	-5,7	-4,8
36	Mauritania	..	..	..	..	..	..	..	..	..	..	..	..	..	..
37	Azerbaiyán	..	..	..	..	..	..	..	..	..	..	..	..	..	..
38	Zimbabwe	19,2	..	6,7	..	33,0	..	1,8	..	25,0	..	30,2	..	-10,9	..
39	Guinea	..	..	..	..	..	..	..	..	..	..	..	..	..	..
40	Honduras	13,6	..	3,5	..	..	..	..	..	..	..	..	..	..	-0,2
41	Senegal	20,7	..	6,3	..	22,3	..	1,9	..	16,8	..	38,5	..	0,9	0,0
42	China	..	5,7	..	4,6	..	..	..	..	..	12,4	..	..	..	-1,9
43	Camerún	15,0	9,5	2,9	2,8	10,5	14,0	5,2	1,5	9,1	9,4	38,2	29,0	0,5	-1,7
44	Côte d'Ivoire	21,1	..	5,7	..	19,1	..	9,0	..	..	..	..	..	-10,8	..
45	Albania	..	18,3	..	9,2	..	28,0	..	6,1	..	7,1	..	40,2	..	-9,9
46	Congo	27,0	..	2,7	..	21,8	..	17,7	..	..	16,1	12,6	..	-5,2	-0,1
47	República Kirguisa	..	..	..	..	..	..	..	..	..	..	..	..	..	..
48	Sri Lanka	19,1	18,0	5,4	10,8	24,7	22,1	16,6	6,5	1,7	2,6	40,5	46,2	-18,3	-0,1
49	Armenia	..	..	..	..	..	..	..	..	..	..	..	..	..	..
	**Países de ingreso mediano** *De ingreso mediano bajo*
50	Lesotho	29,5	44,4	3,5	7,5	32,9	33,3	..	..	..	..	31,4	..	..	..
51	Egipto, República Árabe de	28,9	26,3	4,0	5,6	36,6	34,8	9,0	8,0	13,5	8,7	32,1	39,1	-6,3	2,0
52	Bolivia	..	11,8	..	7,1	..	18,7	..	5,4	..	8,2	..	52,3	..	-3,6
53	Macedonia, ERY de	..	..	..	..	..	..	..	..	..	..	..	..	..	..
54	Moldova	..	..	..	..	..	..	..	..	..	..	..	..	..	..
55	Uzbekistán	..	..	..	..	..	..	..	..	..	..	..	..	..	..
56	Indonesia	20,2	16,4	1,8	6,2	11,7	8,4	10,4	7,8	13,5	6,2	23,7	70,4	-2,3	0,6
57	Filipinas	12,5	16,0	5,9	4,9	9,9	15,4	3,5	3,0	15,7	10,6	25,4	26,3	-1,4	-1,5
58	Marruecos	20,4	..	8,1	..	22,8	..	10,3	..	17,9	..	39,5	..	-9,7	..
59	República Árabe Siria	10,5	17,8	1,4	8,2	30,3	15,5	17,9	11,1	35,8	28,2	28,0	26,8	-9,7	-3,8
60	Papua Nueva Guinea	20,5	18,9	2,8	2,3	29,2	26,1	5,2	3,3	4,4	3,3	29,8	30,5	-1,9	-4,1
61	Bulgaria	..	29,0	..	10,4	..	41,4	..	1,6	..	6,3	..	35,0	..	-5,5
62	Kazakstán	..	..	..	..	..	..	..	..	..	..	..	..	..	..
63	Guatemala	8,7	6,8	2,9	3,7	7,3	6,9	5,1	2,3	10,6	15,2	47,5	38,4	-3,4	-1,2
64	Ecuador	12,2	13,9	2,2	4,1	11,9	12,4	2,3	3,3	12,5	..	52,5	..	-1,4	0,0
65	República Dominicana	11,1	14,9	3,1	5,5	11,4	8,2	5,2	8,7	7,8	4,7	53,0	87,1	-2,6	0,0
66	Rumania	10,1	26,3	0,0	6,9	29,8	27,7	15,0	4,3	3,8	6,2	28,3	54,8	0,5	0,0
67	Jamaica	27,9	..	14,3	..	..	..	..	..	..	..	..	..	-15,5	..
68	Jordania	..	20,4	..	6,5	..	24,7	..	6,1	25,3	20,7	38,5	46,8	..	1,1
69	Argelia	..	..	..	..	..	..	..	..	..	..	..	..	..	..
70	El Salvador	11,1	12,1	3,4	6,4	11,7	11,2	2,8	3,7	8,8	5,2	47,0	37,2	-5,7	0,0
71	Ucrania	..	..	..	..	..	..	..	..	..	..	..	..	..	..
72	Paraguay	9,8	9,1	1,9	5,0	7,5	11,1	2,4	1,9	12,4	10,7	47,0	54,1	0,3	1,2

Nota: Respecto de la comparabilidad y cobertura de los datos, véanse las Notas técnicas. Las cifras que aparecen en bastardilla corresponden a años distintos de los indicados.

INDICADORES SELECCIONADOS DEL DESARROLLO MUNDIAL   265

		colspan="8"	Porcentaje del PIB						Porcentaje del total de gastos[b]			Superávit/	
		colspan="4"	Total de ingresos[a]		Gasto total							déficit global[c]	
			Ingresos tributarios		Ingresos no tributarios		Gasto corriente		Gastos de capital		Defensa		Servicios sociales[d]		(% del PIB)
		1980	1995	1980	1995	1980	1995	1980	1995	1980	1995	1980	1995	1980	1995
73	Túnez	23,9	..	7,5	..	22,1	..	9,4	..	12,2	..	53,7	..	−2,8	..
74	Lituania	..	24,4	..	12,6	..	24,7	..	2,7	..	1,9	..	53,2	..	..
75	Colombia	10,3	14,0	2,7	6,8	10,4	11,9	4,1	2,5	6,7	8,7	58,5	40,8	−1,8	−0,5
76	Namibia	..	31,4	..	10,1	..	34,6	..	6,1	..	..	..	..	..	−4,8
77	Belarús	..	..	..	..	..	..	..	..	..	..	..	..	..	..
78	Federación de Rusia	..	16,1	..	6,3	..	25,8	..	1,3	..	16,4	..	34,6	..	−10,5
79	Letonia	..	23,1	..	10,9	..	29,2	..	1,2	..	2,6	..	63,7	..	−4,2
80	Perú	15,8	14,4	6,4	7,7	15,0	15,8	4,4	3,1	21,0	..	27,4	0,0	−2,4	0,0
81	Costa Rica	16,8	22,0	5,4	8,4	21,3	26,0	5,2	2,4	2,6	0,0	73,9	63,0	−7,4	−2,9
82	Líbano	..	10,8	..	1,1	..	25,8	..	..	..	..	..	..	..	..
83	Tailandia	13,2	17,1	6,6	7,4	14,4	10,5	4,4	..	21,7	..	37,8	57,7	−4,9	1,8
84	Panamá	19,7	20,1	4,5	4,8	26,5	25,4	5,9	2,9	..	5,4	48,5	69,6	−5,5	4,3
85	Turquía	14,3	14,3	3,6	7,3	15,5	20,9	5,9	6,1	15,2	15,8	33,0	21,6	−3,1	0,0
86	Polonia	..	36,7	..	11,6	..	41,9	..	1,5	..	..	..	..	..	−2,3
87	Estonia	..	33,2	..	13,6	..	..	..	..	..	3,1	..	..	..	1,4
88	República Eslovaca	..	..	..	..	..	..	..	..	..	..	..	..	..	..
89	Botswana	24,9	28,1	0,3	1,7	23,1	38,3	10,8	..	9,8	..	41,5	35,6	−0,2	..
90	Venezuela	18,9	14,8	0,9	4,0	14,9	16,3	4,0	2,5	5,8	..	48,0	..	0,0	−4,1
	**De ingreso mediano alto**
91	Sudáfrica	20,5	25,2	5,6	10,0	19,1	31,0	3,0	2,2	..	..	..	..	−2,3	−6,2
92	Croacia	..	43,0	..	18,7	..	42,8	..	3,7	..	21,1	..	60,9	..	−0,9
93	México	14,3	14,8	4,4	8,0	11,3	14,3	5,5	..	2,3	..	57,6	65,7	−3,0	..
94	Mauricio	18,4	18,2	3,6	5,5	22,7	19,1	4,6	4,2	0,8	1,5	55,9	60,0	−10,3	−1,4
95	Gabón	23,6	..	1,7	..	..	..	..	..	..	..	..	..	6,1	..
96	Brasil	17,8	18,6	7,3	4,9	18,6	39,0	2,2	..	..	..	43,5	34,5	−2,2	..
97	Trinidad y Tabago	35,7	..	1,6	..	18,4	..	12,0	..	..	..	..	..	7,2	..
98	República Checa	..	37,5	..	13,0	..	36,9	..	5,1	..	5,7	..	65,7	..	0,5
99	Malasia	23,4	20,6	4,4	6,6	19,2	18,1	9,9	5,1	14,8	12,7	45,3	48,0	−6,0	0,8
100	Hungría	44,9	..	20,5	..	48,7	..	7,5	..	4,4	..	31,0	..	−2,8	..
101	Chile	25,6	17,8	11,4	9,7	25,3	16,2	2,7	3,3	12,4	8,8	65,3	77,9	5,4	1,6
102	Omán	10,7	8,5	0,2	0,4	30,3	36,0	8,2	6,9	51,2	36,5	9,7	26,3	0,4	−11,2
103	Uruguay	21,0	27,6	9,6	9,6	20,1	29,2	1,7	2,6	13,4	7,3	67,6	79,8	0,0	−2,8
104	Arabia Saudita	..	..	..	..	..	..	..	..	..	..	..	..	..	..
105	Argentina	10,4	..	2,6	..	18,2	..	2,7	..	14,3	..	28,6	..	−2,6	0,0
106	Eslovenia	..	..	..	..	..	..	..	..	..	..	..	..	..	..
107	Grecia	27,4	26,0	9,7	17,8	31,1	38,8	5,5	4,4	12,6	8,9	58,8	34,1	−5,0	−15,7
	De ingreso bajo y mediano África al sur del Sahara Asia oriental y el Pacífico Asia meridional Europa y Asia central Oriente Medio y Norte de África América Latina y el Caribe
	**Países de ingreso alto**
108	República de Corea	15,3	17,7	8,0	6,5	14,6	14,2	2,4	3,6	34,3	18,1	30,0	42,1	−2,2	−0,2
109	Portugal	24,3	30,9	8,8	12,8	28,9	37,7	4,4	..	7,4	..	55,9	..	−8,5	..
110	España	22,2	28,7	3,1	6,5	23,8	36,8	3,0	2,6	4,3	6,8	77,4	54,0	−4,2	0,0
111	Nueva Zelandia	30,6	34,4	6,1	10,8	35,7	35,0	2,4	1,2	5,1	3,6	63,8	70,1	−6,7	0,1
112	Irlanda	30,9	35,1	10,4	11,4	40,4	39,3	4,6	3,2	3,4	3,0	57,7	61,6	−12,5	−0,2
113	†Israel	43,3	33,4	12,4	13,0	67,2	40,9	2,8	4,3	39,8	19,4	29,0	57,5	−15,6	−2,9
114	†Kuwait	2,7	1,2	0,2	0,0	18,9	44,1	8,9	7,3	12,2	25,5	39,1	44,2	58,7	..
115	†Emiratos Árabes Unidos	0,0	0,0	0,0	0,6	11,2	11,3	0,9	0,5	47,5	37,1	24,0	29,2	2,1	0,2
116	Reino Unido	30,6	33,5	9,8	11,8	36,4	39,6	1,8	4,4	13,8	..	48,2	54,5	−4,6	0,1
117	Australia	19,6	22,3	5,1	5,2	21,1	26,6	1,5	2,5	9,4	16,8	50,1	58,0	−1,5	−0,1
118	Italia	29,1	38,4	7,7	11,2	37,6	48,0	2,2	1,9	3,4	..	55,3	..	−10,7	−10,5
119	Canadá	16,2	..	3,1	..	21,0	..	0,3	..	7,7	10,8	46,1	..	−3,5	..
120	Finlandia	25,1	29,3	13,3	14,2	25,2	42,0	3,0	1,7	5,6	3,9	59,7	63,5	−2,2	−13,4
121	†Hong Kong	..	..	..	..	..	..	..	..	..	..	..	..	..	..
122	Suecia	30,1	32,8	10,2	11,2	37,5	43,6	1,8	1,4	7,7	5,6	67,0	64,6	−8,1	−6,9
123	Países Bajos	44,2	42,9	10,3	10,5	48,2	48,3	4,6	2,5	5,6	3,9	70,5	68,7	−4,6	−4,9
124	Bélgica	41,7	43,7	10,5	11,4	46,6	47,9	4,3	5,5	5,7	7,0	67,0	7,2	−8,2	−0,5
125	Francia	36,7	38,1	12,2	11,5	37,4	44,4	2,1	2,4	7,4	..	74,1	72,5	−0,1	−5,5
126	†Singapur	17,5	17,2	4,0	4,6	15,6	10,7	4,5	4,2	25,2	37,4	37,5	48,5	2,1	0,0
127	Austria	32,0	32,9	8,8	9,1	34,0	37,5	3,4	2,9	3,0	3,7	78,8	77,8	−3,4	−0,1
128	Estados Unidos	18,5	19,0	0,9	0,8	20,7	22,1	1,4	0,8	21,2	18,1	54,2	55,0	−2,8	−2,3
129	Alemania	..	30,0	..	7,3	..	32,2	..	1,7	9,1	..	74,9	..	..	−2,5
130	Dinamarca	31,3	35,4	16,7	16,5	36,7	42,0	2,7	1,5	6,5	4,0	61,2	56,9	−2,7	−2,0
131	Noruega	33,9	31,6	14,8	15,4	33,4	39,1	1,2	..	7,7	..	55,9	51,1	−1,7	..
132	Japón	11,0	17,6	2,4	3,0	14,8	..	3,6	..	..	4,1	..	..	−7,0	0,0
133	Suiza	18,3	21,5	3,8	3,4	18,9	25,9	1,4	1,2	10,2	15,2	69,0	75,2	−0,2	0,1
	**Todo el mundo**

a. Los datos se refieren a los ingresos corrientes. b. Incluye los préstamos menos las sumas reembolsadas. c. Incluye las donaciones. d. Los datos se refieren a educación, salud, seguridad social, bienestar social, vivienda y servicios comunitarios. e. Incluye a Eritrea.

Cuadro 15. Exportaciones e importaciones de mercancías

		Exportaciones			Importaciones					Tasa media de crecimiento anual (%)			
		Total (millones de $)		Manufacturas (% del total)	Total (millones de $)		Alimentos (% del total)		Combustibles (% del total)		Volumen de exportaciones		Volumen de importaciones	
		1980	1995	1980	1993	1980	1995	1980	1993	1980	1993	1980–90	1990–95	1980–90	1990–95
	Países de ingreso bajo	84.204 t	245.456 t			97.748 t	251.806 t					5,3 p	8,3 p	1,6 p	13,0 p
	Excluidos China e India	58.817 t	64.769 t			65.465 t	86.058 t					1,4 p	2,7 p	–4,2 p	5,0 p
1	Mozambique	281	169	2	20	800	784	..	..	..	..	–10,5	–0,3	–1,0	2,9
2	Etiopía[a]	425	423	0	4	717	1.033	8	6	25	11	1,2	–9,4	3,3	–3,3
3	Tanzanía	511	639	14	..	1.250	1.619	13	..	21	..	–1,8	10,0	–3,3	12,7
4	Burundi	65	106	3	30	168	234	..	..	..	..	7,4	–4,8	1,4	–14,6
5	Malawi	295	325	7	6	439	491	8	..	15	..	0,1	–1,8	1,3	–1,6
6	Chad	71	156	8	..	74	220	..	..	..	..	5,4	–10,0	10,5	–12,1
7	Rwanda	72	45	0	..	243	235	12	..	13	..	5,6	–19,6	1,3	–1,9
8	Sierra Leona	224	42	40	27	427	135	24	..	2	..	–2,1	–4,3	–9,9	–1,1
9	Nepal	80	348	31	84	342	1.374	4	..	18	..	7,8	22,1	4,9	6,8
10	Níger	566	225	2	..	594	309	14	..	26	..	–6,4	–2,0	–4,5	2,5
11	Burkina Faso	161	274	..	..	359	549	..	..	..	..	5,4	1,3	2,1	8,3
12	Madagascar	401	364	6	20	600	499	9	11	15	12	–0,1	–6,8	–4,6	–5,6
13	Bangladesh	793	3.173	69	81	2.600	6.496	24	15	10	14	7,5	12,7	1,8	5,3
14	Uganda	345	461	3	1	293	1.058	8	..	30	..	–1,4	3,9	–0,6	28,7
15	Viet Nam	339	5.026	..	..	1.310	7.272	..	..	..	..	..	..	..	..
16	Guinea-Bissau	11	23	..	..	55	70	20	6	..	..	–5,1	–18,3	1,3	–5,4
17	Haití	226	110	..	..	375	653	24	13	..	..	–2,9	–11,2	–4,4	–6,8
18	Malí	205	326	9	..	439	529	19	..	35	..	2,6	–3,7	1,2	–3,4
19	Nigeria	26.000	11.670	0	3	16.700	7.900	17	..	2	..	–2,4	–1,9	–17,5	7,6
20	Yemen, República del	..	1.937	51	..	..	1.962	28	..	7	..	1,5	7,2	–5,9	11,1
21	Camboya	..	855	..	..	..	1.213	..	..	..	..	..	..	..	..
22	Kenya	1.250	1.878	12	18	2.120	2.949	8	8	34	33	2,6	16,6	1,1	–5,6
23	Mongolia	..	324	..	..	..	223	..	..	..	..	..	..	..	..
24	Togo	338	209	11	6	551	386	17	23	23	10	4,9	9,0	1,1	–11,2
25	Gambia	31	16	9	37	165	140	23	..	11	..	2,3	26,9	1,0	9,0
26	República Centroafricana	116	187	29	..	81	174	21	..	2	..	2,5	3,5	6,0	–3,3
27	India	8.590	30.764	59	75	14.900	34.522	9	4	45	30	6,3	7,0	4,5	2,7
28	República Dem. Pop. Lao	31	348	8	..	29	587	..	..	..	..	..	..	..	..
29	Benin	63	163	8	..	331	493	26	..	8	..	7,7	–0,3	–6,3	29,4
30	Nicaragua	451	520	14	7	887	962	15	23	20	15	–4,4	–8,7	–4,1	7,3
31	Ghana	1.260	1.227	1	23	1.130	1.580	10	..	27	..	3,9	9,1	1,6	12,8
32	Zambia	1.300	781	..	..	1.340	1.258	5	..	22	..	–3,5	26,9	–5,0	–6,2
33	Angola	1.880	3.508	13	..	1.330	1.748	24	..	1	..	11,3	4,2	–3,4	–4,1
34	Georgia	..	347	..	..	..	687	..	..	..	..	..	..	..	..
35	Pakistán	2.620	7.992	49	85	5.350	11.461	13	14	27	17	9,5	8,8	2,1	10,3
36	Mauritania	194	404	2	1	286	700	30	..	14	..	7,8	3,5	1,1	4,4
37	Azerbaiyán	..	612	..	..	..	955	..	..	..	..	..	..	..	..
38	Zimbabwe	1.415	1.885	38	37	1.448	2.241	3	18	1	12	2,2	–6,6	–2,2	–5,1
39	Guinea	401	583	..	..	270	690	..	..	..	..	–3,6	–8,6	–2,9	–2,8
40	Honduras	830	1.061	13	13	1.010	1.219	10	11	16	13	1,3	10,7	–1,0	7,0
41	Senegal	477	340	15	21	1.050	704	25	29	25	11	2,6	3,6	1,0	6,1
42	China*	18.100	148.797	48	81	19.900	129.113	..	3	..	6	11,4	14,3	10,0	24,8
43	Camerún	1.380	2.331	4	13	1.600	1.241	9	16	12	3	4,5	–1,7	–1,4	–11,2
44	Côte d'Ivoire	3.130	3.939	..	17	2.970	2.808	13	..	16	..	3,3	–7,5	–4,0	5,4
45	Albania	367	205	..	..	354	679	..	..	..	..	..	..	..	..
46	Congo	911	952	7	..	580	670	19	..	14	..	5,5	9,7	–2,0	2,5
47	República Kirguisa	..	409	..	..	..	610	..	..	..	..	..	..	..	..
48	Sri Lanka	1.070	3.798	16	73	2.040	5.185	20	16	24	9	6,3	17,0	2,0	15,0
49	Armenia	..	271	..	..	..	674	..	..	..	..	..	..	..	..
	Países de ingreso mediano	586.567 t	893.331 t			455.925 t	987.309 t					2,6 p	6,9 p	–0,2 p	11,0 p
	De ingreso mediano bajo	..	..			..	..					..	..	..	..
50	Lesotho	58	143	..	..	464	821	..	..	..	..	..	..	..	..
51	Egipto, República Árabe de	3.050	3.435	11	33	4.860	11.739	32	24	1	2	–0,2	–0,1	–0,7	–2,9
52	Bolivia	942	1.101	3	19	665	1.424	19	9	1	5	1,7	–5,4	–2,8	18,9
53	Macedonia, ERY de	..	1.244	..	..	..	1.420	..	..	..	..	..	..	..	..
54	Moldova	..	746	..	..	..	841	..	..	..	..	..	..	..	..
55	Uzbekistán	..	3.805	..	..	..	3.598	..	..	..	..	..	..	..	..
56	Indonesia	21.900	45.417	2	53	10.800	40.918	13	7	16	8	5,3	21,3	1,2	9,1
57	Filipinas	5.740	17.502	37	76	8.300	28.337	8	8	28	12	2,9	10,2	2,4	15,2
58	Marruecos	2.490	4.802	24	57	4.160	8.563	20	17	24	14	4,2	0,8	2,9	1,7
59	República Árabe Siria	2.110	3.970	6	9	4.120	4.616	14	19	26	4	6,4	–3,2	–9,3	22,3
60	Papua Nueva Guinea	1.030	2.644	3	12	1.180	1.451	21	..	15	..	4,5	19,3	–0,2	2,1
61	Bulgaria	10.400	5.100	..	..	9.650	5.015	..	8	..	36	..	..	..	..
62	Kazakstán	..	5.197	..	..	..	5.692	..	..	..	..	..	..	..	..
63	Guatemala	1.520	2.156	24	30	1.600	3.293	8	11	24	14	–1,3	8,2	–0,6	19,3
64	Ecuador	2.480	4.307	3	7	2.250	4.193	8	5	1	2	3,0	8,9	–3,9	10,0
65	República Dominicana	962	765	24	52	1.640	2.976	17	..	25	..	–1,0	–10,2	2,6	8,9
66	Rumania	11.200	7.548	..	77	12.800	9.424	..	14	..	26	–6,8	–4,7	–0,9	–5,3
67	Jamaica	963	1.414	63	65	1.100	2.757	20	14	38	19	1,2	1,3	3,1	7,0
68	Jordania	574	1.769	34	51	2.400	3.698	18	20	17	13	7,4	7,1	–3,1	13,0
69	Argelia	13.900	8.594	0	3	10.600	9.570	21	29	3	1	2,5	–0,8	–5,1	–5,7
70	El Salvador	967	998	35	48	966	2.853	18	15	18	14	–2,8	13,0	1,3	16,2
71	Ucrania	..	13.647	..	..	..	15.945	..	..	..	..	..	..	..	..
72	Paraguay	310	817	12	17	615	2.370	..	11	..	12	9,9	–1,9	3,2	7,3
*	Los datos de Taiwán (China) son:	19.800	111.585	88	93	19.700	103.698	8	6	25	8	11,6	5,9	12,8	14,1

Nota: Respecto de la comparabilidad y cobertura de los datos, véanse las Notas técnicas. Las cifras que aparecen en bastardilla corresponden a años distintos de los indicados.

INDICADORES SELECCIONADOS DEL DESARROLLO MUNDIAL   267

		\multicolumn{4}{c}{Exportaciones}	\multicolumn{6}{c}{Importaciones}	\multicolumn{4}{c}{Tasa media de crecimiento anual (%)}
		\multicolumn{2}{c}{Total (millones de $)}	\multicolumn{2}{c}{Manufacturas (% del total)}	\multicolumn{2}{c}{Total (millones de $)}	\multicolumn{2}{c}{Alimentos (% del total)}	\multicolumn{2}{c}{Combustibles (% del total)}	\multicolumn{2}{c}{Volumen de exportaciones}	\multicolumn{2}{c}{Volumen de importaciones}
		1980	1995	1980	1993	1980	1995	1980	1993	1980	1993	1980–90	1990–95	1980–90	1990–95
73	Túnez	2.200	5.475	36	75	3.540	7.903	14	8	21	8	6,2	7,7	1,3	6,4
74	Lituania	..	2.707	..	64	..	3.083	..	11	..	45	..	..	..	..
75	Colombia	3.920	9.764	20	40	4.740	13.853	12	8	12	4	9,7	4,8	–1,9	22,3
76	Namibia	..	1.353	..	..	..	1.196	..	..	..	..	..	..	..	..
77	Belarús	..	4.621	..	..	..	5.149	..	..	..	..	..	..	..	..
78	Federación de Rusia	..	81.500	..	..	..	58.900	..	..	..	..	..	..	..	..
79	Letonia	..	1.305	..	..	..	1.818	..	..	..	..	..	..	..	..
80	Perú	3.900	5.575	18	17	2.500	9.224	20	20	2	8	–1,9	11,0	–1,0	12,1
81	Costa Rica	1.000	2.611	34	33	1.540	3.253	9	8	15	9	4,9	10,1	2,8	15,1
82	Líbano	868	982	65	..	3.650	6.721	16	..	15	..	–1,2	–7,8	–7,4	23,5
83	Tailandia	6.510	56.459	28	73	9.210	70.776	5	5	30	8	14,3	21,6	12,1	12,7
84	Panamá	358	625	9	16	1.450	2.511	10	10	31	13	2,6	23,3	–4,1	14,3
85	Turquía	2.910	21.600	27	72	7.910	35.710	4	6	48	14	12,0	8,8	11,3	11,2
86	Polonia	14.200	22.892	71	60	16.700	29.050	14	12	18	17	4,8	3,9	1,5	26,4
87	Estonia	..	1.847	..	..	..	2.539	..	..	..	..	..	..	..	..
88	República Eslovaca	..	8.585	..	..	..	9.070	..	..	..	..	..	..	..	..
89	Botswana	502	2.130	..	..	692	1.907	..	..	..	..	11,4	–0,8	7,7	–5,6
90	Venezuela	19.221	18.457	2	14	11.827	11.968	15	11	2	1	1,6	–0,1	–6,1	19,3
	De ingreso mediano alto	246.329 t	372.898 t			161.848 t	379.450 t					1,7 p	7,3 p	–0,6 p	12,6 p
91	Sudáfrica	25.500	27.860	39	74	19.600	30.555	3	5	0	1	0,9	2,8	–0,8	5,3
92	Croacia	..	4.633	..	71	..	7.582	..	9	..	10	..	..	..	..
93	México	15.600	79.543	12	75	19.500	72.500	16	8	2	2	12,2	14,7	5,7	18,7
94	Mauricio	431	1.537	27	67	609	1.959	26	13	14	9	8,6	2,0	11,0	2,5
95	Gabón	2.170	2.713	..	4	674	882	19	..	1	..	0,6	5,7	–2,0	2,0
96	Brasil	20.100	46.506	39	60	25.000	53.783	10	10	43	16	6,1	6,6	–1,5	8,5
97	Trinidad y Tabago	3.960	2.455	4	34	3.160	1.714	11	15	38	16	–4,3	4,9	–12,1	8,1
98	República Checa	..	21.654	..	..	..	26.523	..	..	..	..	..	..	..	..
99	Malasia	13.000	74.037	19	65	10.800	77.751	12	7	15	4	11,5	17,8	6,0	15,7
100	Hungría	8.670	12.540	66	68	9.220	15.073	8	6	16	13	3,0	–1,8	0,7	7,9
101	Chile	4.710	16.039	10	18	5.800	15.914	15	6	18	10	5,7	10,5	1,4	14,5
102	Omán	2.390	6.065	3	70	1.730	4.248	15	19	11	3	13,1	9,8	–1,6	18,5
103	Uruguay	1.060	2.106	38	43	1.680	2.867	8	8	29	9	2,9	–3,1	–2,0	21,7
104	Arabia Saudita	109.000	46.624	1	9	30.200	27.458	14	..	1	..	–8,2	4,0	–8,4	5,9
105	Argentina	8.020	20.967	23	32	10.500	20.122	6	5	10	2	3,1	–1,0	–8,6	45,8
106	Eslovenia	..	8.286	..	86	..	9.452	..	8	..	11	..	..	..	..
107	Grecia	5.150	9.384	47	48	10.500	21.466	9	6	23	25	5,1	11,9	5,8	12,8
	De ingreso bajo y mediano	660.833 t	1.152.249 t			547.417 t	1.233.749 t					3,0 p	7,2 p	0,2 p	11,4 p
	África al sur del Sahara	77.237 t	72.847 t			66.593 t	77.574 t					0,9 p	0,9 p	–3,8 p	1,9 p
	Asia oriental y el Pacífico	69.623 t	359.102 t			65.139 t	368.683 t					9,3 p	17,8 p	7,1 p	17,0 p
	Asia meridional	13.848 t	46.455 t			25.863 t	60.512 t					6,6 p	8,6 p	3,5 p	5,3 p
	Europa y Asia central	..	..			..	..					..	..	..	..
	Oriente Medio y Norte de África	203.379 t	106.441 t			103.850 t	110.841 t					–2,0 p	1,1 p	–5,8 p	5,9 p
	América Latina y el Caribe	98.589 t	221.210 t			107.971 t	237.576 t					5,2 p	6,6 p	–0,5 p	15,1 p
	Países de ingreso alto	1.393.926 t	3.997.288 t			1.503.743 t	4.037.671 t					5,2 p	5,4 p	6,2 p	4,6 p
108	República de Corea	17.500	125.058	90	93	22.300	135.119	10	6	30	18	13,7	7,4	11,2	7,7
109	Portugal	4.640	22.621	72	78	9.310	32.339	14	19	24	24	12,2	0,5	9,8	2,4
110	España	20.700	91.716	72	78	34.100	115.019	13	14	39	11	6,9	11,2	10,1	5,3
111	Nueva Zelandia	5.420	13.738	20	27	5.470	13.958	6	8	23	7	3,6	5,4	4,6	5,5
112	Irlanda	8.400	44.191	58	75	11.200	32.568	12	10	15	5	9,3	11,4	4,7	5,6
113	†Israel	5.540	19.046	82	91	9.780	29.579	11	7	27	7	5,9	10,0	4,6	12,3
114	†Kuwait	19.700	12.977	10	88	6.530	7.784	15	13	1	1	–2,0	42,3	–6,3	23,0
115	†Emiratos Árabes Unidos	20.700	25.650	3	..	8.750	21.024	11	..	11	..	6,1	6,3	–1,3	21,0
116	Reino Unido	110.000	242.042	74	82	116.000	263.719	13	11	14	5	4,4	1,8	6,3	0,9
117	Australia	21.900	52.692	20	35	22.400	61.280	5	5	14	6	5,8	8,1	4,9	5,1
118	Italia	78.100	231.336	85	89	101.000	204.062	13	13	28	10	4,3	6,0	5,3	–1,7
119	Canadá	67.700	192.198	49	66	62.500	168.426	8	6	12	4	5,7	8,4	6,2	6,3
120	Finlandia	14.200	39.573	70	83	15.600	28.114	7	7	29	13	2,3	8,7	4,4	–1,9
121	†Hong Kong	19.800	173.754	92	95	22.400	192.774	12	6	6	2	15,4	15,3	11,0	15,8
122	Suecia	30.900	79.908	79	85	33.400	64.438	7	8	24	9	4,6	7,4	4,9	5,0
123	Países Bajos	74.000	195.912	51	63	76.600	176.420	15	15	24	9	4,5	5,8	4,6	4,3
124	Bélgica[b]	64.500	136.864	..	..	71.900	125.297	..	..	..	..	4,4	4,2	4,0	0,3
125	Francia	116.000	286.738	74	78	135.000	275.275	10	11	27	9	4,1	2,3	5,0	0,8
126	†Singapur	19.400	118.268	50	80	24.000	124.507	9	6	29	11	12,2	16,2	8,6	12,1
127	Austria	17.500	45.200	83	89	24.400	55.300	6	5	16	5	6,4	3,9	5,8	1,9
128	Estados Unidos	226.000	584.743	68	82	257.000	770.852	8	5	33	10	3,6	5,6	7,2	7,4
129	Alemania[c]	193.000	523.743	86	90	188.000	464.062	12	10	23	8	4,6	2,2	4,9	2,9
130	Dinamarca	16.700	49.036	56	66	19.300	43.223	12	13	22	6	4,4	5,4	3,6	3,4
131	Noruega	18.600	41.746	32	31	16.900	32.702	8	7	17	3	6,8	6,5	4,2	0,7
132	Japón	130.000	443.116	96	97	141.000	335.882	12	18	50	21	5,0	0,4	6,5	4,0
133	Suiza	29.600	77.649	91	94	36.300	76.985	8	7	11	4	6,0	3,3	4,9	–6,7
	Todo el mundo	2.003.797 t	5.144.770 t			2.027.078 t	5.246.326 t					4,7 p	6,0 p	4,9 p	5,8 p

a. Los datos anteriores a 1992 incluyen a Eritrea. b. Incluye a Luxemburgo. c. Los datos anteriores a 1990 se refieren a la República Federal de Alemania antes de la unificación.

Cuadro 16. Balanza de pagos

| | | Exportaciones de bienes, servicios e ingresos (millones de $) || Importaciones de bienes, servicios e ingresos (millones de $) || Transferencias corrientes |||| Balanza en cuenta corriente (millones de $) || Reservas internacionales brutas (millones de $) ||
| | | ||||| Remesas netas de trabajadores (millones de $) || Otras transferencias netas (millones de $) |||||
		1980	1995	1980	1995	1980	1995	1980	1995	1980	1995	1980	1995
	Países de ingreso bajo													
	Excluidos China e India													
1	Mozambique	452	490	875	1.368	0	..	56	..	−367	..	..	..
2	Etiopía[a]	590	828	797	1.400	..	..	80	*532*	−126	−93	262	815
3	Tanzanía	762	1.253	1.412	2.236	0	0	128	354	−522	−629	20	270
4	Burundi	..	139	..	297	..	0	..	151	..	−6	105	216
5	Malawi	315	419	638	937	0	*0*	63	*124*	−260	−450	76	115
6	Chad	71	274	83	540	−4	−15	25	206	9	−38	12	147
7	Rwanda	182	91	335	338	−14	−7	118	*196*	−48	−129	187	126
8	Sierra Leona	276	137	494	374	−2	*0*	54	47	−165	−89	31	52
9	Nepal	239	1.110	368	1.592	..	..	36	108	−93	−375	272	646
10	Níger	644	291	1.016	496	−47	−41	143	*108*	−277	−126	132	99
11	Burkina Faso	225	356	596	652	100	*29*	223	*226*	−49	15	75	352
12	Madagascar	518	756	1.121	1.161	−30	−2	77	131	−556	−276	9	109
13	Bangladesh	976	4.292	2.622	6.747	..	..	802	1.426	−844	−1.029	331	2.376
14	Uganda	331	642	450	1.440	..	*0*	36	370	−83	−428	3	459
15	Viet Nam	..	7.368	..	9.865	..	..	..	477	−792	−2.021	0	3
16	Guinea-Bissau	17	24	83	95	−14	−1	..	31	−80	−41	..	20
17	Haití	309	209	498	780	52	*0*	36	505	−101	−67	27	106
18	Malí	263	533	537	967	40	69	104	*162*	−130	−164	26	330
19	Nigeria	27.759	9.879	22.005	50.427	−410	2.567	−166	−1.894	5.178	−510	10.640	1.709
20	Yemen, República del	..	2.154	..	3.075	..	..	..	1.067	..	146	..	638
21	Camboya	..	979	..	1.442	..	10	..	267	..	−186	..	192
22	Kenya	2.061	2.974	3.095	3.874	0	−4	156	503	−878	−400	539	384
23	Mongolia	476	511	1.283	550	*0*	*0*	*0*	77	−808	39	..	158
24	Togo	570	520	752	655	1	5	85	25	−95	−57	85	135
25	Gambia	66	181	181	241	0	*0*	28	52	−87	−8	6	106
26	República Centroafricana	205	234	329	319	−19	−27	100	*91*	−43	−25	62	238
27	India	12.348	40.995	18.130	54.303	..	..	2.860	7.478	−2.922	−5.830	12.010	22.865
28	República Dem. Pop. Lao	..	453	..	673	..	*0*	..	−3	..	−224	..	99
29	Benin	241	489	428	769	75	65	76	84	−36	36	15	202
30	Nicaragua	514	655	1.049	1.436	0	75	124	0	−411	−706	75	142
31	Ghana	1.213	1.586	1.264	2.264	−4	12	84	264	30	−414	330	804
32	Zambia	1.625	1.500	1.987	1.691	−61	..	−93	..	−516	..	206	*192*
33	Angola	..	3.655	..	4.701	..	−83	..	249	..	−769	..	..
34	Georgia	..	..	..	..	..	..	..	..	..	..	..	..
35	Pakistán	3.011	8.403	6.042	12.758	..	..	1.895	*2.390*	−1.137	−1.965	1.568	2.528
36	Mauritania	270	533	493	636	−27	−20	117	76	−134	−27	146	90
37	Azerbaiyán	..	..	..	1.273	..	..	..	110	..	−379	..	84
38	Zimbabwe	1.714	2.372	1.895	2.836	8	−2	23	*41*	−149	−425	419	888
39	Guinea	..	714	..	1.090	..	−10	..	189	..	−197	..	87
40	Honduras	967	1.667	1.306	2.110	0	120	22	123	−317	−201	159	270
41	Senegal	830	1.501	1.337	1.898	−15	13	135	*375*	−387	*3*	25	283
42	China*	24.729	152.431	19.541	152.248	*538*	350	−52	1.085	5.674	1.618	10.091	80.288
43	Camerún	1.813	2.070	2.478	2.250	..	9	−17	9	−682	−171	206	15
44	Côte d'Ivoire	3.640	4.527	4.761	4.502	−716	−449	10	155	−1.826	−269	46	546
45	Albania	386	376	375	865	0	385	6	93	16	−12	..	265
46	Congo	1.029	1.252	1.195	1.825	−38	−27	37	29	−167	−570	93	64
47	República Kirguisa	..	340	..	490	..	..	..	43	..	−288	..	..
48	Sri Lanka	1.340	4.843	2.269	6.041	152	*715*	121	75	−657	−546	283	2.088
49	Armenia	..	301	..	741	..	12	..	148	..	−279	..	..
	Países de ingreso mediano													
	De ingreso mediano bajo													
50	Lesotho	363	663	482	1.021	0	*0*	175	*471*	56	*108*	50	457
51	Egipto, República Árabe de	6.516	11.337	9.745	17.353	2.696	3.417	95	5.060	−438	−956	2.480	17.122
52	Bolivia	1.046	1.283	1.112	1.794	0	−1	60	226	−6	−218	553	1.005
53	Macedonia, ERY de	..	1.321	..	2.184	..	..	..	..	..	..	..	275
54	Moldova	..	865	..	999	..	..	..	40	..	−95	..	240
55	Uzbekistán	..	3.746	..	3.253	..	..	..	..	..	−8	..	..
56	Indonesia	24.878	52.505	25.694	60.367	0	629	250	210	−566	−7.023	6.803	14.908
57	Filipinas	7.997	32.862	10.348	35.722	202	296	232	584	−1.917	−1.980	3.978	7.757
58	Marruecos	3.270	9.118	5.807	12.900	989	1.890	141	371	−1.407	−1.521	814	3.874
59	República Árabe Siria	2.568	5.929	4.610	6.406	774	385	1.520	532	251	440	828	..
60	Papua Nueva Guinea	1.089	3.014	1.561	2.415	0	0	184	75	−289	674	458	267
61	Bulgaria	9.443	6.680	8.547	6.478	0	0	58	132	954	334	..	..
62	Kazakstán	..	5.296	..	5.874	..	..	..	59	..	−519	..	1.660
63	Guatemala	1.834	2.868	2.107	3.933	0	350	110	144	−163	−572	753	783
64	Ecuador	2.975	5.298	3.647	6.351	0	0	30	231	−642	−822	1.257	1.788
65	República Dominicana	1.313	5.106	2.237	6.100	183	795	21	−266	−720	−125	279	373
66	Rumania	12.160	9.094	14.580	10.799	0	3	0	360	−2.420	−1.342	2.511	2.624
67	Jamaica	1.422	3.327	1.678	4.107	51	414	70	121	−136	−245	105	681
68	Jordania	1.782	3.606	3.318	5.200	..	..	594	1.118	−942	−476	1.745	2.279
69	Argelia	14.500	10.954	14.552	12.512	241	..	60	168	249	−2.310	7.064	4.164
70	El Salvador	1.271	2.103	1.289	3.562	11	1.061	41	328	34	−70	382	940
71	Ucrania	..	17.337	..	18.961	..	..	..	472	..	−1.152	..	1.069
72	Paraguay	781	..	1.399	4.173	2	..	−2	42	−618	−1.473	783	1.040
*	Los datos de Taiwán (China) son:	22.627	134.484	23.445	126.626	..	..	−95	−2.202	−913	5.656	4.055	95.559

Nota: Respecto de la comparabilidad y cobertura de los datos, véanse las Notas técnicas. Las cifras que aparecen en bastardilla corresponden a años distintos de los indicados.

INDICADORES SELECCIONADOS DEL DESARROLLO MUNDIAL

| | | Exportaciones de bienes, servicios e ingresos (millones de $) || Importaciones de bienes, servicios e ingresos (millones de $) || Transferencias corrientes |||| Balanza en cuenta corriente (millones de $) || Reservas internacionales brutas (millones de $) ||
| | | | | | | Remesas netas de trabajadores (millones de $) || Otras transferencias netas (millones de $) || | | | |
		1980	1995	1980	1995	1980	1995	1980	1995	1980	1995	1980	1995
73	Túnez	3.356	8.098	4.119	9.646	304	659	106	152	−353	−737	700	1.689
74	Lituania	..	3.242	..	3.966	..	1	..	109	..	−614	..	829
75	Colombia	5.860	14.794	6.231	19.588	68	172	97	506	−206	−4.116	6.474	8.205
76	Namibia	..	1.899	..	2.082	..	4	..	230	..	50	..	225
77	Belarús	..	2.773	..	3.209	..	..	..	182	..	−254	..	377
78	Federación de Rusia	..	95.100	..	85.800	..	..	..	304	..	9.604	..	18.024
79	Letonia	..	2.151	..	2.246	..	..	..	68	..	−27	..	602
80	Perú	4.832	7.382	5.080	12.097	0	334	147	157	−101	−4.223	2.804	8.653
81	Costa Rica	1.219	3.945	1.897	4.241	0	0	15	154	−664	−143	197	1.060
82	Líbano	..	1.512	..	6.953	..	..	..	350	..	−5.092	7.025	8.100
83	Tailandia	8.575	74.093	10.861	88.134	0	0	210	487	−2.076	−13.554	3.026	36.939
84	Panamá	7.853	9.542	8.225	9.584	−36	−7	76	210	−331	−141	117	782
85	Turquía	3.672	38.069	9.251	44.904	2.071	3.327	100	1.169	−3.408	−2.339	3.298	13.891
86	Polonia	16.200	33.169	20.338	36.929	0	35	721	−520	−3.417	−4.245	574	14.957
87	Estonia	..	2.801	..	3.112	..	−1	..	127	..	−184	..	583
88	República Eslovaca	..	11.185	..	10.629	..	0	..	93	..	648	..	3.863
89	Botswana	748	2.908	954	2.539	−17	−157	72	129	−151	342	344	4.764
90	Venezuela	22.232	22.406	17.065	20.262	−418	−173	−21	284	4.728	2.255	13.360	10.715
De ingreso mediano alto													
91	Sudáfrica	29.258	33.471	25.989	36.994	0	0	239	23	3.508	−3.500	7.888	4.464
92	Croacia	..	7.375	..	9.733	..	..	..	646	..	−1.712	..	2.036
93	México	23.987	93.529	35.243	98.145	687	3.672	147	290	−10.422	−654	4.175	17.046
94	Mauricio	579	2.402	718	2.525	0	0	22	101	−117	−22	113	887
95	Gabón	2.434	2.793	1.926	2.415	−143	−152	19	0	384	378	115	153
96	Brasil	23.275	56.098	36.250	77.855	−80	2.773	224	848	−12.831	−18.136	6.875	51.477
97	Trinidad y Tabago	3.371	2.875	2.972	2.577	1	30	−43	−35	357	294	2.813	379
98	República Checa	..	29.399	..	31.345	..	0	..	572	..	−1.374	..	14.613
99	Malasia	14.836	84.212	15.100	92.440	0	0	−2	163	−266	−4.147	5.755	24.699
100	Hungría	9.780	17.933	10.374	21.528	0	−14	63	1.073	−531	−2.535	..	12.095
101	Chile	6.276	20.014	8.360	20.214	0	0	113	357	−1.971	157	4.128	14.860
102	Omán	3.852	6.403	2.650	5.671	−362	−1.740	102	29	942	−979	704	1.251
103	Uruguay	1.594	3.679	2.312	4.069	0	0	9	32	−709	−358	2.401	1.813
104	Arabia Saudita	114.208	55.091	62.710	45.583	−4.094	−16.616	−5.901	−1.000	41.503	−8.108	26.129	10.399
105	Argentina	11.202	28.052	15.999	30.874	0	0	23	432	−4.774	−2.390	9.297	15.979
106	Eslovenia	..	10.731	..	10.812	..	53	..	−8	..	−37	..	1.821
107	Grecia	8.374	16.835	11.670	27.707	1.066	2.982	21	5.026	−2.209	−2.864	3.607	16.119
De ingreso bajo y mediano													
África al sur del Sahara													
Asia oriental y el Pacífico													
Asia meridional													
Europa y Asia central													
Oriente Medio y Norte de África													
América Latina y el Caribe													
Países de ingreso alto													
108	República de Corea	22.477	151.826	28.342	160.490	96	486	496	−73	−5.273	−8.251	3.101	32.804
109	Portugal	6.846	35.666	10.916	43.026	2.928	3.348	78	3.783	−1.064	−229	13.863	22.063
110	España	33.863	146.042	41.089	149.863	1.647	2.119	−1	2.983	−5.580	1.280	20.474	40.531
111	Nueva Zelandia	6.561	18.572	7.630	22.428	143	174	−47	−96	−973	−3.778	365	4.410
112	Irlanda	10.418	53.126	13.754	53.530	0	..	1.204	1.782	−2.132	1.379	3.071	8.770
113	†Israel	9.858	28.659	13.458	39.750	0	0	2.729	5.600	−871	−5.491	4.055	8.123
114	†Kuwait	27.344	19.276	10.463	13.232	−692	−1.347	−888	−499	15.302	4.198	5.425	4.543
115	†Emiratos Árabes Unidos	..	..	..	..	..	..	..	..	..	..	2.355	7.778
116	Reino Unido	201.137	458.728	189.683	452.359	0	..	−4.592	−11.001	6.862	−4.632	31.755	49.144
117	Australia	26.668	74.417	30.702	93.535	..	..	−416	−67	−4.774	−19.184	6.366	14.952
118	Italia	104.979	330.286	116.668	299.954	1.609	98	−507	−4.724	−10.587	25.706	62.428	60.690
119	Canadá	77.980	224.135	79.845	232.458	..	..	173	−370	−1.691	−8.693	15.462	16.369
120	Finlandia	17.332	50.798	18.620	44.813	0	..	−114	−343	−1.403	5.642	2.451	10.657
121	†Hong Kong	24.190	219.346	25.448	219.500	..	..	..	..	−1.258	..	..	..
122	Suecia	39.388	109.063	42.495	101.439	0	106	−1.224	−3.098	−4.331	4.633	6.996	25.909
123	Países Bajos	103.143	250.990	102.850	228.460	−320	−423	−828	−5.916	−855	16.191	37.549	47.162
124	Bélgica[b]	88.925	305.010	92.625	286.809	−270	−393	−961	−2.848	−4.931	14.960	27.974	24.120
125	Francia	174.149	498.203	174.156	475.234	−2.591	−1.364	−1.578	−5.162	−4.208	16.443	75.592	58.510
126	†Singapur	25.239	159.437	26.695	143.456	0	0	−106	−888	−1.563	15.093	6.567	68.695
127	Austria	29.152	106.474	32.951	110.085	−67	28	1	−1.531	−3.865	−5.113	17.725	23.369
128	Estados Unidos	344.470	969.220	333.820	1.082.260	−810	−12.230	−7.690	−22.960	2.150	−148.230	171.413	175.996
129	Alemania[c]	238.177	706.502	238.524	686.512	−4.437	−5.305	−8.422	−35.661	−13.205	−20.976	104.702	121.816
130	Dinamarca	23.176	92.772	24.891	90.398	0	0	−161	−961	−1.875	1.413	4.347	11.652
131	Noruega	28.252	50.837	26.658	45.573	−23	−236	−493	−1.384	1.079	3.645	6.746	22.976
132	Japón	158.230	687.136	167.450	568.143	0	..	−1.530	−7.747	−10.750	111.246	38.919	192.620
133	Suiza	59.462	154.840	58.524	129.113	−603	−2.519	−537	−1.586	−201	21.622	64.748	68.620
Todo el mundo													

a. Los datos anteriores a 1992 incluyen a Eritrea. b. Incluye a Luxemburgo. c. Los datos anteriores a 1990 se refieren a la República Federal de Alemania antes de la unificación.

Cuadro 17. Deuda externa

		Deuda externa total (millones de $)		Deuda externa como porcentaje de				Servicio de la deuda como porcentaje de las exportaciones de bienes y servicios		Relación valor actual-valor nominal de la deuda (%)	Deuda multilateral como porcentaje de la deuda externa total	
				PNB		Exportaciones de bienes y servicios						
		1980	1995	1980	1995	1980	1995	1980	1995	1995	1980	1995
	Países de ingreso bajo Excluidos China e India	106.209 t ..	534.794 t ..	16,3 p ..	38,7 p ..	96,8 p ..	183,9 p ..	9,6 p ..	15,4 p ..	..	17,2 p ..	25,5 p ..
1	Mozambique	..	5.781	..	443,6	..	1.192,5	..	35,3	76,6	..	22,7
2	Etiopía[a]	824	5.221	..	99,9	134,5	458,2	7,3	13,6	65,8	41,2	45,3
3	Tanzanía	2.460	7.333	..	207,4	323,0	585,2	21,1	17,4	73,5	23,0	39,1
4	Burundi	166	1.157	18,2	110,1	..	829,3	..	27,7	45,2	35,7	80,1
5	Malawi	821	2.140	72,1	166,8	260,8	499,6	27,7	25,9	47,6	26,7	78,8
6	Chad	285	908	39,5	81,4	399,6	339,0	8,4	5,9	48,7	26,1	73,0
7	Rwanda	190	1.008	16,3	89,1	103,5	657,3	4,1	..	47,6	47,8	80,4
8	Sierra Leona	435	1.226	38,3	159,7	157,7	1.163,5	23,2	60,3	62,6	14,2	34,3
9	Nepal	205	2.398	10,4	53,3	85,4	198,0	3,3	7,8	49,2	62,0	81,3
10	Níger	863	1.633	34,5	91,2	132,8	571,7	21,7	19,8	62,2	16,5	53,2
11	Burkina Faso	330	1.267	19,5	55,0	88,0	346,1	5,9	11,1	51,0	42,8	77,6
12	Madagascar	1.241	4.302	31,1	141,7	239,3	562,2	20,3	9,2	74,2	14,7	39,2
13	Bangladesh	4.230	16.370	32,6	56,3	360,4	298,2	23,7	13,3	55,9	30,2	59,7
14	Uganda	689	3.564	54,6	63,7	208,1	555,1	17,3	21,3	52,4	11,5	61,8
15	Viet Nam	..	26.495	..	130,2	..	396,0	..	5,2	88,0	..	1,2
16	Guinea-Bissau	145	894	137,8	353,7	..	1.874,3	..	66,9	65,1	20,1	56,1
17	Haití	302	807	20,9	39,8	72,8	386,8	6,2	45,2	49,1	43,8	75,7
18	Malí	732	3.066	45,4	131,9	227,3	467,1	5,1	12,6	58,9	23,7	45,2
19	Nigeria	8.921	35.005	10,1	140,5	32,1	274,5	4,1	12,3	94,1	6,4	14,1
20	Yemen, República del	1.684	6.212	..	155,2	..	192,1	..	3,2	82,2	14,9	20,6
21	Camboya	..	2.031	..	73,5	..	205,4	..	0,6	70,7	..	5,8
22	Kenya	3.383	7.381	48,1	97,7	164,1	248,2	21,0	25,7	74,1	18,6	39,5
23	Mongolia	..	512	..	61,5	..	100,2	..	9,1	64,2	..	33,2
24	Togo	1.052	1.486	95,9	121,2	181,3	464,5	9,0	5,7	61,7	11,3	48,4
25	Gambia	137	426	61,5	..	206,6	235,1	6,2	14,0	50,3	29,9	76,0
26	República Centroafricana	195	944	24,4	..	94,8	403,9	4,9	6,8	53,4	27,4	67,2
27	India	20.581	93.766	11,9	28,2	136,0	201,2	9,3	27,9	80,0	29,5	32,0
28	República Dem. Pop. Lao	350	2.165	..	124,9	..	478,3	..	5,8	34,3	5,9	28,7
29	Benin	424	1.646	30,2	81,8	133,1	285,6	6,3	8,4	55,9	24,5	52,3
30	Nicaragua	2.192	9.287	108,5	589,7	426,5	1.272,7	22,3	38,7	88,2	19,2	16,0
31	Ghana	1.398	5.874	31,6	95,1	115,2	366,5	13,1	23,1	64,3	19,9	50,8
32	Zambia	3.261	6.853	90,7	191,3	200,7	528,7	25,3	174,4	72,4	12,2	31,9
33	Angola	..	11.482	..	274,9	..	314,3	..	12,5	94,6	..	1,7
34	Georgia	..	1.189	..	51,6	..	..	..	..	85,9	..	19,7
35	Pakistán	9.930	30.152	42,4	49,5	208,7	257,9	18,3	*35,3*	77,6	15,4	40,5
36	Mauritania	843	2.467	125,5	243,3	306,1	458,5	17,3	21,5	68,3	14,8	36,8
37	Azerbaiyán	..	321	..	9,2	..	..	..	..	86,3	..	30,8
38	Zimbabwe	786	4.885	14,9	78,9	45,6	..	3,8	25,6	82,2	0,4	33,1
39	Guinea	1.134	3.242	..	91,2	..	453,4	..	25,3	64,9	11,5	45,2
40	Honduras	1.473	4.567	60,6	124,5	152,2	255,5	21,4	31,0	81,2	31,1	47,3
41	Senegal	1.473	3.845	50,5	82,3	162,7	224,3	28,7	18,7	65,3	17,8	48,4
42	China	4.504	118.090	2,2	17,2	..	77,3	..	9,9	91,4	0,0	13,8
43	Camerún	2.588	9.350	37,9	124,4	140,7	338,3	15,2	20,1	80,0	16,7	17,9
44	Côte d'Ivoire	7.462	18.952	77,1	251,7	205,0	418,6	38,7	23,1	87,6	7,0	20,6
45	Albania	..	709	..	31,6	..	93,2	..	1,0	101,6	..	15,6
46	Congo	1.526	6.032	99,0	365,8	148,2	481,8	10,6	14,4	88,8	7,7	11,7
47	República Kirguisa	..	610	..	20,2	..	..	..	4,8	73,9	..	29,9
48	Sri Lanka	1.841	8.230	46,1	64,4	123,4	140,3	12,0	7,3	67,7	11,7	34,7
49	Armenia	..	374	..	17,6	..	119,1	..	2,9	77,9	..	55,7
	Países de ingreso mediano De ingreso mediano bajo	509.503 t ..	1.530.883 t ..	22,4 p ..	39,9 p ..	84,6 p ..	142,6 p ..	13,6 p ..	17,4 p ..	..	5,6 p ..	10,4 p ..
50	Lesotho	72	659	11,4	44,6	19,8	108,8	1,5	6,0	58,4	56,0	69,6
51	Egipto, República Árabe de	19.131	34.116	89,2	73,3	207,7	208,1	13,4	14,6	75,8	13,7	12,4
52	Bolivia	2.702	5.266	93,4	90,6	258,4	410,1	35,0	28,9	74,0	16,5	48,9
53	Macedonia, ERY de	..	1.213	..	65,8	..	79,9	..	11,8	86,1	..	24,0
54	Moldova	..	691	..	17,8	..	79,9	..	8,0	90,0	..	31,3
55	Uzbekistán	..	1.630	..	7,5	..	35,3	..	6,0	91,7	..	15,1
56	Indonesia	20.938	107.831	28,0	56,9	..	202,9	..	30,9	95,7	8,8	18,6
57	Filipinas	17.417	39.445	53,7	51,5	212,4	121,7	26,6	16,0	95,8	7,5	21,5
58	Marruecos	9.247	22.147	50,7	71,0	213,9	200,9	33,4	32,1	90,0	7,8	30,8
59	República Árabe Siria	3.552	21.318	27,2	134,8	106,3	336,8	11,4	4,6	87,7	8,8	4,8
60	Papua Nueva Guinea	719	2.431	28,9	53,3	66,0	80,6	13,8	20,8	84,6	21,2	38,3
61	Bulgaria	..	10.887	..	92,3	..	163,0	..	18,8	94,6	..	16,8
62	Kazakstán	..	3.712	..	23,5	..	60,8	..	4,6	92,6	..	10,6
63	Guatemala	1.166	3.275	14,9	22,3	63,6	101,5	7,9	10,6	85,4	30,0	28,8
64	Ecuador	5.997	13.957	53,8	84,1	201,6	263,4	33,9	26,7	90,1	5,4	21,4
65	República Dominicana	2.002	4.259	31,2	36,5	133,8	128,5	25,3	7,8	90,5	10,2	24,0
66	Rumania	9.762	6.653	..	19,5	80,3	73,1	12,6	10,6	94,0	8,3	25,5
67	Jamaica	1.913	4.270	78,0	134,9	129,9	113,2	19,0	17,9	91,2	14,9	28,5
68	Jordania	1.971	7.944	..	126,2	79,0	163,8	8,4	12,6	85,9	8,0	14,9
69	Argelia	19.365	32.610	47,1	83,1	129,9	264,2	27,4	38,7	76,9	1,5	11,6
70	El Salvador	911	2.583	26,1	27,0	71,1	81,6	7,5	8,9	81,4	28,3	52,4
71	Ucrania	..	8.434	..	10,7	..	48,6	..	5,3	93,4	..	7,3
72	Paraguay	955	2.288	20,7	29,4	122,2	53,8	18,6	..	92,7	20,2	34,0

Nota: Respecto de la comparabilidad y cobertura de los datos, véanse las Notas técnicas. Las cifras que aparecen en bastardilla corresponden a años distintos de los indicados.

| | | Deuda externa total (millones de $) | | Deuda externa como porcentaje de | | | | Servicio de la deuda como porcentaje de las exportaciones de bienes y servicios | | Relación valor actual-valor nominal de la deuda (%) | Deuda multilateral como porcentaje de la deuda externa total | |
| | | | | PNB | | Exportaciones de bienes y servicios | | | | | | |
		1980	1995	1980	1995	1980	1995	1980	1995	1995	1980	1995
73	Túnez	3.527	9.938	41,6	57,3	96,0	113,2	14,8	17,0	89,8	12,3	37,2
74	Lituania	..	802	..	10,1	..	24,7	..	1,4	87,9	..	20,7
75	Colombia	6.941	20.760	20,9	28,2	117,1	138,7	16,0	25,2	95,8	19,5	25,6
76	Namibia	..	..	..	..	..	..	..	..	..	..	..
77	Belarús	..	1.648	..	7,9	..	33,3	..	..	80,7	..	11,4
78	Federación de Rusia	..	120.461	..	37,6	..	126,7	..	6,6	92,7	..	1,7
79	Letonia	..	462	..	7,6	..	21,5	..	1,6	93,1	..	30,3
80	Perú	9.386	30.831	47,6	54,1	194,2	399,5	44,5	15,3	96,5	5,5	12,1
81	Costa Rica	2.744	3.800	59,7	42,5	225,2	96,3	29,1	16,4	93,0	16,4	35,5
82	Líbano	510	2.966	..	25,5	..	152,7	..	13,1	97,2	15,2	6,7
83	Tailandia	8.297	56.789	25,9	34,9	96,8	76,6	18,9	10,2	101,2	12,0	5,6
84	Panamá	2.975	7.180	81,8	101,4	37,5	74,7	6,2	3,9	97,2	11,0	8,5
85	Turquía	19.131	73.592	27,4	44,1	333,1	177,8	28,0	27,7	91,3	11,2	12,2
86	Polonia	..	42.291	..	36,1	..	127,3	..	12,2	84,5	..	4,9
87	Estonia	..	309	..	6,7	..	11,0	..	0,8	92,6	..	42,2
88	República Eslovaca	..	5.827	..	33,5	..	52,1	..	9,7	93,2	..	16,3
89	Botswana	147	699	16,3	16,3	19,6	24,0	2,1	3,2	80,0	57,4	68,0
90	Venezuela	29.344	35.842	42,1	49,0	132,0	160,0	27,2	21,7	95,5	0,7	9,2
De ingreso mediano alto		..	..	..	..	..	..	..	..		..	..
91	Sudáfrica	..	..	..	..	..	..	..	..	..	..	..
92	Croacia	..	3.662	..	20,3	..	49,7	..	5,7	88,9	..	14,4
93	México	57.378	165.743	30,5	69,9	232,4	170,5	44,4	24,2	96,1	5,6	11,2
94	Mauricio	467	1.801	41,6	45,9	80,8	75,0	9,0	9,0	90,6	16,6	15,0
95	Gabón	1.514	4.492	39,2	121,6	62,2	160,3	17,7	15,8	79,8	2,7	14,8
96	Brasil	71.520	159.130	31,2	24,0	306,5	269,8	63,3	37,9	95,4	4,3	5,9
97	Trinidad y Tabago	829	2.556	14,0	53,6	24,6	87,9	6,8	14,8	97,4	8,6	20,7
98	República Checa	..	16.576	..	37,0	..	67,4	..	8,7	97,2	..	6,1
99	Malasia	6.611	34.352	28,0	42,6	44,6	40,8	6,3	7,8	90,5	11,3	4,8
100	Hungría	9.764	31.248	44,8	72,8	..	174,2	..	39,1	99,4	0,0	10,5
101	Chile	12.081	25.562	45,5	43,3	192,5	127,7	43,1	25,7	95,5	2,9	11,2
102	Omán	599	3.107	11,2	29,5	15,4	48,2	6,4	7,5	94,9	5,8	5,7
103	Uruguay	1.660	5.307	17,0	32,4	104,1	144,3	18,8	23,5	96,4	11,0	23,7
104	Arabia Saudita	..	..	..	..	..	..	..	..	..	..	..
105	Argentina	27.157	89.747	35,6	33,1	242,4	320,2	37,3	34,7	92,5	4,0	10,5
106	Eslovenia	..	3.489	..	18,7	..	33,3	..	6,7	96,5	..	15,4
107	Grecia	..	..	..	..	..	..	..	..		..	..
De ingreso bajo y mediano		615.711 t	2.065.676 t	21,0 p	39,6 p	86,5 p	151,4 p	13,0 p	17,0 p		7,6 p	14,3 p
África al sur del Sahara		84.119 t	226.483 t	30,6 p	81,3 p	91,7 p	241,7 p	9,8 p	14,5 p		9,0 p	24,3 p
Asia oriental y el Pacífico		64.600 t	404.458 t	17,3 p	32,9 p	81,8 p	98,3 p	11,5 p	12,8 p		8,4 p	13,3 p
Asia meridional		38.014 t	156.778 t	17,4 p	30,5 p	160,5 p	218,7 p	11,7 p	24,6 p		24,6 p	36,4 p
Europa y Asia central		87.919 t	425.319 t	9,9 p	39,9 p	47,1 p	130,7 p	7,4 p	13,8 p		5,4 p	7,9 p
Oriente Medio y Norte de África		83.793 t	216.046 t	18,3 p	37,3 p	41,1 p	133,4 p	5,7 p	14,9 p		6,7 p	10,6 p
América Latina y el Caribe		257.266 t	636.594 t	36,0 p	41,0 p	201,8 p	212,0 p	36,3 p	26,1 p		5,5 p	11,4 p
Países de ingreso alto												
108	República de Corea											
109	Portugal											
110	España											
111	Nueva Zelandia											
112	Irlanda											
113	† Israel											
114	† Kuwait											
115	† Emiratos Árabes Unidos											
116	Reino Unido											
117	Australia											
118	Italia											
119	Canadá											
120	Finlandia											
121	† Hong Kong											
122	Suecia											
123	Países Bajos											
124	Bélgica											
125	Francia											
126	† Singapur											
127	Austria											
128	Estados Unidos											
129	Alemania											
130	Dinamarca											
131	Noruega											
132	Japón											
133	Suiza											
Todo el mundo		..	..	..	..	..	..	..	..		..	..

a. Incluye a Eritrea.

Cuadro 1a. Indicadores básicos de otros países

		Población (miles) med. 1995	Superficie (miles de km²)	PNB per cápita[a] Dólares 1995	Tasa media de crecimiento anual (%) 1985–95	Estimaciones del PNB per capita según la PPA[b] Estados Unidos = 100 1987	Estimaciones del PNB per capita según la PPA[b] Estados Unidos = 100 1995	Dólares internacionales corrientes 1995	Pobreza: Porcentaje de personas que viven con menos de $1 al día (PPA) 1981–95	Esperanza de vida al nacer (años) 1995	Analfabetismo de adultos (%) 1995
1	Afganistán	23.481	652,09	c	..	..	..	..	..	44	69
2	Andorra	..	0,45	d	..	..	..	..	..	..	..
3	Antigua y Barbuda	65	0,44	e	..	..	..	..	..	75	..
4	Antillas Neerlandesas	200	0,80	d	..	..	..	..	..	77	..
5	Aruba	..	0,19	d	..	..	..	..	..	..	..
6	Bahamas	276	13,88	11.940	–0,8	68,8	54,5	14.710[f]	..	73	2
7	Bahrein	577	0,68	7.840	0,2	54,2	49,7	13.400[f]	..	72	15
8	Barbados	266	0,43	6.560	0,8	45,1	39,4	10.620[f]	..	..	3
9	Belice	216	22,96	2.630	3,9	17,0	20,0	5.400[f]	..	70	..
10	Bermuda	63	0,50	d	..	..	..	..	..	..	..
11	Bhután	695	47,00	420	4,9	4,5	4,7	1.260[f]	..	..	58
12	Bosnia y Herzegovina	4.383	51,13	c	..	..	..	..	..	..	..
13	Brunei	285	5,77	d	..	..	..	..	..	75	12
14	Cabo Verde	380	4,03	960	..	6,6	6,9	1.870[f]	..	65	28
15	Chipre	734	9,25	d	..	44,5	..	..	..	78	..
16	Comoras	499	2,23	470	–1,4	6,5	4,9	1.320[f]	..	56	43
17	Corea, Rep. Pop. Dem. de	23.867	120,54	g	..	..	..	..	..	70	..
18	Cuba	11.011	110,86	g	..	..	..	..	..	76	4
19	Djibouti	634	23,20	g	..	..	..	..	..	50	54
20	Dominica	73	0,75	2.990	4,1	..	..	..	..	73	..
21	Eritrea	3.574	124,80	c	..	..	..	..	..	48	..
22	Fiji	775	18,27	2.440	2,0	19,1	21,4	5.780[f]	..	72	8
23	Granada	91	0,34	2.980	..	..	..	..	..	..	..
24	Groenlandia	..	341,70	d	..	..	..	..	..	68	..
25	Grupo Norte de las Islas Marianas	..	0,48	d	..	..	..	..	..	..	..
26	Guadalupe	424	1,71	e	..	..	..	..	..	75	..
27	Guam	149	0,55	d	..	..	..	..	..	73	..
28	Guayana Francesa	..	90,00	d	..	..	..	..	..	..	..
29	Guinea Ecuatorial	400	28,05	380	..	..	..	..	..	49	..
30	Guyana	835	214,97	590	0,6	8,2	9,0	2.420[f]	..	66	2
31	Iran, Rep. Islámica del	64.120	1.648,00	g	–1,5	21,6	20,3	..	..	68	28
32	Iraq	20.097	438,32	g	..	..	..	..	..	66	42
33	Isla de Man	..	0,59	e	..	..	..	..	..	..	..
34	Islandia	268	103,00	24.950	1,0	88,1	75,8	20.460	..	79	..
35	Islas Anglonormandas	142	0,20	d	..	..	..	..	..	78	..
36	Islas Caimán	..	0,26	d	..	..	..	..	..	..	..
37	Islas Feroé	..	1,40	d	..	..	..	..	..	..	..
38	Islas Marshall	..	0,18	g	..	..	..	..	..	..	..
39	Islas Salomón	375	28,90	910	3,2	7,9	8,1	2.190[f]	..	63	..
40	Islas Vírgenes (EE.UU.)	99	0,34	d	..	0,0	..	..	..	76	..
41	Kiribati	79	0,73	920	–0,6	..	..	..	..	..	..
42	Liberia	2.733	97,75	c	..	7,0	..	..	..	54	..
43	Libia	5.407	1.759,54	e	..	43,9	..	..	..	65	..
44	Liechtenstein	..	0,16	d	..	..	..	..	..	..	..
45	Luxemburgo	410	2,59	41.210	0,9	154,1	140,6	37.930	..	76	h
46	Macao	450	0,02	d	..	..	..	..	..	..	..
47	Maldivas	253	0,30	990	5,9	7,5	11,4	3.080[f]	..	63	7
48	Malta	372	0,32	e	..	38,2	..	..	..	77	..
49	Martinica	380	1,10	d	..	..	..	..	..	77	..
50	Mayote	..	0,37	..	..	..	..	..	..	..	..
51	Micronesia, Estados Federados de	107	0,70	g	..	..	..	..	..	..	..
52	Mónaco	..	0,20	d	..	..	..	..	..	..	..
53	Myanmar	45.106	676,58	c	..	..	..	..	..	59	17
54	Nueva Caledonia	185	18,58	d	..	..	..	..	..	..	..
55	Polinesia Francesa	225	4,00	d	..	..	..	..	..	70	..
56	Puerto Rico	3.717	8,90	e	..	41,8	..	..	..	75	..
57	Qatar	642	11,00	11.600	–4,2	85,4	65,6	17.690[f]	..	72	21
58	Reunión	653	2,51	d	..	..	..	..	..	74	..
59	Rivera Occidental y Gaza	..	6,10	g	..	..	..	..	..	..	..
60	Samoa Americana	57	0,20	e	..	..	..	..	..	..	..
61	Samoa Occidental	165	2,84	1.120	0,2	8,9	7,5	2.030[f]	..	68	..
62	San Vicente y las Granadinas	111	0,39	2.280	3,8	..	..	..	..	72	..
63	Santa Lucía	158	0,62	3.370	3,9	..	..	..	..	71	..
64	Santo Tomé y Príncipe	129	0,96	350	–2,1	..	..	..	..	69	..
65	Seychelles	74	0,45	6.620	..	..	..	..	..	72	21
66	Somalia	9.491	637,66	c	..	2,3	..	..	..	49	..
67	St. Kitts y Nevis	41	0,36	5.170	4,8	28,2	34,9	9.410[f]	..	69	..
68	Sudán	26.707	2.505,81	c	..	8,1	..	..	..	54	54
69	Suriname	410	163,27	880	3,5	11,9	8,3	2.250[f]	..	70	7
70	Swazilandia	900	17,36	1.170	–1,4	12,5	10,7	2.880	..	58	23
71	Tayikistán[i]	5.836	143,10	340	..	12,1	3,4	920	..	67	..
72	Tonga	104	0,75	1.630	0,5	..	..	..	..	69	..
73	Turkmenistán[i]	4.508	488,10	920	..	..	..	..	4,9	..	..
74	Vanuatu	169	12,19	1.200	–1,1	9,4	8,5	2.290[f]	..	..	..
75	Yugoslavia, Rep. Federativa de (Serbia/Mont.)	10.518	102,17	g	..	..	..	..	..	..	..
76	Zaire	..	..	120	..	..	..	490[f]	..	..	..

a. Método del *Atlas;* véanse las Notas técnicas. b. Paridad del poder adquisitivo; véanse las Notas técnicas. c. Se estima que se sitúa en el nivel de ingreso bajo (hasta $765). d. Se estima que se sitúa en el nivel de ingreso alto ($9.386 o más). e. Se estima que se sitúa en el nivel de ingreso mediano alto (de $3.036 a $9.385). f. Datos provenientes de estimaciones obtenidas según el método de regresión; otros datos se han extrapolado de las estimaciones de referencia más recientes del Programa de Comparación Internacional. g. Se estima que se sitúa en el nivel de ingreso mediano bajo (de $766 a $3.035). h. Según la UNESCO, el analfabetismo es inferior al 5%. i. Las estimaciones correspondientes a los países de la antigua Unión Soviética son preliminares y su clasificación será objeto de continuos exámenes.

NOTAS TÉCNICAS

En estas notas técnicas se analizan las fuentes y los métodos empleados en la recopilación de los 124 indicadores incluidos en los Indicadores seleccionados del desarrollo mundial de 1997. Se presenta una nota para cada cuadro, en la que se explican los indicadores, según el orden de aparición en el cuadro respectivo.

Los 133 países que se incluyen en los cuadros principales aparecen enumerados en orden ascendente de su producto nacional bruto (PNB) per cápita. Otro cuadro (Cuadro 1a), en el que se presentan los indicadores básicos de los países respecto de los que se cuenta con datos escasos o aquellos con una población de menos de 1 millón de habitantes, abarca otras 76 economías.

Fuentes de los datos

Los datos que se publican en los Indicadores seleccionados del desarrollo mundial se han tomado de *World Development Indicators 1997*. Con excepción de unas pocas correcciones que se hicieron en la base de datos después de que dicho documento fue publicado, los datos proceden de las mismas fuentes y corresponden a los mismos años que los publicados en esa obra. Después de la publicación de *World Development Indicators 1997*, algunos países han preparado series estadísticas revisadas, pero esas rectificaciones no se han incluido aquí y aparecerán en la próxima edición de *World Development Indicators*.

El Banco Mundial recurre a diversas fuentes para obtener los indicadores que publica en *World Development Indicators*. La institución recibe directamente los datos sobre la deuda externa de los países miembros en desarrollo a través del Sistema de notificación de la deuda. Los demás datos se obtienen fundamentalmente de las Naciones Unidas y sus organismos especializados, el Fondo Monetario Internacional (FMI) y los informes suministrados por los países al Banco Mundial. También se utilizan estimaciones del personal del Banco a fin de que los datos estén más actualizados y sean más coherentes. Las estimaciones relativas a las cuentas nacionales de la mayoría de los países se obtienen de los gobiernos de los países miembros a través de las misiones económicas del Banco Mundial. En algunos casos, el personal de la institución las ajusta a fin de que guarden armonía con las definiciones y los conceptos internacionales. La mayoría de los datos sociales de fuentes nacionales se han tomado de los archivos administrativos ordinarios, encuestas especiales o averiguaciones sobre censos periódicos. En el cuadro de la Clave y documentación de los datos primarios, así como en las notas que se presentan a continuación, se mencionan ciertas fuentes específicas.

Coherencia y confiabilidad de los datos

A pesar de que se han desplegado grandes esfuerzos para uniformar los datos, no se puede garantizar que éstos sean completamente comparables, y los indicadores se deben interpretar con cautela. Hay muchos factores que influyen en la disponibilidad, comparabilidad y confiabilidad de los datos; los sistemas estadísticos de muchos países en desarrollo todavía adolecen de deficiencias, y los métodos estadísticos, la cobertura, los procedimientos y las definiciones varían ampliamente entre los países. Además, las comparaciones entre distintos países y períodos de tiempo plantean complejos problemas técnicos y conceptuales que no pueden resolverse en forma inequívoca. Por tal motivo, si bien los datos se han tomado de las fuentes que se consideran más autorizadas, deben interpretarse como reveladores de tendencias y de las principales diferencias existentes entre las economías, más que como mediciones cuantitativas exactas de esas diferencias. Por otra parte, los organismos nacionales de estadística suelen rectificar sus datos históricos, sobre todo los de los años más recientes. En consecuencia, en las diferentes ediciones de las publicaciones del Banco Mundial pueden presentarse datos recopilados en distintos años. Se recomienda a los lectores no comparar datos de distintas ediciones. En *World Development Indicators 1997 CD-ROM* se presentan series cronológicas concordantes. Además, aún quedan por resolver los problemas relativos a los datos de los 15 países de la antigua Unión Soviética. La cobertura es escasa y los datos tienen un grado de incertidumbre mayor que el normal.

Los datos que aparecen en bastardilla corresponden a años o períodos distintos de los indicadores, hasta dos años antes o después de la fecha señalada en el caso de los indicadores económicos y hasta tres años en el de los indicadores sociales, puesto que estos últimos generalmente se recopilan con menos frecuencia y registran cambios menos extraordinarios en períodos cortos.

Relaciones y tasas de crecimiento

Para facilitar la consulta, en muchos casos los datos se presentan en forma de relaciones o tasas de crecimiento. Los datos básicos absolutos se pueden ver en *World Development Indicators 1997 CD-ROM*. Las tasas medias de crecimiento correspondientes a los períodos se han calculado utilizando el método de regresión de los mínimos cuadrados, a menos que se indique lo contrario (véase la sección sobre los Métodos estadísticos que aparece más adelante). Como en este método se toman en cuenta todas las observaciones disponibles de los períodos, las tasas de crecimiento resultantes reflejan tendencias generales que no se ven influidas indebidamente por valores extraordinarios. A fin de excluir los efectos de la inflación, para el cálculo de las tasas de crecimiento se han utilizado indicadores económicos de precios constantes.

Series de datos en precios constantes

Con objeto de facilitar las comparaciones internacionales e incluir los efectos de las variaciones de los precios relativos intersectoriales en las cifras globales de las cuentas nacionales, los datos en precios constantes de la mayoría de los países se han llevado parcialmente a tres años de base sucesivos y luego se han vinculado y expresado en los precios de un año de base común, el año 1987. El año 1970 es la base para los datos de 1960 a 1975; 1980 para los de 1976 a 1982, y 1987 para 1983 y años posteriores.

En el proceso de vinculación en cadena, los componentes del PIB por origen industrial se han reajustado individualmente y se han sumado para determinar el PIB reajustado. Es posible que en este proceso se produzca una desviación por reajuste entre el PIB en precios constantes según el origen industrial y el PIB en precios constantes según el gasto. Estas desviaciones por reajuste son absorbidas en el gasto en concepto de consumo privado, ya que se supone que el PIB según el origen industrial es la estimación más confiable. Independientemente del reajuste, el valor agregado en el sector de servicios incluye también una discrepancia estadística con respecto a lo indicado por la fuente original.

Medidas de resumen

Las medidas de resumen correspondientes a regiones o grupos de ingreso, que aparecen señaladas en las franjas de color azul en los cuadros, se han calculado mediante un simple proceso de adición en los casos en que se expresan en niveles. Para las relaciones y tasas de crecimiento en general se ha utilizado un sistema de ponderación según el valor correspondiente al año base. Las medidas de resumen correspondientes a los indicadores sociales se han ponderado según la población o subgrupos de población, salvo en el caso de la mortalidad infantil, en que se han ponderado según el número de nacimientos. Véanse más detalles en las notas sobre indicadores específicos.

En el caso de las medidas de resumen que abarcan muchos años, el cálculo se basa en un grupo uniforme de países de manera que los cambios en la composición del conjunto no produzcan cambios espurios en el indicador. Se compilan medidas de grupo sólo si los datos disponibles para un año dado representan por lo menos dos tercios del grupo total, de acuerdo con los parámetros establecidos para 1987. Siempre que se observe este criterio, se supone que los declarantes que no han proporcionado datos completos han tenido un comportamiento semejante al de los que han suministrado estimaciones. Los lectores deben tener presente que las medidas de resumen son estimaciones de cifras agregadas representativas de cada rubro, y que no es posible hacer deducciones significativas acerca de la actuación de los países tomando como punto de partida los indicadores correspondientes al grupo pertinente. Además, el proceso de ponderación puede dar lugar a discrepancias entre los totales de los subgrupos y los totales globales.

Cuadro 1. Indicadores básicos

En el Cuadro 1a constan los indicadores básicos de los países respecto de los cuales se cuenta con datos escasos o aquellos con una población de menos de 1 millón de habitantes.

Las estimaciones de la *población* corresponden a mediados de 1995 y se basan en la definición de facto de población, según la cual se incluye a todos los residentes, sin tener en cuenta su condición jurídica o nacionalidad. Los refugiados que no están radicados permanentemente en el país que los asila en general se consideran parte de la población de su país de origen.

Las estimaciones de la población se obtienen a partir de los censos nacionales. Las estimaciones precensales o postcensales suelen basarse en interpolaciones o proyecciones. La comparabilidad internacional de los indicadores demográficos es limitada debido a las diferencias de conceptos, definiciones, procedimientos de recopilación de datos y métodos de estimación empleados por las oficinas nacionales de estadística y otras entidades que recogen datos. Además, la frecuencia y la cobertura de los censos de población varía entre los países y entre las regiones. En las notas del Cuadro 4 se proporciona más información sobre la recopilación de los datos sobre población.

La *superficie* se mide en kilómetros cuadrados y comprende la tierra y las aguas interiores. Los datos sobre la superficie provienen de la Organización de las Naciones Unidas para la Agricultura y la Alimentación (FAO) y se publican en el *Anuario FAO de Producción.*

El *producto nacional bruto (PNB) per cápita* es la suma del valor bruto agregado por todos los productores residentes, más los impuestos (menos las subvenciones) que no se incluyen en la valoración de la producción, más las entradas netas de ingreso primario (remuneraciones de los empleados y renta de la propiedad) de fuentes que no son residentes, dividida por la población de mediados de año y convertida a dólares de los Estados Unidos utilizando el método del *Atlas* del Banco Mundial. Este método emplea el promedio de los tipos de cambio de tres años a fin de atenuar los efectos de las fluctuaciones cambiarias transitorias. En la sección sobre los métodos estadísticos se da una explicación más detallada del método del Atlas. La tasa de crecimiento del PNB per cápita se ha calculado a partir del PNB medido en precios constantes de 1987 aplicando el método de los mínimos cuadrados.

El personal del Banco Mundial calcula el PNB per cápita a partir de los datos de las cuentas nacionales recopilados por funcionarios de la institución durante las misiones económicas o notificados por las oficinas nacionales de estadística a otras organizaciones internacionales como la Organización de Cooperación y Desarrollo Económico (OCDE). Los datos de los países de ingreso alto que son miembros de la OCDE provienen de dicha Organización. El Banco Mundial utiliza el PNB per cápita en dólares de los Estados Unidos en la clasificación de los países para fines de análisis y para determinar si pueden recibir financiamiento. En el cuadro sobre la Clasificación de los países según su ingreso y región a la que pertenecen se definen los grupos de ingreso utilizados en esta publicación.

Las *estimaciones del PNB per cápita según la PPA* se han obtenido mediante la conversión del PNB a dólares de los Estados Unidos empleando como factores de conversión las paridades del poder adquisitivo (PPA) en lugar de los tipos de cambio. Las estimaciones obtenidas se expresan en dólares internacionales, una unidad de cuenta que tiene el mismo poder adquisitivo sobre la totalidad del PNB que el dólar de los Estados Unidos en un año dado. El denominador es la estimación de la población de mediados del año correspondiente al año indicado.

Los precios relativos de los bienes y servicios que no se comercian en los mercados internacionales tienden a variar mucho de un país a otro, lo que produce grandes diferencias en el poder adquisitivo relativo de las monedas y, por lo tanto, en el bienestar medido por el PNB per cápita. El uso de factores de conversión basados en la PPA corrige estas diferencias y, en consecuencia, puede permitir una comparación más precisa del ingreso medio o el consumo entre países. Sin embargo, es necesario tener mucha cautela al interpretar indicadores basados en la PPA. Las estimaciones basadas en la PPA se apoyan en comparaciones de precios de artículos comparables, pero no todos los artículos tienen exactamente la misma calidad en los distintos países y a lo largo del tiempo. La comparación de servicios es especialmente difícil, en parte debido a las diferencias de productividad. Hay muchos servicios que no se ofrecen en el mercado en todos los países —por ejemplo, los servicios públicos— de manera que se comparan empleando precios de insumos (principalmente salarios). Con este método se pasan por alto las diferencias de productividad y, por lo tanto, se pueden sobrestimar las cantidades reales en los países de ingreso bajo.

Los datos sobre la PPA provienen del Programa de Comparación Internacional (PCI), de cuya coordinación es responsable la División de Estadística de las Naciones Unidas. El Banco Mundial recopila datos de base detallados del PCI procedentes de fuentes regionales; establece la concordancia general de los conjuntos de datos regionales, y calcula estimaciones basadas en el método de regresión para los países no incluidos en los datos de base. Para obtener información más detallada sobre las fuentes regionales y la recopilación de los datos de base, véase Banco Mundial, 1993. En Ahmad, 1992 se puede encontrar información sobre cómo derivar estimaciones de la PPA basadas en el método de regresión.

El *porcentaje de personas que viven con menos de $1 al día (PPA)* a precios internacionales de 1985 (paridad del poder adquisitivo) es una medida de la pobreza de uso generalizado. Se dice que una persona es pobre si el ingreso familiar o el consumo per cápita es inferior al umbral de la pobreza. Aunque es imposible crear un indicador de la pobreza que sea completamente comparable entre países, el empleo de una línea de pobreza internacional uniforme ayuda a reducir los problemas de la comparabilidad en varios sentidos. Para estimar los niveles de vida se ha recurrido a encuestas que son representativas a nivel nacional, efectuadas ya sea por las oficinas nacionales de estadística o por entidades privadas bajo la supervisión de organismos de gobierno o internacionales. En la medida de lo posible, se ha usado el consumo como indicador del bienestar para determinar quiénes son pobres. En general, la medida del consumo es amplia, pues comprende el consumo de la producción propia, así como la totalidad de los artículos alimentarios y no alimentarios adquiridos. En los casos en que solamente se dispone de datos sobre el ingreso familiar, el nivel medio del ingreso se ha ajustado para que esté en concordancia ya sea con una estimación del consumo medio (si se conoce) basada en datos de encuestas, o bien con una estimación fundada en datos sobre el consumo procedentes de las cuentas nacionales.

Las medidas de la pobreza han sido preparadas por la División de Recursos Humanos y Lucha contra la Pobreza del Departamento de Investigaciones sobre Políticas de Desarrollo del Banco Mundial. Las líneas de pobreza internacionales se basan en datos primarios de encuestas de hogares obtenidos de los organismos estatales de estadística y de los departamentos geográficos del Banco Mundial. Las medidas de la pobreza se basan en las estimaciones más recientes de la PPA, tomadas de la última edición de Penn World Tables (Mark 5.6a).

La *esperanza de vida al nacer* indica el número de años que un recién nacido viviría si las pautas de mortalidad prevalecientes en el momento de su nacimiento permanecieran iguales durante toda su vida. Las estimaciones de la esperanza de vida se han derivado de los sistemas de registro civil o, en su defecto, de encuestas demográficas y de hogares utilizando modelos para obtener tasas de mortalidad por edades.

La tasa de *analfabetismo de adultos* es la proporción de la población de más de 15 años de edad que no puede leer ni escribir, con la debida comprensión, un relato breve y sencillo sobre su vida cotidiana. No es fácil definir y medir el alfabetismo y el analfabetismo. La definición que se emplea aquí se basa en el concepto de alfabetismo "funcional", cuya medición exige la realización de censos o muestreos en condiciones controladas. En la práctica, en muchos países el número de adultos analfabetos se estima a partir de datos proporcionados por la propia población o de estimaciones del término de la instrucción escolar. Por tales razones, las comparaciones entre países —e incluso a lo largo del tiempo en un mismo país— deben hacerse con cautela. Los datos sobre las tasas de analfabetismo provienen de la Organización de las Naciones Unidas para la Educación, la Ciencia y la Cultura (UNESCO) y se publican en el *Anuario Estadístico* de esa organización.

Cuadro 2. Indicadores macroeconómicos

El *déficit/superávit corriente del gobierno central* se define como los ingresos corrientes del gobierno central menos el gasto corriente. No se incluyen las donaciones. Esta es una medida útil de la capacidad fiscal del propio gobierno. El déficit o superávit global, que incluye las donaciones y la cuenta de capital, se presenta en el Cuadro 14. Los datos están tomados de *Government Finance Statistics Yearbook* del FMI.

El *dinero y cuasidinero* abarca casi todas las obligaciones de las instituciones monetarias de un país con los residentes pero no con el gobierno central. A esta definición de la oferta monetaria se le denomina a veces M2. El dinero comprende la moneda fuera de los bancos y los depósitos a la vista distintos de los del gobierno central. El cuasidinero comprende los depósitos a plazo y de ahorros y las cuentas bancarias similares que el emisor puede cambiar por efectivo con poca o ninguna demora o recargo, y los depósitos en divisas de los sectores residentes distintos de los del gobierno central. Cuando las instituciones financieras no monetarias son emisoras importantes de obligaciones cuasimonetarias, sus obligaciones también pueden incluirse en el cuasidinero.

La fuente de los datos sobre la oferta monetaria es *Estadísticas financieras internacionales* (EFI) del FMI. El dinero y el cuasidinero son la suma de las líneas 34 y 35 de EFI.

La *tasa nominal media de aumento anual* de la oferta monetaria se ha calculado a partir de cifras de final del año utilizando el método de los mínimos cuadrados. El promedio de las cifras de final del año especificado y del año anterior se ha utilizado para calcular el *promedio en circulación como porcentaje del PIB*.

Las *tasas bancarias de interés nominal* indican las tasas que los bancos comerciales o entidades similares pagan a los tenedores de depósitos a la vista, a plazo o de ahorro, y las que cobran sobre los préstamos a sus clientes preferenciales. La comparabilidad internacional de los datos es limitada en parte debido a diferencias en la cobertura y las definiciones. Dado que las tasas de interés se expresan en términos nominales, gran parte de la variación entre los países proviene de las diferencias en la inflación. Los datos están tomados de las líneas 60l y 60p de *Estadísticas financieras internacionales*.

La *tasa media de inflación anual* se ha medido a través de la fluctuación del deflactor implícito del PIB. El deflactor implícito se ha calculado dividiendo el PIB anual en precios corrientes por el valor correspondiente del PIB en precios constantes, en ambos casos en la moneda nacional. Se ha empleado el método de los mínimos cuadrados para calcular la tasa de crecimiento del deflactor del PIB en ese período.

El deflactor implícito del PIB es la medida de base más amplia de la inflación, ya que refleja las fluctuaciones de precios de todos los bienes y servicios producidos en la economía. Sin embargo, al igual que todos los índices de precios, tiene sus limitaciones conceptuales y prácticas. Los deflactores de los países en desarrollo se han estimado a partir de datos de las cuentas nacionales recopilados por el Banco Mundial. Los datos correspondientes a los países de ingreso alto se han derivado de datos proporcionados por la OCDE.

La *balanza en cuenta corriente* es la suma de las exportaciones netas de bienes y servicios, los ingresos y las transferencias corrientes netas. No se incluyen las transferencias de capital. (Véase también el Cuadro 16.) Los datos provienen de *Estadísticas financieras internacionales* del FMI y de estimaciones proporcionadas por los grupos a cargo de países del Banco Mundial.

Las *reservas internacionales brutas* comprenden las tenencias de oro monetario, los derechos especiales de giro (DEG), la posición de reserva en el FMI de sus países miembros y las tenencias de divisas bajo el control de las autoridades monetarias. Las reservas internacionales brutas en dólares de los Estados Unidos se indican en el Cuadro 16. Las tenencias de reservas, en meses de importaciones, se han calculado como el coeficiente de las reservas internacionales brutas y el valor corriente en dólares de los Estados Unidos de las importaciones de bienes y servicios, multiplicado por 12.

Las medidas de resumen de este cuadro se han calculado como la relación entre las cifras agregadas de las reservas internacionales brutas y el total de importaciones de bienes y servicios en dólares corrientes correspondientes a los distintos grupos de países.

El *valor neto actual de la deuda externa* es el valor de la deuda a corto plazo más el valor actualizado correspondiente a la suma de todos los pagos en concepto de servicio de la deuda que deberán efectuarse durante la vigencia de los préstamos ya contraídos, en precios corrientes. Las cifras de la deuda se han convertido de las monedas de reembolso a dólares de los Estados Unidos, a los tipos de cambio oficiales al final del año. Para calcular la relación deuda-PNB, el PNB se ha convertido a los tipos de cambio oficiales o, en casos excepcionales, aplicando un factor de conversión basado en un solo año, determinado por el personal del Banco Mundial. (Véanse también las notas de los Cuadros 12 y 17.)

Cuadro 3. Indicadores económicos externos

La *relación neta de intercambio de trueque* mide la evolución relativa de los precios de exportación en comparación con la de los precios de importación. Se ha calculado como la relación entre el índice de precios medios de exportación de un país y su índice de precios medios de importación, e indica las variaciones respecto del año de base (1987). Los datos han sido tomados de la base de datos de la Conferencia de las Naciones Unidas sobre Comercio y Desarrollo (UNCTAD), de *Estadísticas financieras internacionales* del FMI y de estimaciones del personal del Banco Mundial. (Véase también el Cuadro 15.)

El *comercio exterior* se ha medido como la relación entre la suma de las exportaciones e importaciones de bienes y servicios y el valor actual del PIB. Esta relación es una medida que se usa corrientemente para medir el grado de apertura de la economía o de su integración en la economía mundial. Los datos provienen de los archivos de datos de las cuentas nacionales que mantiene el Banco Mundial.

El concepto de *flujos netos de recursos: montos agregados* comprende la suma de los flujos netos de deuda a largo plazo (excepto la utilización del crédito del FMI), las donaciones oficiales (sin incluir la asistencia técnica), la inversión extranjera directa neta y los flujos netos de inversiones de cartera en capital accionario. El total de flujos netos de deuda a largo plazo corresponde a los desembolsos menos el reembolso del principal de la deuda a largo plazo pública, con garantía pública, y privada no garantizada. Las donaciones oficiales son transferencias efectuadas por un organismo público en efectivo o en especie, respecto de las cuales el receptor no incurre en una deuda legalmente exigible. Los datos se han tomado del Sistema de notificación de la deuda al Banco Mundial y de *Estadísticas financieras internacionales* del FMI.

Los *flujos netos de capital privado* comprenden los flujos privados de deuda y no relacionados con ésta, así como el financiamiento concedido por bancos y el relacionado con el comercio. Los flujos privados de deuda incluyen los préstamos, bonos y otros créditos privados de bancos comerciales, en tanto que los flujos privados no relacionados con la deuda corresponden a la inversión extranjera directa neta y a las inversiones de cartera netas. La inversión extranjera directa comprende las inversiones efectuadas con el fin de tener un control duradero de la gestión de una empresa que opera en un país distinto de aquel del inversionista. Corresponde a la suma de los flujos netos de capital accionario, las utilidades reinvertidas, otro capital a largo plazo y el capital a corto plazo, que figuran en la balanza de pagos. Los flujos de inversiones de cartera comprenden las corrientes de cartera en capital accionario que no generan deuda (la suma de los fondos para países específicos, los certificados de depósito y las compras directas de acciones por parte de inversionistas extranjeros) y los flujos netos de deuda de cartera (emisiones de bonos adquiridos por inversionistas extranjeros).

La fuente principal de los datos sobre los flujos de capital privado es el Sistema de notificación de la deuda al Banco Mundial. También se obtuvieron datos de *Estadísticas financieras internacionales* del FMI y de los archivos de datos del Banco Mundial.

La *asistencia* comprende la asistencia financiera clasificada como asistencia oficial para el desarrollo (AOD) o asistencia oficial (AO) por el Comité de Asistencia para el Desarrollo (CAD) de la OCDE. La AOD comprende los préstamos y donaciones otorgados en condiciones muy favorables por todos los organismos oficiales bilaterales y fuentes multilaterales con el propósito de promover el desarrollo económico y el bienestar. Los desembolsos netos equivalen a los desembolsos brutos menos los reembolsos recibidos por tales organismos e instituciones en concepto de asistencia otorgada en el pasado. Para que pueda considerarse como AOD, cada transacción debe reunir las siguientes condiciones: se otorga con la finalidad principal de promover el desarrollo económico y el bienestar de los países en desarrollo, se concede en condiciones concesionarias y tiene un elemento de donación de por lo menos el 25%. La AO comprende la asistencia proporcionada en condiciones semejantes a la AOD a los países de Europa oriental, la antigua Unión Soviética y otros países incluidos en la lista de la "parte II" del CAD. Los datos sobre la asistencia fueron suministrados por el CAD y se publican en el informe anual, *Development Co-operation*, de dicho Comité. Los datos sobre el PNB son estimaciones del Banco Mundial.

Las medidas de resumen relativas a la asistencia como porcentaje del PNB se han calculado a partir de la relación entre los totales de la asistencia y del PNB en dólares corrientes de los Estados Unidos correspondientes a los distintos grupos de países.

Cuadro 4. Población y población activa

Las estimaciones de la *población* a mediados de 1995 se han obtenido de diversas fuentes, entre ellas, la División de Población de las Naciones Unidas, oficinas nacionales de estadística y los departamentos geográficos del Banco Mundial. El Banco Mundial utiliza la definición de facto de la población de un país, según la cual se incluye a todos los residentes, sin tener en cuenta su condición jurídica o nacionalidad. Sin embargo, los refugiados que no están radicados permanentemente en el país que los asila en general se consideran parte de la población de su país de origen.

En las notas del Cuadro 1 se puede encontrar más información sobre las estimaciones de la población. En el cuadro de la Clave y documentación de los datos primarios figura la fecha de los censos o encuestas demográficas más recientes.

La *tasa media de crecimiento anual de la población* se ha calculado utilizando el método de los puntos extremos para obtener el crecimiento exponencial. En la sección sobre los Métodos estadísticos se da una descripción más detallada.

En general, se considera que los *habitantes de 15 a 64 años* corresponden al grupo de edades económicamente más activo. Sin embargo, en muchos países en desarrollo, los niños menores de 15 años trabajan a tiempo parcial o jornada completa. Además, en algunos países de ingreso alto, muchos trabajadores se jubilan después de los 65 años de edad.

La *población activa total* comprende a las personas que se ajustan a la definición de población económicamente activa de la Organización Internacional del Trabajo, es decir, todas las personas que proporcionan mano de obra para la producción de bienes y servicios durante un período determinado. Incluye tanto a las personas empleadas como a los desocupados. Las prácticas en los distintos países varían en cuanto al tratamiento de grupos tales como las fuerzas armadas y los trabajadores de temporada o de horario parcial, pero en general la población activa incluye a los miembros de las fuerzas armadas, a los desempleados y a las personas que buscan trabajo por primera vez. No comprende, sin embargo, a las amas de casa ni a otras personas que se ocupan del cuidado de otros sin recibir remuneración, ni a los trabajadores del sector informal.

La *tasa media de crecimiento anual de la población activa* se ha calculado utilizando el método de los puntos extremos para obtener el crecimiento exponencial. En la sección sobre los Métodos estadísticos se da una descripción más detallada.

El *porcentaje de mujeres en la población activa* muestra la medida en que las mujeres son económicamente activas. Las estimaciones de la población activa se han derivado aplicando las tasas de participación que obtiene la Organización Internacional del Trabajo a las estimaciones de la población del Banco Mundial.

Los *trabajadores agrícolas* abarcan a las personas que se dedican al cultivo de la tierra, a actividades forestales, la caza y la pesca.

Los *trabajadores industriales* son las personas que trabajan en los sectores de la minería, manufacturas, construcción, electricidad, agua y gas.

Las tasas de actividad o de participación de la población económicamente activa las compila la Organización Internacional del Trabajo a partir de los últimos censos o encuestas nacionales y se publican en el *Anuario de Estadísticas del Trabajo* de la OIT. Las cifras de la población activa de algunos países en desarrollo muestran una subestimación importante de las tasas de participación de las mujeres. Es posible que las estimaciones de la población activa de las zonas rurales tampoco reflejen en su verdadera medida la mano de obra familiar y los trabajadores de temporada.

Todas las medidas de resumen son datos correspondientes a los países ponderados en función de la población o subgrupo de población.

Cuadro 5. Distribución del ingreso o del consumo

El *año de la encuesta* es el año en que se recogieron los datos básicos.

El *coeficiente de Gini* mide el grado en que la distribución del ingreso (o, en algunos casos, los gastos de consumo) entre las personas o las unidades familiares de una economía se desvía de una distribución perfectamente equitativa. La curva de Lorenz indica los porcentajes acumulativos del total de ingresos recibidos con respecto al número acumulado de receptores, partiendo de la persona o unidad familiar más pobre. El coeficiente de Gini mide el área situada entre la curva de Lorenz y una línea hipotética de igualdad absoluta, y se expresa como porcentaje del área máxima comprendida bajo dicha línea. En consecuencia, un coeficiente de Gini igual a cero significa igualdad absoluta, y un índice de 100% significa una situación de absoluta desigualdad.

La *proporción del ingreso o del consumo* es la parte que corresponde a subgrupos de población y se indica por deciles o quintiles. Es posible que las proporciones por quintiles no sumen exactamente 100 debido al redondeo de las cifras.

La desigualdad de la distribución del ingreso se refleja en la proporción del ingreso o el consumo correspondiente a segmentos de la población clasificados según el nivel de ingresos o consumo. Los segmentos que ocupan el último lugar según el ingreso personal o familiar normalmente reciben la menor proporción del ingreso total. El coeficiente de Gini es una medida de resumen útil del grado de desigualdad.

Los datos sobre el ingreso o el consumo personal o familiar proceden de encuestas de hogares que son representativas a nivel nacional. Los conjuntos de datos corresponden a diversos años entre 1985 y 1994. En las notas al pie que se refieren al año de la encuesta se señala si las clasificaciones se basan en el ingreso o el consumo per cápita o, en el caso de los países de ingreso alto, en el ingreso familiar. Cuando se disponía de ellos, se usaron los datos originales de las encuestas de hogares para calcular directamente las proporciones del ingreso (o consumo) por quintiles. De lo contrario, dichas proporciones se han estimado a partir de los mejores conjuntos de datos disponibles.

Los indicadores de la distribución correspondientes a los países de ingreso bajo y mediano se han ajustado en función del número de integrantes de las unidades familiares, lo que permite obtener una medida más concordante del ingreso o el consumo per cápita. No se han hecho ajustes con respecto a las diferencias geográficas en cuanto al costo de vida dentro de cada país porque, por lo general, no se dispone de los datos necesarios para realizar tales cálculos. Para obtener más información sobre el método de cálculo para los países de ingreso bajo y mediano, véase Ravallion y Chen, 1996.

Los indicadores de la distribución no son estrictamente comparables entre países debido a las diferencias en los métodos y en el tipo de datos que se recopilan en las encuestas de hogares en que se basan dichos indicadores. Estos problemas han ido disminuyendo a medida que se perfeccionan y estandarizan los métodos empleados en las encuestas, pero todavía es imposible lograr una comparabilidad absoluta.

Deben tenerse en cuenta las siguientes causas de la falta de comparabilidad de los datos. En primer lugar, las encuestas difieren en cuanto al uso del ingreso o el gasto de consumo como indicador del nivel de vida. En el caso de 37 de los 66 países de ingreso bajo y mediano sobre los que se dispone de datos, éstos corresponden al gasto de consumo. Por lo general, la distribución del ingreso es más desigual que la del consumo. Además, las definiciones del ingreso que se emplean en las encuestas normalmente difieren mucho de la definición económica del ingreso (el máximo nivel de consumo que permite mantener inalterada la capacidad productiva). Por tales razones, el consumo suele ser una medida mucho más adecuada. En segundo lugar, las encuestas difieren por cuanto algunas usan a las unidades familiares y otras a las personas como unidad de observación. Además, las unidades familiares difieren en cuanto al número de integrantes y al grado en que el ingreso es compartido entre éstos. Las personas difieren en cuanto a la edad y las necesidades de consumo. Cuando la unidad de observación son las unidades familiares, los deciles o quintiles se refieren al porcentaje de unidades familiares y no al de población. En tercer lugar, las encuestas también difieren según que las unidades de observación se clasifiquen de acuerdo con el ingreso (o el consumo) familiar o per cápita.

El personal del Banco Mundial se ha esmerado en asegurar la máxima comparabilidad posible de los datos correspondientes a los países de ingreso bajo y mediano. En la medida de lo posible se ha usado el consumo y no el ingreso. Para formar los percentiles, las unidades familiares se han clasificado por nivel de consumo o ingreso per cápita, y los percentiles se refieren a la población y no a las unidades familiares. La comparabilidad de los datos sobre los países de ingreso alto es más limitada puesto que la unidad de observación suele ser una unidad familiar que no se ajusta en función del número de integrantes, y las unidades familiares se clasifican según el total del ingreso familiar y no conforme al ingreso de cada uno de sus integrantes. Esta información se presenta en espera de la publicación de datos más completos provenientes de la base de datos Luxembourg Income Study, en la cual las unidades familiares se clasifican según el ingreso medio disponible por adulto o su equivalente. En consecuencia, las estimaciones que aparecen en el cuadro deben considerarse con mucha cautela.

La División de Recursos Humanos y Lucha contra la Pobreza del Departamento de Investigaciones sobre Políticas de Desarrollo del Banco Mundial compila los datos sobre distribución correspondientes a los países de ingreso bajo y mediano. Para ello se utilizan datos primarios de encuestas de hogares obtenidos de los organismos públicos de estadística y de los departamentos geográficos del Banco Mundial. Los datos sobre los países de ingreso alto proceden de fuentes nacionales, complementados con la base de datos Luxembourg Income Study de 1990; el *Statistical Yearbook* de Eurostat y las *Estadísticas de las cuentas nacionales: Compendio de estadísticas de la distribución de los ingresos* (1986) de las Naciones Unidas.

Cuadro 6. Salud

El *acceso a servicios de salud* se mide según el porcentaje de la población que puede recibir tratamiento para enfermedades y lesiones comunes, incluida la disponibilidad de medicamentos esenciales comprendidos en la lista nacional, en un tiempo no superior a una hora, trasladándose ya sea a pie o en algún medio de transporte. Los establecimientos asistenciales suelen concentrarse en las zonas urbanas.

La *población con acceso al agua potable* es el porcentaje de habitantes que cuenta con abastecimiento aceptable de agua potable en cantidad suficiente (con inclusión del agua superficial tratada o sin tratar pero no contaminada, como la procedente de manantiales, pozos excavados protegidos o que reúnen condiciones higiénicas). En las zonas urbanas, el abastecimiento de agua puede provenir de una fuente o toma de agua pública ubicada a no más de 200 metros de las viviendas. En las zonas rurales, tener acceso al agua potable significa que los integrantes de la unidad familiar no se ven obligados a destinar la mayor parte del día al acarreo de agua. La definición de agua potable ha cambiado con el tiempo.

El *acceso a servicios de saneamiento* se refiere al porcentaje de la población que cuenta por lo menos con instalaciones adecuadas de eliminación de excretas que permiten evitar el contacto de las personas, animales e insectos con tales desechos.

La *tasa de mortalidad infantil* refleja el número de niños que mueren antes de cumplir un año de edad por cada 1.000 nacidos vivos en un año dado. Los datos comprenden una combinación de valores observados y estimaciones interpoladas y proyectadas.

La *prevalencia de la malnutrición* es el porcentaje de niños menores de cinco años cuyo peso para la edad está más de dos desviaciones estándar por debajo de la mediana de la población de referencia. El peso para la edad es un indicador compuesto tanto del peso para la estatura (emaciación) y de la estatura para la edad (retraso del crecimiento). Este indicador no distingue entre emaciación y retraso del crecimiento, pero resulta útil para hacer comparaciones con encuestas previas, puesto que el peso para la edad fue la primera medida antropométrica de uso general. La población de referencia, adoptada por la Organización Mundial de la Salud (OMS) en 1983, son niños de los Estados Unidos que se consideran bien nutridos. En el caso de algunos países en que no puede estimarse el peso para la edad, la prevalencia se estimó a partir de datos de encuestas provenientes de la OMS. Este método tiene efectos de importancia secundaria en las tasas estimadas, que en general la OMS considera comparables entre países.

La *tasa de uso de anticonceptivos* es la proporción de las mujeres que utilizan algún método anticonceptivo, o cuyos esposos usan algún método de esa índole. El uso de métodos anticonceptivos se suele medir para las mujeres casadas de entre 15 y 49 años de edad. Unos pocos países miden el uso de métodos anticonceptivos para otros grupos de edades, en especial el de 15 a 44 años. Los datos provienen principalmente de encuestas demográficas y de salud, y de encuestas sobre el uso de anticonceptivos.

La *tasa de fecundidad total* representa el número de hijos que tendría una mujer si viviera hasta el final de su período de procreación y tuviera hijos en cada edad de acuerdo con las tasas prevalecientes de fecundidad específica por edades. Los datos comprenden una combinación de estimaciones observadas, interpoladas y proyectadas.

La *tasa de mortalidad derivada de la maternidad* se refiere al número de defunciones de mujeres que ocurren durante el embarazo y el parto por cada 100.000 nacidos vivos. Debido a que las muertes durante el parto se definen en forma más amplia en ciertos países de modo que comprenden las complicaciones del embarazo o en el puerperio, o a causa del aborto, y porque además muchas mujeres embarazadas mueren por falta de la debida atención médica, la mortalidad derivada de la maternidad es difícil de medir de modo uniforme y confiable entre unos países y otros. Es evidente que muchas de estas muertes quedan sin registrar, especialmente en países donde hay poblaciones rurales aisladas; a esto se debe que algunas cifras que aquí aparecen sean muy bajas, sobre todo en el caso de varios países africanos. Los datos se han derivado de las diversas fuentes nacionales. En los casos en que los sistemas administrativos nacionales son deficientes, las estimaciones se han derivado de encuestas demográficas y de salud utilizando técnicas de estimación indirecta, o de otras encuestas por muestreo a nivel nacional. Las estimaciones de la mortalidad derivada de la maternidad de varios países en desarrollo han sido determinadas por la OMS y el Fondo de las Naciones Unidas para la Infancia (UNICEF) mediante el uso de modelos estadísticos.

Todas las medidas de resumen son datos ponderados en función de la población o de subgrupos de población, excepto en el caso de la tasa de mortalidad infantil, que se ha ponderado en función del número de nacimientos.

Cuadro 7. Educación

Los datos sobre los alumnos matriculados en el *nivel primario* son estimaciones de la relación entre los niños de todas las edades matriculados en escuelas primarias y la población de niños en edad escolar del país correspondiente. Si bien en muchos países se considera que la edad de asistencia a la escuela primaria es de los 6 a los 11 años, en otros es diferente. Es posible que los coeficientes brutos de matrícula excedan del 100% debido a que algunos alumnos están por encima o por debajo de la edad estándar de asistencia a la escuela primaria del país.

Los datos sobre los alumnos matriculados en el *nivel secundario* se han calculado de la misma manera, pero también en este caso hay diferencias entre los países en cuanto a la definición de la edad para este nivel de enseñanza. En general se considera que es de los 12 a los 17 años. Estos coeficientes pueden verse influidos por el ingreso tardío de alumnos y por las repeticiones y el fenómeno de aglomeración en los últimos grados.

Los datos sobre la matrícula en el *nivel terciario* se han obtenido dividiendo el número de alumnos matriculados en todos los establecimientos educacionales de nivel post-secundario y las universidades por la población de 20 a 24 años de edad, aunque es posible que personas de edades mayores y menores estén matriculadas en instituciones de este nivel.

El *porcentaje de la cohorte que llegó al cuarto grado* es la proporción de niños que comenzaron la escuela primaria en 1980 y en 1988 y llegaron al cuarto grado en 1983 y 1991, respectivamente. Las cifras que aparecen en bastardilla se refieren a cohortes de años anteriores o posteriores.

Los datos sobre flujos de matrícula son recogidos por la UNESCO y proceden de informes de las autoridades nacionales.

El *analfabetismo de adultos* se define aquí como la proporción de la población de más de 15 años de edad que no puede leer ni escribir, con la debida comprensión, un relato breve y sencillo sobre su vida cotidiana. Esta es sólo una de las tres definiciones generalmente aceptadas y su aplicación está sujeta a reservas en algunos países. Los datos proceden de las estimaciones y proyecciones sobre analfabetismo preparadas por la UNESCO.

En este cuadro, las medidas de resumen correspondientes a las tasas de matrícula se han ponderado en función de la población.

Cuadro 8. Uso de energía comercial

El *uso total* de energía se refiere al consumo nacional de energía primaria antes de su transformación en otros combustibles para consumo final (como electricidad y productos derivados del petróleo refinado) y se ha calculado como la producción nacional más las importaciones y variaciones de las existencias, menos las exportaciones y el combustible para buques utilizado en el transporte marítimo internacional. El consumo de energía también comprende los productos, fundamentalmente los derivados del petróleo, consumidos para fines no energéticos. La utilización de leña, estiércol y otros combustibles tradicionales, si bien es considerable en algunos países en desarrollo, no se ha tomado en cuenta porque no se dispone de datos completos y confiables al respecto.

El *uso per cápita* se ha calculado a partir de las estimaciones de la población total en los años indicados.

El *PIB por kilogramo* de energía comercial utilizada es la estimación del PIB expresado en dólares de los Estados Unidos (en precios constantes de 1987) por kilogramo de equivalente en petróleo.

Para calcular las *importaciones netas de energía como porcentaje del consumo*, tanto las importaciones como el consumo se han medido en el equivalente en petróleo. El signo negativo indica que el país es exportador neto.

Los datos sobre el uso de energía comercial proceden principalmente del Organismo Internacional de Energía y de *Energy Statistics Yearbook* de las Naciones Unidas. Corresponden a las formas comerciales de energía primaria: petróleo (petróleo crudo, líquidos de gas natural y petróleo de fuentes no convencionales), gas natural, combustibles sólidos (carbón, lignito y otros combustibles derivados) y electricidad primaria (nuclear, hidroeléctrica, geotérmica y otras), convertidas a sus equivalentes en petróleo. Se ha adoptado como supuesto una eficiencia térmica del 33% para convertir la electricidad nuclear a su equivalente en petróleo; la energía hidroeléctrica corresponde a una eficiencia de 100%.

Los datos sobre las *emisiones de dióxido de carbono* (CO_2) miden las emisiones procedentes de fuentes industriales, derivadas de los combustibles sólidos, líquidos y gaseosos, la quema de gas y la fabricación de cemento. Los datos proceden de varias fuentes señaladas por el Instituto de Recursos Mundiales, principalmente de la división de ciencias ambientales del Carbon Dioxide Information Analysis Center (CDIAC) del Oak Ridge National Laboratory.

El CDIAC calcula anualmente las emisiones de CO_2 de casi todos los países del mundo como consecuencia de la quema de combustibles fósiles y de la fabricación de cemento. Los cálculos se basan en datos sobre el consumo neto aparente de combustibles fósiles tomados del conjunto de datos sobre la energía en el mundo que mantiene la División de Estadística de las Naciones Unidas, y en datos sobre la fabricación de cemento en el mundo basados en el conjunto de datos sobre este tema que mantiene la Dirección de Minería (Bureau of Mines) de los Estados Unidos. Las emisiones se han calculado utilizando cifras medias mundiales de la composición química de los combustibles y de su uso. En las estimaciones no se incluye el petróleo combustible para buques utilizado para el transporte internacional, debido a que es difícil distribuirlo entre los países que se benefician de ese tipo de transporte. Si bien las estimaciones de las emisiones mundiales probablemente se sitúan dentro de un margen del 10% de las emisiones efectivas, el margen de error de las estimaciones correspondientes a cada país puede ser mayor.

Las medidas de resumen correspondientes al uso total de energía y a las emisiones de CO_2 son totales simples. Las tasas de aumento resumidas se han calculado a partir de los totales correspondientes a los distintos grupos de países utilizando el método de los mínimos cuadrados. Respecto del consumo de energía per cápita y de las emisiones de CO_2 per cápita, se han utilizado ponderaciones en función de la población para calcular el promedio de los grupos de países.

Cuadro 9. Uso de la tierra y urbanización

El concepto de *tierras de cultivo* comprende las tierras utilizadas para cultivos permanentes y temporales, las praderas temporales, así como las tierras dedicadas a huertas comerciales o familiares y las tierras temporalmente en barbecho o sin cultivar. Los cultivos permanentes son aquellos que no necesitan ser replantados después de cada cosecha, pero no incluyen las tierras con plantaciones de árboles para leña o madera.

El concepto de *praderas permanentes* se refiere a las tierras destinadas al forraje durante cinco años o más, e incluye especies nativas e introducidas. Sólo algunos países declaran habitualmente datos sobre praderas permanentes, puesto que esta categoría es difícil de evaluar debido a que comprende las tierras sin explotar destinadas al pastoreo.

El concepto de *otras tierras* comprende los bosques y las tierras con árboles de crecimiento natural o plantados, así como las zonas taladas que serán forestadas en el futuro cercano. También comprende las tierras sin cultivar, los pastizales no destinados al pastoreo, las zonas pantanosas, los yermos y las zonas de construcción. Éstas últimas corresponden a las zonas residenciales, las tierras destinadas al esparcimiento y las zonas industriales, así como las tierras ocupadas por carreteras y otras infraestructuras.

Los datos relativos al uso de la tierra proceden de la Organización de las Naciones Unidas para la Agricultura y la Alimentación (FAO), que reúne este tipo de datos de organismos nacionales mediante cuestionarios anuales y censos agrícolas a nivel nacional. Con todo, a veces los países emplean definiciones diferentes del concepto de uso de la tierra. La FAO a menudo ajusta las definiciones de las categorías de uso de la tierra y a veces hace rectificaciones significativas de datos anteriores. Dado que los datos sobre el uso de la tierra reflejan cambios en los procedimientos utilizados para declararlos, así como cambios efectivos en el destino que se da a la tierra, las tendencias aparentes deben interpretarse con cautela. La mayor parte de los datos sobre el uso de la tierra corresponden a 1994.

La *población urbana* es la población de mediados de año que habita en zonas definidas como zonas urbanas en cada país. La definición varía levemente entre un país y otro.

La *población de los núcleos urbanos de 1 millón o más de personas* representa el porcentaje de la población de un país que vive en zonas metropolitanas que en 1990 tenían una población de 1 millón de personas o más.

Las estimaciones de la población urbana se han tomado de la publicación de las Naciones Unidas *World Urbanization Prospects: The 1994 Revision*. Para calcular la tasa de crecimiento de la población urbana, a las estimaciones de la población total efectuadas por el Banco Mundial primero se ha aplicado la proporción de la población urbana respecto de la población total proporcionada por las Naciones Unidas (Cuadro 4). La serie resultante de estimaciones de la población urbana se ha empleado también para calcular la población de los núcleos urbanos como porcentaje de la población urbana. Dado que las estimaciones que figuran en este cuadro se basan en diferentes definiciones nacionales de lo que son zonas urbanas, las comparaciones entre países deben hacerse con cautela.

Las medidas de resumen relativas a la población urbana como porcentaje de la población total se han calculado a partir de los porcentajes de los países ponderados en función de la proporción de la población total correspondiente a cada país; las otras medidas de resumen se han ponderado del mismo modo, pero en función de la población urbana.

Cuadro 10. Recursos forestales e hídricos

La *superficie cubierta de bosques* se refiere a las zonas de vegetación boscosa natural en las que predominan los árboles.

La *deforestación anual* se refiere a la conversión permanente de las tierras de bosques para otros usos, incluso para agricultura migratoria y permanente, ganadería, asentamientos humanos o desarrollo de infraestructura. Las zonas deforestadas no comprenden los bosques explotados pero destinados a su regeneración, ni las zonas degradadas debido a la recolección de leña, a las precipitaciones ácidas o a los incendios. La extensión y los porcentajes de la superficie total que se han consignado se refieren a la deforestación anual media de la superficie cubierta de bosques naturales.

Las estimaciones de la superficie cubierta de bosques se han derivado de estadísticas de los países recogidas por la FAO y la Comisión Económica para Europa (CEPE). En 1993 la FAO publicó nuevas evaluaciones sobre los países tropicales y lo propio hizo la CEPE conjuntamente con la FAO respecto de las zonas templadas, aunque con distintas definiciones. La FAO define a los bosques naturales de los países tropicales como bosques cerrados en los que los árboles cubren una gran proporción del terreno y no hay sotobosque continuo, o bien como bosques abiertos, entendiéndose por éstos las zonas de bosques y praderas que tienen por lo menos un 10% cubierto de árboles con sotobosque continuo sobre el terreno que ocupa el bosque. La evaluación de la CEPE/FAO define a los bosques como las zonas en que las copas de los árboles cubren más del 20% de la superficie. La definición también comprende formaciones de bosques abiertos, caminos forestales y senderos cortafuegos, superficies pequeñas temporalmente desbrozadas, masas forestales nuevas, cuyas copas de árboles se prevé que, llegado el período de madurez, han de cubrir por lo menos el 20% de la superficie, y cortavientos y cinturones de protección.

Son *zonas protegidas a nivel nacional* las extensiones de por lo menos 1.000 ha que corresponden a una de estas cinco categorías para su gestión: reservas científicas y reservas estrictamente naturales; parques nacionales de importancia nacional o internacional (que no han sido afectados sustancialmente por actividades humanas); monumentos naturales y paisajes naturales dotados de aspectos singulares; reservas naturales y refugios de especies silvestres administrados, y paisajes terrestres y marinos protegidos (que pueden incluir sitios de importancia cultural). No se incluyen en este cuadro lugares protegidos solamente en virtud de leyes provinciales y locales o en los que se permiten usos consuntivos de especies silvestres. Estos datos están sujetos a diferencias en materia de definiciones e informes presentados ante las organizaciones, tales como el World Conservation Monitoring Centre, que recopilan y difunden estos datos.

Los datos del rubro *recursos de agua dulce: utilización anual* se refieren al uso total del agua, sin contabilizar las pérdidas por evaporación en los embalses. También incluyen el agua de las plantas de desalación en los países en que esa fuente representa una parte considerable de la utilización total del agua. Los datos corresponden a un solo año entre 1970 y 1995. En los casos en que la extracción de agua de los acuíferos no renovables o las plantas de desalación es considerable, o si gran parte del agua se vuelve a usar, la utilización puede exceder del 100% del suministro renovable. Los datos se expresan en totales y como porcentaje del total de recursos de agua dulce, que comprenden los recursos internos renovables y, si así se consigna en una nota en el cuadro, los ríos que nacen en otros países. Las cifras de recursos hídricos internos renovables incluyen el caudal de los ríos y las aguas subterráneas resultantes de precipitaciones dentro del país.

La *utilización de agua dulce per cápita* se calcula dividiendo la utilización total de un país por el número de habitantes del mismo en el año para el que se dispone de estimaciones sobre la utilización. Los datos sobre la utilización sectorial per cápita de agua dulce correspondientes a la mayoría de los países se han calculado utilizando los porcentajes de utilización por sector estimados para el período 1987–1995. Los *usos generales* comprenden el agua potable, la de uso o suministro municipal, y los usos en servicios públicos, establecimientos comerciales y hogares. Los *otros usos* comprenden la utilización directa para la industria, incluida el agua usada en la refrigeración de centrales termoeléctricas, y la utilización en la agricultura (riego y ganadería).

Los datos sobre la utilización anual de recursos de agua dulce están sujetos a variación en cuanto a los métodos de recopilación y estimación, pero indican la magnitud de la utilización de los recursos hídricos en cifras tanto totales como per cápita. Sin embargo, los datos ocultan al mismo tiempo variaciones que pueden ser considerables en el total de recursos hídricos renovables de un año a otro. Por otra parte, no hacen distinción en cuanto a la variación de la disponibilidad de agua en un país desde los puntos de vista tanto estacional como geográfico. Como las cantidades de agua dulce se basan en promedios de períodos largos, en su estimación se excluyen explícitamente los ciclos decenales de humedad y sequía. Los datos utilizados para obtener los indicadores sobre los recursos hídricos han sido compilados de diversas fuentes por el Instituto de Recursos Mundiales y aparecen en la publicación *World Resources 1996–97* de dicha entidad. El Département Hydrogéologie de Orléans, Francia, compila datos sobre recursos hídricos y su utilización que aparecen en documentos publicados, incluidos trabajos nacionales, de las Naciones Unidas y especializados. El Instituto de Geografía de la Academia Nacional de Ciencias de Moscú también compila datos mundiales sobre recursos hídricos presentados en trabajos publicados y, cuando resulta necesario, estima los recursos hídricos y su consumo a partir de modelos que se valen de otros datos, como superficie de riego, número de cabezas de ganado y precipitaciones. Los datos correspondientes a países pequeños y a países en zonas áridas y semiáridas son menos confiables que los que se presentan para países grandes y con más precipitaciones.

Cuadro 11. Crecimiento de la economía

El *producto interno bruto* a precios de comprador es la suma del valor bruto agregado por todos los productores residentes y no residentes en el país, más los impuestos, menos las subvenciones que no se incluyen en el valor de los productos. Se ha calculado sin efectuar deducciones para tener en cuenta la depreciación de los bienes fabricados o el agotamiento y la degradación de los recursos naturales.

El *deflactor del PIB* se ha calculado implícitamente como el coeficiente entre el PIB a precios corrientes y el PIB a precios constantes. El deflactor del PIB es la medida de base más amplia de las fluctuaciones del nivel general de precios. (Véase también la nota del Cuadro 2.)

La *agricultura* comprende el valor agregado de las actividades forestales, la caza y la pesca, así como del cultivo de la tierra y la producción pecuaria. En los países en desarrollo en los que la agricultura de subsistencia reviste considerable importancia, gran parte de la producción agrícola no se intercambia o no se cambia por dinero. Esto hace más difícil determinar la proporción del PIB que corresponde a la agricultura y reduce la confiabilidad y comparabilidad de las cifras.

La *industria* comprende el valor agregado en la minería, las manufacturas (subgrupo para el que se dan datos por separado), la construcción y los servicios de electricidad, agua y gas.

El rubro *manufacturas* se refiere a las industrias comprendidas en los Capítulos 15 a 37 de la Clasificación Industrial Internacional Uniforme de todas las actividades económicas, Serie M, No. 4, Rev. 2.

Los *servicios* comprenden el valor agregado en todas las demás ramas de la actividad económica, como el comercio al por mayor y al detalle (incluidos hoteles y restaurantes), el transporte, la administración pública y los servicios financieros, profesionales y dirigidos a las personas, tales como la educación, la atención de la salud y los servicios inmobiliarios. También se incluyen los cargos atribuidos a servicios bancarios, los derechos de importación y las discrepancias estadísticas observadas por los compiladores nacionales, así como las discrepancias derivadas de los reajustes.

Las *exportaciones de bienes y servicios* representan el valor de todos los bienes y otros servicios relacionados con el mercado prestados a otros países del mundo. Se incluye el valor de las mercancías, fletes, seguros, viajes y otros servicios no atribuibles a los factores. No se incluyen los ingresos de los factores ni de la propiedad (anteriormente denominados servicios atribuibles a los factores), tales como las rentas de inversiones, los intereses y la renta del trabajo. En el cálculo del PIB se han excluido los pagos por transferencias.

Las tasas de crecimiento del PIB y sus componentes se han calculado usando datos a precios constantes en las respectivas monedas nacionales. Las tasas de crecimiento por región y las correspondientes a los grupos de países según su nivel de ingreso se han calculado luego de convertir las monedas nacionales a dólares de los Estados Unidos, utilizando el factor de conversión del Departamento de Economía Internacional (DEI) del Banco Mundial. Las tasas de crecimiento se han estimado ajustando una línea de tendencia de regresión lineal a los valores logarítmicos anuales de la variable utilizando el método de los mínimos cuadrados. De esta manera se obtiene una tasa media de crecimiento que corresponde a un modelo del crecimiento periódico compuesto. El método de los mínimos cuadrados para obtener la tasa de crecimiento y el factor de conversión del DEI se describen en la sección sobre los métodos estadísticos.

En las medidas de resumen se han calculado, para cada indicador, los valores a precios constantes en dólares de los Estados Unidos de 1987 correspondientes a cada año de los períodos abarcados; luego, para cada año los valores se han agregado para el conjunto de países. El procedimiento de los mínimos cuadrados se ha utilizado para calcular las tasas de crecimiento agregadas.

Cuadro 12. Estructura de la economía: producción

Las definiciones del PIB y sus componentes son las del Sistema de Cuentas Nacionales (SCN) de las Naciones Unidas, Serie F, No. 2, Revisión 3. La Revisión 4 del SCN apenas se terminó en 1993, por lo que es probable que en los próximos años muchos países sigan usando las recomendaciones contenidas en la Revisión 3. Las estimaciones se han obtenido de fuentes nacionales; a veces llegan al Banco Mundial a través de otros organismos internacionales, pero con mayor frecuencia han sido recopiladas por funcionarios del Banco. En la nota técnica del Cuadro 11 se definen los componentes específicos del PIB.

Los datos de las cuentas nacionales de los países en desarrollo se han obtenido de los organismos nacionales de estadística y los bancos centrales durante las misiones del Banco Mundial que viajan a dichos países y a través de las misiones residentes de la institución. Los datos correspondientes a los países industriales proceden de los archivos de la OCDE. En OCDE, *National Accounts, 1960–1994*, volúmenes 1 y 2, se puede obtener información acerca de las series de datos sobre cuentas nacionales de esa organización. Las series cronológicas completas de las cuentas nacionales figuran en *World Development Indicators CD-ROM*.

El personal del Banco Mundial examina la calidad de los datos de las cuentas nacionales y, en algunos casos, ajusta las series nacionales. Debido a que la capacidad de algunas oficinas de estadística es limitada, y a problemas en los datos básicos, no puede lograrse una estricta comparabilidad internacional, particularmente en el caso de actividades económicas de difícil medición, como las transacciones de mercados paralelos, las del sector informal o la agricultura de subsistencia.

Las cifras del PIB son valores en dólares de los Estados Unidos resultantes de la conversión de las respectivas monedas nacionales utilizando tipos de cambio oficiales para un solo año. En el caso de unos pocos países en que el tipo de cambio oficial no refleja el tipo aplicado efectivamente a las transacciones en divisas, se ha empleado otro factor de conversión. Obsérvese que en el cuadro no se usa el método de promedios trienales ("Atlas") empleado para calcular el PNB per cápita en el Cuadro 1.

Las medidas de resumen se han calculado a partir de agregados del PIB sectorial en dólares corrientes de los Estados Unidos correspondientes a los distintos grupos.

Cuadro 13. Estructura de la economía: demanda

El *consumo de las administraciones públicas* incluye todos los gastos corrientes para la adquisición de bienes y servicios en todos los niveles de gobierno, pero no comprende a la mayoría de las empresas públicas. La mayor parte de los gastos de capital para fines de defensa y seguridad nacional se consideran como gastos de consumo de las administraciones públicas.

El *consumo privado* es el valor de mercado de todos los bienes y servicios, incluidos los productos duraderos (como automóviles, lavadoras de ropa y computadores para el hogar), comprados o recibidos como ingresos en especie por las unidades familiares y las instituciones sin fines de lucro. No comprende la compra de viviendas, pero sí el alquiler imputado a las viviendas ocupadas por sus propietarios. En la práctica, puede incluir toda discrepancia estadística en el uso de los recursos.

La *inversión interna bruta* comprende los desembolsos en concepto de adiciones a los activos fijos de la economía, más los cambios netos en el nivel de los inventarios.

El *ahorro interno bruto* se ha calculado deduciendo del PIB el consumo total.

Las *exportaciones de bienes y servicios* representan el valor de todos los bienes y demás servicios relacionados con el mercado prestados a otros países. Se incluye el valor de las mercancías, fletes, seguros, viajes y otros servicios no atribuibles a los factores. No se incluyen los ingresos de los factores ni de la propiedad (anteriormente denominados servicios atribuibles a los factores), tales como las rentas de inversiones, los intereses y la renta del trabajo. En el cálculo del PIB se han excluido los pagos por transferencias.

La *balanza de recursos* es la diferencia entre las exportaciones y las importaciones de bienes y de servicios.

Las medidas de resumen de este cuadro se han calculado a partir de agregados del PIB sectorial en dólares corrientes de los Estados Unidos correspondientes a los distintos grupos.

Cuadro 14. Presupuesto del gobierno central

El *total de ingresos* se ha obtenido de las fuentes tributarias y no tributarias. Los *ingresos tributarios* abarcan las entradas por concepto de pagos obligatorios, unilaterales y no reembolsables con finalidades públicas, incluidos los intereses cobrados en concepto de impuestos en mora y las multas cobradas por falta de pago o pago tardío de los impuestos, y no incluyen los reembolsos ni otras transacciones correctivas. Los *ingresos no tributarios* comprenden las entradas que no representan pagos obligatorios no reembolsables para finalidades del sector público, como las multas, los cargos administrativos o los ingresos procedentes de propiedades del gobierno. No se incluyen en esta categoría el importe de donaciones recibidas ni de empréstitos, los fondos recibidos en concepto del pago de préstamos concedidos anteriormente por el gobierno, las obligaciones contraídas ni el producto de la venta de bienes de capital.

El *gasto total* comprende los gastos efectuados por todos los ministerios, dependencias, establecimientos y demás entidades que son órganos o instrumentos de las autoridades centrales de un país. Incluye tanto el gasto *corriente* como los *gastos de capital* (para fines de desarrollo).

Los gastos para fines de *defensa* abarcan todos los realizados por el ministerio de defensa o por otros ministerios para el mantenimiento de las fuerzas armadas, incluidas las compras de equipo y suministros militares, las obras de construcción, el reclutamiento y el adiestramiento de personal. También entran en esta categoría otros gastos conexos, como los correspondientes a programas de ayuda militar. Los gastos en defensa no abarcan los relativos a la seguridad y el orden público, que se clasifican por separado.

Los gastos en *servicios sociales* comprenden los relacionados con la salud, educación, vivienda, asistencia social, seguridad social y servicios comunitarios. También incluyen las indemnizaciones a los enfermos y a las personas temporalmente incapacitadas por la pérdida de ingresos; los pagos a los ancianos, a los incapacitados en forma permanente y a los desempleados; las asignaciones familiares, de maternidad y por hijos a cargo, y el costo de los servicios de asistencia social, como el cuidado de los ancianos, los discapacitados y los niños. Muchos gastos relacionados con la protección del medio ambiente, como las actividades de reducción de la contaminación, abastecimiento de agua, saneamiento y recolección de basura, están englobados en esta categoría.

El *superávit/déficit global* se define como los ingresos corrientes y de capital y las donaciones oficiales recibidas, menos el total de gastos y préstamos menos las sumas reembolsadas. Se trata de un concepto más amplio que el déficit o el superávit corriente del gobierno central que figura en el Cuadro 2.

Debido a las diferencias en la cobertura de los datos disponibles, es posible que los distintos componentes de los gastos y los ingresos del gobierno central que aparecen en este cuadro no sean estrictamente comparables en el caso de todos los países.

A causa de la inadecuada cobertura estadística de los niveles de gobierno estatales, provinciales y municipales, se han utilizado datos del gobierno central, razón por la cual el panorama estadístico de la asignación de recursos para diversos fines puede adolecer de serias subestimaciones o distorsiones, particularmente en los países en que los niveles inferiores de gobierno gozan de considerable autonomía y tienen a su cargo muchos servicios sociales y económicos. Además, el término "gobierno central" puede representar cualquiera de estos dos conceptos contables: consolidado o presupuestario. En la mayoría de los países, los datos relativos a las finanzas del gobierno central se han consolidado en una cuenta general, pero en otros sólo se dispone de las cuentas presupuestarias del gobierno central. Debido a que en las cuentas presupuestarias no siempre se incluyen todas las unidades del gobierno central, el panorama global de sus actividades suele quedar incompleto. En el cuadro de la Clave y documentación de los datos primarios se indica el concepto empleado por cada país declarante.

En general, los datos que aquí se presentan, especialmente los relativos a servicios sociales, no son comparables entre los diversos países. En muchas naciones son importantes los servicios privados de salud y educación; en otras, los servicios públicos constituyen el componente preponderante del gasto total por este concepto, pero pueden estar financiados por niveles inferiores de gobierno. Por lo tanto, deberá procederse con cautela al utilizar los datos para hacer comparaciones entre países.

Los datos sobre los ingresos y gastos del gobierno central se han tomado de *Government Finance Statistics Yearbook* (1995) del FMI y de los archivos de datos de esa institución. Los datos relativos a las cuentas de cada país se basan en el sistema de definiciones y clasificaciones comunes del *Manual de Estadísticas de las Finanzas Públicas* (1986) del FMI. En estas publicaciones del FMI se encuentran explicaciones completas y autorizadas de los conceptos, definiciones y fuentes de los datos.

Cuadro 15. Exportaciones e importaciones de mercancías

Las *exportaciones* e *importaciones* de mercancías comprenden, con algunas excepciones, los movimientos internacionales de bienes a través de fronteras aduaneras; no comprenden el comercio de servicios. Las exportaciones se valoran sobre una base f.o.b. (libre a bordo) y las importaciones sobre una base c.i.f. (costo, seguro y flete), a menos que se especifique otra cosa en las fuentes que se mencionan a continuación. Las cifras están expresadas en dólares corrientes de los Estados Unidos.

Para las categorías de exportaciones e importaciones se ha seguido la Clasificación Uniforme para el Comercio Internacional (CUCI), Modificada, Serie M, No. 34. El rubro *manufacturas* comprende los productos clasificados en las Secciones 5 a 9, sin incluir el Capítulo 68 (metales no ferrosos). El rubro *alimentos* abarca los productos comprendidos en las Secciones 0, 1 y 4 y en el Capítulo 22 de la CUCI (productos alimenticios y animales vivos, bebidas y tabaco, aceites y mantecas de origen animal y vegetal, semillas, nueces y almendras oleaginosas). Los *combustibles* son productos de la Sección 3 (combustibles y lubricantes minerales y productos conexos) de la CUCI. No se dispone de datos sobre ciertas categorías de productos básicos de algunos países.

Las *tasas medias de crecimiento anual* de las exportaciones e importaciones se basan en datos en precios constantes, los cuales se han obtenido a partir de valores corrientes deflactados en función del índice de precios correspondiente. El Banco Mundial utiliza los índices de precios preparados por la UNCTAD en el caso de los países de ingreso bajo y mediano, y los presentados en *Estadísticas financieras internacionales* del FMI en el de los países de ingreso alto. Estas tasas de crecimiento pueden ser diferentes de las derivadas de fuentes nacionales, ya que es posible que para los índices de precios nacionales se utilicen años de base y procedimientos de ponderación diferentes de los que emplea la UNCTAD o el FMI.

La principal fuente de datos sobre valores corrientes del comercio es la base de datos de la UNCTAD, complementada con datos tomados de *Estadísticas financieras internacionales* del FMI, la base de datos Commodity Trade (COMTRADE) de las Naciones Unidas y estimaciones del Banco Mundial. Las proporciones incluidas en estos cuadros se han derivado de los valores del comercio en dólares corrientes registrados en el sistema de datos sobre el comercio de la UNCTAD, complementados con datos del sistema COMTRADE de las Naciones Unidas.

Las medidas de resumen correspondientes a las tasas de crecimiento se han calculado agregando las series de precios en dólares constantes de los Estados Unidos de 1987 para cada año y aplicando luego el procedimiento de los mínimos cuadrados para la tasa de crecimiento en los períodos indicados.

Cuadro 16. Balanza de pagos

El rubro *exportaciones* e *importaciones de bienes, servicios e ingresos* comprende todas las transacciones en que se produce un cambio de propiedad de bienes y servicios entre residentes de un país y el resto del mundo, con inclusión de mercancías, servicios e ingresos. Las entradas en concepto de remuneraciones a empleados por parte de entidades no residentes, así como las rentas de inversiones de entidades no residentes, se consideran como exportaciones; los pagos efectuados a residentes por parte de no residentes se consideran como importaciones.

Las *remesas netas de trabajadores* comprenden los pagos y entradas en concepto de ingresos provenientes de los trabajadores que están empleados o esperan estar empleados por más de un año en su nuevo país, en el que son considerados como residentes. Estas remesas se clasifican como transferencias unilaterales privadas, mientras que las correspondientes a estadías más cortas se incluyen en los servicios, como renta del trabajo. Esta distinción está en consonancia con las normas convenidas internacionalmente, pero en muchos países en desarrollo las remesas de los trabajadores se clasifican como ingresos de los factores (y, por ende, como un componente del PNB). El Banco Mundial sigue las normas internacionales en lo relativo a la definición del PNB y, por lo tanto, sus definiciones pueden presentar diferencias respecto de las prácticas nacionales.

El concepto *otras transferencias netas* comprende aquellas transferencias unilaterales netas distintas de las remesas de trabajadores.

La *balanza en cuenta corriente* es la suma de las exportaciones netas de bienes y servicios y de las transferencias netas.

Las *reservas internacionales brutas* comprenden las tenencias de oro monetario, los derechos especiales de giro (DEG), la posición de reserva en el FMI de sus países miembros y las tenencias de divisas bajo el control de las autoridades monetarias. La porción de oro de estas reservas se ha valorado a los precios de fin de año (31 de diciembre) en Londres ($589,50 por onza en 1980 y $386,75 por onza en 1995). Debido a diferencias en la definición de las reservas internacionales, en la valoración del oro y en las prácticas de administración de las reservas, es posible que los niveles de tenencias de reservas publicados en fuentes nacionales no sean estrictamente comparables. Los niveles de las reservas correspondientes a 1980 y 1995 se refieren al final del año indicado y se han expresado en dólares corrientes de los Estados Unidos a los tipos de cambio prevalecientes. Véase el Cuadro 2, donde figuran las tenencias de reservas expresadas en meses de importaciones.

Los datos que se presentan en este cuadro se han obtenido de los archivos del FMI. El personal del Banco Mundial también hace estimaciones y, en unos pocos casos, efectúa ajustes en la cobertura o clasificación de los datos para mejorar la comparabilidad entre las cuentas nacionales y la balanza de pagos. Las definiciones y conceptos son los empleados en la quinta edición del *Manual de Balanza de Pagos* del FMI (1993). Los valores están expresados en dólares de los Estados Unidos, a los tipos de cambio oficiales.

Las medidas de resumen se han calculado a partir de agregados de las reservas internacionales brutas correspondientes a los distintos grupos.

Cuadro 17. Deuda externa

La *deuda externa total* es la suma de la deuda pública y con garantía pública a largo plazo, la deuda privada a largo plazo sin garantía, la utilización del crédito del FMI y la deuda a corto plazo. La deuda a largo plazo abarca tres clases de préstamos: públicos, con garantía pública y privados sin garantía. Los préstamos públicos son las obligaciones externas de deudores públicos, incluido el gobierno nacional, sus organismos y entidades públicas autónomas. Los préstamos con garantía pública son las obligaciones externas de deudores privados cuyo reembolso está garantizado por una entidad pública. Los préstamos privados sin garantía son las obligaciones externas de deudores privados cuyo reembolso no está garantizado por una entidad pública. La utilización del crédito del FMI se refiere a las obligaciones de recompra al FMI respecto de todos los usos de sus recursos, excluidos los correspondientes a giros contra el tramo de reserva. Las cifras comprenden las compras pendientes dentro de los tramos de crédito, incluido el acceso ampliado a los recursos y todos los servicios especiales (existencias reguladoras, financiamiento compensatorio, servicio ampliado del Fondo y servicio del petróleo), los préstamos del Fondo Fiduciario y las operaciones del servicio financiero reforzado de ajuste estructural. La utilización del crédito del FMI pendiente al final del año (una disponibilidad) se convierte a dólares de los Estados Unidos al tipo de cambio entonces vigente entre esa moneda y el DEG. La deuda a corto plazo es la deuda con un plazo de vencimiento original de un año o menos. Comprende los atrasos acumulados en los intereses sobre la deuda a largo plazo pendiente y desembolsada que se adeudan pero que no se han pagado. Los datos disponibles no permiten establecer distinción entre la deuda a corto plazo pública y privada sin garantía.

La *deuda externa como porcentaje del PNB* y de las *exportaciones de bienes y servicios* se ha calculado en dólares de los Estados Unidos. Las remesas de los trabajadores están incluidas en las exportaciones de bienes y servicios.

El *servicio de la deuda como porcentaje de las exportaciones de bienes y servicios* es la suma de los reembolsos del principal y pagos de intereses sobre la deuda externa total. Ésta es una de las medidas convencionales utilizadas para evaluar la capacidad de un país para atender el servicio de la deuda. Las remesas de los trabajadores están incluidas en las exportaciones de bienes y servicios.

La *relación valor actual-valor nominal de la deuda* es el valor actualizado de los futuros pagos del servicio de la deuda dividido por el valor nominal de la deuda externa total. El valor actual de la deuda externa es la suma actualizada de todos los pagos por concepto de servicio de la deuda que deberán efectuarse durante la vigencia de los préstamos ya contraídos. El valor actual puede ser mayor o menor que el valor nominal de la deuda. Los factores determinantes en uno u otro sentido son las tasas de interés sobre los préstamos y la tasa de actualización que se utilice para el cálculo del valor actual. Un préstamo al que se aplique una tasa de interés mayor que la tasa de actualización arroja un valor actual mayor que el valor nominal de la deuda, y lo contrario ocurre con los préstamos a los que se aplica una tasa de interés inferior a la de actualización.

Las tasas de actualización utilizadas para calcular el valor actual son las tasas de interés aplicadas por los países miembros de la OCDE para los créditos de exportación con respaldo oficial. Las tasas se han especificado en las monedas de los países del Grupo de los Siete (G-7): dólares canadienses, dólares de los Estados Unidos, francos franceses, libras británicas, liras italianas, marcos alemanes y yenes japoneses. Los préstamos del Banco Internacional de Reconstrucción y Fomento (BIRF) y los créditos de la Asociación Internacional de Fomento (AIF) han sido actualizados según la tasa sobre los préstamos más reciente aplicada por el BIRF, y los préstamos del FMI se han actualizado conforme a la tasa aplicable a los DEG. Con respecto a la deuda denominada en otras monedas, las tasas de actualización corresponden al promedio de las tasas de interés sobre los créditos de exportación que aplican otros países miembros de la OCDE. En el caso de los préstamos a tasa variable, respecto de los cuales no es posible determinar con precisión los pagos futuros por concepto de servicio de la deuda, éste se ha calculado aplicando las tasas vigentes a fines de 1994 al período de base especificado para el préstamo.

La *deuda multilateral como porcentaje de la deuda externa total* se refiere a la ayuda que el prestatario ha recibido del Banco Mundial, los bancos regionales de desarrollo y otros organismos multilaterales e intergubernamentales. Se excluyen los préstamos de fondos administrados por un organismo internacional en nombre de un solo gobierno donante.

Los datos que aparecen en este cuadro proceden del Sistema de notificación de la deuda al Banco Mundial y se han complementado con estimaciones de esa institución. Este sistema abarca exclusivamente a los países en desarrollo y no se utiliza para recopilar datos sobre la deuda externa de otros grupos de prestatarios ni de países que no son miembros del Banco Mundial. Las cantidades de dinero correspondientes a la deuda están expresadas en dólares de los Estados Unidos y la conversión se ha efectuado a los tipos de cambio oficiales. En los datos sobre la deuda se incluye la deuda privada sin garantía que han notificado 30 países en desarrollo y estimaciones completas o parciales para otros 20 países que no la notifican, pero sobre los cuales se sabe que este tipo de deuda es considerable.

Las medidas de resumen se han tomado de la publicación *Global Development Finance 1977* del Banco Mundial.

Métodos estadísticos

En esta sección se describe la forma de calcular la tasa de crecimiento según el método de los mínimos cuadrados, la tasa de crecimiento exponencial (puntos extremos), el coeficiente de Gini, así como la metodología empleada en el Atlas del Banco Mundial para estimar el factor de conversión utilizado al calcular el PNB y el PNB per cápita en dólares de los Estados Unidos.

Tasa de crecimiento obtenida según el método de los mínimos cuadrados

La tasa de crecimiento r se ha estimado ajustando una línea de tendencia de regresión lineal a los valores logarítmicos anuales de la variable en el período pertinente. La ecuación de regresión adopta la forma siguiente:

$$\log X_t = a + bt$$

que equivale a la transformación logarítmica de la ecuación de la tasa de crecimiento geométrico:

$$X_t = X_o (1 + r)^t.$$

En estas ecuaciones, X es la variable, t es el tiempo y $a = \log X_o$ y $b = \log (1 + r)$ son los parámetros que se han de estimar. Si b^* es la estimación de mínimos cuadrados de b, la tasa media de crecimiento anual r se obtiene mediante [antilog $(b^*)-1$] y se multiplica por 100 para expresarla en términos porcentuales.

La tasa de crecimiento calculada es una tasa media que representa las observaciones disponibles durante el período. No coincide necesariamente con la tasa de crecimiento real entre dos períodos dados. Suponiendo que el crecimiento geométrico sea la forma apropiada de representar los datos, la estimación de la tasa de crecimiento según el método de los mínimos cuadrados es coherente y eficiente.

Tasa de crecimiento exponencial según el método de los puntos extremos

En el caso de determinados datos demográficos, especialmente la población y la población activa, la tasa de crecimiento entre dos puntos en el tiempo se ha calculado aplicando la fórmula siguiente:

$$r = \log_n (p_n / p_1) / n$$

donde p_n y p_1 son la última y la primera observaciones del período, respectivamente, n es el número de años comprendidos en el período, y $\log_n$ es el operador del logaritmo natural.

Esta tasa de crecimiento se basa en un modelo de crecimiento exponencial continuo. Para obtener una tasa de crecimiento en períodos discretos que sea comparable a la tasa de crecimiento según el método de los mínimos cuadrados, al antilogaritmo de la tasa de crecimiento calculada se le debe restar 1.

El coeficiente de Gini

El coeficiente de Gini establece el grado en que la distribución del ingreso (o, en algunos casos, del gasto de consumo) entre las personas o las unidades familiares de un país se desvía de una distribución en una situación de igualdad perfecta. La curva de Lorenz indica los puntos correspondientes a los porcentajes acumulados del ingreso total recibido con respecto al porcentaje acumulado de los receptores, partiendo de la persona o unidad familiar más pobre. El coeficiente de Gini mide el área situada entre la curva de Lorenz y una línea hipotética de igualdad absoluta, expresada como porcentaje del área máxima comprendida bajo dicha línea. En consecuencia, un coeficiente de Gini igual a cero significa igualdad absoluta, y un índice de 100% significa una situación de máxima desigualdad.

El Banco Mundial utiliza un programa de análisis numérico, POVCAL, para estimar los valores del coeficiente de Gini; véase Chen, Datt y Ravallion, 1992.

El método del Atlas del Banco Mundial

El factor de conversión que se usa en el Atlas para cualquier año dado es el promedio del tipo de cambio (u otro factor de conversión) de ese año y de los tipos de cambio de los dos años precedentes, ajustados para tomar en cuenta las diferencias en las tasas de inflación entre el país y los países del Grupo de los Cinco (Alemania, Estados Unidos, Francia, Japón y Reino Unido). La tasa de inflación de los países del Grupo de los Cinco se representa por las variaciones de los deflactores del DEG. Este promedio trienal atenúa las fluctuaciones anuales de los precios y los tipos de cambio en cada país. El PNB del país se multiplica por el factor de conversión del método del Atlas, y el PNB resultante en dólares de los Estados Unidos se divide por la población a mediados del año más reciente de los tres para obtener el PNB per cápita.

Las fórmulas siguientes describen los procedimientos para calcular el factor de conversión para el año t:

$$e_t^* = \frac{1}{3}\left[e_{t-2}\left(\frac{p_t}{p_{t-2}} / \frac{p_t^{S\$}}{p_{t-2}^{S\$}}\right) + e_{t-1}\left(\frac{p_t}{p_{t-1}} / \frac{p_t^{S\$}}{p_{t-1}^{S\$}}\right) + e_t\right]$$

y para calcular el PNB per cápita en dólares de los Estados Unidos para el año t:

$$Y_t^{\$} = (Y_t / N_t) / e_t^*$$

en las cuales:

Y_t = PNB corriente (en moneda nacional) para el año t
P_t = deflactor del PNB para el año t
e_t = tipo de cambio medio anual (unidades de la moneda nacional por dólar estadounidense) para el año t
N_t = población a mediados del año t
$P_t^{S\$}$ = deflactor del DEG en dólares de los Estados Unidos para el año t.

Factores de conversión alternativos
El Banco Mundial determina sistemáticamente la medida en que los tipos de cambio oficiales son apropiados como factores de conversión. Cuando se considera que el tipo de cambio oficial difiere por un margen demasiado grande del tipo que efectivamente se usa en las transacciones internas de monedas y productos comerciados extranjeros, se emplea un factor de conversión distinto. Esto se hace sólo en el caso de un pequeño número de países (véase el cuadro de la Clave y documentación de los datos primarios). En el método del Atlas y en otros casos en *World Development Indicators* se usan factores de conversión alternativos, como los basados en un solo año.

FUENTES DE LOS DATOS

Ahmad, Sultan. 1992. "Regression Estimates of Per Capita GDP Based on Purchasing Power Parities". Documento de trabajo sobre investigaciones relativas a políticas de desarrollo No. 956. Banco Mundial, Departamento de Economía Internacional. Washington, D.C.

Banco Mundial. 1993. *Purchasing Power of Currencies: Comparing National Incomes Using ICP Data.* Washington, D.C.

———. 1997. *Global Development Finance 1997.* Washington, D.C.

Bos, Eduard, My T. Vu, Ernest Massiah y Rodolfo A. Bulatao. 1994. *World Population Projections, 1994–95 Edition.* Baltimore, Md.: Johns Hopkins University Press.

Consejo de Europa. 1995. *Recent Demographic Developments in Europe and North America.* Council of Europe Press.

Eurostat (Oficina Estadística de las Comunidades Europeas). Diversas ediciones. *Statistical Yearbook.* Luxemburgo.

FAO (Organización de las Naciones Unidas para la Agricultura y la Alimentación). Diversas ediciones. *Anuario FAO de Producción.* Colección FAO: Estadísticas. Roma.

FMI (Fondo Monetario Internacional). 1987. *Manual de estadísticas de las finanzas públicas.* Washington, D.C.

———. 1993. *Manual de balanza de pagos.* Quinta edición. Washington, D.C.

———. Diversas ediciones. *Government Finance Statistics Yearbook.* Washington, D.C.

———. Diversas ediciones. *Estadísticas financieras internacionales.* Washington, D.C.

Instituto de Recursos Mundiales en colaboración con el PNUMA (Programa de las Naciones Unidas para el Medio Ambiente) y el PNUD (Programa de las Naciones Unidas para el Desarrollo). 1996. *World Resources 1994–95: La Guía Global del Medio Ambiente.* Nueva York: Oxford University Press.

Instituto de Recursos Mundiales, PNUMA (Programa de las Naciones Unidas para el Medio Ambiente), PNUD (Programa de las Naciones Unidas para el Desarrollo) y Banco Mundial. 1996. *World Resources 1996–97: A Guide to the Global Environment.* Madrid: Ecoespaña.

Naciones Unidas. 1970. *Un sistema de cuentas nacionales. Estudios de métodos.* Serie F, No. 2, Rev. 3. Nueva York.

———. 1986. *Estadísticas de las cuentas nacionales: Compendio de estadísticas de la distribución de los ingresos.* Nueva York.

———. 1994. *World Urbanization Prospects, 1994 Revision.* Nueva York.

———. 1996. *World Population Prospects: The 1996 Edition.* Nueva York.

———. Diversas ediciones. *Energy Statistics Yearbook.* Nueva York.

———. Diversas ediciones. *Levels and Trends of Contraceptive Use.* Nueva York.

———. Diversas ediciones. *Monthly Bulletin of Statistics.* Nueva York.

———. Diversas ediciones. *Population and Vital Statistics Report.* Nueva York.

———. Diversas ediciones. *Statistical Yearbook.* Nueva York.

———. Diversas ediciones. *Update on the Nutrition Situation.* Comité Administrativo de Coordinación, Sub-Comité de Nutrición. Ginebra.

———. Diversas ediciones. *Yearbook of International Trade Statistics.* Nueva York.

OCDE (Organización de Cooperación y Desarrollo Económicos). 1988. *Geographical Distribution of Financial Flows to Developing Countries.* París.

———. 1996. *Development Co-operation: 1995 Report.* París.

———. 1996. *National Accounts 1960–1994.* Vol. 1, *Main Aggregates.* París.

———. 1996. *National Accounts 1960–1994.* Vol. 2, *Detailed Tables.* París.

———. Diversas ediciones. *Development Co-operation.* París.

Oficina del Censo de los Estados Unidos. 1996. *World Population Profile.* Washington, D.C.: U.S. Government Printing Office.

OIE (Organismo Internacional de Energía). 1996. *Energy Statistics and Balances of Non-OCDE Countries 1993–94.* París.

———. 1996. *Energy Statistics of OCDE Countries 1993–94.* París.

OIT (Organización Internacional del Trabajo). 1995. *Anuario de Estadísticas del Trabajo.* Ginebra.

———. 1995. *Estimaciones y proyecciones de la fuerza de trabajo, 1950–2010.* Ginebra.

———. 1995. *Población económicamente activa 1950–2000.* Ginebra.

OMS (Organización Mundial de la Salud). 1991. *Maternal Mortality: A Global Factbook.* Ginebra.

———. Diversas ediciones. *World Health Statistics Annual.* Ginebra.

———. Diversas ediciones. *World Health Statistics Report.* Ginebra.

ONUDI (Organización de las Naciones Unidas para el Desarrollo Industrial). 1996. *International Yearbook of Industrial Statistics 1996.* Viena.

Ravallion, Martin y Shaohua, Chen. 1996. "What Can New Survey Data Tell Us About Recent Changes in Living Standards in Developing and Transitional Economies?" Banco Mundial, Departamento de Investigaciones sobre Políticas de Desarrollo. Washington, D.C.

UNCTAD (Conferencia de las Naciones Unidas sobre Comercio y Desarrollo). Diversas ediciones. *Handbook of International Trade and Development Statistics.* Ginebra.

UNESCO (Organización de las Naciones Unidas para la Educación, la Ciencia y la Cultura). Diversas ediciones. *Anuario estadístico.* París.

UNICEF (Fondo de las Naciones Unidas para la Infancia). 1997. *El Estado Mundial de la Infancia 1997.* Nueva York: UNICEF.

Cuadro 1. Clasificación de los países según su ingreso y región a la que pertenecen, 1997

Grupo según el ingreso	Subgrupo	África al sur del Sahara — África oriental y meridional	África occidental	Asia — Asia oriental y el Pacífico	Asia meridional	Europa y Asia central — Europa oriental y Asia central	Resto de Europa	Oriente Medio y Norte de África — Oriente Medio	Norte de África	Américas
De ingreso bajo		Angola Burundi Comoras Eritrea Etiopía Kenya Madagascar Malawi Mozambique Rwanda Somalia Sudán Tanzanía Uganda Zaire Zambia Zimbabwe	Benin Burkina Faso Camerún Chad Congo Côte d'Ivoire Gambia Ghana Guinea Guinea-Bissau Guinea Ecuatorial Liberia Malí Mauritania Niger Nigeria República Centro-africana Santo Tomé y Príncipe Senegal Sierra Leona Togo	Camboya China Mongolia Myanmar Rep. Dem. Pop. Lao Viet Nam	Afganistán Bangladesh Bhután India Nepal Pakistán Sri Lanka	Albania Armenia Azerbaiyán Bosnia y Herzegovina Georgia República Kirguisa Tayikistán		Yemen, Rep. del		Guyana Haití Honduras Nicaragua
De ingreso mediano	Bajo	Botswana Djibouti Lesotho Namibia Swazilandia	Cabo Verde	Corea, Rep. Pop. Dem. de Fiji Filipinas Indonesia Islas Marshall Islas Salomón Kiribati Micronesia, Estados Federados de Papua Nueva Guinea Samoa Occidental Tailandia Tonga Vanuatu	Maldivas	Belarús Bulgaria Estonia Federación de Rusia Kazakstán Letonia Lituania Macedonia, ERY de [a] Moldova Polonia República Eslovaca Rumania Turkmenistán Ucrania Uzbekistán Yugoslavia, Rep. Federativa de [b]	Turquía	Irán, Rep. Islámica del Iraq Jordania Líbano República Árabe Siria Ribera Occidental y Gaza	Argelia Egipto, Rep. República Árabe de Marruecos Túnez	Belice Bolivia Colombia Costa Rica Cuba Dominica Ecuador El Salvador Granada Guatemala Jamaica Panamá Paraguay Perú República Dominicana San Vicente y las Granadinas Suriname Venezuela
	Alto	Mauricio Mayotte Seychelles Sudáfrica	Gabón	Malasia Samoa Americana		Croacia Eslovenia Hungría República Checa	Grecia Isla de Man Malta	Arabia Saudita Bahrein Omán	Libia	Antigua y Barbuda Argentina Barbados Brasil Chile Guadalupe México Puerto Rico Santa Lucía St. Kitts y Nevis Trinidad y Tabago Uruguay
Subtotal:	158	26	23	21	8	27	4	10	5	34

Cuadro 1. *(continuación)*

Grupo según el ingreso	Subgrupo	África al sur del Sahara — África oriental y meridional	África occidental	Asia — Asia oriental y el Pacífico	Asia meridional	Europa y Asia central — Europa oriental y Asia central	Resto de Europa	Oriente Medio y Norte de África — Oriente Medio	Norte de África	Américas
De ingreso alto	Países miembros de la OCDE			Australia Corea, Rep. de Japón Nueva Zelandia			Alemania Austria Bélgica Dinamarca España Finlandia Francia Irlanda Islandia Italia Luxemburgo Noruega Países Bajos Portugal Reino Unido Suecia Suiza			Canadá Estados Unidos
	Países no miembros de la OCDE	Reunión		Brunei Guam Grupo Norte de las Islas Marianas Hong Kong Macao Nueva Caledonia OPA[c] Polinesia Francesa Singapur			Andorra Chipre Groenlandia Islas Anglo-normandas Islas Feroé Liechtenstein Mónaco	Emiratos Árabes Unidos Israel Kuwait Qatar		Antillas Neerlandesas Aruba Bahamas Bermuda Guayana Francesa Islas Caimán Islas Vírgenes (EE.UU.) Martinica
Total: 210		27	23	34	8	27	28	14	5	44

a. Ex República Yugoslava de Macedonia.
b. República Federativa de Yugoslavia (Serbia/Montenegro).
c. Otros países de Asia — Taiwán, China.

A los fines analíticos y de operaciones, el principal criterio que aplica el Banco Mundial para la clasificación de los países es el producto nacional bruto (PNB) per cápita. Cada país se incluye en una de las siguientes categorías: de ingreso bajo, de ingreso mediano (subdividida en ingreso mediano bajo e ingreso mediano alto) y de ingreso alto. También se utilizan otras agrupaciones analíticas, según la región geográfica, las exportaciones y el nivel de la deuda externa de cada país.

Por razones prácticas, a veces se usa la expresión "países en desarrollo" para referirse a los países de ingreso bajo e ingreso mediano. Sin embargo, con ello no se pretende dar a entender que todos los países incluidos en ese grupo tienen el mismo grado de desarrollo o que otras naciones han llegado a una etapa más avanzada o final de ese proceso. La clasificación de los países según el nivel de ingreso no indica necesariamente su grado de desarrollo.

Definiciones de los grupos

En estos cuadros se clasifica a todos los países miembros del Banco Mundial y a todas las demás naciones con poblaciones de más de 30.000 habitantes.

Grupo según el ingreso: Los países se dividen según el PNB per cápita correspondiente a 1995 calculado según el método del *Atlas* del Banco Mundial. Los grupos son: de ingreso bajo, hasta $765; de ingreso mediano bajo, entre $766 y $3.035; de ingreso mediano alto, entre $3.036 y $9.385, y de ingreso alto, $9.386 o más.

Las estimaciones correspondientes a las repúblicas de la antigua Unión Soviética son preliminares; su clasificación seguirá siendo objeto de estudio.